Management in der Finanzbranche – Finanzmanagement im Unternehmen

Christoph Lengwiler, Linard Nadig, Maurice Pedergnana (Hrsg.)

printed in
switzerland

gedruckt in der
schweiz

stampato in
svizzera

imprimé en
suisse

ISBN 978-3-906488-25-7

Druck: buag Grafisches Unternehmen AG, Baden-Dättwil (CH)

Dank

Dieses Buch ist ein Gemeinschaftswerk der Dozierenden und wissenschaftlichen Mitarbeitenden des IFZ der Hochschule Luzern – Wirtschaft. Die 29 Fachbeiträge wurden von den Autoren in Eigenverantwortung verfasst, allfällig geäusserte Meinungen müssen nicht zwingend der Meinung der Hochschule Luzern entsprechen. Wir danken allen Kolleginnen und Kollegen welche einen Beitrag geschrieben haben. Ebenso danken wir Daniel Piazza, Thomas Birrer, Helene Wudy und den weiteren wissenschaftlichen Mitarbeitenden, welche bei der Schlussredaktion und beim Lektorat mitgeholfen haben.

Die Herausgeber

Vorwort

Das Institut für Finanzdienstleistungen Zug IFZ der Hochschule Luzern – Wirtschaft feiert dieses Jahr sein fünfzehnjähriges Bestehen. Ein solches Jubiläum legt natürlich nahe, zurückzuschauen und das Erreichte zu feiern. Der Blick in den Rückspiegel macht jedoch wenig Sinn, wenn nicht gleichzeitig auch die Zukunft ins Visier genommen wird. Dies ist für uns am IFZ eine Selbstverständlichkeit, denn der Erfolg unseres Instituts lässt sich unter anderem dadurch begründen, dass wir permanent daran sind, neue Ideen zu entwickeln und zukunftsorientierte Projekte anzustossen.

Deshalb war es für uns nichts als logisch, das Jubiläum zu nutzen, um zusammen mit unseren Mitarbeitenden den vorliegenden Sammelband zum Thema «Management in der Finanzbranche – Finanzmanagement im Unternehmen» zu publizieren. Dieser umfasst 29 Fachbeiträge, welche die Vielfalt des Schaffens unserer Dozierenden und wissenschaftlichen Mitarbeitenden dokumentiert und einen Einblick in die vielseitigen Themenfelder unseres Instituts gibt. Das Buch eröffnet dem Leser – vom «klassischer Banker» bis hin zum Finanzverantwortlichen in einem KMU – ein breites Spektrum an Fachwissen und es erlaubt ihm auch, neue Horizonte zu erschliessen und Erkenntnisse zu gewinnen.

Es ist uns ein grosses Anliegen, all jenen Leuten zu danken, welche uns und das IFZ in den letzten 15 Jahren auf dem Weg begleitet und gefördert haben. Nebst allen unseren aktuellen und ehemaligen Mitarbeitenden gehören dazu die Präsidenten und Vorstandsmitglieder des Vereins IFZ, die Volkswirtschaftsdirektoren des Kantons Zug mit ihren Kaderleuten, die Direktorinnen und Direktoren der Hochschule Luzern – Wirtschaft, die vielen Gastreferenten aus Praxis und Wissenschaft sowie die mehreren Tausend ehemaligen Studierenden, welche für unser Institut ein verlässliches und zukunftsweisendes Netzwerk darstellen.

Wir freuen uns zusammen mit unseren Mitarbeitenden auf weitere interessante Herausforderungen in den nächsten Jahren.

Zug, 30. Mai 2012 Christoph Lengwiler, Linard Nadig, Maurice Pedergnana

Inhaltsverzeichnis

Einleitung

Management in der Finanzbranche – Finanzmanagement im Unternehmen

Der Titel «Management in der Finanzbranche – Finanzmanagement im Unternehmen» steht für das ganze thematische Spektrum, welches das Institut für Finanzdienstleistungen Zug IFZ abdeckt. Das Institut befasst sich nämlich zum einen mit dem Management von Finanzdienstleistungsunternehmen und hat damit einen Branchenfokus. Zum andern beschäftigt es sich mit dem Finanzmanagement von Unternehmen aller Branchen und legt damit den Fokus auf die Finanzfunktion im Unternehmen. Die Unternehmen und die Finanzdienstleister treffen sich auf den Finanzmärkten, wenn sie Geld beschaffen oder anlegen bzw. die finanziellen Risiken bewältigen müssen. Aus diesem Zusammenhang resultiert das untenstehende einfache Modell, aus welchem sich die vier Teile des vorliegenden Sammelbandes ableiten lassen.

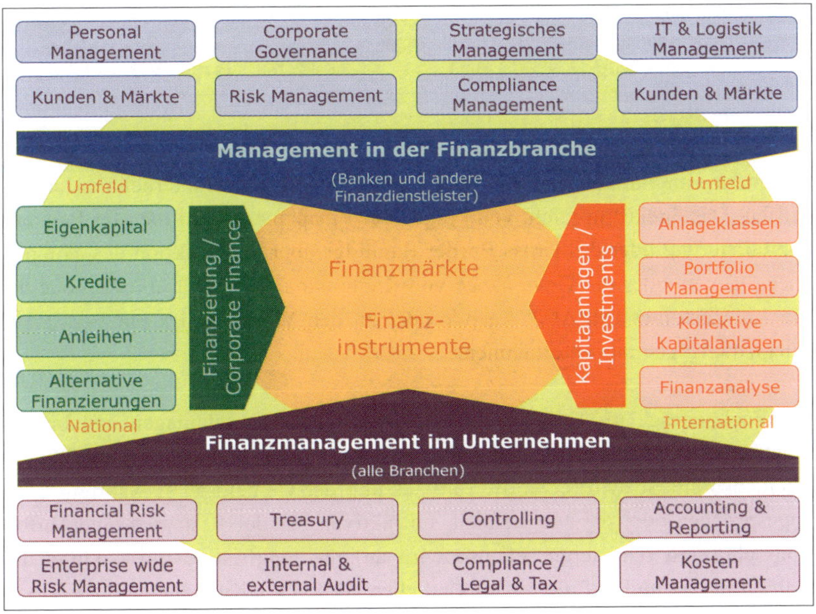

Werden die einzelnen Fachbeiträge mit ihren Kapitelnummern in das Modell eingetragen (Sterne mit Kapitalnummern), zeigt sich die Vielfalt der einzelnen Themen, welche letztlich alle einem der vier Bereiche des Modells zugeordnet werden können.

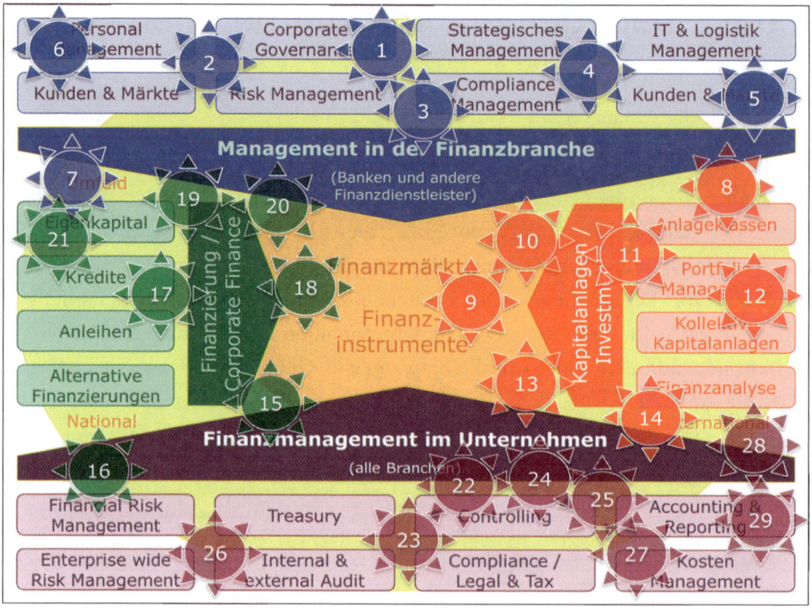

Im Teil 1 des Sammelbandes werden verschiedene Themen rund um das Management von Banken und weiteren Finanzdienstleistungsunternehmen aufgegriffen. Das Spektrum reicht von Fragen der Finanzmarktstabilität, der Bankenkapitalisierung oder des Cross Border Bankings über die Funktion des Compliance Officers oder die Governance von Kantonalbanken durch die Kantone bis hin zur Customer IMPACT Agenda oder zu den Womenomics mit Bezug auf Finanzdienstleistungsunternehmen.

Die Fachbeiträge im Teil 2 beschäftigen sich mit Kapitalanlagen und Investments aus Sicht der Bank und der Investoren. Auch hier ist die Vielfalt der Themen breit. So wird etwa die Entwicklung der Gemeinschaftswährung Euro angesprochen oder die Möglichkeit, mit aktiven Handelsstrategien einen Inflationsschutz zu realisieren. Ebenso wird auf die langfristige Entwicklung der Kapitalmärkte und auf die ausserbörslichen Aktien als Kapitalanlage eingegangen. Aus Sicht der Pensionskassen stehen das Immobilienportfolio Management und das Potenzial von internationalen Immobilieninvestitionen im Fokus. Zudem wird auch die Situation der Pensionskassen im Spannungsfeld von Demographie, Finanzmärkten und Politik aufgegriffen.

Im Teil 3 werden Themen zur Finanzierung von Unternehmen und von Immobilien aufgegriffen. Einzelne Fachbeiträge sind aus der Optik der Kredit- und Kapitalnehmer geschrieben, so etwa jene über die Kapitalstrukturentscheide von KMU, die Finanzierung von Gemeinden oder die Währungen als Werttreiber im Unternehmen. Andere Beiträge sind aus der Optik der Bank oder der Finanzmärkte verfasst, so etwa jene über die Treiber der Zinsmargen, die Ratingsysteme und deren Overrides oder Aspekte des Risikomanagements von Portfolios mit privaten Hypotheken. Ein weiterer Fachbeitrag vergleicht Corporate-Venture-Capital- und Venture-Capital-finanzierte Jungunternehmen in der Schweiz.

Teil 4 des Sammelbandes beschäftigt sich schliesslich mit Aspekten der finanziellen Führung von Unternehmen aller Branchen. Das Spektrum der Themen reicht von einem Überblick über die anstehenden Herausforderungen für das Controlling über die Möglichkeiten zur Steuerung dezentraler Organisationen bis hin zu Fragen des Returns on Business Intelligence oder die unterstützende Funktion des Controllings bei Social Media Aktivitäten. Weitere Beiträge beschäftigen sich mit dem IKS von Gemeinden und NPO, mit Standard-ERP-Software für KMU, mit dem Buchführungs- und Rechnungslegungsrecht im schweizerischen Obligationenrecht oder mit Rechnungslegungsstandards für Schweizer KMU.

Teil 1
Management
von Finanzdienstleistungsunternehmen

In diesem Teil werden verschiedene Themen rund um das Management von Banken und weiteren Finanzdienstleistungsunternehmen aufgegriffen. Das Spektrum reicht von Fragen der Finanzmarktstabilität, der Bankenkapitalisierung oder des Cross Border Bankings über die Funktion des Compliance Officers oder die Governance von Kantonalbanken durch die Kantone bis hin zur Customer Impact Agenda oder zu den Womenomics mit Bezug auf Finanzdienstleistungsunternehmen.

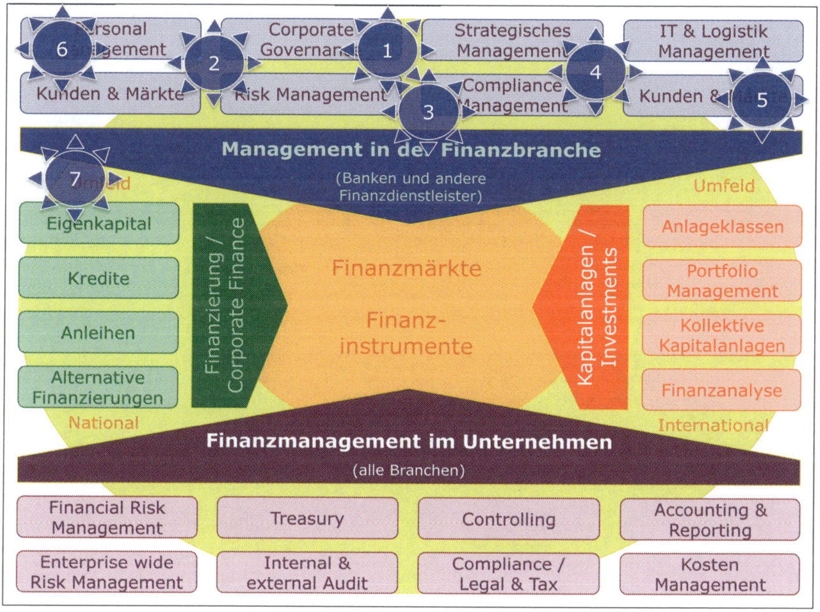

Die Sterne mit den Kapitelnummern zeigen auf, welchem Thema rund um das Management von Finanzdienstleistungsunternehmen die jeweiligen Kapitel zugeordnet werden können.

1 Ein Framework für die Kantonalbanken-Governance

Der vorliegende Artikel erläutert die Public Corporate Governance-Steuerungsdimensionen von Kantonalbanken. Diese werden aus Sicht der Kantone als Eigner ins Spannungsfeld zwischen ökonomischer und politischer Steuerung eingebettet.

Daniel Piazza

Daniel Piazza (1978) ist Projektleiter am Institut für Finanzdienstleistungen Zug IFZ der Hochschule Luzern – Wirtschaft. Er hat an der Hochschule Luzern, der Jönköping International Business School (Schweden) sowie der Universität St. Gallen Betriebswirtschaft mit Schwerpunkt Banking und Finance studiert. Von 1994 bis 2000 sowie im Jahr 2011 arbeitete er bei der Luzerner Kantonalbank. Seit 2001 ist er am IFZ, zuerst als studentischer Mitarbeiter, später als Master-Assistent. Aktuell ist er im Doktoranden-Programm Organisation und Kultur (DOK) an der Universität St. Gallen eingeschrieben. Er leitet Forschungs- und Beratungsprojekte im Bereich Public Corporate Governance.
Daniel Piazza ist verheiratet und lebt in Obernau LU.

Kontakt: daniel.piazza@hslu.ch

1.1 Einleitung

Im Jahr 2011 sind es 24 Kantone, die sich mit der herausfordernden Rolle als Allein- oder Mehrheitseigner von Kantonalbanken konfrontiert sehen. Diese Rolle ist keinesfalls neu. Denn die meisten Kantonalbanken wurden bereits im 19. Jahrhundert gegründet. Trotzdem findet allmählich ein Umdenken statt, wenn es um die Rolle der Kantone als Eigner von Beteiligungen geht. Die verantwortlichen Gremien in den Kantonen stellen fest, dass auch diese zunehmend zum postmodernen Gewährleistungsstaat werden. Danach überträgt der Kanton die Erfüllung gewisser öffentlicher Aufgaben *explizit* auf dezentrale Einheiten.[1] Dies führt zu einer sich wandelnden staatlichen Verantwortung, die sich auf eine neue Ausgestaltung der Wahrnehmung von Eignerrollen auswirkt. Hierbei besteht der Anknüpfungspunkt zu den Kantonalbanken als staatliche Banken der Kantone in der Schweiz. Diese sind traditionellerweise zwar als ausgelagerte Einheiten organisiert. Deren Steuerung wird aber durch das neue Bewusstsein sowie den politischen Druck zur aktiven ganzheitlichen Beteiligungsbewirtschaftung ebenfalls tangiert. Nicht zuletzt im Zuge der internationalen Finanzkrise hat sich dies in Bezug auf die Kantonalbanken akzentuiert. Obwohl diese nahezu schadlos aus der Krise hervorgingen. Ob Krise oder Boomphase, das Spannungsfeld zwischen politischen und ökonomischen Perspektiven ist omnipräsent. Nicht zuletzt deswegen wird im Folgenden versucht, diesem interdisziplinären Setting mittels eines neu entwickelten Public Corporate Governance-Frameworks für Kantonalbanken in Zukunft besser gerecht zu werden.

1.2 Rollenvielfalt der Kantone als Kantonalbanken-Eigner

Die Kantonalbanken sind eine heterogene Bankengruppe. Sie unterscheiden sich in mehrfacher Hinsicht stark. Diese Unterschiede manifestieren sich nicht nur in ungleichen Betriebsgrössen, andersartiger Ausrichtungen der Geschäftstätigkeit, unterschiedlichen Marktstellungen innerhalb der Kantone, sondern auch in Bezug auf ihre Eignerstrukturen.

Beim Erlass der Bestimmungen über das Bankwesen muss der Bund der besonderen Aufgabe und Stellung der Kantonalbanken Rechnung zu tragen.[2] Aus dieser Bestimmung spricht auch die Sonderstellung der Kantonalbanken im schweizerischen Bankwesen. Es kann daraus aber keine Verpflichtung der

---

1 Lienhard, A. (2008), S. 44.

2 Vgl. Art. 98 Abs. 1 BV.

Kantone abgeleitet werden, eine Kantonalbank zu errichten und zu betreiben. Ebenso wenig legt dieser Bundesverfassungsartikel die Rechtsform oder die Trägerschaft einer Kantonalbank fest. Ein Kanton ist also in Bezug auf die Errichtung, Organisation sowie Festlegung seiner Public Corporate Governance-Strukturen weitgehend autonom, wobei er selbstverständlich bundesrechtliche Vorschriften, die sich hauptsächlich aus der Verfassung, dem Bankengesetz und dem Privatrecht ergeben, nicht verletzen darf. In diesem Rahmen ist er unter anderem frei, nicht nur über die Rechtsform, den Leistungsauftrag die Staatsgarantiegewährung der Kantonalbank zu bestimmen, sondern auch über die Eignerstruktur. So ist es ihm erlaubt, das Eigentum an der Kantonalbank mit Privaten zu teilen.[3] Das Bankengesetz legt fest, welche Elemente eine Bank zu einer Kantonalbank machen[4]:

«Als Kantonalbank gilt eine Bank, die aufgrund eines kantonalen gesetzlichen Erlasses als Anstalt oder Aktiengesellschaft errichtet wird. Der Kanton muss an der Bank eine Beteiligung von mehr als einem Drittel des Kapitals halten und über mehr als einen Drittel der Stimmen verfügen. Er kann für deren Verbindlichkeiten die vollumfängliche oder teilweise Haftung übernehmen.»

Konstitutive Begriffsmerkmale einer Kantonalbank sind demnach die «Errichtung gestützt auf einen kantonalen gesetzlichen Erlass» sowie eine «qualifizierte Beteiligung» des Kantons am Kapital und an den Stimmen seiner Bank.

Dem Kanton stehen damit grundsätzlich Eignerstrukturen zur Auswahl, bei denen der Kapital- sowie Stimmenanteil zwischen 33,3% und 100% liegt. Sinkt der Anteil des Kantons an Kapital und Stimmen unter die 33,3%-Grenze, darf sich die Banken nicht mehr «Kantonalbank» nennen.[5,6]

Nachfolgende Abbildung stellt die Anteile der Kantone am Gesellschaftskapital ihrer Kantonalbank dar.

---

3 Schwitter, G. (2000), S. 155 ff.

4 Vgl. Art. 3a BankG.

5 Vgl. Art. 3a BankG.

6 Ausnahmen sind möglich. Genehmigt wurden diese bei der Banque Cantonale de Genève sowie bei der Zuger Kantonalbank.

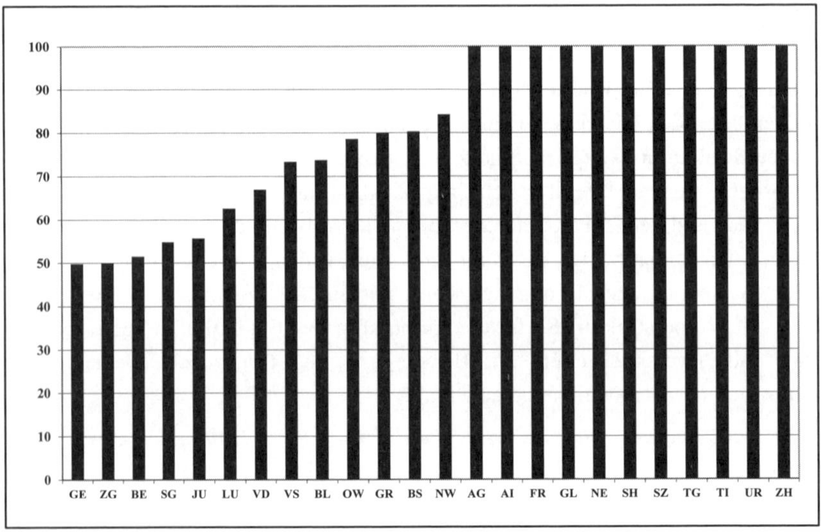

Abbildung 1: Anteil des Kantons am Kapital der Kantonalbank

Quelle: Verband Schweizerischer Kantonalbanken (2010), S. 3

In Bezug auf die Stimmengewichte sieht das Bild folgendermassen aus:

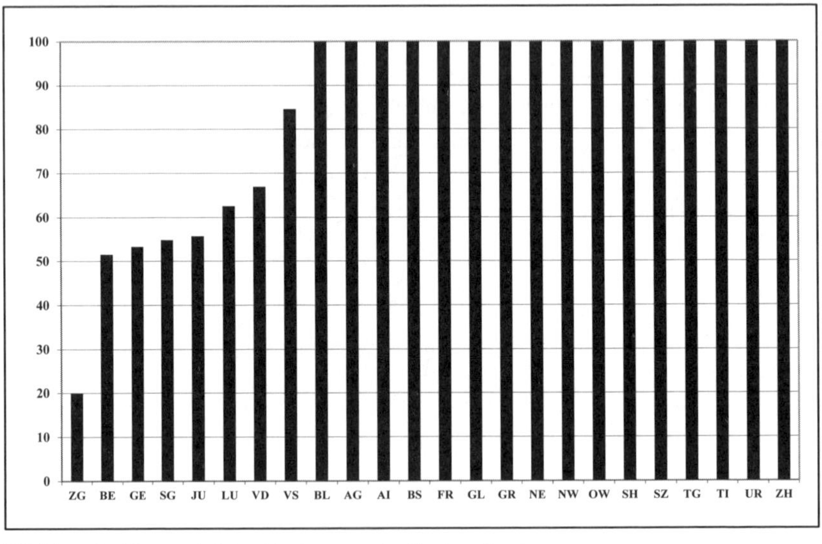

Abbildung 2: Stimmanteil des Kantons an der Kantonalbank

Quelle: Verband Schweizerischer Kantonalbanken (2010), S. 3

Die beiden Abbildungen zu den Stimm- sowie Kapitalanteilen unterscheiden sich bei einem Viertel der aufgezeigten Kantonalbanken. Die Unterschiede zwischen dem Kapitalanteil und dem Stimmanteil der Kantone ergeben sich dabei einerseits durch die Existenz von Stimmrechtsaktien (Kanton Genf sowie Kanton Wallis) oder Partizipations- bzw. Zertifikatskapital (Kantone Basel-Land, Basel-Stadt, Graubünden, Nidwalden und Obwalden).

Insgesamt sind es 13 Kantonalbanken, bei denen die Möglichkeit genutzt wurde, Private am Eigenkapital zu beteiligen, indem Partizipationsscheine, Zertifikatskapital oder Aktien emittiert wurden. Die restlichen elf Kantonalbanken verzeichnen den Kanton als Alleineigner.[7] Wie obige Abbildung zeigt, wurde nur in wenigen Kantonen bislang der politische Entscheid gefällt, die Rolle des Kantons als Mehrheitseigner aufzugeben. Es obliegt der betriebswirtschaftlichen sowie auch der finanz-, versorgungs- und wettbewerbspolitischen Beurteilung des Gewichts der Kantonalbank-Beteiligung in jedem Kanton, welche über die Wahl der Rolle entscheidet.

1.3 Bezugsrahmen der Public Corporate Governance

Der Public Corporate Governance liegen zwei Perspektiven zu Grunde. Zum einen die ökonomische und zum anderen die demokratietheoretische Perspektive. Die in der Folge dargelegte Herleitung zeigt eindrücklich auf, wie unterschiedlich die Perspektiven sind. Darüber hinaus zeigt sie, wie wichtig das Bewusstsein sowie ein wohl austarierter und konsistenter Mittelweg aus Sicht der Kantone als Eigner in diesem Spannungsfeld der beiden Perspektiven ist.

1.3.1 Ökonomische Perspektive (Prinzipal-Agent-Theorie)

Die ökonomische Perspektive rückt die Problematik der Trennung von Eigentum und Kontrolle in den Vordergrund. Die in der Institutionenökonomie angesiedelte Prinzipal-Agent-Forschung portiert die Hauptproblematik, dass sich der Agent nutzenorientiert verhält, also opportunistisch. Er maximiert seinen individuellen Nutzen und dieser Nutzen muss nicht mit dem Nutzen des Prinzipals im Einklang stehen. Zudem hat der Agent bessere Informationen über die operativen Auswirkungen seiner Tätigkeiten als der Prinzipal. Somit resultiert die Notwendigkeit, über den Einsatz von Anreizen, Kontroll- und Sanktionssyste-

---

[7] Stand per 31.12.2010.

men gegenüber dem Agenten ein zieladäquates Verhalten zu gewähren.[8] Da die persönlichen Ziele der Manager sich von jenen der Eigner unterscheiden, können sich ohne weitere Massnahmen in der Zusammenarbeit der beiden Konflikte entwickeln. Gemäss der Prinzipal-Agent-Literatur haben Agenten einen Anreiz, ihre Kontrollfunktion für ihre eigenen Ziele und damit zugleich auf Kosten der Prinzipale zu missbrauchen. Dies kann in leichteren Fällen zu Lasten der Profitabilität und in schwereren Fällen bis hin zu enteignenden Aktionen der Manager führen.[9] Trotz diesen sogenannten Agency-Problemen findet sich in der Literatur Evidenz dafür, dass die Trennung des Eigentums und der Kontrolle zwischen Prinzipal und Agent unter dem Strich vorteilhaft sind. Es wird dabei festgehalten, dass diese Trennung die Agency-Kosten mehr als aufwiegt, bspw. durch Monitoring.[10]

Da bei öffentlichen Unternehmen wie die Kantonalbanken in Bezug auf den Staatsanteil am Unternehmen alle Bürger die gleichen Anteile halten, besitzen sie weder die Kontrollmehrheit noch können sie über ihre Anteile verfügen und sie verkaufen, wenn sie mit der Leistung des Unternehmens unzufrieden sind.[11] Bis zu diesem Punkt stimmt die ökonomische Perspektive mit jener der demokratietheoretischen überein. Allerdings steht bei der ökonomischen Perspektive nicht die Sicherstellung der Legitimationskette vom Volk bis zum öffentlichen Unternehmen im Vordergrund. Stattdessen geht es bei dieser Sichtweise um Lösungsansätze zur Verhinderung des Missbrauchs der Verfügungsmacht für die verantwortlichen Kantonsbehörden, die mit der Beteiligung beauftragten Personen in der Kantonsverwaltung sowie die Kantonalbank-Führungsgremien. Die ökonomische Perspektive konstatiert ein vielschichtiges Prinzipal-Agent-Problem.[12] Der Prinzipal (Auftraggeber=Bürger) wählt seine Agenten (Auftragnehmer=Politiker). Dabei werden die Kantonsbehörden Parlament sowie Regierung gebildet. Diese Behörden beauftragen wiederum Agenten (Verwaltungsratsmitglieder) mit der Oberleitung der Kantonalbank. Nach der ökonomischen Perspektive besteht in dieser Prinzipal-Agent-Kette die Gefahr, dass Agenten ihren Informationsvorsprung zu eigennützigen Zwecken ausnutzen und nicht an

---

8 Budäus, D. / Hilgers, D. (2009), S. 768 f.

9 Berle, A. A. / Means, G. C. (1932), S. 54 ff.

10 Jensen, M. C. / Meckling, W. H. (1976), S. 305.

11 Hirschman, A. O. (1970), S. 3 ff.

12 Blankart, C. B. (1987), S. 57.

die Bürger weitergeben.[13] Der ökonomischen Theorie zufolge kann nicht aufgrund eines Amtes geschlossen werden, dass sich alle Beteiligten an die Vorgaben halten.[14] Sie handeln regelkonform, weil sie ihren Nutzen unter gegebenen Beschränkungen maximieren. Mit einer umfassenden Kontrolle können diese sogenannten Agency-Kosten reduziert werden. Die Bürger selber haben kaum die Möglichkeit, genaue Kontrollen durchzuführen, da der Aufwand zu gross ist und die daraus entstehenden Kosten und der erzielte Nutzen in einem unangemessenen Verhältnis zueinander stehen. Des Weiteren suggeriert die ökonomische Literatur, dass jeder Bürger hofft, dass sich andere Bürger besser informieren und die Agenten kontrollieren. Da dies jeder hofft, wird es zu keiner umfassenden Kontrolle des obersten Prinzipals, dem Volk, kommen. Der einzelne Bürger profitiert damit als Trittbrettfahrer (*free rider*).[15]

Wenn private Minderheitseigner hinzukommen, dann haben diese aufgrund ihrer höheren Beteiligung im Vergleich zu den anderen Bürgern einen Anreiz zur Kontrolle. Bei den Kantonalbanken sind es typischerweise kleine Eigner. Auch für sie stehen Kosten und Nutzen der Kontrolle nur in wenigen Fällen in einem angemessenen Verhältnis. Fakt ist aber, dass der Marktwert des Unternehmens durch diese Überwachung gesteigert wird.[16] Das Ausmass, inwieweit auf diesem Weg das Prinzipal-Agent-Problem gemindert wird, hat dementsprechend einen entscheidenden Einfluss darauf, wie sich die Unternehmung in Bezug auf die Kapitalmärkte, auf die Dividendenausschüttungspraxis sowie auf die Verfügbarkeit externer Finanzierungsquellen entwickeln kann.[17]

1.3.2 Politische Perspektive (Demokratietheorie)

Die politische Perspektive fusst in besonderem Masse auf der Demokratietheorie. Die Demokratietheorie ist der politischen Theorie und Ideengeschichte innerhalb der Politikwissenschaft angegliedert. Der zu Grunde liegende Begriff der Demokratie ist äusserst vielfältig. An dieser Stelle wird diese im Sinne einer «Staatsverfassung»[18] unter Einschluss von Verfassungsnormen und Verfas-

---

[13] Lütge, C. (2006), S. 24.

[14] Downs, A. (1967), S. 2 ff.

[15] Lütge, C. (2006), S. 25.

[16] Pellens, B. et al. (2000), S. 177 ff.

[17] Fama, E. F. / Jensen, M. C. (1983), S. 301.

[18] Aristoteles (2001), S. 5-21.

sungswirklichkeit verstanden. Die Demokratie nach diesem Verständnis ist damit eine Staatsverfassung von Klein- und Flächenstaaten[19], d.h. mit Bezug zu den Kantonalbanken die Kantone der Schweiz. Diese herrschen auf der Basis politischer Freiheit und Gleichheit sowie auf der Grundlage weitreichender politischer Beteiligungsrechte aller erwachsenen Staatsangehörigen. Diese werden in offenen Willensbildungs- und Entscheidungsprozessen erörtert und unter Berufung auf das Interesse der Mehrheit der Stimmberechtigten ausgeübt.[20] Dieses Verständnis lag auch der Aussage des US-amerikanischen Präsidenten Abraham Lincoln aus dem Jahre 1863 zu Grunde, wonach die Demokratie eine Regierungsform sei, die aus dem Volk hervorgeht und durch das Volk in seinem ureigenen Interesse ausgeübt wird.[21]

In vielen Angelegenheiten herrscht allerdings weder das Volk noch die Volksvertretung unmittelbar, sondern vielmehr die Regierung, das Parlament oder die Verwaltung, mit den Funktionsgesetzlichkeiten einer marktwirtschaftlichen Ökonomie zwischen Wirtschaft und Politik.[22] Es ist der Kanton mit seinen Behörden, welche die aus der Privatautonomie resultierende Herrschaft der Eigner über die Kantonalbank ausübt.[23] In öffentlichen Unternehmen wie den Kantonalbanken wird damit eine Form der Demokratie durch eine andere ersetzt: die Herrschaft des Volkes durch die Herrschaft der kantonalen Behörden.[24] Aus rein demokratischer Sicht ist dies zwar negativ, aus Gründen der Praktikabilität aber unumgänglich. Daher ist es wichtig, bei wesentlichen in das Leben der Bürger eingreifenden Entscheidungen das jeweilige Repräsentativorgan dem Volk zu unterstellen. Es muss also eine ununterbrochene Legitimationskette zwischen dem Souverän (d.h. die Stimmbürger des Kantons) und dem Entscheidungsgegenstand (d.h. der Kantonalbank) hergestellt werden. Im Setting der Kantonalbanken geschieht dies via Kantonsregierung und Kantonsparlament.[25] Das Erfordernis der ununterbrochenen Legitimationskette bezieht sich nicht nur auf die grundlegenden Entscheidungen, die gesetzlich geregelt werden

---

[19] Schmidt, M. G. (2010), S. 19.

[20] Schmidt, M. G. (2010), S. 19.

[21] Schmidt, M. G. (2010), S. 19: Nach Lincoln definiert sich Demokratie als «government of the people, by the people, and for the people».

[22] In Anl. an Schmidt, M. G. (2010), S. 20.

[23] In Anl. an Plamper, H. (2005), S. 67.

[24] In Anl. an Plamper, H. (2005), S. 67.

[25] In Anl. an Herzog, R. (1980), Rn. 46 ff.

müssen. In seiner reinen Form bezieht sich dies auf alle öffentlichen Ämter, auch das des Hausmeisters im Rathaus.[26]

Auch aus der formalen Teilprivatisierung einiger Kantonalbanken heraus ergibt sich kein Unterbruch der Legitimationskette, denn sie ist Ausfluss eines demokratischen Volksentscheids. An einer Generalversammlung einer teilprivatisierten Kantonalbank mit dem Kanton als Mehrheitseigner kommt demnach der demokratisch legitimierte Wille des Kantons zum Ausdruck, bspw. mittels der Mehrheit der Stimmen einen Verwaltungsrat zu wählen, der wiederum die Geschäftsleitung bestimmt. Eine Herausforderung aus der demokratischen Perspektive sind Vertreter in den Verwaltungsräten, die sich einer Fraktion oder Partei verpflichtet fühlen. Dies ist insbesondere dann herausfordernd, wenn keine entsprechenden Vorgaben des Kantons bestehen oder bei Vorhandensein von Vorgaben diese anders ausgelegt werden, als dies vom Eigner beabsichtigt war. Kantonale Interessen können dabei auf der Strecke bleiben und stattdessen können die Interessen der Kantonalbank per se oder allenfalls Partikularinteressen aufgrund politisch gewählter Verwaltungsräte zum Zug kommen.[27] Ersteres kann durchaus im Sinne des Eigners sein, Letzteres nicht. Ebenfalls herausfordernd aus demokratietheoretischer Sicht kann es sein, wenn die Unabhängigkeit einer Mehrheit der Verwaltungsräte dazu führt, dass der Einfluss des Kantons als Mehrheitsaktionär kleiner wird.[28] Durchaus kann es dem demokratietheoretisch fundierten Anliegen des Eigners dienen, dass der Kantonalbank eine Flexibilität zugestanden wird, damit diese am Markt erfolgreich agieren kann.[29]

---

[26] Plamper, H. (2005), S. 68.

[27] In Anl. an Plamper, H. (2005), S. 69.

[28] In Anl. an Plamper, H. (2005), S. 71.

[29] In Anl. an Plamper, H. (2005), S. 73.

1.4 Public Corporate Governance-Framework für Kantonalbanken

1.4.1 Herleitung der Steuerungsdimensionen

Ziel ist die Reduktion der komplexen Governance-Thematik bei Kantonalbanken auf das Wesentliche sowie die Sicherstellung der Praxisnähe. Die Erreichung dieser Ziele soll durch die Strukturierung in vier Public Corporate Governance-Steuerungsbereiche für Kantonalbanken erreicht werden:

- Finanzielle Steuerung
- Aufgabenbezogene Steuerung
- Führungsbezogene Steuerung
- Rechtliche Steuerung

Diesen Steuerungsbereichen werden Steuerungsdimensionen zugeteilt. Steuerungsdimensionen sind politische Entscheidungen, die durch den Kanton als Eigner einer Kantonalbank gefällt werden müssen.

Im Spannungsfeld zwischen der ökonomischen Perspektive sowie der politischen Perspektive lassen sich den vier Steuerungsbereichen 18 Steuerungsdimensionen zuteilen.

Allen Steuerungsdimensionen ist gemein, dass diese stets die Annahme zu Grunde legen, dass die Kantone so viel Einfluss wie nötig ausüben können, dabei aber die betriebliche Eigenständigkeit der Kantonalbanken so weit als möglich respektieren. In der Folge werden die Steuerungsdimensionen, strukturiert in die vier Steuerungsbereiche aufgelistet.

1.4.2 Steuerungsdimensionen und deren Ausgestaltungsvarianten

Die im vorangegangenen Subkapitel dargestellten 18 Steuerungsdimensionen und ihre Ausgestaltungsvarianten werden in der Folge aufgezeigt und beschrieben. Die Strukturierung erfolgt entlang der vier Steuerungsbereiche der Public Corporate Governance bei Kantonalbanken. Die grafische Darstellung vereinfacht die Einordnung der Ausgestaltungsvarianten auf dem Kontinuum zwischen der ökonomischen und der politischen Perspektive. Bei der Anwendung auf ein konkretes Beispiel ermöglicht es diese auf einen Blick zu erkennen, ob bei der Konzeption der Public Corporate Governance bei der betreffenden Kantonalbank insgesamt oder in einzelnen Steuerungsbereichen tendenziell die ökonomische oder die politische Perspektive dominiert.

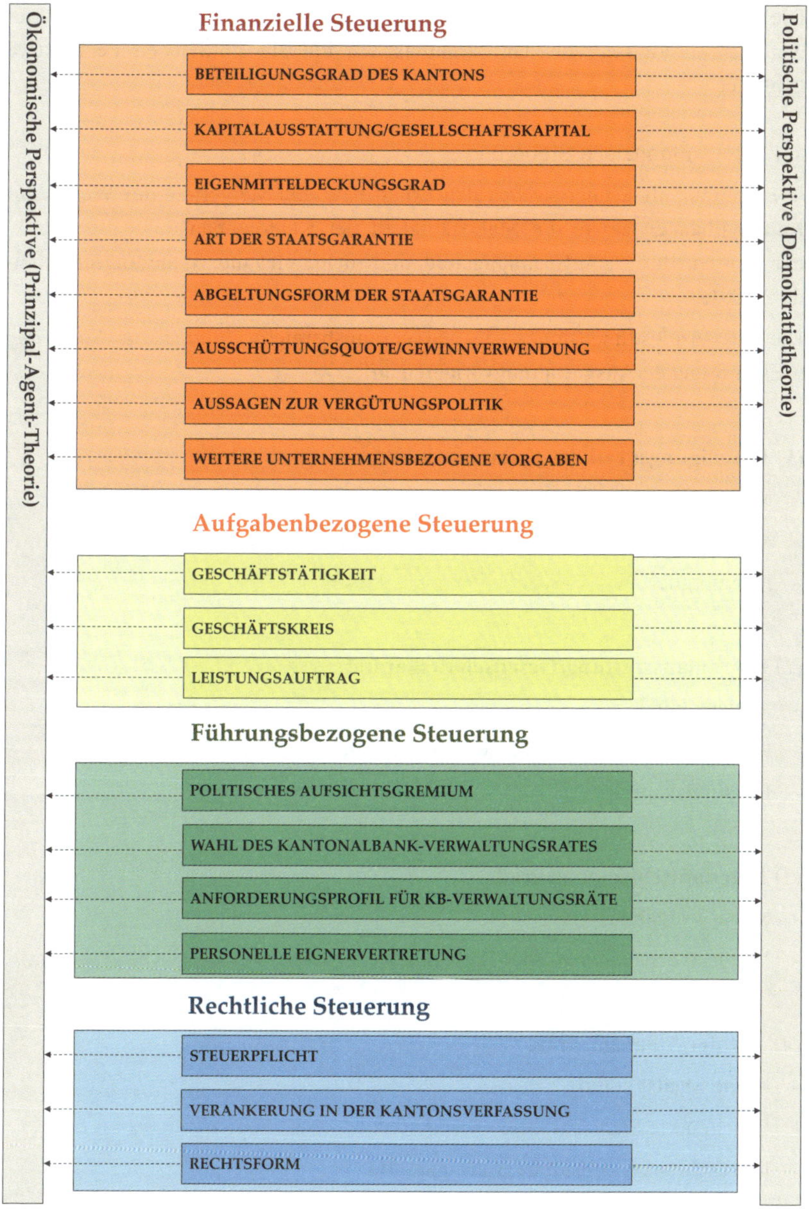

Abbildung 3: Steuerungsdimensionen der Public Corporate Governance bei Kantonalbanken

Die Reihenfolge der nachfolgend aufgezeigten Steuerungsdimensionen ist jeweils chronologisch von der ökonomischen hin zur politischen Perspektive geordnet.

1.4.2.1 Finanzielle Steuerung

Die Kantone als Eigner streben den Erhalt bzw. die Steigerung des Wertes der Kantonalbanken sowie die Marktfähigkeit der Kantonalbanken in den Bankmärkten an. In diesem Spannungsfeld sind finanzrelevante Steuerungsentscheide zu fällen.

Die Steuerungsdimensionen des Steuerungsbereichs *Finanzielle Steuerung* weisen folgende Ausgestaltungvarianten auf:

(1) Beteiligungsgrad des Kantons

- Minderheitseigner
- Mehrheitseigner
- Alleineigner

(2) Kapitalausstattung/Gesellschaftskapital

- Aktienkapital
- Partizipationsschein- bzw. Zertifikatskapital
- Dotationskapital

(3) Eigenmitteldeckungsgrad

- Keine Vorgaben
- Mindestvorgaben und/oder Zielbänder

(4) Art der Staatsgarantie

- Keine Staatsgarantie
- Beschränkte Staatsgarantie
- Unbeschränkte subsidiäre Staatsgarantie
- Unbeschränkte primäre Staatsgarantie

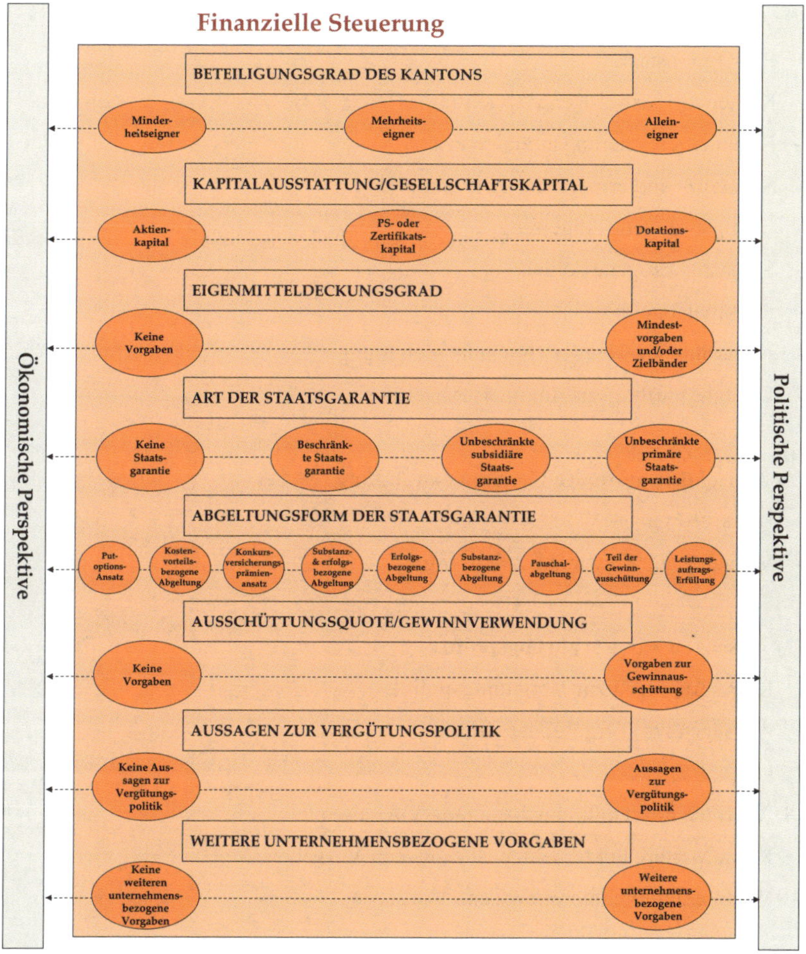

Abbildung 4: Ausgestaltungsvarianten der Steuerungsdimensionen im Steuerungsbereich *Finanzielle Steuerung*

(5) Abgeltungsform der Staatsgarantie[30]

- Put-Optionsansatz
- Kostenvorteilsbezogene Abgeltung
- Konkursversicherungsprämienansatz
- Substanz- und erfolgsbezogene Abgeltung
- Erfolgsbezogene Abgeltung
- Substanzbezogene Abgeltung
- Pauschalabgeltung
- Abgeltung als Teil der Gewinnausschüttung
- Leistungsauftragserfüllung als Abgeltung

(6) Ausschüttungsquote/Gewinnverwendung

- Keine Vorgaben
- Vorgaben zur Gewinnausschüttung

(7) Aussagen zur Vergütungspolitik

- Keine Aussagen zur Vergütungspolitik
- Aussagen zur Vergütungspolitik

(8) Weitere unternehmensbezogene Vorgaben

- Keine weiteren unternehmensbezogenen Vorgaben
- Weitere unternehmensbezogene Vorgaben

1.4.2.2 Aufgabenbezogene Steuerung

Im Unterschied zum privatwirtschaftlichen Begriffsverständnis der Corporate Governance wird beim eignerbezogenen Ansatz der Public Corporate Governance zusätzlich zu den Eignerinteressen auch das öffentliche Interesse an der Aufgabenerfüllung beachtet. Dieses ist nach Bankengesetz kein konstitutives

[30] Piazza, D. (2010), S. 21.

Element einer Kantonalbank.[31] Doch werden den Kantonalbanken in den Spezialgesetzen typischerweise ein Leistungsauftrag, Leitplanken zum Geschäftskreis sowie der Geschäftstätigkeit zugetragen. Zu beachten gilt es dabei, dass die nachhaltige Aufgabenerfüllung im Sinne der demokratietheoretischen Perspektive insbesondere bei der aufgabenbezogenen Steuerung mit der ökonomischen Perspektive im Widerspruch stehen kann.[32]

Aufgabenseitige Vorgaben der Kantone drängen sich insbesondere dort auf, wo den Kantonen aus der Ausgabenerfüllung ein erhebliches Risiko erwachsen kann. Dabei ist zentral, dass analog zu den unternehmensbezogenen Vorgaben auch aufgabenbezogene Vorgaben der Kantone übergeordneter Natur sein sollen. Detaillierte Vorgaben würden die betriebliche Autonomie der Kantonalbanken verletzen und würden dazu führen, dass die gewollte Aufteilung der Verantwortung zwischen den Kantonalbanken und ihren Eignern verwischen.[33]

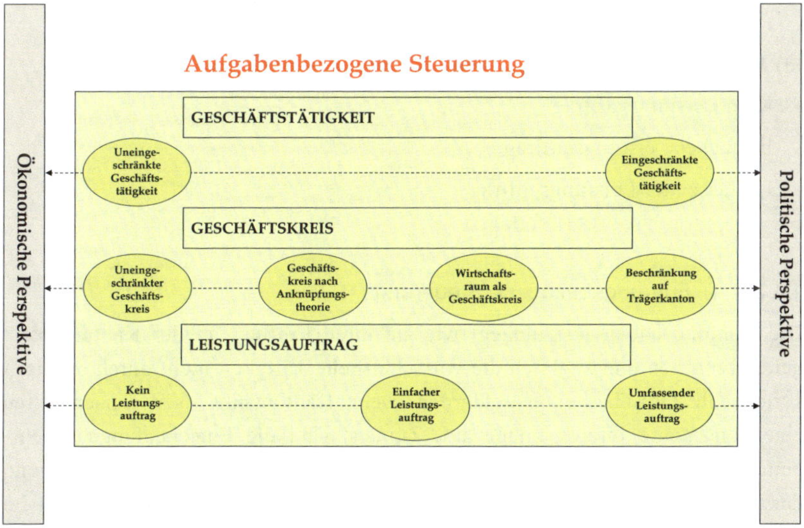

Abbildung 5: Ausgestaltungsvarianten der Steuerungsdimensionen im Steuerungsbereich *Aufgabenbezogene Steuerung*

---

[31] Vgl. Art. 3a BankG.

[32] In Anl. an Lienhard, A. (2008), S. 49.

[33] In Anl. an Bundesrat (2006b), S. 51.

Die Steuerungsdimensionen des Steuerungsbereichs *Aufgabenbezogene Steuerung* weisen folgende Ausgestaltungvarianten auf:

(1) Geschäftstätigkeit

- Uneingeschränkte Geschäftstätigkeit
- Eingeschränkte Geschäftstätigkeit

(2) Geschäftskreis

- Uneingeschränkter Geschäftskreis
- Geschäftskreis nach Anknüpfungstheorie
- Wirtschaftsraum als Geschäftskreis
- Beschränkung auf Trägerkanton

(3) Leistungsauftrag

- Kein Leistungsauftrag
- Einfacher Leistungsauftrag
- Umfassender Leistungsauftrag

1.4.2.3 Führungsbezogene Steuerung

Die Kantone haben festzulegen, wie sie ihren Einfluss an der Kantonalbank geltend machen und zugleich die wirtschaftliche Tätigkeit nicht durch politisch verursachte Unsicherheiten gefährden. Denn Kantonsinteressen weisen selten eine konsistente Interessenlage auf. Zumeist sind die Entscheidungen Mehrheitsmeinungen. Für die Politik besteht in diesem Kontext die Herausforderung darin, die Kantonalbank als Auftraggeber zu steuern, ihr aber den für als im Markt tätiger Unternehmung wichtigen Managementfreiraum zu bewahren.[34]

Bei der führungsbezogenen Steuerung steht die Klärung der Funktionen im Vordergrund. Interessen sind zu kanalisieren und Interessenskonflikte zu vermeiden.[35] In diesem Sinne geht es um die klar definierte Balance zwischen der

---

[34] In Anl. an Schedler, K. et al. (2007), S. 28 f.

[35] Schedler, K. et al. (2007), S. 28.

Führungsfunktion der Geschäftsleitung, der Oberleitungsfunktion des Verwaltungsrates sowie den Aufsichts- sowie Oberaufsichtsfunktionen des Kantons. Idealerweise ist dabei Aufsichtspflicht kongruent mit dem Wahlrecht.[36,37] Zudem ist das Kräfteverhältnis zwischen der Kantonalbank, den Kapitalmärkten sowie dem Kanton und den weiteren Anspruchsgruppen auszutarieren. Ziel dabei ist es, durch die Aufsicht der Unternehmensspitze der Kantonalbank, die unternehmerischen Funktionen in die Interessensphären der Eigner einzubetten.[38]

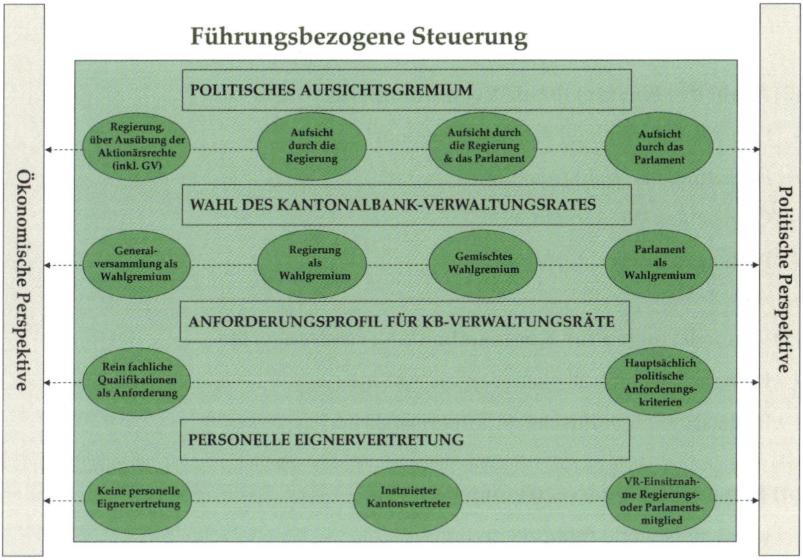

Abbildung 6: Ausgestaltungsvarianten der Steuerungsdimensionen im Steuerungsbereich *Führungsbezogene Steuerung*

36 In Anl. an Bundesrat (2006a), S. 39.

37 Untersteht die Kantonalbank dem Aktienrecht, ist dies verwirklicht. So wählt und beaufsichtigt die Generalversammlung in ihrem Zuständigkeitsbereich den Verwaltungsrat, der Verwaltungsrat seinerseits wählt und übt die Oberleitung des Unternehmens und die Beaufsichtigung der Geschäftsleitung aus.

38 Böckli, P. (2000), S. 133 f.

Die Steuerungsdimensionen des Steuerungsbereichs *Führungsbezogene Steuerung* weisen folgende Ausgestaltungvarianten auf:

(1) Politisches Aufsichtsgremium

- Regierung, über Ausübung der Aktionärsrechte (inkl. Generalversammlung)
- Aufsicht durch die Regierung
- Aufsicht durch die Regierung und das Parlament
- Aufsicht durch das Parlament

(2) Wahl des Kantonalbank-Verwaltungsrates

- Generalversammlung als Wahlgremium
- Regierung als Wahlgremium
- Gemischtes Wahlgremium
- Parlament als Wahlgremium

(3) Anforderungen für Kantonalbank-Verwaltungsräte

- Rein fachliche Qualifikationen als Anforderung
- Hauptsächlich politische Anforderungskriterien

(4) Personelle Eignervertretung

- Keine personelle Eignervertretung
- Instruierter Kantonsvertreter
- VR-Einsitznahme Regierungs- oder Parlamentsmitglied

1.4.2.4 Rechtliche Steuerung

Für die Gründung einer öffentlich-rechtlichen Kantonalbank ist das kantonale Spezialgesetz bzw. das Kantonalbankgesetz konstitutiv. Der Eintrag ins Handelsregister hat nur deklaratorischen Charakter.[39] Bei Kantonalbanken mit der Rechtsform der privatrechtlichen Aktiengesellschaft, gilt das aktienrechtliche

---

[39] Schwitter, G. (2000), S. 252.

Regelwerk. Unter dem Vorbehalt anderslautender Bestimmungen im Bankengesetz ist ausschliesslich privates Gesellschaftsrecht anwendbar, womit Regelungen in Gesellschaftsstatuten zu regeln sind. Dabei ist der Eintrag ins Handelsregister konstitutiv.[40] In einigen Kantonen ist die Beteiligung an der Kantonalbank bereits in der Verfassung verankert, ohne dass dies konstitutiven Charakter hat.

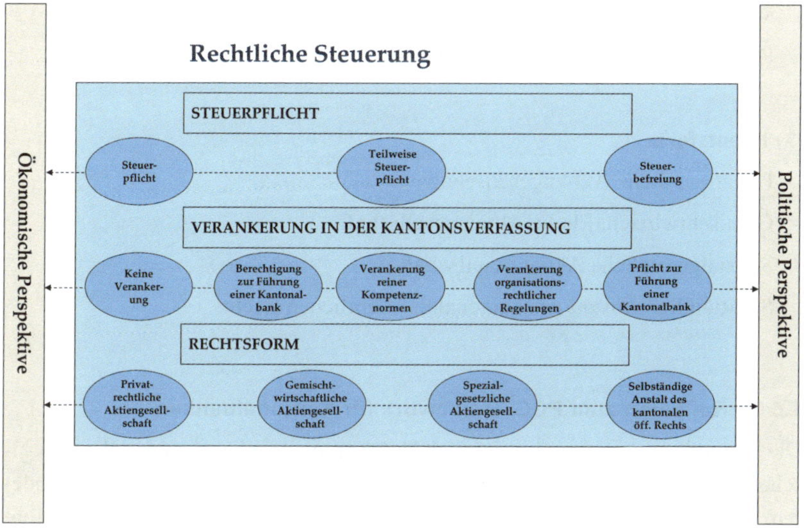

Abbildung 7: Ausgestaltungsvarianten der Steuerungsdimensionen im Steuerungsbereich *Rechtliche Steuerung*

Die Steuerungsdimensionen des Steuerungsbereichs *Rechtliche Steuerung* weisen folgende Ausgestaltungvarianten auf:

(1) Steuerpflicht

- Steuerpflicht
- Teilweise Steuerpflicht
- Steuerbefreiung

[40] Schwitter, G. (2000), S. 105.

(2) Verankerung in der Kantonsverfassung

- Keine Verankerung
- Berechtigung zur Führung einer Kantonalbank
- Verankerung reiner Kompetenznormen
- Verankerung organisationsrechtlicher Regelungen
- Pflicht zur Führung einer Kantonalbank

(3) Rechtsform

- Privatrechtliche Aktiengesellschaft
- Gemischtwirtschaftliche Aktiengesellschaft
- Spezialgesetzliche Aktiengesellschaft
- Selbständige Anstalt des kantonalen öffentlichen Rechts

1.5 Reflexion zum PCG-Framework für Kantonalbanken

Die Kantone unterliegen hinsichtlich der Kantonalbanken einem sehr spezifischen Handlungsrahmen der Public Corporate Governance. Sie sind in besonderem Masse schwierigen Rahmenbedingungen ausgesetzt, welche die Flexibilität das Veränderungspotenzial der Public Corporate Governance vermindern. Herausfordernd ist vor allem die kantonale Politik. Allen voran die Entscheidungen der gesetzgeberischen Gewalt, dem Parlament, müssen diesbezüglich herausgehoben werden. Nicht zuletzt aufgrund fundamental divergierender Interessenlagen und wechselnden Mehrheitsverhältnisse ziehen sich Debatten teilweise über Jahre hinweg. Diese erschweren die Realisierung einer durchwegs konsequenten und konsistenten Public Corporate Governance bei Kantonalbanken massiv. Die Public Corporate Governance bei Kantonalbanken setzt sich aus diesem Grund letztlich aus vielen einzelnen voneinander losgelösten Einzelentscheidungen zusammen, bei welchen teilweise im Legislatur-Zyklus immer wieder andere Massstäbe und Gewichtungen gelten. Zudem sind einige kantonalbankgeschichtlich bedingte Eigenheiten im politischen Veränderungsprozess scheinbar unumstösslich. Die Gesamtdichte an für die Public Corporate Governance von Kantonalbanken relevanten Gesetzen, Verordnungen, Reglemente, Richtlinien und den komplexen Verfahrensregeln sind darüber hinaus ein enges Korsett für Veränderungen. In diesem praktischen Kontext erscheint der strukturierende und konzeptionelle Zugang des oben vorgestellten PCG-Frameworks für

Kantonalbanken zwar als wertvoller Rahmen. Eine Übersicht über die dem Kanton zur Verfügung stehenden Ausgestaltungsmöglichkeiten relevanter Steuerungsdimensionen kann dieses neu ermöglichen. Zugleich ist die Praxis der Public Corporate Governance bei Kantonalbanken eingebunden in ein hoch komplexes Geflecht von Verantwortlichkeiten, unterschiedlichsten Anreizen und Interessen. Eine konzeptionelle Public Corporate Governance bei Kantonalbanken, die sich am Grundsatz einer konsistenten Führung, Steuerung und Kontrolle orientiert, kann damit in den Kantonen nur schwer realisiert werden.

Es scheint, dass je weniger politisch ein Akteur ist, desto mehr hat er Anreize, an einer konzeptionell konsistenten Public Corporate Governance bei Kantonalbanken interessiert zu sein. Politische Akteure, die aufgrund der in den Kantonen teilweise prekären Kassenlage ein Interesse an der Erhöhung der Wirtschaftlichkeit der Kantonalbank haben könnten, richten ihre Blicke zu wenig auf eine langfristig wirksame und optimale Konzeption der Public Corporate Governance bei Kantonalbanken. Die tatsächliche Umsetzung von Veränderungen sowie die Nutzung der Erkenntnisse aus der Public Corporate Governance-Forschung bleiben heute zu oft noch auf der Strecke. Obwohl jeder einzelne Kantonsbürger von einer solchen Umsetzung einen grossen Nutzen hätte. Denn dieser alleine kann die Effizienz und Konsistenz der Public Corporate Governance bei Kantonalbanken nur schwer überblicken und beurteilen. Er braucht politische Akteure, die sich in seinem Interesse einsetzen.

Hinweis: Auszug aus laufendem Projekt «Public Corporate Governance bei Kantonalbanken», D. Piazza, 2012.

Literaturverzeichnis

- Aristoteles (2001): Politik, Höffe, O. (Hrsg.), Akad.-Verl., Berlin.
- Berle, A. A. / Means, G. C. (1930): Corporations and the Public Investor, in: American Economic Review, No. 20 (March 1930), S. 54-71.
- Blankart, C. B. (1987): Öffentliche Unternehmen und ökonomische Theorie, Referate und Diskussionsbeiträge eines Kolloquiums des Wissenschaftlichen Beirats der Gesellschaft für Öffentliche Wirtschaft und Gemeinwirtschaft am 2. und 3. Oktober 1986 in der Universität Mannheim, Nomos, Berlin.
- Böckli, P. (2000): Corporate Governance auf Schnellstrassen und Holzwegen, in: Der Schweizer Treuhänder, 74. Jahrgang (3/2000), S. 133-152.
- Budäus, D. / Hilgers, D. (2009): Public Corporate Governance, in: Hommelhoff, Peter / Hopt, K. J. / Von Werder, A. (Hrsg.), Handbuch Corporate Governance, 2. Aufl. Stuttgart, S. 747-778.
- Bundesrat (2006a): Bericht des Bundesrates zur Auslagerung und Steuerung von Bundesaufgaben (Corporate-Governance-Bericht) vom 13. September 2006, Bern.
- Bundesrat (2006b): Erläuternder Bericht der Eidgenössischen Finanzverwaltung zum Corporate-Governance-Bericht des Bundesrates vom 13. September 2006, Bern.
- Downs, A. (1967): Inside bureaucracy, Rand Corporation, Brown, Boston.
- Fama, E. F. / Jensen, M. C. (1983): Separation of Ownership and Control, in: Journal of Law and Economics, Vol. 26, No. 2, (June 1983), S. 301-325.
- Herzog, R. (1980): Kommentar zu Artikel 20 Grundgesetz: Die Verfassungsentscheidung für die Demokratie, in: Maunz, Theodor / Dürig, Günter (Hrsg.), Kommentar zum Grundgesetz, München.
- Hirschman, A. O. (1970): Exit, Voice and Loyalty – Responses to Decline in Firms, Organizations and States, Harvard University Press, Harvard.
- Jensen, M. C. / Meckling, W. H. (1976): Theory of the Firm: Managerial Behavior, Agency Costs and Ownership Structure, in: Journal of Financial Economics, No. 4 (October 1976), S. 305-360.
- Lienhard, A. (2008): Grundlagen der Public Corporate Governance, Referat anlässlich der 3. Wissenschaftlichen Tagung der Schweizerischen Vereinigung für Verwaltungsorganisationsrecht (SVVOR) vom 31. Oktober 2008, Kompetenzzentrum für Public Management der Universität Bern, Bern.
- Lütge, C. (2006): Unternehmenskontrolle bei Privatunternehmen im Eigentum der öffentlichen Hand – Public Corporate Governance, GRIN Verlag, Norderstedt.
- Pellens, B. / Hildebrandt, F. / Tomaszewski, C. (2000): Value Reporting, eine empirische Analyse der DAX-Unternehmen, in: Wagenhofer, A. / Hrebicek, G. (Hrsg.), Wertorientiertes Management, Stuttgart, S. 177-207.
- Piazza, D. (2010): Was soll die Staatsgarantie kosten? In: Finanz und Wirtschaft, Nr. 58, 28. Juli 2010, S. 21.
- Piazza, D. (2006): Eignerstrategien für Kantonalbanken, Universität St. Gallen, St. Gallen.

- Plamper, H. (2005): Herrschaft der Beschäftigten und Herrschaft des Volkes – Mitbestimmung als Teil des Corporate Governance Kodex, in: Ruter, Rudolf X. / Sahr, Karin / Graf Waldersee, Georg (Hrsg.): Public Corporate Governance – Ein Kodex für öffentliche Unternehmen, Betriebswirtschaftlicher Verlag Dr. Th. Gabler/GWV Fachverlage GmbH, Wiesbaden, S. 63-78.
- Schedler, K. / Gulde, A. / Suter, S. (2007): Corporate Governance öffentlicher Unternehmen, Ausgewählte Fragen zur Führung staatlicher Beteiligungen, Universität St. Gallen, St. Gallen.
- Schmidt, M. G. (2010): Demokratietheorien – Eine Einführung, 5. Auflage, VS Verlag für Sozialwissenschaften, Springer Fachmedien Wiesbaden GmbH, Wiesbaden.
- Schwitter, G. (2000): Die Privatisierung von Kantonalbanken, Universität Fribourg, Fribourg.
- Verband Schweizerischer Kantonalbanken (2010): Kantonalbanken in Zahlen – Die wichtigsten Kennzahlen (per 31.12.2009), Adressen sowie die Rechtsform der einzelnen Institute, Basel.

2 Bankenkapitalisierung im Wandel der Zeit

Dieser Beitrag blickt zurück auf 20 Jahre Bankbilanzsteuerung, illustriert die Rolle von Bankkapital während mehrerer Phasen, stellt die Diskussion über Regulierung und Aktionärswert in einen Kontext und zieht Schlüsse.

Martin Spillmann

Dr. Martin Spillmann (1961) ist Dozent und Projektleiter am Institut für Finanzdienstleistungen Zug IFZ der Hochschule Luzern – Wirtschaft. Er studierte an der Universität Zürich Betriebswirtschaftslehre und promovierte 1990 mit einer bankwirtschaftlichen Dissertation. Von 1987-1990 war er Forschungsassistent am Institut für schweizerisches Bankwesen der Universität Zürich. Seit 2012 arbeitet er an der Hochschule Luzern – Wirtschaft.

Davor war Martin Spillmann viele Jahre in verschiedenen Funktionen für die UBS AG tätig, zuletzt als Deputy Group Treasurer. Er ist Mitglied der Fakultät des Swiss Finance Institute und Geschäftsführer der Zug Commodity Association. Er lebt mit seiner Familie in Zug.

Kontakt: martin.spillmann@hslu.ch

2.1 Am Anfang

Am 3. Januar 1991 trat ein neuer junger Mitarbeiter in die Abteilung Global Treasury des Schweizerischen Bankvereins (SBV) ein. Er fand sich in einer Welt mit klaren Hierarchien, nicht nur innerhalb der Bank, sondern auch zwischen den Banken: Damals gab es vier Schweizer Grossbanken, deren Grösse in einer klaren Rangfolge stand. Grösse und Bedeutung mass man damals nicht an Gewinn, Marktkapitalisierung oder anderen aktionärsorientierten Grössen, sondern an der Bilanzsumme. Wehe der, die eine andere an Bilanzvolumen überholte! So wurden der Abteilung des neuen Mitarbeiters Bilanzsummenziele vorgegeben, welche jedes Monatsende einzuhalten waren.

Bald arbeitete ich selbst in der jeweils letzten Zeitzone vor dem Monatsende, und unter Führung des wackeren New Yorker Chefgeldhändlers Richard Catti gaben wir unser Bestes, um den Schweizer Vorgaben Monat für Monat zu entsprechen.

Kurz darauf, 1993, erhielt der Bankverein erstmals einen CFO, ein Neueinsteiger von McKinsey. Die Bilanzsumme interessierte ihn wenig. Wichtiger wurden Geschäfte, Risiken und Aktionärswerte. Richard Catti war erleichtert.

Die Frage nach der Bedeutung von Bilanz und Kapital blieb danach lange Zeit unbeantwortet. Da diese Grössen in gewisser Weise das Geschäftsmodell reflektieren, sind sie beide wichtig. Ihre Entwicklung war in den vergangenen zwei Jahrzehnten gewaltigen Veränderungen unterworfen, wobei die Veränderungen nicht linear, sondern eher in Zyklen erfolgten.

2.2 Sieben Phasen der Kapitalbewirtschaftung

Wie viel Kapital ist künftig nötig, und in welchem Verhältnis soll es zum Geschäftsvolumen stehen? Ein Blick zurück *aus 3000 Metern Höhe* mag den Blick öffnen.

Phase 1: Alte Schule

Wahrscheinlich gab es Gründe, weshalb viele Banken bis Anfang der Neunzigerjahre keinen CFO hatten. Das Geschäft war weniger kompetitiv als heute, Zinsen waren administriert, die Transparenz gering, abgesehen von der Bilanzsumme, und die Aktionäre wenig fordernd. Kapitalvorschriften waren im Vergleich zu heute überschaubar (Basel I wurde 1988 eingeführt). Eine Kapitalplanung im heutigen Sinne gab es bei den Schweizer Banken mit ihren Top-

Ratings kaum. Kapitalerhöhungen waren eher eine routinemässige Ergänzung zur Bardividende. Überlegungen zum Ertrag pro Aktie oder deren Bewertung spielten eine untergeordnete Rolle.

Dies führte zu einer unbefriedigenden Kapitalallokation. Die Kapitalrendite beim SBV lag damals – während sich am Geldmarkt 9% verdienen liessen – bei höchstens 5%. Zu erwähnen ist auch die durch eine harte Zinswende ausgelöste Immobilien- und Bankenkrise dieser Zeit, welche nebst einer schlechten Kapitalallokation auch Mängel in der Refinanzierung und im Zinsrisikomanagement evident machte.

1994: Aufbruch

Der Ausspruch *Wir steuern Risiken, nicht die Bilanz* befreite das Finanzmanagement von den Fesseln der Buchhaltung. Risiken, Risikosysteme und neue Produkte (Derivate) traten an deren Stelle. Zwischen Marktrisiken und Bilanzrisiken begann sich ein Graben zu öffnen. Die Handelsbücher waren aber absolut und im Vergleich zum klassischen Bilanzgeschäft noch klein.

Der wesentliche Anspruch der damaligen Zeit lag in der Schaffung von Transparenz gegenüber den Investoren. Erstmals wurden konsolidierte Bilanzen und Ergebnisse pro Geschäftsbereich rapportiert. Die Leistungen der Geschäftsbereiche sowie deren Ressourcenbeanspruchung wurden vergleichbar mit der Konkurrenz. Dies erlaubte, strategische Schlüsse zu ziehen.

2000: Kapital muss Wachstum finanzieren

1998 übernahm die Credit Suisse die Winterthur Versicherung, und 2000 Donaldson, Lufkin & Jenrette. Der SBV kaufte 1997 S.G. Warburg und Dillon Read. 1998 fusionierten SBV und die Schweizerische Bankgesellschaft zur neuen UBS, welche sich 2000 PaineWebber einverleibte. Diese Phase des strategischen Aufbruchs in – aus heutiger Sicht – unbeschwerte globale Geschäftsmodelle war geprägt von optimistischem Glauben an die Globalisierung und unerschöpflichen Finanzierungsmöglichkeiten. Die Grenze war der Himmel – und das Eigenkapital. Denn Kapital gemäss Basel I war die einzige wirkliche Restriktion des Wachstums.

Dies machte ein ausgeklügeltes Kapitalmanagement erforderlich (mit Einsatz von Aktienrückkäufen, kapitalähnlichen Anleihen und Kapitalerhöhungen auf verschiedenen Wegen). Effizientes Kapitalmanagement half auch, die Internetkrise wegzustecken. Kapital wurde in doppelter Hinsicht gehebelt (Leverage):

erstens als Erhöhung der Schulden gegenüber dem Kapital, und zweitens – innerhalb des Kapitals – als Erhöhung des ergänzenden Kapitals gegenüber dem Kernkapital. Kapitalquoten wurden bis Ende 2005 nach Basel I berechnet, die Kapitalplanung war aber bereits stark von den absehbaren verfeinerten Regeln gemäss Basel II beeinflusst.

2006: Kapital maximiert EPS

2006 wurde Basel II eingeführt. Als in den Jahren davor die Kapitalunterlegung der Handelsaktivitäten ausgehandelt und definiert wurde, sassen die Banken mit am Tisch. Es folgte eine goldene Zeit. Selbstverständlich fussten die Erträge und Kapitalrenditen auch auf operationeller Effizienz in wachsenden Märkten. Der Anteil des Kapital-Leverage am Erfolg dieser Zeit war aber substanziell.

Leverage manifestierte sich zum Beispiel wie folgt: (1) Das Geschäft wuchs besonders in den Handelsbüchern. Diese profitierten enorm von Basel II, weil die nun dominierende Value-at-Risk-Methode nur noch wenig Kapital verlangte. (2) Trading-Aktiven wurden erworben, mittels Repogeschäften oder Ausgabe von Geldmarktpapieren finanziert, und Markt- und Kreditrisiken mittels Derivaten abgesichert. Dies mit mässiger Marge, aber scheinbar risikolos, und daher bei wirklich grossen Volumen eine offenbar profitable Bilanzausweitung. (3) Der Leverage stieg schliesslich auch auf Unternehmensstufe: Mittels Hybridanleihen wurden Fixed Income-Investoren tief nachrangige Anleihen verkauft. Da diesen hybriden Anleihen Kapitalcharakter zugestanden wurde, erlaubte ihre Emission, im gleichen Ausmass von den Aktionären Aktien zurückzukaufen und zu vernichten. Dies erhöht den Gewinn pro Aktie bei scheinbar konstanter Kapitalbasis. Höhere Gewinne pro Aktie sollten – unter Annahme konstanter Kurs-Gewinn-Verhältnisse – einen höheren Aktienkurs bewirken. Eine Rechnung, die zunächst aufging. Die nachstehende Abbildung illustriert die Bilanzexpansion dieser Zeit.

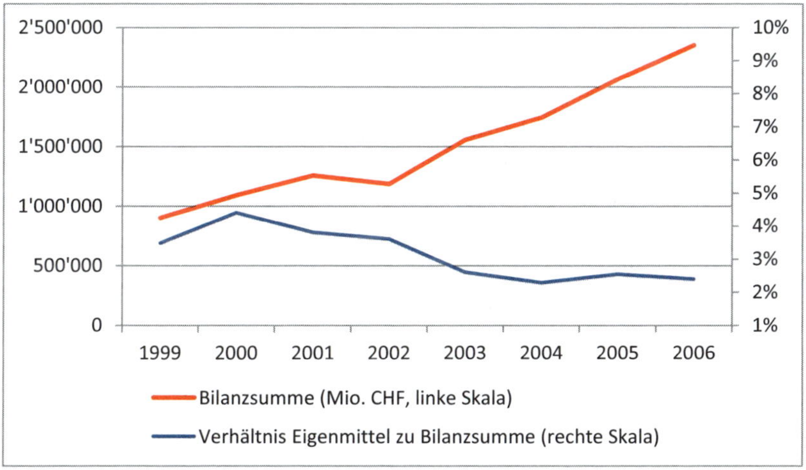

Abbildung 1: UBS Bilanzsumme und Eigenkapital

Quelle: Bankscope

Ab 1999 expandierte die Bilanzsumme, während die anrechenbaren Eigenmittel auf unverändertem Niveau verblieben. Das Verhältnis Eigenmittel zu Bilanzsumme verschlechterte sich damit dramatisch. Das regulatorische Kapital als Quote (Eigenkapital / risikogewichtete Aktiven) blieb allerdings stabil bei ca. 11%. Die Erklärung dafür liegt in der Risikogewichtung, welche das bilanzintensive Handelsgeschäft weitgehend vor Kapitalanforderungen verschonte. Kein Wunder wuchsen vor allem die Handelsbücher.

Neu gewonnenes Kapital, das von Gewinnen, Wechselkursverschiebungen, Emissionen hybrider Anleihen oder selektiven Risikoreduktionen herrührte, konnte laufend zur Finanzierung von Dividenden und Aktienrückkäufen verwendet werden. Dies erfolgte mit dem Ziel, die gewichtete regulatorische Quote gemäss Basel II nicht über eine selbst vorgegebene Zielgrösse von ca. 11% hinauswachsen zu lassen. Erstens gehörte das überschiessende Kapital ohnehin den Aktionären, zweitens steigerte es den Gewinn pro Aktie, und schliesslich wollte man sich nicht wegen Überkapitalisierung dem Risiko einer ausländischen Übernahme aussetzen.

Die Märkte applaudierten, und das Management erhielt viel Anerkennung für diese Massnahmen. Eine umfangreiche Fallstudie der Harvard Business School widmete sich der Strategie und der Entwicklung der UBS. Renommierteste Business Zeitschriften portraitierten UBS Top Manager auf ihrer Frontseite.

2007: Das Licht geht aus

Die Finanzkrise bahnte sich bereits in der ersten Jahreshälfte an, mit zunehmenden Konkursen und massiven Herabstufungen der Bonität hypothekengedeckter Papiere. Danach brach der Markt für gedeckte Geldmarktpapiere (ABCP) ein. Im Sommer erreichten die Probleme der US Hypotheken- und Kreditmärkte dann den klassischen Interbankenmarkt. Verlangten die Märkte bislang für Zins- und Kreditrisiken praktisch identische Preise, wurde nun differenziert. Preise für Overnight Index Swaps und Preise für Libor unterschieden sich plötzlich massiv. Die Refinanzierung bekam ihren eigenen und zunehmend teureren Preis. Die Finanzierung grosser Volumen wurde schwierig, und die Anforderungen an Sicherheiten stiegen. Abbildung 2 zeigt, dass der Markt zu Beginn des Jahres 2007 gegen Sicherheiten von 100 noch Kredit in der Höhe von 99.9% gab (100% minus *Haircut*). Gegen Ende Jahr waren es noch 90%, und 2008 fiel die Kreditgewährung auf 55%.

Modelle, die auf sophistiziertem *credit versus interest rate risk stripping*, unbegrenzter Liquidität und Value-at-Risk basierten, zerbrachen in der Luft. Für viele Produkte gab es keine Preise mehr. Value-at-Risk wurde ein wertloses Konzept. Illiquidität und Abschreibungen auf riesigen Handelsbeständen waren die Folge. Die grosse Bilanz wurde zum lästigen Klotz am Bein. Liquidität erhielt oberste Priorität.

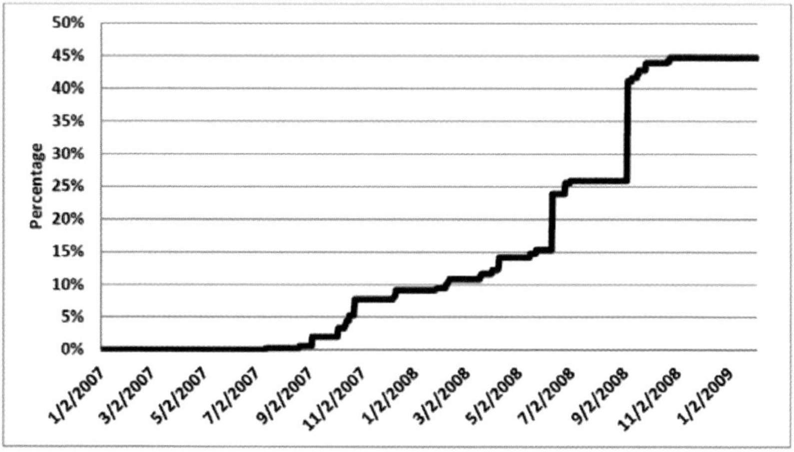

Abbildung 2: Haircuts neun ausgewählter Aktivenkategorien

Quelle: Gorton, G. / Metrick, M. (2012)

2008: Kapital sichert das Überleben

Dem Run auf ABCP folgte der Run auf ganze Bankbilanzen. Banken verloren Kundeneinlagen, wurden illiquid und mussten schliessen. Die UBS verlor innert Jahresfrist CHF 80 Mrd. Kundengelder. Wie andere Banken auch, musste sie dringend ihre Bilanz reduzieren. Diese Re-Dimensionierung zur Unzeit vernichtete jedoch Kapital, denn der (Aus-) Verkauf drückte die Preise – ein Teufelskreis. Zum Ausgleich mussten zahlreiche Notfallmassnahmen ergriffen werden (wie Kapitalerhöhungen, Pflichtwandelanleihen und Auslagerung toxischer Aktiven). Es gelang knapp, das Kapital in ausreichender Höhe zu halten. Die Aktionäre bluteten. Andere Banken gingen in Konkurs. Abbildung 3 verdeutlicht die dramatische Bilanzreduktion am Beispiel der UBS, vor allem in den Jahren 2008 und 2009.

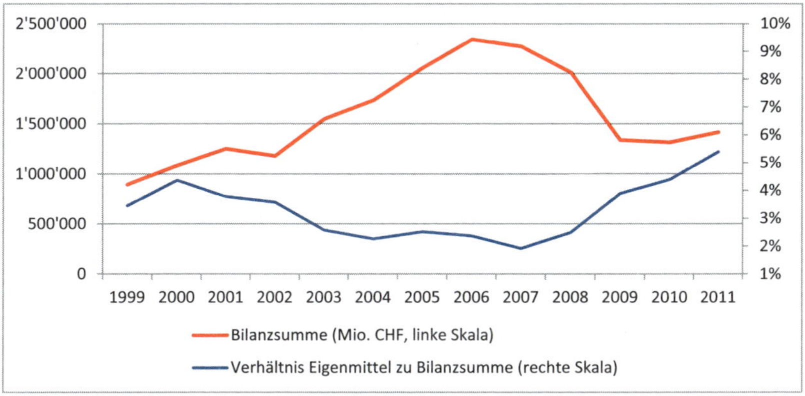

Abbildung 3: UBS Bilanz und Eigenkapital

Quelle: Bankscope

Heute: Kapital muss Vertrauen schaffen

Im Nachgang der Krise wurden die Kapitalquoten kräftig gestärkt: Bilanzsumme und Risiken wurden reduziert, gleichzeitig stieg das Mass an verfügbarem Kapital. Dies verbesserte, trotz gleichzeitig nachgeschärften Berechnungsregeln, die Kapitalquoten signifikant. Das heutige Bild zeigt die Gläubiger (d.h. die Anleger von Kundengeldern und die Käufer von Anleihen) in einer relativ zu den Kapitalgebern besseren Position denn je. Die Last der Sanierung während und nach den Krisenjahren trugen die Kapitalgeber. Ihre Aktien wurden verwässert. Und ihre Aktienbewertung blieb deprimierend. Die Kurs-Gewinn-

Verhältnisse sind – trotz sicherer Geschäftsmodelle und reduziertem Leverage – noch nicht wieder angestiegen. Gründe mögen Marktunsicherheiten, Skepsis gegenüber den Geschäftsmodellen oder auch beides sein.

Basel III steht am Horizont, aber bis 2018 ist es noch ein weiter Weg. So ist der Ersatz von nachrangigem und hybridem Kapital durch echt verlusttragende Kapitalgrössen noch längst nicht abgeschlossen.

Abbildung 4 illustriert, erneut anhand der UBS, den Kapitalaufbau ab 2007 in absoluten Zahlen, im Verhältnis zu den risikogewichteten Aktiven gemäss Basel II wie auch in Relation zur Bilanzsumme (FINMA Leverage Ratio).

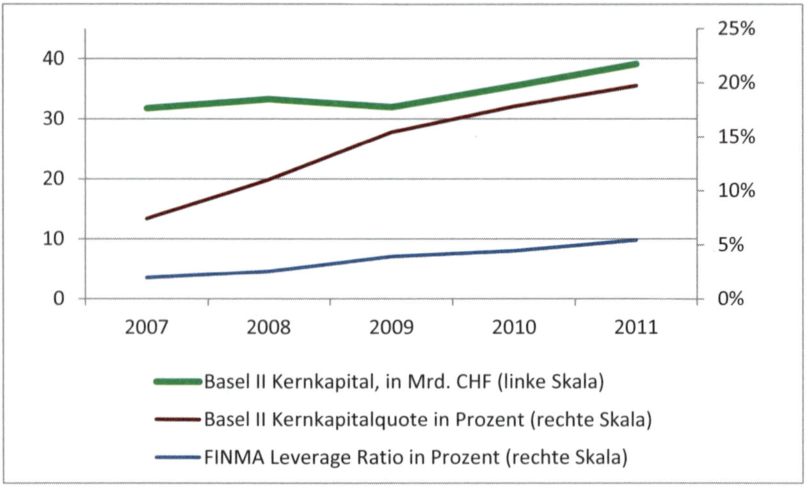

Abbildung 4: UBS Eigenkapital und Leverage

Quelle: Geschäftsberichte

Die heutigen Basel II-Regeln werden über die nächsten Jahre noch restriktiver werden (bis hin zum künftigen Basel III). Diese Verschärfung wird die braune Linie signifikant nach unten drücken. Bis zum Jahr 2018 müssen nach den neuen Regeln dann wieder Kapitalquoten von 19% erreicht sein. Aufgrund dieser Regeländerungen sind Darstellungen über längere Zeiträume mit Vorsicht zu geniessen. Dies ist auch der Grund, weshalb die Kapitalgrössen von vor 2007 nicht in Abbildung 4 gezeigt werden.

2.3 Feststellungen

Was lehrt uns diese Geschichte? Einige Feststellungen und Ideen für die Zukunft:

Den Zeitgeist vergegenwärtigen

Jede Managementepoche – und daure sie nur wenige Jahre – hat ihre eigene Denk- und Fühlweise, und diese Eigenarten üben eine starke Kraft aus. Sich vorherrschenden Trends zu entziehen, das scheint in der pulsierenden Finanzwirtschaft besonders schwierig zu sein. Kaum ein Management kann sich auf Dauer einer breit geteilten Markteinschätzung, dem veröffentlichten Zeitgeist, charismatischen Meinungsführern und dem Druck der Investoren und Kunden entziehen. CEO und CFO müssen nicht nur Recht haben, sondern auch von ihrer Umgebung Recht erhalten. Besonders in Publikumsgesellschaften.

Natürlich trifft diese Feststellung ebenso auf Kunden, Investoren, Politiker – und auch auf Regulatoren zu. Die Entwicklung von Basel I bis Basel III zeigt: Auch die Weltanschauung der Regulierung ist prozyklisch. Wie anders war doch die Finanzwelt vor 6 Jahren? Und wenn Basel III in 6 Jahren eingeführt wird, wird sie erneut eine andere sein.

Der Paradigmawandel hat stattgefunden

Zunächst haben Banken heute deutlich mehr Kapital. Einige mögen sagen, es reiche noch immer nicht. Dennoch ist der Trend nach oben vorgegeben. Zudem scheint die Meinung verbreitet, dass mehr Kapital nicht nur Einlegern, Anleihensinvestoren und dem Staat diene, sondern ebenso den Aktionären grundsätzlich *nicht schade.* Denn letztlich dürfte die zunehmende Sicherheit, die aus dem Abbau des Leverage gewonnen wird, sich in einer Erholung der Bankaktien niederschlagen. Dass diese Neubewertung noch auf sich warten lässt, dürfte eher an den gegenwärtigen Marktunsicherheiten liegen. Würden allerdings, im Vertrauen auf die *Airbag-Wirkung* wachsender Kapitalpolster, einfach Risikoappetit und sorglose Geschäftsmodelle wieder ausgebaut, dann wäre nichts gewonnen.

Modigliani-Miller lebt

Der Rückblick zeigte den Versuch, durch finanzielle Massnahmen die Gewinne pro Aktie und damit letztlich den Aktienpreis zu steigern. Leider sank als Folge dieser Massnahmen das Kurs-Gewinn-Verhältnis (KGV) überproportional. Man kann ableiten: Steigen Gewinne pro Aktie durch Aktienrückkäufe, steigt der Leverage und sinkt die Sicherheit, somit fällt das KGV. Beide Effekte neutralisieren sich über einen längeren Zeitraum. Andererseits gilt: Sinken die Gewinne pro Aktie durch Verwässerung, aber steigt die Sicherheit, steigt auch das KGV. Die Konsequenz ist: Der Aktionärswert als Produkt beider Grössen bleibt langfristig in etwa konstant. Finanzieller Leverage ist also kein nachhaltiger Werttreiber für den Aktienpreis. Wohl aber beeinflusst er die Position der Anspruchsgruppen wie Kunden, Gläubiger und Staat.

Kapital ist schliesslich nur dann teuer, wenn eine Bank es sich zur Unzeit beschaffen muss; der Prozess der *späten Nachkapitalisierung* ist dann schmerzhaft. Ist das Kapital aber einmal da, unterstützt es die Aufnahme von Fremdkapital. Modigliani-Miller lebt.

«Die Aktionäre bluteten»

Die erste Verteidigungslinie hat in der Krise eigentlich funktioniert, zumindest in der Schweiz. Es waren die Risikokapitalgeber, d.h. die Aktionäre (und auch die Mitarbeiter), welche letztlich alle Risiken trugen. Sie kamen für die Sanierungskosten auf. Der Staat kam mit einem blauen Auge davon, und machte aus der beherzten UBS-Rettung mit viel Glück sogar Gewinn. Es hätte auch anders kommen können.

Die Investoren in hybride und in nachrangige Anleihen – immerhin Instrumente mit Kapitalcharakter und eine Grundlage für den Leverage – kamen ungeschoren davon. Diese Kapitalkategorien werden künftig zu Recht ersetzt durch bedingt wandelbare oder bedingt verlusttragende Spezialanleihen, sogenannte CoCo-Anleihen. Künftig werden auch die Investoren in diese Instrumente mit Kapitalcharakter ihren Beitrag leisten müssen, schon bevor die Bank in Konkurs geht.

2.4 Ideen und Forderungen

Wie kann die Bankkapitalisierung der Zukunft aussehen?

Der Leverage kann anderswo sein

Wollen Investoren in Bank-Aktivitäten sich der Versuchung eines höheren Leverage hingeben, so hindert sie kein Regulator daran. Niemand verbietet es Aktionärinnen und Aktionären, ihre Titel teilweise über einen Lombardkredit zu finanzieren. Das gewünschte Rendite-Risiko-Profil stellt sich so auf Investorenseite ein. Die Bank als Plattform für Bank-Aktivitäten gibt dabei lediglich ein Basis-Risikoprofil vor, das je nach Risikoappetit noch nach oben angepasst werden kann. Da die Bank selber eine volkswirtschaftliche Funktion erfüllt, ist ein defensives Basisprofil sinnvoll. Weitergehender Leverage kann und soll in den Privatdepots erfolgen. Die Forderungen der Bankenaufsicht nach reichhaltigen Kapitalpolstern im öffentlichen System sollten daher unterstützt werden.

In Ländern, in denen der Staat Banken retten musste, übernahm dieser selber Teile des Banken-Leverage – letztlich eine Fehlallokation von Risiken. Ist der Staat nicht selber bereits überschuldet, kann er so zwar immerhin die Funktion der Finanzmärkte gewährleisten. Bemängelt werden muss aber, da so Risiken sozialisiert werden. Das Gleiche gilt für die Zentralbanken.

CoCos ersetzen Insolvenzrecht

Kein Ertrag ohne Risiko. Daher baut Marktwirtschaft grundsätzlich auf die disziplinierende Wirkung des Konkurses. Der Pferdefuss im Finanzsektor aber ist: Die heutige globale Finanzwelt verfügt über kein funktionierendes internationales Konkursrecht. Das Schweizer Insolvenzrecht allein wird so auch beim nächsten Mal nicht krisentauglich sein. Es bleibt das Risiko einer Staatsrettung auf Kosten der Steuerzahler (z.B. mittels Aufteilung in *good*, *bad* oder *bridge banks*). Daher hängt am Ende alles an den Geschäftsstrategien in Kombination mit einer vorausschauenden Regulierung. Für systemrelevante Banken bedeutend sind dabei die CoCo-Anleihen. Für die emittierenden Banken bewirken CoCos zwar hohe laufende Kosten. Durch ihre Wirkung entlasten sie aber im Krisenfall den Staat. Die hohen Zinscoupons überwälzen lediglich die Kosten der impliziten Staatsgarantie auf die Emittenten. Auch hier kann die behördliche Strategie nur unterstützt werden.

Dividenden steuerprivilegieren?

Wenn *Kapital gut, und Leverage schlecht* ist, warum werden dann ausgerechnet Schulden gegenüber dem Kapital steuerlich bevorzugt? Bei den CoCos scheint man eine Lösung gefunden haben, denn die Entschädigung auf dieser Kapitalkategorie ist steuerlich abzugsfähig. Müssten dann nicht auch die Entschädigungen auf den besten aller Kapitalteile, sprich den Aktiendividenden, ebenfalls steuerlich abzugsfähig sein?

Die Schweiz nimmt sich jeweils Zeit für derartige Gesetzesänderungen. Darum sollte die Diskussion jetzt geführt werden.

Loyalität fördern

Die Kurzfristigkeit an den Kapitalmärkten ist eine Realität. Die durchschnittliche Haltefrist von Aktien ist während Jahrzehnten gesunken, ein Phänomen, das unter dem Begriff *Short-Termism* beklagt wird. Die Krise zeigte, wie kostspielig Prozyklizität ist. Nachhaltig wirtschaften hiesse langfristig denken und handeln. Eine den Zeitgeist überdauernde Sicht wäre also wünschenswert. Erste Ideen zielen daher in die Richtung, langfristig engagierte und loyale Aktionäre zu belohnen. Stimmrechte, die mit zunehmender Haltedauer ansteigen oder Vorzugsdividenden könnten dies bewirkten. Auch diese Diskussion über Anpassungen des Obligationenrechts sollte heute geführt werden.

Modellrisiken korrigieren

Auch die Regulierung ist vor Irrtum nicht gefeit. Die zwei grössten Fehler der Bank für Internationalen Zahlungsausgleich, der Mutterinstitution von Basel II waren: (1) Übervertrauen in Value-at-Risk und als Konsequenz Unterschätzung der Risiken in den Handelsbüchern; (2) Die Einschätzung von Länderrisiken als *risikofrei*. Der erste Fehler war ein Produkt seiner Zeit, woran auch die Finanztheorie nicht unbeteiligt war. Hinter dem zweiten Irrtum können Motive der *finanzieller Repression* vermutet werden. Beide Fehler führten zu einer enormen Kapital-Fehlallokation während der ersten zehn Jahre des neuen Jahrtausends.

Die logische Forderung, insbesondere von Seiten der Bankkunden, muss lauten: Geringere Risikogewichte für Kredite an Unternehmen; Differenzierte Risikogewichte für Staaten.

Keine Überregulierung der Liquidität

Die Illiquidität der Märkte war ein Schlüsselerlebnis auch für die Regulatoren. Deren Agenda zielt daher in drei Richtungen: Mehr Kapital zur Verlustabsorption, eine Lösung für systemrelevante Banken, und mehr Liquidität in den Bankbilanzen. Die Forderung nach mehr Kapital scheint akzeptiert; und mit CoCo-Anleihen scheint ein Instrument gefunden, um Kosten der Rettung von Too-Big-To-Fail-Banken zu internalisieren. Kritischer ist die dritte Stossrichtung: Denn die Forderung nach mehr Liquidität widerspricht der klassischen

Transformationsfunktion der Banken. Banken sammeln kurzfristige Gelder, und gewähren illiquide Kredite. Ihr eigentlicher Existenzzweck ist es ja gerade, latent illiquid zu sein. Wer sie nun dazu anhält, grosse Pools von Liquidität stets in Reserve zu halten, greift in diese volkswirtschaftliche Funktion ein. Die Rolle des Lender-Of-Last-Resort tragen bereits die Zentralbanken. Die Banken müssen nicht überliquid sein. Es genügt, wenn sie solvent sind.

2.5 Der Kreis schliesst sich

Was geschah eigentlich mit Richard Catti? Am Ende dieses sich über 20 Jahre erstreckenden Überblicks gäbe es wieder viel zu tun für ihn. Nun, nachdem seine Aufgaben im Zuge der globalen Geschäftsmodelle andernorts durch andere übernommen wurden, war er redundant und verliess die Bank. Seine damaligen Vorgesetzten, die anschliessend die grosse Bilanzausweitung in London, New York und Tokyo verantworteten, mussten kurze Jahre später ebenfalls gehen.

Seit die Behörden nebst den gewichteten Kapitalquoten auch die ungewichtete Kapitalquote einführten (Leverage Ratio), gibt es die guten alten Bilanzvorgaben wieder. Richard Catti erhielt Nachfolger. Ohnehin ist lokales Bilanzmanagement, seit die Globalisierung durch um sich greifende lokale Regulierungen abgelöst wird, wieder absolut en vogue.

Literaturverzeichnis

- BankScope-Datenbank von Bureau van Dijk.
- Gorton, G. / Metrick, M. (2012): Getting up to Speed on the Financial Crisis, Seite 31, Online: http://ssrn.com/abstract=1974662.

3 Der Compliance Officer und seine Instrumente

Es ist ein *Truism*, dass das «Schlüsselelement» Mensch der wichtigste Träger von Compliance ist. Damit sind insbesondere Verwaltungsräte und Geschäftsleitungsmitglieder, aber auch jeder Mitarbeitende gemeint. Es nützt nichts, wenn ein Unternehmen ein taugliches Compliance-Regelwerk einführt, die Regelungen jedoch nicht mit der notwendigen Hartnäckigkeit und ohne Ansehen der Person durchsetzt. Die operativ einsetzbaren Instrumente des Compliance Officer sind dafür wichtige Voraussetzung, denn sie bilden Teil der konkreten Grundlagen, die geschaffen werden müssen, damit das Unternehmen und seine Mitarbeitenden sich regelkonform verhalten.

Monika Roth

Prof. Dr. iur. Monika Roth (1951) ist Dozentin am Institut für Finanzdienstleistungen Zug IFZ der Hochschule Luzern – Wirtschaft und leitet dort den von ihr konzipierten Diplomlehrgang Compliance Management. Sie hat an der Universität Basel Jurisprudenz studiert, promoviert und in Basel das Advokaturexamen abgelegt. 1994 hat sie die Swiss Banking School in Zürich absolviert. Sie ist Partnerin der Kanzlei roth schwarz roth und von ROTH The Matchmakers in Binningen/BL sowie von fintegrity gmbh, Bern. Weiter ist sie unabhängiges Mitglied des Verwaltungsrates der Ethos Services AG, Genf und von kmuOnline ag, Oberwil/BL. Zudem ist sie Vizepräsidentin des Strafgerichts Basel-Landschaft. Sie ist Autorin von verschiedenen Standardwerken und Artikeln im Bereich Compliance, Corporate Governance und Finanzmarktrecht.

Kontakt: monika.roth@hslu.ch

3.1 Einleitung

Der britische Neurologe Oliver Sacks beschreibt in seinem Buch «The Man Who mistook His Wife for a Hat» folgende Anekdote: «A man went to his doctor complaining of memory lapses. The doctor asked him some routine questions, and then said, ‹These lapses. What about them?› ‹What lapses?› the patient replied.»[1]

So geht es ab und zu auch mit dem Thema Compliance. Das Führungspersonal beklagt sich mal mehr und mal weniger, aber doch recht konstant über Regeln, dadurch entstehende Kosten sowie Abläufe, die zu lange dauerten und Geschäfte erschwerten oder gar verhinderten. Dabei wird geflissentlich übersehen, dass alle diese Regeln nicht oder nicht in diesem Ausmass erforderlich wären, wenn eine entsprechende Voraussicht bestehen und namentlich das Führungspersonal selber erkennen würde, «was sich gehört und was nicht».[2]

Mit dieser Einstellung bzw. diesem Mangel geht die Gefahr einher, sich auf Abläufe statt auf Inhalte zu fixieren, und zu vergessen, dass Compliance vor allem eine Einstellungssache ist und dass die Fragen von Werten und Unternehmenskultur im Vordergrund stehen. Dabei ist Compliance heute ein selbstverständliches und notwendiges *Must*: Die Motivlage des einzelnen Unternehmens für seine Massnahmen bleibt letztlich irrelevant. Compliance bildet Bestandteil umfassend guter Arbeit. Und es gibt mehr als genug Beispiele, die eindrücklich aufzeigen, welches die Folgen von Non-Compliance sind.[3]

Mit dem «Schlüsselelement» Mensch[4] ist der wichtigste Träger von Compliance angesprochen und damit sind insbesondere Verwaltungsräte und Geschäftsleitungsmitglieder gemeint.[5] Der operative Hauptträger von Compliance ist jeder Mitarbeiter.[6]

«Der Verwaltungsrat trägt die Verantwortung dafür, dass es ein Kompetenzzentrum für Compliance im Unternehmen gibt, welches ein grundsätzliches

---

1 Sacks, O. (2007), S. 28.

2 NZZ vom 13.03.2012, S. 23.

3 Stichworte sind Kosten und Verluste; siehe dazu Roth, M. (2003), S. 130 f.

4 Buff, H. G. (2000), S. 290.

5 Zu deren Verantwortung und ihrer Rolle als Teil des Kontrollumfelds vgl. Roth, M. (2010), S. 157 f. sowie Roth, M. (2012), S. 67 ff., insbesondere S. 70 ff.

6 Buff, H. G. (2000), S. 290; Roth, M. (2010), S. 5.

inhaltliches Verständnis von Compliance unterstützt.»[7] Es nützt allerdings nichts, wenn ein Unternehmen «zwar ein grundsätzlich taugliches Compliance Regelwerk eingeführt, seine eigenen Regelungen jedoch nicht mit der notwendigen Hartnäckigkeit durchgesetzt und deshalb Bestechungshandlungen in Lettland, Tunesien und Malaysia nicht verhindert hat.»[8] Die Compliance-Funktion muss personell ausreichend besetzt, ausgebildet und erfahren sein und die Funktionsträger müssen auch persönliche Voraussetzungen erfüllen: Integrität, Gradlinigkeit, Beharrlichkeit.

3.2 Die Compliance-Funktion

3.2.1 Unabhängigkeit

In organisatorischer Hinsicht – und als persönliche Haltung ohnehin – ist die Unabhängigkeit der Funktion eine *conditio sine qua non*. So weist die Bundesanwaltschaft in ihrer Einstellungsverfügung in Sachen ALSTOM vom 22. November 2011[9] unter Ziff. 2.5 darauf hin, dass es fragwürdig sei, wenn die für die Einhaltung der Compliance-Vorschriften Verantwortlichen gleichzeitig auch die Verkaufsbemühungen der Business Units unterstützen müssen. «Diese Organisation brachte es mit sich, dass dem jeweiligen Leiter der R & C-Einheit während seiner Tätigkeit für ALSTOM in der Organisationsstruktur nach der

---

[7] Roth, M. (2011), S. 14, Ziff. 3.

[8] Pressemitteilung der Bundesanwaltschaft vom 22. November 2011 «Strafverfahren gegen Alstom-Gesellschaften abgeschlossen». Vgl. zudem Einstellungsverfügung in Sachen ALSTOM Ziff. 2.7.: «Nachdem sich die Disziplin Compliance nach den neuen gesetzlichen Anforderungen zu dieser Zeit erst neu entwickelte, brachten weder der Leiter der Abteilung ‹R&C› noch die beiden anderen in Baden angestellten Mitarbeitenden der ALSTOM Network Schweiz AG beim Stellenantritt relevante Berufserfahrung im Compliance Bereich mit. (...) Obwohl ALSTOM in den Jahren 2003 bis 2008 ihren Mitarbeitern regelmässig Ausbildungseinheiten im Bereich Compliance bot, muss diese Ausbildung heute als ungenügend beurteilt werden. Die Ausstattung des Compliance Bereichs der ALSTOM ist deshalb bei einem Personalbestand von über 75'000 Mitarbeitenden weltweit in der hier relevanten Zeit von 2003 bis 2008 quantitativ wie qualitativ insgesamt als unzureichend zu beurteilen.» Aus dem Strafbefehl gegen ALSTOM Network Schweiz AG ergibt sich (insbesondere aus Ziff. 6), dass 200 Stellenprozente für diese Compliance-Tätigkeit zur Verfügung standen und dass weiter eine Unterstützung durch 10 bzw. später 15 Mitarbeitende in Paris gewährt wurde.

[9] Verfahrensnummer EAII.04.0325-LEN.

Überzeugung der Bundesanwaltschaft keine hinreichend starke Rolle für die Durchsetzung der Compliance-Vorschriften zugestanden wurde.»[10]

3.2.2 Verantwortung und Absicherung

Die eigene Absicherung des Compliance Officer gegen ihn betreffende Verantwortlichkeitsrisiken ist sehr wichtig; zunehmend steht er selbst in der Haftung.[11]

Seine Absicherungen bilden insbesondere

- das Pflichtenheft: Inhalt und Ausmass der Garantenpflichten ergeben sich aus dem Pflichtenheft des Compliance Officer,
- seine Kompetenzen: vgl. dazu auch ALSTOM-Strafbefehl Ziff. 15, wo festgehalten ist, dass Compliance unzureichende Kompetenzen zur Umsetzung der Konzepte zugestanden wurden, und
- ein «Log Buch»: dieses bildet eine Dokumentation, die sämtliche Empfehlungen, ausserordentliche Fälle und Kontakte mit dem Auditor, dessen Ansinnen und Vorschläge sowie kritische Punkte erfasst.

Weiter braucht es Strukturen, Prozesse und Instrumente. Man kann diesbezüglich von der erforderlichen Institutionalisierung und Professionalisierung von Compliance sprechen. Compliance bildet Teil der Umsetzung der Integritätsstrategie.[12]

3.3 Operativ einsetzbare Instrumente versus Rahmenbedingungen

Mit diesem Beitrag soll versucht werden, operativ einsetzbare Instrumente des Compliance Officer aufzuzeigen. Diese Instrumente bilden Teil der konkreten organisatorischen Grundlagen, die geschaffen werden müssen, damit das Unternehmen und seine Mitarbeitenden sich regelkonform verhalten, und die letztlich in der Verantwortung des Verwaltungsrates liegen.

Dabei ist zu unterscheiden zwischen Instrumenten im weiteren Sinne, welche nicht Gegenstand dieses Beitrages sind[13], und Instrumenten im engeren Sinne,

---

[10] Die Abteilung hiess «Representation and Compliance».

[11] Vgl. dazu Roth, M. (2010) sowie Nadelhofer do Canto, S. (2012), S. 131. Im Alstom-Fall wurde der ehemalige Compliance Manager in Untersuchungshaft genommen.

[12] Vgl. dazu Roth, M. (2009), S. 9, mit Verweisen.

[13] Damit sind eigentliche Rahmenbedingungen gemeint, auf die sich der Compliance Officer stützen kann, womit das Thema Kontrollumfeld angesprochen ist. Siehe dazu Roth, M. (2010), S. 157 sowie Roth, M. (2007), Rz 138 ff.

welche unmittelbar mit der operativen Tätigkeit des Compliance Officer verknüpft und dazu notwendig sind.

Dabei gilt, dass diese Instrumente nur Hilfsmittel sein können. Im falschen Umfeld nützen sie nichts. Churchill's Satz (1941), «give us the tools and we will finish the job», kann und darf nicht gelten – nicht für Compliance Officer. Es gibt auch hier kein richtiges Leben im falschen.

Checklisten und standardisierte Abläufe usw. sind also nur eine wirkliche Rückenstütze, wenn das Kontrollumfeld es zulässt; sonst spricht man von *paper compliance*. In diesem Zusammenhang sind nicht nur Compliance als Funktion und Verhaltenskonzept, sondern auch *proof of compliance* ein grosses Thema. Damit ist gemeint, dass die Unternehmen dokumentieren, welche Bemühungen sie diesbezüglich unternehmen.[14] Namentlich, aber nicht nur, müssen Kontrollen formalisiert und nachvollziehbar sein (*audit trail*). Zudem bildet die Sanktionierung fehlbarer Mitarbeiter einen zentralen Punkt.[15]

Ein Compliance-Konzept und die Schaffung und Umsetzung eines Internen Kontrollsystems (IKS) mit seinen Prozessen und Massnahmen bilden Bestandteil der Organisationsverantwortung des Unternehmens, welche mit Blick auf Art. 102 StGB (strafrechtliche Verantwortlichkeit des Unternehmens) zu würdigen ist. Im Rahmen der Frage nach dem Verschulden wird eine ordnungsgemässe und funktionierende Organisation mitberücksichtigt.[16]

Das Risikomanagement und die Rolle im Internen Kontrollsystem kann das Compliance Office nur innerhalb des vom Management insgesamt gesetzten Rahmens wahrnehmen. Das Management als Prinzipal kommuniziert und überträgt seine diesbezüglichen Werte und Standards auf die Mitarbeitenden als Agenten und diese verinnerlichen sie – so wäre die ideale Vorstellung. Wenn entsprechende Themen weder ernstgenommen noch in der Praxis von der Unternehmensführung respektiert werden, sind Instrumente kein Hilfsmittel. Um es etwas feuilletonhaft anhand des folgenden Beispiels von Eginhard Vietz, Gründer und geschäftsführender Gesellschafter des deutschen Unternehmens Vietz GmbH in Hannover[17], zu schildern: «Der 69-jährige Unternehmer sagte

14 Vgl. Roth, M. (2007), Rz 4.

15 Im Alstom-Fall blieb diese aus; vgl. Nadelhofer do Canto, S. (2012), S. 131.

16 Vgl. Roth, M. (2007), Rz 70 ff.

17 Sein Unternehmen ist weltweit im Rohrleitungsbau tätig und erzielt gemäss eigenen Angaben einen Jahresumsatz von rund EUR 55 Mio.

im August 2010 in einem Interview mit dem Handelsblatt freimütig, dass in einigen Ländern ohne ‹Bakschisch› keine Geschäfte zu machen seien. Beispielhaft nannte er afrikanische Länder, aber auch Russland und die USA. Deshalb habe er ‹natürlich mehr als einmal› schon Schmiergeld gezahlt. Keine Einbussen trotz sauberer Geschäfte zu erzielen, das sei unter Umständen zwar für Grosskonzerne möglich, nicht aber für Mittelständler wie ihn. Die aktuelle Debatte um Corporate Compliance hält er für ‹reine Heuchelei›. Die Folge des Interviews mit dem Handelsblatt waren Ermittlungen der Staatsanwaltschaft, denn auch Staatsanwälte lesen die aktuelle Wirtschaftspresse.»[18] In der Folge stellte die Staatsanwaltschaft Hannover das Verfahren gegen den Unternehmer gegen eine Geldauflage in Höhe von EUR 50'000 ein.

Ein solches Denken und Verhalten zeugt weder von Verantwortlichkeitsgefühl noch von Kompetenz in Fragen der Integrität. Beides ist unerlässlich, um Compliance als handlungsleitendes Verhaltenskonzept zu verstehen und umzusetzen. Wo es daran mangelt, hat ein Compliance Officer nichts zu bestellen und trägt er Haftungsrisiken mit, die nicht zu managen sind. Die Unkultur der Missachtung von Regeln und des Wegschauens kann er nicht allein beherrschen.

Es gilt der allgemeine Grundsatz, dass zwischen der Verantwortung für die Risikoannahmen (operative Tätigkeit), der Risikokontrolle und dem Reporting zu unterscheiden ist. Compliance bildet Bestandteil des internen Kontrollsystems. Schon daraus ergibt sich, dass ein Compliance Officer nicht über einzelne Geschäftsvorfälle und in Kundenbeziehungen entscheiden soll. «Das heisst mit anderen Worten, dass die Compliance-Funktion nicht im operativen Bereich tätig sein soll und nicht in Prozesse und Aktivitäten eingebunden werden darf, die sie überwacht.»[19] Das Compliance Office muss sich lediglich darüber aussprechen, ob es einen Entscheid oder ein konkretes Geschäft für compliant hält.

[18] Campos Nave, J. A. / Zeller, J. (2012), S. 134.

[19] Roth, M. (2012), S. 103.

3.4 Trilogie der Tätigkeiten

Man spricht von einer Trilogie der Aktivitäten des Compliance Officer.

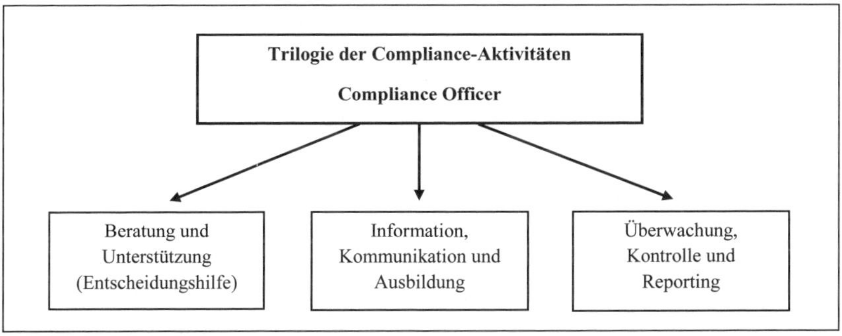

Abbildung 1: Trilogie der Compliance-Aktivitäten
Quelle: Roth, M. (2010), S. 8

3.5 Instrumente

Es soll im Folgenden dargestellt werden, welche Instrumente dem Compliance Officer zur Verfügung stehen müssen, damit er seiner Verantwortung im Rahmen dieser Trilogie von Tätigkeiten operativ nachkommen kann. Ein risikoorientierter Tätigkeitsplan muss die Grundlage bilden. Dieser ist jedes Jahr zu gestalten und es sind die Ressourcen entsprechend zu planen. Der Plan ist jeweilen von der Geschäftsführung zu genehmigen.

Die Instrumente des Compliance Office sollen dem interdisziplinären Ansatz von Compliance Rechnung tragen: Recht, Integrität und betriebswirtschaftliche Betrachtungsweisen – nicht zuletzt unter dem Aspekt von Total Quality Management[20] – müssen miteinbezogen werden. So verstanden bringt Compliance Effizienzsteigerung. Compliance Officer können ganz unterschiedliche Grundausbildungen haben: Juristen, Ökonomen, Spezialisten mit einem Hintergrund der grossen Praxiserfahrung im operativen Geschäft – sie alle tragen mit interdisziplinären Fähigkeiten dazu bei, dass die anspruchsvollen und vielfältigen Aufgaben erfüllt werden können.

[20] TQM, vgl. dazu grundlegend Roth, M. (2003).

3.5.1 Ausbildung und Training

Führungskräfte und Mitarbeitende müssen geschult werden. Individuelle Schulungen, Gruppenausbildungen oder Online-Konzepte stehen zur Auswahl; sie ergänzen sich gegenseitig. Ideal ist die Verbindung mit einem Helpdesk, welches eine rasche und situative Beratung ermöglicht. Diese basiert im Wesentlichen auf den konkreten Vorgaben der Weisungen, welche den Gesetzesrahmen konkretisieren und zudem wertebasiert sind. Zentral ist, dass die Ausbildungen und Trainings sowohl vom Inhalt als auch von der Kadenz her dem Unternehmensrisiko entsprechen müssen. Das heisst: Die Schulungen müssen das wesentliche Wissen vermitteln, welches Mitarbeitende für sich und ihre Tätigkeit brauchen, sie müssen sich im Einklang mit den Unternehmenszielen und übergeordneten Werten befinden und sie sollten das Verhalten in realen Situationen zum Thema haben. Anhand dieser Umstände muss das gewünschte Verhalten umschrieben werden, es müssen Grauzonen und entsprechende Verhaltensweisen aufgezeigt werden. Damit werden die Mitarbeitenden sensibilisiert für Entscheidungen, die heikel sind.

Nicht zwingend ist es, dass die Ausbildung immer von der Compliance-Funktion gemacht wird: Vorgesetzte bspw. können so in die Pflicht genommen werden. Ausbildungsveranstaltungen dienen ebenso zur Kommunikation des *tone from the top*.

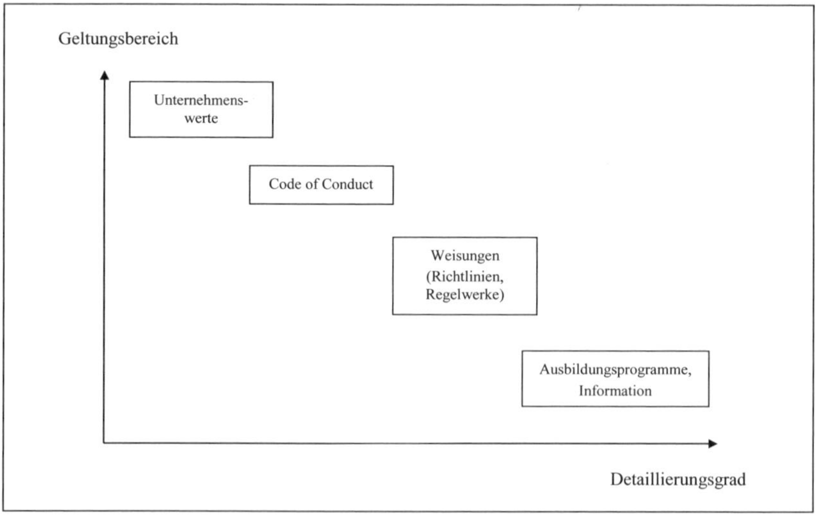

Abbildung 2: Implementierung eines nachhaltigen Compliance-Konzepts

3.5.2 Beratung

Compliance ist eine unterstützende Funktion für die Geschäftsleitung (*advisor to the business*) und steht dieser sowie den weiteren Mitarbeitenden bei der Erfüllung ihrer operativen Aufgaben beratend zur Seite. Compliance ist stark ins Tagesgeschäft involviert (tagfertige Kontrollen, Stichproben). Letztlich aber ist die Compliance-Funktion eine Unterstützung des Verwaltungsrats, welcher die ureigene Verantwortung in entsprechenden Fragestellungen trägt (Unternehmenswerte, Einhaltung von Gesetzen und Richtlinien), sowie der Geschäftsleitung, die für die operative Compliance verantwortlich ist.

3.5.3 Weisungen/Regeln

Zu einer angemessenen Organisation gehört unter anderem ein gut ausgebautes Weisungswesen mit klaren Aufgaben-, Kompetenz- und Verhaltensregeln. Auf die grundsätzliche Bedeutung eines Codes of Conduct wird an dieser Stelle nicht vertieft eingegangen. In einem solchen Dokument werden allgemeine Leitplanken definiert, welche unbedingt einzuhalten sind.[21] Dazu zählen über rechtlich umschriebene Vorgaben hinaus Integrität, Fairness und Ethik als Schlüsselbegriffe.[22] Der Code of Conduct wird dann zu einem wichtigen Instrument auch des Compliance Officer, wenn er integrierenden Bestandteil des Arbeitsvertrages bildet und so vom Compliance Office als Grundlage wenn nötig «aktiviert» werden kann. Denn der Code of Conduct eines Unternehmens kann definiert werden als eine für alle Mitarbeitenden verbindliche Darlegung seiner Werte und des Bezugsrahmens, in welchem dieses seine Geschäfte führen will. Werte schaffen Leitplanken, Transparenz und Grundlagen für einen Dialog über die herrschende Moral und über ethische Fragen. Transparenzbestimmungen sind vertrauensbildend. Sie stellen weiter einen wichtigen Schritt auf dem Weg zur Korruptionsbekämpfung dar.

Die Weisungen und allfällige andere interne Regulierungen müssen den Risiken des Unternehmens Rechnung tragen. Weisungen sind ein zentrales Element für die betriebliche Umsetzung der Regeln. Sie sind auch Ausdruck der Fürsorge-

---

[21] Vgl. Roth, M. (2010), S. 117. Vgl. dazu die «publish what you pay»-Kampagne, eine globale Bewegung zur Korruptionsbekämpfung. Der Economist schreibt dazu: «The idea is that politicians and officials will think twice about filling their pockets with money from foreign firms if the public knows of the existence of such payments» (Ausgabe vom 30.10.2011, S. 64).

[22] Vgl. Roth, M. (2005), S. 63.

pflicht des Arbeitgebers, welcher die Mitarbeitenden über seine Verhaltenserwartungen informieren muss, sofern sie über selbstverständliche Grundsätze hinausgehen.[23] Weisungen bilden denn auch den Schlüsselinhalt von Ausbildungen.

Und wie die Erfahrung zeigt: was selbstverständlich wäre, ist oft schon eine Frage angesichts der Wertepluralität. So oder so: eine Instruktion der Mitarbeitenden ist im komplexen rechtlichen Umfeld unerlässlich. Die Informationsfunktion von Weisungen bildet einen Schlüsselaspekt.

Namentlich die Information und die Ausbildung hinsichtlich tätigkeitsspezifischer Verhaltensrichtlinien muss die allgemeine Kommunikation zu den obersten, allenfalls in einem Code of Conduct verankerten Verhaltensmaximen ergänzen. Weisungen müssen es den Mitarbeitenden erleichtern, «red flag»-Situationen zu erkennen und sauber abzuklären.

In Weisungen zu regeln sind namentlich organisatorische Massnahmen wie Kontrollaktivitäten generell und einzelne Massnahmen wie bspw. das Vier- oder Mehr-Augen-Prinzip: Wichtige und kritische Entscheidungen werden von mehr als einer Person getroffen und Unterschriften- und Visumsregelungen, Kompetenzregelungen und Eskalationsschritte sind ebenfalls zu beschreiben. In alle wichtigen Prozesse sind Compliance-Checks einzubauen.[24]

3.5.4 Umfassende Kontrollfunktion

Eine Geschäftsführung, welche den Regulatorien im umfassenden Sinne vollumfänglich entspricht (*fully compliant*), kann am besten durch eine zentral organisierte und optimal geschulte Stelle sichergestellt werden. Diese Stelle muss umfassende Kontrollfunktionen wahrnehmen und unabhängig sein.[25] Die tagfertige Überwachung bildet dabei, namentlich im Finanzbereich, eine Aufgabe von Compliance, die stark IT-unterstützt ist.

---

[23] Diese Weisungen haben eine Verpflichtungsfunktion und sind Bestandteil des Arbeitsvertrages. Sie bilden eine Konkretisierung arbeitsvertraglicher Treuepflicht. Der Arbeitnehmer verrichtet Arbeit «im Dienst» des Arbeitgebers; man spricht diesbezüglich in der Rechtsprechung oft auch von einem Subordinationsverhältnis. Der Arbeitgeber kann (und muss aus Compliance-Sicht) den Mitarbeitenden namentlich allgemeine Weisungen zukommen lassen bzw. erteilen über Arbeit und Verhalten im betrieblichen Umfeld.

[24] Vgl. Rohner, U. / Cerrutti, R. (2007), S. 5.

[25] Vgl. dazu Rohner, U. / Cerrutti, R. (2007), S. 3.

Kontrollen zwingen im Übrigen Führungsverantwortliche selbst zu einem kritischen Blick auf das Tagesgeschäft und wirken im Idealfall sensibilisierend für Risiken und die Wertschöpfung von Kontrollen. Denn Compliance prüft implizit ja auch, wie ernst Führungskräfte Kontrollen nehmen.

IT-Unterstützung ist für die Qualität der Compliance unerlässlich, vor allem im Hinblick auf das Compliance sehr stark beanspruchende Monitoring. Im Finanzbereich bilden wichtige Themen bspw. diesbezügliche Aktivitäten im Rahmen der Geldwäschereiprävention[26], der Sanktionen und der Embargovorschriften sowie der Überwachung der Mitarbeitergeschäfte.

Die Dokumentationspflichten und die Archivierung sind ebenfalls Bestandteil der Kontrollfunktion, weil ihre Erfüllung nur so nachgewiesen werden kann. Lediglich eine systematische, für Dritte nachvollziehbare Dokumentation aller relevanten Sachverhalte vermag das Unternehmen selbst sowie seine Vertreter/Organe und Mitarbeitenden in einem Verfahren ausreichend zu schützen.

3.5.5 Regelmässiges Reporting (mindestens einmal jährlich)

Ein standardisiertes und risikogerechtes Reporting schafft Transparenz und Vertrauen. Es ermöglicht Nachvollziehbarkeit sowie Vergleichbarkeit und es vermindert Risiken und Fehler. Eine anlassbezogene Kommunikation (ad-hoc-Berichterstattung) rundet das programmgemässe Vorgehen ab.

Dieses formelle Reporting ergänzt im Idealfall lediglich den permanenten Kontakt zur Geschäftsleitung. Die formelle Berichterstattung ist mit Blick auf die Nachweisbarkeit von grosser Relevanz.

Die Information der Unternehmensleitung bildet den Spiegel ihrer operativen Verantwortung für die Umsetzung der Compliance und die Schaffung entsprechender Ressourcen und Vorgaben. Sie muss informiert werden über Compliance-Verstösse, die nicht nur Bagatellen sind, und solche, die auf ein systemisches Versagen hinweisen. Letzteres spräche für ein Organisationsversagen. Eine grosse Rolle spielt dabei das Organisationsversagen als Haftungsvoraussetzung gemäss Art. 102 StGB.[27] Das Gesetz spricht von Bestrafung der Organisation, «wenn dem Unternehmen vorzuwerfen ist, dass es nicht alle erforderlichen und zumutbaren organisatorischen Vorkehren getroffen hat». Mit diesen

---

[26] Internet-Research, name matching, Transaktionen etc.

[27] Nadelhofer do Canto, S. (2012), S. 135, weist darauf hin, dass diese Norm kein toter Buchstabe ist, was der Strafbefehl in Sachen Alstom deutlich belegt.

Vorkehren sind einerseits die Regeln eines geordneten Management des Unternehmens (Corporate Governance) gemeint und andererseits die Sicherung der betriebsinternen Regelbefolgung (Compliance). Gleichzeitig sind auch die altbekannten Grundsätze der Geschäftsherrenhaftung gemäss Art. 55 Obligationenrecht zu beachten: Wer die Ausführung von Arbeiten delegiert, trägt die Verantwortung dafür, dass Angestellte nicht nur über das erforderliche Wissen und Können, sondern auch über entsprechende charakterliche Eigenschaften verfügen.

Das Wissen um die konkreten Zustände schafft die verpflichtende Voraussetzung, um ergänzende oder andere Massnahmen als die bisherigen zu treffen.

Literaturverzeichnis

- Buff, H. G. (2000): Compliance. Führungskontrolle durch des Verwaltungsrat, Zürich.
- Campos Nave, J. A. / Zeller, J. (2012): Corporate Governance in mittelständischen Unternehmen, Betriebs-Berater 3.2012, S. 131–135.
- Nadelhofer do Canto, S. (2012): Millionenbusse gegen Alstom-Tochter wegen ungenügender Vorkehren gegen Bestechung, GesKR 1/2012, S. 129–136.
- Rohner, U. / Cerrutti, R. (2007): Legal und Compliance im globalen (Finanz-) Unternehmen, GesKR 1/2007, S. 5.
- Roth, M. (2012): Kompetenz und Verantwortung: Non-Compliance als strategisches Risiko, Zürich/St. Gallen.
- Roth, M. (2011): Compliance – in a nutshell, Zürich/St. Gallen.
- Roth, M. (2010): Compliance – Voraussetzung für nachhaltige Unternehmensführung. Ein branchenübergreifendes und interdisziplinäres Handbuch mit Fallstudien, Zürich/St. Gallen.
- Roth, M. (2009): Compliance – Konzept und Umsetzung, ZRFC 1/09, S. 5–10.
- Roth, M. (2007): Good Corporate Governance. Compliance als Bestandteil des internen Kontrollsystems, Zürich/St. Gallen.
- Roth, M. (2005): Compliance, Integrität und Regulierung. Ein wirtschaftsethischer Ansatz in 10 Thesen, Zürich.
- Roth, M. (2003): To do the right things right. Compliance als Weiterentwicklung und Fortführung des Qualitätsmanagement, Zürich.
- Sacks, O. (2007): The Man Who Mistook His Wife for a Hat, London.

4 Cross Border Banking – wie weiter?

Der vorliegende Artikel erklärt, was man unter Cross Border Banking versteht und weshalb der Schweizer Finanzplatz von den Veränderungen im internationalen Bankgeschäft so stark betroffen ist. Es werden die zentralen Problemfelder erläutert und Lösungsansätze aufgezeigt.

Dominik Erny

Prof. Dr. Dominik Erny (1965) ist Dozent und Studienleiter des MAS Private Banking & Wealth Management am Instituts für Finanzdienstleistungen Zug IFZ der Hochschule Luzern – Wirtschaft. Zudem unterrichtet er an den Universitäten Luzern und St. Gallen. Er hat an der Universität Zürich Betriebswirtschaftslehre studiert und mit einer Dissertation zum Thema Corporate Governance promoviert. Von 1993 – 1999 war er Assistent am Institut für Rechnungswesen und Controlling der Universität Zürich. Seit 2004 ist er Dozent an der Hochschule Luzern – Wirtschaft. Zuvor war er als Managing Partner eines international tätigen Jungunternehmens und später als Direktionsmitglied der Bank Leu AG tätig.

Dominik Erny war und ist Mitglied mehrerer Verwaltungsräte – aktuell als Präsident bei der Raiffeisenbank Oberfreiamt und bei der Straightline Investment AG. Er lebt mit seiner Frau und seiner Tochter in Muri AG.

Kontakt:dominik.erny@hslu.ch

4.1 Einleitung

Der Begriff Cross Border Banking ist heute allgegenwärtig. Fast täglich lesen oder hören wir in den Medien über Probleme der Banken im internationalen Geschäft. Seien es Schlagzeilen betreffend den Steuerstreit mit den USA, die Probleme mit der Abgeltungssteuer oder die notfallmässige Übernahme der traditionsreichen Bank Wegelin durch die Raiffeisengruppe. Obwohl momentan die Probleme des Finanzplatzes im Vordergrund stehen, ist die aktuelle Medienpräsenz nicht nur schlecht. Besteht doch endlich Grund zur Hoffnung, dass mittlerweile auch der letzte Banker und Politiker begriffen hat, dass die Schweizer Finanzindustrie vor einem gewaltigen Umbruch steht. Dem war vor noch nicht allzu langer Zeit nicht so! Als im Jahre 2004 Hans J. Bär[1] mit seinem Buch «Seid umschlungen, Millionen» als erster einflussreicher Banker das Tabu brach und eine Finanzstrategie basierend auf einem Bankgeheimnis zum Schutz von Steuersündern als Auslaufmodell betitelte, wurde er mit Schimpf und Schande «davongejagt». Der damalige Chef der Bankiervereinigung meinte, dass Bär nichts mehr vom Geschäft verstehe. Medien schrieben über ihn vom «Totengräber des Finanzplatzes» und seine Söhne sowie «seine» Bank mussten sich von ihm distanzieren. Dabei hat er so ziemlich genau das vorausgesagt, was uns heute so viel Ärger bereitet.

Auch untenstehende Aussagen von Bankern aus der obersten Führungsstufe lassen schliessen, dass einige Exponenten den Ernst der Lage bzw. die Tragweite der Veränderungen im internationalen Kontext bis vor Kurzem noch nicht wirklich erkannt haben:[2]

- «Es ist alles nicht so problematisch, denn vieles ist genau gleich wie es immer war.»
- «Es macht keinen Sinn jetzt aktiv zu werden, denn vieles wird sich ohnehin nochmals ändern.»
- «Wir haben Länderpapiere für jedes Land und sind damit gut positioniert.»
- «Wir sind im Markt XYZ so klein, dass es für den Regulator keine Rolle spielt.»
- «Wenn wir alle Compliance Regeln befolgen, können wir unser Geschäft schliessen.»

---

[1] Vgl. Bär, H. (2004).

[2] Oliver Wyman / Noveras (2011), S. 3.

Vor diesem Hintergrund erklärt dieser Artikel zunächst, was man unter Cross Border Banking versteht und weshalb das internationale Bankgeschäft für den Schweizer Finanzplatz so zentral ist. In der Folge werden auf leicht verständliche Weise die beiden wichtigsten Problemfelder dargestellt, mit denen der Schweizer Finanzplatz momentan konfrontiert ist. Zunächst sind das der Druck auf das Bankgeheimnis und die daraus resultierenden Folgen. Davon sind nur die Schweizer Finanzintermediäre betroffen. Der zweite Problemkreis, nämlich die zunehmende regulatorische Komplexität im Cross Border Geschäft, trifft im Grundsatz alle international ausgerichteten Finanzplätze. Es wird erläutert, was die Schweizerische Finanzmarkaufsicht (FINMA) von den Banken erwartet und es werden Möglichkeiten gezeigt, wie die Schweizer Banken den Herausforderungen im Cross Border Geschäft begegnen können.[3]

4.2 Was versteht man unter Cross Border Banking

Der Begriff Cross Border Banking bezeichnet grundsätzlich alle Bankgeschäfte mit einer internationalen Ausrichtung. Unter Cross Border Geschäften werden somit grenzüberschreitende Finanzgeschäfte verstanden, welche die Ausfuhr einer Dienstleistung, den Verkauf eines Produktes im Ausland oder eine Anlage auf einem ausländischen regulierten Markt beinhalten.[4]

Das allgemeine Abkommen über Handel mit Dienstleistungen (General Agreement on Trade in Services, GATS) spricht von Cross Border Dienstleistungen[5], wenn:

- die Dienstleistung der Bank die Grenze überschreitet,
- der Kunde die Grenze überschreitet,
- die Dienstleistungen via Repräsentanz oder Niederlassung vom Ausland aus geleistet werden,
- der Kundenbetreuer die Grenze überschreitet.

---

[3] Die Idee zu diesem Artikel entstand aufgrund einer Masterarbeit zum Thema Cross Border Banking im Lehrgang MAS Private Banking & Wealth Management (Vgl. Infanger, 2011). Der vorliegenden Artikel basiert in einigen Teilen direkt auf Ausführungen aus dieser Masterarbeit, auf welche in der Folge nicht weiter referenziert wird. Herr Infanger sei an dieser Stelle herzlich für die Unterstützung gedankt. Vgl. Infanger (2011).

[4] Bizzozero, A. / Robinson, C. (2011), S. 29.

[5] Vgl. Joscelyn, M. / Maurer, A. (2008), online.

Die FINMA spricht von grenzüberschreitenden Tätigkeiten im internationalen Privatkundengeschäft, jedoch ohne dabei eine genaue Begriffserklärung zu definieren – auch nicht im Positionspapier vom 22. Oktober 2010.[6]

In der Literatur werden verschiedene Ausprägungen des Cross Border Banking erwähnt. So wird zwischen dem direkten und indirekten Cross Border Geschäft unterschieden. *Direkt* bedeutet, dass die Bank das Cross Border Geschäft über eigene Mitarbeiter betreibt, tut sie das über Dritte, zum Beispiel über Vermittler, dann spricht man vom *indirekten* Cross Border Geschäft. Diese Unterscheidung gilt sowohl für den Verkauf von Produkten im Ausland als auch für die Ausfuhr von Dienstleistungen.[7]

Zudem kann das Cross Border Geschäft entweder aktiv oder passiv betrieben werden. Von *aktiv* spricht man, wenn die Initiative zu einer Geschäftsbeziehung von der Bank ausgeht. Um ein *passives* Cross Border Geschäft handelt es sich, wenn der Kunde aus eigenem Antrieb die Geschäftsbeziehung aufnimmt. Diese Unterscheidung ist deshalb von Bedeutung, da sie in gewissen Ländern ein entscheidendes Kriterium für die Anwendung unterschiedlicher regulatorischer Vorschriften darstellt.[8]

Die wichtigste Differenzierung ist die Unterscheidung zwischen Onshore- und Offshore-Banking. Unter *Onshore-Banking* wird das Erbringen von Bankdienstleistungen im Wohnsitzland bzw. am Steuerdomizil des Kunden verstanden, in welchem die Bank über eine Geschäftsbewilligung verfügt. Wörtlich übersetzt bedeutet onshore *an* Land bzw. *auf* dem Festland, im übertragenen Sinne *im Inland*. Im Gegensatz dazu wird beim *Offshore-Banking* Vermögen des Bankkunden an einem Finanzplatz ausserhalb seines Wohnsitzes verwaltet, in Ländern die nicht Steuerdomizil des Kunden sind. Aus dem Englischen wörtlich übersetzt bedeutet «offshore» *vor* der Küste, *auf* offener See oder gleichbedeutend mit *im Ausland*.

Unterschieden wird auch das Offshore Tax Compliant vom Offshore Non Tax Compliant. Beim *Offshore Tax Compliant* findet die Kontoführung im Domizilland des Kunden oder in einem Drittland statt. Der Kunde versteuert all seine Bankbeziehungen. Beim *Offshore Non Tax Compliant* hingegen befindet sich

---

[6] Vgl. Schöchli, H. (2010), online.

[7] Bizzozero, A. / Robinson, C. (2011), S. 35-36.

[8] Ammann, A. (2011), S. 150-151.

die Kontoführung nicht im Domizilland des Kunden, sondern in einem Drittland, wobei die Vermögenswerte nicht deklariert sind.[9]

Die Unterscheidung «On- und Offshore» ist von besonderer Bedeutung, weil je nachdem andere regulatorische Rahmenbedingungen gelten. Darin liegt letztendlich auch die zunehmende regulatorische Komplexität im Cross Border Banking, denn die lokalen Vorschriften und die Bewilligungspraxis der Aufsichtsbehörden in einzelnen Ländern können sehr unterschiedlich sein. Insbesondere dem Offshore Geschäft stehen oder standen einige Länder hinsichtlich der Regulierung bisher sehr grosszügig gegenüber. Wo hingegen andere Länder bereits sehr rasch die Beachtung des lokalen Rechts auch für Offshore-Dienstleistungen vorschreiben. Zudem gab es Aufsichtsbehörden, die bisher bereits bestehende Vorschriften nicht konsequent verfolgt haben, nun aber auch aufgrund der angespannten Staatsfinanzen vermehrt auf die Einhaltung von Vorschriften pochen. Diese Verschärfung im regulatorischen Umfeld führt bei Finanzdienstleistern zu erhöhten Risiken in aufsichts-, zivil-, straf- und steuerrechtlicher Art und im Reputationsbereich.[10]

4.3 Die Entwicklung der Schweiz zum grössten Offshore-Finanzplatz

Obwohl die Schweiz ein sehr kleines Land ist, gehört der Finanzplatz Schweiz zu den Wichtigsten der Welt. Für den Wohlstand der Schweiz ist er der bedeutendste Sektor. Er erwirtschaftet rund 10-12% des Bruttoinlandproduktes, trägt 12–15% zu den Steuereinnahmen bei und bietet ca. 195'000 qualifizierte Arbeitsplätze.[11] Nebst dem Retail- und dem Firmenkundengeschäft im schweizerischen Binnenmarkt wird das Bankgeschäft in und aus der Schweiz vor allem durch das internationale Private Banking geprägt. Deshalb ist das Cross Border Geschäft für die Schweiz so wichtig. So ist die Schweiz mit 2,1 Billionen US Dollar (Stand 2010)[12] nach wie vor grösster Offshore-Finanzplatz der Welt. Die nachfolgende Statistik (Abbildung 1) aus dem Jahr 2010 zeigt die enorme Grösse des Schweizer Offshore-Finanzplatzes.

---

[9] Ammann, B. (2011), S. 151.

[10] Ernst & Young (2009), S. 6.

[11] SwissBanking (2010), S. 1.

[12] Boston Consulting Group (2011), S. 13.

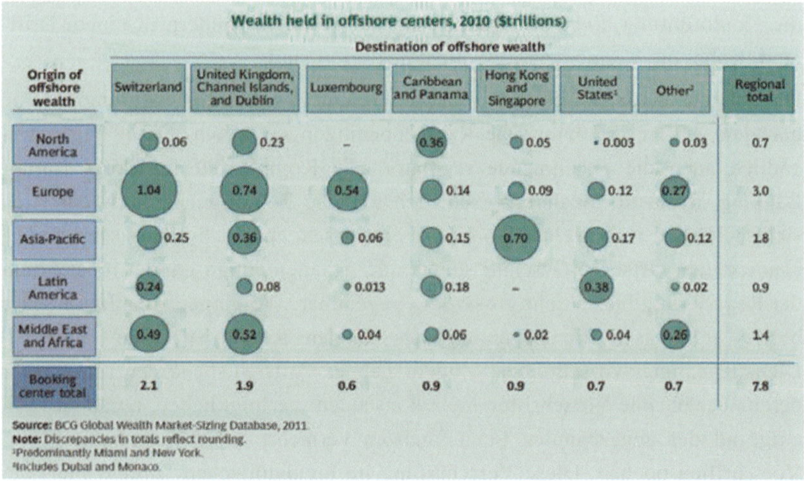

Abbildung 1: Die Schweiz als grösster Offshore-Finanzplatz der Welt

Quelle: Boston Consulting Group (2011)

Die Gründe für diese eindrückliche Positionierung eines so kleinen Landes im globalen Bankgeschäft sind vielfältig. Begünstigt wurde diese Entwicklung mitunter während Jahren durch das Bankkundengeheimnis, welches heute unter Beschuss steht. Ein kurzer historischer Rückblick soll einige Ereignisse aufzeigen, welche die Entwicklung des Schweizer Bankgeschäfts positiv beeinflussten oder prägten, ohne dabei Anspruch auf Vollständigkeit zu erheben.

Mit der Gründung des Bundesstaates im Jahre 1848 wurde der Grundstein gelegt, dass sich die Schweiz zu einem der wichtigsten Finanzplätze der Welt entwickeln konnte. Die Vermögensverwaltung wurde allerdings erst nach dem Ersten Weltkrieg zu einem zentralen Geschäft für die Schweizer Banken. Da jemand die «Rechnung nach dem Krieg» zahlen musste, kam es zur Kapitalflucht in die *sichere* Schweiz. Man sprach damals erstmalig vom *Safe haven*-Effekt. Zahlreiche ausländische Kunden deponierten in den Zwanziger- und Dreissigerjahre des letzten Jahrhunderts einen Teil ihres Vermögens bei Schweizer Banken.[13] Ein nicht zu unterschätzender Vorteil der Schweiz war

---

[13] Zu einem ähnlichen Effekt könnte die «Rechnung» führen, welche heute den Bürgern der hoch verschuldeten Ländern Europas aufgebürdet wird, wenn auch nicht aufgrund eines Krieges, sondern aus finanziellen, strukturellen und wirtschaftlichen Gründen.

(und ist) diesbezüglich auch die Mehrsprachigkeit der Schweiz. So zeichneten sich auch die Akteure am Genfer Finanzplatz im Bereich der Vermögensverwaltung schon früh aus. Bspw. verwaltete das Bankhaus Pictet & Cie. im Jahr 1935 schätzungsweise 300 Millionen Franken, eine Summe, die sich bis 1945 auf 470 Millionen Franken erhöhte und damit ungefähr dem Zehnfachen der Aktiven der Bank entsprach.[14]

Das *Bankkundengeheimnis*, umgangssprachlich auch Bankgeheimnis genannt, wurde 1934 vor dem Hintergrund der Weltwirtschaftskrise als Verteidigungsmassnahme im Bundesgesetz über die Banken und Sparkassen in Artikel 47 verankert. Damit schützte die Schweiz ausländische Vermögen vor dem Zugriff fremder Staaten. Der Artikel lautet wie folgt:

Mit Freiheitsstrafe bis zu drei Jahren oder Geldstrafe wird bestraft, wer vorsätzlich: ein Geheimnis offenbart, das ihm in seiner Eigenschaft als Organ, Angestellter, Beauftragter oder Liquidator einer Bank, als Organ oder Angestellter einer Prüfgesellschaft anvertraut worden ist oder das er in dieser Eigenschaft wahrgenommen hat.[15]

Die Vermögensverwaltung erlebte nicht nur wegen des Bankgeheimnisses einen grossen Aufschwung, sondern auch aufgrund des Wirtschaftsaufschwungs nach dem Zweiten Weltkrieg. In der Folge kam der Finanzplatz Schweiz zu der Bedeutung, welche er noch heute hat. Die Schweiz wurde zum favorisierten Bankenplatz der aufstrebenden westeuropäischen Mittelschichten.[16]

Als Reaktion auf den Chiasso-Skandal – betroffen war die damalige Schweizerische Kreditanstalt und heutige Credit Suisse – bei dem es unter anderem um die Verschiebung italienischer Fluchtgelder ging, schlossen die Banken 1977 die *Sorgfaltspflicht-Vereinbarung* ab.[17]

Das leidvolle Thema der *nachrichtenlosen Vermögenswerte* rückte in den Neunzigerjahren in den Mittelpunkt des internationalen Interesses. Wegen der Verfolgung durch die Nationalsozialisten und Kriegswirren wurden nach dem

---

Dies könnte wiederum zu einer verstärkten Nachfrage nach einem «sicheren» Platz für das eigene Vermögen führen.

[14] Cassis, Y. (2007), S. 261.

[15] Vgl. Bundesgesetz über die Banken und Sparkassen (2011).

[16] Vgl. Streule, C. / Rom, I. (2000), online.

[17] Baumann, C. / Rutsch, W.E. (2008), S. 77.

Zweiten Weltkrieg viele Kontenbeziehungen mit Bankkunden aus den kriegsbetroffenen Ländern zwangsläufig unter- bzw. abgebrochen. Der internationale Druck hinsichtlich einem *fairen und korrekten* Umgang mit nachrichtenlosen Vermögen durch Schweizer Banken hatte u.a. zur Folge, dass die beiden Grossbanken in den USA einem Vergleich über eine Summe von mehr als einer Milliarde US-Dollar zustimmten.[18]

Noch während der globalen Finanzkrise 2008 forcierten die USA und verschiedene EU-Staaten den Kampf gegen Steueroasen. Das Bankgeheimnis kam massiv unter Druck. Der damalige Schweizer Finanzminister Hans-Rudolf Merz erklärte jedoch noch im Frühling 2008, dass das Bankgeheimnis nicht verhandelbar sei. In den Jahren 2008 und 2009 kam es darüber hinaus immer wieder zu Diebstählen von Bankkundendaten mit vermeintlich unversteuerten Vermögen durch sogenannte *Whistleblowers*. Diese hatten u.a. Kundendaten der Liechtensteinischen Landesbank, der LGT, der HSBC, der UBS sowie der Bank Julius Bär entwendet und an Deutschland, Frankreich, die USA und andere Staaten verkauft. Das Bekanntwerden dieser Diebstähle schürte bei (vermeintlich) betroffenen Kunden Ängste, was dazu führte, dass sie sich zum Teil selbst bei den ausländischen Steuerbehörden anzeigten.

Zusammenfassend kann mit Blick auf die starke internationale Stellung des Schweizer Finanzplatzes festgehalten werden, dass das «heutige» Bankgeheimnis ein wichtiger Wettbewerbsvorteil des Schweizer Finanzplatzes ist (oder besser war). Bereits an dieser Stelle soll aber festgehalten werden, dass der Schweizer Finanzplatz nebst dem Bankgeheimnis einen Mix von weiteren Vorteilen bietet, welche bei vermögenden Kunden sehr geschätzt und in Zukunft im internationalen Wettbewerb an Bedeutung gewinnen wird. So sagt bspw. auch eine Studie der Boston Consulting Group, dass die Erlangung unredlicher Steuervorteile nur bei relativ wenig Kunden der Grund sei, ihr Vermögen im Ausland anzulegen. Ausschlaggebend seien vielmehr die Stabilität des Finanzsystems, die politische Stabilität sowie die Qualität der Bankdienstleistungen, um die Dienstleistungen des Offshore-Banking in der Schweiz in Anspruch zu nehmen.[19]

Deshalb werden auch in Zukunft die traditionellen Stärken des hiesigen Finanzplatzes wie die politische und wirtschaftliche Stabilität, der Schutz von Eigen-

[18] Bauen, M. / Rouiller, N. (2010), S. 175-176.

[19] Vgl. Boston Consulting Group (2009).

tum und Privatsphäre sowie der starke Schweizer Franken, aber auch die traditionellen Stärken des Schweizer Private Bankings selbst wie die hohe Qualität der Dienstleistungen, die Mehrsprachigkeit, die Individualität und Diskretion den Schweizer Banken in die Hände spielen.

4.4 Die Crux mit dem Schweizer Bankkundengeheimnis

International war und ist vor allem das Schweizer Bankkundengeheimnis ein grosses Ärgernis. Die Problematik des Bankkundengeheimnisses liegt nicht primär im Schutz der Privatsphäre von Kunden, sondern in der aus Sicht Dritter ungenügenden Amts- und Rechtshilfe bei Steuerhinterziehung.

Dabei geht die Schweiz bei der Gewährung von Amts- und Rechtshilfe in den bisher ausgehandelten Doppelbesteuerungsabkommen von der «doppelten Strafbarkeit» aus.[20] Das heisst konkret, dass die Schweiz nur Amts- und Rechtshilfe gewährt, wenn das vorgeworfene Vergehen auch nach schweizerischem Recht ein Straftatbestand darstellt. Relevant dabei ist, dass in Abweichung zu den meisten anderen Staaten die Schweiz zwischen Steuerbetrug und Steuerhinterziehung unterscheidet. Steuerhinterziehung, bspw. das Vergessen eines Sparbüchleins (egal wie hoch), stellt in der Schweiz keinen Straftatbestand dar, sondern nur eine Übertretung, welche mit einer Busse abgegolten wird. Deshalb wird in solchen Fällen auf Anfrage aus dem Ausland keine Amts- oder Rechtshilfe gewährt.[21]

Zudem existiert zwischen den Banken in der Schweiz und dem Heimatstaat des Bankkunden kein automatischer Informationsaustausch, wie dies die OECD (Organisation for Economic Co-operation and Development) möchte. Mit der EU ist deshalb im Juli 2005 das Zinsbesteuerungsabkommen in Kraft getreten, welches die Schweiz verpflichtet, 35% der Zinserträge von EU-Steuerpflichtigen auf Schweizerkonten einzuziehen und den Wohnsitzstaaten dieser Kunden zu überweisen.

In diesem Kontext hat die OECD bereits anfangs April 2009 neben Österreich, Liechtenstein und anderen Ländern auch die Schweiz auf die sogenannte *Graue*

---

20 Winzeler, C. (2011), S. 100.

21 Etwas anders verhält es sich beim Doppelbesteuerungsabkommen mit den USA. Hier gilt die Auskunftspflicht über Amts- und Rechtshilfe «tax fraud and the like». Anhand von Beispielen für das «and the like» wird dargelegt, dass damit auch Steuerhinterziehung gemeint sein kann. Vgl. Winzeler, C. (2011), S. 103.

Liste gesetzt. Diesen Ländern wurde angelastet, dass sie sich zwar dem OECD-Standard bei der internationalen Amtshilfe in Steuersachen nach Art. 26 des OECD-Musterabkommens weitgehend unterworfen haben, diesen aber noch nicht völlig umgesetzt hätten. Um als Schweiz wieder auf die *Weisse Liste* zu kommen, mussten mindestens 12 Doppelbesteuerungsabkommen (DBA) den OECD-Standards genügen.

Spätestens als Peer Steinbrück, damals deutscher Finanzminister, am Rande eines Treffens der G-20-Finanzminister die folgende Botschaft an die Schweiz richtete: Die von der OECD erarbeitete schwarze Liste mit Steueroasen sei «die siebte Kavallerie vor Yuma, die man auch ausreiten lassen kann», hätte man merken sollen, wie ernst es einigen Staaten mit dem Druck auf das Schweizer Bankgeheimnis ist. Nicht wegen der «Kriegsdrohung» an sich, sondern wegen der fehlenden Empörung und politischen Distanzierung dritter Staaten. Zehn Jahre früher hätte eine solche Aussage eines Ministers eines durch aktive Kriegsvergangenheit stark vorbelasteten Landes in den umliegenden europäischen Staaten zu einer Protestnote geführt, jetzt aber hat sich nur «die Schweiz» empört.

Diese verbale Entgleisung eines politischen Schwergewichts hätten der Schweiz und den führenden Bankmanagern Warnung sein sollen. Es wäre damals höchste Zeit gewesen, dass Schweizer Finanzintermediäre den Zustand der «geistigen Landesverteidigung» aufgegeben und die erfolgten gesellschaftspolitischen Veränderungen akzeptiert hätten. Spätestens dann hätte man zukünftige Entwicklungen antizipieren und diese im Rahmen neuer Geschäftsmodelle auch als Chance für ein nachhaltiges Banking begreifen sollen.

Doch erstaunlicherweise war lange Zeit von der *offiziellen* Schweiz keine einheitliche Strategie für die Überwindung der sich abzeichnenden Probleme zu erkennen. Wenigstens haben die wichtigsten Akteure Stellung bezogen. Die *Neue Strategie der Finanzpolitik*[22] des Bundesrats, die *Strategischen Grundlagen* der Vereinigung Schweizerischer Privatbankiers[23] und die *Finanzplatzstrategie 2015*[24] der Schweizerischen Bankiervereinigung stossen alle in eine ähnliche Richtung bezüglich der Ziele für den Finanzplatz Schweiz. Die sogenannte Weissgeldstrategie und das Konzept der Abgeltungssteuer spielen dabei eine

---

22 Vgl. Eidgenössisches Finanzdepartement EFD (2011).

23 Vereinigung Schweizerischer Privatbankiers – Jahresbericht 2010, 2011, S. 50.

24 Vgl. SwissBanking (2010).

zentrale Rolle. Die Abgeltungssteuer hat ursprünglich Alfredo Gysi, Präsident des Verbandes der Auslandsbanken in der Schweiz, vorgeschlagen. Damit soll verhindert werden, dass der automatische Informationsaustausch eingeführt wird. Sie ist im Verlaufe des Jahres 2009 bei den wichtigsten Vertretern der Schweizer Banken zunehmend auf Akzeptanz gestossen.[25]

Gemäss der Schweizerischen Bankiervereinigung werden mit der Abgeltungssteuer die folgenden Zielsetzungen verfolgt:[26]

- Abgeltungssteuer mit Zukunftswirkung und Wahrung der Privatsphäre
- Mögliche Abgeltungssteuer mit Wirkung für die Vergangenheit
- Diskriminierungsfreier Marktzutritt

Mit der Abgeltungssteuer werden ausländische Vermögen in Einklang mit den Steuergesetzen im Domizilland des Anlegers gebracht. Die Kunden haben damit ihre Steuerpflichten im Domizilland erfüllt. Der Abgeltungssteuersatz wird unabhängig vom Einkommen des Anlegers festgelegt und an die Bedingungen des jeweiligen Landes angepasst. Erfasst werden mit der neu einzuführenden Abgeltungssteuer Zinsen, Dividenden, Erträge von Kapitalanlagen, Kapitalgewinne und Vermögenswerte. Die Steuer wird durch eine Zahlstelle – eine Bank oder eine andere Finanzinstitution – erhoben und an die Schweizer Steuerverwaltung überwiesen. Diese leitet einmal jährlich das Geld an die Steuerbehörden der jeweiligen Domizilländer weiter. Die Länder erhalten so rasch und unbürokratisch Steuern auf die in der Schweiz angelegten Vermögen ihrer Bürger.[27]

Die Lockerung des Bankkundengeheimnisses und die Ausrichtung des Finanzplatzes Schweiz auf die Weissgeldstrategie, haben einen wesentlichen Einfluss auf die aktuellen Herausforderungen im Private Banking. Sowohl die Kunden als auch die Banken konnten sich in den vergangenen Jahren grundsätzlich darauf verlassen, dass Schweizer Recht anwendbar und Steuerhinterziehung in der Schweiz kein Verbrechen ist. Über Jahre bedeuteten deshalb ausländische Kundengelder einen relativ geringen Beratungsaufwand mit hohem Ertrag. Diese Ausgangslage hat sich nun rasch geändert. Insbesondere Banken mit einem hohen Anteil an steuergetriebenen Geldern sind davon stark betroffen.

---

[25] Vereinigung Schweizerischer Privatbankiers - Jahresbericht 2010, 2011, S. 51.

[26] Vgl. SwissBanking (2009).

[27] SwissBanking (2010), S. 2.

Einerseits wird es zu spürbaren und schmerzhaften Abflüssen von Kundengeldern kommen und anderseits dürften die Margen auf versteuerten Geldern tiefer sein als bisher. Beide Effekte verursachen nachhaltig spürbare und schmerzhafte Ertragsausfälle.

4.5 Herausforderungen im Cross Border Geschäft

Der Wechsel des Schweizer Finanzplatzes hin zu einer Strategie, die auf eine umfassende steuerliche Konformität der Kunden setzt, erfordert wie bereits im obigen Abschnitt erwähnt, einen grossen Aufwand. Hinzu kommt die Tatsache, dass versteuerte Gelder viel mobiler sind als nicht deklarierte Vermögen. Das bedeutet, dass sie sich somit jederzeit und schnell zu einem anderen Finanzinstitut transferieren lassen. Es ist aber nicht alleine das Bankkundengeheimnis per se, sondern auch die wachsende Komplexität des regulatorischen Umfelds im internationalen Kontext, welche den Banken zu schaffen machen.

Die regulatorische Komplexität des Cross Border Bankings liegt mitunter darin, dass nicht nur die Vorschriften der FINMA eingehalten werden müssen, sondern immer stärker auch die Vorgaben der lokalen Aufsichtsbehörden im Ziel- bzw. Kundenland. D.h. wenn eine Schweizer Bank heute ausländische Vermögen verwalten will, muss sie nicht nur die Schweizer Gesetze kennen, sondern auch die rechtlichen Grundlagen der Länder, aus denen die Kunden stammen und diese Vorschriften auch einhalten. Falls sie diese nicht einhält, drohen Strafverfahren. Dabei divergieren die gesetzlichen Vorschriften von Land zu Land. Untenstehende Abbildung[28] zeigt exemplarisch einige wichtige Ereignisse mit regulatorischer Relevanz für das Cross Border Banking.

Entsprechend der Dynamik und Komplexität der regulatorischen Rahmenbedingungen beauftragte die FINMA im Positionspapier zu den Rechts- und Reputationsrisiken im grenzüberschreitenden Finanzdienstleistungsgeschäft vom 22. Oktober 2010 die Schweizer Banken, die Risiken zu kennen und geeignete Massnahmen zu treffen.

---

[28] Oliver Wyman / Noveras (2011), S. 2.

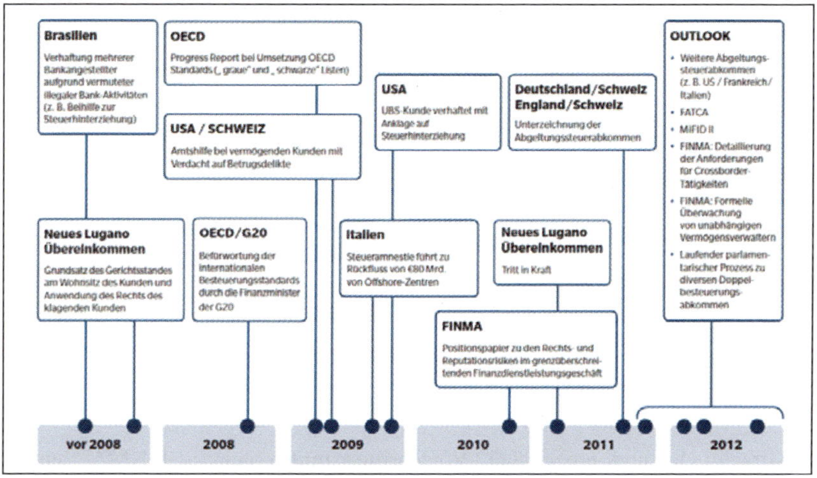

Abbildung 2: Ereignisse mit Relevanz für das Cross Border Banking

Quelle: Oliver Wyman / Noveras (2011)

Die FINMA sieht im ausländischen Aufsichts-, Steuer-, Straf- und Geldwäschereirecht, in zivilrechtlichen sowie prozessualen Vorschriften und im übrigen Wirtschaftsrecht Quellen von Rechts- und Reputationsrisiken.

Aus ausländischem Aufsichtsrecht ergeben sich zwei primäre Risikobereiche. Die grenzüberschreitende Erbringung von Finanzdienstleistungen und das grenzüberschreitende Angebot von Finanzprodukten. Während die Schweiz diesbezüglich relativ offen reguliert ist, sind in gewissen Ländern bereits einfache Aktivitäten (z.B. Telefonate, Kundenbesuche, etc.) eingeschränkt oder sogar verboten.[29] Das FINMAG (Bundesgesetz über die Eidgenössische Finanzmarktaufsicht) statuiert zwar keine direkte Pflicht zur Einhaltung ausländischen Rechts, aber via die Schweizer Aufsichtsgesetze, wie zum Beispiel dem Bundesgesetz über die Banken und Sparkassen (BankG), ist es aber indirekt sehr wohl verpflichtend, insbesondere bezüglich folgender Punkte:

- Gewähr für einwandfreie Geschäftstätigkeit
- Erfordernis einer angemessenen Organisation
- Erfordernis eines adäquaten Risikomanagements

---

[29] FINMA (2010b), S. 6-14.

Durch die Verletzung des ausländischen Rechts kann ein Finanzdienstleister indirekt gegen oben erwähnte schweizerische Aufsichtsnormen verstossen.

Im Steuer- und Strafrecht stuft die FINMA strafbare Teilnahme an Steuerdelikten des Kunden und das mögliche Auslösen einer Unternehmenssteuer als besonders heikel ein.[30] Bei zu häufigen grenzüberschreitenden Aktivitäten und wiederholter physischer Präsenz des Kundenberaters kann im betreffenden Land eine Corporate Tax der Bank selbst ausgelöst werden.

Im Bereich des internationalen Rechts können sich weiter Rechts- und Reputationsrisiken aus dem Geldwäschereirecht aus Verdachtsmeldungen an die lokale Meldestelle und der Selbstinkriminierung (sich selbst beschuldigen) ergeben.[31] Das Bankinstitut könnte wegen allfälliger strafbarer Teilnahmehandlungen in einen Interessenkonflikt geraten.

Zivilrechtliche und prozessuale Vorschriften bilden gemäss FINMA[32] einen weiteren nicht zu unterschätzenden Gefahrenherd. Dabei kann es sich um die zivilrechtliche Haftung bei Verletzung von Aufsichtsrecht und von Klagen am Wohnsitz ausländischer Kunden unter Anwendung des Rechts des jeweiligen Staates handeln. Aufgrund des am 1. Januar 2011 in Kraft getretenen, revidierten Lugano-Übereinkommens (revLugÜ), ist eine Aberkennung der vertraglichen Regelungen von Gerichtsstand- und Rechtswahlklauseln gemäss den Allgemeinen Geschäftsbedingungen möglich. Der Gerichtsstand kann somit derogiert werden.[33]

Abschliessend nennt die FINMA das übrige Wirtschaftsrecht[34] als Quelle für Rechts- und Reputationsrisiken. Hier werden vor allem Universalansätze in Bezug auf die Staatsangehörigkeit und/oder die Währung genannt. Beispiele dafür sind der Fall Credit Suisse (Verletzung von US-Sanktionen)[35] sowie die Risiken bei Geschäftsbeziehungen mit dem Iran.[36]

---

30 FINMA (2010b), S. 8-9.

31 FINMA (2010b), S. 9.

32 FINMA (2010b), S. 9.

33 Vgl. Art. 15 ff. revLugÜ.

34 FINMA (2010b), S. 11.

35 Vgl. FINMA (2009).

36 Vgl. FINMA (2010a).

Angesichts der Entwicklungen der letzten Jahre ist es aus Sicht der FINMA unerlässlich, dass die Schweizer Banken ihr Cross Border Geschäft einer vertieften Analyse der rechtlichen Rahmenbedingungen und der damit verbundenen Risiken unterziehen.

In einem ersten Schritt sind die Zielmärkte der Banken mit den anwendbaren Rechtsvorschriften zu erfassen. Dabei sollen aufsichtsrechtliche, steuerrechtliche sowie weitere Restriktionen mit einbezogen werden. Die tatsächlichen Cross Border Aktivitäten der Bank sind auf ihre Compliance hin zu überprüfen. Die damit verbundenen Risiken sollen erfasst, begrenzt und mittels IKS kontrolliert werden. Nebst dem grenzüberschreitenden Vermögensverwaltungsgeschäft soll auch dem grenzüberschreitenden Zahlungsverkehr grosse Beachtung geschenkt werden.

Ein erhöhtes Risiko ortet die FINMA, wenn eine Bank international tätig ist, was sich vor allem in Onshore-Präsenzen, einer Börsenkotierung oder einem Grossteil der Aktiva im Ausland widerspiegelt.[37] Die Risiken aus dem Nebeneinander von Onshore- und Offshore-Strategien sind deshalb vor allem bei grösseren Instituten vorhanden, da Offshore-Kontakte mit Kunden unter keinen Umständen über lokale Einheiten im Domizilland des Kunden stattfinden dürfen. Umgekehrt dürfen lokale Mitarbeiter unter keinen Umständen Offshore-Kunden einer anderen Konzerneinheit empfangen oder betreuen.[38] Sollten Kunden sowohl eine Onshore- wie eine Offshore-Beziehung mit der gleichen Bank unterhalten, wären somit höchste Anforderungen in Form einer *Chinese Wall* an eine Compliance-Organisation gestellt.

In einem zweiten Schritt erwartet die FINMA, dass geeignete Massnahmen zur Risikoeliminierung bzw. mindestens zur Risikominimierung getroffen werden. Zwangsläufig können sich daraus strategische Änderungen bzw. eine Anpassung des Geschäftsmodells ergeben.[39] Vor allem dann kann dies der Fall sein, wenn eine Bank aufgrund der erkannten Risiken, wegen fehlendem Know-how und/oder aus Kostenüberlegungen zum Schluss kommt, gänzlich auf eine Tätigkeit in gewissen Märkten zu verzichten.

---

[37] FINMA (2010b), S. 15.

[38] Eichmann (2009), S. 51.

[39] FINMA (2010b), S. 15.

Auf operativer Ebene[40] fordert die FINMA insbesondere: Weisungen über die in den Zielländern (un)erlaubten Geschäftstätigkeiten, Schulung des Personals, Errichtung eines internen Kontrollsystems (IKS), evtl. Zentralisierung von Kunden in Länder-Desks und evtl. Einholen von Cross Border- oder Onshore-Lizenzen.

4.6 Strategische Neuorientierung

Um den vielfältigen Herausforderungen des internationalen Private Banking gerecht zu werden und den anstehende Transformationen zu begegnen, genügt das Schreiben von Cross Border Weisungen und die Schulung des Personals nicht. Vielmehr muss eine strategische Neuorientierung stattfinden. Diesbezüglich sind die bisherigen (und allenfalls neuen) Märkte einer Überprüfung zu unterziehen. Diese Überprüfung sollte zu einer Priorisierung der Cross Border Märkte führen. Diese Einteilung wird sinnvollerweise aufgrund der Risiken (siehe Herausforderungen im Cross Border Geschäft) und des Profitpotentials dieser Märkte gemacht. Für die meisten Schweizer Bankinstitute bedeutet diese Analyse, dass man sich auf einige wenige Zielmärkte fokussieren muss. Sinnvollerweise drängen mindestens drei verschiedene Kategorien[41] von Länderarten auf:

1. **Zielmärkte («principal countries of activity»)**
   Bei den Zielmärkten handelt es sich um die Länder, wo man beabsichtigt, einen grösseren Kundenkreis ansprechen möchte. Country Manuals müssen hier vorhanden sein.

2. **Passiv betreute Märkte («limited/other countries»)**
   Bei den passiv betreuten Märkten handelt es sich um jene Nicht-Ziel-Märkte, bei denen allgemeine Grundsätze einer Cross Border Weisung zum Zuge kommen können und somit keine länderspezifischen Weisungen bestehen.

3. **Nicht betreute Märkte – mit Sanktionen belegt, politisch/regulatorisch problematisch («restricted countries»)**
   In der dritten Gattung folgen jene Länder, in denen man aus politischen oder regulatorischen Gründen nicht mehr tätig sein möchte, z.B. Iran.

---

[40] FINMA (2010b), S. 15-16.

[41] Bizzozero, A. / Robinson, C. (2011), S. 156.

In die strategischen Überlegungen sollten auch Exit-Szenarien wie Verkauf von Kundenbüchern oder Zusammenschlüsse zu grösseren, überlebensfähigen Einheiten einbezogen werden.

Im Hinblick auf die Umsetzung einer Weissgeldstrategie sind für die Zielmärkte für jedes einzelne Land massgeschneiderte Produkt- und Serviceportfolios zu definieren, welche den aufsichtsrechtlichen Anforderungen und Anlegerschutzregeln vollumfänglich entsprechen. Die bisherige One-size-fits-all-Strategie hat definitiv ausgedient. Für die Zielländer ist eine umfassende Kompetenz aufzubauen und durch regelmässige Schulung der Kundenberater langfristig zu gewährleisten. Dementsprechend sind Kunden entlang der Zielmärkte auf spezialisierte, geschulte Beraterteams zuzuordnen. Zudem müssen Bankprozesse und IT-Systeme den länderspezifischen Anforderungen Rechnung tragen.[42]

4.7 Fazit

«The regulatory agenda is increasingly complex, challenging, costly, and will drive business and operations for the foreseeable future.»[43]

Mit den steigenden regulatorischen Anforderungen müssen sich alle im internationalen Geschäft tätigen Finanzplätze abfinden. Es betrifft letztendlich alle. Aber der spezifische internationale Druck auf den Finanzplatz Schweiz wird in nächster Zeit überaus hoch bleiben. Mitunter auch wegen der desolaten Staatsfinanzen einiger Länder und der unterschiedlichen Auslegung von Steuerhinterziehung und Steuerbetrug. Diesbezüglich pochen ausländische Steuerbehörden noch stärker auf eine bessere Zusammenarbeit in Steuerfragen. Für diese Staaten steht deshalb der länderübergreifende Informationsaustausch in Steuerfragen im Vordergrund. Ob sich das Konzept der Abgeltungssteuer mittelfristig halten kann, ist momentan kaum zu beurteilen. Sicher ist aber, dass kein Weg an der Weissgeldstrategie vorbei führt.

Schweizer Banken, die sich rasch und umfassend den neuen Begebenheiten stellen und tragfähige Strategien erarbeiten, werden weiterhin erfolgreich sein. Der Transformationsprozess wird zu neuen Kompetenzen, Produkten und Dienstleistungen führen. Banken, die in der Lage sind, all dem erfolgreich zu begegnen, werden Marktanteile von denen gewinnen, welche weniger oder zu

---

[42] Haller, T. / Eduah, R. (2011), S. 24-25.

[43] Vgl. PricewaterhouseCoopers AG (2011), S. 43.

spät auf diese Veränderungen reagieren wollen oder können. Institute, welche sich in den Märkten korrekt verhalten, werden Glaubwürdigkeit sowie Vertrauen aufbauen können und damit neue Kunden gewinnen.

Der Finanzplatz Schweiz wird sich behaupten und gestärkt aus der momentanen Krise herauskommen. Denn auch in Zukunft werden traditionelle Stärken der Schweiz wie die politische und wirtschaftliche Stabilität, der Schutz von Eigentum und Privatsphäre, aber auch Tugenden der Akteure am Finanzplatz wie bspw. die hohe Qualität der Dienstleistungen, die Individualität und die Diskretion sowie die Kreativität, die Initiative und das Servicedenken der motivierten und gut geschulten MitarbeiterInnen vermögende Kunden überzeugen!

Literaturverzeichnis

- Ammann, B. (2011): Schweizer Private Banking bald ein Auslaufsmodell? in Amado, F. / Molo, G. (2011), Perspektiven für die Vermögensverwaltung in der Schweiz (S. 148-156), Basel: Helbing Lichtenhahn Verlag.
- Bär, H. (2004): Seid umschlungen, Millionen, Zürich: Orell Füssli.
- Bauen, M. / Rouiller, N. (2010): Schweizer Bankkundengeschäft, Zürich: Schulthess.
- Baumann, C. / Rutsch, W. E. (2008): Swiss Banking – wie weiter? Zürich: Verlag Neue Zürcher Zeitung.
- Bizzozero, A. / Robinson, C. (2011): Cross-border Finanzgeschäfte aus der und in die Schweiz, Zürich: Schulthess.
- Boston Consulting Group. (2009). BCG Report. Global Wealth 2009, Delivering on the client promise.
- Boston Consulting Group (2011): BCG Report Global Wealth 2011.
- Bundesgesetz über die Banken und Sparkassen (2011).
- Bundesrat (2009): Botschaft zum revidierten Übereinkommen von Lugano.
- Cassis, Y. (2007): Metropolen des Kapitals. Hamburg: Murmann Verlag.
- Eichmann, M. (2009): Grenzüberschreitende Finanzdienstleistungen im Private Banking. In Roth, M. (2009), Close up on Compliance (S. 51). Zürich/ St. Gallen: Dike Verlag AG.
- Eidgenössisches Finanzdepartement EFD. (2011). Neue Strategie der Finanzmarktpolitik – Stand Okt. 2011.
- Ernst & Young (2009): Cross-border Private Banking. Aktuelle Entwicklungen und Herausforderungen.

- FINMA (16. Dezember 2009): Abgerufen am 12. Juli 2011 von Vereinbarung der Credit Suisse mit U.S. Behörden wegen Verletzung von U.S. Sanktionen – Abklärungen der FINMA: http://www.finma.ch/d/aktuell/Seiten/mm-cs-usbehoerden-20091216.aspx
- FINMA (2010a): FINMA-Mitteilung Nr. 15 – Risiken bei Geschäftsbeziehungen mit Iran, Bern.
- FINMA (2010b): Positionspapier der FINMA zu den Rechts- und Reputationsrisiken im grenzüberschreitenden Finanzdienstleistungsgeschäft, Bern.
- FINMA; Zulauf, U. (2011): Erwartungen der FINMA an den Umgang mit Rechts- und Reputationsrisiken im grenzüberschreitenden Geschäft mit Privatkunden. Kunz Compliance, Compliance in Theorie und Praxis, (S. 12) Zürich.
- Haller, T. / Eduah, R. (2011): So funktioniert die Umsetzung. In Schweizer Bank, Januar 2011, S.24-25.
- Infanger, B. (2011): Die Zukunft des Cross-Border Private Banking der Obwaldner Kantonalbank.
- Joscelyn, M. / Maurer, A. (2008): WTO. Abgerufen am 12. Juli 2011 von Measuring GATS Mode 4 Trade Flows:
- http://www.wto.org/english/res_e/reser_e/ersd200805_e.pdf
- Oliver Wyman / Noveras. (2011): Herausforderungen im Crossborder Private Banking. Broschüre, Zürich.
- PricewaterhouseCoopers AG (2011): Fachtagung zum Geldwäschereigesetz – Fit für die Zukunft vom 2. März 2011, Zürich.
- Schöchli, H. (2010): NZZ Online 24. März 2010. Abgerufen am 12. Juli 2011 von Finma will Sonderregeln für Grossbanken: http://www.nzz.ch/finanzen/nachrichten/finma_will_sonderregeln_fuer_grossbanken_1.5283710.html
- Streule, C., / Rom, I. (2000): www.taxjustice.net. Abgerufen am 12. Juni 2011 von SWOT Analyse des Finanzplatzes Schweiz: http://www.taxjustice.net/cms/upload/pdf/Analyse_Finanzplatz_ch.pdf
- SwissBanking (2009): Abgerufen am 11. Juli 2011 von Projekt - Abgeltungssteuer: http://www.swissbanking.org/20091210-4730-dok-rubik_businesscase_sbvg-uka-final.pdf#xml=http://192.168.231.116:81/texis/webinator/search_swissbanking/pdfhi.txt?query=abgeltungssteuer&pr=swissbanking_de&prox=page&rorder=500&rprox=500&rdfreq=500&rwfreq=500&.
- SwissBanking (2010): Abgerufen am 11. Juli 2011 von Finanzplatzstrategie 2015: http://www.swissbanking.org/20100409-5000-finanzplatzstrategie_clean-nzw.pdf
- Vereinigung Schweizerischer Privatbankiers (2011): Jahresbericht 2010, Genf.
- Winzeler, C. (2011): Das Schweizer Bankkundengeheimnis im Wandel - Totgesagte leben länger. In Schweizerische Juristenzeitung SJZ 107, Nr. 5/2011.

5 Die Customer IMPACT Agenda

Der vorliegende Artikel, der in Zusammenarbeit mit Philip J. Winters entstanden ist, erläutert die Veränderung in der Sichtweise auf die Vermarktung von Bankdienstleistungen. So muss die Entscheidungskette des Kunden wesentlich früher und nicht erst bei der Beratung des Kunden betrachtet werden. Auch nutzt der Kunde heute andere Touchpoints, was im Marketing und Verkauf von Banken für neue Herausforderungen sorgt.

Nils Hafner

Prof. Dr. rer. pol. Nils Hafner (1973) ist Professor für Kundenbeziehungsmanagement an der Hochschule Luzern. Er studierte Betriebswirtschaftslehre, Psychologie, Philosophie und Neuere Geschichte und promovierte im Innovationsmanagement/Marketing über die Qualitätssteuerung von Call Center Dienstleistungen. Nach einer Tätigkeit als Practiceleader CRM bei einem der grössten Beratungshäuser der Welt baute er das erste CRM Master Programm im deutschsprachigen Raum auf.

Heute ist er als Autor und Key-Note Speaker tätig und berät das Management europäischer Unternehmen. Über diese Tätigkeit hinaus engagiert sich Prof. Hafner im schweizerischen Contact Center Branchenverband CallNet.ch und ist Alumnus der Studenteninitiative MTP.

In seinem Blog «Hafner on CRM» versucht er dem Thema seine informativen, schönen, schlimmen, tragischen und lustigen Seiten abzugewinnen.

Kontakt: nils.hafner@hslu.ch

5.1 Kunden-Erlebnis und die Bedeutung von sozialen Netzwerken

Unter Customer Experience Management versteht man alle Aktivitäten eines Unternehmens im Bemühen um ein positives Kunden-Erlebnis. Üblicherweise konzentriert man sich dabei auf die Phase nach dem Kauf, in der ein Kunde ein Produkt oder eine Dienstleistung tatsächlich nutzt und dementsprechend messbar mit dem Unternehmen in Kontakt tritt. Eine vor einigen Jahren veröffentliche Benchmark-Studie[1], die «customer experience maturity» innerhalb von Unternehmen definiert und misst, kommt zu dem Schluss, dass «das Kunden-Erlebnis direkt mit dem Geschäftsergebnis korreliert. Vielen Unternehmen fehlt es jedoch noch an Verständnis, an der Technologie und dem Willen, wirksame Kunden-Erlebnis-Programme zu implementieren. Diejenigen Unternehmen, die diesen Schritt gegangen sind, erreichen einen Wettbewerbsvorteil, auch in einem schwierigen wirtschaftlichen Umfeld. Wenn ein Unternehmen customer experience als Mittel zur Differenzierung erkennt und in seine Kultur verankert, werden messbare Erfolge resultieren»[2].

Die traditionelle Kundenerlebniskette (*customer experience chain*) umfasst im Banking klassischerweise folgende Schritte:

Abbildung 1: Traditionelle Kundenerfahrungskette

Problematisch dabei ist: Die bislang gewählte Definition greift im heutigen Kontext zu kurz. So ist es heute bspw. notwendig, zu verstehen welche Bedürfnisse Kunden *vor* der Beratung haben. Ebenso essentiell ist es für das Unternehmen zu wissen, welche Optionen der Kunde für die Auswahl seines Finanzdienstleisters hat. Dieses Kundenwissen macht den Unterschied aus, gerade in gesättigten Märkten.

In diesem Zusammenhang lohnt es sich, in anderen Branchen nach guten Beispielen zu suchen. Audi bspw. hat eine Übersicht über sämtliche Kunden-

1 Vgl. Peppers & Rogers Group and SAS (2008).

2 Customer Strategist (2009), S. 7.

Erlebnisse nach dem Kauf erstellt und stellt sicher, dass dieses Wissen dem Verkäufer zur Verfügung steht, damit er den Kunden-Status im Blick behält, denn irgendwann wird der Kunde ein neues Auto brauchen. Sogar in Branchen, in denen Kundenorientierung nicht zu den wichtigsten Differenzierungs-Strategien gehören, wie bspw. bei den Energie-Versorgern, gibt es Vorreiter. Lichtblick, ein Lieferant von Ökostrom in Deutschland, hat seine Führungsposition nicht nur wegen seines Bekenntnisses zur Ökologie inne, sondern auch, weil er seine Kundenkontaktpunkte genauestens kennt. Es existieren Kennzahlen, um die Kundenzufriedenheit, die Qualität der einzelnen Kontaktpunkte und die Auswirkung auf das Kundenerlebnis zu messen. Die kundenorientierten Ziele sind klar definiert und werden wöchentlich geprüft.

Es ist nicht verwunderlich, dass der Vorstandsvorsitzende Dr. Christian Friege für Lichtblick den Preis für «Deutschlands kundenorientiertesten Energieversorger» in den Jahren 2009 und 2011 in Empfang nehmen durfte.

Marketing-Fachleute haben sich bisher stark darauf konzentriert, die Bedürfnisse des Markts frühzeitig zu identifizieren, besonders mit Hilfe der Marktforschung und mit Fokus-Gruppen. Diese Erkenntnisse haben erfolgreiche Unternehmen in Programme umgesetzt, die den Absatz ihrer Produkte, Dienstleitungen und Marken fördern. Die Fachleute haben sich jedoch zu wenig damit befasst, wie Individuen zu einem Entschluss kommen und wie man diesen Prozess beeinflussen kann. Zugegeben war das in der Vergangenheit auch nicht einfach. Für die meisten Unternehmen waren die Bereiche «Bedürfnis-Identifikation der Zielgruppen» und «Kunden-Erlebnis des Individuums» zwei völlig voneinander unabhängige Themen. Dieser Sachverhalt lässt sich vor allem im Grossbankenumfeld immer wieder feststellen. In der heutigen Kunden-Wirklichkeit jedoch – durch den Siegeszug der sozialen Netzwerke – muss diese Einschätzung revidiert werden.

5.2 Definition des Entscheidungsprozesses

Aus der Perspektive des Kunden beginnt das Kunden-Erlebnis in dem Augenblick, in dem ein zukünftiger Kunde zum ersten Mal über ein Bedürfnis oder einen Wunsch nachdenkt und sich mit Menschen aus seiner Umgebung dazu austauscht. Das kann lange Zeit vor der Entscheidung für einen Finanzdienstleister stattfinden. Und das ist der erste Schritt des Weges. Um dieses Konzept zu veranschaulichen, wurde die oben gezeigte Kundenerfahrungskette auf der Abbildung unten um ihren tatsächlichen Anfang und ihr tatsächliches «Ende» erweitert. Sie beginnt mit den ersten Anfängen der Entscheidungsfindung und endet mit einer Phase des Nachdenkens des Kunden über seine Erlebnisse, die zu neuen Erfahrungen und Bedürfnissen für die nächste Entscheidung führen kann. Diese so genannte «Customer Decision-Making Chain» umfasst das gesamte Kunden-Erlebnis und macht bewusst, dass Bedürfnisse und Werte des Kunden bei jedem Schritt beachtet werden müssen.

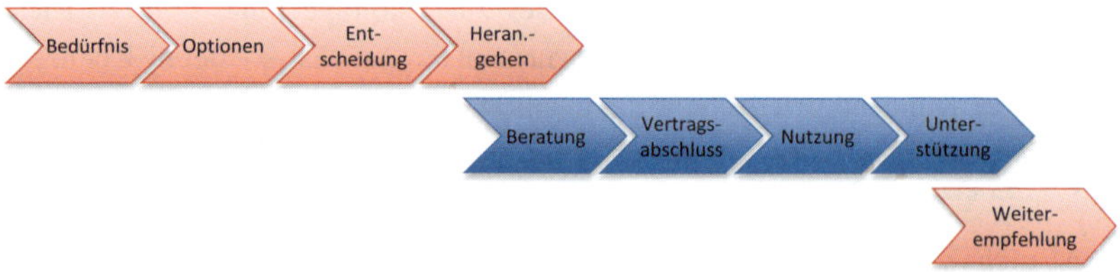

Abbildung 2: Die «Customer Decision-Making Chain»

Die Customer Decision-Making Chain zeigt am Beispiel des Kaufentscheidungsprozesses eines Kunden die gedanklichen Schritte, die bei jedem Menschen während eines Entscheidungsprozesses ablaufen. In einer Forschungsarbeit zu Entscheidungsfindung und derartigen Denkprozessen haben Daniel Kahnemann und Amos Tversky (1979) diese Schritte skizziert. Ein Individuum wird sich zunächst eines Bedürfnisses oder Wunsches bewusst, dann sucht es nach Alternativen, die sein Bedürfnis befriedigen. Die besten Optionen werden nach einem komplexen Denkprozess bewertet und in eine Reihenfolge gebracht. Unter Einbezug aller Informationen wird anschliessend eine Option ausgewählt oder ein Kompromiss gesucht um eine Entscheidung zu treffen. Die Bewertungsmassstäbe sind dabei nicht rein logisch oder rational. Sie enthalten im Gegenteil eine starke emotionale Komponente, basieren auf persönlichen Werten und einer individuellen Risiko-Toleranz. Nachdem die Entscheidung gefallen ist, werden Massnahmen zur Umsetzung ergriffen. Letztendlich gehören der Kauf (oder im Falle den Banken der Vertragsabschluss) und die Nutzung einer Dienstleistung zur Schluss-Phase, in der die Entscheidung bewertet wird, um in zukünftigen Entscheidungsprozessen aus den Erkenntnissen zu lernen.

Dies zeigt z.B. auch die Kundenentscheidungskette der kürzlich in der Notenstein Privatbank aufgegangenen Nettobank.ch. Die Nettobank vertreibt Vermögensverwaltungsleistungen über das Internet. Die Entscheidungskette bei der Nettobank sieht dabei wie folgt aus:

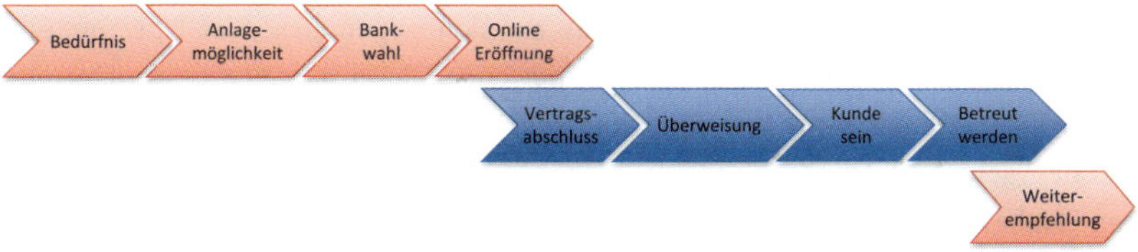

Abbildung 3: Die «Customer Decision-Making Chain» der Nettobank.ch

Deutlich wird dabei, dass die Entscheidung des Kunden schon bei der Realisierung des eigenen Bedürfnisses nach der Anlage von Geldern beginnt. Er sucht vorwiegend im Internet nach Anlagemöglichkeiten und entscheidet sich, eine Bank als Geschäftspartner zu wählen. Bei der Bankwahl findet und bewertet er die Nettobank als valable Möglichkeit. Die «Beratung» des Kunden erfolgt hier im Rahmen der Online-Eröffnung. Der Kunde profiliert sich online und entscheidet über seine Risikofähigkeit und Risikotoleranz. Dabei wählt er das für ihn passende Anlageprofil und damit das Produkt der Nettobank aus. Diese Online-Eröffnung sagt aber noch nichts darüber aus, ob er den folgenden schriftlichen und physisch zugesandten Vertrag auch unterzeichnet und sich bei der schweizerischen Post legitimiert. Erst wenn er dies getan hat sowie die Entscheidung getroffen hat, tatsächlich Geld zu überweisen, wird er Kunde der Nettobank. Im folgenden Schritt dieser Entscheidungskette ist der Kunde passiv und lässt seine Gelder durch die Nettobank verwalten. Auf der anderen Seite wird er betreut und erhält einen Newsletter sowie weiterführende Informationen über den Auftritt in den sozialen Medien bei Facebook, Twitter und YouTube sowie dem Nettobank-Blog. Wichtig in dieser Entscheidungskette ist es, den Kunden dazu zu motivieren, sich für eine Empfehlung der Nettobank an Freunde und Bekannte zu entscheiden. Dabei ist es eminent wichtig, dass sich der Kunde positiv an den Service der Nettobank erinnert.

5.3 Ausrichtung auf die Stimme des Kunden

In allen führenden kundenorientierten Unternehmen ist heute das Konzept des 1to1 Marketing[3] etabliert. Dabei geht es darum, Kunden zu identifizieren, Unterschiede zwischen Kunden zu erkennen, diese Kunden jeweils nach ihren Bedürfnissen zu behandeln und daraus zu lernen. Dieser differenzierten Vorgehensweise liegt zum einen der Wert des Kunden für das Unternehmen zu Grun-

3 Vgl. Peppers / Rogers (1989).

de und zum anderen das Verhalten des Kunden gegenüber dem Unternehmen während der traditionellen Customer Experience Chain. Die erweiterte Definition von Kunden-Erlebnis erfordert nun, die Bedürfnisse und Interaktionen des Kunden sehr viel früher zu identifizieren, um entsprechend reagieren zu können. Dabei geht es nicht mehr nur darum, dass das Unternehmen im Rahmen der traditionellen Customer Experience Chain auf den Kunden achtet, sondern dass er ihm sehr früh im Entscheidungsprozess gezielt und aufmerksam zuhört. Wie das vor sich geht, bestimmen sowohl die Bedürfnisse des Kunden als auch die Art wie er mit seiner Umwelt zur Entscheidungsfindung in Kontakt tritt.

5.4 Fokus auf die Bedürfnisse

Hinderlich für die Umsetzung der neuen Form von Customer Experience Management ist eine fehlerhafte Definition von «Bedürfnisbefriedigung» in vielen Unternehmen. Häufig wird dabei ein Vertragsabschluss und die Dienstleistungsnutzung mit der Befriedigung von Bedürfnissen, Werten oder Wünschen verwechselt. Ähnlich fatal ist es anzunehmen, es reiche aus, ein sensationelles neues Produkt oder eine solche Dienstleistung anzubieten und zu bewerben, um ein Bedürfnis danach zu generieren. Fälle, in denen das in der Vergangenheit funktioniert hat, dürften ihren Erfolg eher einem glücklichen Zufall verdanken. «Wenn wir Kundenbedürfnisse definieren als ein Job, den die Kunden erledigt haben wollen, stellen wir fest, dass Innovationen – egal wie radikal sie sind - niemals ein Kundenbedürfnis wecken. Sie befriedigen das Bedürfnis nur auf innovative Weise.»[4] Im vorliegenden Artikel werden «Bedürfnisse», «Werte» und «Wünsche» synonym verwendet. Sie bezeichnen etwas, das von einem Individuum als notwendig oder wünschenswert für ein «besseres Leben» betrachtet wird. Die Bedürfnisse können in einfache Kategorien eingeteilt werden. Viertens wird auf der Basis der erkannten Probleme ein Analyse- und Monitoring-Modell erarbeitet, mit welchem die Probleme laufend erfasst und mitverfolgt werden können. Dieses soll es dem zentralen Controlling erlauben, das Zusammenwirken der Steuerungsinstrumente zu beurteilen und mögliche Probleme rechtzeitig zu erkennen. Daraus ergibt sich eine Optimierung des Controllings dezentraler Einheiten. Fehlentscheide können vermieden und Fehlentwicklungen frühzeitig korrigiert werden.

---

[4] Vgl. Bettencourt, L. A. (2009).

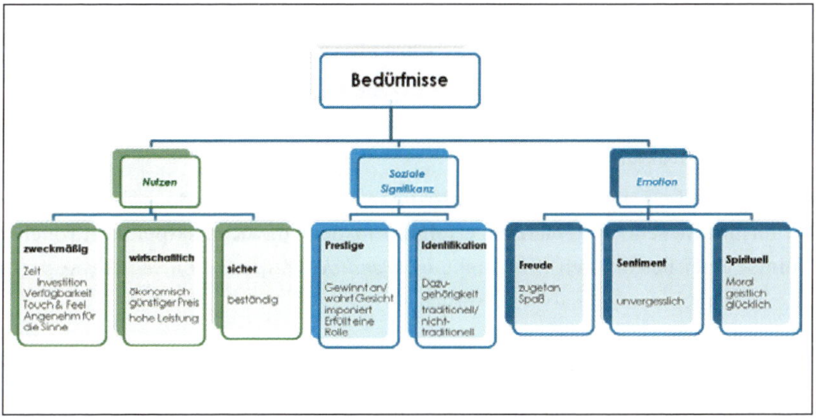

Abbildung 4: Kategorien von Bedürfnissen, Werten und Wünschen

In der Abbildung werden die Bedürfnisse nach nützlichen, sozialen und emotionalen Kriterien eingeteilt. Auf der linken Seite von Abbildung 4 finden sich die nutzbringenden, funktionalen (oder rationalen) Bedürfnisse. Die Kriterien Zweckmässigkeit, Wirtschaftlichkeit und Sicherheit könnte man als fundamental für jede Entscheidung bezeichnen. Diese Kriterien wenden sich an die kognitiven Funktionen des Menschen, die für analytische, logische, rationale und objektive Entscheidungen verantwortlich sind.

Im heutigen Geschäftsleben sind diese Elemente nicht nur wichtige «Hygiene»-Faktoren, deren Erfüllung schlichtweg essentiell sind, um wettbewerbsfähig zu bleiben. Ein Unternehmen, das diese Bedürfnisse nicht erfüllt, riskiert nicht mehr am Markt teilnehmen zu dürfen. Die Finanz-Krise der Jahre 2008/2009 zeigt beispielhaft was passiert, wenn Kunden das Gefühl haben, dass ihrem Bedürfnis nach Sicherheit, wirtschaftlichem Erfolg und Vertrauen nicht Rechnung getragen wird.

In der Mitte und rechts in Abbildung 4 befinden sich die sozialen (*Prestige, Identifizierung)* und emotionalen (*Freude, Sentiment und Spiritualität)* Bedürfnisse und Werte, die eine sehr bedeutende Rolle in jedem Entscheidungsprozess spielen. Der gewaltige Aufwand, den Werber und die kreativen Marketing-Abteilungen der Banken treiben, um an diese Werte zu appellieren, beweist das. Trotzdem hat sich das Erfassen von Informationen zu Bedürfnissen traditionell auf die nutzenbringenden, funktionalen Bedürfnisse beschränkt. Informationen also, die man typischerweise durch Marktforschung, Fokus-Gruppen oder Befragungen erhalten kann. Sie werden hochaggregiert verwendet, um die *Bedürf-*

nisse des Marktes ungefähr zu verstehen. Was die sogenannten «weichen» Faktoren der sozialen Bedeutung und der Emotionen betrifft (*Bedürfnisse einzelner Menschen*), gibt es zwar einige exzellente wissenschaftliche Arbeiten. Es gibt aber noch keine Datenerfassung, die diese Kundenbedürfnisse umfassend erklärt und strukturiert.

Dabei kann die Erfassung, das Identifizieren und die positive Beeinflussung von Bedürfnissen sehr systematisch erfolgen, in dem die Kontaktpunkte (Touchpoints) einer bestimmten Zielgruppe *während des gesamten Entscheidungsprozesses* betrachtet und analysiert werden.

5.5 Kontaktpunkte und Momente der Wahrheit

Um seine Bedürfnisse zu befriedigen, interagiert ein Individuum mit seiner Umwelt mit Hilfe seiner fünf Sinne. Da unterschiedliche Kunden unterschiedliche Bedürfnisse haben, interagieren sie mit ihrer Umwelt im Entscheidungsprozess auf unterschiedliche Weise. Für Unternehmen ist die genaue Analyse der Details eines jeden Kontaktpunkts der Schlüssel, um die Bedürfnisse zu erfassen, zu differenzieren und schliesslich zu erfüllen, sei es mit einem Produkt oder einer Dienstleistung. Jeder Punkt, an dem der Kunde während des Entscheidungsprozesses interagiert, kann als Schnittstelle zwischen Individuum und Unternehmen betrachtet werden.

Das *Oxford Pocket Dictionary of Modern English* definiert «touchpoint» als «der Augenblick in … einer Entwicklung, der einem physischen, emotionalen oder kognitivem Wachstumssprung vorausgeht». – Mit anderem Worten: Die «touchpoints» oder «Kontaktpunkte» beinhalten auch jenen *Augenblick der Wahrheit,* in dem ein Mensch bezogen auf seine Bedürfnisse seine eigenen Entscheidungskriterien zusammenfügt. Und diese *Augenblicke der Wahrheit* in der Frühphase der Überlegungen haben sich als ausgesprochen wichtiges Element des gesamten Kunden-Erlebnisses herausgestellt. Sie haben grossen Anteil an einer Kaufentscheidung.

Abbildung 5: Kontaktpunkte

Ein Finanzdienstleistungsunternehmen, das seine Marke, seine Produkte oder seine Dienstleistungen vermarkten will, tut gut daran, mit den Kontaktpunkten *vor*, *während* und *nach* der Beratung und dem Vertragsabschluss angemessen umzugehen. Das gilt sowohl für business-to-business Märkte wie bspw. das Firmenkundengeschäft als auch für business-to-consumer Märkte wie das Retail oder sogar das Private Banking.

Die Betonung auf *vor* und *nach* einer Beratung dient dazu, das Defizit im Verhalten der meisten Banken aufzuzeigen. Sie verstehen unter «Kontaktpunkt» derzeit *nur* die Beratung. Zum blossen «Beratungs-Fokus» gehören bspw. der Beratungs- und Eröffnungs-Prozess, Kundenservice, Customer Care, Reklamationsbearbeitung und Zufriedenheits-Umfragen – alles eminent wichtige Aktivitäten, aber doch unzureichend, um den heutigen, vielfach vernetzten Kunden das vollkommene Kunden-Erlebnis zu bieten.

Die klassischen Kommunikations-Kanäle, welche Banken und andere Finanzdienstleister nutzen, um mit dem Kunden aktiv in Beziehung zu treten (oder umgekehrt) sind Anzeigen, Broschüren, Mailings, Rechnungen, Briefe, Telefon-Gespräche, Websites, E-Mail und Events. Diese Interaktionen lassen sich relativ leicht registrieren, verfolgen und messen. Und meistens werden sie auch systematisch registriert, verfolgt und gemessen. Aber um ein vollständiges Bild des Kunden-Erlebnisses zu bekommen, ist eine Ergänzung dieses Instrumentariums notwendig. Es geht darum zu verstehen, ob es einen Moment der Wahrheit gibt und - wenn ja - wo und wann. Dazu müssen die Kontaktpunkte *aus dem Blickwinkel des Kunden* betrachtet werden. In Bezug auf ihre Entscheidungsrelevanz, nicht aber in Bezug auf firmeninterne Systeme und Prozesse.

Wenn man die erweiterte Perspektive der Customer Decision-Making Chain (siehe Abbildung 2) betrachtet, können relevante Kontaktpunkte auch informelle Kanäle sein, wie bspw. ein Gespräch des Kunden mit einem Bekannten oder die sensorische Erfahrung des Berührens, Schmeckens oder Riechens. Obwohl diese Momente für manche Entscheidungsprozesse wichtig sind, war es Unternehmen bisher kaum möglich, diese Touchpoints zu überwachen oder gar direkt zu beeinflussen.

Doch das ändert sich zurzeit. Das grosse Feld der sozialen Medien repräsentiert eine gewaltige Menge an zusätzlichen Kontaktpunkten, die einerseits leicht verfügbar sind und andererseits für einige Zielgruppen sehr wichtig für den Entscheidungsprozess sind.

Interessant ist es, die Mechanismen dieses Trends mit den Möglichkeiten moderner Technologie zu kombinieren. Ein gutes Beispiel für diese Verbindung sind die Versuche mit interaktiven Terminals in den Filialen der deutschen Commerzbank. An diesen Geräten werden branchenspezifische Informationen und kundenspezifische Informationen in Verbindung gebracht. Die branchenspezifischen Informationen umfassen Informationen aus der jeweiligen Filiale sowie zentral gesteuerte Nachrichten und Werbemassnahmen des Unternehmens.

Die Interaktion mit jedem Kunden, der an diesen Terminals vorbeischaut, kann innerhalb von Sekunden massgeschneidert werden, um ein gezieltes Angebot zu machen oder um eine Alternative zu Leistungen der Konkurrenz aufzuzeigen.

Die Faszination, die von den neuen Technologien ausgeht, sollte aber nicht den Blick darauf verstellen, dass sie für den Kunden einfach ein weiterer Kontaktpunkt sind, der zwar eine Rolle bei der Entscheidungsfindung spielen kann, *aber nicht muss*.

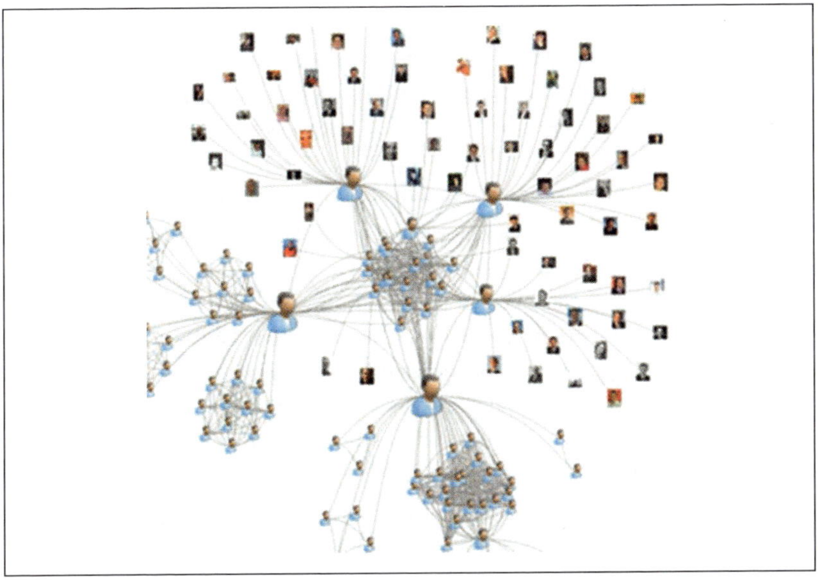

Abbildung 6: Das soziale Netzwerk

In der Vergangenheit blieben private Gespräche unter Individuen über Produkte, Angebote oder Firmen privat.

Heute dagegen ermöglichen soziale Netzwerke und andere neue Touchpoints einzelnen Kunden ihre Meinung über ein Produkt oder ein Unternehmen exponentiell zu verbreiten. Dabei üben sie einen Einfluss aus, der für den Einzelnen relevant, für Unternehmen aber durchaus dramatisch sein kann. Der *Augenblick der Wahrheit* eines Kunden – sei er positiv oder negativ – kann in Bruchteilen von Sekunden Hunderten von Teilnehmern mitgeteilt werden, und im nächsten Augenblick Tausenden. Das haben auch die Unternehmen erkannt: Einige führende Unternehmen in anderen Branchen haben bereits begonnen, soziale Netzwerke als kostengünstiges und effizientes «Megaphon» zu benutzen. Europaweit ist hier die Deutsche Bank schon führend, in der Schweiz sind nennenswerte Aktivitäten bei der Credit Suisse und PostFinance zu verzeichnen.

Soziale Netzwerke und andere moderne Touchpoints darf man nicht länger bloss als interessanten Trend auffassen, den man beobachten sollte: Tatsächlich stellen sie neue, entscheidende Kontaktpunkte dar, die man im Kontext ihrer *Bedeutung für jeden Schritt im Entscheidungsprozess des Ziel-Kunden* verstehen muss. Wenn Unternehmen jeden Kontaktpunkt – ob traditionelles Contact

Center, soziales Netzwerk oder andere – und die Bedürfnisse ihrer Kunden kennen, können sie beginnen, Informationen über diese Touchpoints zu sammeln. Damit machen sie den ersten Schritt, um den Entscheidungsprozess zu Gunsten ihres Produkts oder ihrer Dienstleistung zu beeinflussen.

5.6 Die neue Aufschlüsselung der alten Kunden-Segmentierung

Es gibt viele Geschichten über junge Leute in sozialen Netzwerken. Dieses schnell wachsende Marktsegment wird «digital natives» oder «millennials» genannt, weil sie nach dem Jahr 2000 volljährig geworden sind. Für diese jungen Konsumenten ist die Allgegenwart von Computern und Internet selbstverständlich. Dementsprechend haben sie auch eine andere Art mit ihrer Umwelt zu kommunizieren. *Aber*: Die fundamentale Erweiterung der Kontaktpunkte im Entscheidungsprozess betrifft alle Kundensegmente, auch jene, denen man das bisher gar nicht zugetraut hat.

Betrachten wir ein konkretes Beispiel aus einem sehr wichtigen Segment: die «Super-Granny». Das Zukunftsinstitut definiert eine *Super-Granny* als eine wohlhabende, aktive Rentnerin mit bester Ausbildung, die für neue Ideen offen ist und eine grosse Menge an Zeit, Geld und Energie für ihre Enkel aufbringt. In dieser Gruppe untersuchen wir ein Anliegen, das eine Super-Granny haben könnte, d.h. ihr Enkelkind bei seiner weiteren Ausbildung auch zukünftig finanziell zu unterstützen. Für Super-Granny als Bankkundin folgen daraus konkrete Bedürfnisse in Hinblick auf Kosten und Erträge, steuerlicher Sicherheit und Bequemlichkeit ebenso wie bezüglich sozialer Bedeutung und anderen emotionalen Faktoren.

Traditionell (also bis vor etwa vier Jahren) wäre diese Grossmutter einfach zu ihrer Bank gegangen und hätte ein Sparkonto auf den Namen des Enkels eröffnet. Bestenfalls hätte sie sich von einem Kundenbetreuer über ihre Möglichkeiten informieren lassen. Die grundlegenden Bedürfnisse wären dabei nicht explizit zur Sprache gekommen, aber die Entscheidung hätte den Bedürfnissen in der Regel Rechnung getragen. Und es gibt bestimmt noch viele Grossmütter die bis heute so verfahren. Im November 2009, während einer Sitzung einer Fokus-Gruppe, wurde allerdings entdeckt, dass die durchschnittliche «Super-Granny» sich zunächst im Internet über ihre Optionen informiert. Weil sie eine gut ausgebildete, Internet-affine Frau ist, ist das der logische erste Schritt. Nachdem sie diverse Ideen und Herangehensweisen recherchiert hat, wird sie vielleicht in die öffentliche Bibliothek gehen, um sich näher mit bestimmten Themen zu befassen. Dabei greift sie auf unabhängige Verbraucher-Magazine zurück, um ihr neues Wissen aus einer vertrauenswürdigen Quelle zu validieren. Sie nutzt zwar gerne das Internet, fühlt sich aber nicht sicher genug, um ihre Entscheidung nur darauf zu stützen. Anschliessend könnte sie eine E-Mail – oder noch wahrscheinlicher – einen Eintrag auf Facebook an ihre Freunde und Familienangehörige schicken und sie um ihre Meinung bitten. Dabei fasst sie ihre Erkenntnisse und Absichten kurz zusammen. Möglicherweise nimmt sie das Feedback zum Anlass, noch einmal telefonisch bei einem Freund oder Verwandten nachzuhaken. Danach erstellt sie die Short List ihrer möglichen Anbieter. Erst jetzt, geht sie auf die Website eines Unternehmens, nimmt den Telefonhörer zur Hand oder besucht eine Filiale, um den Kauf einzuleiten.

Anhand dieses Beispiels haben wir festgestellt, dass das, was die bisherigen Kunden-Erlebnismanagement-Prozesse, CRM Systeme, Customer Care-Programme, IT Systeme, etc. erfassen, abbilden und beeinflussen, zu einem Entscheidungsweg gehört, den dieses höchst wertvolle Kundensegment noch nicht einmal benutzt. Und dabei war das nur der bewusst ablaufende Teil des Prozesses.

Wenn wir nun die verpassten Gelegenheiten, den Kunden zu in diesem kleinen Beispiel mit den Myriaden von neuen Kontaktpunkten multiplizieren, ist es kein Wunder, dass wir unsere Kunden nicht mehr so gut kennen wie früher. Die zusätzlichen Touchpoints müssen erfasst und dokumentiert werden.

5.7 Kunden-Kontaktpunkte visualisieren

Das Konzept, das Kunden-Erlebnis zu erfassen, indem man die Kontaktpunkte dokumentiert, ist nicht neu. Diese Technik wurde schon in den letzten zehn Jahren angewendet. Inzwischen konnte eine grafische Umsetzung entwickelt werden, die den aktuellen Stand der Kunden-Interaktionen mit dem Unternehmen bildlich darstellt.

Diese sogenannten «Touchmaps» sind zwar als Technik sehr erfolgreich, aber auf die bisherige restriktive Definition von «Kunden-Erlebnis» (siehe Abbildung 1) beschränkt. Es geht also um die Phase nach dem Kauf und der Benutzung eines Produkts, betrachtet aus der Perspektive des Unternehmens. Interne Prozesse, Mitarbeiter-Fokus-Gruppen, Umfragen, bestehende Erkenntnisse über Kunden liessen sich damit in einem Überblick darstellen. Eine Touchmap verbleibt aber bei der *inside-out*-Perspektive und basiert auf Daten aus den internen IT-Systemen und jenen Geschäftsprozessen, die während Kauf und Gebrauch Kundenkontakt erforderten (Call Center, Website, Filiale, Geldautomat oder direkte Kundenkontakte und E-Mails). Es ist für uns wichtig zu wissen, dass eine Touchmap erfasst, wie Systeme und Prozesse an diesen klassischen Touchpoints zusammenarbeiten. Es ging bisher nie darum festzustellen, was der *Kunde* während des gesamten Entscheidungsprozesses wahrnimmt. Es war die Marketing-Variante davon, die Spur eines Tieres zu untersuchen, nicht das Tier selbst.

Wechselt man den Fokus auf die Perspektive des *Kunden,* müssen andere Techniken bei der Erstellung einer Touchmap angewendet werden. Kundenbefragungen, Fokus-Gruppen mit Kunden und Möglichkeiten, die Relevanz der Touchpoints aus der Aussensicht einzuschätzen, stehen nun im Mittelpunkt des Interesses. Auch wenn es Techniken für Massenmärkte sind, können sie so ausgerichtet werden, dass die Kunden im Verlauf der Untersuchung preisgeben, welche Touchpoints sie in ihrer Entscheidungskette (Abbildung 2) nutzen.

Das Verständnis für die Business-Prozesse, die IT-Infrastruktur und die Customer Intelligence-Funktionen sind immer noch sehr wichtig, doch gelten sie nun als Schlüssel-Ressourcen, um die für die Kunden wichtigen Touchpoints zu beeinflussen. Zunächst ist es aber wichtig zu entscheiden, wie man die neu dokumentierten Kontaktpunkte effektiv nutzen kann und will.

5.8 IMPACT Touchpoints

Kunden *wollen* persönlichen Kontakt mit ihren Anbietern und sie verlangen Kontinuität in der Beziehung, egal auf welche Weise kommuniziert wird. Eine kürzlich veröffentlichte Untersuchung von Genesys konstatierte, dass «die Fähigkeit über viele Kanäle miteinander zu kommunizieren entscheidend für die Loyalität ist». Verbraucher wollten z.B. Self-Service im Internet ausprobieren, danach unter Umständen im Call-Center anrufen, um sich von einem Agenten helfen zu lassen oder vielleicht eine E-Mail schreiben – ohne die Geschichte ihres Anliegens immer wieder erzählen zu müssen. Dass die Anbieter dabei die verschiedenen Touchpoints überwachen, um eine vollständige Informationsgrundlage zu haben, störte dabei niemanden. Dass ein Unternehmen sogar versuchte, die Hilfesuchenden von sich aus zu erreichen, um Hilfe anzubieten und das Kunden-Erlebnis zu verbessern, stiess ebenfalls auf Gegenliebe. Tatsächlich betrachteten 86% der Verbraucher «proaktives Engagement im Internet oder im Self-Service-Bereich entweder als grossen Vorteil oder als sehr willkommen»[5].

---

[5] Vgl. Genesys (2009).

In vielen Branchen wurde die oben skizzierte Vorgehensweise für «kontrollierbare» Kontaktpunkte wie Kunden-Servicecenter, Websites, schriftliche Kommunikation oder Internet-Self-Service-Plattformen schon implementiert. Für einige Touchpoints aber ist das schwierig. Dies gilt besonders für Gespräche, die Kunden untereinander in den sozialen Netzwerken führen. Das daraus resultierende positive oder negative Image kann vom Unternehmen nicht gesteuert werden. Es zu versuchen wäre ein Trugschluss, dem viele Firmen aufgesessen sind, als sie sich die Stärken der sozialen Netzwerke nutzbar machen wollten. In *Socialnomics: How Social Media Transforms the Way We Live and Do Business,* zieht Erik Qualman die folgende passende Analogie:

«Die Marketing-Fachleute müssen heute und in Zukunft ihre Art zu denken umstellen. Es geht nicht länger darum, die Menge an verfügbaren Daten auszubauen. Stattdessen kann man mit Fans und Verbrauchern mit Hilfe von fremden Plattformen (wie auf Facebook, YouTube, Twitter, etc.) direkt in Kontakt treten. Noch haben viele Unternehmen dieses Konzept nicht begriffen. Sie programmieren aufwändige YouTube- oder Flicker-Seiten, platzieren Pop-up-Kommentare und Links, die die Nutzer aus dem sozialen Netzwerk führen, meist auf die Homepage des Unternehmens oder versuchen, die Daten der Kunden als ‹Leads› zu erfassen. Diese Unternehmen glauben immer noch, dass sie die Nutzer in ihre eigene Datenwelt entführen müssen, um sie als Kunden zu gewinnen. Dabei tun sie aber weder ihren treuen Fans einen Gefallen noch sich selbst. Es ist genauso, als würde man ein hübsches Mädchen in einer Bar treffen, sie auf einen Drink einladen, und sie – wenn sie ‹ja› sagt, schnappen, ins Auto zerren und zu sich nach Hause fahren, weil man ja noch Bier im Kühlschrank hat.»[6]

Natürlich ist es immer noch wichtig, die Daten von potentiellen Kunden zu sammeln, gleichzeitig ist es aber auch wichtig, alternative Vorgehensweisen für jene Fälle zu haben, in denen es nicht praktisch, angemessen oder möglich ist, den Kunden «zu vereinnahmen».

An jedem Kontaktpunkt, besonders in den unkontrollierten bzw. unkontrollierbaren sozialen Netzwerken, muss festgelegt werden, welche Interaktion für den Kunden am meisten Sinn ergibt, um dann zu entscheiden, wie man mit diesen Touchpoints angemessen in den Entscheidungsprozess des Kunden eingreifen

---

[6] Vgl. Qualman, E. (2009).

kann. Es gibt fünf Arten mit einem Touchpoint umzugehen, die je nach Einfluss des Unternehmens auf den Kontaktpunkt angewandt werden.

Das Akronym **IMPACT** hilft, sich die unterschiedlichen Stufen des Engagements zu merken:

Ignore, **M**onitor, **P**articipate, **A**ctivate, **C**on**T**rol.

(Ignorieren, Beobachten, Teilnehmen, Aktivieren, Kontrollieren)

Die meisten dieser Stufen können frei kombiniert werden, um das Maximum aus der Kunden-Interaktion herauszuholen.

Im ersten Schritt muss das Unternehmen erkennen, dass ein Kontaktpunkt existiert und dass er relevant sein könnte. In einem nächsten Schritt gilt es, bewusst zu entscheiden, ob man aktiv mit dem Touchpoint umgehen möchte, und wenn ja – wie. Dazu ergeben sich die folgenden Möglichkeiten:

Ignore/Ignorieren: Das ist eine klare «go/no-go»-Entscheidung, die nicht mit anderen Stufen des Engagements kombiniert werden kann. Ein Touchpoint, der derzeit nicht relevant ist und der innerhalb des Zielpublikums kaum Interesse weckt, fordert einen hohen Preis: wertvolle Ressourcen sollten nicht verschwendet werden. In diesem Fall empfiehlt es sich, definitiv zu entscheiden den Kontaktpunkt *für den Augenblick zu ignorieren*. Sollten sich die Rahmenbedingungen später ändern, kann man die Entscheidung zurücknehmen und anders mit dem Touchpoint umgehen.

Monitor/Überwachen: Jeder Kontaktpunkt, der im Entscheidungsprozess des Kunden eine Rolle spielt, sollte wenigstens *beobachtet* werden. Für die traditionellen Kontaktpunkte sind die Methoden dafür gut bekannt: Der ganze Bereich Customer Intelligence hat sich schon immer damit befasst, Daten aus diesen Kontakten zu erfassen und in fundierte Informationen über den Kunden umzuformen. Für die «modernen» Touchpoints wie Computer Terminals im öffentlichen Raum, neue Telefon-Plattformen (VoIP) usw. gilt das Gleiche. Die Daten sind da und können erfasst und ausgewertet werden, wenn sie dazu beitragen, den Kunden besser zu verstehen.

Monitoring-Tools für die sozialen Netzwerke waren fast gleichzeitig mit den Netzwerken auf dem Markt. Manche sind nur für eine einzige Plattform nutzbar: Twitter Monitor, Blog-Suchmaschinen und Nachrichten-Konsolidierungs-Programme sind nur einige Beispiele. Von noch grösserer Bedeutung sind jene neuen Tools und Services, die auf *alle* sozialen Netzwerke zugreifen, und die damit den Unternehmen erlauben mit Hilfe eines einzigen Interfaces-Suchkriterien über die relevanten Touchpoints zusammenzustellen.

Als nächstes muss entschieden werden, ob das Monitoring als isolierte Aktivität betrachtet wird – und zu täglichen, wöchentlichen oder monatlichen Berichten führt – oder ob es in die Arbeit der Customer Intelligence-Abteilung eingebettet wird. Damit gäbe es einen strukturierten Umgang mit der Daten-Erfassung und dem Daten-Gebrauch.

Die Informationen vom beobachteten Kontaktpunkt müssen im Minimum an jene Mitarbeiter weitergeleitet werden, die im Unternehmen für diesen Touchpoint zuständig sind und die auf die Informationen reagieren dürfen. Will man mehr erreichen, besteht die Möglichkeit die Erkenntnisse über das Customer Data Warehouse oder die Customer Intelligence Practice zu überführen, um das Prognosemodell für jeden Kunden besser und feiner zu justieren oder ggf. das Marktsegment genauer zu beschreiben.

Participate/Teilnehmen: Die nächste Stufe des Engagements bedeutet, im Netzwerk mitzumachen. Das heisst, ein Mitarbeiter erklärt sich dafür verantwortlich, zukünftig für das Unternehmen über den ausgesuchten Touchpoint zu kommunizieren. Die aktive Teilnahme an Sozialen Netzwerken ist meist das Mittel der Wahl, weil dort die Interaktion nicht kontrolliert werden kann und üblicherweise ein grosses Publikum an einem Dialog zwischen zwei Parteien beteiligt ist. Zur aktiven Teilnahme gehört es, offen den Netzwerken beizutreten und sich in Dialoge einzubringen, aber auch auf Kommentare in Blogs zu antworten. Beispielhaft ist dies bei der deutschen Fidor Bank zu beobachten, die auf den Plattformen Facebook, Twitter und YouTube mit Ihren Kunden dialogisch interagiert.

Wenn man teilnimmt, muss man zwei fundamentale Regeln beherzigen:

1. Jede Teilnahme muss echt und authentisch sein. Es gibt weder Ghost Writer noch computergenerierte Antworten, die das so machen können. Viele Unternehmen haben viel Zeit und Geld in ihr Markenversprechen investiert. Auch an diesem Punkt muss dessen Authentizität gewahrt bleiben.
2. Teilnahme heisst nicht Kontrolle! Der Verlauf der Interaktionen ist nicht immer vorhersehbar. Auch wenn einem eine Entwicklung nicht gefällt, ist sie kaum mehr aufzuhalten.

Activate/Aktivieren: Mitunter kann es sinnvoll sein, einen Schritt weiter zu gehen. Man kann eine neue Plattform aktivieren und damit dem Zielpublikum die Gelegenheit geben, über diesen Touchpoint zu kommunizieren und sich auszutauschen. Auch hier setzt Fidor unter dem Schlagwort «Banking mit Freunden» Massstäbe. Produkte und Produktdetails wie bspw. Zinssätze werden mit der Community diskutiert und das Geschäftsmodell ist für ein Finanzinstitut mehr als transparent. Ein gelegentlicher Verriss einzelner Unternehmensentscheide wird durch das erwünschte Verbundenheitsgefühl der Fan-Gemeinde locker aufgewogen. Ausserdem hilft eine Kritik natürlich auch, das Produkt zu verbessern.

Man kann sogar Kontaktpunkte *aktivieren*, die weder online sind, noch zu sozialen Netzwerken gehören. Der italienischen Bank «Banco Mediolanum» ist bekannt, dass ein für die Entscheidungsfindung der Kunden wichtiger Touchpoint das Gespräch mit Freunden in zwangloser Umgebung ist. Also mietet die Bank von Zeit zu Zeit die beste Café-Bar der Stadt und lädt ihre Kunden ein, mit einem Freund vorbeizuschauen. Wichtig ist, dass das Unternehmen einen aktivierten Touchpoint nicht besitzt, sondern nur moderiert.

Control/Steuern: Es gibt Kontaktpunkte, die *kontrollier- und steuerbar* sind: Ein Call Center, ein E-Mail-Kanal, eine Website, eine Filiale oder ein Verkäufer sind alles Touchpoints, die ein Unternehmen besitzt und die es deshalb kontrollieren kann (und sollte). Tut man es nicht, geht man ein hohes Risiko ein: Kürzlich wurde ein grosser europäischer Telekommunikations-Anbieter in den Medien heftig angegriffen, weil er innerhalb von zwanzig Minuten auf einen Twitter-Kommentar geantwortet hat – jedoch auf die entsprechende E-Mail nicht reagierte. Eine schlechte Presse für einen guten Kunden-Service (die schnelle Antwort auf den Tweet) zu bekommen, ist Pech, aber nicht auf eine ordnungsgemässe Kundenanfrage an die übliche Adresse zu antworten, das ist geradezu unverzeihlich. Touchpoints, die wir aktiv steuern können, sind deshalb von grösster Bedeutung für den Entscheidungsprozess, weil die Kunden *wissen*, dass die Kontaktpunkte uns gehören. Dementsprechend erwarten sie dort eine professionelle Kundenbetreuung.

Die fünf Stufen des Engagements sind alle valide und relevant. Jede beliebige Art von Touchpoint kann mehr als eine Art des Engagements erfordern, je nachdem wie wichtig sie für den Kunden ist. Ausserdem kann es sinnvoll sein, einen Touchpoint in der Orientierungsphase des Kunden anders zu behandeln als in der Kauf-Phase. Die Entscheidung welche Strategie für welchen Kontaktpunkt die richtige ist, muss im Zusammenhang mit der Art des Kundenerlebnisses und den technischen Möglichkeiten des Unternehmens getroffen werden.

5.9 Gestaltung des Kunden-Erlebnisses

Wir haben uns in diesem Artikel auf die Kunden-Perspektive konzentriert. Aber das tatsächliche (und hoffentlich zukünftige) Kunden-Erlebnis, das erreicht werden soll, basiert auf den Ressourcen, über die das Unternehmen verfügt. Dazu gehören alle organisatorischen Instanzen: die Mitarbeiter, die Marke, die Strukturen, die Geschäftsabläufe, die Fähigkeit Informationen auszutauschen und – bei steigendem Komplexitätsgrad mehr und mehr – die IT-Plattform und IT-Infrastruktur.

Ideal wäre es, einen fortlaufenden Prozess zu etablieren, der die unterschiedlichen Kundensegmente während des Entscheidungsprozesses mit unterschiedlichen Kunden-Erlebnissen versorgt. Um dieses Ziel zu erreichen, muss man das Verhältnis verstehen und dokumentieren, das zwischen dem eben beschriebenen *outside-in*-Kunden-Erlebnis-Prozess und den Möglichkeiten des Unternehmens diesen Prozess aufrecht zu erhalten oder zu ändern besteht.

Das geht am besten, wenn man jedes der Themen als eine Ebene betrachtet, die über unterschiedliche Schnittstellen mit dem Zielpublikum, seinen Bedürfnissen und seinem Entscheidungsweg verknüpft ist.

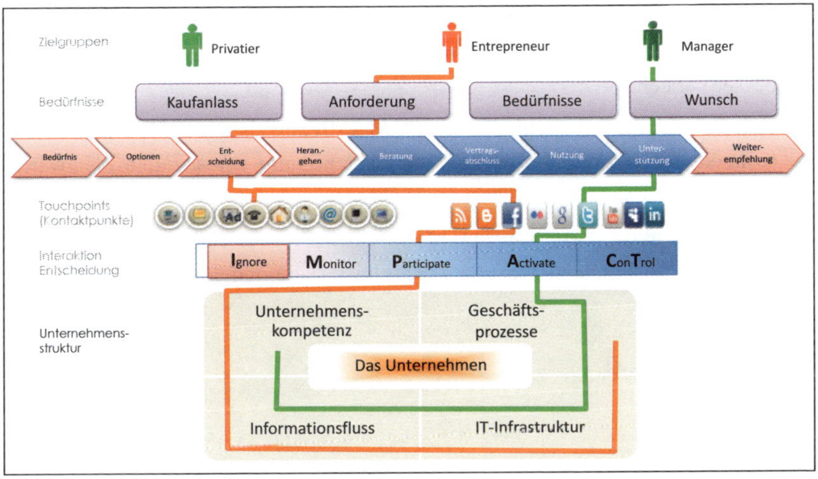

Abbildung 7: Gestaltung des Kunden-Erlebnisses

Innerhalb eines solchen Rahmens können Touchpoints und Entscheidungswege je nach Kundenperspektive hervorgehoben und geplant werden. Das Modell bildet nicht nur den Status-Quo, sondern auch einen gewünschten zukünftigen Zustand ab. Das ermöglicht eine Gap-Analyse, die notwendige Änderungen in der Organisation sichtbar macht.

Dieser Rahmen kann für die Entwicklung von Szenarien, Benchmarks und Simulationen genutzt werden. Er legt die Basis für kontrollierbare und zielgerichtete Experimente mit neuen und innovativen Aspekten des Kunden-Erlebnisses. Die Zuteilung von Ressourcen, die Zeitplanung und die Verschiebung von Prioritäten bei der Umsetzung können herausgearbeitet und verfolgt werden. Das kann manuell oder mit Hilfe von üblichen Computer-Tools erfolgen. Inzwischen gibt es Software-Programme, die den Prozess des Erfassens, des Dokumentierens und Verlinkens effizient erfüllen.

5.10 Zusammenfassung: Eine Agenda für den «IMPACT» auf den Kunden

Jedes Unternehmen, das heute bei seinen Kunden Erfolg haben möchte, sollte seinen Blick auf den Kunden fundamental ändern. Es gilt, die Perspektive des Kunden im Entscheidungsprozess einzunehmen. Mit der Customer IMPACT Agenda, der Herangehensweise und dem Rahmen gewinnt ein Unternehmen einen messbaren und nachhaltigen Wettbewerbsvorteil, weil es

- sich ganz an den Bedürfnisse des Kunden ausrichten kann,
- das Kunden-Erlebnis im gesamten Umfang des Entscheidungsprozesses besser versteht,
- sich früh auf die unterschiedlichen Kunden-Bedürfnisse und die Auswahl der Kontaktpunkte unter besonderer Berücksichtigung der sozialen Netzwerke konzentrieren kann,

und am Ende aktiv diese Touchpoints in einen Prozess einbeziehen kann, der eine nachhaltige Kundenbeziehung gewährleistet, die immer aktuell ist.

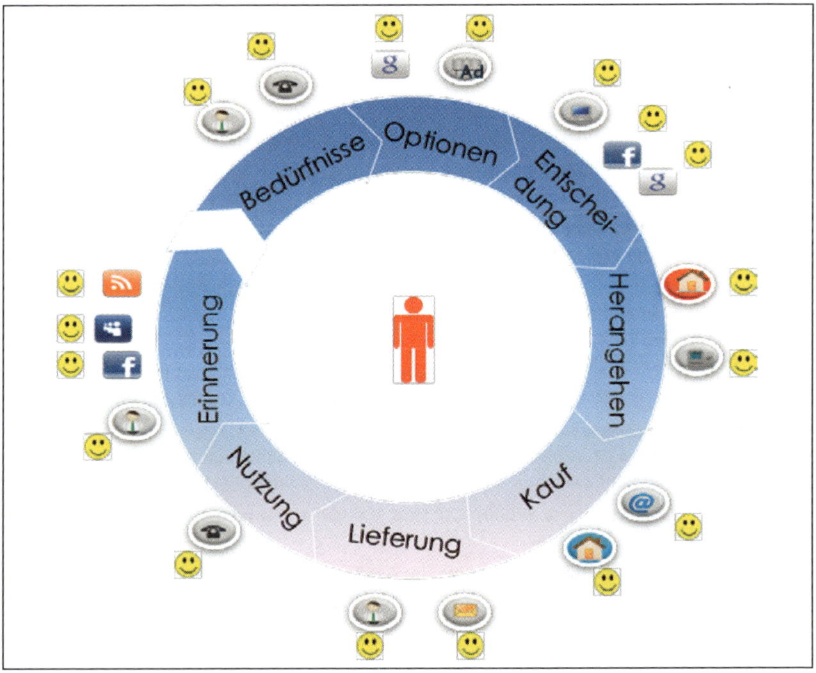

Abbildung 8: Touchpoints und Kundenbedürfnisse im Entscheidungsprozess

Die hier skizzierte Vorgehensweise wurde konzipiert, um die Kundenbedürfnisse während des gesamten modernen Entscheidungsprozesses zu verstehen und zu befriedigen.

Literaturverzeichnis

- Baxley, B. (2002): Making the Web Work, Indianapolis: New Riders Publishing.
- Bettencourt, L. A. (2009): Debunking Myths about Customer Needs, Marketing Management, American Marketing Association, January/February.
- Boztepe, S. (2007): User Value: Competing Theories and Models, in International Journal of Design, Vol. 1 No. 2, August 2007.
- Brown, T. (2009): Change by Design: How Design Thinking Transforms Organizations and Inspires Innovation: How Design Thinking Can Transform Organizations and Inspire Innovation, NewYork: Harper Business.
- Genesys (2009): The Cost of Poor Customer Service: The Economist Impact of the Customer Experience and Engagement in 16 Key Economies, Genesys, November 2009.
- Hafner, N. / Elsten, R. (20011): CRM - Customer Relationship Management: Kundenmanagement zwischen Umsatzausbau und Effizienz (2011), Rheinfelden: BPX.
- Kahneman, D. / Tversky, A. (2000): Choices, Values, and Frames, New York: Cambridge University Press.
- Liebetrau, A. (2009): Bankless Banking, in: BankInformation, Dezember 2009.
- Surowiecki, J. (2004): The Wisdom of Crowds, New York: Anchor Books, 26-29.
- Qualman, E. (2009): Socialnomics: How Social Media Transforms the Way We Live and Do Business, Hoboken: Wiley & Sons.

6 Unbeirrt weiblich und erfolgreich – Womenomics

Der vorliegende Beitrag zeigt die Gendersituation im Berufsleben in der Schweiz aus. Dabei wird anhand von Erkenntnissen seitens Vertreterinnen und Vertreter aus Wirtschaft, Wissenschaft und Verwaltung sowie basierend auf statistischen Werten der Status Quo dargelegt, aber auch auf die notwendigen Massnahmen für die Zukunft eingegangen.

Sita Mazumder / Gabrielle Wanzenried Mowers

Prof. Dr. Sita Mazumder (1970) ist Dozentin und Projektleiterin am Institut für Finanzdienstleistungen Zug IFZ der Hochschule Luzern – Wirtschaft. Sie begann ihre Studien in Informatik-Ingenieurwissenschaften an der Eidg. Technischen Hochschule in Zürich, von wo sie später an die Universität Zürich wechselte und das Studium in Wirtschaftswissenschaften abschloss. Ihre Dissertation beendete sie 2001 erfolgreich am Swiss Banking Institute der Universität Zürich mit summa cum laude. Selbige Arbeit wurde 2002 mit dem Jahresforschungspreis der Universität Zürich ausgezeichnet. Berufliche Stationen umfassen unter anderem die UBS AG, die Eidg. Bankenkommisssion (heutige Finma). Ihre akademische Laufbahn führte sie unter anderem an die Leonard N. Stern School of Business der New York University, wo sie auch heute noch aktiv ist.

Kontakt: sita.mazumder@hslu.ch

Gabrielle Wanzenried Mowers

Prof. Dr. Gabrielle Wanzenried Mowers (1969) hat an der Universität Bern und an der London School of Economics VWL und BWL studiert. Anschliessend an das Doktorat in VWL an der Universität Bern im Jahr 2001 verbrachte sie zweienhalb Jahre als Research Fellow an der Haas School of Business der University of California in Berkeley. Zusätzlich zu ihren universitären Aktivitäten war sie für mehrere KMU in verschiedenen Funktionen tätig. Seit 2005 arbeitet sie als Dozentin und Projektleiterin am IFZ, wo sie als Forschungskoordinatorin auch der Institutsleitung angehört. Sie unterrichtet Corporate Finance und Managerial Economics. Im Rahmen ihrer Forschungstätigkeiten befasst sie sich schwerpunktmässig mit Themen rund um Corporate Finance, Banking Performance, Labour Economics sowie Gender&Diversity. Sie hat in international angesehenen Zeitschriften publiziert und verfügt über langjährige Beratungserfahrung für verschiedene Organisationen. Gabrielle Wanzenried Mowers lebt mit ihrer Familie in Ligerz am Bielersee.

Kontakt: gabrielle.wanzenried@hslu.ch

6.1 Ausgangslage

Wie zahlreiche Studien aufzeigen, sind Schweizer Organisationen durch einen geringen Anteil weiblicher Führungskräfte geprägt. Obwohl auch in der Schweiz seit mehreren Dekaden Frauenförderung betrieben wird, hat sich innerhalb der letzten 10 Jahre in den Führungsetagen gerade hiesiger Unternehmen relativ wenig zugunsten des Anteils der Frauen verändert. Dabei könnten Organisationen sehr wohl einen Nutzen daraus ziehen, vermehrt Frauen in Führungspositionen zu befördern. Wie zahlreiche Publikationen aufzeigen, profitieren Unternehmen nachhaltig davon, mehr Frauen sowohl in Managementpositionen als auch im Verwaltungsrat zu haben. So kann sich ein höherer Frauenanteil unter den Führungspersonen direkt in der Unternehmensperformance niederschlagen. Und es gibt noch weitere Effekte, die sich positiv auf das Unternehmen auswirken und einen indirekten Effekt auf die Unternehmensperformance ausüben. Erwähnenswert ist auch der mögliche Einfluss der Frauen auf die Beziehungen zu Investoren, Kunden und Lieferanten, ebenso interessant scheint die Beschäftigung mit den Auswirkungen auf das Personal und insbesondere auf ambitionierte Frauen innerhalb des Unternehmens. Obwohl ein höherer Frauenanteil auf Führungsebene auch negative Auswirkungen auf das Unternehmen haben kann, überwiegen laut der einschlägigen Literatur die positiven Effekte klar.

Ausgehend von möglichen positiven Auswirkungen eines höheren Frauenanteils im Management von Unternehmen stellt sich zwangsläufig die Frage, warum nicht mehr Firmen Frauen in Führungspositionen befördern. Was sind die Gründe für diese Untervertretung des weiblichen Geschlechtes in den Teppichetagen der Unternehmen? Haben Anstrengungen seitens der Organisationen, dieses Ungleichgewicht zu beheben, nicht oder noch nicht genügend gewirkt? Was könnte oder müsste anders gemacht werden, um den Anteil nachhaltig zu steigern? Welche Hürden erschweren oder verunmöglichen den Aufstieg von Frauen in die obersten Führungsetagen und Verwaltungsratsgremien? Haben Frauen im Vergleich zu Männern eine geringere Bereitschaft, im Topmanagement mitzuwirken? Bewegen Frauen vielleicht andere Ziele im Leben, die zur Abkehr von der Karriere führen?

Wie im vorliegenden Beitrag aufgezeigt wird, existiert eine Vielzahl von möglichen Ursachen, welche für diese Ungleichgewichtssituation verantwortlich sein können, und diese Gründe wiederum stehen teilweise in Beziehungen zueinander und beeinflussen sich gegenseitig. Insgesamt kann festgestellt werden, dass die praktisch stagnierende Untervertretung von Frauen in Führungspositionen und deren Ursachen eine hochkomplexe Angelegenheit darstellt, die trotz zahlreicher Forschungsprojekte und Analysen nach wie vor nicht ganzheitlich erfasst werden konnte. Als entsprechend schwierig erweist es sich, wirksame und nachhaltige Handlungsstrategien zur Erhöhung des Frauenanteils in Führungspositionen zu entwickeln. Nichts desto trotz liefert der vorliegende Beitrag eine Auslegeordnung zum Thema. Der Beitrag ist wie folgt strukturiert: Kapitel 2 gibt einen Überblick über die Verbreitung der Frauen in der Schweizer Wirtschaft. Kapitel 3 enthält – basierend auf Interviews mit Frauen und Männern in Führungspositionen - Handlungsempfehlungen in Bezug auf die Erhöhung des Frauenanteils, und Kapitel 4 schliesst den Beitrag mit einigen Bemerkungen ab.

6.2 Status Quo: Wie verbreitet sind Frauen im privaten Sektor der Schweiz?

Dieses Kapitel gibt einen kurzen Überblick über die Verbreitung der Frauen im privaten Sektor der Schweiz. Die Datengrundlage liefert die Schweizerische Lohnstrukturerhebung (LSE) 2008 des Bundesamtes für Statistik.[1] Zum Zeitpunkt der Verfassung dieses Artikels lagen die neusten Daten für das Jahr 2010 leider noch nicht vor. Aufgrund der Entwicklungen über die letzten Jahre ist deshalb davon auszugehen, dass die ausgewiesenen Frauenanteile die effektive Situation leicht unterschätzen. Als Institut, das sich schwerpunktmässig mit den Finanzdienstleistungsindustrien beschäftigt, weisen wir zusätzlich zu den Angaben für den privaten Sektor der Schweiz die Daten separat für die Finanzdienstleistungsindustrien aus.

Abbildung 1 gibt einen ersten Eindruck über die Verteilung der Arbeitskräfte auf die verschiedenen Branchen der Schweizer Wirtschaft sowie den jeweiligen Frauenanteil je Branche. Insgesamt beträgt der Anteil weiblicher Arbeitnehmer

[1] Die LSE basiert auf einem Fragebogen, der alle zwei Jahre jeweils im Oktober an Unternehmen verschickt wird. Die Zusammensetzung der Stichprobe verändert sich über die Zeit. Die Erhebung, die seit 1994 stattfindet, erlaubt eine regelmässige Beschreibung der Lohnstruktur in allen Branchen des sekundären und tertiären Sektors sowie im Gartenbau. Neben firmenspezifischen Merkmalen (wie z. B. Branche, Grösse der Unternehmung) werden auch arbeitsplatzspezifische Daten (z. B. berufliche Stellung, Anforderungsniveau des Arbeitsplatzes, Beschäftigungsgrad, Lohnform) sowie arbeitnehmerspezifische Eigenschaften (z. B. Alter, Ausbildung, Zivilstand, Nationalität) erhoben. Für Informationen zur Schweizerischen Lohnstrukturerhebung (LSE) 2004 siehe auch: http://www.bfs.admin.ch/bfs/portal/de/index/themen/03/22/publ.Document.80698.pdf.

im privaten Sektor der Schweiz für das Jahr 2008 43.7%. Die Verbreitung der Frauen über die verschiedenen Branchen hinweg schwankt jedoch sehr stark. Während im Gesundheits- und Sozialwesen über 80% aller Erwerbstätigen Frauen sind, stellt das Baugewerbe mit einem Frauenanteil von weniger als 10% die Branche mit dem geringsten Frauenanteil dar.

Der Anteil der Beschäftigten in den Finanzdienstleistungsindustrien, die aus dem Kreditgewerbe, dem Versicherungsgewerbe sowie mit den beiden Teilindustrien verbundenen Tätigkeiten bestehen, beträgt gut 6%. Somit ist im privaten Sektor der Schweizer Wirtschaft rund jede 17. Person in der Banken- oder Versicherungsindustrie tätig. Innerhalb der Finanzdienstleistungsindustrien fällt auf, dass die Banken im Vergleich zur Versicherungsbranche in Bezug auf die Anzahl der Beschäftigten eine fast doppelt so wichtige Rolle einnehmen. Der Frauenanteil in den Finanzdienstleistungsindustrien liegt zwischen knapp 41 und 47.4% knapp über dem Durchschnitt über alle Branchen hinweg, was aber hauptsächlich vom höheren Frauenanteil in der Versicherungsbranche getrieben wird.

Wirtschaftsbranche	**Anteil Beschäftige in %**	**Anteil Frauen je Branche in %**
Gartenbau	0.6	26.9
Bergbau, Gewinnung v. Steinen, Erden	0.1	10.7
Verarbeitendes Gewerbe, Industrie	22.6	28.7
Energie- u. Wasserversorgung	0.6	17.2
Baugewerbe	8.9	9.8
Handel, Reparatur	20.1	53.7
Gastgewerbe	7.3	58.6
Verkehr, Nachrichtenuebermittlung	4.9	28.0
Kreditgewerbe	3.5	40.9
Versicherungsgewerbe	1.9	47.4
Mit Kredit- u. Versicherungsgew. ver	0.7	42.0
Informatik, F. u. E., Dienstl. f. Un	13.0	42.5
Unterrichtswesen	1.7	59.1
Gesundheits- u. Sozialwesen	10.5	80.4
Sonst. oeffentl. u. pers. Dienstleis	3.4	57.3
Insgesamt privater Sektor der Schweiz	100.0	43.7

Abbildung 1: Verteilung der Beschäftigten auf die Branchen und Frauenanteil in %

Die Tabelle stellt die Verteilung der Beschäftigten auf die Wirtschaftsbranchen sowie den relativen Anteil der Frauen je Industrie für den gesamten privaten Sektor (ohne Landwirtschaft) der Schweiz dar. Quelle: LSE 2008, privater Sektor und eigene Berechnungen. Die Daten sind gewichtet.

Es wird immer wieder thematisiert, dass es in den oberen und obersten Führungsstufen von Unternehmen sehr wenige Frauen gibt. Ohne an dieser Stelle auf die Gründe dieses Ungleichgewichtes einzugehen, dokumentiert Abbildung

2 diesen Sachverhalt in aller Deutlichkeit. Abbildung 2 bildet den relativen Frauenanteil je beruflicher Stellung ab. Dabei werden die folgenden fünf Stufen der beruflichen Stellung unterschieden: (1) oberstes und oberes Kader, (2) mittleres Kader, (3) unteres Kader, (4) unterstes Kader und (5) ohne Kaderfunktion. Sowohl bei der spezifischen Betrachtung der Finanzdienstleistungsindustrien als auch über alle Industrien hinweg lässt sich ein negativer Zusammenhang zwischen der beruflichen Stellung und dem Frauenanteil beobachten. In der hierarchisch am höchsten eingeordneten Kategorie ‚oberstes und oberes Kader' beträgt der Frauenanteil in den Finanzdienstleistungsindustrien weniger als 13%. Dieser Anteil nimmt mit abnehmender Hierarchiestufe deutlich zu und in der tiefsten Kategorie ‚ohne Kaderfunktion' bilden Frauen in Banken und Versicherungen mit 60% eine klare Mehrheit. Im gesamten privaten Sektor der Schweiz sieht es etwas besser aus. Jedoch stellen die Frauen mit einem Anteil von rund 20% bzw. knapp 30% in den Jobs mit im obersten und oberen Kader als auch mittleren Kader immer noch eine klare Minderheit dar.

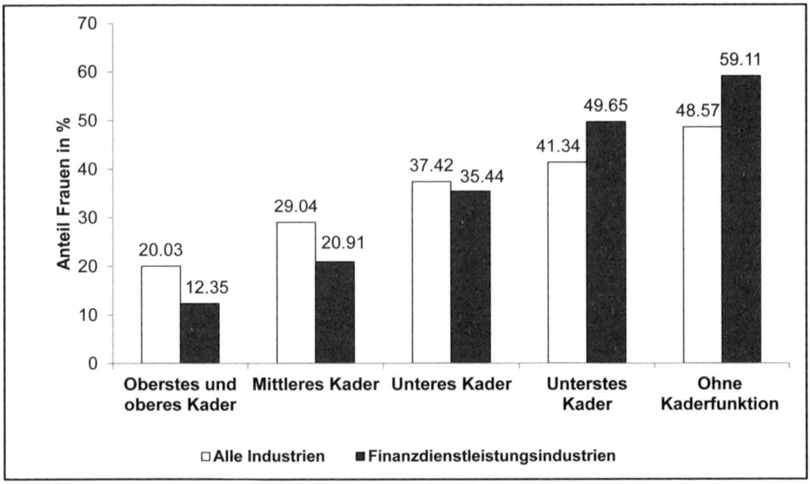

Abbildung 2: Frauenanteil nach beruflicher Stellung in %

Die Abbildung stellt den relativen Anteil Frauen je beruflicher Stellung für den gesamten privaten Sektor (ohne Landwirtschaft) sowie die Finanzdienstleistungsindustrien dar. Quelle: LSE 2008, privater Sektor und eigene Berechnungen. Die Daten sind gewichtet.

Als weitere Arbeitsplatzdimension enthalten die LSE-Daten Informationen über das Anforderungsniveau der Arbeitsstelle. Es werden folgende vier Anforderungskategorien unterschieden: (1) Arbeitsplatz, der die Verrichtung höchst anspruchsvoller und schwierigster Arbeiten beinhaltet; (2) Arbeitsplatz, der selbständiges und qualifiziertes Arbeiten bedingt; (3) Arbeitsplatz, der Berufs- und Fachkenntnisse voraussetzt; und (4) Arbeitsplatz mit einfachen und repetitiven Tätigkeiten. Dieses arbeitsplatzspezifische Merkmal ist stark mit der beruflichen Stellung korreliert und entsprechend ist eine ähnliche Verteilung zu erwarten. Wie Abbildung 3 aufzeigt, werden höchst anspruchsvolle und schwierige Aufgaben in den Finanzdienstleistungsindustrien zu 83% von Männern erledigt. Der relative Frauenanteil steigt mit abnehmendem Anforderungsniveau kontinuierlich an, und die einfachen und repetitiven Tätigkeiten werden zu 70% von Frauen ausgeübt. Im privaten Sektor insgesamt werden höchst anspruchsvolle und schwierige Aufgaben zu mehr als 80% von Männern ausgeübt, während einfache und repetitive Tätigkeiten zu knapp 60% Frauen erledigen. Somit erweist sich dieses Ungleichgewicht zwischen den Geschlechtern in den Finanzdienstleistungsindustrien im Vergleich zum gesamten privaten Sektor als noch ausgeprägter.

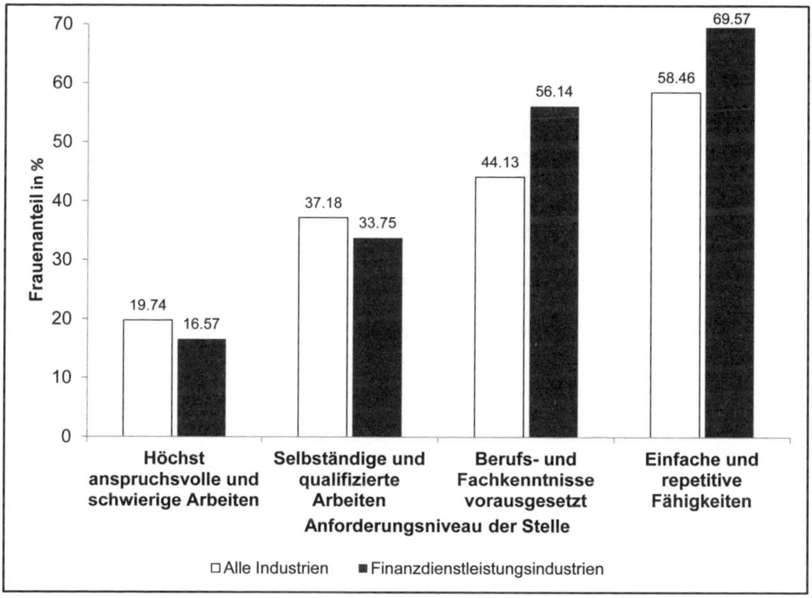

Abbildung 3: Frauenanteil nach Anforderungsniveau der Stelle in %

Die Abbildung stellt den relativen Anteil Frauen je Anforderungsniveau der Stelle für den gesamten privaten Sektor (ohne Landwirtschaft) sowie die Finanzdienstleistungsindustrien dar. Quelle: LSE 2008, privater Sektor und eigene Berechnungen. Die Daten sind gewichtet.

Ein weiteres Arbeitsplatzmerkmal, das im Zusammenhang mit der relativen Bedeutung der Frauen im Arbeitsmarkt von Bedeutung ist, bezieht sich auf den Beschäftigungsgrad. In Abbildung 4 sind die relativen Anteile der weiblichen Arbeitskräfte je Beschäftigungsgrad dargestellt. Gemäss der Definition des Bundesamtes für Statistik (BFS) wird ein Beschäftigungsgrad von 90% und höher als Vollzeitarbeit eingestuft. Es kommt deutlich zum Ausdruck, dass Frauen mehrheitlich Teilzeitarbeit leisten. In den Finanzdienstleistungsindustrien werden die Teilzeitstellen (Beschäftigungsgrad < 90%) zu mehr als 80% von Frauen besetzt. Die Betrachtung des gesamten privaten Sektors schwächt diesen Umstand nur ganz gering ab. Der hohe Frauenanteil unter den Teilzeitbeschäftigten lässt sich zu einem grossen Teil mit der innerfamiliären Rollenverteilung begründen. Frauen sind im Gegensatz zu Männern oft hauptsächlich aus familiären Gründen in Teilzeit erwerbstätig. Sie kümmern sich in der Regel um die Erledigung der unbezahlten Haushaltsarbeiten und die Kinderbetreuung, während die Männer ihre Zeit eher für die bezahlte Erwerbsarbeit verwenden.

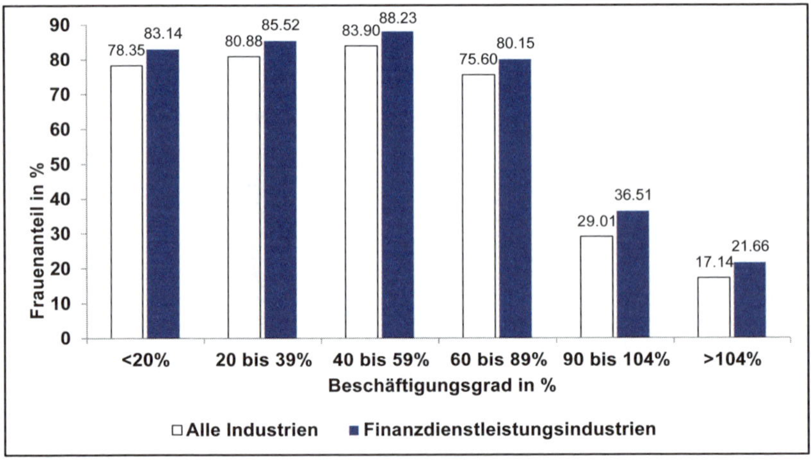

Abbildung 4: Frauenanteil je Beschäftigungsgrad in %

Die Abbildung stellt den relativen Anteil Frauen je Beschäftigungskategorie für den gesamten privaten Sektor (ohne Landwirtschaft) sowie die Finanzdienstleistungsindustrien dar. Quelle: LSE 2008, privater Sektor und eigene Berechnungen. Die Daten sind gewichtet.

Im Zusammenhang mit der geringen Verbreitung von Frauen in Führungspositionen spielt dieser eben genannte Umstand der Teilzeitarbeit ein grosses Problem bzw. eine Ursache für die geringen Aufstiegschancen von Frauen dar. Frauen würden in vielen Fällen sehr gerne auch anspruchsvolle Tätigkeiten ausführen, aber es ist ihnen aufgrund familiärer Verpflichtungen nur möglich, Teilzeit zu arbeiten. Das Fehlen von entsprechenden Teilzeitstellen für anspruchsvolle Tätigkeiten wird in Abbildung 5 verdeutlicht. Extrem ausgeprägt ist der Mangel an anspruchsvollen Kaderstellen in der Finanzdienstleistungsindustrie, wo nur 4.41% des obersten und oberen Kaders Teilzeit arbeiten. Im gesamten privaten Sektor der Schweiz beträgt der Anteil immerhin gut 13%. Für die Zukunft ist es notwendig, unbedingt mehr Teilzeitstellen auf höchstem Niveau, und zwar sowohl für Frauen als auch Männer zu schaffen.

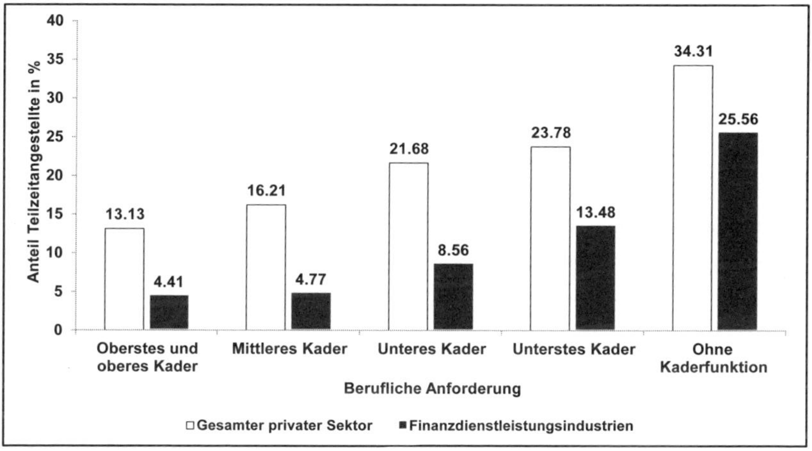

Abbildung 5: Anteil Teilzeitangestellte (Beschäft.-grad < 90%) je beruflicher Stellung in %

Die Abbildung stellt den relativen Anteil Teilzeitangestellter (Beschäftigungsgrad < 90%) für den gesamten privaten Sektor (ohne Landwirtschaft) sowie die Finanzdienstleistungsindustrien dar. Quelle: LSE 2008, privater Sektor und eigene Berechnungen. Die Daten sind gewichtet.

6.3 Massnahmen für die Zukunft

Es stellt sich zwangsläufig die Frage, wie sich dieser geringe Anteil weiblicher Führungskräfte erhöhen lässt. Es versteht sich von selbst, dass dies kein einfaches Unterfangen ist, und die geringen Fortschritte über die letzten Jahrzehnte machen deutlich, dass die Anstrengungen seitens der Wirtschaft und Gesellschaft sowie des Staates insgesamt wenig erfolgreich waren. Es braucht mehr und weitere Anstrengungen, und in der Folge fassen wir die Meinungen der befragten Personen dazu zusammen.

Um ein besseres Verständnis für die geringe Verbreitung von Frauen in Führungspositionen zu erhalten und die Meinung von direkt Betroffenen zu erfahren, haben wir insgesamt drei umfangreiche Interviewstudien durchgeführt, die alle in Buchform publiziert sind (Mazumder und Wanzenried, 2007, 2009 und 2011). Dabei haben wir zuerst zwölf Frauen und anschliessend dreizehn Männer in führenden Positionen der Wirtschaft, Verwaltung und Wissenschaft zur Situation der Frau in Führungspositionen befragt. Schliesslich interviewten wir zwölf berufstätige Paare mit Kindern zu denselben Themen, um zusätzlich explizit auf die Vereinbarkeit von Karriere und Familie eingehen zu können.

Die Ergebnisse aus diesen Befragungen fördern in Bezug auf die eingangs erwähnte Ungleichgewichtssituation einige interessante Erkenntnisse zu Tage. Obschon die Ausführungen nicht den Anspruch auf Vollständigkeit oder statistische Signifikanz erheben und auch keine systematische Erhebung aller möglichen Erklärungsgründe darstellen, so lassen sich daraus doch einige Hemmnisse erkennen, welche für die Untervertretung von Frauen auf oberen und obersten Hierarchiestufen exemplarisch sind. Im Rahmen der Interviews haben wir die befragten Personen auch nach konkreten Massnahmen gefragt, um diese Ungleichgewichtssituation nachhaltig verbessern zu können. Dabei kommt deutlich zum Ausdruck, dass es Anstrengungen von mehreren Seiten bedarf. Nachfolgend sind einige wichtige Erkenntnisse zusammengefasst.

6.3.1 Was können die Frauen selber tun?

Was können Frauen – abgesehen von einer guten Ausbildung und einer hohen Leistungsbereitschaft – selbst unternehmen, um die höchsten Führungsstufen zu erreichen? Obwohl es keine allgemein gültigen Patentrezepte gibt, lassen sich aus den Befragungen einige Verhaltensempfehlungen ableiten. Zuerst muss sich die Frau im Klaren darüber sind, ob sie überhaupt eine Position auf höchster Führungsstufe anstreben will. Weiter ist auch wichtig, mit dem Arbeitgeber einen offenen Dialog über die Lebensplanung zu führen. Zentrale Voraussetzungen für die erfolgreiche Beförderung in anspruchsvolle Führungspositionen sind dann eine grosse Leistungsbereitschaft, ein hohes Engagement für den Beruf sowie eine überdurchschnittliche Flexibilität. Frau muss bereit sein, viel Zeit und Kraft in den Beruf zu investieren. Auch ein hohes Durchsetzungsvermögen und ein starker Durchhaltewillen sind zentrale Faktoren. Weiter wichtig sind Mut, die Bereitschaft, etwas Neues auszuprobieren, Chancen wahrzunehmen und auch bereit sein, Opfer dafür zu erbringen. Man darf keine Angst davor haben, sich in einem kompetitiven Umfeld zu bewegen. Dazu gehört auch die Bereitschaft, Risiken einzugehen.

Frauen sollen ihre Ambitionen auf höhere Positionen deutlich kommunizieren, sich klar positionieren und sich aktiv auf entsprechende offene Stellen bewerben. Es reicht nicht aus, abzuwarten und darauf zu vertrauen, dass man für eine entsprechende Position angefragt wird. Dazu gehört auch ein gewisses Selbstbewusstsein und ein Vertrauen, dass man für die gewünschte Stelle geeignet ist. Frauen neigen oft dazu, sich zu unterschätzen und bewerben sich deswegen oft gar nicht auf gewisse Stellen. Zusätzlich sollten Frauen authentisch bleiben. Es wird auch immer wieder die grosse Bedeutung von formellen und informellen Netzwerken erwähnt. Schliesslich sind für einen erfolgreichen Weg nach ganz oben auch eine gewisse Gelassenheit und Offenheit notwendig.

6.3.2 *Was können die Unternehmen tun?*

Unternehmen haben eine grosse Verantwortung und wahrscheinlich den grössten Handlungsspielraum in Bezug auf die Erhöhung der Frauenanteils in Führungspositionen. Die Befragten sehen mehrere mögliche Ansatzpunkte seitens der Arbeitgeber, um die Vereinbarkeit von Familie und Karriere zu fördern. Eine stärkere Förderung von Teilzeitjobs, Jobsharing und flexible Arbeits(zeit)modelle sind zweifellos notwendig. Insgesamt bedarf es einer grossen Flexibilität, und zwar auf Arbeitgeber- und Arbeitnehmerseite. In diesem Zusammenhang ist die Erreichbarkeit des Mitarbeitenden ist ein zentraler Punkt. Man muss sich darüber bewusst sein, dass diese gerade bei Teilzeitarbeit nicht immer gewährleistet ist. Jedoch sind auch Vollzeitarbeitende aufgrund von Sitzungen, Weiterbildungen, usw. zeitweise nicht erreichbar. Ausserdem müssen bei Teilzeitarbeitsstellen die Jobprofile entsprechend ausgestaltet sein und nicht auf Vollzeitarbeit ausgelegt werden. Wichtig erscheint ebenfalls, dass Teilzeitarbeitende dieselbe Achtung wie Vollzeitmitarbeitende erfahren, und auch Männer Teilzeit arbeiten können. Auch die Kommunikation von Erfolgsgeschichten zur Vereinbarkeit von Familie und Karriere sollte bewusst gepflegt werden. Es bedarf einer offenen Kommunikation des Themas innerhalb und ausserhalb der Unternehmung. Dies alles äussert sich in der Unternehmenskultur, die eine zentrale Rolle spielt und insgesamt kinderfreundlicher werden muss.

In diesem Zusammenhang taucht auch immer wieder die Frage auf, ob Teilzeitarbeit auf höchster Führungsstufe möglich ist. Die Mehrzahl der Befragten erachtet Teilzeitarbeit auf höchster Führungsstufe als möglich. Es ist nicht eine Frage der Hierarchie, sondern des Jobprofils. Es bedarf aber eines erhöhten

Masses an Flexibilität von allen Seiten und ein Mindestmass an Verbindlichkeit und Erreichbarkeit. Als Minimumpensum werden denn auch 70% genannt.

Auch Jobsharing ist eine Variante. Bei einem Jobsharing braucht es Vertrauen zum Jobsharing-Partner sowie zu den Mitarbeitenden. Jobsharing ist gerade auch für Personen, die nicht gerne alleine entscheiden, eine Chance, Verantwortung zu teilen und von einer Zweitperson Rückhalt zu bekommen. Wie eine Befragte ausführt, bedeutet Führung nicht, dass man immer präsent sein muss, sondern Führen heisst auch Delegieren. Wichtig sei, dass der Informationsaustausch funktioniert und dass man bereit ist, auch Macht zu teilen.

Insgesamt müssen Unternehmen sicher stellen, dass zwischen Männern und Frauen ausgewogene Strukturen bestehen und diese auch respektiert werden. Diese Einstellung hängt stark mit der Unternehmenskultur zusammen und muss auf strategischer Ebene verankert sein und auch von der Geschäftsleitung glaubhaft unterstützt und vorgelebt werden. Schliesslich muss insgesamt ein Bewusstsein dafür geschaffen werden, dass Frauen in leitenden Positionen eine Selbstverständlichkeit darstellen.

6.3.3 Was kann der Staat tun?

Schliesslich kommt auch dem Staat eine wichtige Rolle zu, dieses Ungleichgewicht in Bezug auf den Frauenanteil in Führungspositionen zu verringern. Die grosse Mehrheit der Befragten hat konkrete Vorstellungen darüber, wie der Staat durch die Schaffung der geeigneten Rahmenbedingungen die Vereinbarkeit von Beruf und Familie verbessern kann. Der Staat muss für genügend Kinderbetreuungsangebote sorgen, und zwar auf allen Altersstufen. Zusätzlich zur Bereitstellung von mehr Kinderkrippenplätzen muss auch das Angebot an Tagesschulen zu erhöht werden. Diese Angebote sollen aber für die Familien auch finanziell tragbar sein. In diesem Zusammenhang wird auch immer wieder die (volle bzw. in einigen Kantonen eben nur teilweise) steuerliche Abzugsfähigkeit der Kinderbetreuungs- und Ausbildungskosten erwähnt, damit sich die steuerliche Situation von Familien mit zwei erwerbstätigen Elternteilen verbessere. Der Staat kann zusätzlich Unternehmen steuerlich entlasten, die Teilzeitstellen für Führungsfunktionen und Jobsharing-Möglichkeiten anbieten.

Indem der Staat selbst noch mehr entsprechende Stellen anbietet, kann er damit eine Vorbildrolle einnehmen. Schliesslich sollte sich der Staat auch für mehr Lohngleichheit zwischen Mann und Frau und einen besseren sozialen Schutz der Teilzeitmitarbeitenden einsetzen, was sich wiederum positiv auf die Vereinbarkeit von Beruf und Familie auswirken wird. Zusätzlich sollte sich der Staat durch entsprechende Anreizsysteme dafür einsetzen, dass Frauen mit einer höheren Ausbildung nach einer Mutterschaftsauszeit wieder im Berufsleben Fuss fassen, damit die Volkswirtschaft von den teilweise hohen Ausbildungskosten profitieren könne. Insgesamt muss der Staat die Rahmenbedingungen schaffen, damit sich Familien entwickeln können.

6.4 Fazit

Aus den vorgängigen Darlegungen lassen sich einige interessante Erkenntnisse ableiten, jedoch gibt es keine einfachen Rezepte, wie der Frauenanteil auf höchsten Führungsstufen nachhaltig erhöht werden kann. Vielmehr ist es ein Zusammenspiel von mehreren komplexen Faktoren, die teilweise nicht leicht zu erfassen und schwierig zu beeinflussen sind. Die Befragung bei direkt Betroffenen bringt zum Ausdruck, dass ein Umdenken stattfindet und dass sowohl aus wirtschaftlicher als auch aus gesellschaftlicher Sicht ein Nutzen aus einem höheren Anteil weiblicher Führungskräfte entstehen kann. Ebenso wird aber auch klar, dass die Vereinbarkeit von Familie und Beruf für die Betroffenen eine grosse Herausforderung darstellt und oft mit einem beruflichen Werdegang in höchste Führungspositionen inkompatibel ist. Die Beseitigung dieser Barriere bedarf sowohl auf einer individuellen als auch auf einer gesellschaftlichen Ebene noch sehr viel Aufwand. Die Befragungen der Familien zeigen aber auch klar auf, dass diese Kombination von Berufs- und Familienleben eine enorme Bereicherung nicht nur für sie selber, sondern auch für die Gesellschaft als Ganzes darstellt.

Frauen in Führungspositionen können mehrheitlich positive betriebswirtschaftliche Effekte auslösen. Wie aus den Befragungen bei direkt Betroffenen ersichtlich wurde, bestehen jedoch auf der anderen Seite zahlreiche und teilweise kaum überwindbare Hürden, welche Frauen an der Ausübung einer Führungsfunktion hindern. Eine solche Situation kann langfristig kein stabiles Gleichgewicht darstellen. Entsprechend gross sollte das Interesse an den Massnahmen sein, welche den Unternehmen und dem Staat zur Förderung von Frauen in Führungspositionen zur Verfügung stehen. So sind heute auch für Unternehmen Massnahmen zur Förderung von Frauen in Führungspositionen bekannt, angefangen bei der Rekrutierung von Mitarbeitenden über die Karriereentwicklung und Weiterbildung, natürlich die Vereinbarkeit von Beruf und Familie bis hin zur Unternehmensführung. Dies zeigt deutlich, dass Wissen über die Handlungsstrategien zur Erhöhung des Frauenanteils in Führungspositionen vorhanden ist, jedoch finden die Organisationen sich mit scheinbar unüberwindbaren

Herausforderungen bei deren Umsetzung konfrontiert. An dieser Stelle muss in Zukunft angesetzt werden.

Abschliessend kann festgehalten werden, dass im Bereich der Förderung von Frauen in Führungspositionen über die letzten Jahrzehnte zwar einige Fortschritte erzielt wurden, gleichzeitig jedoch steht fest, dass noch sehr viel Arbeit geleistet werden muss, damit das Potenzial von Frauen in Führungspositionen seitens der Wirtschaft und Gesellschaft optimal genutzt werden kann. Um diese Entwicklungen voranzutreiben, ist zwingend ein Handeln aller involvierten Parteien, d.h. der Organisationen und ihrer oft männlichen Entscheidungsträger, der Frauen selbst, des Staates und der Politik notwendig. Dabei wird nicht die Ansicht vertreten, dass Frauen zwingend bezahlter Arbeit respektive einer Karriere nachgehen und deshalb ihre Kinder fremdbetreuen lassen müssen. Vielmehr sollte jede Frau die Möglichkeit haben, Mutter zu sein und gleichzeitig eine spannende berufliche Karriere zu verfolgen. Ebenso sollten Männer weitaus stärker die Möglichkeit für die individuelle Lebensgestaltung wie bspw. Teilzeitarbeit haben. Kurzum, beide Geschlechter, bspw. gerade als Paar mit Kindern, sollten die Kombination von Familie und Beruf respektive Karriere frei im Einklang mit ihren Befähigungen und Präferenzen gestalten können. Heute sind wir gerade in der Schweiz noch weit davon entfernt.

Literaturverzeichnis

- Mazumder, S. / Wanzenried, G. (2011): Unbeirrt weiblich und erfolgreich, Band 3: 12 Erfahrungsberichte berufstätiger Paare mit Kindern zur Vereinbarkeit von Familie und Karriere, Verlag IFZ, 2011, ISBN 978-3-906488-23-3.
- Mazumder, S. / Wanzenried, G. (2009): Unbeirrt weiblich und erfolgreich, Band 2: 12 Erfahrungsberichte von männlichen Entscheidungsträgern zu Frauen und Karriere, Verlag IFZ, ISBN 978-3-906488-16-0.
- Mazumder, S. / Wanzenried, G. (2007): Unbeirrt weiblich und erfolgreich Band 1: 12 Portraits von aussergewöhnlichen Frauen, Dike Verlag, ISBN 978-3-03751-048-3.
- Mazumder, S./ Wanzenried, G./ Burri, N. (2009): Diversity Management – Erfolg durch Vielfalt, Verlag IFZ, ISBN 978-3-906488-17-9.
- Wanzenried, G. (2007): Die Rolle der Frau in den Schweizer Finanzdienstleistungsindustrien: Eine Analyse der Lohnstrukturerhebung, IFZ Institut für Finanzdienstleistungen Zug.

7 Stabilität der Finanzintermediation – Auswirkungseinschätzung makroprudentieller Aufsichtsinstrumente

Der vorliegende Artikel erörtert die Effekte makroprudentieller Regulierungsvorschriften auf die Stabilität des Finanzsystems. Er liefert einen Beitrag zur Diskussion über die Effektivität und Effizienz der Basel I-III Vorschriften.

Roger Rissi

Roger Rissi (1974) ist Dozent und Projektleiter am Institut für Finanzdienstleistungen Zug IFZ der Hochschule Luzern – Wirtschaft. Er hat an der Universität Zürich Finance studiert. Von 2000 – 2008 arbeitete er im Riskcontrol für die UBS. Seit 2008 ist er Dozent an der Hochschule Luzern – Wirtschaft.

Kontakt: roger.rissi@hslu.ch

Die Finanzkrise 2007/08 hat die Mängel der Finanzsystemregulierung sowohl in der Schweiz als auch weltweit offengelegt, erwies sich doch der Regulierungsansatz von Basel II als mangelhaft für die Sicherung der Stabilität des Gesamtsystems. Daran konnte auch der vielgerühmte «Swiss-Finish» nichts ändern. Werden die neuen Basel III Regulierungen die Stabilität der Finanzsysteme, und insbesondere diejenige des Schweizerischen Finanzsystems erhöhen? Die Antwort darauf ist ernüchternd: wohl kaum.

7.1 Ausgangslage

Die Finanzkrise von 2007/08 und die darauf folgende Wirtschaftskrise zeigten deutlich, dass ein stabiles und effizientes Finanzsystem eine wichtige Voraussetzung für nachhaltiges wirtschaftliches Wachstum ist, weil sonst das Sparvolumen nicht bestmöglich in Investitionen transformiert wird.

Die Ursachen der Finanzkrise werden im Aufbrechen der Wertschöpfungskette des Kreditgewährungsprozesses (*originate and distribute* Geschäftsmodelle) verbunden mit mangelhaften (kurzfristig orientierten) Anreizstrukturen im Bankensektor im Zusammenhang mit Kreditverbriefungen, dem daraus resultierenden Verhalten der Finanzsystemakteure, den verzerrter Risikoeinschätzungen infolge lascherer Kreditvergabestandards und aggressiveren Konditionengestaltungen aufgrund des erhöhten Konkurrenzdruckes, sowie einer zunehmenden Disintermediation resultierend in einer Abwanderung von Kapital ins unregulierte Schattenbankensystem gesehen. Die Ausbreitung der Krise im Bankensystem wurde begünstigt durch die tiefe Eigenkapitalbasis und die knappe Liquidität der Banken, sowie die hohe Interbankenverflechtung innerhalb des Bankensektors. Die internationalen Verflechtungen der Banken und Kapitalmärkte hatten Rückkopplungseffekte im Finanzsystem zur Folge, welche die Krise zusätzlich verschärften. Aus dieser sich selbst destabilisierenden negativen Dynamik – *Finanzsystem-Marktversagen* – wird die Notwendigkeit einer Regulierung von Finanzintermediären zwecks Sicherstellung der Internalisierung der durch negative externe Effekte entstandenen Kosten abgeleitet.

Die Finanzkrise 2007/08 ist aber auch Beleg für Regulierungsversagen, erwies sich doch der mikroökonomische Regulierungsansatz von Basel II als mangelhaft für die Sicherung der Stabilität des Gesamtsystems. Isoliert optimierte Regulierungsvorschriften für einzelne Institute können kein stabiles Gesamtsystem gewährleisten, da sich letzteres nicht notwendigerweise gemäss den gleichen Gesetzmässigkeiten wie seine Einzelteile verhält. Die Basel II Vorschriften hatten sogar destabilisierende Effekte, etwa durch (a) prozyklische Eigenkapitalvorschriften, und (b) unvollständige Regulierungen, welche durch regulatorische Arbitrage umgangen wurden, im Speziellen: (i) Internal-Rating-Based-Ansatz (IRB-Ansatz) zur Berechnung der Eigenmittelunterlegung für Kreditrisiken im Vergleich zum Standardansatz, (ii) Verwendung von (externen) Ratings als Basis zur Berechnung der erforderlichen Eigenmittel; (iii) Ausserbilanzgeschäfte der Banken. (c) Zudem erwies sich die unvollständige Abstimmung des regulatorischen Rahmenwerkes mit fiskal- und geldpolitischen Interventionen als destabilisierend.

Die aktuelle Diskussion der Finanzmarktstabilität dreht sich um die zentrale Frage inwiefern Regulierungen die Stabilität des Finanzsystems erhöhen können. Die Antwort auf diese Frage ist davon abhängig, ob und wie Finanzmärkte versagen, und ob und wie Regulierungen ein effizienteres und stabileres Finanzsystem schaffen können. Ausgangspunkt für eine integrale Betrachtungsweise ist ein makroprudentielles Regelwerk, welches die Geld-, Fiskal- und sektorspezifische Wirtschaftspolitik aufeinander abstimmt bzw. diese drei zentralen Bestandteile sowie deren Interaktionen gebührend berücksichtigt.

Die Bilanzpositionen von Finanzintermediären sind aus der Sicht von Fama‘s Theorie der Finanzintermediation und der *Real-Bills-Doktrin* optimale Portfolios realer Investitionsprojekte. Weil sich die Portfolioselektion der Banken an der tatsächlichen, realen Profitabilität orientiert, folgen ihre Investitionsportfolios vollkommen passiv der realwirtschaftlichen Entwicklung. Finanzkrisen sind damit das Ergebnis von negativen realwirtschaftlichen Innovationen (*Reverse Causation*). Das Finanzsystem müsste von diesem Standpunkt aus betrachtet inhärent stabil sein.

Eine eigene Dynamik der Finanzmärkte entsteht, falls die Hypothese von Fama und der *Real-Bills Doktrin* nicht zutrifft. Dies ist dann der Fall, wenn Kosteninnovationen die Transformationseffizienz im Finanzsystem ändern, monetäre Innovationen im Rahmen der Geldpolitik und/oder Innovationen in der Geldschöpfung der Geschäftsbanken zu unerwarteten Geldmengenveränderungen führen, oder ein Versagen des Finanzsystems – aufgrund ineffizienter Portfolioselektion resultierend in erhöhtem Abschreibungsbedarf – vorliegen.

Um ein finanzsystemweites, optimales Verhalten der Akteure und damit die Stabilität des Finanzsystems bestmöglich sicherzustellen, werden gegenwärtig zahlreiche Vorschläge diskutiert. Im Zentrum der vorliegenden Untersuchung steht ein Benchmarking der aktuell diskutierten Anpassungen der Bankenregulierungen, mit Fokus auf die wesentlichen Neuerungen in den Basel III-

Vorschriften: Erhöhung der Mindesteigenkapitalanforderungen und das Einführen von Liquiditätsvorschriften.

Unter Zuhilfenahme eines agentenbasierten Simulations-Modells (ABM), welches die Struktur des Finanzmarktes und die Verhaltensweisen von Marktteilnehmern abbildet, werden die Effekte makroprudentieller Regularien analysiert, mit dem Ziel der Herleitung von Benchmarks für regulatorische Vorstösse im Bereich der Finanzmarktstabilität, um diese schliesslich bzgl. ihrer Effektivität und Effizienz beurteilen zu können. Dabei stehen die folgenden zwei zentralen Fragestellungen im Vordergrund:

(1) Wie beeinflusst die Struktur (*direct* [*marktbasiert*] versus *indirect financing [bankbasiert]*) und Regulierung der Finanzintermediation (bspw. Eigenmittelunterlegungs- oder Mindestliquiditätsvorschriften) die Stabilität des Finanzsystems?
(2) Inwiefern hat das Bankverhalten einen Einfluss auf die Systemstabilität?

Im Rahmen der ersten Frage werden bank- und marktbasierte Finanzsysteme miteinander verglichen. In den untersuchten bankbasierten Systemen wird 80% des Intermediationsvolumens über das Bankensystem, die restlichen 20% über Aktien- und Anleihensmärkte abgewickelt. Für die marktbasierte Konfiguration sind die Verhältnisse umgekehrt. Im Zusammenhang mit der Beantwortung der zweiten Frage werden folgende zwei in der Praxis anzutreffenden Verhaltensmuster unterschieden: risikoaverse Banken basieren ihre Portfolio-Investitionsentscheidungen auf einer Optimierung des Risiko-Rendite Trade-Offs unter Verwendung der Fundamental- oder Chartanalyse.

Die Notwendigkeit der Verwendung einer Simulationsstudie ergibt sich aus: (i) der Komplexität der Problemstellung (Interdependenzen zwischen Akteuren), und (ii) dem Umstand, dass für die Beantwortung der Frage des Marktversagens in der Praxis nicht existierende, unregulierte Bankensysteme analysiert werden müssen. Das Modell dient zur Untersuchung folgender Aspekte:

(a) (Nicht-)Existenz von Marktversagen in einem unregulierten Finanzsystem.

(b) Wirkungsweise von Regulierungen auf die Stabilität der Banken und das Finanzsystem:

Evaluation der einzelnen Massnahmen für die Stabilisierung der Finanzintermediation, sowie der Komplementarität der Vorschriften (bspw. Leverage-Ratio und Eigenmittelunterlegung).

(c) Integrale Evaluation kombinierter Vorschriften, im Speziellen auch für das *Schweizerische Finanzsystem.*

7.2 Agentenbasiertes Simulationsmodell

Den Analysen wird folgende Struktur des Finanzsystems zugrunde gelegt:

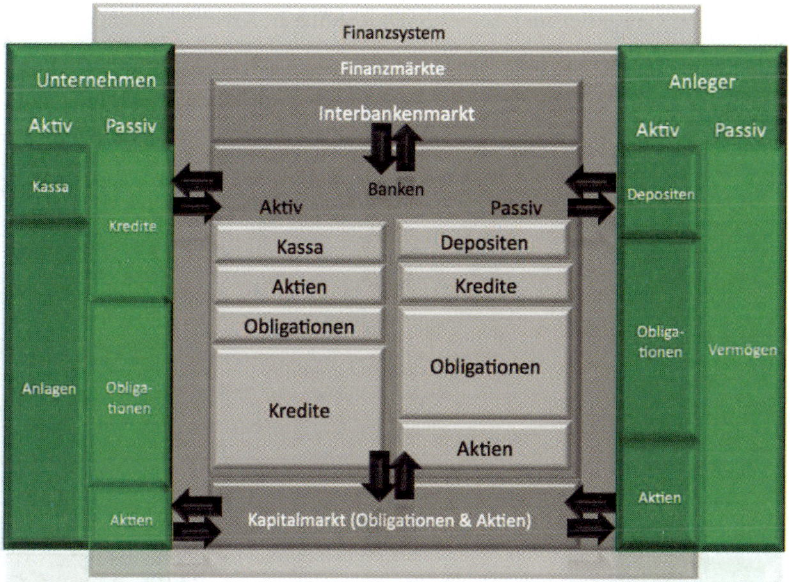

Abbildung 1: Struktur des Finanzsystems

Abbildung 2 beschreibt summarisch die wichtigsten Verhaltensregeln der Finanzsystemakteure, die im Rahmen des agentenbasierten Modells miteinander interagieren.

Für die vorliegenden Analysen wird unter (Finanzmarkt-)Systemstabilität folgendes verstanden werden:

Finanzmarktstabilität beschreibt die Risikolage eines (inter-)nationalen Finanzsystems in Bezug auf dessen Risikotragfähigkeit im Hinblick auf das Erfüllen von Anforderungen, die folgenden Zielkomplexen zugeordnet werden können: (i) Erhaltung des Finanzsystems als Ganzes in einem sich verändernden Umfeld (*Strukturstabilität*): hierbei stehen strukturelle Aspekte im Vordergrund; (ii) Erhaltung bzw. Gewährleistung der Funktionalität des Finanzsystems in einem sich ändernden Umfeld (*Funktionale Stabilität*): diese liegt dann vor, wenn die Finanzmärkte ihre Allokationsfunktion – auch im Fall von Schocks – zufriedenstellend erfüllen. Dies schließt die Insolvenz einzelner Finanzinstitute sowie

Schwankungen von Vermögenswerten keineswegs aus. Eine Gefahr für die Finanzmarktstabilität geht von ihnen nur dann aus, wenn sie die fundamentale Rolle des Finanzsystems als Finanzintermediär untergraben oder wenn sie zu einer Fehlallokation von Kapital führen; (iii) Erhaltung des Finanzsystems als Ganzes und Gewährleistung seiner Funktionalität in Krisensituationen (*strukturelle und funktionale worst-case Stabilität*).

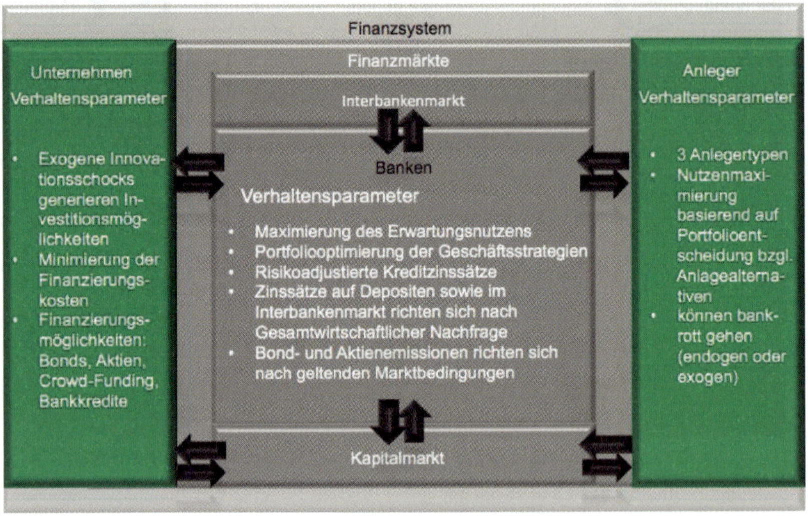

Abbildung 2:Verhaltensregeln der Finanzsystemakteure

Zur quantitativen Messung der unterschiedlichen Stabilitätsdimensionen und zur nachträglichen Auswirkungsanalyse makroprudentieller Regularien werden folgende Kennzahlen verwendet:

Stabilitätsdimension		Kennzahl
Strukturelle Stabilität	Marktstruktur	Herfindahl-/Gini-Koeffizient (bzgl. Bilanzsumme, Kreditvolumen, Eigenhandelsbestände, Finanzierungsformen)
	Finanzierungsstabilität	Marktkapitalisierung Banken und Unternehmen (Aktienkapital und Anleihen), FK/EK-Verhältnis bei Banken und Unternehmen, Regulatory Capital Ratio, Liquidität der Banken
	Operationelle Stabilität	Gewinn/Verlust Verteilung von Banken und Unternehmen (Systemic Profit/Loss Distribution)
	Risikoprofil	Konkursrate von Banken und Unternehmen nach Kategorie
Funktionale Stabilität	Transaktionsstabilität	Kreditvolumen, Handelsvolumen und deren Volatilität auf Kapitalmärkten (Aktien und Anleihen); Konditionen, Zinsen und Renditen, Credit Intermediation Ratio, Market Intermediation Ratio
	Finanzierungseffizienz	Anzahl realisierte Projekte / Anzahl geplante Projekte; Anzahl unrealisierte Projekte der Unternehmen infolge einer Finanzierungslücke (Kreditvergabe Banken oder Wertschriftenemission); Intermediation Gap, NPLs
Worst-Case Stabilität		95%-Expected Shortfall; 95%-Default-Raten, 95%-Value-at-Risk

Abbildung 3: Kennzahlen

Erklärungen zu Abbildung 3: Regulatory Capital Ratio = erforderliche Eigenmittel / verfügbare Eigenmittel. Liquidität = (Mindestreservebestände + Forderungen aus Geldmarktpapieren) / (Verpflichtungen gegenüber Kunden + Verpflichtungen gegenüber Banken). Systemischer Verlust = kumulative Verluste entstehend bei Konkursen auf Krediten, Kapitalmarkt- und Crowd-Funding-Instrumenten. Credit Intermediation Ratio = Kredite von Banken / gesamtes Finanzierungsvolumen der Unternehmen. Market Intermediation Ratio = (Finanzierungen über Anleihen + Aktienkapital) / gesamtes Finanzierungsvolumen der Unternehmen. Expected Shortfall berechnet auf der systemischen Verlustverteilung mit einem Konfidenzniveau von 95%. Konkursrate, die mit 95%-iger Wahrscheinlichkeit nicht überschritten wird.

7.3 Zusammenfassung der wichtigsten Ergebnisse

Die wichtigsten Ergebnisse der Analysen lauten folgendermassen:

(a) (Nicht-)Existenz von Marktversagen in einem unregulierten Finanzsystem:

(i) Unabhängig von den Verhaltensmustern der Akteure sind unregulierte marktbasierte Finanzsysteme funktional und worst-case-stabiler als unregulierte bankbasierte Systeme.

Dies erklärt sich dadurch, dass negative Veränderungen in einem marktbasierten Finanzsystem von einer breit gestreuten Investorengemeinschaft aufgefangen werden, währendem in einem bankbasierten System eine Verstärkung der negativen Innovationen infolge der starken Interdependenzen zwischen den Banken sowie der tiefen Eigenkapital- und Liquiditätsbasis erfolgt. Die institutsspezifische, isolierte Optimierung der Eigenmittel- und Liquiditätshaltung bei der einzelnen Bank hat eine ungenügende Liquiditätshaltung und Unterkapitalisierung auf Gesamtsystemebene zur Folge. Dadurch vermindert sich die Verlust-/Schockabsorptionsfähigkeit des Gesamtsystems. Dies verursacht negative externe Effekte, welche Regulierungsbedarf ableiten lassen.

(ii) Finanzsysteme mit unterschiedlichen Investitionsverhalten der Marktteilnehmer sind stabiler.

Die Finanzsystemarchitektur, d.h. die relative Bedeutung der einzelnen Intermediationskanäle, sowie das Investorenverhalten (bspw. Fundamentalisten, Chartisten, Noise-Trader) auf Seiten der privaten Haushalte sowie der Banken im Rahmen der Eigenhandelsaktivitäten haben einen *entscheidenden Einfluss auf die Effektivität von Regulierungsmassnahmen.* Regulierungsvorstösse die diesen Sachverhalten nicht Rechnung tragen, können destabilisierend wirken, weil die unterschiedlichen Methoden für die Investitionsentscheidungen voneinander abweichende Anpassungsprozesse an Innovationen auf den Finanzmärkten zur Folge haben.

Finanzsysteme sind – unabhängig von der Finanzsystemarchitektur – instabiler, wenn eine Mehrheit von Investoren Fundamentalanalyse anwendet. Dies steht im Widerspruch zur *Real-Bills-Doktrin*, weil der Finanzsektor eine eigene Dynamik aufweist und nicht vollkommen passiv der realen Entwicklung folgt, obwohl sich die Investitionsentscheidungen an der realen Entwicklung orientieren. Diese eigene Dynamik der Finanzmärkte entsteht dadurch, dass reale Innovationen zu unmittelbaren Anpassungen auf den Aktien- und Anleihensmärkten führen und dementsprechend starke Fluktuationen der Werte der Investitionsportfolios von Banken zur Folge haben können. Aufgrund der bankfokussierten Optimierung der Eigenmittel bzw. Liquidität können diese Wertschwankungen von den Finanzintermediären nur mit Schwierigkeiten absorbiert werden.

Noise-Trader und Trendfolgestrategien sind stabilitätsfördernd: die Tatsache dass Fundamentalisten sofort auf Abweichungen des Marktpreises vom intrinsischen Wert reagieren ist zwar bzgl. der Informationseffizienz der Märkte wünschenswert, wirkt aber destabilisierend, da Schocks der Realwirtschaft sofort auf die Finanzmärkte und das Bankensystem übergreifen. Das Bankensystem kann diese Schwankungen nur unvollständig, wie oben ausgeführt, absorbieren. Trendfolgestrategien sowie Noise-Trader, aufgrund ihrer Informationsdefizite im Vergleich zu Fundamentalisten, glätten diese Schwankungen im Zeitverlauf. Dies steht im Widerspruch zur Effizienzmarkthypothese, da ineffiziente Handelsstrategien gesamtwirtschaftlich effizientere Entwicklungen bewirken.

Die Stabilität des Finanzsystems ist grösser, wenn verschiedene Handelsstrategien miteinander interagieren. Das Überleben von Anlegertypen, die verschiedene Strategien verwenden zeigt, dass alle Strategien wirtschaftlich erfolgreich sein können. Fundamentalisten stellen sicher, dass realwirtschaftliche Schocks sich in den Wertschriftenpreisen auf den Kapitalmärkten widerspiegeln – sie sichern die Informationseffizienz der Kapitalmärkte. Noise-Trader und Chartisten übernehmen eine Schockabsorbierungsfunktion und tragen dadurch zur Finanzsystemstabilität bei. Dadurch ergibt sich ein gewisser Trade-off zwischen der Informationseffizienz der Kapitalmärkte und der Finanzsystemstabilität.

(b) Die Basel III Eigenkapital-, Leverage- und Liquiditäts-Regulierungen haben keine nachhaltig stabilisierenden Wirkungen auf das Finanzsystem

Grundsätzlich wird die Stabilität des Bankensektors von der Effizienz des Portfolioselektionsprozesses der Banken bestimmt.

(i) Es existiert kein systematischer Zusammenhang zwischen Eigenkapitalvorschriften und der Stabilität des Finanzsystems.

Die Wirkungen von Eigenmittelanforderungen sind sowohl bzgl. der Höhe, als auch in Bezug auf die Stabilitätsdimensionen unterschiedlicher Finanzsystemarchitekturen nicht eindeutig: Eigenmittelanforderungen von 8% steigern für ein bankbasiertes Finanzsystem im Vergleich zu einem unregulierten System die strukturelle, funktionale und Worst-Case-Stabilität. Weitere Erhöhungen (13% bzw. 19%) haben für die strukturelle und funktionale Stabilität stabilisierende oder destabilisierende Wirkungen zur Folge. Die Worst-Case-Stabilität steigt für höhere Eigenmittel kontinuierlich an. Ein marktbasiertes Finanzsystem wird durch Eigenmittelanforderungen von 8% im Vergleich zu einem unregulierten System instabiler, 13% Eigenmittelanforderungen wirken sich positiv auf die strukturelle Stabilität aus, erhöhen aber die Worst-Case-Instabilität. Eigenmittelanforderungen von 19% wirken sich positiv auf die strukturelle, funktionale und Worst-Case-Stabilität aus und stellen somit die vergleichsweise stabilste Variante dar.

Kombination einer Leverage-Ratio mit Eigenmittelanforderungen: in bankbasierten Finanzsystemen führt eine zusätzliche Leverage-Ratio lediglich zu einer Erhöhung der strukturellen Stabilität und ist sonst wirkungslos. In marktbasierten Finanzsystemen erhöht sich die strukturelle und funktionale Stabilität des Systems. *Es zeigt sich somit, dass eine Leverage-Regulierung bestenfalls redundant ist.*

Grössenabhängige Too-big-to-fail-Zuschläge haben für bankbasierte Finanzsysteme destabilisierende Wirkungen. In marktbasierten Systemen erhöht sich die strukturelle und funktionale Stabilität, das Finanzsystem wird aber worst-case-instabiler. Diese Ergebnisse lassen sich damit begründen, dass das Investitionsverhalten (d.h. die Portfolioselektion) der Banken unabhängig von den Eigenkapital- und Liquiditätsvorgaben ist, womit die Banken gewinnmaximierende Portfolios wählen, die im Falle negativer Innovationen den Konkurs der Bank in Kauf nehmen und die Folgewirkungen ungenügend absorbieren können. Was nicht festgestellt werden kann, ist eine signifikante Reduktion der Ausfallrate nach Bankgrösse. Dies ist damit zu erklären, dass das Eintreten oder Ausbleiben einer Kettenreaktion von Bankzusammenbrüchen keine Unterscheidung nach Grösse zulässt.

(ii) Liquiditätsvorschriften reduzieren das Risiko der Ausbreitung einer Finanzkrise nicht.

Liquiditätsvorschriften: unabhängig vom Finanzsystem können die getesteten Liquiditätsvorschriften ein Ausbreiten einer Bankenkrise nicht verhindern und stellen demnach keine Restriktion für das Anlageverhalten der Banken dar. Die exakten Wirkungen von Liquiditätsvorschriften sind abhängig von der konkreten Finanzsystemarchitektur und reichen von stabilisierend bis hin zu destabilisierend.

(iii) Die von Basel III geforderte Kombination der regulatorischen Massnahmen (13% Eigenmittelunterlegung, Leverage-Ratio, Mindestliquidität und TBTF-Zuschläge) steigert in einem bankbasierten Finanzsystem die Worst-Case-Stabilität, hat jedoch keine weiteren stabilisierenden Wirkungen. Für ein marktbasiertes Finanzsystem erhöht Basel III sowohl die strukturelle, funktionale als auch die Worst-Case-Stabilität.

Für die zentralen Regulierungsvorschriften von Basel III (Mindesteigenkapitalanforderungen, Mindestliquidität) kann somit *keine systematische* Erhöhung der Effizienz und/oder der Stabilität des Finanzsystems nachgewiesen werden.

(c) Die Regulierung des Eigenhandels erhöht die Stabilität des Finanzsystems.

(i) Volcker-Rules: Die Einführung eines Eigenhandelsverbotes im Zeitablauf, verbunden mit einer entsprechenden Phase der Liquidation der Handelsbestände auf Bankenseite, erhöht in einem marktbasierten Finanzsystem die Stabilität über alle gemessenen Dimensionen. Für bankbasierte Systeme ist eine Erhöhung der strukturellen und Worst-Case-Stabilität festzustellen, währendem die Wirkungen auf die funktionale Stabilität nicht eindeutig sind. Ein Eigenhandelsverbot wirkt in marktbasierten Systemen effektiver als 13%-Eigenmittelunterlegung. Bei bankbasierten Finanzsystemen reichen die Wirkungen eines Eigenhandelsverbotes im Vergleich zu einfachen Eigenmittelunterlegungsanforderungen von stabilitätserhöhend (strukturelle Stabilität), über ungewisse Konsequenzen (funktionale Stabilität) bis hin zu destabilisierenden Effekten (Worst-Case-Stabilität). Der Vergleich zwischen der Effektivität eines Eigenhandelsverbotes und einer Eigenhandelsbeschränkung zeigt für marktbasierte Systeme, dass durchwegs ein Verbot effektiver ist. Für ein bankbasiertes Finanzsystem resultieren exakt gegenteilige Schlussfolgerungen.

(ii) Konzentrationslimiten: wirken stabilitätserhöhend in einem bankbasierten System, sonst sind sie wirkungslos. Die regulatorisch erzwungene, erhöhte Diversifikation im Investitionsportfolio der Banken reduziert die Effekte einer Innovation auf das Portfolio und damit das Risiko von systemweiten Krisen. Je grösser der durch diese Regulierung betroffene Bankensektor desto effektiver ist diese regulatorische Massnahme.

(d) Integrale Evaluation aller Vorschriften: in bankbasierten Systemen erweist sich die Kombination der getesteten Regularien lediglich für die Worst-Case-Stabilität als vorteilhaft, wobei die Massnahmen nicht helfen das Ausbreiten einer Bankenkrise zu verhindern, sondern lediglich das im Bankensystem vorhandene Haftungssubstrat erhöhen. Dies wirkt sich positiv auf die Robustheit des Systems im Stressfall aus. Bzgl. der strukturellen Stabilität wirkt die Kombination der Regularien destabilisierend und bezogen auf die funktionale Stabilität sind die Nettoeffekte ungewiss. In einem marktbasierten Finanzsystem erhöhen die Vorschriften die strukturelle und funktionale Stabilität, wirken aber destabilisierend in einer Stresssituation. Die Untersuchungen für das Schweizerische Finanzsystem zeigen, dass im Zusammenhang mit der Wahl der effektivsten Regulierungsmassnahme ein Zielkonflikt zwischen unterschiedlichen Stabilitätsdimensionen besteht. Die höchste Worst-Case-Stabilität liefert eine simple Regulierungsmassnahme von lediglich 8%-Eigenmittelunterlegung – sophistiziertere Ansätze sind vergleichsweise ineffizient.

Für die Stabilisierung des Finanzsystems sind finanzsystemarchitekturspezifische Regulierungen, welche die Investitionsentscheidungen bzw. das Investitionsverhalten der Banken direkt beeinflussen am effektivsten.

Die zentralen Erkenntnisse der vorliegenden Analysen sind, erstens: dass die Stabilität des Finanzsystems gekennzeichnet ist durch einen Trade-off: *level-playing-field/one-size-fits-all* Regulierungsansätze versus Finanzsystemstabilität: die exakte Struktur des Finanzsystems und das Verhalten der Marktteilnehmer bestimmen in entscheidendem Masse die Effektivität und Effizienz regulatorischer Massnahmen. Unterschiedliche Finanzsysteme erfordern deshalb massgeschneiderte Massnahmen um die Stabilität des entsprechenden Systems zu sichern. Auf der anderen Seite ist ein einheitliches Regelwerk eine wesentliche Bedingung, um auf internationalen Finanzmärkten identische Rahmenbedingungen für die betroffenen Akteure zu schaffen. Die Basel III Vorschriften legen einheitliche Vorgaben für Eigenkapital und Liquidität fest und stellen damit das eigentliche Ziel der Stabilität des globalen Finanzsystems einem *level playing field* hinten an. Dies bedeutet in letzter Konsequenz, dass Basel III kein robustes Framework zur Erreichung (inter-) nationaler Finanzsystemstabilität darstellen kann.

Dies ist untenstehender Tabelle mit den (in-) effektivsten Regulierungsmassnahmen zu entnehmen:

Stabilitätsdimension / Finanzsystem		Homogenes Finanzsystem	Bankbasiertes Finanzsystem	Marktbasiertes Finanzsystem	Schweizer Finanzsystem
Strukturelle Stabilität	Konzentration:	R6 (R8)	R7 (R5)	R6 (R7)	13%-EM
	Systemischer Verlust:	R6 (R8)	R7 (R5)	R6 (R7)	R3
	Konkursrate Banken:	R6 (R8)	R7 (R5)	R6 (R7)	R3
Funktionale Stabilität	Intermediationslücke:	R7 (13%-EM)	R5 (R6)	R6 (R7)	13%-EM
	Kredit-Intermediationsrate:	R6 (R8)	R7 (R5)	R6 (R7)	R2
	NPL:	R6 (R8)	R7 (R5)	R6 (R7)	R2
Worst-Case-Stabilität	95% ES (system. Verlust)	R7 (13%-EM)	19%-EM (R6)	R6 (R7)	8%-EM
	95% Konkursrate (Banken):	R6 (R8)	R7 (R5)	R6 (R7)	R3, R2

Abbildung 4: Übersicht mit den (in-)effektivsten Regulierungsmassnahmen

Abkürzungen: Unreguliertes Finanzsystem (U), 8% Eigenmittel (8%-EM), 13% Eigenmittel (13%-EM), 19% Eigenmittel (19%-EM), 8% Eigenmittel und Mindestliquidität (R1), 8% Eigenmittel und Mindestliquidität und 3% Leverage-Ratio (R2), plus TBTF-Zuschläge (R3), plus Volcker-Rule (200%) (R4), plus Konzentrationslimiten (R5), Eigenhandelsverbot (R6), Eigenhandelsbeschränkung (R7), Mindestliquidität (R8).

Zweitens, dass Regulierungen, die das Aktivgeschäft der Banken direkt restringieren effektiver sind als Eigenkapital-, Leverage- und Liquiditätsanforderungen. Die Basel III-Regulierungen beeinflussen indirekt, durch Kapital- und Liquiditätsvorgaben, die Portfolioselektion und reduzieren dadurch lediglich die Auswirkungen einmal eingetretener Krisen. Direkte Massnahmen, welche unmittelbar die Geschäftstätigkeit der Banken einschränken, reduzieren oder – bei vollkommenem Eigenhandelsverbot – eliminieren unmittelbar die Risiken destabilisierender Rückkopplungsmechanismen zwischen Kapitalmarkt und Bankensystem und können damit grundsätzlich die Stabilität der Finanzsysteme erhöhen. Eine offene Frage ist jedoch, inwiefern diese direkten Regulationen die Effizienz der (globalen) Wirtschaft erhöhen können.

Hinweis: Auszug adaptiert aus: «Stabilität der Finanzintermediation – Auswirkungseinschätzung makroprudentieller Aufsichtsinstrumente», R. Rissi, 2011.

Teil 2
Kapitalanlagen und Investments

In diesem Teil werden Themen rund um Kapitalanlagen und Finanzinvestments aus Sicht der Bank und der Investoren aufgegriffen. So wird etwa die Entwicklung der Gemeinschaftswährung Euro angesprochen oder die Möglichkeit, mit aktiven Handelsstrategien einen Inflationsschutz zu realisieren. Ebenso wird auf die langfristige Entwicklung der Kapitalmärkte und auf die ausserbörslichen Aktien als Kapitalanlage eingegangen. Aus Sicht der Pensionskassen stehen das Immobilienportfolio-Management und das Potenzial von internationalen Immobilieninvestitionen im Fokus. Zudem wird die Situation der Pensionskassen im Spannungsfeld von Demographie, Finanzmärkten und Politik thematisiert.

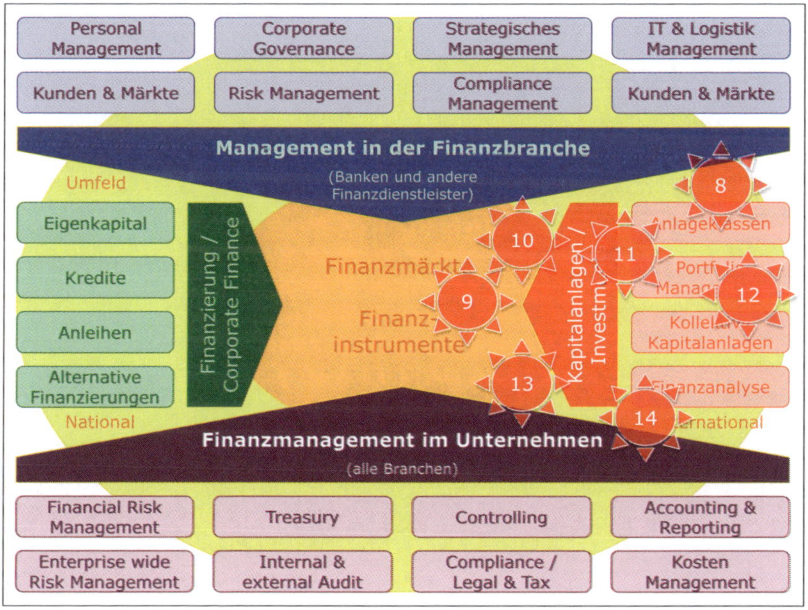

Die Sterne mit den Kapitelnummern zeigen auf, welchem Thema rund um Kapitalanlagen / Investments die jeweiligen Kapitel zugeordnet werden können.

8 Entwicklung der Gemeinschaftswährung Euro

In diesem essayistischen Beitrag wird die Entwicklung des Euro im Kontext der grundlegenden Idee zur Europäischen Union geschildert. Dabei wird auch auf die Herausforderungen in der jungen Geschichte der europäischen Institutionen eingegangen, und die Gemeinschaftswährung im Vergleich zu ihren wichtigsten Konkurrenten beleuchtet.

Maurice Pedergnana

Prof. Dr. Maurice Pedergnana (1964) ist seit 2000 am Institut für Finanzdienstleistungen Zug IFZ der Hochschule Luzern – Wirtschaft. Er hat an der Universität St. Gallen Wirtschaftswissenschaften studiert und anschliessend in der Unternehmensberatung gearbeitet. Seine publizistischen Schwerpunkte liegen in den letzten Jahren in den Bereichen Banking, Finance und Asset Management.

Maurice Pedergnana ist seit 2001 Geschäftsführer der schweiz. Vereinigung für Unternehmensfinanzierung (SECA) und in mehreren Verwaltungsräten tätig, u.a. bei der Zugerberg Finanz AG. Er ist Vater von zwei fast erwachsenen Söhnen und lebt in Winterthur.

Kontakt: maurice.pedergnana@hslu.ch

Die Entwicklung der Gemeinschaftswährung EURO durchläuft derzeit eine schwierige, wohl aber entscheidende Phase. Aus der gegenwärtigen Krise heraus besteht allerdings die gute Chance, dass sich in Europa ein vertieftes gemeinsames wirtschafts- und sozialpolitisches Verständnis entwickelt, was zu tun ist, um im globalen Wettbewerb nicht unterzugehen.

Rasche Expansion auf 27 Länder in der EU

Der Blick zurück ist aufschlussreich. Im Kontext eines kriegsversehrten Europas entwickelt sich nach dem Zweiten Weltkrieg eine friedenssichernde gemeinschaftliche Idee um die *Rhein*-Achse der seit Jahrhunderten in kriegerischen Konflikten sich zerreibenden Völker. Der Kerngedanke der viele Jahre lang verhandelten und schliesslich 1957 gegründeten Wirtschaftsgemeinschaft wurde von Frankreich und Deutschland entwickelt und geleitet, um einen gemeinsamen Markt zu schaffen. Sie umfasste mit Belgien, Italien, Niederlande und Luxemburg drei weitere Länder und einen Kleinstaat. Grossbritannien, Irland, Dänemark (1973), Griechenland (1981) sowie Spanien und Portugal (1986) liess die Gemeinschaft auf zwölf Länder wachsen.

Erst 1993 wurde mit dem Maastrichter Vertrag die Europäische Union (EU) gegründet. D.h. es handelt sich heute allesamt um EU-Institutionen, die noch keine zwanzig Jahre alt sind und deren Wirkungsfeld seit ihren Geburtsstunden stets noch verändert worden ist. Parallel zur Festlegung von Aufgaben und Kompetenzen erfuhr die EU eine kleine Expansion im Jahr 1995 (Österreich, Schweden, Finnland) und eine grosse Expansion 2004 (Tschechien, Slowakei, Polen, Ungarn, Slowenien, Estland, Lettland, Litauen, Malta, Zypern). Die letzten Beitrittsländer (Bulgarien und Rumänien) sind erst 2007 dazugestossen. Weitere Länder wollen dazustossen, als gesellschaftlich und wirtschaftlich wohl wichtigste Nation die Türkei.

Aus dem historischen Kontext heraus war es erwünscht, dass sich immer mehr Länder der Gemeinschaft und später der Union anschliessen. Wohl waren es zu rasch zu viele, wie man heute meckern mag. Aber die friedensstiftende Gründeridee überzeugt. Und man stelle sich bspw. nur vor, dass Griechenland und Türkei inskünftig nicht wie heute je 5% ihres Bruttoinlandprodukts zu einem erheblichen Teil in sinnlose Militärausgaben, sondern stattdessen in Bildung und Forschung lenken würden.

17 Länder in der noch jungen Eurozone

In der gesamten Weltgeschichte gab es noch nie ein derartig komplexes länderübergreifendes Integrationsprojekt wie die EU mit ihren mittlerweile 27 Ländern, Sprachen und Kulturen, die sich innert kürzester Zeit zu einem einheitlichen Markt entwickeln sollten. Mitten in diesen Prozess kommt mit der Einführung der gemeinschaftlichen Währung Euro in 17 Ländern (ab 1.1.1999 als gesetzliche Buchwährung, ab 1.1.2002 mit entsprechendem Bargeld) eine zusätzliche Komplexität. Dazu musste mit der Europäischen Zentralbank eine weitere Institution geschaffen werden.

Seit 1999 hat die EZB nach Artikel 105 des EG-Vertrags die Kernaufgabe, die Preisstabilität zu gewährleisten und die Wirtschaftspolitik der Mitgliedstaaten zu unterstützen. Das ist ein Quantensprung in der EU. Die Verantwortung für andere wichtige Politikbereiche (Fiskalpolitik, Strukturpolitik, Arbeitsmarktpolitik usw.) verbleibt jedoch weitestgehend auf nationaler Ebene. Diese Asymmetrie wird manchenorts als ordnungspolitischer Geburtsfehler betrachtet. Umso wichtiger ist jedoch, dass weder die EZB noch eine der weiterhin existierenden nationalen Zentralbanken Anweisungen einer der Regierungen der Gliedstaaten erhalten oder einholen dürfen.

Die Unabhängigkeit der EZB zu wahren ist ihr grösstes Gut; sie gilt als notwendige Voraussetzung für die dauerhafte Gewährleistung von Preisstabilität. Sie ist notwendig, da die EZB das ausschliessliche Recht der Banknotenausgabe innehat und somit die Geldmenge des Euros steuert. Mit dem vorrangigen Ziel der Preisstabilität ist die reale Geldpolitik insbesondere in Krisenzeiten eine Gratwanderung. Übermässig verschuldete Staaten sind eine erhebliche Belastung für eine stabilitätsorientierte Geldpolitik, weil dann typischerweise ein enormer Druck auf die Zentralbank ausgeübt wird, die Staatsschulden über die Notenpresse zu finanzieren. Die Regierungen in grossen Volkswirtschaften wie Italien und Frankreich bspw. haben dies in der Vergangenheit (vor der Gründung der EZB) derart oft gemacht, dass sie – wie andere Regierungen – auch im Schosse der europäischen Gemeinschaft geglaubt haben, dauerhaft gegen die gemeinsamen Fiskalregeln verstossen und letztlich auf die geldpolitische Unterstützung zählen zu können.

Geld- und Fiskalpolitik aufeinander abstimmen, aber nicht vermischen

Die plumpe Vermengung zwischen Geld- und Fiskalpolitik, wie sie bspw. in den USA beobachtet werden kann, würde darin bestehen, ausufernde Staatsdefizite in den EU-Ländern mit einer erhöhten Geldmenge auszugleichen. Ein Mehrheitsentscheid des EZB-Rates hat im Jahr 2011 bereits dazu geführt, dass aufgrund der besonderen historischen Situation Staatsanleihen aufgekauft wurden. Dies blieb nicht ohne Folgen auf das Zinsniveau der jeweiligen Staatsanleihen und hatte damit einen fiskalpolitischen Effekt. Aber genau dies, die Bedingungen zu beeinflussen, zu denen sich die Staaten verschulden können, kann und darf nicht die Aufgabe der EZB sein.

Da der Dammbruch ohnehin schon erfolgt ist, nimmt der Druck der nationalen Regierungen in Krisenstaaten wie Italien und Spanien (und selbst in Frankreich) auf die EZB immer stärker zu, mit mehr Mitteln das Zinsniveau noch tiefer zu senken. Sie begründen am Beispiel Italiens (siehe Abbildung 1) ihr Anliegen damit, dass sie fiskalpolitisch alles in ihrer Kraft stehende schon beschlossen hätten. Nach Ansicht des italienischen Finanzministeriums sollten in den kommenden Jahren die Ausgaben stabilisiert und die Einnahmen erhöht werden. Das führe zu einem Primärüberschuss von bis zu EUR 47 Mrd. (2014). Weil aber parallel dazu noch die mittlerweile auf rund EUR 2‘000 Mrd. aufgebaute Staatsschuld – zu angenommen durchschnittlich ca. 5% – verzinst werden muss, führt dies unter dem Strich zu einem Defizit im italienischen Staatshaushalt von rund EUR 50 Mrd. Das wiederum bedeutet, dass die Staatsschulden stärker wachsen als das nominale Bruttoinlandprodukt (BIP), d.h. die Staatsschulden gemessen am BIP dürften trotz Sparanstrengungen von 116% (2009) auf 126% (2013) ansteigen.

Italien	**2009**	**2010**	**2011**	**2012**	**2013**	**2014**
(1) Einnahmen	715.7	722.3	738.0	747.0	763.0	778.0
(2) Ausgaben	727.1	723.4	723.1	713.0	722.0	731.0
(3) Primärsaldo	-11.4	-1.1	14.9	34.0	41.0	47.0
% vom BIP	-0.7%	-0.1%	0.9%	2.1%	2.6%	2.9%
(4) Zinsaufwand	70.4	70.2	76.6	84.0	90.8	98.4
(5) Haushaltssaldo	-81.8	-71.3	-61.7	-50.0	-49.8	-51.4
% vom BIP	-5.4%	-4.6%	-3.9%	-3.2%	-3.1%	-3.2%
(6) Schuldenstand	1'764	1'843	1'908	1'958	2'008	2'059
Staatsschulden (vom BIP)	116%	119%	121%	124%	126%	126%
BIP Wachstum nominal		1.9%	2.1%	0.0%	1.0%	2.0%
BIP	1'520	1'549	1'582	1'582	1'598	1'630

Abbildung 1: Prognostizierter Staatshaushalt Italien: Staatsschulden nehmen weiterhin zu

Quelle: Finanzministerium Italien (Staatshaushalt inkl. Sozialversicherungen) sowie Prognose Flossbach von Storch (April 2012)

Zins-Wachstumsdifferential ist entscheidend

Entscheidend für die Entwicklung der Staatsschulden sind somit nicht nur der Primärsaldo und der Zinsaufwand. Ebenso bedeutend sind der Zinssatz auf dem bisherigen Schuldenstand und das Wirtschaftswachstum. Die Differenz zwischen Zinssatz und Wirtschaftswachstum, das sogenannte Zins-Wachstumsdifferential, zeigt, dass Wirtschaftswachstum (z.B. 2%) allein zwar dämpfend auf steigende Staatsschulden wirken. Der Effekt ist aber umso geringer, je höher die auf die bisherigen Schulden zu entrichtenden Zinsen sind (z.B. 5%). Hohe Staatsschulden gehen ab einer Bandbreite zwischen 80 und 100%, gemessen am BIP, mit substanziell tieferen Wachstumsraten einher. Zukünftigen Generationen werden mit geringerem Potenzialwachstum allerdings nicht nur Lasten aufgebürdet, sondern zugleich auch deren wirtschaftspolitische Handlungsmöglichkeiten eingeschränkt.

Für Italien bspw. wird der dringende Handlungsbedarf zwingend massive arbeitsmarktliche Reformen und strukturelle fiskalpolitische Verbesserungen erfordern, um das Wachstumspotenzial zu erhöhen (auf z.B. 4%), Schuldzinsen zu senken und Haushaltsüberschüsse zu erzielen sowie längerfristig Schulden abbauen zu können. In einer Volkswirtschaft hängen diese Prozesse alle zusammen, nur erfordern diese in zeitlicher Perspektive oftmals Geduld. Sicht- und spürbare Verbesserungen aus nachhaltigen Anpassungsprozessen können durchaus erst nach fünf bis zehn Jahren eintreten. Eine ungeheuer lange Zeit angesichts der jeweiligen Wahlzyklen von europäischen Demokratien.

Hoffnung auf moderate 4% Inflation hinter vorgehaltener Hand

Die Erwartungen an eine Zentralbank werden oftmals zu hoch gesteckt. Die Wirtschaftsgeschichte lehrt uns, dass die Zentralbanken in der Vergangenheit nicht selten unheilvoll gewirkt haben. Seit deren Etablierung hat sich das jahrhundertelange Ringen zwischen deflationären und inflationären Kräften in der Wirtschaft stets auf die Seite der Inflation entwickelt (siehe Abbildung 2). Auf den ersten Blick mag das verheissungsvoll klingen, denn zahlreiche europäische Finanzminister wünschten sich insgeheim nichts so sehnlich wie eine moderate Inflationsrate von 4 bis 8%, welche die Staatsschulden real vermindern würde. Die Geschichte zeigt allerdings, dass sich die Teuerung in einer solchen Bandbreite nicht steuern lässt und zu wirtschaftlichen und gesellschaftlichen Instabilitäten führt. Vor allem aber führt der Verzicht auf eine glaubwürdige Politik der Preisniveaustabilität (vergleichbar mit Inflationsraten zwischen 0 und 2%)

dazu, dass der Anreiz für die entsprechenden Regierungen sinkt, die tatsächlichen Ursachen der Krise ernsthaft zu beheben.

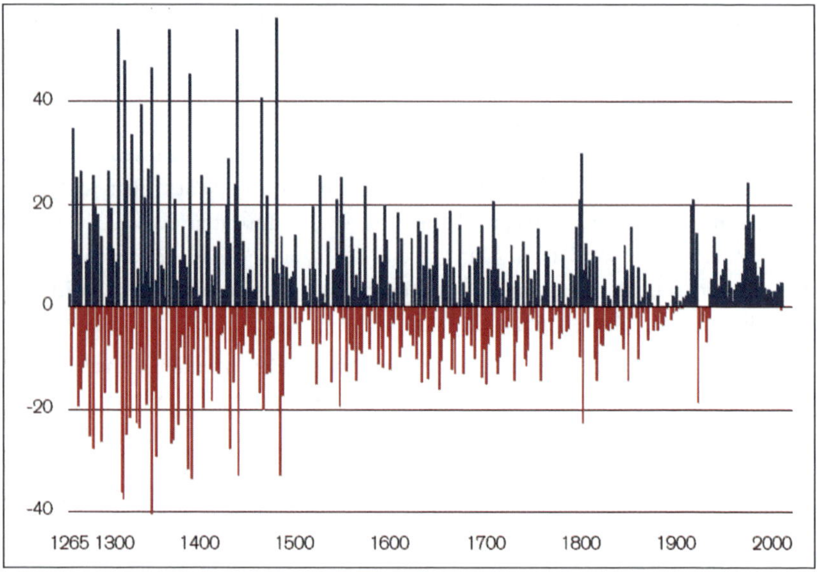

Abbildung 2: Jährliche Inflationsraten in Grossbritannien (1265-2011)
Quelle: Officer, L. H. / Williamson, S. H. (www.measuringworth.com; 2012)

Euro-Krise ist eine Krise der reformresistenten Regierungen

Die aktuelle Krise ist eine Krise der europäischen Staatshaushalte, und nicht ihrer Währung. Es ist eine hausgemachte Krise von reformunwilligen, reformunfähigen und reformmüden Regierungen, die sich schon seit längerem abgezeichnet hat. Es ist nicht eine Krise des Euro per se. Es greift viel zu kurz, die Staatsschuldenkrise mit den Turbulenzen auf den Finanzmärkten sowie den damit einhergehenden Rettungsmassnahmen für Banken erklären zu wollen. Vielmehr sind (vorübergehende) Vorteile wie jene von tiefen Zinsen und einer hohen Preisniveaustabilität in den vergangenen Jahren nicht genutzt worden, um die Staatshaushalte fiskalpolitisch und strukturell auf eine gesunde, nachhaltige Grundlage zu stellen. Verschlimmert haben dies die allermeisten Regierungen in Europa, weil sie weitergehende Reformen, um die Wettbewerbsfähigkeit zu steigern, nicht verfolgt haben. Sie blieben insbesondere genau in jenen Ländern aus, die gegenwärtig zu den grössten Krisenherden in der Eurozone zählen.

Mittlerweile ist die EU weit von einer nachhaltigen wirtschaftlichen und gleichermassen beschäftigungswirksamen Prosperität entfernt: Was einzig konstant wächst, ist der Anteil der älteren Wohnbevölkerung (Stichwort *Eurosklerose*). Letztere entwickelt sich immer mehr zu einer Last für kommende Erwerbsgenerationen. Die demografischen Herausforderungen wiegen heute umso schwerer, weil sie mit längst fälligen fiskal- und strukturpolitischen Herausforderungen zusammentreffen. Es geht somit, um eine Metapher des früheren Präsidenten der Deutschen Bundesbank Axel Weber aufzugreifen, nicht nur um die sogenannte *Sprengkraft* einer hohen Staatsverschuldung, sondern angesichts der kumulierten Problemfelder zugleich auch noch um den mutmasslichen *Detonationszeitpunkt*.

Entscheidungskompetenzen auf supranationaler Ebene

Mittlerweile sind die Schulden vieler Staaten derart hoch und die Unfähigkeit, arbeitsmarktliche und fiskalpolitische Reformen glaubhaft und wirklich wirksam durchzusetzen, derart offensichtlich, dass die Staatsschulden sich selbst zum systemischen Risiko für die Stabilität der europäischen und internationalen Finanzmärkte entwickelt haben. Selbst wenn die EZB zu unkonventionellen Massnahmen gegriffen hat, so verschaffen diese bestenfalls Zeit: höchstens ein paar Quartale. Wenn bis dahin keine sichtbaren Erfolge einer ernsthaften fiskal- und strukturpolitischen Kursänderung erkennbar werden, müsste man sich nicht wundern, wenn es aufgrund eines nachhaltigen Vertrauensverlustes in die europäische Führung zu einer grösseren Rezession kommen würde.

Vor diesem Hintergrund und auch angesichts der Erfahrungen, welche die EU mit den gefälschten Statistiken aus Griechenland gemacht hat, ist es ein weiteres Zeichen der Lernfähigkeit, dass sich die EU entschlossen hat, ein makroökonomisches Überwachungssystem einzuführen. Diese soll die grössten Ungleichgewichte innerhalb des Euroraums aufdecken und ihnen entgegenwirken. Hier setzt der nächste Hebel an. Die noch junge EU muss ein Verfahren finden, wo nicht primär Wirtschafts- und Finanzpolitik koordiniert, sondern entschieden und umgesetzt – oder aber die fehlende Umsetzung hart sanktioniert – wird. Eine Grundproblematik liegt gewiss in der zentralen Geldpolitik und einer dezentralen Haushaltspolitik. Entscheidungs- und vor allem Sanktionierungskompetenzen müssen vereinzelt auf die supranationale Ebene gerückt werden, um einen wirtschaftspolitischen Quantensprung in Europa zu erzielen. Auch in der Schweiz wurden nach und nach Kompetenzen der Kantone an den Bund übertragen, aber gerade das Beispiel der Schweiz zeigt, wie wirksam die Souveränität der Gliedstaaten und der Wettbewerb auch in fiskalpolitischer Hinsicht sein können. Marktkräfte üben auch in dieser Hinsicht die wohl wichtigste Disziplinierungsfunktion aus.

Konkurrenz zum Euro kämpft ebenfalls mit relativ grossen Problemen

Gewiss gab es Geburtsfehler beim Etablieren der Gemeinschaftswährung Euro. Diese sind teils durch die Krise schonungslos offengelegt worden. Aus ihnen wird gelernt, vermutlich sogar rascher als in anderen Währungsräumen. Womit zum Schluss noch ein Ausblick auf die grossen Probleme, welche die wichtigsten Währungen in der Gegenwart umgeben, geschildert werden soll. In der Gegenwart kommt dem Euro entgegen, dass er mit Wirtschafts- und Währungsräumen in Konkurrenz steht, die vor vergleichbaren oder noch grösseren Herausforderungen stehen.

- DOLLAR: Es ist die Weltwährung per se, da viele Länder ihre Wechselkurse an den US-amerikanischen Dollar fixieren. Es handelt sich zudem um die Referenzwährung auf Rohstoff- und Gütermärkten, aber auch auf Geld- und Kapitalmärkten. Aber es gibt immer mehr von diesem Dollar, ohne dass die Gütermenge entsprechend steigt, d.h. in diesem Währungsraum ist durch die Geldpolitik ein enormes Inflationspotenzial aufgebaut worden. Die Zentralbank FED lässt sich auf das grösste Experiment seit der Grossen Depression in den 1930er Jahren ein. Die Vereinigten Staaten sind zunehmend hoffnungslos in eine immer stärker steigende Schuldenspirale verwickelt: Nicht Wachstum, sondern in erster Linie Inflation wird zum relativen Abtragen der hohen Schulden in der Höhe von 16‘000‘000‘000‘000 US-Dollar (oder 138‘000 US-Dollar pro Steuerzahler)[1] beitragen. Von einem ausgeglichenen Haushalt ist kein OECD-Staat in nominaler Höhe so weit entfernt wie die USA.
- YEN: Die japanische Volkswirtschaft verliert in hohem Tempo an globaler Bedeutung. Der Staat ist prozentual verschuldet wie keine andere bedeutende OECD-Nation, zudem lässt der demografische Wandel die Bevölkerung rasant altern. Das ist nicht gleichzusetzen mit japanischen Unternehmen, die ihrerseits durch eine frühe Auseinandersetzung mit ihrer Wettbewerbsfähigkeit vielfach die Produktion in andere Länder verlagert haben.

---

1 Vgl. http://www.usdebtclock.org/index.html

- RENMINBI: Die chinesische Regierung will die eigene Währung bis ins Jahr 2020 zu einer Weltwirtschaftswährung entwickeln lassen. Freie Konvertibilität ist derzeit aber nicht der Fall. Wenn ein ausländisches Unternehmen in China investiert, muss es das Kapital zu einem in einem engen Rahmen schwankenden (also mehr oder weniger fixen) Wechselkurs konvertieren. Vorsichtige Schritte sind notwendig, um die gigantische Planwirtschaft in erstaunlicher Geschwindigkeit an die Marktwirtschaft heranzuführen. Ist die Währung einmal frei gegeben, ist eine Umkehr nur mit schweren Verzerrungen und wirtschaftlichen Verwerfungen wieder herstellbar. Insbesondere droht der chinesischen Zentralbank, dass bei Verlust der Wettbewerbsfähigkeit ausländische Investitionen liquidiert und in andere (asiatische) Länder investiert werden.

Der Renminbi dürfte sich derzeit wohl noch gegenüber dem unberechenbaren Dollar aufwerten. Mit der freien Konvertibilität könnte der Euro wohl aber eine stabilere Währung werden und sich damit als attraktivere Reservewährung für Zentralbanken und Grossunternehmen als der Renminbi entwickeln. Der Dollar dürfte weiterhin eine Reservewährung bleiben, allerdings mit einer unübersehbaren Abwertungstendenz.

Vom europäischen Polytrauma zum Handeln und Gestalten

Die derzeitige Krise in Europa bereitet nicht nur Kopfweh, sondern ruft nach grundlegender Behandlung: Geldpolitische Sondermassnahmen können nur von vorübergehender Natur sein. In einer Diagnose muss das europäische Polytrauma umschrieben werden mit

- einer Vielzahl von grossen Banken mit zu wenig Kapital (und vielfach zu hohen Investments in Anleihen von hochverschuldeten Staaten);
- einer Vielzahl von faktisch hochverschuldeten Staaten innerhalb der Eurozone (Spanien, Portugal, Irland, Italien) und auch ausserhalb der Eurozone (Island, Britannien, Ungarn, ...) mit entsprechendem sinkendem Wachstumspotenzial;
- einer Reihe von Politikern, die ihre staatsbudget- und arbeitsmarktreformbezogenen Hausaufgaben unterlassen und sich lieber auf Transferleistungen von Drittstaaten abstützen, als der eigenen Bevölkerung klar über den eigenen Krankheitszustand zu berichten;

- einer Reihe von Regierungschefs und Finanzministern, die am liebsten hätten, wenn die EZB massivst langfristige Euroanleihen aufkaufen würde, bis deren Zinsniveau auf 2% sinkt (und damit grösste Inflationsrisiken auslösen würde).

Das Traumatische an der Diagnose ist der ununterbrochene Trend zur Verschlechterung der Krankheitsberichte und die Gefahr der sich gegenseitig verstärkenden Effekte. Rasche Antworten liegen aber weder im Ausscheiden eines Krisenlandes aus der Eurozone (Ausnahme: Griechenland) noch in der Aufspaltung in eine Zone Euro-Nord und eine Zone Euro-Süd. Weder eine echte Fiskal-Union noch die *United States of Europe* können zu den wirklich erstrebenswerten Zielen zählen. Selbst das im Dezember 2010 geschaffene European Systemic Risk Board (ESRB) zur Identifizierung von Systemrisiken kann nicht viel ausrichten, obschon es ein weiterer Beweis der Lern- und Entwicklungsfähigkeit darstellt. Selbstverständlich ist eine neue europäische Aufsichtsstruktur – die European Banking Authority EBA in der Bankenaufsicht, die ESMA in der Wertpapieraufsicht und die EIOPA in der Versicherungsaufsicht – zu begrüssen. Auch vom Warnmechanismus-Bericht, den die Europäische Kommission inskünftig zu makroökonomischen Ungleichgewichten regelmässig verfassen wird, ist einiges zu erhoffen. Auch der Euro-Rettungsschirm, der in den dauerhaften europäischen Stabilitäts-Mechanismus ESM übergehen soll, wie auch der Beschluss, in allen Ländern eine Schuldenbremse auf Verfassungsstufe zu verankern, sind als sichtbare Ergebnisse der Anpassungsfähigkeit in der Eurozone zu betrachten. Aber alles Entscheidende liegt in der Verantwortung der 17 Länder-Regierungen, die ihre wirtschafts- und gesellschaftspolitischen Hausaufgaben vor Ort beherzt anzupacken und nachhaltig zu verankern haben. Darin liegt die wahre Bringschuld der einzelnen Länder. Eine starke Gemeinschaftswährung Euro ist dann die Folge daraus.

9 Analyse der langfristigen Entwicklung an den Kapitalmärkten

Im vorliegenden Artikel werden die Finanzmärkte über einen langen Zeithorizont analysiert. Dabei zeigt sich unter anderem, dass ein hohes Renditepotenzial nur bei einem langen Anlagehorizont zu erwarten ist. Zudem wagen wir einen Blick in die Zukunft und fragen, wo der SPI in 15 Jahren liegen könnte.

Karsten Döhnert / Roger Rissi

Prof. Dr. Karsten Döhnert (1972) ist Dozent für Banking & Finance am Institut für Finanzdienstleistungen Zug IFZ der Hochschule Luzern – Wirtschaft. Er hat an der Universität Basel Betriebs- und Volkswirtschaftslehre studiert und im Jahre 2006 promoviert. Von 1999 bis 2003 arbeitete er im Economic Research der Credit Suisse. Seit 2003 ist er am IFZ. Dort leitet er zudem die Studiengänge DAS/MAS Private Banking & Wealth Management und DAS/MAS Pensionskassen Management.
Karsten Döhnert ist verheiratet und lebt mit seiner Familie in Schattdorf UR.

Kontakt: karsten.doehnert@hslu.ch

Roger Rissi (1974) ist Dozent und Projektleiter am Institut für Finanzdienstleistungen Zug IFZ der Hochschule Luzern – Wirtschaft. Er hat an der Universität Zürich Finance studiert. Von 2000 – 2008 arbeitete er im Riskcontrol für die UBS. Seit 2008 ist er Dozent an der Hochschule Luzern – Wirtschaft.

Kontakt: roger.rissi@hslu.ch

Seit nunmehr 15 Jahren existiert das Institut für Finanzdienstleistungen IFZ. 15 Jahre sind (auch) aus einer Anlageperspektive ein verhältnismässig langer Zeitraum. Für uns ein Anlass, die vergangene Entwicklung der Aktien- und Obligationenmärkte etwas genauer unter die Lupe zu nehmen.

Die vergangenen 86 Jahre waren für Investoren in Schweizer Aktien ziemlich unruhige Jahre. Gemessen an jährlichen Wertveränderungen wiesen helvetische Dividendenpapiere grosse Schwankungen auf (siehe Abbildung 1). Annualisierte Kursausschläge lagen im Untersuchungszeitraum zwischen +61% und -34%! Es zeigt sich weiterhin, dass Ausschläge von ±20% – und das ist immerhin ein Fünftel – während des gesamten Zeitraums auftraten. Die vergangenen 15 Jahre heben sich rein optisch betrachtet nicht von der Gesamtperiode ab, obwohl sich seit 1997 drei der sechs schlechtesten Jahre ereigneten.

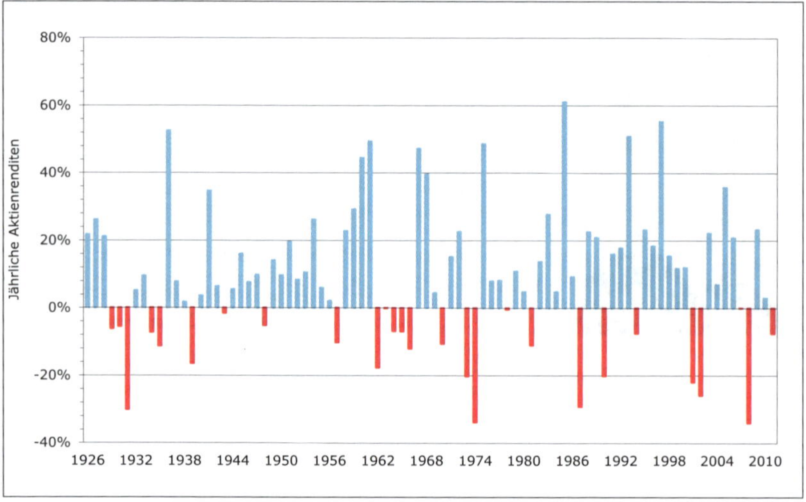

Abbildung 1: Grosse Kursschwankungen von Schweizer Aktien (1925-2011)

Neben diesen ernüchternden Erkenntnissen wird allerdings auch deutlich, dass Gewinnjahre deutlich öfter aufgetreten sind, als Verlustjahre (ca. zwei von drei Jahren wiesen eine positive Rendite auf). Schliesslich ist das durchschnittliche Ausmass einer positiven Veränderung (die durchschnittliche Balkenlänge) grösser als bei einem negativen Jahr. Diese beiden letztgenannten Aspekte führen dazu, dass sich ein hypothetisches Investment in Schweizer Aktien über die vergangenen 86 Jahre ausgezahlt hätte – CHF 100 wären auf mehr als 47'700 Schweizer Franken angewachsen (siehe die blaue Linie in Abbildung 2).

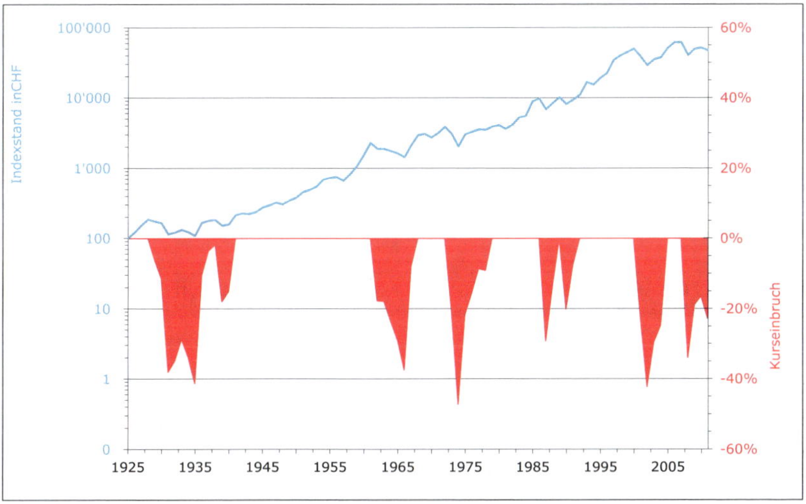

Abbildung 2: Kumulierte Kurseinbrüche von mehr als 20% kamen relativ häufig vor

Wie die Jahre 2001 und 2002 exemplarisch eindrücklich gezeigt haben, kann auch nach einem überdurchschnittlich schlechten Aktienjahr nochmals ein Jahr mit einer deutlich negativen Rendite folgen. Es ist daher nicht ausgeschlossen, dass die kumulierte (negative) Rendite deutlich schlechter ausfällt als die Einzelrenditen.

In Abbildung 2 wird anhand der rot eingefärbten Flächen deutlich, dass es in der Vergangenheit sechs Perioden mit kumulierten Kurseinbrüchen von mehr als 20% gab. Im schlimmsten Fall – als Folge der Ölkrisen in den 1970er Jahren – wurde fast die Hälfte der Schweizer Aktienkapitalisierung vernichtet. Bei Investitionen in Aktien muss das Risiko eines deutlichen Kursrückgangs daher unbedingt mit einkalkuliert werden.

Im Vergleich zu Aktien erwiesen sich Obligationen[1] als deutlich weniger schwankungsanfällig. Abbildung 3 macht deutlich, dass seit Ende 1925 Verlustjahre in lediglich acht Fällen auftraten. Zudem war das Ausmass des Kursrückgangs verglichen mit Aktien sehr gering. Allerdings zeigt sich, dass die positiven Kursausschläge ebenfalls deutlich geringer ausfielen. Das tiefere Schwankungsrisiko wird demzufolge mit einer deutlichen Renditeeinbusse erkauft.

---

1 Mit Obligationen werden an dieser Stelle ausschliesslich Staatsanleihen gemeint.

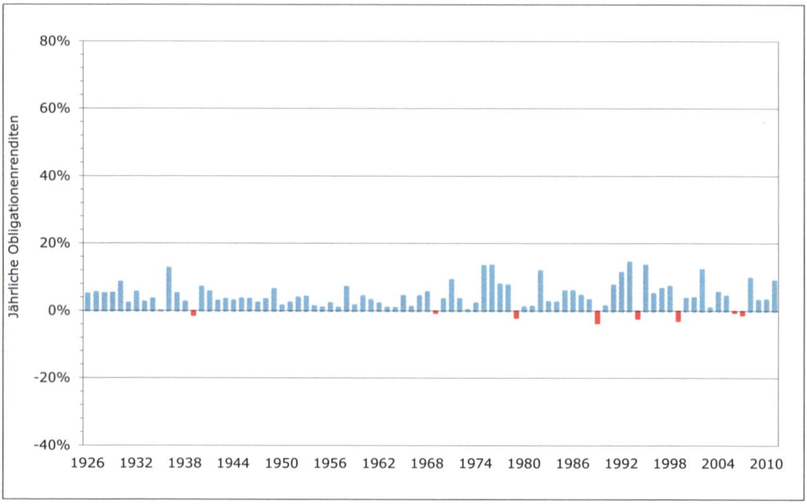

Abbildung 3: Ruhiger schlafen mit Schweizer Staatsobligationen

Werden Jahresrenditen analysiert, unterstellt dies de facto einen Anlagehorizont von 1 Jahr. Dieser sollte insbesondere bei Investitionen in Aktien wesentlich länger sein. Eine Verlängerung des Anlagehorizonts führt dazu, dass sich schlechte und gute Börsenjahre teilweise ausgleichen. Damit sinkt die Wahrscheinlichkeit, über den Gesamtzeitraum einen Verlust zu erleiden. In Abbildung 4 wird dieser Zusammenhang zwischen Anlagehorizont und Verlustrisiko illustriert. Wenn ein Anleger in den vergangenen 86 Jahren zehn Jahre – und zwar hintereinander! – investiert war, musste er, wenn überhaupt, nur einen kleinen Verlust in Kauf nehmen. Wer in der Vergangenheit 15 Jahre und mehr Geduld aufbrachte, hat mit Schweizer Aktien nominell kein Geld verloren.

Die Kapitalmarkttheorie postuliert einen Risiko-Rendite-Trade-off: mehr Rendite kann nur unter Inkaufnahme von mehr Risiko erzielt werden. Im Aktienbereich spricht man vom Equity-Risk-Premium, einer Kompensation durch Mehrrendite im Vergleich zu einer risikolosen Anlage (Staatsanleihen).

In Abbildung 5 sind die durchschnittlichen, langjährigen Risikoprämien für Aktieninvestments in den entsprechenden Ländern zu entnehmen. Mit Ausnahme von Italien (-3.5%) sind die Risikoprämien im Durchschnitt positiv. Die Minimalwerte sind entweder getrieben von Entwicklungen im Zusammenhang mit der europäischen Schuldenkrise oder den stark negativen Renditen auf dem Aktienmarkt über die Finanzkrise 2007/08.

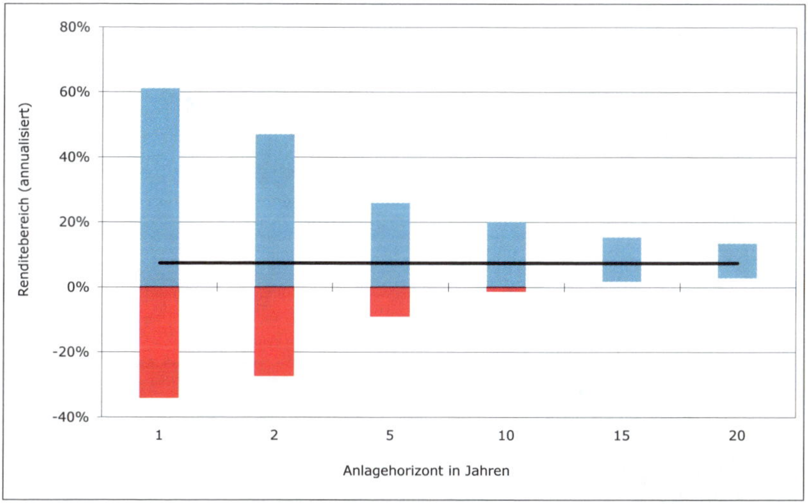

Abbildung 4: Ein langer Atem zahlt sich aus

Equity Risiko Prämien

(1926-2011, mit Fremdwährungsrisiken)

	CH	GB	US	FR	IT	DE	JP
Durchschnitt	5.1%	5.7%	6.5%	8.8%	-3.5%	9.7%	7.3%
Standard-abweichung:	20.1%	20.1%	20.6%	32.3%	88.8%	31.5%	28.8%
Minimum:	-43.9%	-36.8%	-48.0%	-46.1%	-777.7%	-34.9%	-53.4%
Maximum:	55.0%	110.6%	49.7%	201.8%	105.1%	95.5%	113.4%

Abbildung 5: Equity Risiko Prämien

Für die Aktienmärkte sowie Gold wurden die optimalen Ein- und Ausstiegszeitpunkt berechnet, die zur Erreichung der bestmöglichen Performance über den Betrachtungszeitraum erforderlich gewesen wären. Die Resultate sind den untenstehenden Grafiken zu entnehmen (Start-/Endzeitpunkt 0 = 1926; Start-/Endzeitpunkt 90= 2011). Daraus werden zwei Fakten ersichtlich: 1. hohe Aktienrenditen erfordern einen langen Anlagehorizont, und 2. das Renditepotenzial der untersuchten Märkte hat im Verlauf der letzten Jahrzehnte abgenommen.

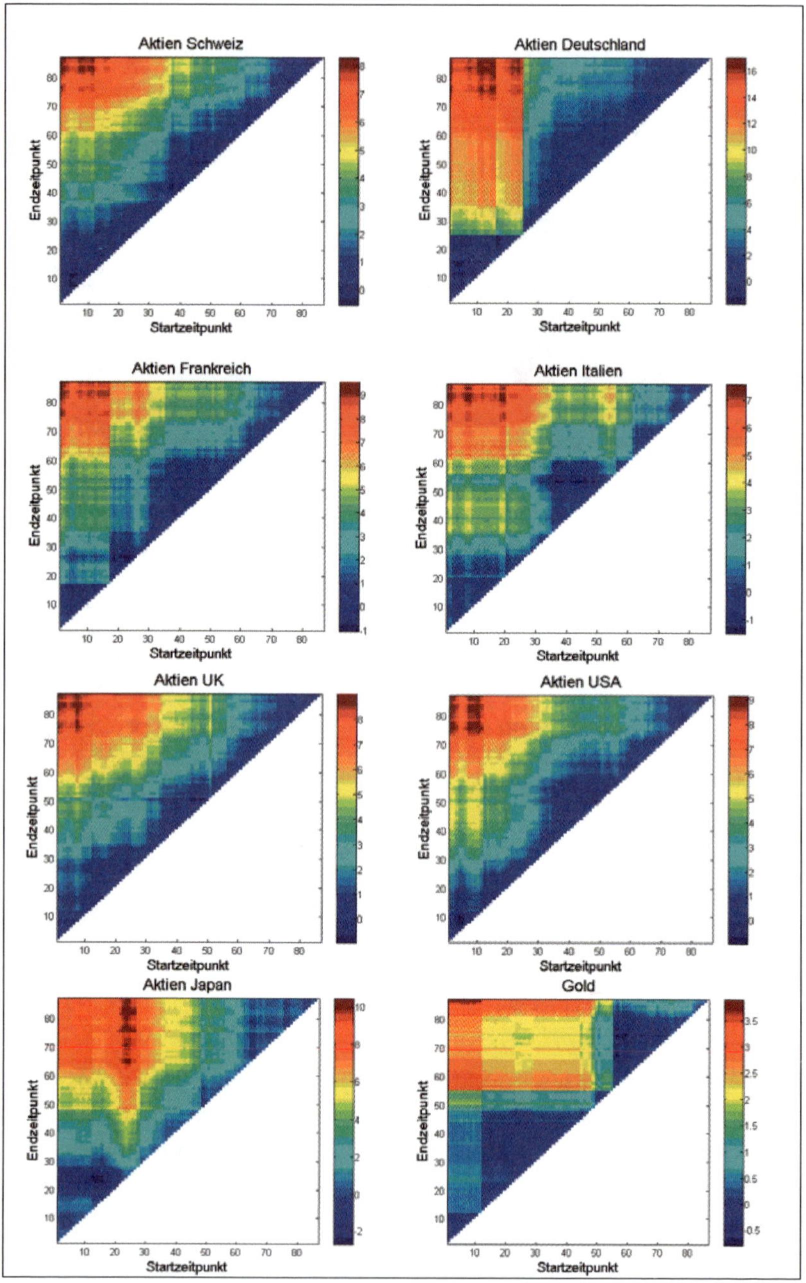

Abbildung 6: Optimale Ein-/Ausstiegszeitpunkte

Basierend auf der Analyse der historischen Daten ergeben sich für Staatsanleihen, Aktien und Gold folgende minimalen, gewissenhaften Anlagehorizonte (minimal erforderliche Zeitdauer, sodass die Anlageperformance nicht übermässig durch rein stochastische Einflüsse geprägt ist («Glück»/«Pech» des Managers):

Minimaler, gewissenhafter Anlagehorizont (in Jahren)

(mit Fremdwährungsrisiken)

	CH	GB	US	FR	IT	DE	JP
Staatsanleihen	0.8	9.5	11.8	54.4	57.7	47.5	115.6
Aktien	4.9	7.1	5.7	11.4	15.9	20.4	13.1
Gold	18.3						

Abbildung 7: Minimaler, gewissenhafter Anlagehorizont

Abbildung 7 ist bspw. zu entnehmen, dass ein gewissenhaftes Aktieninvestment in ein breit diversifiziertes Portfolio für den schweizerischen Aktienmarkt einen minimalen Anlagehorizont von 4.9 Jahren erfordert. Für den deutschen Markt liegt dieser Wert ca. 4-mal höher.

Untenstehende Korrelationsmatrix zeigt die Korrelationen von 1926-1979 unterhalb der Diagonalen und von 1980-2011 oberhalb der Diagonalen. Die Analyse der Kovarianzmatrix zeigt, dass die Korrelationen zwischen den betrachteten Märkten in der Periode 1980-2011 im Vergleich zur Vorperiode tendenziell angestiegen sind. Dies gilt v.a. für Gold.

	CHObli	GBObli	USObli	FRObli	ITObli	DEObli	JPObli	CHAktien	DEAktien	FRAktien	ITAktien	GBAktien	USAktien	JPAktien	Gold
CHObli	1	0.109635	0.188916	0.352613	[illegible]	N/A	0.253826	0.095172	[illegible]	[illegible]	[illegible]	[illegible]	[illegible]	[illegible]	[illegible]
GBObli	0.338535	1	0.421331	0.456706	[illegible]	N/A	0.292257	0.368903	0.314065	0.4076	0.419021	0.753023	0.655443	0.204616	0.377685
USObli	0.329658	0.455168	1	0.472921	[illegible]	N/A	0.488486	0.296092	0.284096	0.334911	0.14878	0.380097	0.625006	0.264366	0.012394
FRObli	0.119916	0.320691	0.074987	1	0.044637	N/A	0.256378	0.444672	0.482873	0.562867	0.379556	0.426284	0.449222	0.162721	[illegible]
ITObli	[illegible]	0.07307	[illegible]	0.559825	1	N/A	[illegible]	[illegible]	0.129719	0.020115	[illegible]	[illegible]	[illegible]	[illegible]	0.113936
DEObli	0.395688	0.018983	0.020376	[illegible]	0.048709	1	N/A	N/A	N/A	N/A	N/A	N/A	N/A	N/A	N/A
JPObli	0.222182	0.315426	0.171506	0.380903	0.34177	0.119168	1	0.133977	0.170087	0.228982	0.2498	0.300597	0.386227	0.595044	[illegible]
CHAktien	0.448886	0.412609	0.310171	0.275285	0.214123	0.056428	0.2219	1	0.859702	0.767915	0.669465	0.663224	0.648807	0.336905	0.074295
DEAktien	0.173757	[illegible]	0.092071	[illegible]	0.083918	0.897248	0.002771	0.179537	1	0.856391	0.683034	0.687322	0.679448	0.492266	0.009868
FRAktien	0.043804	0.358438	0.103254	0.395852	0.043517	[illegible]	[illegible]	0.466766	[illegible]	1	0.728544	0.751316	0.752861	0.622694	0.190254
ITAktien	[illegible]	0.126297	[illegible]	0.318621	0.473379	0.054466	0.041576	0.259985	0.10016	0.258531	1	0.707048	0.563162	0.529716	0.06805
GBAktien	0.406418	0.679281	0.301519	0.382706	0.144374	[illegible]	0.245854	0.660984	[illegible]	0.464777	0.243769	1	0.885629	0.535996	0.2546
USAktien	0.171088	0.394829	0.514343	0.192904	0.096431	[illegible]	0.297438	0.571206	0.113106	0.191308	0.245042	0.546487	1	0.513308	0.363159
JPAktien	0.079488	0.182122	0.142965	0.178492	0.384127	0.085967	0.495489	0.284229	0.180333	0.098079	0.31446	0.173773	0.224111	1	0.039875
Gold	[illegible]	[illegible]	0.02736	[illegible]	[illegible]	[illegible]	0.052933	[illegible]	[illegible]	[illegible]	[illegible]	[illegible]	[illegible]	0.096133	1

Abbildung 8: Korrelationsmatrix (Untere Diagonalmatrix: 1926-1979; obere Diagonalmatrix: 1980-2011)

Abbildungen 9 und 10 zeigen einige ausgewählte Risikokennzahlen für Staatsobligationen und Aktien sowie Gold über den Zeitraum von 1926 bis 2011:

Ausgewählte Risikokennzahlen (1926-2011, mit Fremdwährungsrisiken)							
Staatsanleihen	CH	GB	US	FR	IT	DE	JP
LPM (Ordnung: 0, Referenzwert: 0%)	0.093	0.244	0.361	0.291	0.267	0.116	0.395
LPM (Ordnung: 1, Referenzwert: 0%)	0.002	0.028	0.029	0.039	0.048	0.045	0.066
LPM (Ordnung: 2, Referenzwert: 0%)	0.000	0.005	0.005	0.010	0.016	0.026	0.019
95%-1-Jahres VaR (norm. Vert.)	-0.020	-0.175	-0.177	-0.199	-1.290	-0.891	-0.304
99%-1-Jahres VaR (historisch)	-0.032	-0.285	-0.309	-0.493	-0.598	-0.999	-0.459

Abbildung 9: Ausgewählte Risikokennzahlen

Ein Vergleich der LPM (Lower Partial Moment) 0-ter Ordnung unter den analysierten Aktien- und Anleihensmärkten zeigt, dass schweizerische Staatsanleihen mit einer Wahrscheinlichkeit von 9.3% eine angestrebte Zielrendite von 0% verfehlt haben (sog. Shortfall Wahrscheinlichkeit) und damit – gemessen anhand dieser Risikokennzahl – die risikoärmste Anlagevariante über den betrachteten Zeitraum darstellte. Das LPM 1-ter Ordnung schätzt den Shortfall-Erwartungswert, während das LPM 2-ter Ordnung die Shortfall-Semi-Varianz abzubilden versucht.

Ausgewählte Risikokennzahlen (1926-2011, mit Fremdwährungsrisiken)								
Aktien und Gold	CH	GB	US	FR	IT	DE	JP	Gold
LPM (Ordnung: 0, Referenzwert: 0%)	0.314	0.361	0.337	0.419	0.430	0.430	0.430	0.454
LPM (Ordnung: 1, Referenzwert: 0%)	0.042	0.054	0.055	0.076	0.079	0.088	0.078	0.027
LPM (Ordnung: 2, Referenzwert: 0%)	0.009	0.016	0.014	0.021	0.023	0.030	0.023	0.004
95%-1-Jahres VaR (norm. Vert.)	-0.248	-0.338	-0.302	-0.480	-0.427	-1.220	-0.453	-0.272
99%-1-Jahres VaR (historisch)	-0.340	-0.579	-0.437	-0.483	-0.507	-0.631	-0.539	-0.288
Standard-abweichung	0.208	0.266	0.246	0.356	0.307	0.857	0.331	0.193
Hurst Exponent (Durchschnitt)	0.62	0.51	0.53	0.56	0.49	0.66	0.60	0.42
Max. Drawdown	-0.563	-0.526	-0.568	-0.653	-0.716	-0.727	-0.819	-0.294
Max. Drawdown Duration (Tage)	2064	3084	1897	2952	1228	1851	5460	378

Abbildung 10: Ausgewählte Risikokennzahlen

Eine Rescaled-Range-Analyse (R/S-Analyse) mit täglichen Daten über den längst möglichen Beobachtungszeitraum lässt Schlussfolgerungen über die Long-Term-Memory-Effekte sowie die Zykluslänge der Märkte zu, unabhängig von der zugrunde liegenden Verteilung. Ein Hurst Exponent (siehe Abbildungen 10 und 11) von 0.5 charakterisiert eine zufällige Zeitreihe, d.h. die täglichen Renditen sind unkorreliert. Mit anderen Worten: die Gegenwart beeinflusst die zukünftigen Entwicklungen nicht. Grossbritannien (0.51) und Italien (0.49) weisen Werte auf, die nahe an diese Marke herankommen. Für einen Hurst Exponent zwischen 0 und 0.5 weist eine Zeitreihe antipersistente Eigenschaften auf (pink noise): nach einer Aufwärtsbewegung ist eine Abwärtsbewegung wahrscheinlicher als eine weitere Aufwärtsbewegung. Diese Eigenschaft lässt sich für Gold über den Betrachtungszeitraum nachweisen. Für $0.5 < H \leq 1.0$ weist eine Zeitreihe persistentes Verhalten auf – der häufigste auf Finanzmärkten angetroffene Fall. In diese Kategorie fallen die Schweiz, USA, Frankreich, Deutschland und Japan.

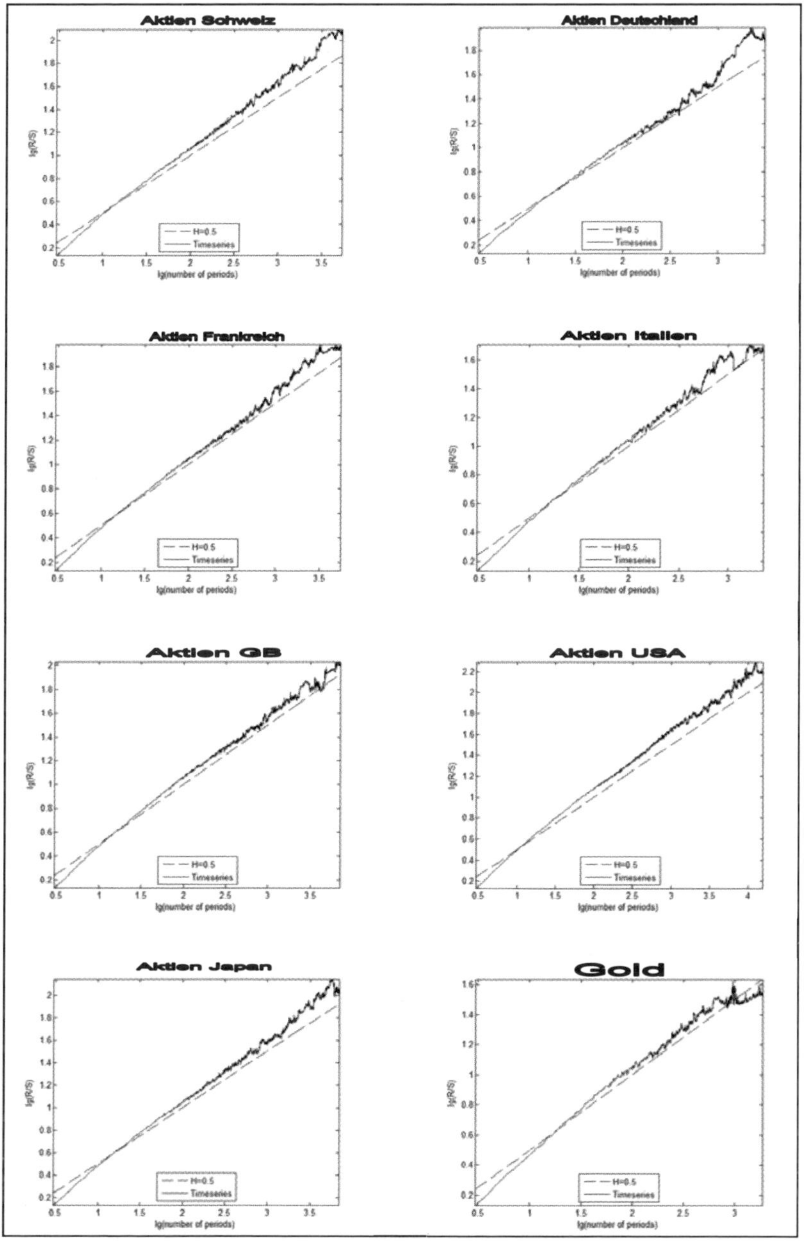

Abbildung 11: R/S-Analysen

Als letztes wollen wir noch einen kleinen Blick in die Zukunft wagen. Wo steht der SPI Ende 2026 (wenn das IFZ auf weitere 15 Jahre zurückblicken kann)? Basis für die Beantwortung der Frage ist die Annahme, dass das Wachstum der Aktienkurse einem langfristig positiven Trend folgt. Ein positiver Trend unterstellt, dass das Eingehen von Risiken, die sich aus einer Unternehmensbeteiligung ergeben, auch zukünftig entschädigt wird. Das Ausmass dieser Entschädigung bestimmt letztlich die Steigung der Trendgeraden.

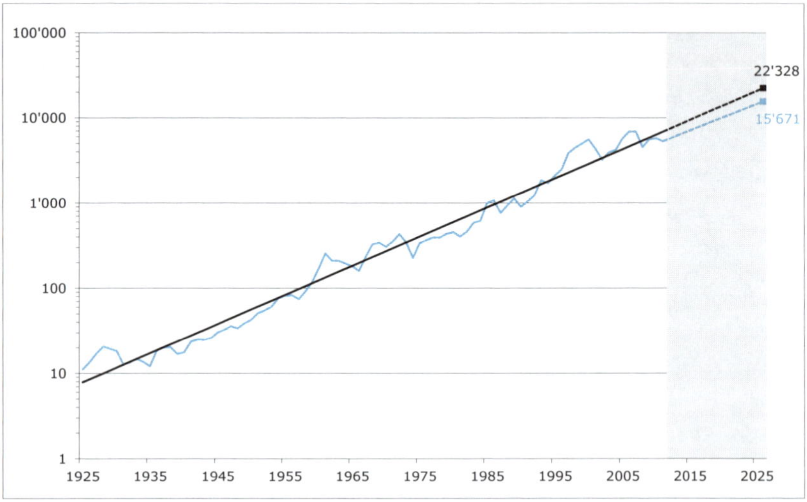

Abbildung 12: Wo steht der SPI Ende 2026?

In Abbildung 12 sind die Entwicklung des Schweizer Aktienmarktes (blaue Linie) und die dazugehörige Trendlinie (lineare Regression) auf Basis des Zeitraums 1926-2011 dargestellt. Es wird deutlich, dass es im Verlauf der vergangenen 86 Jahre längere Phasen gab, in denen der Aktienmarkt über (z.B. Ende der 1990er Jahre) und unter (z.B. Ende der 1970er Jahre) seiner Trendgerade lag. Ende 2011 befand sich das Niveau des Schweizer Aktienmarkts deutlich unterhalb seines langfristigen Trends. Basierend auf dem langfristigen Trend wäre der Aktienmarkt gut 20% unterbewertet. Wie sich in der Vergangenheit allerdings gezeigt hat, können solche Bewertungsdifferenzen relativ lange Bestand haben.

Um Anhand der vergangenen Kursentwicklung einen Ausblick in die Zukunft vorzunehmen, bestehen grundsätzlich zwei Möglichkeiten: Entweder wird vom aktuellen Kursniveau ausgehend die historische Durchschnittsrendite extrapoliert, oder die Trendlinie wird als Kursziel anvisiert. Beide Alternativen führen zu sehr unterschiedlichen Zielwerten. Wenn sich der SPI ab dem 31.12.2011 mit der langfristigen nominellen Durchschnittsrendite von 7.4% p.a. weiterentwickelt, würde er 15 Jahre später 15'671 Punkte erreichen. Da sich der SPI Ende 2011 aber unter seiner Trendlinie befand, würde dieses Szenario einen Rückgang der langfristigen Aktienrendite implizieren.

Alternativ kann man annehmen, dass der SPI auch in Zukunft um seinen bisherigen Trend schwanken wird. In diesem Fall würde man eine Rückkehr zur schwarzen Trendgerade erwarten und der SPI würde bei 22'328 Punkten stehen.

Zusammenfassend zeigt sich auf Basis der Vergangenheit, dass Aktien schon immer eine relativ riskante Anlageklasse waren. Dieses Risiko wird jedoch bei einem ausreichend langen Anlagehorizont mit einer deutlich höheren (erwarteten) Rendite entschädigt als mit Obligationen. Allerdings deuten die Analysen darauf hin, dass der erforderliche Anlagehorizont für eine geforderte Rendite in der jüngeren Vergangenheit gestiegen ist.

10 Aktive Handelsstrategien als Inflationsschutz

Die stark angestiegene Geldmenge in Folge der Finanzkrise hat die Diskussion um eine mögliche Teuerungsauswirkung angefacht. In dieser Publikation, die mit Unterstützung von Claus Huber und Felix Gasser entstanden ist, werden folgende Themen diskutiert: Wie Teuerung entstehen kann, welche Preise beeinflusst werden und wie sich ein Anleger davor schützen kann. Auf Aktive Handelsstrategien als Inflationsschutz wird dabei detaillierter eingegangen.

Nicolas Bürkler

Nicolas Bürkler (1981) ist wissenschaftlicher Mitarbeiter des Instituts für Finanzdienstleistungen Zug IFZ der Hochschule Luzern – Wirtschaft. Er hat an der ETH Zürich Maschinenbauingenieur mit Vertiefungen in Betriebs- und Volkswirtschaft mit Fokus auf Unternehmensdynamik und Regelungstechnik mit Fokus auf Finanzmärkte studiert. Neben seiner Tätigkeit am IFZ ist er in der Vermögensverwaltung tätig. Vor seiner Tätigkeit am IFZ war er Mitarbeiter Chair for Systems Design an der ETH Zürich.

Nicolas Bürkler ist Gründer und Verwaltungsratspräsident der Rigi Maison AG, Verwaltungsrat der SIM Research Institute AG und Mitglied der Expertengruppe von IFARA (Institut für angewandte Risikoanalyse).

Er lebt mit seiner Frau auf der Rigi Scheidegg im Kanton Schwyz.

Kontakt: nicolas.buerkler@hslu.ch

10.1 Einleitung

Das billige Geld, das die Zentralbanken im Gefolge der Kreditkrise in die internationalen Finanzmärkte gespült haben, hat die Debatte um Inflation und mögliche Schutzmechanismen erneut angefacht. Dieser Artikel beschreibt, wie Teuerung entstehen kann und welche Preise wann und wie inflationiert werden.

Nach der Diskussion, wie Inflation entstehen kann, werden mögliche Schutzinstrumente gegen Inflation vorgestellt. Dabei werden die «üblichen Verdächtigen», wie z.B. Aktien, inflationsindexierte Anleihen, Rohstoffe, Holz und Immobilien im aktuellen Kontext besprochen. Anschliessend werden aktive Handelsstrategien mit dem Fokus auf trendfolgende Commodity Trading Advisors (CTAs) eher nicht-traditionelle Vertreter des Inflationsschutzes behandelt. Abschliessend werden die Ergebnisse analysiert und eine Empfehlung abgeben.

10.2 Inflation unaufhaltsam auf dem Vormarsch?

Die wichtigsten Notenbanken regeln ihre Geldpolitik in erster Linie durch die Überwachung der Konsumgüterpreisentwicklung. Dabei wird ein Zielband von bspw. 0 - 2% vorgegeben, in welchem sich die Teuerungsraten bewegen sollen. Wird das Zielband unterschritten soll die Geldpolitik offensiver werden, wird es überschritten wird die Geldpolitik restriktiver. Als Regelgrösse dient dabei in erster Linie der Leitzins. Auch kann eine Notenbank direkt ins Marktgeschehen eingreifen durch Auf- oder Verkauf von Wertpapieren oder durch Swap Geschäfte.

In der Theorie ist somit die Steuerung der Teuerung durch die Geldmengenvorgabe geschlossen möglich. Als Störgrössen in diesem Prozess ist einerseits der Multiplikator zu betrachten, welcher beachtlichen Schwankungen und abrupten Änderungen unterworfen sein kann und andererseits kann die geschaffene Geldmenge direkt in die Finanzwirtschaft gelenkt werden und somit die Asset Preise steigen lassen. Sofern die Notenbankgeldmengenausweitung in Finanzanlagen gelenkt wird, verpufft der Teuerungseffekt in der Realwirtschaft. Nun kann dieser Effekt reversibel sein, was die Teuerung dementsprechend steigen lassen kann. Es besteht auch noch eine Abhängigkeit von Asset Preisveränderung und Wirtschaftstätigkeit. Diese vernetzte und reflexive Beziehung macht eine effektive Steuerung der Teuerung äusserst anspruchsvoll. Über längere Zeit können die Abhängigkeiten stabil sein und dementsprechend wird das Teuerungszielband gut eingehalten. Sobald aber die Vertrauensbasis in entweder die wirtschaftliche Entwicklung (über den Multiplikatoreneffekt) oder in die Werthaltigkeit von Finanzanlagen (über den Transfer von Finanzwerte in Realwerte) schwindet, können die Teuerungsraten unkontrollierbaren Veränderungen ausgesetzt sein.

Der Zusammenhang zwischen Geldmengenausweitung und Teuerung ist in der Wissenschaft jedoch umstritten. Es lässt sich keine stabile Abhängigkeit von der Notenbankgeldmenge (M0) und den Teuerungsraten feststellen. Bei der Betrachtung der weiter gefassten Geldmengen M2 und M3 scheint es zumindest eine positive Korrelation mit einer Zeitverzögerung zu geben. Dabei ist jedoch die Messmethode der Teuerung genauer zu betrachten, denn seit den 1980er Jahre haben verschiedene Statistikinstitute begonnen ihre Teuerungsmessung anzupassen. Diese Anpassungen haben dazu geführt, dass die Teuerung gegenüber den früheren Methoden systematisch tiefer ausgewiesen wurde.

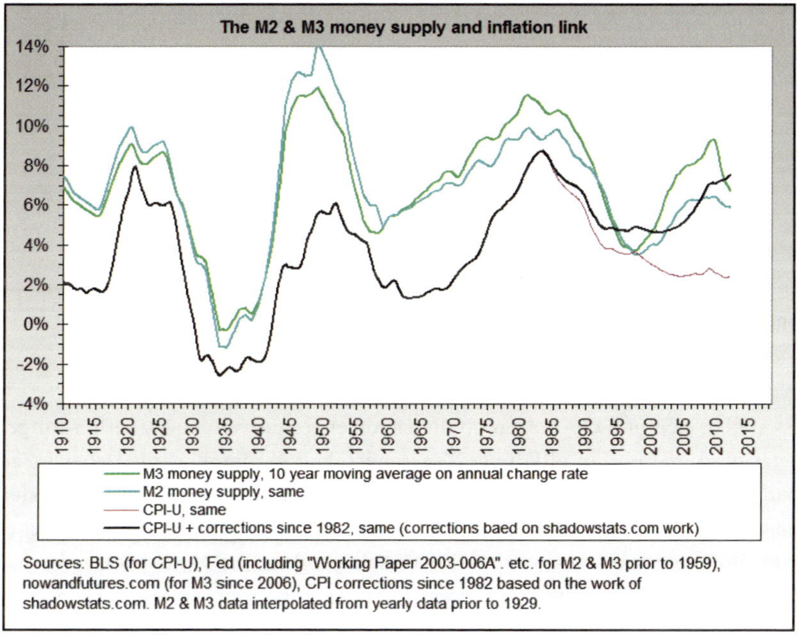

Abbildung 1: Zusammenhang zwischen Geldmengen M2 und M3 mit den Teuerungsraten
Quelle: http://www.nowandfutures.com/money_and_lags.html

Nun sind im Zuge der Finanzkrise zwar die Notenbankgeldmengen stark ausgeweitet worden. Diese Ausweitung hat sich aber nicht auf die teuerungsrelevanten Geldmengen M2 und M3 ausgewirkt. Zurzeit ist daher auf Grund der Bilanzausweitung noch keinen unmittelbaren Teuerungsschub zu erwarten.

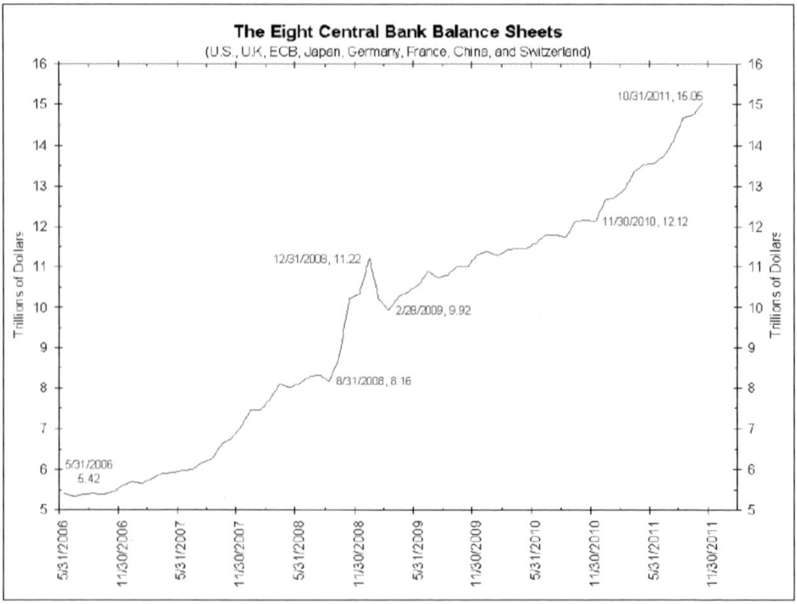

Abbildung 2: Bilanzsummenentwicklung der wichtigsten Notenbanken
Quelle: http://www.ritholtz.com/blog/2012/01/living-in-a-qe-world/

Es stellen sich nun die Fragen ob die Geldmengenausweitung weiterhin fortgesetzt wird und ob ein allfälliger Teuerungsschub bekämpft wird. Dabei ist zu berücksichtigen, dass die bestehenden Überschuldungsprobleme am ehesten durch eine gewollte Teuerung zu lösen sind. Daher wird seitens der Politik eher eine Inflationierung angestrebt. Die Unabhängigkeit der Notenbanken ist seit den vermehrten politisch motivierten Interventionen seit der Finanzkrise nicht mehr gegeben. Dadurch besteht durchaus die Möglichkeit, dass die Notenbanken die politischen Akteure mit einer offensiven Geldpolitik unterstützen werden. Ein Blick in die Geschichte zeigt, dass bei Ländern mit hohen öffentlichen

Schulden häufig hohe Inflation eintrat, weil sie die hohen Zinsen nicht bezahlen wollten oder konnten.[1]

Dazu kommt, dass das Verhindern von Zahlungsausfällen einzelner Staatsanleihen an oberster Priorität steht, da eine nicht abschätzbare Kettenreaktion ausgelöst werden könnte, die das ganze Finanzsystem insolvent machen würde. Eine Aufschuldung der Staatsschulden über die Notenbanken scheint aus diesem Aspekt als kurzfristig orientierte Lösungsvariante präferiert zu werden.

Zu dem offensichtlichen Vorteil, das sich die Schulden durch Inflation verringern, kommen die zusätzlichen Einnahmen durch ein auf nominalen Grössen basierendes Steuersystem: Wenn z.B. der maximale Steuersatz bei einem Einkommen von CHF 100,000 angewendet wird und sich das Durchschnittseinkommen wegen Inflation erhöht, muss ein höherer Anteil an Steuerpflichtigen den Maximalsatz bezahlen (Kalte Progression).

Kurz zusammengefasst erscheint die Prognose von steigender Teuerung in den nächsten Jahren wegen expansiver Geld- und Fiskalpolitik, steigenden Staatsschulden der Unpopularität von Sparmassnahmen plausibel. Das folgende Kapitel zeigt, wie man sich davor schützen kann.

10.3 Instrumente zum Inflationsschutz

Die Diskussion in diesem Kapitel wird zeigen, dass eine signifikante Wertsteigerung in Teuerungsphasen nur selten möglich ist. In einem solchen Umfeld der Vermögenswertreduktion ist es äusserst anspruchsvoll, eine reale positive Rendite zu erzielen. Nachfolgend werden verschiedene Assetklassen vorgestellt und auf deren Eignung als Inflationsschutz untersucht.

10.3.1 Aktien

Der Zusammenhang zwischen Aktien und Teuerung ist wissenschaftlich umstritten. Verschiedene Studien[2] erklären einen eher negativen Zusammenhang zwischen Teuerung und Aktienmarkt-renditen seit den 1950er Jahren. Dabei stellen Barnes et al. (1999) fest, dass die USA auch für die Entwicklung der Teuerung in anderen Ländern ein sehr wichtiges Element darstellt.[3] Daher eig-

---

[1] Vgl. Makinen, G. / Woodward, G. (1990).

[2] Z.B. Hagmann, M. / Lenz, C. (2005), Barnes, M. et al (1999), Fama, E. / Schwert, G. (1977) und Eugene F./ Fama, E (1981).

[3] Vgl. Barnes, M. et al. (1999).

nen sich die mehrheitlich amerikanisch geprägten Studien durchaus für die Untersuchung.

Zahlreiche weitere wissenschaftliche Studien konzentrieren sich auf Analysen von eher kurzfristigen Zusammenhängen zwischen Teuerung und Aktienrenditen. Mit Hilfe von Datenmaterial, das sich über fast 200 Jahre seit dem 19. Jahrhundert erstreckt, ermitteln Boudoukh / Richardson (1993) eine positive Relation, deren statistische Erklärungskraft jedoch gering ist. Grundsätzlich stellen sie fest, dass der Zusammenhang umso deutlicher wird, je länger der Betrachtungszeitraum ausfällt.[4]

Abbildung 3, die auf einem kürzeren und jüngeren Datenpool beruht, zeigt, dass die Korrelationen zwischen Aktien und Inflationsraten betragsmässig mit steigendem Zeithorizont zunehmen. Allerdings sind die Korrelationen bei Aktien negativ und entsprechend können Aktien demnach nur als wenig geeignetes Mittel zum Inflationsschutz angesehen werden.

Haltedauer	Aktien	Anleihen	Rohstoff Futures
Monat	-0.15*	-0.12*	0.01
Quartal	-0.19*	-0.22*	0.14
Ein Jahr	-0.19	-0.32*	0.29*
Fünf Jahre	-0.25	-0.22	0.45*
*Signifikant auf dem fünf Prozent Niveau in einem Newey-West korrigiertem Standardfehler-Test			

Abbildung 3: Korrelation verschiedener Assetklassen mit Teuerungsraten

Quelle: Gorton, G. / Rouwenhorst, K. (2006), S. 55

Fasst man einen längeren Zeithorizont von 20 Jahren ins Auge, dann kann auch ein positiver Zusammenhang zwischen Aktienrenditen und Teuerung hergestellt werden (siehe nachfolgende Abbildung). Über einen ganzen Teuerungszyklus hinweg eignen sich Aktien daher relativ gut, um einen realen Werterhalt des Vermögens zu erreichen.

---

4 Vgl. Boudoukh, J. / Richardson, M. (1993).

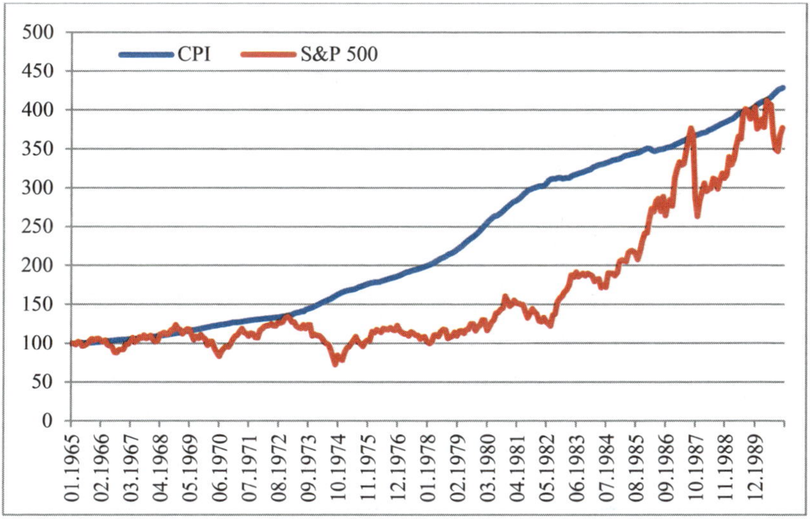

Abbildung 4: Zusammenhang zwischen S&P500 und US CPI zwischen 1965 und 1990
Quelle: Eigene Darstellung mit Daten von http://stats.bls.gov und http://finance.yahoo.com

Welcher Zusammenhang zwischen Aktienrenditen und Teuerung lässt sich nun zum heutigen Zeitpunkt erwarten? Eine Möglichkeit zur Erklärung ergibt sich aus der Analyse zu den Renditetreibern für Aktienanlagen:

Der Aktienpreis kann als das Produkt der Erträge pro Aktie E und dem Kurs-Gewinn Verhältnis (auch Price-Earnings Ratio oder P/E Ratio genannt; das Bewertungsniveau) modelliert werden:

$$P = E * P/E$$

Je höher das P/E Ratio, desto teurer wird eine Einheit Gewinn bezahlt und entsprechend höher ist das Bewertungsniveau.

Empirisch weist das P/E Ratio einen Y-förmigen Zusammenhang mit der Teuerung auf (siehe nachfolgende Grafik als Beispiel für die USA mit jährlichen Daten von 1900 bis 2010). Eine grosse Veränderung bei der Teuerungsrate hat ein tiefes P/E Ratio zur Folge, wobei auf historischer Basis Teuerungsraten von über +5% und unter -5% häufig in P/E Ratios von 5 bis 10 resultierten. Die heutigen P/E Ratios für die USA und die Schweiz liegen bei etwa 15, für Deutschland bei circa 12. Bei einer starken Veränderung der Teuerungsraten müsste man entsprechend mit Kursrückgängen rechnen. Das günstigste Umfeld scheint demnach bei Teuerungsarten von 1% bis 5% gegeben, innerhalb deren die höchsten Bewertungsniveaus erreicht wurden.

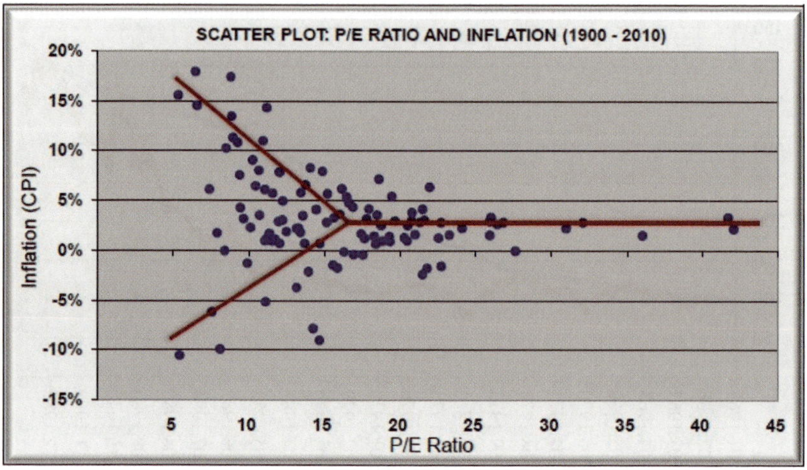

Abbildung 5: Zusammenhang P/E Ratio und Teuerung in den USA
Quelle: http://www.cresmontResearch.com

Weitere Einflussfaktoren auf das P/E Ratio sind das Zinsniveau (ausgehend vom Fed-Modell) und die Marktstimmung. Das Fed-Modell besagt, dass je tiefer das Zinsniveau, desto höher die angebrachte P/E Bewertung ist. Die Aussagekraft über die adäquate Höhe der P/E Bewertung ist aber aufgrund der Nichtlinearität des Fed-Modells bei sehr tiefen Zinsen beschränkt. Tendenziell würde die Bewertung bei steigenden Zinsen demnach eher sinken.

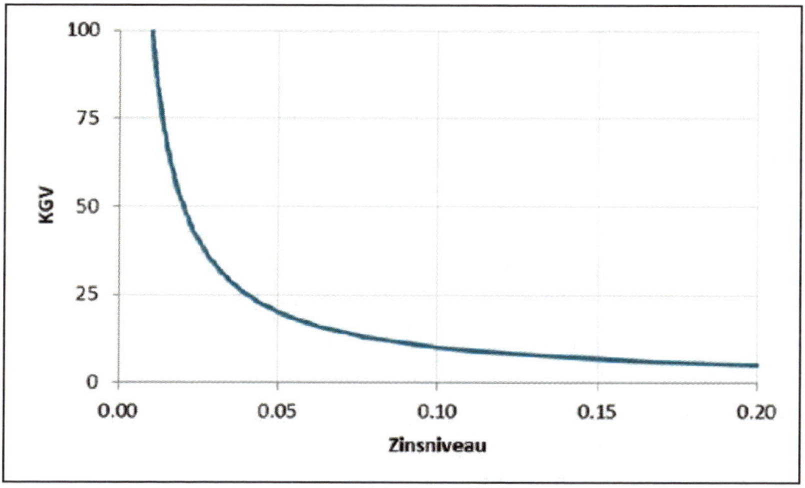

Abbildung 6: Zusammenhang zwischen P/E Ratio und Zinsniveau

Quelle: Eigene Berechnung basierend auf dem Fed-Modell

Auf die heutige Situation hin interpretiert ist somit ein Anstieg des P/E Ratio mit zunehmender Inflation (tiefere Bewertung aufgrund der Y-Kurvenverlauf und aufgrund eher ansteigenden Zinsen durch das Fed-Modells) unwahrscheinlich.

Der andere Einflussfaktor auf das Aktienpreisniveau neben dem P/E Ratio sind die Erträge pro Aktie. Die Erträge hängen in erster Linie vom volkswirtschaftlichen Wachstum, der (Rohstoff-) Preisentwicklung, des systembedingten Leverages und der Lohnentwicklung ab. Sollte nun Teuerung z.B. bei Rohstoffen, die für die Produktion verwendet werden, einsetzen und kann das Unternehmen diese gestiegenen Preise nicht unmittelbar weiterreichen, dann wird das P/E Ratio sinken und der Aktienkurs nachgeben.[5]

Die Preisentwicklung der Inputpreise dürfte unter der erhöhten Teuerung zunehmen und somit die Erträge der Unternehmen negativ belasten. Die Lohnentwicklung wird aufgrund der hohen Arbeitslosenquote eher nicht mit den Teuerungsraten steigen.

---

5 Analog werden die Unternehmensgewinne bei starker Deflation sinken, so dass auch der Aktienkurs nach unten korrigieren wird.

Bei hohem Systemleverage verwenden die Unternehmen einen hohen Teil an Fremdkapital, um die Rendite auf das eingesetzte Eigenkapital zu maximieren. Der Systemleverage war in den vergangenen Jahren kontinuierlich erhöht worden und sinkt seit Ausbruch der Finanzkrise.[6] Er dürfte in den nächsten Jahren nicht signifikant erhöht werden. Dies wiederum bedeutet, dass die Gewinne dadurch nicht stimuliert werden können.

Als letzter Einflussfaktor bleibt das volkswirtschaftliche Wachstum übrig. Über die Wachstumsprognosen herrschen verschiedene Ansichten. Im Konsens sind die Aussichten in den nächsten Jahre jedoch verhalten.[7]

Zusammenfassend ist die Einschätzung für steigende Erträge für Aktien eher negativ zu werten. Daher werden in den nächsten Jahren mit erhöhter Teuerung, Aktienanlagen nur bedingt die Teuerung ausgleichen können.

10.3.2 Anleihen und Inflation

Die Fisher-Gleichung beschreibt, wie sich Anleihen bei Teuerung verhalten. Sie stellt in ihrer einfachsten Form einen Zusammenhang zwischen nominalen Zinsen $[i_t]$, realen Zinsen $[r_t]$ und der erwarteten Teuerung $[E_{t-1}(\pi_t)]$ her:

$$i_t = r_t + E_{t-1}(\pi_t)$$

Beim Kauf einer Anleihe sichert sich der Käufer die nominale Verzinsung über die Laufzeit der Anleihe. Wenn die Teuerungserwartungen $E_{t-1}(\pi_t)$ steigen, erhöht sich der nominale Zins i_t und führt zu Kursverlusten der Anleihe. Nominale Anleihen sind daher wenig zum Inflationsschutz geeignet. Dies zeigt empirisch obige Abbildung 1 welche darlegt, dass die Korrelationen von Anleiherenditen mit der Teuerung negativ sind.

Inflationsindexierte Anleihen stellen dagegen eine direkte Verbindung zwischen den Zahlungsströmen aus der Anleihe und der Entwicklung einer offiziellen statistischen Massgrösse, wie z.B. einem Konsumentenpreisindex (CPI), her. Diese Instrumente bergen jedoch eine Reihe von speziellen Eigenschaften.

Eine davon ist das Basisrisiko: Je weiter z.B. der Warenkorb des Anleihenkäufers von dem zur Berechnung des CPI verwendeten Warenkorbes entfernt liegt, um so grösser ist das Basisrisiko.[8] So könnte ein mögliches Szenario einen

---

[6] McKinsey Global Institute (2010), S. 11.

[7] International Monetary Fund (2011), p. 3.

[8] Barnes, M. et al. (2010), S. 71.

statistischen Warenkorb enthalten, der zu einem grossen Teil langlebige Güter, wie z.B. Autos und Computer enthält, sich der Käufer der Anleihe jedoch eher gegen Schwankungen von Nahrungsmitteln schützen wollte.

Zusätzlich ist der Käufer dieser Anleihen jedoch plötzlichen Änderungen der Berechnungsgrundlage ausgeliefert. So stellte die britische Regierung im Juni 2010 die Berechnungsgrundlage des Retail Price Index, der Wohnkosten enthält, auf den weniger stark wachsenden Consumer Price Index (ohne Wohnkosten) um und spart sich damit jedes Jahr etliche Millionen Pfund an Zinszahlungen, die den Käufer dieser Anleihen entgehen.[9] Hinzu kommt, dass offizielle Statistiken die Teuerung meist mit einer Verspätung von mehreren Monaten messen, die den Käufern inflationsindexierter Anleihen wiederum verspätet kompensiert wird. Dazu nehmen Konsumenten die Teuerung häufig anders wahr als sie mit statistischen Grössen wie CPI gemessen wird (Stichwort «gefühlte» Teuerung). Ein Beispiel dazu ist die Zeit vor der Einfühung des Euro-Bargelds in den Mitgliedsländern der Europäischen Währungsunion im Jahr 2002: Während offizielle Statistiken stabile oder sogar fallende Preise anzeigten, empfand die Bevölkerung die «gefühlte» Teuerung als deutlich höher. Dies illustriert der «Index der Wahrgenommenen Inflation» am Beispiel Deutschlands, der in Abbildung 7 dargestellt wird:[10]

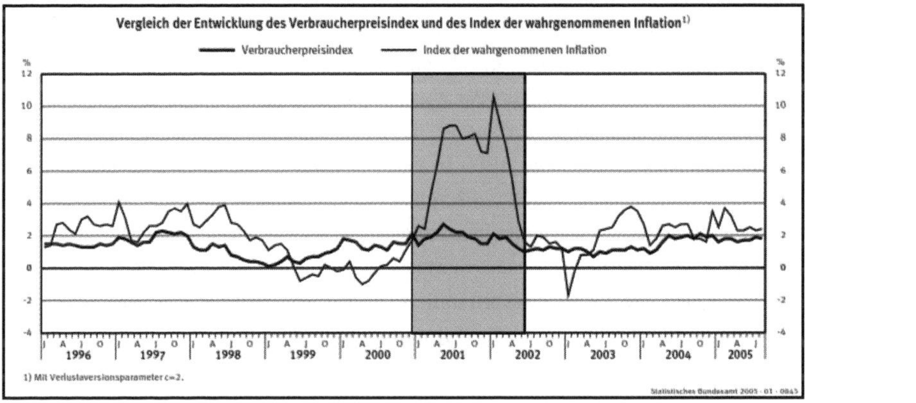

Abbildung 7: Verbraucherpreisindex in Deutschland und Index der wahrgenommenen Inflation

---

[9] Vgl. Sawyer, N. (2010).

[10] Brachinger, H.-W. (2005), S. 1007.

Weitere Divergenzen traten z.B. gegen Ende des Jahres 2003 auf, als der offizielle Verbraucherpreisindex bei etwa 1% lag, der Index der wahrgenommenen Teuerung bei 4%. Die wahrgenommene Teuerung scheint in den letzten Jahren systematisch oberhalb der offiziellen Teuerung zu liegen zu kommen. Dies könnte ein Indiz auf die systematische Unterschätzung der Teuerung durch veränderte Messmethoden sein.

10.3.3 Rohstoffe [Edelmetalle, Minenaktien, Aktien von Rohstoffunternehmen, Futures und Exchange Traded Funds]

Edelmetalle

In einem ungedeckten Währungssystem, wie bei den Industrieländern üblich, kann es sinnvoll sein, zumindest einen Anteil seines Portfolios in Edelmetallen zu halten. Edelmetalle sind die einzige Währung, die nicht die Verpflichtung eines anderen (z.B. einer Zentralbank) ist und somit schuldenfrei dem Eigentümer zur Verfügung steht.

Ist Gold nun ein guter Teuerungsschutz? Hier kann mit zwei Thesen argumentiert werden: Einerseits ist Gold ein guter Teuerungsschutz, da im hundertjährigen Vergleich mit einem Kilo Gold jeweils eine ähnliche Menge von bspw. Brot oder Land gekauft werden kann.[11] Andererseits, weil eine Investition in Gold keine Zinsen liefert, sind die Opportunitätskosten in einem hohen Teuerungsumfeld für den Goldbesitz sehr hoch[12], womit sich Gold als sehr schlechter Teuerungsschutz herausstellt. Welche These nun korrekt ist und in welchem Fall Gold eine sinnvolle Wertanlage ist, hängt stark vom Einstiegszeitpunkt ab. So hat der Anleger, der um 1980 in Gold investiert hat, über eine lange Phase hinweg keinen Teuerungsschutz durch seine Goldanlage erhalten. Ob das heutige Preisniveau einen weiteren Teuerungsschub schon vorweg genommen hat, ist schwierig zu ermitteln. Zusammenfassend zeigt Abbildung 8 mit Hilfe von historischen Daten für Grossbritannien bis ins 13. Jahrhundert, dass ein langfristiger Zusammenhang zwischen Preisniveau und Goldpreis existiert.[13]

---

[11] http://www.foodtimeline.org/foodfaq5.html und http://www.measuringworth.com/explaining_measures_of_worth.php.

[12] http://oilprice.com/Metals/Gold/Negative-Real-Interest-Rates-Continue-to-Provide-Gold-With-a-Perfect-Environment.html

[13] Vgl. Officer, L. (2010a), Officer, L./ Williamson, S. (2010) sowie Officer, L. (2010b).

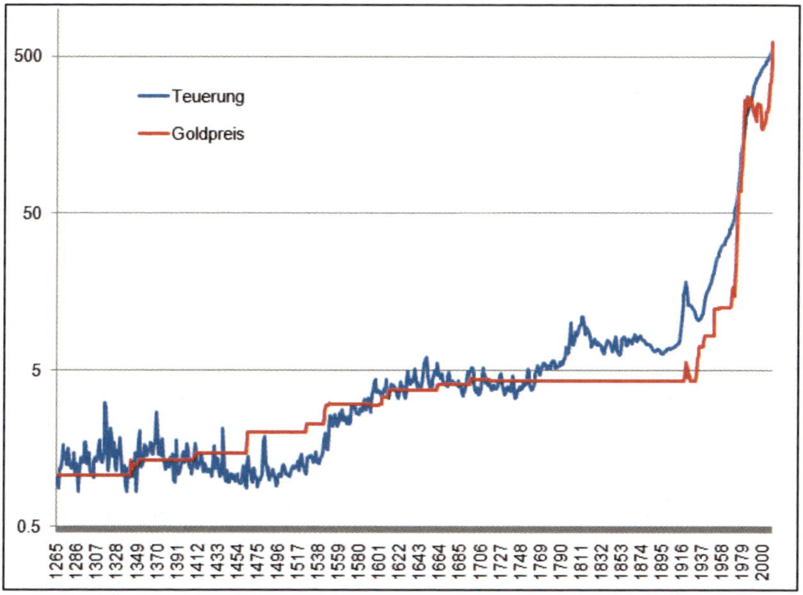

Abbildung 8: Teuerung und Goldpreis in Grossbritannien

Quelle: Officer, L. (2010a), Officer, L. / Williamson, S. (2010) sowie Officer, L. (2010b)

Neben Gold gibt es weitere Edelmetalle wie Silber, Platin und Palladium. Diese Edelmetalle haben einen hybriden Charakter. Ihre grösste Anwendung finden bspw. Platin und Palladium in der Automobilindustrie als Katalysatoren. Dadurch ist deren Preisentwicklung auch sehr stark von der Wirtschaftsentwicklung abhängig. Silber wird andererseits stark als Krisenschutz angepriesen, denn bei einem Kollaps des Geldsystems dürften die neuen Währungen zumindest teilweise wieder mit Silber und Gold gedeckt werden. Die heutzutage geförderten Goldmengen alleine reichen kaum mehr aus, um die notwendige Geldmenge zu decken.[14] Grundsätzlich können Gold und Silber als langfristiger Schutz gegen Teuerung angesehen werden, andere Edelmetalle dagegen eher weniger.

---

[14] http://www.die-bank.de/finanzmarkt/vertrauenskrise-und-gold und http://www.wiwo.de/mediadatabase/gebunkert_gro%C3%9F.gif oder

Futures, Exchange Traded Funds und physischer Erwerb

Die Renditen von Rohstofffutures enthalten drei Komponenten: Die Preisentwicklung des Rohstoffes, die Roll-Rendite und Zinseinnahmen. Die Roll-Rendite ergibt sich aus der Eigenschaft der Futures-Kontrakte, dass ihre Laufzeit zeitlich begrenzt ist. Dadurch muss der Anleger in regelmässigen Abständen den auslaufenden Kontrakt mit einem neueren ersetzen («rollen»). Ist der nächstgelegene Kontrakt teurer als der gerade ausgelaufene (die Futures-Kurve befindet sich in Contango), muss der Investor diesen neuen Kontrakt zu einem höheren Preis kaufen, wodurch Verluste entstehen.[15] Ähnliches gilt auch für Exchange Traded Funds, die in Futures investieren.[16] In normalen Marktsituationen sind Rohstoffmärkte in Contango, da die Lagerhaltungskosten, Versicherungsgebühren und Finanzierungskosten den Rohstofferwerb in der Zukunft verteuert.

Edelmetalle können im Gegensatz zu anderen Rohstoffen relativ leicht physisch erworben werden und an einem sicheren Ort in Aufbewahrung gebracht werden. Eine Alternative zu Futures ist der Erwerb eines physisch gedeckten Edelmetall-ETF, bei dem der Emittent die Aufbewahrung übernimmt und dafür eine Gebühr verrechnet. Für längerfristige Anlagen ist der direkte physische Erwerb aufgrund der Kostenstruktur empfehlenswert.

Beteiligungen an Rohstoffunternehmen, Minenaktien

Rohstoffunternehmen sind stark von der weltwirtschaftlichen Wachstum, respektive deren Nachfrage abhängig. Eine Beteiligung könnte dennoch interessant sein, da ein Unternehmen im normalen Fall die Rohstoffe wertschöpfend verarbeitet und nicht nur den Preisschwankungen des Inputfaktors Rohstoff unterliegen sollte. Daher kann nicht davon ausgegangen werden, dass Rohstoffunternehmen und Rohstofffutures eine gleichgerichtete Preisentwicklung vollziehen. Gerade in einer Stagflationsphase mit steigenden Rohstoffpreisen und stagnierenden Wirtschaft ist die Diskrepanz besonders hoch. In einer empirischen Untersuchung über die Jahre 1962 bis 2003 haben Gorton / Rouwenhorst festgestellt, dass die kumulierte Rendite von Rohstofffutures dreimal so hoch war wie

---

15 Analog kann der Investor jedoch auch von einer Futures-Kurve profitieren, bei welcher der neue Kontrakt unterhalb des gerade ausgelaufenen notiert (Backwardation).

16 Vgl. Guedj, I. et al. (2011).

diejenige von Aktien auf Rohstoffunternehmen.[17] Sie kommen zu dem Schluss, dass derartige Aktien sich mehr wie andere Aktien als wie Rohstofffutures verhalten.

10.3.4 Holz

Ein weiterer möglicher Inflationsschutz kann durch eine Anlage in Holz erfolgen. Holz- oder Waldinvestments haben dabei einige Vorteile, welche sie als inflationschützende Anlage interessant machen. Die stabilen Erträge, die mit der Direktinvestition in der Vergangenheit erwirtschaftet wurden, resultieren vor allem aus dem biologischen Wachstum der Bäume, also der stetigen Zunahme der Holzmenge.[18] Dies unterscheidet Holz von anderen Sachwerten und stellt auch einen Vorteil dar, wenn in wirtschaftlich schwachen Phasen oder bei einem Überangebot an Holz die Bäume einfach weiter wachsen können und nicht notwendigerweise gefällt werden müssen. Dadurch können längere Perioden in unsicheren Zeiten durchgestanden werden. Die nachfolgende Tabelle zeigt auf, dass Waldinvestments in Jahren der erhöhten Teuerungsraten ebenfalls hohe Erträge erwirtschaften konnten. Die reale Rendite ist dadurch stets positiv geblieben.

Inflationsumfeld	Zeitraum	Teuerung	Holzerträge
Hoch	1973-1981	9.2%	17.1%
Mittel	1982-1996	3.5%	8.4%
Niedrig	1956-1965	1.7%	4.4%

Abbildung 9: Rendite für Holzinvestments in verschiedenen Teuerungsphasen

Quelle: Healey, T. et al. (2005)

---

17 Gorton, G. / Rouwenhorst, K. (2006), S. 60.

18 Vgl. http://www.goldseiten.de/content/artikel/ruehl-060923.pdf.

Zu ähnlichen Ergebnissen kommen auch Korrelationsanalysen.[19] Weniger günstig ist die Liquidität von Holzinvestitionen zu beurteilen, die etwa ähnlich wie diejenigen von Immobilien ist.[20]

10.3.5 Immobilien als Absicherung gegen Inflation

In der Literatur wird häufig zwischen unverbrieften Investitionen in Immobilien, wie z.B. direkte Investitionen in Gebäude, und Real Estate Investment Trusts [REIT] unterschieden. So stellten z.B. Ibbotson / Siegel (1984) und Hartzell et al. (1987) fest, dass eine enge Beziehung zwischen den Renditen von unverbrieften Immobilien und Teuerung existiert.

Direkte Investitionen in Immobilien stellen grundsätzlich ein brauchbares Instrument zur Absicherung gegen Teuerung dar. Dies gilt, solange die Eigentümer höhere Kosten an die Mieter weitergeben können. Wichtig ist aber, dass Angebot und Nachfrage auf diesem Markt im Gleichgewicht stehen und es z.B. kein Überangebot durch erhöhte Bautätigkeit oder sinkende Nachfrage gibt. Bei hohen Leerstandsraten kann es sogar vorkommen, dass Immobilien z.B. wegen steigender Kosten für Instandhaltung sogar negative Renditen erzielen.

Ein weiterer Punkt bei der Effektivität von Immobilien als Teuerungsschutz ist die Dauer der Mietverträge. Bei steigendem Preisniveau ist es für die Eigentümer vorteilhaft, höhere Kosten in kurzen Abständen an die Mieter weitergeben zu können. Dies wird bei langen Vertragslaufzeiten von fünf Jahren und mehr deutlich schwieriger. Auf der anderen Seite schützen längere Verträge vor fallenden Preisen bzw. Deflation.

REITs repräsentieren im Kontrast zu unverbrieften Immobilien keine gute Absicherung gegenüber Inflation.[21] Tendenziell korrelieren deren Renditen stärker mit denjenigen von Small Cap-Aktien als mit Teuerungsindikatoren. Eine gute Übersicht über die Eigenschaften von Immobilien als Inflationsschutz geben z.B. Benjamin et al. (2001). Spezifisch für den Schweizer Markt weist Hoesli (1994) mit Hilfe von Daten über Immobilienfonds nach, dass Immobilien ein geeigneteres Mittel zum Inflationsschutz darstellen als Aktien.

---

[19] Vgl. Forest Research Group (2007).

[20] Vgl. http://www.jpmorgan.com/tss/General/Investing_in_Timberland/1159381598565.

[21] Vgl. z.B. Chan, K. et al. (1990), Gyourko, J. / Linneman, P. (1988).

Ein Blick in die vergangenen vierzig Jahre zeigt auf, dass die Immobilienpreisentwicklung über derjenigen der Konsumentenpreise lag. Dabei ist aber zu beachten, dass die Preise hohen Schwankungen unterliegen und je nach Einstiegszeitpunkt können erhebliche Verluste resultieren und der Teuerungsschutz entfällt. Das heutige Preisniveau scheint eher wieder auf eine Übertreibungsphase hinzuweisen.

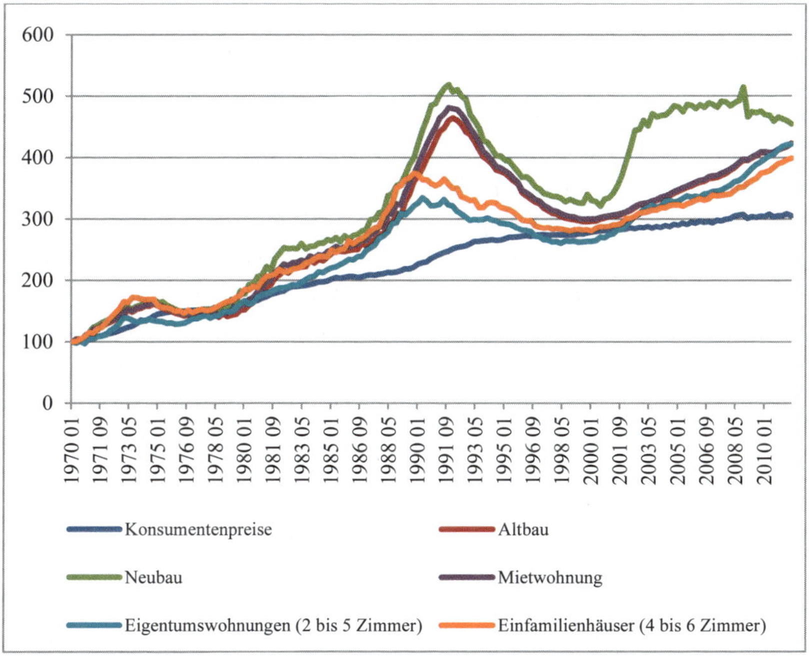

Abbildung 10: Immobilienpreisentwicklung Schweiz

Quelle: Eigene Darstellung mit Daten von http://www.snb.ch/de/iabout/stat

10.3.6 Mit Trendfolgestrategien von Inflationsphasen profitieren

In Phasen erhöhter Teuerungsraten sind passive Anlagen am meisten vom Risiko der Wertverminderung betroffen. Für einen Investor stellt sich die Frage, ob aktive Handelsstrategien im Fall einer Teuerung Schutz bieten und welche Strategie durch aktives Umschichten von Vermögenswerten am besten von den, zu erwartenden Preisverwerfungen profitieren kann. Gesucht sind Investmentstrategien, die am meisten von grossen Preistrends profitieren. Commodity

Trading Advisors (CTAs, auch Managed Futures genannt), sind Investmentfonds, die sich spezialisieren, systematisch Erträge aus Preistrends zu generieren und deshalb auch Trendfolger genannt werden.

Die seit den 1980er Jahren bekannten CTA Investment Strategien sind aus der ehemals einfachen technischen Analyse entstanden. Mit Hilfe von Computer Technologie, Statistik und Quantifizierung hat sich diese Strategie wissenschaftlich stark weiterentwickelt und etabliert. Das gesetzte Ziel der Strategie ist es, früh und systematisch in Preistrends zu investieren und dabei die Risiken von zufälligen Marktbewegungen zu kontrollieren. Heute gibt es bis zu 200 unterschiedliche an Börsen gehandelte Futures-Kontrakte, die es CTAs erlauben, alle wichtigen Sektoren, wie Aktien, Anleihen, Währungen und Rohstoffe zu handeln. Bei dieser breiten Diversifizierung finden sich immer wieder neue Preistrends, in welche Kapital profitabel umgeschichtet werden kann.

Ausschlaggebend für den Erfolg von CTAs sind das Auftreten von Preistrends und die Fähigkeit, diese zu erkennen, um profitabel darin zu investieren. Wenn es zutrifft, dass Trends tatsächlich häufig auftreten und sich isolieren lassen, dann sind damit auch die historisch erfolgreichen CTA-Renditen erklärbar.

Dass Trends ein systematisches Verhalten zeigen und sich von zufälligen Preisbewegungen abgrenzen lassen, kann mit einem Trend Indikator nachgewiesen werden. In diesem Beispiel verwenden wir den ADX Trend-Indikator, in blau auf der rechten Skala gemessen. Je ausgeprägter die gemessenen Trends, desto wahrscheinlicher sind die stark korrelierenden Erträge für CTAs profitabel, hier als graue Balken des Stark300 CTA Index dargestellt.

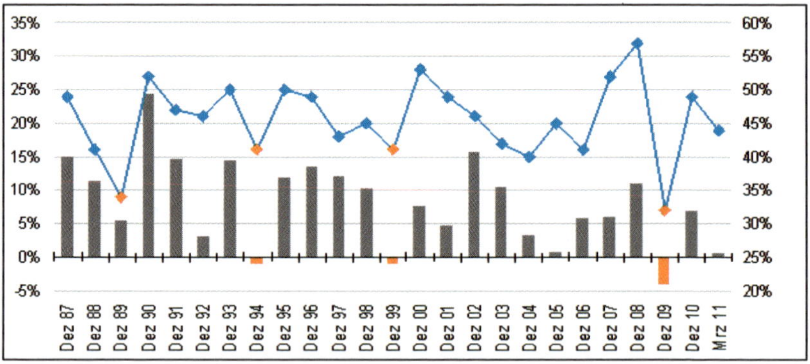

Abbildung 11: Zusammenhang Trendstärke und CTA Renditen

Quelle: http://www.starkresearch.com

Die Trendstärken innerhalb eines Jahres, hier gemessen mit dem ADX Indikator, korrelieren signifikant mit den erzielten Renditen von CTAs. Aus der Häufigkeit von Trends lässt sich dadurch auf die Konstanz von CTA Renditen schliessen.

Wo liegt die Ursache von Trends? Trends werden ausgelöst, wenn starke fundamentale Veränderungen in der Wirtschaft stattfinden. Die Preise an den Finanzmärkten sind dann auf der Suche nach neuen repräsentativen Preisniveaus. Als Beispiel verringert eine Teuerung den Wert von Bargeld und bewirkt, dass der Wechselkurs der Währung sinkt und dabei in einem Abwärtstrend sein neues Gleichgewicht findet. Diese Preisfindung manifestiert sich in einem statistisch erkennbaren Trend, der zu einem neuen Gleichgewicht für den Wechselkurs führt. Da es in den meisten Jahren zumindest in einigen der vielen globalen Märkten zu Preistrends kommt, können CTAs erstaunlich konstante und wiederkehrende Erträge erzielen.

Charakteristisch ist, dass CTAs die höchsten Renditen in Krisenzeiten erwirtschaften, und hierbei ganz speziell während Aktienmarktkorrekturen. Dies liegt in der Fähigkeit, dass Futures sowohl gekauft als auch verkauft werden können. Mit einem Verkauf (short oder Leerverkauf) kann in gleichem Ausmass auch von fallenden Preisen profitiert werden.

Umfeld zunehmender struktureller Brüche und Inflationsgefahr

In einem Umfeld von wirtschaftlichen und politischen Veränderungen, wie wir es zurzeit erleben, verstärkt sich das Ausmass von signifikanten Preisveränderungen. Dadurch dürften hohe Renditen erwartet werden. Andererseits werden die «Spielregeln» durch neue und veränderte Regulatorien und Gesetze verändert, was sich negativ auswirken kann. Auch Einflussnahmen von Notenbanken waren bis anhin mehrheitlich negativ für die Renditen der CTA Funds.

CTA-Erträge während der letzten grossen Inflation

Dass CTAs in Krisenjahren gute Erträge erzielen, hat sich in den letzten 15 Jahren immer wieder gezeigt. Wichtig ist aber, dass es auch aus der letzten grossen Inflation der 1970er Jahren dokumentierte CTA-Erträge für einen Vergleich gibt. Damals waren die Strategien noch nicht computergestützt, aber basierten ebenfalls auf Preistrends. Zur Identifikation von Trends dienten Bleistift, Lineal und «Point und Figure» Charts. Die Bewährtheit von erfolgreichen Trendfolge-Strategien lassen sich weit zurückverfolgen wie zum Beispiel auf das Jahr 1898, als William Hoyle mit seinem Buch «The Game in Wall Street» zeigte, wie man von Trends profitieren kann und dabei gleich die «Point und Figure» Methode mit dazu lieferte. In Abbildung 12 sehen wir historische Renditen von vier verschiedenen CTA Pionieren während der kritischen 1970er und 80er Jahre.

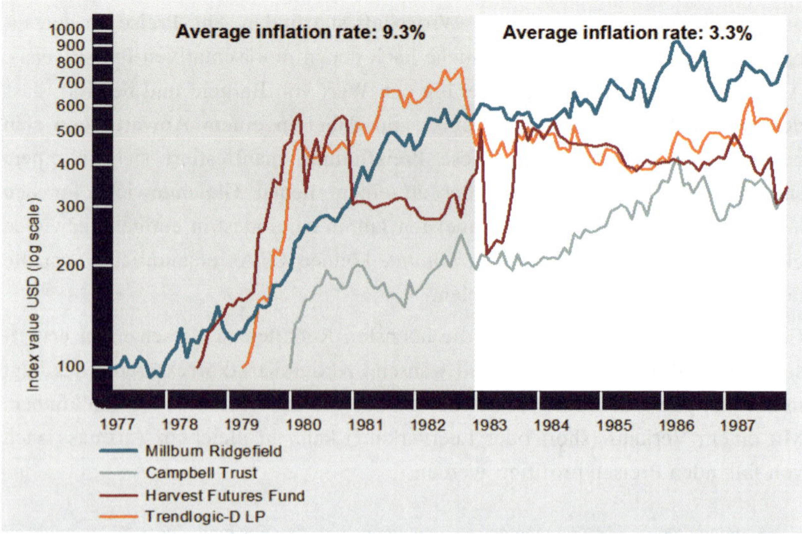

	Pre '83		Post '83	
Fund	Total return	Annualised return	Total return	Annualised return
Millburn Ridgefield	473.9 %	34.4 %	47.9 %	8.1 %
Campbell Trust	95.1 %	25.0 %	76.5 %	12.0 %
Harvest Futures Fund	278.4 %	34.4 %	-8.5 %	-1.8 %
Trendlogic-D LP	357.8 %	50.0 %	29.4 %	5.3 %

Abbildung 12: Historische Rendite verschiedener CTA Pioniere
Quelle: Man Datenbank

Die Erträge sind in die Hochinflationsjahre mit durchschnittlich 9.3% Teuerung und in die folgenden Jahre mit tieferer Teuerungsrate von durchschnittlich 3.3% p.a. unterteilt. In der Tabelle darunter werden die Renditen der CTAs analysiert. In dem Zeitraum der Hochinflation bis 1983 wurden Rekorderträge von 25% bis 50% pro Jahr erreicht.

Bemerkenswert ist, dass zwei dieser CTAs, Millburn und Campbell, noch heute zu den etabliertesten Investment Firmen zählen. Dass diese zwei Firmen mit der gleichen Trendfolgephilosophie die letzten 35 Jahre turbulenter Märkte überstanden haben, darf als zusätzliches Indiz gewertet werden, dass dem Trendfolgeansatz eine fundamentale Ertragsbasis zugrunde liegt.

Auch akademische Studien untersuchen die Tauglichkeit von trendfolgenden CTAs zum Schutz vor Teuerung. Edwards / Park (1996) analysieren neben den Korrelationen von monatlichen Renditen mit dem US CPI auch diejenigen von jährlichen Zeitreihen und stellen dabei einen deutlich positiven Zusammenhang fest. Zu einem ähnlichen Ergebnis kommen Irwin / Brorsen (1985), welche die hochinflationäre Zeit Ende der Siebziger- und Beginn der Achtzigerjahre untersuchen.

10.4 Zusammenfassung und Schluss

Obwohl Finanzkrisen grundsätzlich deflationär wirken, haben die Notenbanken in einem Finanzsystem unlimitiert Geld zur Verfügung, um eine solche deflationäre Depression zu verhindern. Eine mögliche Inflation wird dabei gerne in Kauf genommen, da tendenziell u.a. Arbeitslosenraten mit Inflationsanstieg sinken.

Die Schuldenprobleme der Industrieländer und die Unpopularität von Sparmassnahmen könnten die Notenbanken dazu veranlassen, wie in Geschichtsbüchern nachzulesen ist, dass sie zur Tilgung der massiven Staatsverbindlichkeiten mehr Geld drucken. Darüber hinaus erscheint es wenig plausibel, dass Politiker, die wieder gewählt werden wollen, signifikante Sparmassnahmen implementieren werden, die den Wohlstand der Bevölkerung deutlich schmälern und daher hochgradig unpopulär sind. Insgesamt ist die zunehmende Teuerung in den nächsten Jahren damit ein ernstzunehmendes Thema.

Eine Zeit steigender Teuerung wird mit hoher Wahrscheinlichkeit nicht wenige Monate dauern, sondern könnte sich vor dem Hintergrund massiver Eingriffe der Notenbanken und hoher Schuldenberge der westlichen Industrieländer ein Begleiter der nächsten Jahre sein. Eine Alternative zu den traditionellen Assetklassen könnten daher aktive Handelsstrategien wie bspw. trendfolgende CTAs darstellen, deren Kernkompetenz in der Nutzung derartiger Trends besteht.

Die diskutierten traditionellen Instrumente zum Inflationsschutz weisen begrenztes Potenzial auf. Konsens scheint darin zu bestehen, dass die Instrumente eher langfristig wirken. Ebenfalls wichtig ist der Zeithorizont, über den steigende Preise auf der Inputseite an die Konsumenten eines Gutes weitergegeben werden können. Dies gilt z.B. für die Mieten von Immobilien, bei denen es kurzfristige Mietverträge ermöglichen, steigende Preise schnell durch höhere Mieten auszugleichen. Ähnliches lässt sich z.B. für Aktien konstatieren.

Rohstoffe und Edelmetalle bilden grundsätzlich einen effektiven Schutz gegen Inflation. Bei der Verwendung von Terminkontrakten können negative Einflüsse aus dem Rollen der Kontrakte entstehen. Eine Alternative könnten gedeckte Exchange Traded Funds darstellen. Aktien von Rohstoffunternehmen erscheinen dagegen wegen hoher Korrelationen zu den Aktienmärkten als weniger geeignet.

Bei Immobilienanlagen ist zumindest in der Schweiz schon ein grosser Teil der Preissteigerung vorweg genommen und bieten daher zum heutigen Zeitpunkt nur begrenzten Schutz vor Inflation.

Anleihen sind aufgrund des politisch motivierten Tiefzinsumfeldes (die Marktzinssätze liegen aufgrund von Interventionen teilweise unter den erwarteten Teuerungsraten) in einer Teuerungsphase wertvernichtend.

Eine gute Abbildung der Entwicklung des zugrunde liegenden Konsumentpreisindexes liefern Inflation-Linked Bonds. Dabei gibt es jedoch einige Nachteile zu beachten, wie z.B. das Basisrisiko oder der Änderung der Berechnungsgrundlage des Preisindexes. Ebenso bieten sie, wie die meisten traditionellen Absicherungsinstrumente gegen Teuerung, keine Möglichkeit, eine gehebelte Schutzwirkung zu erzielen.[22] Damit könnte eine Investition eines geringen Anteils des Portfolios (z.B. 10%) dazu verwendet werden, einen grösseren Teil des Portfolios (z.B. 50%) vor Inflation zu schützen.

Holzinvestments sind ebenfalls eine interessante Möglichkeit des realen Werterhalts. Diese Anlagen sind aber relativ schwierig umzusetzen. Eine genauere Analyse wird hierbei nicht vorgenommen und es wird auf die Fachliteratur verwiesen.

Aus den obenstehenden Analysen folgt, dass passive Anlagestrategien in einem inflationären Umfeld real wertvernichtend sein werden. Daraus ergeben sich zwei Möglichkeiten um Werte durch eine Teuerungsphase zu erhalten. Entweder durch eine diskretionäre aktive Strategie in den traditionellen Assetklassen oder automatisierte aktive Handelsstrategien wie bspw. CTA Investments.

---

[22] Normand, J. (2006), S. 8 ff.

Literaturverzeichnis

- Barnes, M. / Bodie, Z. / Triest, R. / Wang, C. (2010): A TIPS Scorecard: Are They Accomplishing Their Objectives?, in: Financial Analysts Journal, September/October, Vol. 66, No. 5, S. 68–84.
- Barnes, M. / Boyd, J. / Smith, B. (1999): Theories of Money, Credit and Aggregate Economic Activity Inflation and asset returns, European Economic Review 43.
- Benjamin, J. / Sirmans, S. / Zietz, E. (2001): Returns and Risk on Real Estate and Other Investments: More Evidence, in: Journal of Real Estate Portfolio Management, Vol. 7, No. 3, S. 183-214.
- Boudoukh, J. / Richardson, M. (1993): Stock returns and inflation: a long horizon perspective, in: American Economic Review Vol. 83, S. 1346–1355.
- Brachinger, H.-W. (2005): Der Euro als Teuro? Die wahrgenommene Inflation in Deutschland, in: Wirtschaft und Statistik 9/2005, Statistisches Bundesamt, S. 999-1013.
- Browne, F. / Cronin, D. (2007): Commodity Prices, Money, and Inflation, European Central Bank Working Paper Series, No. 738, March 2007.
- Cagan, P. (1956): The Monetary Dynamics of Hyperinflation, in: Friedman, M. (Hrsg.): Studies in the Quantity Theory of Money, S. 25—117.
- Cecchetti, S. / Mohanty, M. / Zampolli, F. (2010): The Future of Public Debt: Prospects and Implications, BIS Working Papers No 300.
- Chan, K. / Hendershott, P. / Sanders, A. (1990): Risk and Return on Real Estate, in: Journal of the American Real Estate and Urban Economics Association, Vol. 18, S. 431-452.
- Edwards, F. / Park, J. (1996): Do Managed Futures Make Good Investments?, in: The Journal of Futures Markets, Vol. 16, S. 475-517.
- Elton, E. / Gruber, M. / Rentzler, J. (1987): Professionally Managed, Publicly Traded Commodity Funds, in: Journal of Business, Vol. 60, No. 2, S. 175-199.
- Eugene F. / Fama, E, (1981): Stock Returns, Real Activity, Inflation, and Money, The American Economic Review, Vol. 71, No. 4, pp. 545-565.
- Fama, E. / Schwert, G. (1977): Asset returns and Inflation, Journal of Financial Economics 5, 115-146.
- Friedman, M. (1956): The Quantity Theory of Money: A Restatement, in: Friedman, M.: Studies in the Quantity Theory of Money, University of Chicago Press, S. 3-21.
- Goodfriend, M. (2001): Interest on Reserves and Monetary Policy, Federal Reserve Bank of New York, April 2001.
- Gorton, G. / Rouwenhorst, K. (2006): Facts and Fantasies about Commodity Futures, in: Financial Analysts' Journal, Vol. 62, No. 2 [March/April], S. 47-68.
- Guedj, I. / Li, G. / McCann, C. (2011): Futures-Based Commodity ETFs, in: The Journal of Index Investing, Summer 2011, Vol. 2, No. 1, S. 14-24.
- Gyourko, J. / Linneman, P. (1988): Owner-occupied homes, income-producing properties, and REITs as inflation hedges: Empirical findings, in: The Journal of Real Estate Finance and Economics, Vol. 1, No. 4, S. 347-372.

- Hagmann, M. / Lenz, C. (2005): Real Asset Returns and Components of Inflation: A Structural VAR Analysis, Workingpaper,
- Hall, T. / Noble, N. (1987): Velocity and the Variability of Money Growth: Evidence from Granger-Causality Tests, in: Journal of Money, Credit and Banking, Vol. 19, No. 1, S. 112-116.
- Hartzell, D. / Hekman, J. / Miles, M. (1987): Real Estate Returns and Inflation; in: Journal of the American Real Estate and Urban Economics Association, Vol. 15, S. 617-637.
- Healey, T. / Corriero, T. / Rozenov, R. (2005): Timber as an Institutional Investment, in: The Journal of Alternative Investments Winter 2005, Vol. 8, No. 3, S. 60-74.
- Hildebrand, P. (2004): Vom Monetarismus zur Inflationsprognose: Dreissig Jahre Schweizerische Geldpolitik, Öffentliche Vorlesung Universität Bern, 23. November 2004.
- Hoesli, M. (1994): Real Estate as a Hedge Against Inflation, Journal of Property Valuation and Investment, Vol. 12, Issue 3, S. 51–59.
- Hudson, M. / Sommers, J. (2011): The Spectre Haunting Europe: Debt Defaults, Austerity, and Death of the «Social Europe» Model, www.globalresearch.ca/index.php?context=va&aid=22846.
- Ibbotson, R. / Siegel, L. (1984): Real Estate Returns: A Comparison with Other Investments, in: Journal of the American Real Estate and Urban Economics Association, Vol. 12, S. 219-242.
- International Monetary Fund (2010): World Economic Outlook 2010.
- International Monetary Fund (2011): World Economic Outlook 2011.
- Ip, G. (2008): Fears of Stagflation Return as Price Increases gain Pace, in: Wall Street Journal Online, 21 Feb 2008.
- Irwin, S. / Brorsen, B., (1985): Public futures funds, in: Journal of Futures Markets, Vol. 5, No. 2, S. 149-171.Forest Research Group (2007): Inflation and Timberland Returns, in: Forest Research Notes, Vol. 4, No. 3, Q3, 2007.
- Jordan, T. / Rossi, E. (2010) Inflation und die Geldpolitik der Schweizerischen Nationalbank, in: Die Volkswirtschaft, 1/2-2010, S. 21-25.
- Keister, T. / McAndrews, J. (2009): Why Are Banks Holding So Many Excess Reserves?, Federal Reserve Bank of New York, Staff Report no. 380.
- Knotek, E. / Terry, S:(2009): How Will Unemployment Fare After Following the Recession?, Federal Reserve Bank of Kansas City, Economic Review, 3rd Quarter 2009.
- Makinen, G. / Woodward, G. (1990): Funding crises in the aftermath of World War I, in: Dornbusch, R. / Draghi, M. (Hrsg.): Public Debt Management: Theory and History, Cambridge University Press.
- Mägerle, J. / Oleschak, R. (2009): Das Zahlungssystem Swiss Interbank Clearing (SIC), Schweizerische Nationalbank.
- McKinsey Global Institute (2010): Debt and Deleveraging: The Global Credit Bubble and its Economic Consequences.
- Normand, J. (2006): Hedging Inflation with Real Assets, J.P. Morgan Securities Ltd., Global Currency, Commodity and Fixed Income Strategy.
- Offenbacher, E. (2002): Dollarization and Indexation in Israel's Inflation and Disinflation: «There's more than one way to skin a cat», Monetary Department, Bank of Israel.

- Officer, L. (2010a): What Were the UK Earnings and Prices Then? MeasuringWorth, URL: http://www.measuringworth.com/ukearncpi.
- Officer, L. / Williamson, S. (2010): The Price of Gold, 1257-2010, MeasuringWorth, URL: http://www.measuringworth.com/gold.
- Officer, L. (2010b): Dollar-Pound Exchange Rate From 1791, MeasuringWorth, URL: http://www.measuringworth.com/exchangepound.
- Sawyer, N. (2010): Pensions face RPI-CPI basis risk, in: www.risk.net.
- Scotiabank (2011): Scotiabank Commodity Price Index, 28 Feb 2011.
- Sturzenegger, F. / Zettelmeyer, J. (2006): Debt defaults and lessons from a decade of crises, MIT Press.
- Tatom, J. (1983): Was the 1982 Velocity Decline Unusual?, Federal Reserve Bank of St. Louis, August/ September, S. 5-15.
- Ward, A., Bryant, C. (2010): Latvia austerity illustrates political risk, in: Financial Times, 25. März 2010, auch unter: www.ft.com/cms/s/0/7930f1a8-385c-11df-aabd-00144feabdc0.html#ixzz1HQsLzqnX.
- Woodford, M. (2000): Monetary Policy in a World without Money, in: International Finance, Vol. 3, No. 2, S. 229-60.
- Wurtzebach, C. / Mueller, G. / Machi, D. (1991): The Impact of Inflation and Vacancy of Real Estate Returns, in: The Journal of Real Estate Research, Vol. 6, Issue 2, S. 153-168.

11 Ausserbörsliche Aktien als Kapitalanlage

Der vorliegende Artikel analysiert den ausserbörslichen Aktienmarkt aus Rendite- und Risikosicht. Seit Anfang 2000 überzeugen die nicht kotierten Aktien mit einer hervorragenden Performance. Interessant ist auch die tiefe Korrelation zur Börse. Der Anleger muss jedoch das Illiquiditätsrisiko im Auge behalten.

Philipp Lütolf

Prof. Dr. Philipp Lütolf (1976) ist Dozent und Projektleiter am IFZ. Er hat an der Universität Freiburg Betriebswirtschaftslehre studiert und im Jahre 2005 mit einer Dissertation über Aktienrückkäufe in der Schweiz promoviert.

Philipp Lütolf ist seit dem Jahre 2000 an der Hochschule Luzern tätig. Er leitet die Studienrichtung Finance & Banking im Bachelorlehrgang und unterrichtet in der Aus- und Weiterbildung Corporate Finance.

Philipp Lütolf hat verschiedene Publikationen zum Thema der Unternehmensfinanzierung herausgegeben. Seit dem Jahre 2005 beschäftigt er sich in Forschungsprojekten mit nicht-kotierten Publikumsgesellschaften und dem «OTC Markt». Von 2006 bis 2011 arbeitete er im Redaktionsteam des Swiss Equity Magazins mit. Er hat verschiedentlich KMU in Finanzierungsfragen als Berater begleitet. Er lebt mit seiner Frau und seinen beiden Töchtern in Engelberg OW.

Kontakt: philipp.luetolf@hslu.ch

Nicht alle Publikumsgesellschaften haben ihre Aktien an der Börse kotiert. Mehr als 300 Aktien nicht kotierter Schweizer Publikumsgesellschaften sind ausserbörslich handelbar. Diese Aktien bilden den so genannten OTC Markt (Over the Counter). Das erste Kapitel beschreibt als Einleitung den Handel mit ausserbörslichen Aktien. Danach folgt im zweiten Kapitel eine Analyse der in diesem Markt über die letzten zwölf Jahre realisierten Renditen. Das dritte Kapitel beleuchtet die Risiken im OTC Markt. Zum Abschluss enthält das vierte Kapitel eine Zusammenfassung sowie einen Ausblick.

11.1 Einleitung

Der OTC Markt umfasst alle nicht kotierten Schweizer Aktiengesellschaften, deren Aktien ausserbörslich gehandelt werden und bei einer Bank gelistet sind. Im grossen Stil handeln derzeit drei Finanzinstitute mit ausserbörslichen Aktien: Die Berner Kantonalbank, Bondpartners und die Zürcher Kantonalbank. Seit Herbst 2011 ist auch die Lienhardt & Partner Privatbank verstärkt im OTC Markt aktiv. Die Grossbanken und andere Kantonalbanken treten am ausserbörslichen Aktienmarkt eher sporadisch auf. Letztere fokussieren sich insbesondere auf den Handel von Aktien kantonsansässiger Gesellschaften. So stellt beispielsweise die Appenzeller Kantonalbank Geld- und Briefkurse für Titel der Säntis Schwebebahn oder des Hotels Hof Weissbad.

Auf der «OTC-X»[1] Plattform der BEKB ist die grösste Anzahl Aktien gelistet. Rund 300 Titel sind darauf handelbar. In den Jahren 2010 und 2011 erzielte die BEKB mit ausserbörslichen Aktien ein Handelsvolumen von CHF 117 Mio. und CHF 126 Mio. Da ZKB und Bondpartners keine Angaben zum Volumen gehandelter Aktien machen, ist das genaue Marktvolumen unbekannt. Geht man von einem BEKB-Marktanteil von rund 60% aus, wäre das aktuelle jährliche Handelsvolumen etwas mehr als CHF 200 Mio. Zu berücksichtigen gilt es ferner, dass ein bedeutender Teil des Handels mit ausserbörslichen Aktien bilateral zwischen Käufer und Verkäufer stattfindet. Teilweise werden diese abgesprochenen Transaktionen über die Plattformen der Banken abgewickelt, teilweise aber auch nicht.

Das höchste Handelsvolumen generierte die BEKB mit CHF 220 Mio. im Jahr 2007. Davon gingen allerdings CHF 80 Mio. auf die Aktien der Beteiligungsge-

---

1 Vgl. http://www.otc-x.ch.

sellschaft HBM Bioventures zurück, welche 2008 vom OTC Markt an die SIX Swiss Exchange gewechselt ist. Bereinigt um den damaligen Hauptumsatzträger ist das auf der BEKB-Plattform umgesetzte Volumen seit 2007 um ca. 10% zurückgegangen.

Einen derart dominanten Umsatzträger gab es seit HBM Bioventures nicht mehr. Nichtsdestotrotz sorgen auch heute einige wenige Titel für den Grossteil des Volumens. Im Jahr 2011 übertrafen 18 Titel die Umsatzgrenze von CHF 1 Mio. Zusammen waren sie für 60% des bei der BEKB umgesetzten Volumens verantwortlich.

Von der Öffentlichkeit wird der ausserbörsliche Markt weitgehend als Telefonhandel mit Bergbahn- und Regionalbankaktien wahrgenommen. Dieser Eindruck stimmt nur teilweise. Tourismusnahe Unternehmen machen in der Tat beinahe die Hälfte aller handelbaren Titel aus. Der Anteil der Regionalbanken liegt hingegen nur bei etwa 10%. Die restlichen 40% verteilen sich insbesondere auf Gesellschaften aus den Sektoren Energie, Immobilien, Medien und Industrie. Nach wie vor dürften viele Transaktionen, vor allem die grösseren, über das Telefon initiiert werden. Der BEKB-Plattform liegt aber ein vollelektronisches Abwicklungssystem zugrunde. Anleger mit einem BEKB-Depot können ausserbörsliche Aktien darum wie kotierte Titel via e-banking erwerben. Andere Anleger müssen sich an ihre Bank (bzw. Broker) wenden, welche die gewünschten Titel dann bei der BEKB kauft bzw. verkauft. Die übrigen im OTC Markt tätigen Finanzinstitute verfügen nicht über elektronische Handelsplattformen.

11.2 Renditen im OTC Markt

Ein Grossteil der ausserbörslich gehandelten Titel ist äusserst illiquid und daher schwierig investierbar. Ein Handel findet nur sporadisch statt. Wochen- oder teils auch monatelange Phasen ohne Abschlüsse kommen nicht selten vor. Seit Juni 2008 berechnet die BEKB den so genannten Liquidity Index. Per Ende 2011 umfasst dieser 61 ausserbörsliche Aktien. Es handelt sich dabei um die meist gehandelten Aktien des OTC Marktes.[2] Innerhalb des Liquidity Index

---

[2] Die Indexzusammensetzung wird jeweils im Juni revidiert. Um in den Index aufgenommen zu werden, muss ein Titel im Vorjahr eine bestimmte Anzahl Abschlüsse sowie ein Mindestvolumen in CHF erreichen. Die genaue Zusammensetzung bzw. die enthaltene Anzahl Aktien variiert daher von Jahr zu Jahr.

sind alle Aktien gleichgewichtet. Vor seiner Lancierung im Juni 2008 bestand kein Index der liquidesten bzw. am besten investierbaren ausserbörslichen Aktien. Im Rahmen eines Forschungsprojekts am IFZ Institut für Finanzdienstleistungen Zug wurde im Jahr 2008 der Index OTC 50 entwickelt und rückwirkend bis Januar 2000 berechnet.[3] Dieser umfasst die damals 50 meist gehandelten Aktien des OTC Marktes.[4] Es ist ein gleichgewichteter Index, welcher Ausschüttungen fortlaufend reinvestiert. Die BEKB berechnet den Liquidity Index hingegen ohne Dividendenreinvestition. Darum zeigt dieser nicht die gesamte Wertentwicklung des OTC Marktes. Im Durchschnitt ist für die Aktien des Liquidity Index während der Periode 2008-2011 von einer Dividendenrendite von rund 2% p.a. auszugehen. Für die folgenden Berechnungen wurde der von der BEKB berechnete Index jährlich um eine Rendite von 2% adjustiert.[5] Durch die Verknüpfung des OTC 50 und des BEKB Liquidity Index entsteht eine 12jährige Zeitreihe von Januar 2000 bis Januar 2012. Der Index basiert auf Geldkursen.

Von Anfang 2000 bis Ende Januar 2012 erreichte der OTC 50 Index eine durchschnittliche jährliche Performance von 14.2%. Ein Vermögen von CHF 100‘000 wäre über die 12jährige Periode auf einen Wert von CHF 492‘000 angestiegen. Eine Investition in den Swiss Performance Index (SPI) hätte hingegen nur zu einem Vermögenszuwachs auf CHF 117‘000 geführt. Dies entspricht einer jährlichen Rendite von 1.3%. Auch gegenüber dem SPI Small Cap Index hat der OTC Markt deutlich besser abgeschnitten. Mit einer jährlichen Performance von 6.1% hätte sich eine Investition von CHF 100‘000 in den SPI Small Cap

---

3 Der OTC 50 Index bzw. das Forschungsprojekt des IFZ war Auslöser für die Initiierung des Liquidity Index durch die BEKB. Vgl. dazu Lütolf (2009), Ausserbörsliche Aktien als Kapitalanlage, Schriften aus dem Institut für Finanzdienstleistungen Zug IFZ, Band 14, Verlag IFZ – Hochschule Luzern.

4 Da für die Periode 2000 bis Ende 2003 keine Volumendaten verfügbar sind, ist das zwischen 2004 und 2007 realisierte Handelsvolumen auf der Plattform der BEKB das alleinige Aufnahmekriterium in den Index. Damit wird unterstellt, dass die in der Periode 2004-2007 meist gehandelten Titel auch in den Jahren zuvor am meisten umgesetzt wurden.

5 Es wurde vereinfacht davon ausgegangen, dass die Hälfte der Ausschüttung im Juni erfolgt und die andere Hälfte im Dezember. Viele Tourismusunternehmen schliessen ihr Geschäftsjahr im Frühling ab. Die Ausschüttungen folgen darum gegen Ende Jahr. Die Rendite des Liquidity Index wurde im Juni und im Dezember um 1% Rendite erhöht. Dies für die Jahre 2008 (nur Dezember) bis 2011.

Index auf CHF 203‘000 rund verdoppelt. Abbildung 1 zeigt die Performance der drei Indices.

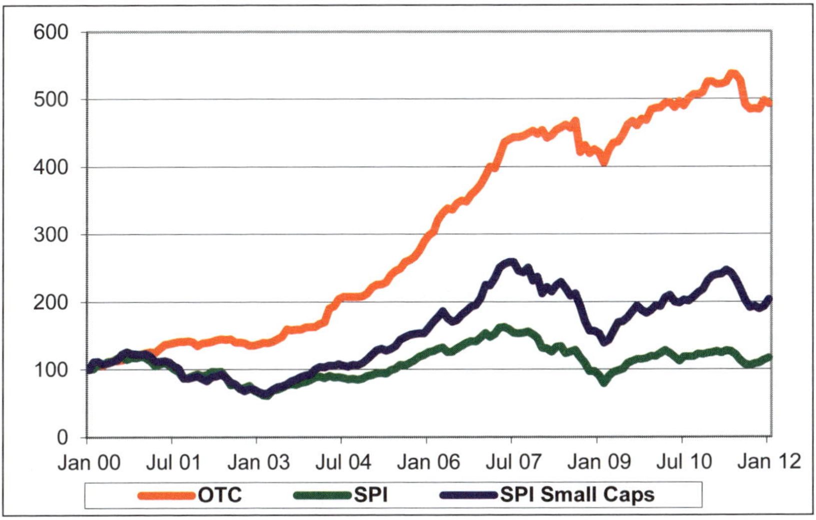

Abbildung 1: Kursentwicklung Jan 2000 bis Jan 2012 (inkl. Dividendenreinvestition)

Es ist nicht auszuschliessen, dass ein Teil der massiven Überperformance der OTC Aktien auf strukturelle Unterschiede zwischen dem OTC Index und den SPI Indices zurückzuführen sein könnte. Im Gegensatz zum OTC Index sind die SPI Indices nämlich nicht gleichgewichtet sondern marktgewichtet. Durch die monatliche Gleichgewichtung der OTC Titel erfolgt jeweils ein Rebalancing. Das heisst, die erfolgreichen Titel müssen im Index reduziert werden um die Gleichgewichtung zu erhalten. Aus demselben Grund müssen die Anteile der unterdurchschnittlich rentierenden Aktien jeweils erhöht werden. In der Historie der Aktienmärkte ist der so genannte Mean-Reversion-Effekt weit verbreitet. Dieser besagt, dass sich Aktienrenditen langfrisitg ihrem Mittelwert annähern. Oder anders ausgedrückt, mit zunehmend steigenden Kursen bzw. Rendtien steigt die Chance auf fallende Kurse und umgekehrt. Darum sind gleichgewichtete Indices tendenziell leicht im Vorteil. Die relativ kurze Beobachtungsperiode von zwölf Jahren beschränkt jedoch die Problematik für die vorliegende Untersuchung.

Eine Sensitivitätsanalyse bestätigt, dass die Überperformance des OTC Index breit abgestützt ist. 15 Portfolios, welche je aus 20 zufällig ausgewählten OTC

Aktien bestehen, erreichen alle eine höhere Rendite als der SPI Small Cap Index.[6] Interessante Ergebnisse bringt eine Aufteilung der Untersuchungsperiode hervor. Im wesentlichen lässt sich diese in die folgenden drei Hauptphasen unterteilen:

- September 2000 – März 2003: Fallende Kurse
- April 2003 – April 2007: Steigende Kurse
- Mai 2007 – Jan 2012: Hauptsächlich fallende Kurse: Finanz- und Wirtschaftskrise, Erholung, Währungskrise

	Jan00 – Jan12	**Sep00 – Mrz03**	**Apr03 – Apr07**	**Mai07 – Jan12**
OTC 50	14.2%	5.8%	32.5%	3.6%
SPI Small Caps	6.1%	-23.4%	38.1%	-4.3%
SPI	1.3%	-22.4%	24.1%	-6.6%

Abbildung 2: Durchschnittliche jährliche Renditen Jan 2000 bis Jan 2012

Die folgenden Abbildungen zeigen die Wertentwicklung der Indices über die drei Perioden. In der Phase September 2000 bis März 2003 zeigte sich der OTC 50 Index äusserst krisenresistent. Währenddem der Index der nicht kotierten Aktien um 15.1% stieg, verloren die beiden SPI Indices rund die Hälfte an Wert. Ein ähnliches Resultat bringt auch eine Analyse der Kursentwicklung während der Finanz-, Wirtschafts- und Euro Krise hervor. Seit Mai 2007 hat der OTC Index jährlich um 3.6% an Wert gewonnen. Der SPI steht hingegen mit einem Minus von -6.6% (SPI Small Caps: -4.3%) zu Buche.

---

6 Die Sensitivitätsanalyse umfasst nur die Periode Jan 2000 bis Aug 2007. Mit den jüngeren Daten wurde die Sensitivitätsanalyse nicht wiederholt.

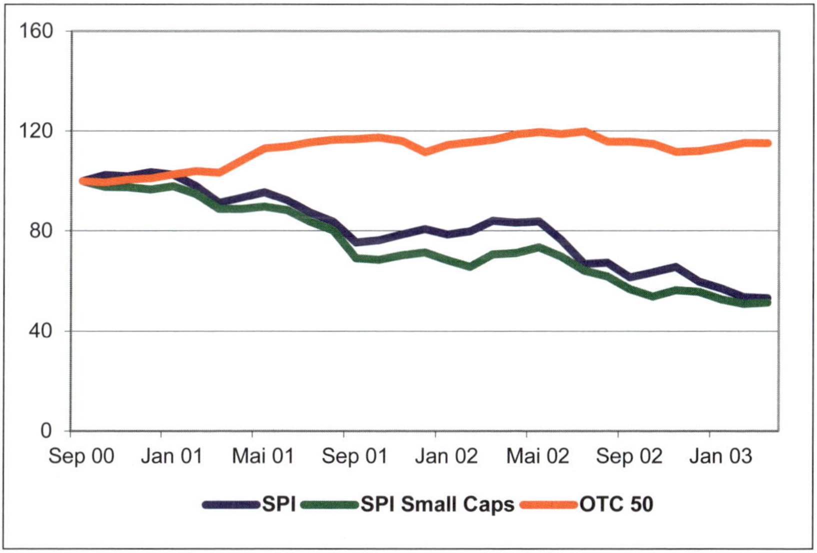

Abbildung 3: Kursentwicklung September 2000 bis März 2003 (inkl. Dividendenreinvestition)

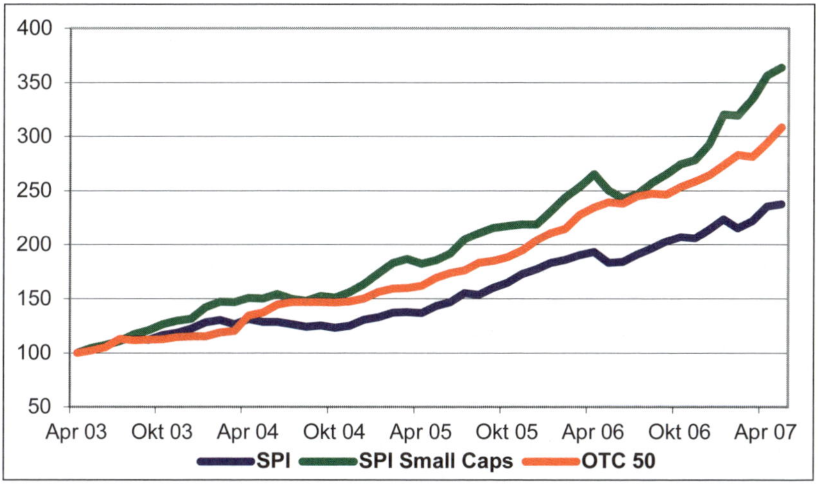

Abbildung 4: Kursentwicklung April 2003 bis April 2007 (inkl. Dividendenreinvestition)

In der Börsenhausse April 2003 bis April 2007 stieg der SPI um 137.5%, der SPI Small Cap Index gar um 264%. Mit einer Wertsteigerung von 208.4% konnte der OTC 50 Index beinahe mit den Small Caps mithalten. Über die letzten zwölf Jahre weist der OTC Markt eine bemerkenswerte Eigenschaft auf. Er macht die Aufwärtsbewegungen der Börse weitgehend mit, nicht aber jene nach unten. Die Analyse der Kursbewegungen macht deutlich, dass die Überperformance des OTC Marktes ihren Ursprung in Phasen fallender Börsenkurse hat. Es stellt sich darum die Frage nach den Gründen für die ausgeprägte Kursstabilität der OTC Werte.

Eine mögliche Erklärung für die relative Kursstabilität der OTC Aktien bietet das Invetorenverhalten. Am ausserbörslichen Aktienmarkt dominieren Privatinvestoren, welche als Folge der geringen Marktliquidität einen besonders langfristigen Anlagehorizont aufweisen. In unsicheren Zeiten zögern sie mit dem Verkauf von Aktien und tragen so zur Kursstabilität bei. Allerdings ist das Handelsvolumen während der jüngsten Finanzkrise nicht wesentlich zurückgegangen. Die beobachtete Kursstabilität ist darum nicht die Folge von ausbleibender Handelstätigkeit. Die Anleger verkaufen auch in Finanzkrisen sehr wohl OTC Titel. Im Gegensatz zur Börse finden sich jedoch für ausserbörsliche Aktien Käufer, welche trotz Krise zu relativ konstanten Kursen einsteigen.

Die Erklärung, wonach OTC Titel vorwiegend aus Liebhabermotiven und darum relativ unabhängig vom Preis gekauft werden, mag vereinzelt für Unternehmen wie Hotel oder Bergbahnen zutreffen. Aber die Überperformance des Gesamtmarktes wird wohl nicht nur auf eine Liebhaberprämie zurückzuführen sein. Gut vorstellbar ist jedoch, dass die gegenüber der Börse geringere Marktliqudität Anleger motiviert Preiseinbussen bzw. (zu) hohe Kaufkurse bewusst in Kauf zu nehmen, um die gewünschten Positionen aufzubauen. Da der Anlagehorizont der Investoren am OTC Markt länger ist als an der Börse, kann sich dieses Verhalten trotzdem lohnen. Ob die Nicht-Verfügbarkeit von derivativen Finanzinstrumenten auch eine bedeutende Rolle zur Erklärung der Überperformance der OTC Aktien spielt, ist unklar. Dagegen spricht, dass Derivate auch für einen Grossteil der Small Caps äusserst selten verfügbar sind.

Die Subprime-Finanzkrise hat an den Börsen ab Mai 2007 zu sinkenden Kursen geführt. Im Gegensatz dazu ist der OTC 50 Index bis August 2008 weiter gestiegen. Die verzögerte Korrektur kann dahingehend interpretiert werden, dass der Markt die Auswirkungen der Finanzkrise auf die im Vergleich zu kotierten Unternehmen deutlich binnenmarktorientierteren OTC Werte massiv geringer einschätzt. Erst als sich im September 2008 die Anezichen für eine Rezession in der Schweiz verdichteten, kam es beim OTC 50 Index zu einem grösseren Rückgang (-10%). Der Erkärungsfaktor der Inlandorientierung vermag allerdings nicht zu erklären, wieso der OTC 50 Index die von 2003 bis 2007 andauernde Börsenhausse weitgehend mitmachte. Diese war schliesslich zu einem grossen Anteil von den Wachstumsperspektiven etwa in Indien und China getrieben.

Ab Mitte der Nullerjahre haben sowohl Investoren als auch Finanzmedien dem OTC Markt mehr Beachtung geschenkt. Falls OTC Aktien früher vernachlässigt und unterbewertet waren und diese Fehlbewertung nun durch das gestiegene Interesse korrigiert wurde, hätte die nachgewiesene Überrendite einmaligen Charakter und wäre zukünftig nicht wiederholbar. Diese wäre vielmehr die Folge eines aufgestauten Bewertungsnachholbedarfs gewesen. Die Renditen von OTC Anlagen müssten sich darum jener kotierter Aktien annähern.

Über die letzten zwölf Jahre haben OTC Aktien deutlich besser rentiert als kotierte Titel. Bislang unbeantwortet ist die Frage, ob OTC Werte mit höheren Risiken verbunden sind gegenüber den kotierten Aktien. Falls ja, wäre die Mehrrendite des OTC Marktes als Prämie für die Übernahme von zusätzlichen Risiken zu interpretieren. Es würde dann in einer risikoadjustierten Betrachtungsweise keine Überperformance mehr resultieren. Das nächste Kapitel setzt sich mit der Risikoseite des OTC Marktes auseinander.

11.3 Risiken im OTC Markt

Als Standardgrösse für die Risikomessung von Aktienindices hat sich die Standardabweichung bzw. Volatilität etabliert.[7] Sie misst die Abweichungen der erzielten Periodenrenditen vom Mittelwert. Gemäss der modernen Finanz- und Portfoliotheorie verlangen die Investoren mit zunehmendem Risiko eine höhere Rendite als Entschädigung. Oder anders ausgedrückt: Eine Steigerung der Rendite ist nur unter Inkaufnahme höherer Risiken möglich. Die Auswertungen für den OTC Markt stehen allerdings in krassem Widerspruch zu den Erkenntnissen der Portfoliotheorie. Trotz deutlich höherer Rendite weist der OTC 50 Index gegenüber SPI und SPI Small Caps eine beinahe 50% geringere Standardabweichung auf.

---

7 Streng genommen ist die Standardabweichung nur für normalverteilte Daten sinnvoll interpretierbar. Die Renditen der vorliegenden Analyse sind annähernd normalverteilt.

	Durchschnittliche Rendite p.a.	**Standardabweichung p.a.**
OTC 50	14.2%	8.4%
SPI Small Caps	6.1%	15.8%
SPI	1.3%	15.6%

Abbildung 5: Rendite und Risiko

Diese Erkenntnis ist jedoch nicht sehr erstaunlich, da sich illiquide Anlagen, wozu OTC Aktien zweifelsfrei zu zählen sind, im Allgemeinen wenig volatil verhalten. Als Folge der Illiquidität haben Investoren einen längeren Zeithorizont und trennen sich weniger schnell von ihren Anlagen. Die Folge davon sind stabile Kursreihen mit geringer Volatilität. Daher reduziert die Illiquidität das mit der Volatilität gemessene Risiko von Kursschwankungen und damit die Gefahr grösserer Kursverluste. Gleichzeitig beschränkt die geringe Handelstätigkeit aber die Verkäuflichkeit der gehaltenen Papiere und begründet damit ein Immobilitätsrisiko. Ein Risiko, welches mit dem Volatilitätskonzept nicht gemessen werden kann.

Zwischen dem OTC 50 Index und dem SPI lässt sich für die Periode Januar 2000 bis Januar 2012 eine Korrelation von 33.9% berechnen. Gegenüber dem SPI Small Cap Index beträgt die Korrelation 35.4%. Obwohl auch diese Zahlen vor dem Hintergrund der geringen Liquidität der OTC Aktien kritisch beurteilt werden müssen, scheint die Korrelation zwischen Börse und OTC Markt somit eher gering zu sein. Im Folgenden dieses Kapitels wird der Risikofaktor Illiquidität detailliert betrachtet.

Wie bereits erwähnt gelten OTC Aktien generell als illiquide Anlage. Eine liquide Aktie hat einen so genannt tiefen Markt, welcher sich durch hohe Geld- und Brief-Volumen bei einer engen Preispanne auszeichnet. Volumendaten für gestellte Kurse sind im OTC-Markt jeweils nur für den besten Geld- und Briefkurs verfügbar. Mitentscheidend für die Markttiefe sind jedoch auch Preis und Volumen der zweit-, dritt- usw.-besten Kursstellungen. Messbare Indikatoren zur Einschätzung der Liquidität sind etwa die Geld/Brief Spanne sowie das Handelsvolumen in Geldeinheiten.

Für die Aktien des OTC 50 Index wurden die Geld/Brief Spannen jeweils per Monatsende erhoben. Für die Hälfte der Gesellschaften war die Spanne in mehr als der Hälfte der Monate unter 10%. Für einen Viertel der beobachteten Titel resultierte in mehr als 50% der betrachteten Monate gar eine Spanne von weniger als 5%. Aktien, welche regelmässig Geld/Brief Spannen von weniger als 2% aufweisen, sind selten. Von den aktuell im OTC Markt gehandelten Titel gehören etwa das Immobilienunternehmen Espace Real Estate oder die Regiobank Solothurn dazu.

Der Anleger kauft Aktien zum Briefkurs. Beim Verkauf erhält er jedoch nur den tieferen Geldkurs. Bevor der Anleger überhaupt eine Wertsteigerung realisieren kann, muss der Geldkurs daher mindestens auf das Niveau des Einstiegs-Briefkurses steigen. Die Geld/Brief Spanne zum Einstiegszeitpunkt lässt sich daher nicht gewinnbringend realisieren. Sie stellt somit im weiteren Sinne ein Element der Transaktionskosten dar. Die im vorherigen Kapitel ausgewiesenen Renditen des OTC Index 50 basieren auf Geldkursen. Sie zeigen daher nur die Wertentwicklung für bereits investierte Anleger auf. Wer die Aktien allerdings zuerst noch kaufen muss, bezahlt den über dem Geldkurs liegenden Briefkurs und erreicht damit eine tiefere Rendite. Durch eine Adjustierung des OTC 50 Index konnte der Effekt der Geld/Brief Spanne auf die Performance quantifiziert werden. Dabei wurde der jeweils erste Geldkurs bei der Aufnahme in den Index durch den Briefkurs ersetzt. Für viele der untersuchten Aktien erfolgt diese Veränderung per Januar 2000. Für Titel, welche erst später Aufnahme in den OTC 50 Index fanden, wurde gleich verfahren.[8]

---

8 Diese Vorgehensweise konnte nur bis Oktober 2008 praktiziert werden. Danach entspricht die Kursreihe dem von der BEKB berechneten Liquidity Index.

Abbildung 6 zeigt die Anpassung des OTC Index.

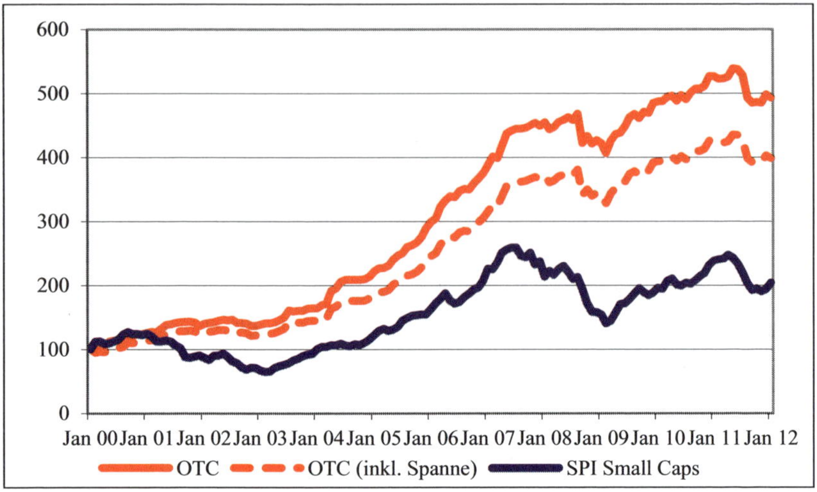

Abbildung 6: Kursentwicklung Jan 2000 bis Jan 2012 (inkl. Dividendenreinvestition)

Die hohen Geld/Brief Spannen drücken auf die Rendite des OTC Marktes. Durch die Berücksichtigung der Preisspanne reduziert sich die jährliche Durchschnittsrendite von 14.2% auf 12.2%. Nach Berücksichtigung der Geld/Brief Spanne beträgt die annualisierte Rendite des OTC 50 Index exakt das Doppelte der Rendite des SPI Small Cap Index.

Über die Periode 2008 bis 2011 erreichten 17 Unternehmen ein durchschnittliches jährliches Volumen von mehr als CHF 1 Mio. In diesen Fällen liegt das monatliche Handelsvolumen im Durchschnitt bei CHF 80‘000 oder mehr. Bei acht der 17 Gesellschaften liegt der Mittelwert des gehandelten Jahresvolumens gar bei über CHF 3 Mio. Dies entspricht einem monatlichen Umsatz von mindestens CHF 250‘000. Das grösste Jahresvolumen erreichte über die letzten vier Jahre die WIR Bank mit CHF 21.2 Mio.[9]

---

[9] Kunden, welche bei der WIR Bank ein CHF-Konto unterhalten, können Stammanteile (Die WIR Bank ist eine Genossenschaft) über die interne WIR-Börse erwerben. Es handelt sich dabei um eine WIR-bankinterne Marktplattform. Ausgeführt wird der Handel jeweils am Nachmittag des 1. und 3. Freitags eines Monats. Dabei verfolgt die WIR Bank das Prinzip der punktuellen Zusammenführung von Angebot und Nachfrage.

Durchschnittl. Jahresvolumen > CHF 3 Mio.	**Durchschnittl. Jahresvolumen in > CHF 1 Mio.**
DKSH (Logistik, Handel)	AEK Energie (Energie)
Espace Real Estate (Immobilien)	Andromis (Medtech)
Holdigaz (Energie)	Bad Schinznach (Gesundheit)
Montana Tech (Energie)	Casa Invest (Immobilien)
Neue Zürcher Zeitung (Medien)	EW Jona (Energie)
Regiobank Solothurn (Bank)	LZ Medien (Medien)
Wasserwerke Zug (Versorgung)	Messeholding Bern (Freizeit)
WIR Bank (Bank)	Rheintal Assets (Industrie)
	Welinvest (Immobilien)

Abbildung 7: Durchschnittliches jährliches Handelsvolumen auf OTC-X (2008-2011)

Der Grossteil der übrigen rund 40 im BEKB Liquidity Index enthaltenen Titel verzeichnet pro Jahr ein Handelsvolumen von ca. CHF 400‘000 bis 800‘000. Es sei nochmals darauf hingewiesen, dass die Auswertungen zum Handelsvolumen lediglich die auf der BEKB-Plattform erreichten Umsätze einschliessen. Von der ZKB und Bondpartners gehandelte Titel sowie bilateral zwischen den Anlegern abgewickelte Transaktionen erhöhen das Volumen zusätzlich.

Einer Faustregel zufolge ist eine börsenkotierte Gesellschaft aus Liquiditätssicht für einen breiten Kreis institutioneller Anleger attraktiv, falls der Marktwert des Free Floats mindestens CHF 200 Mio. beträgt.[10] Ein Blick auf die

Kaufaufträge werden nach absteigenden, Verkaufsaufträge nach aufsteigenden Kursen berücksichtigt. Danach wird der Preis bestimmt, zu welchem die grösstmögliche Anzahl Stammanteile gehandelt werden kann. Laut einer Vereinbarung zwischen WIR Bank und BEKB werden die auf der unternehmensinternen Börse umgesetzten Titel anschliessend auch über die BEKB-Plattform otc-x gehandelt. Dies steigert die Transparenz. Der Anleger kann die Stammanteile aber auch direkt bei der BEKB handeln. Der Grossteil des in den letzten vier Jahren beobachteten Volumens stammt von der unternehmensinternen Plattform. Vgl. dazu Lütolf (2009a), Publikumsgesellschaften auf dem OTC Markt, Schriften aus dem Institut für Finanzdienstleistungen Zug IFZ, Band 17, Verlag IFZ –Hochschule Luzern.

10 Der Free Float bezeichnet den Anteil der Aktien, welcher sich im Streubesitz befindet und daher theoretisch frei zum Handel verfügbar ist. Durch eine Multiplikation von Free Float und Börsenkapitalisierung resultiert der Marktwert Free Float.

meldepflichtigen Beteiligungen an kotierten Gesellschaften zeigt jedoch, dass institutionelle Anleger auch in Gesellschaften mit deutlich weniger Marktwert des Free Float investieren.[11] Die Höhe der Beteiligungen institutioneller Anleger an diesen Gesellschaften beträgt im Durchschnitt das 1.4fache des monatlichen Handelsvolumens. Wenn ein Anleger bereit ist das 1,4fache des Monatsvolumens in beispielsweise die OTC Aktie Holdigaz (Energie) zu investieren, könnte er eine Beteiligung von CHF 360‘000 halten. Für die Messeholding Bern würde ein theoretischer Beteiligungswert von CHF 175‘000 resultieren.

Für den Finanzinvestor ist ein Anlageentscheid mit Fixkosten verbunden. Dazu gehört etwa der Zeitbedarf für Aktienanalysen und Unternehmensbewertungen im Rahmen der Evaluation von Investitionsobjekten. Ein hohes Anlagevolumen ist darum aus Kostensicht von Vorteil. Darin liegt wohl einer der Hauptgründe für das weit verbreitete Desinteresse institutioneller Anleger am OTC Markt. Hinzu kommt, dass die Anlagerichtlinien manchem Finanzinvestor Investitionen in nicht kotierte Aktien untersagen.

Liquidität bzw. Illiquidität ist immer im Hinblick auf das beabsichtigte Anlagevolumen zu beurteilen. Für grössere Positionen ist die Verkäuflichkeit von OTC Aktien stark eingeschränkt. Der Investor trägt daher ein beträchtliches Immobilitätsrisiko. Für einen Verkauf von grossen Aktienpositionen muss er wohl bilateral nach einem Abnehmer suchen. Diese Problematik stellt sich aber auch bei Beteiligungen an börsenkotierten Small Caps. Für einen Privatanleger mit einem fünfstelligen oder kleinen sechsstelligen Investitionsvolumen sind die im BEKB Liquidity Index enthaltenen Aktien sicherlich gut investierbar, vorausgesetzt er bringt einen langfristigen Anlagehorizont mit.

Die Möglichkeiten von indirekten Anlagen in den OTC Markt sind beschränkt. Qualifizierten Anlegern[12] steht der BEKB/BCBE Fundstreet OTC Fund One

---

[11] Die Analyse der Beteiligungen erfolgte per Ende April 2008. Berücksichtigt wurden die folgenden Investorentypen: Anlagefonds, Beteiligungsgesellschaften, Hedge Funds, Pensionskassen, Private Equity Investoren, Versicherungen. Meldepflichtig nach dem Börsengesetz ist eine Beteiligung, falls Sie mindestens 3% der Stimmrechte umfasst.

[12] Als qualifiziert gelten nach Art. 10 Abs. 3 KAG (Bundesgesetz über die Kapitalanlagen) und EBK-Rundschreiben 03/01 Banken, Effektenhändler, Fonds und Vermögensverwalter, beaufsichtigte Versicherungseinrichtungen, öffentlich-rechtliche Körperschaften und Vorsorgeeinrichtungen mit professioneller Tresorerie, Unternehmen mit professioneller Tresorerie, vermögende Privatpersonen (im Besitz von Finanzanlagen von mind. CHF 2 Mio.) sowie Anleger, welche mit einem beaufsichtigten Finanzintermediär einen schriftlichen Vermögensverwaltungsvertrag abgeschlossen haben.

offen. Es handelt sich dabei um eine geschlossene Kapitalanlage, d.h. dem Anleger steht kein jederzeitiges Rückgaberecht zu.[13] Die Liquidität im OTC Markt würde eine offene Kapitalanlage mit Rückgaberecht nicht zulassen. Derzeit liegt das Fundvolumen bei rund CHF 32 Mio. Die grösste Einzelbeteiligung macht daran ca. 4% aus. Eine weitere indirekte Anlagemöglichkeit in den OTC Markt ist die an der SIX kotierte Beteiligungsgesellschaft nebag. Sie hält aktuell sieben strategische Beteiligungen an nicht kotierten oder ehemals ausserbörslich gehandelten Unternehmen. Im Gegensatz zum BEKB/BCBE Fundstreet OTC Fund One nimmt nebag direkt Einfluss auf ihre strategischen Beteiligungen.

An der Börse gilt für Gesellschaften ein «Bring Prinzip». Das heisst, kotierte Unternehmen müssen den Anleger mit Informationen versorgen. Im OTC Markt gilt hingegen ein «Hol Prinzip», was bedeutet, dass der Anleger selbst zu den Informationen kommen muss. Es gibt aber durchaus Unternehmen mit ausserbörslich gehandelten Aktien, welche sich in ihrer Informationspolitik an den börslichen Standards orientieren. Sie legen ihre Jahresrechnung nach einem anerkannten Standard mit True and Fair View, veröffentlichen einen Halbjahresabschluss sowie Medienmitteilungen bei speziellen Vorkommnissen und achten auf eine gute Corporate Governance. Andere beschränken sich auf die minimalsten OR-Richtlinien. Ausser der durch stille Reserven verschleierten Jahresrechnung gibt es für die Anleger keine weiteren Informationen. Intransparenz bietet dem Anleger sowohl Risiken als auch Chancen. Dank der ungenügenden Informationsversorgung lohnt es sich für den Anleger Analyseaufwand zu betreiben. Dafür wird er in Form einer überdurchschnittlichen Rendite belohnt. Diese geht dann allerdings auf Kosten des Anlegers ohne Informationsvorsprung. Was die Transparenz bzw. die Informationspolitik von OTC Gesellschaften betrifft, ist in den letzten Jahren eine positive Tendenz auszumachen.

11.4 Zusammenfassung und Ausblick

Über die vergangenen zwölf Jahre hat der OTC Markt die Börse deutlich geschlagen. Gegenüber dem SPI Small Cap Index liegt die jährliche Performance 8% höher bzw. mehr als doppelt so hoch. Den Grundstein für diese Überperformance hat der OTC Markt jeweils in Zeiten fallender Börsenkurse gelegt. Im Gegensatz zur Börse liegen die ausserbörslichen Geld/Brief Spannen deutlich

---

[13] Die Rechtsform ist eine Kommanditgesellschaft für kollektive Anlagen.

höher. Doch auch nach Berücksichtigung der Preisspanne verbleibt eine deutliche Überperformance für die OTC Aktien. Für institutionelle Anleger besteht ein beträchtliches Risiko der beschränkten Verkäuflichkeit. Grössere Positionen sind kaum über die bestehenden Plattformen handelbar. Der OTC Markt wird daher von Privatanlegern dominiert. Bei fünfstelligen Investitionsbeträgen sind die rund 60 im BEKB Liquidity Index enthaltenen Titel gut investierbar. Wichtig ist auf jeden Fall ein langer Anlagehorizont.

Die ausserordentlich hohen Renditen der letzten zwölf Jahre werden sich in den nächsten zwölf Jahren kaum wiederholen. Ein wesentlicher Teil der Überperformance dürfte nämlich durch einen aufgestauten Bewertungsnachholbedarf bzw. durch eine Erhöhung der Aktienbewertung zustande gekommen sein. Es zeigt sich, dass die OTC Aktien in der Vergangenheit kein signifikant schnelleres Gewinnwachstum erreicht haben als kotierte Small Caps. Nichtdestotrotz bleibt der OTC Markt auch in Zukunft attraktiv. Attraktiv sind vor allem die Kursstabilität und die geringe Korrelation mit der Börse.

12 Strategische und operative Potentiale im Immobilienmanagement

Der schweizerische Immobilienbesitz ist breit gestreut. Eine Studie der Hochschule Luzern zeigt, dass insbesondere kleinere und mittlere Bestände zu wenig professionell geführt werden. Generell stellt sich die Frage, wieweit die aus der Kapitalmarkttheorie bekannten Ansätze des Portfoliomanagements für Immobilienbestände geeignet sind. Die Strategielehre scheint zielführendere und nachhaltigere Führungskonzepte zu liefern.

Markus Schmidiger

Dr. Markus Schmidiger (1965) ist am Institut für Finanzdienstleistungen Zug für den Kompetenzbereich Immobilienmanagement verantwortlich und leitet den Nachdiplomstudiengang MAS Immobilienmanagement. Zudem ist er für die Schweizer Masterlizenz des globalen Immobilienmaklerunternehmens Engel & Völkers verantwortlich, welchen er seit 2001 aufgebaut hat. In den letzten fünf Jahren hat er verschiedene private Immobilienportfolien aufgebaut, geführt und weiterentwickelt. Vor seinem Wechsel in die Immobilienbranche war er zehn Jahre in der internationalen Strategie- und Organisationsberatung tätig.

Markus Schmidiger studierte und promovierte an der Universität St. Gallen und schloss ein Nachdiplomstudium zum Corporate Real Estate Manager an der EBS – European Business School in Östrich-Winkel ab. Seit 2011 ist er Mitglied der RICS – Royal Institution of Chartered Surveyors.

Kontakt: markus.schmidiger@hslu.ch

Die Immobilie als Anlageklasse hat in den letzten Jahren eine wahre Renaissance erlebt. Die im CS-Pensionskassen-Index erfassten Vorsorgeinstitute haben ihre Immobilienquote vom 4. Quartal 2002 bis zum 4. Quartal 2011 von 7.9% auf 21.1% gesteigert.[1] Auch Privatinvestoren fragen vermehrt Immobilien, vor allem in Form von Mehrfamilienhäusern, nach.

Neben den grossen institutionellen Anlegern gibt es überraschend viele kleinere und mittlere Portfolien in privater Hand. Privatinvestoren mit Immobilien im Wert von CHF 50-500 Mio. sind keine Seltenheit. Auch mittlere und kleinere Pensionskassen verfügen häufig über Immobilienportfolien in dieser Grössenordnung.

Eine Studiengruppe an der Hochschule Luzern untersuchte 2009 im Rahmen einer Masterarbeit das Immobilienmanagement von Pensionskassen und kam dabei zu interessanten Ergebnissen in Bezug auf die Führung des Immobilienbestandes.[2] Der Versand wurde bei 694 Pensionskassen (Rücklauf 21%) vorgenommen mit einem Immobilienbestand von CHF 221 Mrd. Interessant sind insbesondere die Unterschiede im Immobilienmanagement zwischen den beiden Gruppen mit jeweils mehr oder weniger als CHF 500 Mio. direkten und indirekten Immobilienanlagen. Die Situation bei privaten Immobilienbesitzern dürfte aufgrund der Praxiserfahrung derjenigen der untersuchten Pensionskassen stark ähnlich sein.

12.1 Überalterter Immobilienbestand ohne klare Unterhaltsstrategie

Die Studie zeigt, dass insbesondere Portfolien kleinerer Pensionskassen tendenziell einen älteren Immobilienbestand aufweisen. 20% der kleineren Immobilienbesitzer weisen einen überdurchschnittlichen Bestand an Altobjekten auf. Während 100% der Besitzer mit einem Bestand von über CHF 500 Mio. über Unterhalts- und Sanierungsbudgets verfügen, nehmen 24% der kleineren Immobilienbesitzern Sanierungen nur bei Bedarf (oder im äussersten Notfall?) vor.

---

1 Neff, M. (2012), S. 59.

2 Bühlmann, R. et al. (2009).

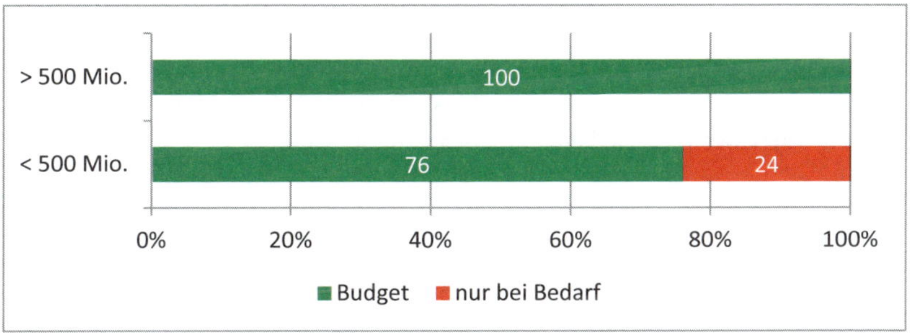

Abbildung 1: Planung von Sanierungsvorhaben

Der Sanierungs- und Unterhaltsaufwand ist jedoch aufgrund des älteren Bestandes mehr als doppelt so hoch wie bei den professionell geführten Grossbesitzern. Fehlende Unterhaltsbudgets deutend darauf hin, dass der Bauzustand und damit der kommende Mittelbedarf zur Erhaltung der Marktfähigkeit einer Immobilie zu wenig bekannt ist. Damit befindet sich der Immobilenbesitzer sowohl bezüglich Kapitalbedarf und Cash Flows als auch bezüglich künftiger Ertragspotentiale seiner Objekte quasi «im Blindflug».

12.2 Zu wenig zukunftsorientierte Bewertungen

Während 70% der grossen Besitzer ihre Objekte mittels der Discounted-Cash-Flow Methode bewerten, welche primär die künftigen Ertrags- und Kostenströme betrachtet, wenden 63% der kleinen Besitzer andere, in der Regel gegenwarts- oder sogar vergangenheitsorientierte Bewertungsmethoden an. Diese Fortschreibung der Vergangenheitsdaten in die Zukunft ist insb. bei älteren Objekten irreführend und vermittelt häufig ein zu positives Bild. Wenn man bedenkt, dass von den kleineren Besitzern nur 46% ihre Immobilien grundsätzlich extern bewerten lassen, während die anderen intern bewerten und diese Bewertung bestenfalls periodisch durch externe Experten überprüfen lassen, stellt sich die Frage, wie nachhaltig die in den Bilanzen aufgeführten Zahlen sind. Qualitative Objektbewertungen wie z.B. Objektratings, die auch weiche Faktoren wie die Standortentwicklung, die Grundrissqualität oder die Marktgängigkeit berücksichtigen, werden von 87% der grossen Besitzern, aber von lediglich 42% der kleinen Besitzer, angewandt.

12.3 «Hands-off» Führung des operativen Geschäfts ungenügend.

Immobilien brauchen eine intensive Betreuung. Diese wird in der Regel an externe Bewirtschaftungsfirmen ausgelagert. Nur 73% der grossen und 60% der kleinen Objektbesitzer geben ihren externen Partnern Vorgaben zur Objektstrategie. Die übrigen überlassen das Schicksal der Immobilie ungeführt dem Talent des Bewirtschafters. Lediglich 30% der grossen und sogar nur 18% der kleinen Objektbesitzer machen Vorgaben zum Soll-Mietzins.

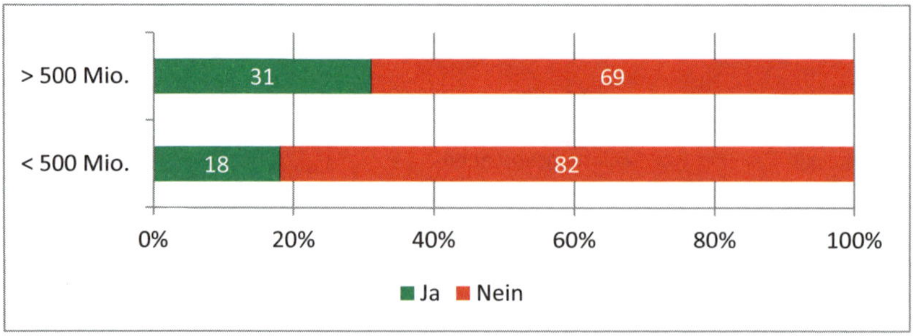

Abbildung 2: Vorgaben zu Soll-Mietzinsen

Damit werden an vielen Orten die möglichen Marktpotentiale nicht ausgeschöpft. Vordergründig scheint bei tiefen Leerständen aufgrund unterdurchschnittlicher Mieten alles in Ordnung. In der Realität gehen aber aufgrund unausgeschöpfter Mietzinsreserven grosse Ertragspotentiale verloren. Qualitätsbezogene Messgrössen für die Arbeit des Bewirtschafters sind weitgehend unbekannt. So kann keine dialektische Auseinandersetzung zwischen operativem und strategischem Geschäft entstehen. Es wird primär die Vergangenheit fortgeschrieben, statt die Zukunft jedes einzelnen Objektes aktiv zu gestalten.

12.4 Klassische Kapitalmarkttheorien für Immobilien schlecht geeignet

Pümpin und Pedergnana zeigen in ihren Überlegungen zum strategischen Investment Management die Grenzen und problematischen Grundannahmen der modernen Portfoliotheorie (MPT) auf.[3] Zusätzlich zur allgemeinen Kritik am Konzept der MPT verfügen Immobiliendirektanlagen über Eigenschaften, die mit der modernen Kapitalmarkttheorie schlecht vereinbar sind.[4] Die Annahmen der unbegrenzten Teilbarkeit, der fehlenden Steuern und Transaktionskosten,

---

3 Pümpin, C. / Pedergnana, M. (2008), S. 17 ff.

4 Vgl. dazu auch Lehner, C. (2010), S. 73 ff.

der fehlenden Markteintrittsbarrieren und Verfügbarkeitshemmnisse, der kostenlosen und sofortigen Informationsbeschaffung, der atomistischen Marktstruktur, in der die Tätigkeit des einzelnen Akteurs keine oder nur einen marginalen Einfluss auf die Preisbildung hat sowie die unbeschränkte Kapitalanlage- oder Kreditaufnahmemöglichkeit zum einheitlichen, risikofreien Zinssatz sind auf Immobilienmärkten regelmässig nicht oder höchstens marginal gegeben.

Im Gegenteil: Immobilien und Immobilienmärkte erfüllen in geradezu idealtypischer Weise viele Voraussetzungen, die dazu geeignet sind, sich aufgrund strategischer Vorgehensweisen Konkurrenzvorteile und Überrenditen zu sichern. Jede Immobilie an sich ist ein Unikat, unverwechselbar und unteilbar und bietet damit beste Voraussetzungen zur Differenzierung. Der Eigentümer kann sehr direkt Einfluss auf ihre Performance nehmen, sei es durch die architektonische Gestaltung, die Art der Nutzung, den Marktauftritt oder die Betreuung bestehender und die Akquisition neuer Mieter. Die Märkte sind in der Regel intransparent, die Informationsbeschaffung aufwändig und die Konkurrenz stark lokal geprägt. Studien zeigen denn auch, dass lokal tätige Immobilieninvestoren in der Regel eine bessere Performance aufweisen als global tätige, kleine eine bessere als grosse und dedizierte Immobilieninvestoren eine bessere als solche, die als Bestandteil eines Finanzinstitutes tätig sind.[5]

Umso mehr erstaunt es, dass in der Schweiz innovative, kundenbezogene, fokussierte Strategien erst vereinzelt auftauchen und sich viele Investoren nach wie vor auf praktisch auswechselbare Core-Objekte konzentrieren und diese ohne grosse eigene Führung extern bewirtschaften lassen.

12.5 Strategisches Investment Management für Immobilien

Wenn die einzelne Immobilie nicht als «Kapitalanlageobjekt», sondern als eigenständiges Unternehmen angeschaut wird, ergeben sich für den Investor neue Perspektiven. Der lokale Markt, mit der individuellen Nachfrage der lokalen, regionalen oder internationalen Kunden und der individuellen Konkurrenz geben den Rahmen zur Objektprofilierung. Mit zielgruppengerechter Angebotsgestaltung und engagierter, kundenorientierter Bewirtschaftung kann Kundennutzen erzeugt, Kundenbindung erreicht und die Rentabilität gesteigert werden.

5 INREV (2009), S. 8.

Das bedeutet jedoch, dass sich der Investor nicht als passiver, primär auf optimierte Kapitalallokation fokussierter Kapitalanleger, der möglichst viele Aufgaben delegiert, sondern als strategisch denkender und handelnder Unternehmer begreift.

Ein hervorragendes Beispiel, was das in der Praxis bedeutet ist der Technopark Zürich.[6] Ein durchdachtes, auf ein klares Zielpublikum (start-ups und Spin-offs im Technologiebereich) ausgerichtetes Konzept, das sich auf die wichtigsten Elemente konzentriert, die dem Kunden in den wesentlichsten Punkten Nutzen schafft: flexible Räume, geringe Anfangsinvestitionen, die Möglichkeit auf umfassende gemeinsame Services «on-demand» zuzugreifen, Unterstützung im Bereich Strategie, Finanzierung, Marketing, ein Synergien förderndes Umfeld und die Möglichkeit, zu wachsen, ohne Standort, Adresse oder Telefonnummer ändern zu müssen. Die Gebäudestrukturen wurden konsequent auf diese Ziele angepasst: flexibel einteilbare Mietflächen vom ausgebauten, schnell und kostengünstig bezugsbereiten Einzelbüro bis zu grossen, frei einteilbar und ausbaubaren Labor-, Forschungs- und Produktionsflächen. Dazu kommen umfassende Shared Services wie Kundenempfang, Postdienst, Sicherheitsdienst, Telefonzentrale, Sitzungs-, Tagungs- und Konferenzräume in den unterschiedlichsten Grössen, welche teilweise im Grundmietpreis inbegriffen sind und ansonsten bei Bedarf relativ kostengünstig zugemietet werden können. Mit bewussten Vermietungsentscheiden wurde bereits zu Beginn darauf geachtet, dass Synergien erzeugende Firmen wie Bürodienstleistungen, Copy-Center, Design-, EDV- und Beratungsfirmen und andererseits Know-How Träger wie ETH-Institute und Forschungs-Spin-offs sich im Hause einmieteten, womit die Basis für weitreichende Nutzenpotentiale zugunsten der angepeilten Mieter geschaffen wurde. Die wesentlichen Elemente für den erfolgreichen laufenden Betrieb werden durch eigenes Personal wahrgenommen: Vermietung, Mieterbetreuung, Objektführung und Objektentwicklung. Austauschbare Leistungen wie Reinigung, Security, technisches FM, etc. werden konsequent outgesourced, um die eigenen Mitarbeiter nicht zu überlasten.

Damit hat sich der Technopark zu einer Immobilie entwickelt, die durch alle «Ups and Downs» des Zürcher Büromarktes praktisch immer nicht nur voll vermietet war, sondern sogar eine Warteliste an Mietinteressenten aufweist.

---

6 Vgl. http://www.technopark.ch

12.6 Aufbau von Kernkompetenzen

Die Anlagestrategien der meisten Immobilienanleger verlangen, dass sie in «qualitativ gute Immobilien» investieren. Die Frage, was eine qualitativ gute Immobilie ist, kann jedoch nicht unabhängig vom Eigentümer beantwortet werden. Ein nur zur Hälfte belegter Gewerbepark kann für den Investor, der über die notwendige lokale Verankerung sowie Betreiber- und Vermieterkompetenz verfügt, eine optimale und lohnenswerte Investition sein, während ein passiver Kapitalanleger damit keine vernünftige Rendite erzielen kann. Die gängige Immobilientypologie mit ihrer Marktaufteilung in «Core», «Value Add» und «Opportunistic» oder die Einteilung der Standorte in A/B/C-Lagen ist zwar für ein grobes Marktverständnis bzw. eine grobe Investment-Style-Einteilung in Ordnung, der einzelne Investor muss jedoch wesentlich tiefer gehen, wenn er sich wirkliche strategische Wettbewerbsvorteile erarbeiten will.[7]

12.7 Unternehmerische Führung von Immobilien

Strategische Führung heisst zu aller erst, den Markt und die Kunden zu verstehen und das Geschäftsmodell konsequent an den Bedürfnissen, bzw. dem Kundenproblem auszurichten. Für die Immobilienbranche bedeutet das eine Abkehr vom klassischen Denken im Verkauf und der Vermietung von Quadratmetern hin zu einem Denken in Kundenproblemen. Welches sind die konkreten Probleme, die innovative Start-ups haben und wie können Sie gelöst werden? Eine Antwort auf diese Frage hat der Technopark gefunden und konsequent umgesetzt. Welches sind die konkreten Probleme, die ältere oder unterstützungsbedürftige Personen haben? Bonacasa[8] hat eine mögliche Lösung dafür gefunden und diese konsequent umgesetzt. Typisch für am Kundenbedürfnis ausgerichtetes strategisches Denken ist, dass es weit über das eigentliche Produkt (in diesem Fall die zu vermietenden Quadratmeter) hinausgeht und in Lösungssystemen bzw. Angebotsbündeln denkt.

Der strategisch ausgerichtete Immobilieninvestor versucht somit zuerst aufgrund einer Markt- und Zielgruppendefinition die Kundenprobleme zu verstehen und optimiert danach sein Angebot entlang der gesamten Wertschöpfungskette, um diese optimal zu erfüllen. Dieses Denken funktioniert sowohl auf der Gesamtunternehmensebene als auch auf der Ebene des einzelnen Objektes.

---

[7] Vgl. Fürst, F. / Mercato, G. (2009).

[8] Vgl. http://www.bonacasa.ch

Der Aufbau von strategischen Erfolgspositionen bzw. überlegenen Kernfähigkeiten kann dabei in unterschiedlichen Phasen der Wertschöpfung bzw. des Immobilienzyklus erfolgen.

In der *Akquisitionsphase* mit überlegenen Marktkenntnissen, dem Aufbau von Netzwerken, die Zugang zu den richtigen Objekten gewähren, mit gezieltem, proaktivem Scouting, damit attraktive Situationen frühzeitig erkannt und akquisitorisch genützt werden können. In der *Erstellungs- oder Repositionierungsphase* können ausgeprägte Bauprozessfähigkeiten, Modularisierungs- oder Skalierungseffekte oder die Fähigkeit, aufgrund exakter Kundenbedürfnis-Kenntnisse, die optimalsten Grundrisse und Materialisierungen zu wählen zu einer entscheidenden Differenzierung beitragen. In der *Betriebsphase* kann sich der Investor über überragende Marktkenntnis- und Vermietungskompetenz, über kundenoptimierte Betriebskonzepte, über überdurchschnittliche Betreuungskompetenz oder über kostenminimierende Facilitymanagement- und Unterhaltsstrategien vom Wettbewerb abheben.

Empirische Studien zeigen, dass nur auf hohe Einkommen (Net cashflows) ausgerichtete Strategien nachhaltig eine risikoadjustierte Überperformance zu generieren vermögen.[9] Damit kommt dem Kompetenzaufbau in der Betriebsphase eine überragende Bedeutung zu. Interessanterweise sind die Effekte einer überdurchschnittlich guten «Property Selection» (Einkaufs- und Verkaufsstrategie) nicht nachhaltig, während hohe Entwicklungsaktivitäten sogar einen negativen Einfluss auf die risikoadjustierte Performance haben.[10] Vor diesem Hintergrund stellt sich die Frage, wie weit ein strategisch orientierter, aktiver Immobilienbesitzer ausgerechnet diesen Teil seiner Wertschöpfungskette auslagern und schlecht geführt Dritten überlassen soll, wie es gemäss der Studie offensichtlich von vielen praktiziert wird. Auf aktives Management spezialisierte Investoren wie etwa die Intershop[11] oder die Mobimo[12] haben dies bereits vor einigen Jahren erkannt und führen ihre Bewirtschaftungsaktivitäten wieder in house.

---

9 Vgl. Michell, P. (2007).

10 Vgl. Michell, P. (2007).

11 Vgl. http://www.intershop.ch

12 Vgl. http://www.mobimo.ch

12.8 Basis für langfristige Überrendite schaffen

Um langfristig erfolgreich zu sein und für sich bzw. ihre Investoren Überrenditen zu sichern müssen Immobilieninvestoren sich der Methoden der strategischen Unternehmensführung sowohl zur Führung des Portfolios, als auch zur Führung der einzelnen Immobilien bedienen. Das in diesem Bereich bekannte Methoden-Set bietet viele Instrumente, die sehr gut auf den konkreten Fall der Immobilien angepasst und angewendet werden können. Insbesondere scheinen folgende Elemente sehr wertvoll:

(1) Eine klare, fokussierte Strategie. (2) Darauf aufbauend ein konsequenter Aufbau von strategischen Kernfähigkeiten, um strategische Erfolgspositionen zu besetzen. (3) Die konsequente Ausrichtung des gesamten Angebotes an den Kundenbedürfnissen und damit verbunden ein Denken in einem Angebotsbündel aus Flächen, Produkten und Dienstleistungen. (4) Die (Wieder-)entdeckung der Wichtigkeit von aktivem Property- und Facilitymanagement und damit verbunden ein Überdenken von Outsourcingentscheiden und Schnittstellen. (5) Das Entwickeln und Vorantreiben von kundensegmentorientierten Innovationen, um individuelle Segmente zur Outperformance zu erschliessen.

Das Marktumfeld der letzten 15 Jahre war in der Schweiz sehr positiv für Immobilieninvestoren und Immobilienmanager. Es werden jedoch wieder Zeiten kommen, in denen der Markt nicht mehr alles absorbiert und individuelle Fehlleistungen bestraft werden. Um für diese härteren Zeiten gewappnet zu sein und auch dann noch bestehen zu können, ist ein anderes Denken und Handeln gefordert. Die strategische Unternehmensführung kann dem Immobilienverantwortlichen dabei gute Dienste leisten.

Literaturverzeichnis

- Bühlmann, R. / Hürzeler, M. / Stäger, P. (2009): Direkte Immobilienanlagen bei Pensionskassen in der Schweiz. Masterarbeit an der Hochschule Luzern. Zug, 2009 (unveröffentlichte Studie).
- Fürst, F. / Marcato, G. (2009): Style Analysis in Real Estate Markets: Beyond the Sectors and Regions Dichotomy. Research Paper. Reading: Henley Business School.
- INREV (2009): European Non-Listed Real Estate Vehicles: Quarterly Research Report. No. 22, May 2009. Amsterdam: INREV.
- Kaiser, R:W. / Clayton, J. (2008): Assessing and Managing Risk in Institutional Real Estate Investing. Journal of Real Estate Portfolio Management, Vol. 4, Nr. 4.
- Lehner, C. (2010): Erfolgreiches Portfolio- und Asset Management für Immobilienunternehmen. Wiesbaden: IZ Immobilien Zeitung Verlagsgesellschaft.
- Michell, P. / Bond, S. (2007): Property strategy in a modern world: Alpha Hunting or Beta Grazing. IPD/IPF Property Strategies Conference.
- Neff, M. (Hrsg.) (2012): Swiss Issues Immobilien: Immobilienmarkt 2012 - Strukturen und Perspektiven. Zürich: Credit Suisse.
- Pümpin, C. / Pedergnana, M. (2008): Strategisches Investment Management: Wie Investoren nachhaltige Wertsteigerungen erzielen. Bern, Stuttgart, Wien: Haupt.
- Wellner, K. (2002): Entwicklung eines Immobilien-Portfolio-Management-Systems zur Optimierung von Rendite-Risiko-Profilen diversifizierter Immobilien-Portfolios. Dissertation an der Universität Leipzig.

13 Internationale Immobilieninvestitionen – Potenzial für Schweizer Pensionskassen

Der vorliegende Artikel erläutert internationale Immobilienanlagen von Schweizer Pensionskassen und vergleicht deren Asset-Allokation mit der Allokation ausländischer Pensionskassen. Er liefert einen Beitrag zur Diskussion rund um das Potenzial internationaler Immobiliendiversifikation für Schweizer Pensionskassen.

John Davidson

Prof. Dr. John Davidson (1974), CAIA ist seit 2009 am Institut für Finanzdienstleistung Zug, ein Institut der Hochschule Luzern – Wirtschaft im Bereich Real Estate und Private Equity als Dozent und Studienleiter vom MAS Immobilienmanagement und der Vertiefung Immobilien im BSc BA tätig. Zudem ist er bei der Deutschen Finance Group, einem Real Estate / Infrastructure FoF auf dem Asset Management Board. Zuvor war John Davidson von 2005 bis 2009 bei der Swiss Re für den Aufbau und das Management eines globalen indirekten Real Estate Immobilienportfolios mitverantwortlich. Neben der Auswahl und Fund Due Diligence vertrat er die Swiss Re auf verschiedenen Advisory Boards und an Investmentkonferenzen. Von 2002 bis 2005 war John Davidson bei UBS Asset Management im Bereich Private Equity tätig.

John Davidson promovierte an der Universität Zürich zum Thema «MBO mittels Private Equity». Zudem ist er seit 2009 Mitglied der CAIA-Association. Seine neuste Publikation das Handbuch zu «Private Equity Real Estate» wurde 2011 im SECA Verlag publiziert.

Kontakt: john.davidson@hslu.ch

13.1 Einleitung

Der Vorsorgezweck und die Leistungsziele wie sie in der revidierten Verordnung über die berufliche Alters- Hinterlassenen- und Invalidenvorsorge (BVV2) festgehalten sind, verpflichten Pensionskassen zu einer Verteilung der Chancen und Risiken. Ziel dieser Anlagebestimmung ist eine angemessene Diversifikation der Anlageklassen. Die niedrigen Anleihenszinsen verbunden mit einem gestiegenen Anlagedruck und einer erhöhten Inflationserwartung verleiteten die Schweizer Pensionskassen in den vergangenen Jahren dazu, vermehrt in Immobilien zu investieren. In der Folge erhöhte sich der Anteil an Immobilien in den Portfolios der Schweizer Vorsorgeeinrichtungen im Vergleich zu den anderen Anlagen wie etwa Aktien und Obligationen deutlich. Heute sind Immobilien mit einem Anteil von 20% des gesamten Anlagevolumens die drittwichtigste Anlageform (nach Aktien und Obligationen) bei den Schweizer Pensionskassen.

Der hohe Bestand an Immobilienanlagen in den Portfolios der Schweizer Pensionskassen ist eine indirekte Folge der internationalen Finanzkrise 2008/09. Einerseits haben Anlageklassen wie etwa Aktien in den vergangenen Jahren an Wert verloren, anderseits ist das Interesse an Immobilienanlagen – insbesondere in der Schweiz – durch die relativ hohe und stabile Wertentwicklung gestiegen. Die rege Nachfrage übersteigt das Angebot bei weitem. Dies hat einerseits zur Folge, dass Investoren bei indirekten Anlagen wie den Schweizer Immobilienfonds aktuell hohe Aufschläge (Agio) bezahlen und andererseits bei direkten Anlagen lediglich tiefe Anfangsrenditen erreichen. In Anbetracht dieser Entwicklung muss die Akquisitionsstrategie vieler Pensionskassen, welche praktisch ausnahmslos auf den Schweizer Immobilienmarkt fokussiert sind, in Frage gestellt werden.

13.2 Zu tiefe internationale Diversifikation von Schweizer Pensionskassen

Während Schweizer Pensionskassen ihre Aktien- und Anleihensinvestitionen international diversifizieren, konzentrieren sie sich bei Immobilienanlagen vorwiegend auf den Heimmarkt. Gemäss der jährlichen Pensionskassenstudie der Investmentgesellschaft Swisscanto waren im Dezember vergangenen Jahres 19.4% des Vorsorgevermögens der Schweizer Pensionskassen in Immobilien investiert, wobei der Zielwert der befragten Vorsorgeeinrichtungen für den gleichen Zeitraum bei 19.6% lag. Nach der Umfrage des Beratungsunternehmens Lusenti & Partners aus dem Jahr 2009 beträgt der Anteil an Auslandimmobilien weniger als 1% des Gesamtvermögens. Die Autoren der Studie weisen jedoch darauf hin, dass in der Kategorie Aktien Ausland zusätzlich noch ausländisch kotierte Immobilienaktien berücksichtigt werden müssen. Trotzdem bleibt der Auslandanteil klein, weshalb nicht von einer internationalen Diversifizierung gesprochen werden kann. In Abbildung 1 wird das Verhältnis aller Anlageklassen, unterteilt in inländische und ausländische Investitionen, aufgezeigt. Auffällig ist der geringe Anteil an ausländischen Immobilieninvestitionen im Vergleich zum hohen Anteil an ausländischen Aktien. Die hohe internationale Diversifikation bei Aktien ist umso erstaunlicher, da ein Grossteil der kotierten Unternehmungen in der Schweiz international aufgestellt sind. Somit sind Schweizer Aktientitel durch ihre operative Geschäftstätigkeit bereits international diversifiziert. Bei Immobilieninvestitionen ist dies hingegen nicht der Fall.

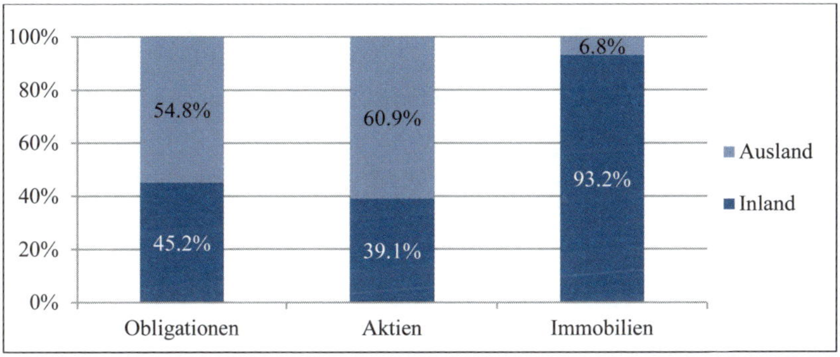

Abbildung 1: Asset Allokation von Schweizer Pensionskassen

Quelle: BFS (2009)

Die Vernachlässigung der Diversifikation in Immobilien hat in der Vergangenheit viele Investoren vor Währungsverlusten in US Dollar und Euro bewahrt. Trotzdem wird es langfristig möglich sein, durch internationale Diversifikation die Renditen des Immobilienportfolios zu optimieren. Dass eine stärkere geografische Aufteilung des Immobilienportfolios positive Diversifikationseffekte beisteuert, belegen verschiedene Studien[1]. Insbesondere für Schweizer Pensionskassen, welche über einen langfristigen Investitionshorizont verfügen, bietet sich eine internationale Immobilienanlagestrategie an.

---

[1] Vgl. Gordon, J. et al. (1998); Eichholz, P. (1996); De Wit, I. (2009); Henley Business School (2009) und Fehr, P. / Stürmer, S., erschienen in Davidson, J. (Hrsg.), (2011).

13.3 Regulierung schafft neue Spielräume

Mit der Revision der Anlagevorschriften des BVV2 gilt für Immobilieninvestitionen von Schweizer Pensionskassen neu eine Maximalquote von 30%. Ein Drittel davon, also 10% des gesamten Vermögens dürfen in ausländische Immobilien investiert werden. Wie die erläuterten Befragungen zeigen, liegt der effektive Anteil an ausländischen Immobilien in den Portfolios der Schweizer Pensionskassen deutlich unter der gesetzlich zulässigen Limite. Folglich kann festgehalten werden, dass die Schweizer Vorsorgeeinrichtungen den gesetzlichen Spielraum bei den ausländischen Immobilieninvestitionen bei weitem nicht ausschöpfen.

13.4 Gründe für die tiefe internationale Allokation

Angesichts der tiefen Allokation von Schweizer Pensionskassen in ausländischen Immobilien, stellt sich die Frage, weshalb Schweizer Pensionskassen nicht vermehrt in ausländische Immobilien investieren, um so das Rendite-/Risiko-Profil zu optimieren?

Folgende Faktoren können als Erklärung für die tiefe internationale Allokation aufgeführt werden:

- Gute Performance von Schweizer Immobilienanlagen in den vergangenen Jahren
- Umfangreiche Kenntnisse über den Schweizer Markt
- Relativ stabile Cashflows in Schweizer Franken bei Anlagen in der Schweiz
- Bis 2009 war gemäss BVV nur eine geringe (5%) internationale Allokation möglich
- Marktzugang ist für kleine Schweizer Pensionskassen schwierig
- Junger internationaler Investmentmarkt: Marktüberblick, Track Record und Benchmarking sind dabei Probleme, die sich stellen
- Auslandsegment ist in der Regel volatiler
- Interne Schwierigkeit bei der organisatorischen Zuteilung der internationalen Immobilienanlagen
- Know-how und Erfahrung von Schweizer Beratern fehlt oft in diesem Bereich.

Zusammenfassend kann festgehalten werden, dass die Kombination unterschiedlicher Faktoren zu der starken nationalen Ausrichtung der Immobilienallokationen geführt hat.

13.5 Vergleich mit ausländischen institutionellen Investoren

Im Gegensatz zu Schweizer Pensionskassen investieren die ausländischen institutionellen Anleger öfters ausserhalb ihres Heimmarktes. Die Allokation in ausländische Immobilien fällt jedoch bei europäischen Institutionellen sehr unterschiedlich aus, wie aus Abbildung 2 ersichtlich wird.

	Deutschland	Grossbritannien	Niederlande
Direktinvestitionen	57.5%	65.6%	37.2%
Indirekte (nicht-kotiert)	28.8%	28.6%	34.2%
Andere (Joint Venture, kotiert)	13.7%	5.7%	28.5%[2]
Total Anteil Ausland	**34%**	**13%**	**57%**

Abbildung 2: Relative Allokation von institutionellen Investoren in Immobilien

Quelle: INREV (2010)

Gemäss der INREV Investment Intentions Survey 2011 plant die Mehrheit der befragten Institute in den drei untersuchten Ländern Deutschland, Grossbritannien und Niederlanden, ihre Allokation in ausländische Immobilien weiter auszubauen. Bevorzugt werden dabei mehrheitlich indirekte Investmentvehikel. Dabei ist besonders die Performance der zwei grössten niederländischen Pensionskassen APK (EUR 20 Mrd. in Immobilien) und PGGM (EUR 10 Mrd. in Immobilien) hervor zu heben, welche im Jahr 2009 bei 13% bzw. 9% lag. Auch wenn die Finanz- und Immobilienkrise in den vergangenen Jahren Spuren hinterlassen hat, wird an der internationalen Diversifikation bei der Mehrheit der ausländischen institutionellen Investoren festgehalten. Von Interesse für Schweizer Pensionskassen ist, dass sich viele dieser ausländischen Pensionskassen bis vor einigen Jahren in derselben Situation befanden, wie heute die Schweizer Pensionskassen. Die Immobilienportfolios waren geprägt von inländischen Direktinvestitionen fast ohne internationale Diversifikation.

2 Der direkte Vergleich ist durch die Berücksichtigung von EUR 26.5 Mrd. kotierten Immobilienanlagen bei den Niederlanden verzerrt. In den Statistiken der anderen Länder werden kotierte Immobilienanlagen nicht zu den Immobilienanlagen gezählt.

13.6 Internationale Diversifikation bringt Vorteile

Neben der angespannten Situation auf dem Schweizer Immobilienmarkt existieren diverse weitere Gründe, weshalb es für Schweizer Pensionskassen im aktuellen Zeitpunkt sinnvoll ist, die Planung und Umsetzung einer internationalen Immobilienstrategie in Angriff zu nehmen:

- *Geografische Diversifikation:* Aufgrund des kleinräumigen und stark verflochtenen Schweizer Immobilienmarktes ist es kaum möglich durch inländische Immobilienportfolios echte Diversifikationseffekte zu erzielen. Hingegen weisen diverse Studien darauf hin, dass durch internationale Portfolios das Rendite-/Risiko-Potential optimiert werden kann. Auch wenn die Korrelation zwischen den Immobilienmärkten in den vergangenen Jahren zugenommen hat, besteht bei einem global diversifizierten Immobilienportfolio nach wie vor ein beträchtliches Diversifikationspotential wie dies de Wit (2009), Gordon et al. (1998) und Eichholz (1996) unabhängig voneinander in ihren Forschungsbeiträgen belegen konnten.
- *Risikodiversifikation:* Eine im Jahr 2009 erschienene Studie von Pacific Star und der Henley Business School ist zum Schluss gekommen, dass für Immobilieninvestitionen eine Allokation von rund 40% in Europa, 30% in Amerika und 30% in Asien optimal ist. Die Studie zeigt ausserdem auf, dass für ein europäisches Portfolio bei gleichbleibender Rendite das Risiko reduziert werden kann. In Abbildung 3 ist dieser Risikodiversifikationseffekt anhand von zwei unterschiedlichen Immobilienportfolios exemplarisch dargestellt.

Portfolio Allokation	Volatilität	durchschnittliche jährliche Netto-Rendite	Sharpe Ratio
100% Core Fonds	6.8%	5.7%	0.387
50% Core, 21% Opportunistic, 20% Value-Added, 9% REITs	8.2%	6.7%	0.446

Abbildung 3: Risikodiversifikation

Quelle: Lucassen (2011)

- *Zeitliche Diversifikation:* Ergänzend zur Diversifikation nach Risiko und geografischen Region besteht bei Immobilienanlagen die Möglichkeit und Notwendigkeit der zeitlichen Diversifikation. Bei Investitionsentscheiden im internationalen Umfeld sind die Kauf- und Verkaufszeitpunkte entscheidend. Um die negativen Auswirkungen von Marktschwankungen zu minimieren, sollte ein internationales Portfolio über mehrere Jahre aufgebaut werden. Die Erfahrungen der deutschen, englischen und niederländischen institutionellen Investoren zeigen, dass es mehrere Jahre braucht, um eine globale Immobiliendiversifikation erfolgreich umzusetzen.
- *Währungs-Diversifikation***:** Auch wenn in den vergangenen zwei Jahren die starke Aufwertung des Schweizer Frankens ein Grossteil der Rendite eliminierte, welche Schweizer Investoren auf den internationalen Immobilienportfolios erzielt hatten, dürfte sich langfristig eine Währungsdiversifikation durch ein verbessertes Rendite-/Risiko-Profil auszahlen. Der aktuelle starke Schweizerfranken insbesondere im Vergleich zum Euro und US Dollar führt dazu, dass Auslandsinvestitionen für Schweizer Investoren zunehmend an Attraktivität gewinnen. Zudem sind bei Immobilien bezüglich Währungsabsicherungen gleiche Überlegungen zu machen wie bei ausländischen Aktien und Obligationen.
- *Rendite-/Risiko-Profil:* Internationale Immobilienanlagen empfehlen sich nicht nur aufgrund der geographischen Diversifikation, sondern sind auch mit dem erweiterten und attraktiveren Rendite-/Risiko-Spektrum verbunden. Während für britische Investoren eine stärkere internationale Ausrichtung des Immobilienportfolios primär zu einer Reduktion des Risikos führt, besteht für Schweizer und deutsche Investoren ein Renditeoptimierungspotenzial. So ist es einer Schweizer Pensionskasse beispielsweise möglich, durch Investitionen in Wohnimmobilienentwicklungen in Schwellenländer oder in Value-Added Objekten in den interessanten Städten in Europa eine Renditeoptimierung zu erreichen.
- *Investierbares Universum:* Dem Schweizer Immobilienbestand von ca. CHF 2'500 Mrd. (Wüest & Partner) sind überschaubare Grenzen gesetzt. Insbesondere der Mangel an attraktiven Neu-Investitionsmöglichkeiten innerhalb der Schweiz dürfte dazu führen, dass internationale Immobilienanlagen an Bedeutung hinzugewinnen werden. Im Weiteren gibt es in der Schweiz nur beschränkte Möglichkeiten um in Value-Added Immobilienobjekte zu investieren. Durch eine internationale Immobilieninvestitionsstrategie wird es

Schweizer Investoren ermöglicht, das investierbare Universum markant auszuweiten.

- *Urbanisierung, demographische und wirtschaftliche Entwicklung:* Ausländische Immobilienanlagen sind eine gute Möglichkeit, um von der Urbanisierung, den demografischen Trends und dem wirtschaftlichen Wachstum in den aufstrebenden Märkten zu profitieren. Im aktuellen Umfeld bieten sich hierfür ausgewählte asiatische Staaten besonders an. Demgegenüber sind die Opportunitäten in Europa mit einem guten Managementteam mehr im Distressed Bereich mit Value-Add Opportunitäten zu finden.
- *Starke Verhandlungsposition:* Investoren profitieren im aktuellen Marktumfeld von einer guten Verhandlungsposition, da verschiedene internationale Fondsmanager Schwierigkeiten haben, Kapital für ihre Fonds zu akquirieren.

13.7 Umsetzung neuer Strategien

Grundsätzlich bestehen zwei Möglichkeiten, um am Immobilienmarkt zu partizipieren. Einerseits durch den Ankauf bestehender Gebäude und Projektentwicklung (direkte Immobilienanlagen) oder durch die Beteiligung an Investitionsvehikeln (indirekte Immobilienanlage). Für erfolgreiche Immobilieninvestitionen sind sowohl umfangreiche Kenntnisse über die makroökonomischen Rahmenbedingungen wie auch über den lokalen Markt erforderlich. Während sich für Investitionen innerhalb der Schweiz auch direkte Immobilienanlagen anbieten, erfordert eine ausreichende internationale Diversifikation den Zugang über indirekte Immobilienanlagen. Da gerade für kleinere und mittelgrosse Schweizer Pensionskassen nur indirekte Beteiligungen an ausländischen Immobilien in Frage kommen, werden nachfolgend die Instrumente der indirekten Immobilieninvestments genauer betrachtet. In Abbildung 4 ist das geschätzte Marktvolumen des globalen indirekten Immobilieninvestitionsuniversums grafisch dargestellt. Indirekte Immobilienanlagen lassen sich in kotierte und nichtkotierte Investitionsvehikel unterteilen.

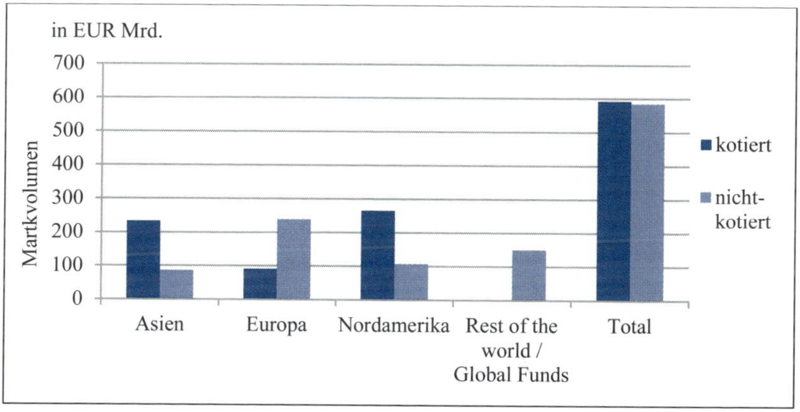

Abbildung 4: Geschätztes Marktvolumen des globalen indirekten Immobilienuniversums
Quelle: Lucassen (2011)

Aus ökonomischer Sicht können kotierte Instrumente nur in geschlossener Form auftreten, da das Kapital im Voraus festgelegt wurde und nur mit Hilfe einer Kapitalerhöhung geändert werden kann. Zu den kotierten Anlageinstrumenten zählen börsenkotierte Fonds und Immobiliengesellschaften.

Nicht-kotierte Immobilienanlagen

Bei den nicht-kotierten Anlagen wird zwischen geschlossenen und offenen Fonds sowie Anlagestiftungen unterschieden. Während die offenen Fonds mehrheitlich im Core Bereich investieren, sind geschlossenen Fonds in einem sehr viel breiteren Rendite-/Risiko-Profil aktiv. Das Rendite-/Risiko-Profil, welches die verschiedenen Anlageobjekte beinhaltet, ist in Abbildung 5 grafisch dargestellt.

Indirekte Anlagevehikel gewinnen vermehrt das Interesse der institutionellen Anleger. Einerseits wächst generell das Bedürfnis der Investoren, den Immobilienbestand auszubauen. Anderseits ist es aus Risiko- und Effizienzüberlegungen heraus notwendig, dass die Immobilieninvestitionen effizient gehalten werden. Auch in der Pensionskassenstatistik 2011 von Swisscanto konnte vor allem bei kleineren Kassen ein Trend in Richtung indirekte Immobilienanlagen festgestellt werden. Ein Grund dafür dürfte sein, dass für ein direkt gehaltenes Immobilienportfolio etwa CHF 300 Mio. als Minimum für eine professionelle und effiziente Verwaltung erachtet werden.

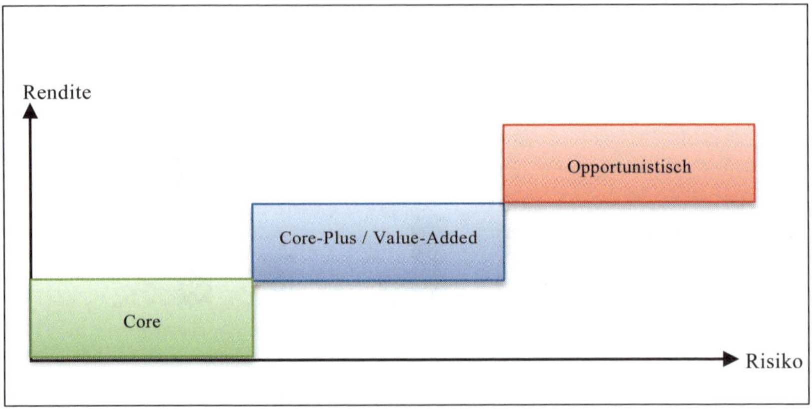

Abbildung 5: Rendite/Risiko-Profil

Abbildung 6 zeigt die Anzahl internationaler, nicht kotierter, geschlossener Fonds, welche gegenwärtig Kapital aufnehmen wollen und welches Zielvolumen dabei angestrebt wird. Das Gesamtvolumen beträgt rund USD 131 Mrd., wobei mehr als 50% die USA betrifft, welches weltweit immer noch den grössten investierbaren Immobilienmarkt darstellt. Gerade asiatische Immobilienfonds eignen sich, um von den wirtschaftlichen und demografischen Entwicklungen mittels Immobilieninvestitionen zu profitieren. Für einen ersten Überblick über die Fonds in Europa eignet sich die Datenbank vom europäischen Verband INREV. Dabei berücksichtigt die Datenbank rund 464 Fonds mit einem Gesamtvermögen von EUR 260 Mrd.

	USA	**Europa**	**Asien/ Rest of World**	**Total**
Anzahl Fonds	220	97	81	398
Zielvolumen (USD)	70 Mrd.	35 Mrd.	26 Mrd.	131 Mrd.
Durchschnittsgrösse Fonds (USD)	318 Mio.	360 Mio.	321 Mio.	331 Mio.

Abbildung 6: Fonds im Fundraising

Quelle: Preqin (2010)

13.8 Gründe für Investition in nicht-kotierte Immobilienfonds

Die Vorteile von Investitionen in nicht-kotierte Immobilienfonds sind gemäss der INREV Investment Intentions Survey 2011 in erster Linie darin begründet, dass die Investoren durch diese Immobilien-Anlageklasse Zugang zu Fondsmanager mit ausgewiesener Expertise erhalten (Prozent der Zustimmung). In Abbildung 7 sind die Gründe für Investitionen in nicht-kotierte Immobilienfonds aufgelistet.

Durch Investitionen in nicht-kotierte Immobilienfonds besteht die Möglichkeit, die aktuellen Marktchancen zu nutzen, Zugang zu einem spezifischen Sektor zu erhalten und vom Diversifikationseffekt profitieren zu können. Insbesondere im aktuellen Marktumfeld, in welchem Core-Investitionen in vielen Märkten (u.a. auch China) hoch bewertet sind und eine rege Bautätigkeit herrscht, ist Vorsicht geboten. Für Investoren, welche fähig und willig sind ausserhalb der Tier 1 Märkte zu investieren, bieten sich weiterhin attraktive Anlagemöglichkeiten. Dies lässt sich auch durch die gestiegenen Spreads zwischen Tier 1 und Tier 2/3 Objekten begründen.

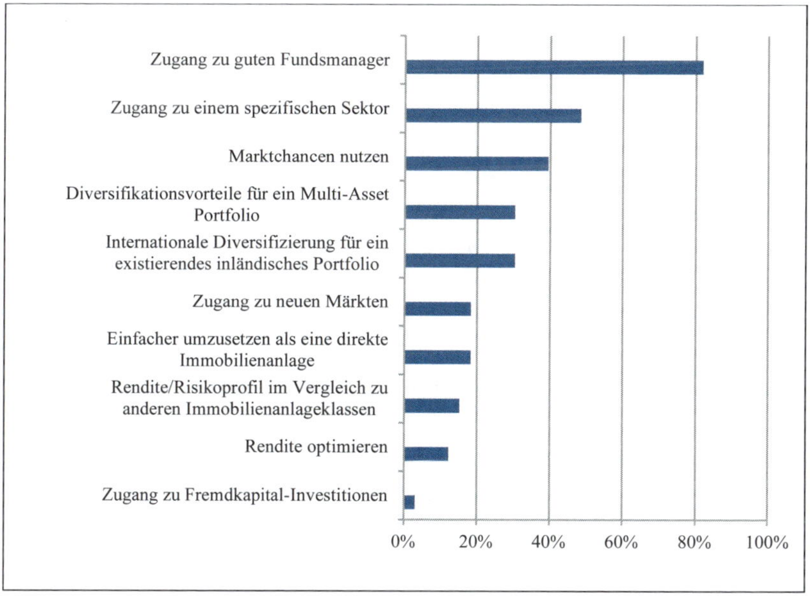

Abbildung 7: Gründe für Investition in nicht-kotierte Immobilienfonds

Quelle: INREV Investment Intentions Study (2011)

In Anbetracht der gegenwärtigen Immobilienpreisentwicklung sind mit Immobilienanlagen unbestritten gewisse Risiken verbunden. Folglich ist es unvermeidbar, dass die Sorgfaltspflicht und Sicherheit bei der Auswahl der Manager und dem Monitoring der Manager in jedem Fall eingehalten werden. Dazu gehört neben einem zeitgemässen Risikomanagement, einer aktiven Währungsabsicherung auch eine ausreichende Diversifizierung des Immobilienportfolios. Zudem sind bei den Nachteilen der indirekten Immobilienanlagen die Gebühren zu erwähnen. Die relativ hohen Gebühren relativieren sich in Anbetracht der Diversifikationsvorteile, welche schon bei geringen Investitionsvolumina erreicht werden können. Neben dem Diversifikationsargument ist besonders in diesem Marktumfeld von Direktanlagen im Ausland abzusehen, weil ein aktiver Managementansatz vor Ort hinsichtlich Vermietung und Umsetzung der Business Pläne (z.B. Umbau) unerlässlich ist.

13.9 Fazit: Internationalisierung ist attraktiv

Schweizer Pensionskassen stehen seit Jahren unter einem zunehmenden Anlagedruck, um die erforderliche Mindestrendite erwirtschaften zu können. Die negative Wertentwicklung und hohe Volatilität der Aktienmärkte in den vergangenen Wochen und Monaten dürfte zu einer zusätzlichen Verschlechterung des Deckungsgrades bei Schweizer Pensionskassen führen. Um langfristig die notwendige Mindestrendite zu erzielen, müssen die Schweizer Pensionskassen zukünftig neue Renditequellen erschliessen. Der Schweizer Immobilienanteil vieler Pensionskassen liegt heute bereits zwischen 10% bis 20%. Bei Anteilen über 20% ist aufgrund des damit bestehenden Klumpenrisikos eine Diversifikation ins Ausland angebracht. Der bereits heute weitgehend ausgetrocknete Schweizer Immobilienmarkt sowie das zusätzliche Renditepotenzial, welches durch eine internationale Diversifikation erschlossen werden kann, sprechen für eine international ausgerichtete Immobilienallokation. Folglich wird es eine Frage der Zeit sein, bis Schweizer Pensionskassen vermehrt im Ausland nach attraktiven Immobilieninvestitionen Ausschau halten.

Da der Aufbau eines global diversifizierten Immobilienportfolios einen längeren Zeitraum in Anspruch nimmt, sollte die Planung möglichst früh in Angriff genommen werden. Insbesondere der Aufbau von internem Know-how und die Entwicklung und Umsetzung eines internationalen Immobilienengagements sind nicht zu unterschätzen.[3] Der starke Schweizer Franken sowie das attraktive Bewertungsniveau in vielen ausländischen Immobilienmärkten bieten für Schweizer Investoren im aktuellen Zeitpunkt attraktive Gelegenheiten, um mit der Planung und Umsetzung einer internationalen Immobilienanlagestrategie zu beginnen.

Literaturverzeichnis

- Barnes, M., et al. (2010): A TIPS Scorecard: Are They Accomplishing Their Objectives?, in: Financial Analysts Journal, September/October, Vol. 66, No. 5, S. 68–84.
- Benjamin, J., et al. (2001): Returns and Risk on Real Estate and Other Investments: More Evidence, in: Journal of Real Estate Portfolio Management, Vol. 7, No. 3, S. 183-214.
- Boudoukh, J. / Richardson, M. (1993): Stock returns and inflation: a long horizon perspective, in: American Economic Review Vol. 83, S. 1346–1355.
- Brachinger, H.-W. (2005): Der Euro als Teuro? Die wahrgenommene Inflation in Deutschland, in: Wirtschaft und Statistik 9/2005, Statistisches Bundesamt, S. 999-1013.
- Browne, F. / Cronin, D. (2007): Commodity Prices, Money, and Inflation, European Central Bank Working Paper Series, No. 738, March 2007.
- Cagan, P. (1956): The Monetary Dynamics of Hyperinflation, in: Friedman, M. (Hrsg.): Studies in the Quantity Theory of Money, S. 25—117.
- Cecchetti, S., et al. (2010): The Future of Public Debt: Prospects and Implications, BIS Working Papers No 300.
- Chan, K., et al. (1990): Risk and Return on Real Estate, in: Journal of the American Real Estate and Urban Economics Association, Vol. 18, S. 431-452.
- Edwards, F. / Park, J. (1996): Do Managed Futures Make Good Investments?, in: The Journal of Futures Markets, Vol. 16, S. 475-517.
- Elton, E., et al. (1987): Professionally Managed, Publicly Traded Commodity Funds, in: Journal of Business, Vol. 60, No. 2, S. 175-199.
- Friedman, M. (1956): The Quantity Theory of Money: A Restatement, in: Friedman, M.: Studies in the Quantity Theory of Money, University of Chicago Press, S. 3-21.
- Goodfriend, M. (2001): Interest on Reserves and Monetary Policy, Federal Reserve Bank of New York, April 2001.
- Gorton, G. / Rouwenhorst, K. (2006): Facts and Fantasies about Commodity Futures, in: Financial Analysts' Journal, Vol. 62, No. 2 [March/April], S. 47-68.

[3] Vgl. Davidson, J. (2011).

- Guedj, I., et al. (2011): Futures-Based Commodity ETFs, in: The Journal of Index Investing, Summer 2011, Vol. 2, No. 1, S. 14-24.
- Gyourko, J. / Linneman, P. (1988): Owner-occupied homes, income-producing properties, and REITs as inflation hedges: Empirical findings, in: The Journal of Real Estate Finance and Economics, Vol. 1, No. 4, S. 347-372.
- Hall, T. / Noble, N. (1987): Velocity and the Variability of Money Growth: Evidence from Granger-Causality Tests, in: Journal of Money, Credit and Banking, Vol. 19, No. 1, S. 112-116.
- Hartzell, D., et al. (1987): Real Estate Returns and Inflation; in: Journal of the American Real Estate and Urban Economics Association, Vol. 15, S. 617-637.
- Healey, T., et al. (2005): Timber as an Institutional Investment, in: The Journal of Alternative Investments Winter 2005, Vol. 8, No. 3, S. 60-74.
- Hildebrand, P. (2004): Vom Monetarismus zur Inflationsprognose: Dreissig Jahre Schweizerische Geldpolitik, Öffentliche Vorlesung Universität Bern, 23. November 2004.
- Hoesli, M. (1994): Real Estate as a Hedge Against Inflation, Journal of Property Valuation and Investment, Vol. 12, Issue 3, S. 51–59.
- Hudson, M. / Sommers, J. (2011): The Spectre Haunting Europe: Debt Defaults, Austerity, and Death of the «Social Europe» Model, www.globalresearch.ca/index.php?context=va&aid=22846.
- Ibbotson, R. / Siegel, L. (1984): Real Estate Returns: A Comparison with Other Investments, in: Journal of the American Real Estate and Urban Economics Association, Vol. 12, S. 219-242.
- International Monetary Fund (2010): World Economic Outlook 2010.
- International Monetary Fund (2011): World Economic Outlook 2011.
- Ip, G. (2008): Fears of Stagflation Return as Price Increases gain Pace, in: Wall Street Journal Online, 21 Feb 2008.
- Irwin, S. / Brorsen, B., (1985): Public futures funds, in: Journal of Futures Markets, Vol. 5, No. 2, S. 149-171.Forest Research Group (2007): Inflation and Timberland Returns, in: Forest Research Notes, Vol. 4, No. 3, Q3, 2007.
- Jordan, T. / Rossi, E. (2010) Inflation und die Geldpolitik der Schweizerischen Nationalbank, in: Die Volkswirtschaft, 1/2-2010, S. 21-25.
- Keister, T. / McAndrews, J. (2009): Why Are Banks Holding So Many Excess Reserves?, Federal Reserve Bank of New York, Staff Report no. 380.
- Knotek, E. / Terry, S: (2009): How Will Unemployment Fare After Following the Recession?, Federal Reserve Bank of Kansas City, Economic Review, 3rd Quarter 2009.
- Makinen, G. / Woodward, G. (1990): Funding crises in the aftermath of World War I, in: Dornbusch, R., Draghi, M. (Hrsg.): Public Debt Management: Theory and History, Cambridge University Press.
- Mägerle, J. / Oleschak, R. (2009): Das Zahlungssystem Swiss Interbank Clearing (SIC), Schweizerische Nationalbank.
- McKinsey Global Institute (2010): Debt and Deleveraging: The Global Credit Bubble and its Economic Consequences.

- Normand, J. (2006). Hedging Inflation with Real Assets, J.P. Morgan Securities Ltd., Global Currency, Commodity and Fixed Income Strategy.
- Offenbacher, E. (2002): Dollarization and Indexation in Israel's Inflation and Disinflation: «There's more than one way to skin a cat», Monetary Department, Bank of Israel.
- Sawyer, N. (2010): Pensions face RPI-CPI basis risk, in: www.risk.net.
- Scotiabank (2011): Scotiabank Commodity Price Index, 28 Feb 2011.
- Sturzenegger, F. / Zettelmeyer, J. (2006): Debt defaults and lessons from a decade of crises, MIT Press.
- Tatom, J. (1983): Was the 1982 Velocity Decline Unusual?, Federal Reserve Bank of St. Louis, August/ September, S. 5-15.
- Ward, A. / Bryant, C. (2010): Latvia austerity illustrates political risk, in: Financial Times, 25. März 2010, auch unter: www.ft.com/cms/s/0/7930f1a8-385c-11df-aabd-00144feabdc0.html#ixzz1HQsLzqnX.
- Woodford, M. (2000): Monetary Policy in a World without Money, in: International Finance, Vol. 3, No. 2, S. 229-60.
- Wurtzebach, C., et al. (1991): The Impact of Inflation and Vacancy of Real Estate Returns, in: The Journal of Real Estate Research, Vol. 6, Issue 2, S. 153-168.

14 Pensionskassen im Spannungsfeld von Demographie, Finanzmärkten und Politik

Der vorliegende Artikel zeigt die Herausforderungen von Pensionskassen im aktuellen Umfeld mit steigender Lebenserwartung und tiefem Zinsniveau auf. Er beschreibt die Komponenten des Umwandlungssatzes für Renten und erläutert die Auswirkungen, wenn sich diese Komponenten verändern. Basierend auf diesen Herausforderungen werden Lösungsansätze für die Zukunft von Pensionskassen aufgezeigt.

Markus Rupp / Stefan Kull

Prof. Markus Rupp (1969) ist Leiter Ausbildung des Instituts für Finanzdienstleistungen Zug IFZ der Hochschule Luzern – Wirtschaft. Er hat an der Universität St. Gallen (HSG) Betriebsökonomie und Wirtschaftspädagogik studiert und im Jahre 1995 den Abschluss mag. oec. HSG erlangt. Seit 2002 ist er Dozent an der Hochschule Luzern – Wirtschaft. Am IFZ leitet er die Weiterbildungsstudiengänge MAS Corporate Finance, MAS Pensionskassen Management und CAS Swiss Certified Treasurer (SCT)®.

Markus Rupp war von 2000-2003 Mitglied des Verwaltungsrates der Pensionskasse des Kantons Schwyz. Er ist seit 2010 Mitglied des Verwaltungsrates mit AC Funktion der Raiffeisenbank Waldstätte.

Er lebt mit seiner Frau und seinen drei Söhnen in Schwyz (SZ).

Kontakt: markus.rupp@hslu.ch

Dr. Stefan Kull (1966) ist Dozent und Mitglied der Studiengangsleitung MAS/DAS Pensionskassenmanagement am Institut für Finanzdienstleistungen Zug IFZ der Hochschule Luzern – Wirtschaft. Er schloss an der Universität St. Gallen (HSG) folgende Studien ab: Unter der Leitung von Prof. Dr. Alois Riklin das Studium der Staatswissenschaften (lic. rer. publ. HSG) und unter der Leitung von Prof. Dr. Rolf Dubs die Studien der Betriebswirtschaftslehre sowie der Wirtschaftspädagogik (lic. oec./dipl. Hdl. HSG). Unter Leitung von Prof. Dr. Peter Glotz promovierte Stefan Kull im Jahr 2005 zum Dr. oec. HSG.

Stefan Kull ist Experte in Behavioral Finance und weist eine langjährige Erfahrung in Finanzmarktfragen auf. Er ist VR-Präsident von DANFORDS Finanzmanufaktur und Lehrbeauftragter an der Universität St. Gallen.

Kontakt: stefan.kull@hslu.ch

14.1 Einleitung

Das Bundesgesetz über die berufliche Vorsorge (BVG), welches die Leistungen der zweiten Säule regelt, wurde im Jahre 1985 in Kraft gesetzt. Art. 113 Abs. 2 lit. b der Bundesverfassung stipuliert, dass die zweite Säule zusammen mit der ersten Säule die Fortsetzung der gewohnten Lebenshaltung in angemessener Weise ermöglichen soll. Die darin festgelegten Leistungsversprechen basieren auf diversen rechnerischen Annahmen. Bei der sogenannten goldenen Regel wird davon ausgegangen, dass die Entwicklung der Teuerung durch die Lohnentwicklung kompensiert wird. Dabei spielen einerseits die Lebenserwartung und andererseits die zu erzielende Rendite auf den Vermögensanlagen eine entscheidende Rolle. In den knapp drei Jahrzehnten seit der Einführung des BVG sind die Lebenserwartungen für Frauen und Männer markant gestiegen. Zudem wurden im Verlaufe der letzten zehn Jahre die technischen Zinssätze und somit die Renten nicht oder viel zu wenig konsequent dem rückläufigen Zinsniveau angepasst. Die Pensionskassen (PK) lebten viel zu lange nach dem «Prinzip Hoffnung» und glaubten fast zehn Jahre an die Zinswende. Weil insbesondere die Altersrenten auf der Annahme eines konstant hohen Zinsniveaus beruhen, sind die Leistungsversprechen für die Rentner systematisch zu hoch. In den letzten zehn Jahren wurden die aktiv Versicherten in den meisten Fällen systematisch mit einer geringeren Verzinsung bedient als die Rentner, obwohl die Rentner mit der garantierten Rente kein Risiko tragen. In den folgenden Ausführungen wird aufgezeigt, wie Pensionskassen finanziell funktionieren und welche Bedeutung der Umwandlungssatz aus theoretischer und praktischer Sicht hat. Schliesslich wird gezeigt, welche Sollrendite eine Pensionskasse erzielen muss. Es wird jeweils von einer Beitragsprimatskasse ausgegangen, welche das BVG-Minimum abdeckt.

14.2 Finanzierung der Pensionskassen

Obwohl sich die Rechnungslegung einer Pensionskasse in mancher Hinsicht massiv von derjenigen eines Unternehmes unterscheidet, gibt es dennoch einige Analogien: Auf der Passivseite der Bilanz steht eine Pensionskasse wie ein Unternehmen den Kapitalgebern gegenüber, deren Kapital mit einem Zins bzw. einem Gewinn entschädigt werden muss (siehe Abbildung 1) Ein Unternehmen muss das verzinsliche *Fremdkapital* mit dem vereinbarten Zinssatz (k_{FK}) verzinsen. Die *Eigenkapitalgeber* erwarten ihrerseits, dass ihr Investment eine bestimmte Rendite (k_{EK}) abwirft. Dabei ist typischerweise die Renditeerwartung der Eigenkapitalgeber höher als die Renditeerwartung der Fremkapitalgeber ($k_{EK}>k_{FK}$), weil das Eigenkapital mit mehr Risiko behaftet ist als das Fremdkapital. Der je nach der gewählten Kapitalstruktur resultierende Mix zwischen k_{Ek} und k_{Fk} ergibt die gewichteten Kapitalkosten (Weighted Average Cost of Capital (WACC)).

Bilanz einer Unternehmung

Aktiven	Passiven		Kapitalkosten
Umlaufvermögen	Fremdkapital	→	k_{FK}
Anlagevermögen	Eigenkapital	→	k_{EK}

Abbildung 1: Kapitalkosten einer Unternehmung

Abbildung 2 zeigt die stark vereinfachte Darstellung der Bilanz einer Pensionskasse. Wie bei einer Unternehmung steht eine Pensionskasse Kapitalgebern gegenüber, deren Kapital mit einer bestimmten Rendite entschädigt wird. Bei einer Pensionskasse besteht der weitaus grösste Posten der Passivseite aus dem Vorsorgekapital. Das Vorsorgekapital besteht aus dem *Vorsorgekapital aktiv Versicherte* und dem *Vorsorgekapital Rentner*.

Bilanz einer Pensionskasse

Aktiven	Passiven		Kapitalkosten
Vermögensanlagen	Vorsorgekapital aktiv Versicherte	→	k_{aktiv}
	Vorsorgekapital Rentner	→	k_{passiv}

Abbildung 2: Bilanz einer Pensionskasse

Im den nächsten Abschnitten wird aufgezeigt, zu welchem Zinssatz die Pensionskasse das Vorsorgekapital verzinsen muss. Dabei wird unterschieden zwischen der Verzinsung des Vorsorgekapitals der aktiv Versicherten (k_{aktiv}) und der Verzinsung des Vorsorgekapitals der Rentner (k_{passiv}).

a) Verzinsung Vorsorgekapital aktiv Versicherte

Das Vorsorgekapital der aktiv Versicherten wird aus den folgenden drei Quellen finanziert (siehe Abbildung 3): Erstens wird den Arbeitnehmern der Arbeitnehmerbeitrag, also ein bestimmter Prozentsatz vom AHV-Lohn (z.B. 10%), abgezogen. Zweitens zahlt der Arbeitgeber mit dem Arbeitgeberbeitrag mindestens den gleichen Prozentsatz vom AHV-Lohn (z.B. 12%) in die Pensionskasse ein. Der grösste Teil des Arbeitgeber- und Arbeitnehmerbeitrages (z.B. 18%) wird dem aktiv Versicherten als *Spargutschrift* gutgeschrieben und somit das *Vorsorgekapital aktiv Versicherte* gebildet. Der Rest (z.B. 4%) wird für Risikobeiträge, technische Rückstellungen, Verwaltungskosten und Sicherheitsfonds verwendet.

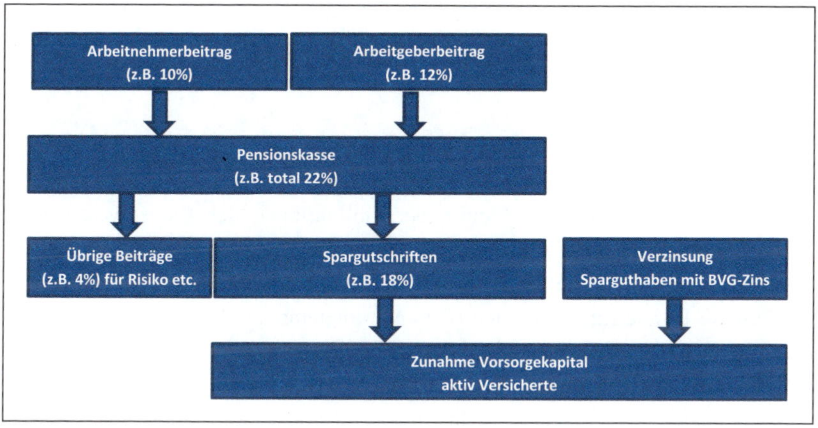

Abbildung 3: Entstehung Vorsorgekapital aktiv Versicherte

Drittens wird das Sparguthaben der aktiv Versicherten verzinst. Der Zinssatz, zu welchem das Vorsorgekapital der aktiv Versicherten verzinst wird, wird BVG-Minimalzinssatz genannt. Dieser Zinssatz wird periodisch vom Bundesrat festgelegt. Der Bundesrat hat im Jahre 2012 aufgrund des allgemein tieferen Zinsniveaus und der zahlreichen verlustreichen Börsenjahre den BVG-Minimalzinssatz von ursprünglich 4.0% bis auf 1.5% verringert (siehe Abbildung 4).

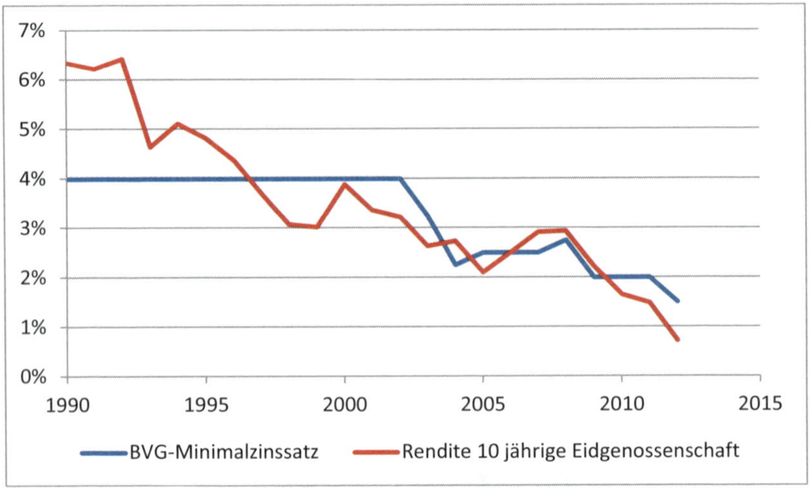

Abbildung 4: Entwicklung BVG Minimalzinssatz und Rendite 10-jährige Rendite Eidgenossenschaft

Auffallend ist, dass ab dem Jahr 2000 der BVG-Minimalzinssatz im Gleichschritt mit der 10-jährigen Rendite der Obligationen der Eidgenossenschaft verlief. Sowohl der BVG-Minimalzinssatz als auch die Rendite der «Eidgenossen» befinden sich auf einem historischen Tiefststand. Die Politik – im konkreten Fall der Bundesrat – kann den BVG-Minimalzinssatz der aktiv Versicherten somit je nach der effektiv erzielten und zu erwartenden Rendite auf den Vermögensanlagen flexibel anpassen. Dabei spielt das allgemeine Zinsniveau eine entscheidende Rolle. Aus Sicht der Pensionskasse stellt der BVG-Minimalzinssatz den Kapitalkostensatz (k_{aktiv}) für die aktiv Versicherten dar.

b) Verzinsung Vorsorgekapital Rentner

Während bei den aktiv Versicherten in den Beitragsjahren (in der Regel 25. bis 65. Altersjahr) Kapital aufgebaut wird, findet aus individueller Sicht eines Rentners ab dem Zeitpunkt der Pensionierung ein Kapitalabbau statt. Während dieses Kapitalabbaus wird einerseits die Rente ausbezahlt und andererseits das vorhandene Vorsorgekapital mit dem *technischen Zinssatz* verzinst. Dem Rentner wird die Rente bis zu seinem Lebensende ausbezahlt. Wenn bspw. ein Rent-

ner mit einem Vorsorgekapital von CHF 500‘000 und einem Umwandlungssatz[1] von 7.0% pensioniert wird, bezieht er eine jährliche Rente von CHF 35‘000. Das vorhandene Kapital wird bspw. mit dem technischen Zinssatz von 3.5% verzinst und die Rente von CHF 35‘000 ausbezahlt. Nach diesem Vorgang resultiert ein Jahr später ein Vorsorgekapital von CHF 482‘500. Zusätzlich muss die Pensionskasse berücksichtigen, dass der Rentner statistisch gesehen von Jahr zu Jahr eine leicht höhere Lebenserwartung hat und das Vorsorgekapital um einen weiteren Betrag erhöht werden muss.
Die Pensionskasse rechnet also wie folgt:

CHF 500‘000 * (1+ 3.5%) – CHF 35‘000 = CHF 482‘500

Kapital Jahr 0 Verzinsung Rente Kapital Jahr 1

Wichtig für das Verständnis des Systems der Pensionskasse ist die Tatsache, dass der Rentner nur die Auszahlung der Rente wahrnimmt. Die gleichzeitige Verzinsung des Vorsorgekapitals sowie die Erhöhung der Lebenserwartung nimmt der Rentner *nicht* wahr, sie sind aber aus Sicht der Pensionskasse sehr bedeutend.

Weil aus Sicht der Pensionskasse das Vorsorgevermögen der Rentner mit dem technischen Zinssatz verzinst werden muss, entspricht der technische Zinssatz den Kapitalkosten der Rentner (k_{passiv}). In der Schweiz betrug im Jahre 2010 der durchschnittliche technische Zinssatz der befragten privaten Beitragsprimatskassen 3.41% und derjenige der öffentlichen Beitragsprimatskassen 3.65% (siehe Abbildung 5).[2] Im Vergleich zum BVG Minimalzinssatz (2% im Jahr 2010) sind die Verzinsung und somit die Kapitalkosten der Rentner (k_{passiv}) im Vergleich zu den Kapitalkosten der aktiv Versicherten (k_{aktiv}) massiv höher.

---

1 Die detaillierten Ausführungen zum Umwandlungssatz folgen im nächsten Kapitel.

2 Swisscanto (2011), S. 55.

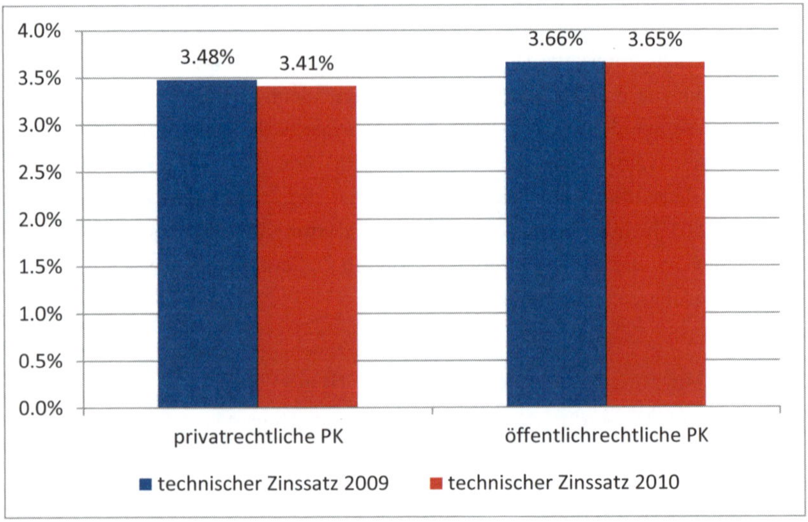

Abbildung 5: Höhe technischer Zinssatz bei Beitragsprimatkassen

Quelle: Swisscanto (2011), S. 55

Die von der Schweizerischen Kammer der Pensionskassen-Experten beschlossene Fachrichtlinie 4 (FRP4) gibt einen Referenzzinssatz vor, welcher als Basis für die Empfehlung der Experten bezüglich des technischen Zinssatzes dient. Dieser Referenzzinssatz wird wie folgt berechnet:

$$i_{ref} \quad = 2/3 * r_{20} + 1/3 * r_{RF} - 0.5\ \%$$

wobei:

r_{20}: durchschnittliche Performance der letzten 20 Jahre in %[3]

r_{RF}: Rendite für 10-jährige Bundesanleihen in %

Abbildung 6 zeigt den Verlauf des Referenzwertes für den technischen Zinssatz. Dieser Wert verharrte relativ lange auf dem Niveau von 4.5%, weil die Fachrichtlinie den Referenzwert nach oben bei 4.5% begrenzt. Aufgrund der gewählten Formeln für i_{ref} passt sich das Niveau des technischen Zinssatzes nur sehr

---

3 BVG-Index 2005 Pictet BVG-25 plus.

träge an die veränderten Marktbedingungen an. Der Referenzzinssatz ist für das Jahr 2011 relativ stark von 4.25% auf 3.5% gesunken. Im Oktober 2012 wird er voraussichtlich auf 3.25% sinken. Gemäss Projektionen wird dieser Wert in den nächsten zehn Jahren mit einer Wahrscheinlichkeit von 80% zwischen 1.25% und 3.25% zu liegen kommen, wobei der Erwartungswert ungefähr bei 2.5% liegt.[4]

Interessant ist die Entwicklung des Referenzzinssatzes im Vergleich zum Verlauf der Rendite der 10-jährigen Bundesobligationen und des BVG-Minimalzinssatzes. Wie oben schon aufgezeigt, verlief der BVG-Minimalzinssatz in den letzten zehn Jahren mehr oder weniger im Gleichschritt mit der Höhe der Renditen der Bundesobligationen. Eine Pensionskasse ist grundsätzlich frei bei der Festsetzung des technischen Zinssatzes. Liegt der technische Zinssatz einer Pensionskasse jedoch um mehr als 0.25% über dem Referenzzinssatz, müssen allenfalls Massnahmen ergriffen werden, um den technischen Zinssatz innert sieben Jahren auf den Referenzzinssatz zu senken.

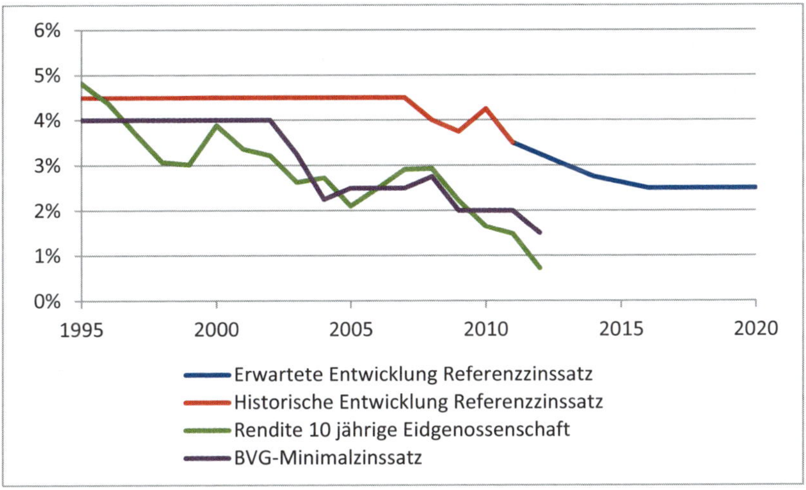

Abbildung 6: Entwicklung des Referenzzinssatzes für den technischen Zinssatz

---

[4] Bühler, A. / Jost, M. (2012), S. 68.

Die Frage ist berechtigt, warum die Verzinsung des Vorsorgekapitals der Rentner in den letzten zehn Jahren im Vergleich zum BVG-Minimalzinssatz deutlich höher war und warum diese beiden Zinssätze nicht gleich hoch sind. Die Antwort ist klar – im BVG ist das Szenario einer lang andauernden Tiefzinsphase, keiner Inflation und gekoppelt mit einer jahrelangen Aktienbaisse nicht vorgesehen. Im folgenden Abschnitt wird nun dargelegt, welche Folgen eine Senkung des technischen Zinssatzes für eine Pensionskasse hat.

14.3 Rund um den Umwandlungssatz

Der Umwandlungssatz gibt an, wie viel Prozent vom angesparten Kapital pro Jahr in Form einer Rente ausbezahlt wird. Bei der Inkraftsetzung des BVG im Jahre 1985 betrug der gesetzliche Wert 7.2%. Somit wird bei einem Kapital von CHF 500‘000 eine jährliche Rente von CHF 36‘000 ausbezahlt (CHF 500‘000 * 7.2%). Im Jahr 2012 beträgt der gesetzliche Mindestumwandlungssatz (UWS) 6.9%. Er wird im Jahr 2014 für Männer und Frauen den Wert von 6.8% erreichen.

Finanzmathematisch ist der Umwandlungssatz ein Rentenbarwertfaktor (sog. nachschüssige Annuität) mit den beiden Variablen «Anzahl Jahre» sowie «technischer Zinssatz». Der Umwandlungssatz kann entweder finanzmathematisch oder vereinfacht mit der folgenden Tabelle (Abbildung 7) ermittelt werden:

	technischer Zinssatz										
Jahre	0%	0.5%	1.0%	1.5%	2.0%	2.5%	3.0%	3.5%	4.0%	4.5%	5.0%
1	100.0	100.5	101.0	101.5	102.0	102.5	103.0	103.5	104.0	104.5	105.0
2	50.0	50.4	50.8	51.1	51.5	51.9	52.3	52.6	53.0	53.4	53.8
3	33.3	33.7	34.0	34.3	34.7	35.0	35.4	35.7	36.0	36.4	36.7
4	25.0	25.3	25.6	25.9	26.3	26.6	26.9	27.2	27.5	27.9	28.2
5	20.0	20.3	20.6	20.9	21.2	21.5	21.8	22.1	22.5	22.8	23.1
6	16.7	17.0	17.3	17.6	17.9	18.2	18.5	18.8	19.1	19.4	19.7
7	14.3	14.6	14.9	15.2	15.5	15.7	16.1	16.4	16.7	17.0	17.3
8	12.5	12.8	13.1	13.4	13.7	13.9	14.2	14.5	14.9	15.2	15.5
9	11.1	11.4	11.7	12.0	12.3	12.5	12.8	13.1	13.4	13.8	14.1
10	10.0	10.3	10.6	10.8	11.1	11.4	11.7	12.0	12.3	12.6	13.0
11	9.1	9.4	9.6	9.9	10.2	10.5	10.8	11.1	11.4	11.7	12.0
12	8.3	8.6	8.9	9.2	9.5	9.7	10.0	10.3	10.7	11.0	11.3
13	7.7	8.0	8.2	8.5	8.8	9.1	9.4	9.7	10.0	10.3	10.6
14	7.1	7.4	7.7	8.0	8.3	8.6	8.9	9.2	9.5	9.8	10.1
15	6.7	6.9	7.2	7.5	7.8	8.1	8.4	8.7	9.0	9.3	9.6
16	6.3	6.5	6.8	7.1	7.4	7.7	8.0	8.3	8.6	8.9	9.2
17	5.9	6.2	6.4	6.7	7.0	7.3	7.6	7.9	8.2	8.5	8.9
18	5.6	5.8	6.1	6.4	6.7	7.0	7.3	7.6	7.9	8.2	8.6
19	5.3	5.5	5.8	6.1	6.4	6.7	7.0	7.3	7.6	7.9	8.3
20	5.0	5.3	5.5	5.8	6.1	6.4	6.7	7.0	7.4	7.7	8.0
21	4.8	5.0	5.3	5.6	5.9	6.2	6.5	6.8	7.1	7.5	7.8
22	4.5	4.8	5.1	5.4	5.7	6.0	6.3	6.6	6.9	7.3	7.6
23	4.3	4.6	4.9	5.2	5.5	5.8	6.1	6.4	6.7	7.1	7.4
24	4.2	4.4	4.7	5.0	5.3	5.6	5.9	6.2	6.6	6.9	7.2
25	4.0	4.3	4.5	4.8	5.1	5.4	5.7	6.1	6.4	6.7	7.1
26	3.8	4.1	4.4	4.7	5.0	5.3	5.6	5.9	6.3	6.6	7.0
27	3.7	4.0	4.2	4.5	4.8	5.1	5.5	5.8	6.1	6.5	6.8
28	3.6	3.8	4.1	4.4	4.7	5.0	5.3	5.7	6.0	6.4	6.7
29	3.4	3.7	4.0	4.3	4.6	4.9	5.2	5.5	5.9	6.2	6.6
30	3.3	3.6	3.9	4.2	4.5	4.8	5.1	5.4	5.8	6.1	6.5

Abbildung 7: Bestandteile des Umwandlungssatzes

Bspw. resultiert bei einem technischen Zinssatz von 4% und 21 Jahren Rente ein Umwandlungssatz von 7.1%.[5] Dies entspricht in etwa dem Mindestumwandlungssatz von 7.2% bei der Einführung des BVG im Jahre 1985. Aus Sicht der Pensionskasse sollte somit eine Rente mit einem Umwandlungssatz von 7.1% im Durchschnitt nicht länger als 21 Jahre ausbezahlt werden, wenn das Kapital während dieser Zeit mit 4% verzinst wird. Wenn die Rente im Durchschnitt länger als 21 Jahre ausbezahlt wird, macht die Pensionskasse für diese Rentner einen Verlust. Die erwähnten 21 Jahre Rente sind nicht nur für den Rentner selbst bestimmt. Zusätzlich zu den Altersrenten muss eine Pensionskasse auch

[5] Für die bessere Lesbarkeit der Tabelle wird anstelle vom gesetzlichen Wert von 7.2% von einem Umwandlungssatz von 7.1% ausgegangen.

allfällige Hinterlassenenrenten (Witwen-, Witwer- und Waisenrenten) ausrichten. So erhält Bspw. beim Tod eines Rentners die Witwe bzw. der Witwer eine lebenslange Rente.

Was sind nun die Konsequenzen, wenn die Parameter für den Umwandlungssatz variieren? So ist es denkbar, dass sich a) die Lebenserwartung und/oder b) der technische Zinssatz verändern.

Erhöhung der Lebenserwartung

Aus Sicht der Pensionskasse stellt sich die Frage nach der Lebenserwartung, d.h. über welchen Zeitraum die lebenslange Rente im Durchschnitt ausbezahlt werden muss. In diesem Kontext ist die Unterscheidung zwischen den Periodentafeln und den Generationentafeln wichtig:

Bei der Einführung des BVGs im Jahre 1985 betrug die Lebenserwartung nach der sogenannten Periodentafel für einen 65-jährigen Mann mit Jahrgang 1920 lediglich 16.20 Jahre (siehe Abbildung 8).

20 Jahre später resultiert nach der Periodentafel für einen 65-jährigen Mann mit Jahrgang 1940 eine Lebenserwartung von 19.80 Jahren, also 3.6 Jahre mehr.[6] Es wird erwartet, dass die Lebenserwartung auch in Zukunft steigen wird. Ein 65-jähriger mit Geburtsjahr 2000 wird eine Lebenserwartung von 25.1 Jahren haben.

Bei der Pensionskasse entsteht das Problem, dass das angesparte Vorsorgekapital und die Rente nach wie vor gleich hoch sind, jedoch die Rente über einen längeren Zeitraum ausbezahlt werden muss. Um der erhöhten Lebenserwartung adäquat Rechnung zu tragen, hätte der Umwandlungssatz entsprechend sinken müssen (siehe Abbildung 9). Wenn von einer Männeranteil von 90% und einem Frauenanteil von 10% ausgegangen wird und die anwartschaftlichen Leistungen (Witwer-, Witwenrenten und Waisenrenten) berücksichtigt werden, muss gemäss der aktuellen Periodentafel (Jahr 2012, Geburtsjahrgang 1947) während 24 Jahren eine Rente ausbezahlt werden.[7] Würde man mit der sogenannten Generationentafel kalkulieren, wäre der Wert sogar bei 26 Jahren.[8]

---

[6] Vgl. Thüring, C./ Kirchhofer, R. (2011), S. 2.

[7] Aon, H (2010), S. 3.

[8] Vgl. Thüring, C./ Kirchhofer, R. 2011, S. 3.

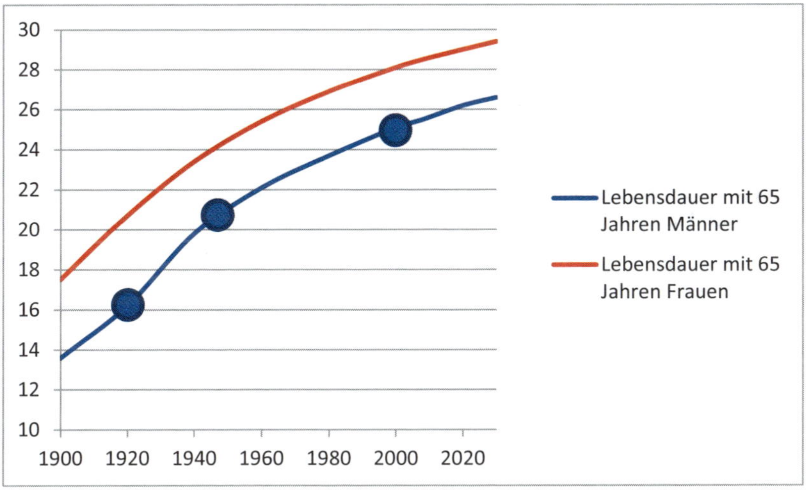

Abbildung 8: Entwicklung der Lebensdauer im Alter von 65 Jahren (Periodentafel)

Dies führt gemäss der Abbildung 9 bei einem technischen Zinssatz von 4% gemäss der Periodentafel 2012 zu einem UWS von 6.6% und gemäss der Generationentafel zu einem Wert von 6.3%. In den folgenden Abschnitten wird der Einfachheit halber von den Werten der Periodentafeln ausgegangen.

Bei einem gesetzlichen Umwandlungssatz von 6.9% und einem Kapital von CHF 500'000 erhält ein Rentner eine jährliche Rente von CHF 34'500. Damit die Rechnung für die Pensionskasse aufgeht, kann die Rente 22 Jahre lang ausbezahlt werden. Wenn diese Person jedoch 24 Jahre eine Rente bezieht und die Rente gleich hoch bleibt, muss die Pensionskasse zusätzliches Vorsorgekapital in Form von technischen Rückstellungen bilden. Für 24 Jahre Rente ist ein Kapital von CHF 34'500 / 6.6% = CHF 523'000 notwendig. Es entsteht ein sogenannter Mutationsverlust von rund CHF 23'000.

	technischer Zinssatz		
Jahre	3.0%	3.5%	4.0%
20	6.7	7.0	7.4
21	6.5	6.8	7.1
22	6.3	6.6	6.9
23	6.1	6.4	6.7
24	5.9	6.2	6.6
25	5.7	6.1	6.4
26	5.6	5.9	6.3
27	5.5	5.8	6.1

Gesetzlicher Mindestumwandlungssatz 2012

Notweniger Umwandlungssatz Periodentafeln 2012

Notweniger Umwandlungssatz Generationentafel Jahrgang 1947

Abbildung 9: Umwandlungssatz gemäss heutiger Lebenserwartung

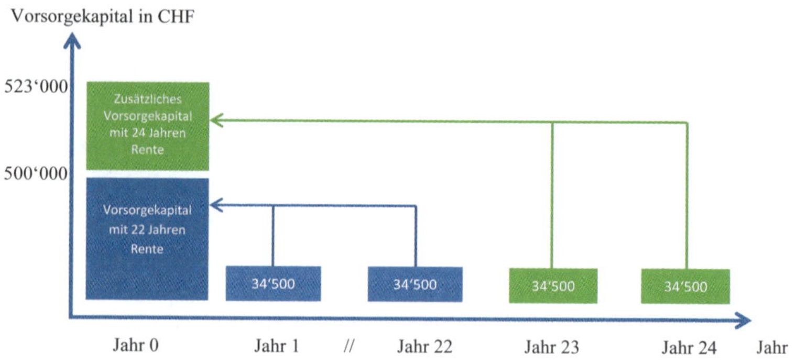

Abbildung 10: Auswirkungen auf das Deckungskapital bei einer Erhöhung der Lebenserwartung

b) Veränderung des technischen Zinssatzes

Bis anhin wurde nur die Erhöhung der Lebenserwartung zur Berechnung des Umwandlungssatzes berücksichtigt. Jetzt wird gezeigt, welche Bedeutung die Höhe des technischen Zinssatzes für den Umwandlungssatz hat und was eine Veränderung dieses Wertes bewirkt. Wie oben schon dargelegt, wird der gesetzliche Mindestumwandlungssatz im Jahre 2014 den Wert von 6.8% erreichen. Dieses Niveau basiert auf einem technischen Zinssatz von 4%. Bei der Beurteilung der Folgen einer Veränderung des technischen Zinssatzes muss unterschieden werden zwischen *bestehenden* und *zukünftigen* Renten.

→ Folgen für die bestehenden Renten

Das Vorsorgekapital der Rentner wird durch die Abzinsung der zukünftigen Renten mit dem technischen Zinssatz ermittelt. Das Vorsorgekapital stellt somit den Barwert der zukünftigen Renten dar. Bei einem Kapital von CHF 500'000 Umwandlungssatz von 6.90% (gemäss Abbildung 7 mit 4% / 22 Jahren Rente) ergibt sich eine jährliche Rente von CHF 34'500 (siehe Abbildung 11). Wenn der technische Zinssatz von 4% auf 3.5% gesenkt würde, bliebe die bestehenden Rente von CHF 34'500 unverändert. Wenn die 22 Jahre ebenso konstant bleiben und die Rente von CHF 34'500 neu mit 3.5% abgezinst wird, erhöht sich das Vorsorgekapital von CHF 500'000 auf rund CHF 523'000. Das entspricht einer Erhöhung von ca. 5%. Da das Vorsorgekapital aus Sicht der Pensionskasse eine Verbindlichkeit darstellt (Passivkosten), verschlechtert sich bei einer Reduktion des technischen Zinssatzes der Deckungsgrad. Wenn nicht entsprechende Rückstellungen vorhanden sind, muss die Pensionskasse entweder durch

- eine höhere Performance auf den Vermögensanlagen,
- durch eine tiefere Verzinsung des Vorsorgekapitals der aktiv Versicherten oder
- durch Sanierungsmassnahmen seitens der aktiv Versicherten wieder «ins Lot» gebracht werden.

Die Erfahrung der letzten Jahre zeigt, dass vornehmlich die zweite und dritte Variante die Regel war.

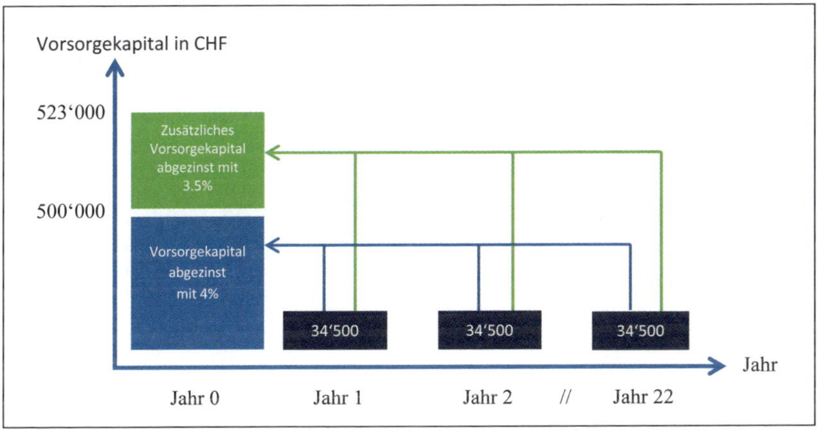

Abbildung 11: Auswirkungen einer Reduktion des technischen Zinssatzes auf das Vorsorgekapital

Praxisbeispiel BVK:

Die in letzter Zeit in die Schlagzeilen geratene Personalvorsorge des Kantons Zürich (BVK) wies per Ende 2010 einen Deckungsgrad von 86% aus. Es fehlten der Kasse für einen Deckungsgrad von 100% 3.3 Milliarden Franken. Die Pensionskasse rechnet bei der Berechnung des Vorsorgekapitals der Rentner mit einem (hohen) technischen Zinssatz von 4%. Würde man den Deckungsgrad mit einem realistischen Zinssatz von 1.5% kalkulieren, würde die Lücke wegen des höheren Vorsorgekapital der Rentner um weitere 2.5 Milliarden Franken steigen und der Deckungsgrad käme per Ende 2010 bei etwa bei 77% zu liegen. Berücksichtigt man, dass die Pensionskasse beim derzeitigen Anlagerisiko entsprechende Wertschwankungsreserven und somit einen Deckungsgrad von rund 120% braucht, fehlen der Kasse per Ende 2010 etwa 10 Milliarden Franken. [9]

→ Folgen für die zukünftigen Renten

Im Gegensatz zu den laufenden Renten können bei einer Senkung des technischen Zinssatzes die zukünftigen Renten angepasst werden. Gemäss Abbildung 12 bewirkt eine Senkung des technischen Zinssatzes von 4% auf 3.5% eine Verminderung des Umwandlungssatzes von 6.6% auf 6.2%. Wenn ein aktiv Versicherter mit 65 Jahren CHF 500‘000 angespart, erhält er somit die folgende Rente:

Technischer Zinssatz 4.0%, UWS 6.6%: CHF 500‘000* 6.6% = CHF 33‘000

Technischer Zinssatz 3.5%, UWS 6.2%: CHF 500‘000* 6.2% = CHF 31‘000

Das Vorsorgekapital bleibt nach wie vor bei CHF 500‘000 und der Deckungsgrad verändert sich nicht, weil die Senkung nicht zu Lasten der Pensionskasse geht, sondern in Form einer tieferen Rente abgegolten wird.

---

[9] in teilweiser Anlehnung an Janssen, M. (2011), online.

	technischer Zinssatz					
Jahre	1.5%	2.0%	2.5%	3.0%	3.5%	4.0%
20	5.8	6.1	6.4	6.7	7.0	7.4
21	5.6	5.9	6.2	6.5	6.8	7.1
22	5.4	5.7	6.0	6.3	6.6	6.9
23	5.2	5.5	5.8	6.1	6.4	6.7
24	5.0	5.3	5.6	5.9	6.2	6.6
25	4.8	5.1	5.4	5.7	6.1	6.4
26	4.7	5.0	5.3	5.6	5.9	6.3
27	4.5	4.8	5.1	5.5	5.8	6.1

Abbildung 12: Umwandlungssatz gemäss heutiger Lebenserwartung und tieferem technischen Zinssatz

Gleiche Kapitalverzinsung für Aktive und Rentner

Bis anhin wurde im Sinne der Schweizerischen Kammer der Pensionskassen-Experten von einer sehr trägen Anpassung des technischen Zinssatzes ausgegangen. Es kann jedoch argumentiert werden, dass die Verzinsung des Vorsorgekapitals Rentner (k_{passiv}) derjenigen der aktiv Versicherten (k_{aktiv}) entsprechen soll. Die Rentner wären in diesem Fall bezüglich Verzinsung ihres Kapitals gleichgestellt. Wenn der technische Zinssatz dem BVG-Minimalzinssatz (Jahr 2012 1.5%) gleichgesetzt würde, käme der Umwandlungssatz bei der Anwendung der Periodentafeln 2012 gemäss Abbildung 12 auf bescheidene 5% zu liegen. Dies käme im Vergleich zum heutigen gesetzlichen Umwandlungssatz (Jahr 2012) von 6.9% einer Senkung von 28% gleich. Unter diesen Annahmen sind der heutige Mindestumwandlungssatz und somit die Renten um 28% zu hoch. Wenn man mit den Generationentafeln rechnet, sind die Renten im momentanen Zinsumfeld sogar um rund 32% zu hoch. Würde man die technischen Zinssätze jährlich an veränderte Marktbedingungen anpassen, hätte dies jährlich schwankende Umwandlungssätze und somit jedes Jahr höhere oder tiefere Renten zur Folge, was sozialpolitisch unverträglich wäre und das Vertrauen in die zweite Säule schwächen würde.

14.4 Praxis des Umwandlungssatzes

In der obigen Ausführung wurde stets vom gesetzlichen Mindestumwandlungssatz ausgegangen. Gemäss dem geltenden Recht wird der obligatorische Umwandlungssatz bis im Jahre 2014 kontinuierlich auf 6.8% gesenkt. Bei den sogenannten Minimalkassen, also Pensionskassen, welche nur das gesetzliche Minimum des BVG abdecken, müssen die Renten mit diesem Faktor berechnet werden. Auf der anderen Seite gibt es die sogenannten umhüllenden Pensionskassen. Das sind Vorsorgeeinrichtungen, welche das Minimum gemäss BVG und gleichzeitig einen überobligatorischen Teil enthalten. Zum Zeitpunkt der Pensionierung muss auf dem obligatorischen Teil des angesparten Vorsorgekapitals der gesetzliche Umwandlungssatz von heute 6.9% angewandt werden. Auf dem überobligatorischen Teil ist die Pensionskasse frei. In der Praxis gibt es bei der Umsetzung des überobligatorischen Teils des Altersguthabens zwei unterschiedliche Ansätze.

Praxis bei Versicherungsgesellschaften und vielen Gemeinschafts- und Sammelstiftungen

Die meisten Versicherungsgesellschaften und viele Gemeinschafts- und Sammelstiftungen legen momentan den Umwandlungssatz des *überobligatorischen* Teils bei 5.84% fest.[10]

Bspw. verfügt eine Person mit 65 Jahren im Jahre 2012 über ein Altersguthaben von CHF 500'000. CHF 200'000 davon ist gemäss BVG angespart worden. Somit beträgt auf dem Kapital von CHF 200'000 der UWS 6.9% und auf dem Kapital von CHF 300'000 ein solcher von 5.84%. Gemäss Abbildung 13 beträgt der gewichtete (umhüllende) UWS über das ganze Kapital 6.26% (0.6 * 5.84% + 0.4 * 6.9%). Dieser umhüllende Umwandlungssatz ist somit je nach obligatorischem Kapitalanteil höher oder tiefer.

Im Gegensatz zu vielen Lebensversicherungsgesellschaften, Gemeinschafts- und Sammelstiftungen legen klassische Pensionskassen (sog. Einzellösungen oder firmeneigene Kassen) häufig den Umwandlungssatz auf dem gesamten Vorsorgekapital fest. Es wird also nicht unterschieden zwischen einem obligatorischen und überobligatorischen Teil. Bei der Luzerner Pensionskasse (LUPK) beträgt im Jahr 2012 der *umhüllende UWS* 6.15%. Auch bei einer klassischen Pensionskasse muss der UWS beim obligatorischen Teil des Altersguthabens 6.90% betragen. Der UWS beim überobligatorischen Teil ist somit je nach Anteil des überobligatorischen Kapitals unterschiedlich. In diesem Beispiel beträgt der UWS des überobligatorischen Kapitals 5.65%. Wie das Beispiel der Luzerner Pensionskasse zeigt (siehe Abbildung 14), ist der umhüllende Umwandlungssatz in vielen Fällen schon längst auf einem viel tieferen Niveau als die gesetzliche Vorgabe.

---

[10] Weibel Hess & Partner (2011), online.

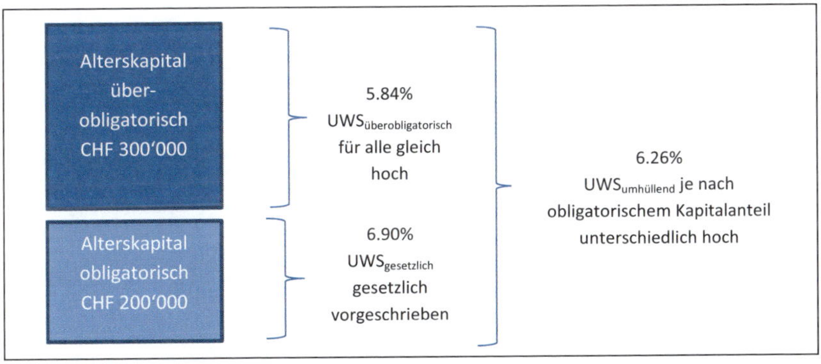

Abbildung 13: Praxis des Umwandlungssatzes bei Sammelstiftungen

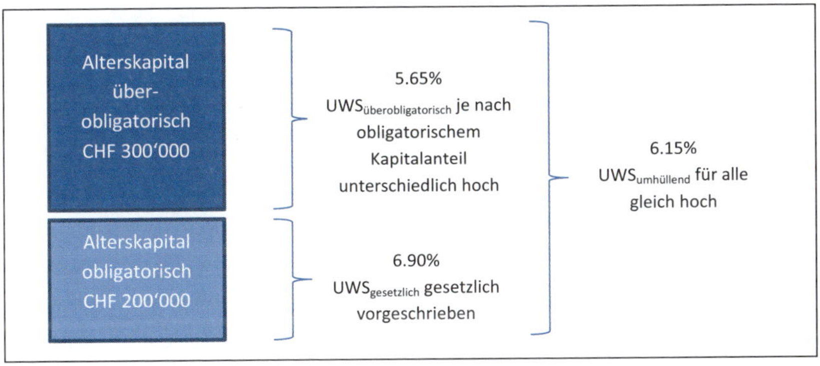

Abbildung 14: Praxis des Umwandlungssatzes bei klassischen Pensionskassen

Problematisch ist die Situation für die sogenannten BVG Minimalkassen, bei denen es nur ein obligatorisches Kapital gibt. Es gibt somit keinen überobligatorischen Teil des Kapitals, welcher zu einem tieferen Umwandlungssatz in eine Rente umgewandelt werden kann. Deshalb sind diesen Minimalkassen weitgehend die Hände gebunden, den Umwandlungssatz einigermassen der Realität anzupassen.

14.5 Sollrendite von Pensionskassen

Nachdem in den obigen Abschnitten die Kapitalkosten der aktiven Versicherten k_{aktiv} und diejenigen der Rentner k_{passiv} erläutert wurden, geht es darum, die gewichteten Kapitalkosten (Weighted Average Cost of Capital = WACC) aus der Sicht einer Pensionskasse zu ermitteln.

Bspw. entsprechen die Kapitalkosten aktiv (k_{aktiv}) dem BVG Minimalzinssatz von 1.5% im Jahre 2012. Die Kapitalkosten passiv (k_{passiv}) liegen beim Referenzzinssatz von 3.5%.

Bei einer jungen Pensionskasse (Kapitalanteil Aktive 75%, Kapitalanteil Rentner 25%) beträgt der

$$WACC_{jung} = 0.75 * 1.5\% + 0.25 * 3.5\% = 2.00\%.$$

Bei einer Pensionskasse mit relativ vielen Rentnern (Kapitalanteil Aktive 25%, Kapitalanteil Rentner 75%) beträgt der

$$WACC_{alt} = 0.25 * 1.5\% + 0.75 * 3.5\% = 3.00\%.$$

In der folgenden Abbildung ist das Beispiel illustriert.

Bilanz einer Pensionskasse

Aktiven	Passiven		Kapitalkosten		Anteil PK jung	Anteil PK alt
Vermögensanlagen	Vorsorgekapital aktiv Versicherte	➡	k_{aktiv}	1.50%	75%	25%
	Vorsorgekapital Rentner	➡	k_{passiv}	3.50%	25%	75%
			WACC		2.00%	3.00%

Abbildung 15: Gewichtete Kapitalkosten einer Pensionskasse

Um die Sollrendite zu ermitteln, werden vom WACC noch die Rückstellungen für Langlebigkeit und Risiko (Annahme 0.5%) sowie die Verwaltungskosten (Annahme 0.3%) addiert. Dies ergibt in diesem Beispiel die folgenden Sollrenditen:

	Pensionskasse «jung»	Pensionskasse «alt»
WACC	2.00%	3.00%
Rückstellungen	0.50%	0.50%
Verwaltungskosten	0.30%	0.30%
Sollrendite	**2.80%**	**3.80%**

In Analogie zu einem Unternehmen stellt sich die Frage, ob die Pensionskasse Wert generiert oder vernichtet. Zudem ist fraglich, ob bei einem Unternehmen die Rendite auf dem investierten Kapital (ROIC) grösser oder kleiner ist als die Kapitalkosten (WACC). Wenn ein Unternehmen eine bessere Rendite auf dem eingesetzten Kapital erwirtschaftet (z.B. 10%) als die Kapitalkosten (z.B. 8%), dann generiert das Unternehmen Wert.

Wenn eine Pensionskasse Wert schaffen bzw. den Deckungsgrad erhöhen will, muss die Rendite auf den Vermögensanlagen höher sein als die Sollrendite. Wenn die Pensionskasse «alt» mit einer Sollrendite von 3.8% eine Performance von 5% auf den Assets erwirtschaftet, steigt der Deckungsgrad – die Vorsorgeeinrichtung generiert Wert. Wenn die Performance 3% beträgt, so sinkt der Deckungsgrad und die Pensionskasse vernichtet Wert. Sobald eine Pensionskasse einen kritischen Wert des Deckungsgrades unterschreitet, ist der Stiftungsrat verpflichtet Sanierungsmassnahmen einzuleiten. Auf der Aktivseite ist die Pensionskasse den Kapitalmärkten ausgesetzt. Abgesehen von der Wahl der Anlagestrategie kann die Pensionskasse die Anlagenrendite nicht beeinflussen. Bei den Kapitalkosten ist der technische Zinssatz eine relativ starre Grösse und kann nur mittels Senkung des Umwandlungssatzes und/oder Erhöhung des Vorsorgekapitals der Rentner gesenkt werden. Somit bleibt in der Praxis einzig die Option, die Verzinsung des Vorsorgekapitals der Aktiven zu senken – im Sanierungsfall als letzte Massnahme sogar unter die gesetzliche Untergrenze von 1.5%.

14.6 Zusammenfassung und Ausblick

Die Lebenserwartung ist alleine in den letzten 20 Jahren um 3.6 Jahre angestiegen, das Zinsniveau ist in den letzten 10 Jahren auf historische Tiefststände gesunken und andere Vermögensanlagen wie Aktien haben in dieser Zeit wenig bis keine Rendite abgeworfen. Viele Pensionskassen sind deshalb in finanzielle Schieflage geraten und mussten – meist zu Lasten der aktiv Versicherten – saniert werden. Das Hauptproblem liegt in der Tatsache, dass die Umwandlungssätze zu spät an die höhere Lebenserwartung und die tiefen Zinsen angepasst worden sind und dass reglementarisch ausgesprochene Renten nicht flexibel sind und nicht gekürzt werden können. Zudem ist der Umwandlungssatz ein Politikum geworden – Parteienkämpfe statt sachliche Diskussionen prägen den politischen Alltag.

Zukunftsorientierte und nachhaltige Lösungen müssen einerseits das Problem der stetig steigenden *Lebenserwartung* und andererseits das Problem der *Verzinsung* umfassen. Bezüglich der *Lebenserwartung* ist ein Umwandlungssatz gefragt, welcher sich automatisch an die steigende Lebenserwartung anpasst. Das heisst, jedes Jahr bzw. jeden Monat würde der Umwandlungssatz etwas tiefer ausfallen.

Die *Verzinsung* und somit den Umwandlungssatz und in letzter Konsequenz die Rente könnte man in eine garantierte (z.B. 90% der Rente) und eine nicht garantierte Komponente (z.B. 10% der Rente) unterteilen. Die fixe Komponente würde auf jeden Fall ausbezahlt. Die nicht garantierte Komponente würde der Rentner nur dann erhalten, wenn die finanzielle Lage der Pensionskasse bzw. die Höhe des Zinsniveaus es erlauben. Nur so wird es in Zukunft möglich sein, die Last von Sanierungen gleichmässig auf aktiv Versicherte und auf Rentner zu verteilen. Es ist zu hoffen, dass es der Politik innert nützlicher Frist gelingt, solche zukunftstaugliche Lösungen umzusetzen.

Literaturverzeichnis

- Aon, H. (2010): Technische Grundlagen BVG 2010. Aon Hewitt News. Dez., S. 1-5.
- Bühler, A. / Jost M. (2011): Fachrichtlinie technischer Zinssatz (FRP 4). Schweizer Personalvorsorge. Mai, S. 67-68.
- Janssen, M. (2011): Das Loch in der BVK ist noch viel grösser als bisher zugegeben. Online (10.04.2011): http://www.tagesanzeiger.ch/wirtschaft/unternehmen-und-konjunktur/Das-Loch-in-der-BVK-ist-noch-viel-groesser-als-bisher-zugegeben-/story/21903026
- Swisscanto Asset Management AG (2011): Schweizer Pensionskassen 2011. Zürich: Swisscanto Asset Management AG.
- Thüring, C./ Kirchhofer, R (2011): Von Perioden- zu Generationentafeln. Schweizer Personalvorsorge. Mai, S. 2-3.
- Weibel Hess & Partner (2011): Altersleitungen und Deckungsgrad. Online (17.02.2012): http://www.pensionskassenvergleich.ch/pkvergleich/pkvergleich2011/verzinsung-umwandlungssatz/index.php

Teil 3
Corporate Finance und Finanzierungen

In diesem Teil wird die Finanzierung von Unternehmen und von Immobilien aufgegriffen. Einzelne Fachbeiträge sind aus der Optik der Kredit- und Kapitalnehmer geschrieben, so etwa jene über die Kapitalstrukturentscheide von KMU, die Finanzierung von Gemeinden oder die Währungen als Werttreiber im Unternehmen. Andere Beiträge sind aus der Optik der Bank oder der Finanzmärkte verfasst, so etwa jene über die Treiber der Zinsmargen, die Ratingsysteme und deren Overrides oder Aspekte des Risikomanagements von Portfolios mit privaten Hypotheken. Ein weiterer Fachbeitrag vergleicht Corporate-Venture-Capital- und Venture-Capital-finanzierte Jungunternehmen in der Schweiz.

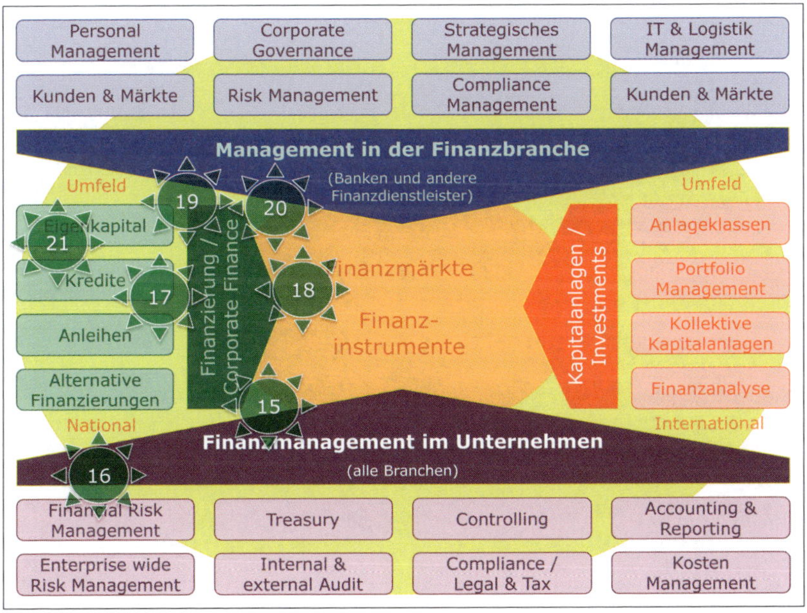

Die Sterne mit den Kapitelnummern zeigen auf, welchem Thema rund um Corporate Finance / Unternehmensfinanzierung die jeweiligen Kapitel zugeordnet werden können.

15 Kapitalstrukturentscheide von KMU – Empirische Evidenz für die Schweiz

Im Rahmen des KTI-Projektes «Kapitalstrukturentscheide von KMU», wurden in Zusammenarbeit mit den Wirtschaftspartnern BDO AG und Raiffeisen Schweiz die Finanzierungs- und Investitionsentscheide von Schweizer KMU auf der Basis einer empirischen Erhebung untersucht. Der vorliegende Artikel geht auf ausgewählte Ergebnisse im Zusammenhang mit der Höhe der Verschuldung, deren Zusammensetzung sowie auf die Hauptbestimmungsfaktoren der Kapitalstruktur von KMU ein.

Gabrielle Wanzenried Mowers

Prof. Dr. Gabrielle Wanzenried Mowers (1969) hat an der Universität Bern und an der London School of Economics VWL und BWL studiert. Anschliessend an das Doktorat in VWL an der Universität Bern im Jahr 2001 verbrachte sie zweienhalb Jahre als Research Fellow an der Haas School of Business der University of California in Berkeley. Zusätzlich zu ihren universitären Aktivitäten war sie für mehrere KMU in verschiedenen Funktionen tätig. Seit 2005 arbeitet sie als Dozentin und Projektleiterin am IFZ, wo sie als Forschungskoordinatorin auch der Institutsleitung angehört. Sie unterrichtet Corporate Finance und Managerial Economics. Im Rahmen ihrer Forschungstätigkeiten befasst sie sich schwerpunktmässig mit Themen rund um Corporate Finance, Banking Performance, Labour Economics sowie Gender&Diversity. Sie hat in international angesehenen Zeitschriften publiziert und verfügt über langjährige Beratungserfahrung für verschiedene Organisationen. Gabrielle Wanzenried Mowers lebt mit ihrer Familie in Ligerz am Bielersee.

Kontakt: gabrielle.wanzenried@hslu.ch

15.1 Einleitung

Kapitalstrukturentscheide von Unternehmen, d.h. die Zusammensetzung der Passivseite einer Bilanz wie z.B. die Wahl zwischen Eigen- und Fremdkapital, stellen sowohl aus Sicht der Praxis als auch der Theorie über Corporate Finance ein wichtiges und viel diskutiertes Thema dar. Die Finanzierungsstruktur einer Firma übt einen direkten Einfluss auf deren Kapitalkosten aus, die wiederum den Firmenwert mitbestimmen. Entsprechend sollte jede Unternehmung, unabhängig von Grösse, Branche oder anderen Kriterien, der Gestaltung ihrer Kapitalstruktur eine grosse Bedeutung beimessen. Obwohl dem Thema insbesondere seitens der Wissenschaft viel Aufmerksamkeit geschenkt wird, bestehen bis heute wichtige Wissenslücken in Bezug auf die Umsetzung von Kapitalstrukturentscheiden für Unternehmen in der Praxis.

In der Praxis setzen sich aufgrund der Grösse und Verfügbarkeit des notwendigen Know-hows insbesondere grosse Unternehmen aktiv mit ihrer Kapitalstruktur auseinander. Aber selbst in dieser Grössenkategorie trifft dies nur auf eine Minderheit aller Firmen zu. Gemäss einer Marktuntersuchung der UBS AG beschäftigt sich die Hälfte der Schweizer Unternehmen nicht oder zu wenig eingehend mit ihrer Kapitalstruktur.[1]

Für die Praxis besteht somit klar Handlungsbedarf in dieser Hinsicht. Eine vertiefte Auseinandersetzung mit dem Thema seitens der Unternehmen und insbesondere seitens der KMU erhöht ihr Wissen in Finanzierungsfragen Dies erlaubt es ihnen z.B. als kreditnachfragende Unternehmung gegenüber den Banken als informierter und souveräner Partner aufzutreten, was sich im besten Fall in besseren Kreditbedingungen niederschlagen kann.

Nicht nur aus betriebswirtschaftlicher, sondern auch aus volkswirtschaftlicher Perspektive ist es wünschenswert, wenn sich Unternehmen vertiefter mit der Zusammensetzung der Passivseite ihrer Bilanz auseinandersetzen. Eine sinnvolle Ausgestaltung der Kapitalstruktur erleichtert die Kreditallokation durch die Banken und Kapitalmärkte und erhöht die Effizienz des Wirtschaftssystems. Aufgrund der grossen Bedeutung von KMU für die Schweizer Wirtschaft ist zu erwarten, dass insbesondere bei den KMU ein volkswirtschaftlich grosses Optimierungspotenzial besteht.

---

1 Vgl. Breitenmoser, A. (2007).

Welche Faktoren bestimmen die Kapitalstruktur von Unternehmen? Es gibt eine relativ umfangreiche Literatur zur Wahl der Kapitalstruktur von Unternehmen. Verschiedene theoretische Ansätze fokussieren einerseits auf die Einflüsse der Verschuldungspolitik auf den finanziellen Erfolg von Unternehmen und andererseits auf die Bestimmungsfaktoren der Kapitalstruktur von Unternehmen. Seit der bahnbrechenden Arbeit von Modigliani und Miller im Jahr 1958 haben sich denn auch Wissenschaftler mit diversen theoretischen und empirischen Aspekten von Kapitalstrukturentscheiden von Unternehmen beschäftigt. Im Rahmen von empirischen Arbeiten konnten insbesondere zahlreiche Determinanten der Finanzierungsstruktur von Unternehmen identifiziert werden. Neben firmenspezifischen Faktoren, wie z.B. Grösse, Industriezugehörigkeit, Profitabilität, Risiko[2], wurden in den letzten Jahren zusätzliche Faktoren, wie z.B. der Einfluss des makroökonomischen Umfeldes[3], die Wettbewerbsbedingungen auf Produkt- und Faktormärken[4] sowie die Aktionärsstruktur[5] in die Analysen miteinbezogen. Diese zusätzlichen Dimensionen konnten die Erklärungskraft der verwendeten Modelle steigern.

Bis anhin wurden im Rahmen von Kapitalstrukturstudien insbesondere grosse, börsenkotierte Unternehmen aus dem angelsächsischen Raum betrachtet. KMU (Unternehmen bis 249 Mitarbeitenden) machen aber in den allermeisten Volkswirtschaften die grosse Mehrzahl aller Unternehmen aus und umfassen zudem weit mehr als zwei Drittel aller Beschäftigten (in der Schweiz 99.7% bzw. 66.8%). Entsprechend erscheint ein Fokus auf diese Unternehmensgruppe allein schon aufgrund derer volkswirtschaftlicher Bedeutung als angebracht.

Eine genauere Untersuchung der Kapitalstruktur und der Kapitalstrukturwahl von KMU drängt sich auch deshalb auf, weil sich gerade die KMU hinsichtlich Finanzierungsfragen bezüglich einiger wichtiger Aspekte von börsenkotierten Firmen unterscheiden. Es gibt sogenannte Skalenerträge bei der Kreditvergabe, d.h. die Kosten je Krediteinheit für die Vergabe und Überwachung eines Kredites nehmen mit der Grösse des Kredites ab, da ein grosser Teil der Gesamtkos-

---

2 Vgl. z.B. Titman, S / Wessels, R. (1988); Harris, M. / Raviv, A. (1991); Rajan, R. G. Zingales, L. (1995).

3 Vgl. z.B. Korajczyk, R. A. / Levy, A. (2003); Wanzenried, G. (2006); Drobetz, W. / Wanzenried, W. (2006); Hackbarth, D. et al. (2006).

4 Vgl. z.B. Brander, J. / Lewis, T. (1986); Wanzenried (2003).

5 Vgl. Döhnert, K. (2007).

ten für die Kreditallokation und -überwachung Fixkosten darstellen. Falls die Firmengrösse positiv mit der Kreditgrösse korreliert, sind aus Sicht der Banken die Durchschnittskosten für die Betreuung von KMU höher als für grössere Firmen. Im Vergleich zu grossen Unternehmen bestehen für Kapitalgeber bei KMU grössere Informationsasymmetrien, was zusätzliche Screening- und Monitoringkosten mit sich bringt. Diese Informationsasymmetrien verunmöglichen es KMU weitgehend, Fremdkapital direkt am Kapitalmarkt aufzunehmen. Durch den Aufbau von Bankbeziehungen können diese Informationsasymmetrien verkleinert werden. Entsprechend greifen KMU hauptsächlich auf Bankkredite als Form der Fremdfinanzierung zurück. So betrug der Anteil Kredite an KMU relativ zum Total aller durch Schweizer Banken vergebenen Unternehmenskredite per Ende Oktober 2010 rund 72%.[6]

Der Artikel beschreibt ausgewählte Ergebnisse aus einem KTI-Projekt zum Thema «Kapitalstrukturentscheide von KMU», welches das IFZ mit Unterstützung der Wirtschaftspartner BDO AG und Raiffeisen Schweiz realisiert hat. Dabei wird insbesondere auf die Höhe der Verschuldung sowie auf die Hauptbestimmungsfaktoren der Verschuldung der KMU eingegangen. Die Gliederung gestaltet sich wie folgt: Kapitel 2 beschreibt kurz die Datengrundlagen. In Kapitel 3 wird auf den Verschuldungsgrad der Schweizer KMU nach ausgewählten Firmeneigenschaften eingegangen. Kapitel 4 beschreibt, welche Faktoren für die Wahl der Kapitalstruktur der KMU von Bedeutung sind und Kapitel 5 enthält einige Schlussbemerkungen.

15.2 Datengrundlagen

Die Daten über Kapitalstrukturentscheide von KMU wurden im Rahmen einer schriftlichen Umfrage mittels eines Fragebogens erhoben, der an Unternehmen bis 249 Mitarbeitenden des privaten Sektors der Schweiz versandt wurde. Die Erhebung wurde im Zeitraum vom März 2009 bis Juli 2009 durchgeführt. Die Adressen der Unternehmen stammen vom Bundesamt für Statistik (BFS) und stellen eine repräsentative Stichprobe dar. Unternehmen im ersten Sektor sowie in den Finanzdienstleistungsindustrien wurden ausgeschlossen. Ebenfalls ausgeschlossen wurden Stiftungen und Vereine.

Insgesamt wurden 6'987 Fragebogen an Firmen in der Deutschschweiz und 2'118 Fragebogen an Firmen in der französisch- und italienischsprachigen

---

6 Vgl. Kreditvolumenstatistik der SNB.

Schweiz versandt. Für Letztere wurde der Fragebogen auf Französisch übersetzt. Die Rücklaufquote beträgt 9.14%, und im Durchschnitt wurden je Fragebogen 74% der Fragen beantwortet. Um sicherzustellen, dass die erhobenen Daten eine repräsentative Stichprobe darstellen, wurden die Daten basierend auf der Branchenzusammensetzung gewichtet. Weiter wurden die Daten auf ihre Plausibilität überprüft und zudem wurden im Rahmen dieser Prüfungen entsprechende Beobachtungen von der Stichprobe ausgeschlossen.

15.3 Wie verschuldet sind Schweizer KMU?

In der Schweiz liegt der Verschuldungsgrad von KMU, d.h. der Anteil des verzinslichen Fremdkapitals relativ zum Total der Passiven (ohne stillen Reserven), im Durchschnitt bei knapp 23.5%. Drei Prozent aller befragten KMU haben angegeben, dass sie kein verzinsliches Fremdkapital in ihrer Bilanz haben. Betrachtet man den Verschuldungsgrad nach Firmengrösse gemäss der offiziellen Grössenkategorisierung des Bundesamtes für Statistik fällt auf, dass der Verschuldungsgrad für die kleinste Kategorie mit 1-9 MA mit knapp 28% am höchsten ist Für die Grössenkategorie 10-49 MA beträgt der Anteil des verzinslichen Fremdkapitals an der Bilanzsumme 22.3%, und die grössten KMU mit 50-249 MA weisen einen Verschuldungsgrad von rund 25% aus (Abbildung 1).

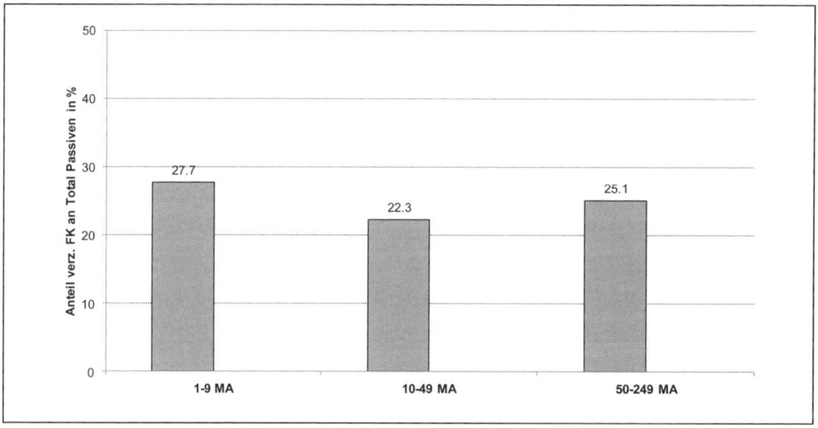

Abbildung 1: Verschuldungsgrad nach Firmengrösse in %

Quelle: Institut für Finanzdienstleistungen Zug IFZ (2009)

Hinweis zu Abbildung 1: Die Abbildung gibt den Prozentanteil des verzinslichen Fremdkapitals in % relativ zum Total der Passiven nach Firmengrösse an. Die Daten sind gewichtet. N=724.

Auch der durchschnittliche Fremdkapitalanteil über die verschiedenen Branchen hinweg weist eine gewisse Variation auf (Abbildung 2). Die höchste Verschuldung weisen die Unternehmen im Gastgewerbe auf. Die tiefste Verschuldungsrate haben Firmen in der Branche Erbringung von freiberuflichen und wissenschaftlichen Dienstleistungen.

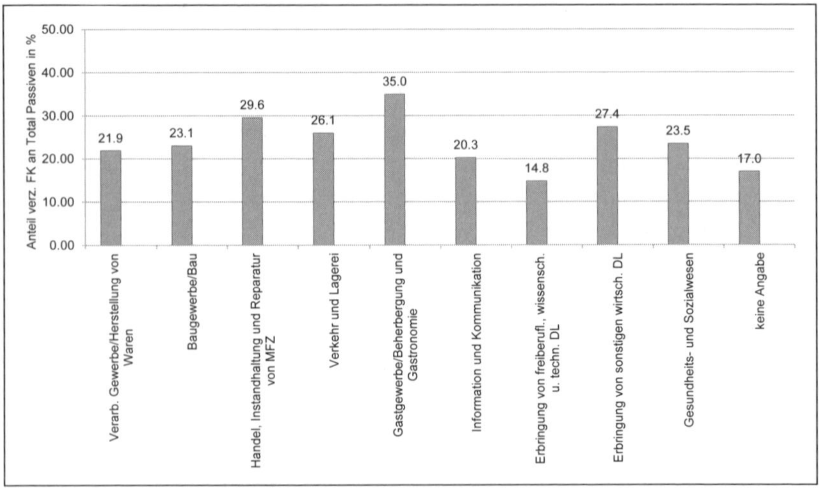

Abbildung 2: Verschuldungsgrad nach Branchen in %

Quelle: Institut für Finanzdienstleistungen Zug IFZ (2009)

Die Abbildung gibt den Prozentanteil des verzinslichen Fremdkapitals in % relativ zum Total der Passiven nach Branchen an. Die Daten sind gewichtet. N=724.

Im Zusammenhang mit der Verschuldung der KMU muss auch die Bedeutung der Banken näher betrachtet werden. Bankkredite sind besonders für viele kleine Firmen eine entscheidende Fremdfinanzierungsquelle. Der Anteil der Bankkredite am verzinslichen Fremdkapital beträgt im Durchschnitt knapp 28%. Währenddessen dieser Wert für die kleinsten KMU (1-9 MA) im Schnitt bei rund 27% liegt, beträgt der Anteil bei den grössten KMU (50-249 MA) knapp 38%. Auch die Unterscheidung nach Branchen - wie aus Abbildung 3 ersichtlich - macht deutlich, dass sich der Zugang zu Bankkrediten je nach Unternehmenseigenschaften relativ stark unterscheidet. Schliesslich haben knapp 11% aller befragten Unternehmen angegeben, über keine Bankkredite zu verfügen.

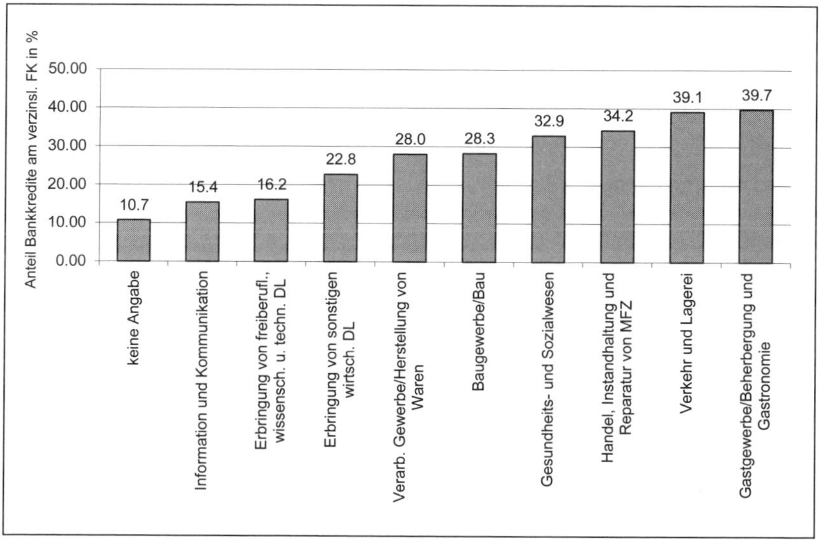

Abbildung 3: Anteil Bankkredite am verzinslichen Fremdkapital nach Branchen in %

Quelle: Institut für Finanzdienstleistungen Zug IFZ (2009)

Die Abbildung gibt den Prozentanteil der Bankkredite am Total des verzinslichen Fremdkapitals nach Branchen an. Die Daten sind gewichtet. N=724.

Obwohl Bankkredite für zahlreiche Finanzierungsanliegen ein ideales und verbreitetes Instrument darstellen, gibt es Firmen, die je nach Unternehmensphase sowie anderen Firmeneigenschaften keinen oder nur beschränkten Zugang zu Bankkrediten haben. Weiter wählen einige Firmen bewusst eine Finanzierung ohne Bankkredite. Eine ergänzende oder alternative Fremdkapitalquelle dazu stellt das Fremdkapital mit Eigenkapitalcharakter dar. Dazu gehören Finanzierungsquellen wie Aktionärsdarlehen, Darlehen mit Rangrücktritt, Mezzanine-Finanzierungen oder Private Equity-Kapital. Im Durchschnitt beträgt der Anteil des Fremdkapitals mit Eigenkapitalcharakter am Total des verzinslichen Fremdkapitals in der betrachteten Stichprobe knapp 19%. Da oft gerade auch kleinere Firmen unter anderem aufgrund ihrer Grösse und Bilanzstruktur beschränkten Zugang zu Bankkrediten haben, erstaunt es nicht, dass dieser Anteil bei der Grössenkategorie 1-9 MA mit rund 24% am höchsten ist und bei der Grössenkategorie 50-249 MA mit 11% am geringsten ausfällt.

Neben der Firmengrösse und Branchenzugehörigkeit bedarf eine umfassende Betrachtung des Verschuldungsgrades einer Unternehmung den Einbezug von weiteren Faktoren, welche einen Einfluss auf den Anteil des Fremdkapitals ausüben können. Zu diesen Faktoren gehören unter anderem die Anlageintensität, die Profitabilität oder der Möglichkeit von Steuerabzugsmöglichkeiten z.B. durch Abschreibungen.

15.4 Welche Faktoren bestimmen die Höhe der Verschuldung von Schweizer KMU?

Die Höhe der Verschuldung eines Unternehmens wird von zahlreichen Faktoren mitbestimmt. Im Rahmen unserer Befragung wurden den KMU basierend auf in der Theorie erwähnten sowie in der Praxis relevanten Aspekten 18 verschiedene Bestimmungsfaktoren zur Verschuldungshöhe vorgelegt. Dabei standen vier Antwortmöglichkeiten zur Verfügung, abgestuft von «trifft voll zu» bis «trifft gar nicht zu». Um die erfassten Informationen auf sinnvolle Weise interpretieren zu können, haben in einem ersten Schritt jede der vier Antwortmöglichkeiten ein Score zwischen 3 («trifft voll zu») und 0 («trifft gar nicht zu») zugewiesen, um dann in einem zweiten Schritt daraus eine aggregierte Masszahl, ein sog. «Score» zu ermitteln. Je höher der Wert des Scores ausfällt, desto höher fällt die Zustimmung der Befragten zur jeweiligen Frage aus. Zusätzlich wurde die Stichprobe anhand ausgewählter Kriterien (Unternehmensgrösse, Höhe des Verschuldungsgrades, Vorhandensein einer Zielkapitalstruktur, Eigentumsverhältnisse und Einfachheit Kapitalzugang) aufgesplittet und den durchschnittlichen Score für ausgewählte Untergruppen der Stichprobe gebildet (Resultate nicht ausgewiesen).

Die Antworten sind in Abbildung 4 zusammengefasst, wobei die Bestimmungsfaktoren nach der Höhe ihres Score-Wertes geordnet sind. An erster Stelle steht mit einem durchschnittlichen Score von 2.41 die Aussage *«Wir begrenzen die Verschuldung, um eine möglichst hohe Unabhängigkeit zu bewahren»*. Kleinere KMU stimmen dieser Aussage tendenziell stärker zu als grössere Unternehmen in der Stichprobe. Dies ist nicht weiter erstaunlich, da grössere Unternehmen u.a. infolge von Wachstumsstrategien eher auf Fremdkapital angewiesen sind. Ein weiterer Unterschied zeigt sich in Bezug auf die Gewinnmarge. Je tiefer die Gewinnmarge, desto weniger stimmen die KMU der Aussage zu. Auch dieses Resultat erstaunt nicht, da Unternehmen mit höheren Gewinnen sich eher aus eigener Kraft finanzieren können und so unabhängiger bleiben. Auch bei der Verfolgung bzw. Nichtverfolgung einer Zielkapitalstruktur gibt es Unterschiede. Unternehmen, die angeblich eine Zielkapitalstruktur verfolgen, messen der Bewahrung der Unabhängigkeit im Zusammenhang mit der Höhe der Verschuldung eine signifikant höhere Zustimmung zu als Unternehmen, die keine Zielkapitalstruktur verfolgen. Auch ob eine KMU eine Familienunternehmung ist, spielt eine Rolle. Erwartungsgemäss stimmen die befragten Familienunternehmen der Aussage stärker zu als Nicht-Familienunternehmen und erbringen empirische Evidenz für die oft zitierte These, dass Familienunternehmen gerne unabhängig(er) bleiben. Schliesslich spielt auch der Zugang zu Kapital eine Rolle: KMU mit Zugang zu zusätzlichem Fremdkapital haben eine signifikant höhere Zustimmung.

Der zweithöchste durchschnittliche Score mit 2.25 weist der Bestimmungsfaktor *«Vorhandensein von Eigenmitteln»* auf. Gut 83% der befragten KMU erachten dies als wichtigen Bestimmungsfaktor für die Höhe der Verschuldung. Für die einzelnen Untergruppen lassen sich jedoch keine signifikanten Unterschiede feststellen.

An dritter Stelle steht die *«Höhe der zukünftigen Investitionen»* als Bestimmungsfaktor der Höhe der Verschuldung. Mit einem Score von 1.95 und einer Zustimmung von knapp drei Vierteln der Befragten weist dieser Faktor immer noch eine relativ hohe Bedeutung auf. Unterschiede zwischen den Teilgruppen bestehen in Bezug auf die Grösse des Unternehmens. Dabei fällt auf, dass die Zustimmung der grössten KMU mit 50 bis 249 Mitarbeitenden deutlich höher ausfällt als für die anderen beiden Gruppen, wobei der Unterschied zur kleinsten Grössenkategorie am grössten ausfällt. Weiter fällt die Zustimmung bei stärker verschuldeten Unternehmen ebenfalls höher aus. Auch Unternehmen ohne Zielkapitalstruktur messen der Höhe der künftigen Investitionen relativ mehr Bedeutung zu. Schliesslich ist dieser Faktor für KMU ohne Kapitalzugang auch signifikant bedeutender als für jene KMU mit Kapitalzugang.

Auch die Aussage *«Wir begrenzen Fremdfinanzierung, damit aufgrund geringerer Zinslasten stets ausreichend interne Mittel für Investitionen bzw. Akquisitionen zur Verfügung stehen»* findet mit einem durchschnittlichen Score von 1.79 und einer Zustimmung von zwei Dritteln der befragten KMU relativ hohe Zustimmung. KMU mit relativ höherer Gewinnmarge erachten diesen Aspekt als signifikant wichtiger als Unternehmen mit der tieferen Gewinnmarge. Auch jene KMU mit relativ geringerer Verschuldung messen der Aussage im Vergleich zur Gruppe mit der höheren Verschuldung eine höhere Bedeutung zu, wobei die Differenz nur auf dem 10%-Niveau statistisch signifikant ist. Die Aussage findet weiter eine höhere Zustimmung bei jenen KMU, welche eine Zielkapitalstruktur verfolgen sowie bei Firmen mit relativ gutem Kapitalzugang, wobei bei letzterer Gruppe der Unterschied nur auf dem 10%-Niveau signifikant ist.

Auch *«Schwankungen in der operativen Geschäftstätigkeit»* können mit einem durchschnittlichen Score von 1.77 und einer Zustimmung von knapp 65% der befragten KMU ebenfalls als wichtigen Faktor zur Bestimmung der Höhe der Verschuldung interpretiert werden. Die Zustimmung ist bei der grössten Grössenkategorie mit 50 bis 249 Mitarbeitenden am grössten. Auch Unternehmen mit einer relativ tiefen Gewinnmarge stimmen im Vergleich zu jenen KMU mit einer Gewinnmarge über dem Median der Stichprobe der Aussage stärker zu. Schwankungen im operativen Geschäft setzen Unternehmen mit relativ höherer Gewinnmarge weniger stark zu, da diese erwartungsgemäss auch über höhere Reserven verfügen und weniger auf Fremdkapital angewiesen sind. Auch Unternehmen, welche explizit eine Zielkapitalstruktur verfolgen, haben im Vergleich zu jenen KMU ohne eine solche Strategie eine höhere Zustimmung zu dieser Aussage. Schliesslich erachten KMU ohne Kapitalzugang den Schwankungen im operativen Geschäft in Bezug auf die Höhe der Verschuldung eine höhere Bedeutung zu als Unternehmen, die leicht zu zusätzlichem Fremdkapital kommen. Auch dieses Ergebnis bringt zum Ausdruck, dass kapitalrestringierte Unternehmen zur Strukturierung der Passivseite ihrer Bilanz stärker den Schwankungen des operativen Geschäftes ausgesetzt sind.

«Das konjunkturelle Umfeld» steht mit einem durchschnittlichen Scorewert von 1.68 an sechster Stelle bezüglich der Bedeutung als Bestimmungsfaktor zur Höhe der Verschuldung. Immerhin erachten noch 60% der Befragten diesen Aspekt als wichtig für die Schuldenhöhe ihrer KMU. Bezüglich der Untergruppen bestehen einzig signifikante Unterschiede in Bezug auf das Vorhandensein einer Zielkapitalstruktur sowie dem Kapitalzugang. KMU mit einer Zielkapitalstruktur erachten diesen Faktor als signifikant wichtiger als KMU ohne Zielkapitalstruktur. Auch Unternehmen ohne Kapitalzugang erachten das konjunkturelle Umfeld als signifikant bedeutender als Unternehmen, die relativ einfach zu Kapital kommen. Erstere Gruppe hat je nach konjunkturellem Umfeld mehr oder weniger Schwierigkeiten, ihr operatives Geschäft zu finanzieren.

«Die zunehmende Konkursgefahr oder drohende Liquiditätsschwierigkeiten bei höherer Verschuldung» zählt mit einem durchschnittlichen Score von 1.55 und einer Zustimmung von knapp 57% der befragten Unternehmen immer noch zu einer bedeutenden Verschuldungsdeterminante. Zwar steht dieses Resultat im Einklang mit der Studie von Drobetz et al. (2006), jedoch im Gegensatz zu den Resultaten von Graham und Harvey (2001), die keine grosse Bedeutung dieses Faktors gefunden haben. Bei den Antworten für die verschiedenen Untergruppen, bestehen ebenfalls einige Unterschiede. Unternehmen mit relativ tiefer

Gewinnmarge messen dem Faktor eine höhere Bedeutung zu als KMU mit höherer Gewinnmarge. Dies hängt damit zusammen, dass erstere Gruppe stärker auf externe Finanzierungsquellen angewiesen ist und entsprechend auch ein höheres Konkursrisiko aufweist. Eine ähnliche Überlegung gilt für den Verschuldungsgrad: Stärker verschuldete Unternehmen weisen einen relativ höheren Score auf, da die Relevanz der Konkurskosten mit steigender Verschuldung klar zunimmt. KMU, die eine Zielkapitalstruktur verfolgen, haben ebenfalls eine höhere Zustimmung zur Aussage. Schliesslich besteht auch ein relativ grosser Unterschied zwischen KMU mit und ohne Kapitalzugang. Letztere Gruppe verfügt über einen durchschnittlichen Scorewert von 1.99, der deutlich über jenem Wert von 1.47 für jene KMU mit Kapitalzugang liegt.

«Das Kredit- bzw. Bonitätsrating des Unternehmens bei der Bank» hat mit einem durchschnittlichen Scorewert von 1.55 und einer Zustimmung von knapp 56% eine gewisse Bedeutung für die Höhe der Verschuldung des Unternehmens. KMU mit relativ tiefer Gewinnmarge messen dem Faktor eine höhere Bedeutung zu. Dasselbe gilt für KMU mit höherem Verschuldungsgrad sowie jene Unternehmen, die eine Zielkapitalstruktur verfolgen. Schliesslich spielt das Kredit- bzw. Bonitätsrating zur Bestimmung der Schuldenhöhe auch für Firmen ohne Kapitalzugang eine grössere Rolle. Die Bonität des KMU entscheidet letztendlich darüber, ob ein zusätzlicher Kredit gesprochen wird, und entsprechend ist diese Beobachtung nicht erstaunlich.

Auch die *«Präferenzen und Strukturen der Eigentümer»* spielen mit einem durchschnittlichen Score von 1.44 und einer Zustimmung von knapp 50% eine gewisse Rolle bei der Bestimmung der Schuldenhöhe der befragten KMU. Unterschiede zwischen den Gruppen bestehen jedoch einzig bezüglich der Höhe des Verschuldungsgrades und der Existenz einer Zielkapitalstruktur. Wobei die Wichtigkeit dieser Kapitalstrukturdeterminante grösser ist, wenn das Unternehmen eine relativ tiefe Verschuldung aufweist und über eine Zielkapitalstruktur verfolgt. Oft ist es ein Ziel von KMU, die Verschuldung unter einer gewissen Höhe zu halten. Es erstaunt etwas, dass sich Familienunternehmen bei diesem Faktor nicht signifikant von Nicht-Familien unterscheiden, da gerade Firmen im Familienbesitz nicht selten eine möglichst hohe Unabhängigkeit der Firma von externen Geldgebern anstreben.

An zehnter Stelle der Rangfolge mit den Faktoren, welche für die Höhe der Verschuldung eine Rolle spielen, steht die *«Begrenzung der Fremdfinanzierung, um die zukünftige Verschuldungskapazität des Unternehmens zu erhöhen»*. Der entsprechende durchschnittliche Scorewert liegt bei 1.47, wobei weniger als

50% der Befragten diesen Faktor als wichtig erachten. Unterschiede zwischen den betrachteten Teilgruppen bestehen einzig in Bezug auf das Vorhandensein einer Zielkapitalstruktur, wobei die Zustimmung für KMU mit Zielkapitalstruktur erwartungsgemäss höher ausfällt.

«Die steuerliche Doppelbelastung von Gewinnausschüttungen» hat mit einem Scorewert von 0.99 eine eher weniger wichtige Bedeutung zur Bestimmung der Verschuldungshöhe der befragten KMU. Auch erachtet weniger als ein Drittel der befragten KMU diesen Faktor als wichtig. Jene KMU, die explizit eine Zielkapitalstruktur verfolgen sowie Familienunternehmen messen dem Faktor eine höhere Bedeutung zu.

Allfällige *«Veränderungen bei den Eigentümern»* können in weniger als 30% der Fälle eine Rolle spielen für die Höhe der Verschuldung. Wiederum spielt dieser Faktor eine wichtigere Rolle bei KMU mit einer Zielkapitalstruktur im Vergleich zu jenen Firmen ohne entsprechende Strategie. Dasselbe gilt bei KMU mit fehlendem Zugang zu zusätzlichem Fremdkapital.

Es fällt auf, dass die *«steuerliche Abzugsfähigkeit von Zinszahlungen»* für die Höhe der Firmenverschuldung mit einem durchschnittlichen Score von 0.76 einen begrenzten Einfluss aufweist. Insgesamt stimmen auch nur knapp 22% der Befragten zu, dass dieser Faktor sehr grosse bzw. grosse Bedeutung für die Bestimmung des Verschuldungsgrades ihres Unternehmens hat. Im Vergleich zu einer Untersuchung für kotierte Unternehmen in den USA[7], die den Barwert des Steuervorteils auf rund 10% des Unternehmenswertes schätzt, fällt dieser Wert sehr gering aus. Drobetz et al. (2006), die ebenfalls kotierte Unternehmen jedoch aus Deutschland, Österreich und der Schweiz untersuchen, finden einen Score von 1.06, den sie ebenfalls als relativ niedrig einschätzen. Offensichtlich spielt für KMU im Vergleich zu börsenkotierten Unternehmen die Abzugsfähigkeit von Zinsen eine geringere Rolle. Die geringere Bedeutung dieses Faktors kann generell auch damit erklärt werden, dass Unternehmen bereits einen hohen Abschreibungsaufwand und hohe Forschungs-und Entwicklungskosten (sog. «Non-Debt Tax-Shields») aufweisen.[8] Zwischen den betrachteten Untergruppen bestehen jedoch einige signifikante Unterschiede. KMU mit relativ höherer Gewinnmarge erachten die steuerliche Abzugsfähigkeit von Zinsen als wichtiger, da diese Unternehmen aufgrund höherer Gewinne auch mehr Steuern

---

[7] Vgl. Graham (2000).

[8] Vgl. auch Drobetz, W. et al (2006); Shenoy / Koch (1996); Fama / French (2002).

bezahlen müssen. Weiter weisen KMU mit relativ höherem Verschuldungsgrad sowie jene Unternehmen mit einer Zielkapitalstruktur einen signifikant höheren Score auf. Diese Beobachtungen widerspiegeln den Umstand, dass gewisse KMU explizit ihre Verschuldung erhöhen, um durch die Abzugsfähigkeit der Schuldzinsen Steuern zu sparen. Auch diese KMU stufen die Bedeutung der steuerlichen Abzugsfähigkeit von Zinsen signifikant höher ein als jene KMU, die keine Zielkapitalstruktur verfolgen. Auch Familienunternehmen weisen eine höhere Zustimmung zu diesem Faktor auf, wobei der Unterschied zwar signifikant ist, aber nicht so hoch ausfällt. Interessanterweise erachten Firmen, die einen einfachen Zugang zu Fremdkapital haben, der Abzugsfähigkeit von Steuern eine geringere Bedeutung zu als Firmen ohne entsprechende Möglichkeiten, einfach Fremdkapital aufzunehmen. Dabei hätten gerade Erstere die Möglichkeit, durch eine zusätzliche Verschuldung Steuern einzusparen.

Der Aussage *«Wir nehmen Fremdkapital auf, wenn die Zinsen tief sind»* stimmen nur rund 16% der befragten KMU zu. Der entsprechende Scorewert fällt mit 0.64 auch relativ tief aus. Somit praktiziert die grosse Mehrheit der Unternehmen in der Stichprobe kein «Market Timing» in Bezug auf ihre Verschuldung. Die grössten KMU in der Stichprobe weisen eine signifikant höhere Zustimmung auf. Dies erstaunt nicht, da nur grössere KMU in der Lage sind, allenfalls auch am Geld- bzw. Kapitalmarkt Fremdkapital aufzunehmen. KMU mit tieferer Gewinnmarge, KMU mit relativ höherem Verschuldungsgrad und schliesslich KMU ohne Kapitalzugang stimmen dieser Aussage in höherem Masse zu. Unternehmen mit diesen Eigenschaften haben ebenfalls eine höhere Zustimmung zu dieser Aussage, was in Anbetracht der Tatsache, dass diese Unternehmen eher Zugang zum Kapitalmarkt haben, nicht erstaunt.

Die Aussage *«Wir haben Schwierigkeiten, zusätzliches Fremdkapital zu beschaffen»* stösst ebenfalls nur in sehr begrenztem Ausmass auf Zustimmung. Der durchschnittliche Scorewert fällt mit 0.63 am dritttiefsten aus, und die Zustimmung beträgt knapp 17%. Grundsätzlich ist dieses Resultat erfreulich, da offenbar die meisten KMU in der Stichprobe keine Probleme haben, zusätzliches Fremdkapital aufzunehmen. Dieser Umstand ist zweifellos auch der Kreditpolitik der Banken zu verdanken. Es fällt jedoch auf, dass die KMU in der kleinsten Grössenkategorie bis 9 Mitarbeitenden der Aussage am stärksten zustimmen und offensichtlich Mühe bekunden, einen Kredit aufzunehmen. Erwartungsgemäss trifft dasselbe auf Unternehmen mit einer relativ tiefen Gewinnmarge und mit einem bereits hohen Verschuldungsgrad auf, was auf die Konsistenz der Daten hinweist.

«Der Verschuldungsgrad vergleichbarer Unternehmen» ist kein wichtiger Faktor zur Bestimmung der Schuldenhöhe von KMU. Nur gut 15% erachten diesen Aspekt als wichtig. Am ehesten messen KMU, die eine Zielkapitalstruktur verfolgen, sowie Unternehmen ohne Kapitalzugang dem Aspekt eine gewisse Bedeutung bei. Somit gibt es kein eigentliches «Benchmarking» in dieser Hinsicht. Es ist auch nicht selten der Fall, dass die Verschuldungshöhe von vergleichbaren KMU in der Regel gar nicht bekannt ist. Der «Leverage-Effekt» ist der am wenigsten wichtige Bestimmungsfaktor der Verschuldung der befragten KMU. Nur gerade knapp 6% stimmen der Aussage *«Wir nehmen zusätzliches Fremdkapital auf, um die Eigenkapitalrendite zu erhöhen»* zu. Der durchschnittliche Score fällt mit 0.32 sehr gering aus. Grössere Unternehmen und KMU mit einer Zielkapitalstruktur erachten den Faktor als wichtiger und dasselbe gilt für Unternehmen ohne Kapitalzugang. Der Leverage-Effekt dürfte insbesondere für börsenkotierte Unternehmen eine Bedeutung haben.

Abbildung 4 fasst die relative Bedeutung der Bestimmungsfaktoren für die Wahl der Verschuldungshöhe zusammen, indem die einzelnen Aspekte geordnet nach der Höhe des durchschnittlichen Scorewertes aufgeführt sind.

15.5 Schlussbemerkungen

Die im Artikel beschriebenen Resultate geben einen kurzen Überblick über die Verschuldung von Schweizer KMU sowie über die hauptsächlichen Faktoren, welche die Kapitalstruktur beeinflussen. Dabei ist deutlich zum Ausdruck gekommen, dass sich die Kapitalstruktur sowie deren Bestimmungsfaktoren der befragten KMU stark unterscheiden, je nach Grösse der Firma, deren Branchenzugehörigkeit, Eigentümerstruktur sowie anderen zentralen Faktoren.

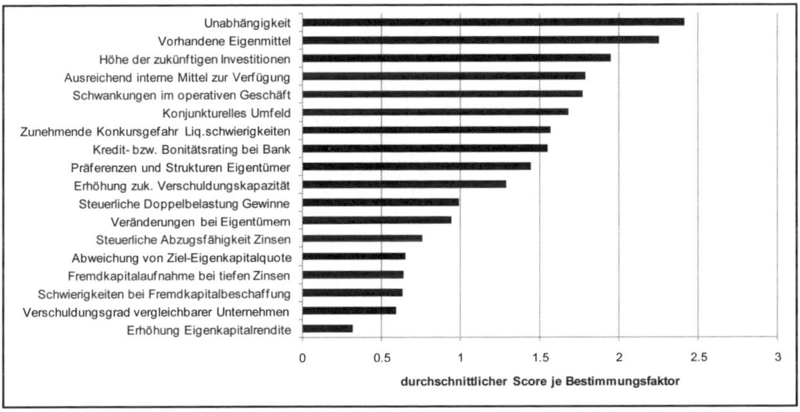

Abbildung 4: Durchschnittliche Scorewerte der Bestimmungsfaktoren für die Höhe der Verschuldung

Quelle: Institut für Finanzdienstleistungen Zug IFZ

Die Abbildung gibt den durchschnittlichen Scorewert je Bestimmungsfaktor für die Höhe der Verschuldung wieder, wobei der Score Werte zwischen 3 («trifft voll zu») und 0 («trifft gar nicht zu») annehmen kann. Die Daten sind gewichtet. N zwischen 634 und 724..

Diese Ergebnisse wurden im Rahmen des KTI-Projektes «Kapitalstrukturentscheide von KMU», welches in Zusammenarbeit mit den Wirtschaftspartnern BDO AG und Raiffeisen Schweiz realisiert werden konnte, erhoben. Daneben wurden eine Reihe weiterer Aspekte untersucht. Erstens wurden weitere Dimensionen zur Kapitalstrukturproblematik erforscht, wie z.B. das Verhältnis zwischen kurz- und langfristigen Schulden, die Bestimmungsfaktoren der Fristigkeit, die Präferenzen in Bezug auf den Einsatz der verschiedenen Finanzierungsquellen. Weiter wurden detaillierte Fakten zur Investitionstätigkeit der Firmen sowie zu deren Finanzierung erhoben. Ein weiterer Schwerpunkt bildeten die Erforschung der Beziehungen zwischen Banken und KMU einerseits, sowie Wirtschaftsprüfer und KMU andererseits, und zwar insbesondere auch in Bezug auf deren Rolle bei der Kapitalstrukturoptimierung. Schliesslich wurden auch konkrete Handlungsempfehlungen seitens der Banken und der Wirtschaftsprüfer zu Handen der KMU erarbeitet. Dabei wurde versucht, basierend auf der bestehenden Theorie möglichst praxisrelevante Aspekte näher zu untersuchen. Die detaillierten Ergebnisse sind im entsprechenden Buch, welches im Sommer 2012 im IFZ Verlag erscheint, festgehalten.

Ingesamt kann zusammenfassend festgehalten werden, dass seitens der KMU in der Schweiz ein nicht zu unterschätzender Handlungsbedarf bezüglich der Optimierung der Kapitalstruktur besteht. Für die KMU werden sich solche Optimierungsanstrengungen letztendlich in tieferen Kapitalkosten und damit in einem höheren Firmenwert niederschlagen. Zusätzlich bedarf es aber auch weiterer Anstrengungen seitens der angewandten Forschung, sich diesem Thema speziell im Kontext der noch wenig erforschten KMU weiter anzunehmen.

Literaturverzeichnis

- Brander, J. / Lewis, T. (1986): Oligopoly and financial structure: The limited liability effect. The American Economic Review 76, 956–970.
- Breitenmoser, A. (2007): Lohnende Suche nach der optimalen Kapitalstruktur, UBS Outlook 3/2007.
- Döhnert, K. (2007): Bestimmungsfaktoren der Kapitalstruktur: Empirische Analyse schweizerischer Publikumsgesellschaften 1987-2004, Verlag IFZ-HSW: Luzern.
- Drobetz, W., / Wanzenried, G. (2006): What Determines the Speed of Adjustment to the Optimal Capital Structure?, Applied Financial Economics 16, 941-958, 2006.
- Hackbarth, D. / Miao, J. / Morrellec, E. (2006): Capital structure, credit risk, and macroeconomic conditions, Journal of Financial Economics 82, 519-550.
- Harris, M. / Raviv, A. (1991): The theory of the capital structure, Journal of Finance 46, 297-355.
- Modigliani, F. / Miller, M. H. (1958): The Cost of Capital, Corporate Finance and the Theory of Investments, American Economic Review 48, 261-297.
- Rajan, R. G. / Zingales, L. (1995): What Do We Know about Capital Structure? Some Evidence from International Data, Journal of Finance 50, 1421-1460.
- Titman, S. / Wessels, R. (1988): The Determinants of Capital Structure Choice, Journal of Finance 43, 1-19.
- Korajczyk, R.A. / Levy, A. (2003): Capital structure choice: macroeconomic conditions and financial constraints, Journal of Financial Economics, Elsevier, vol. 68(1), pages 75-109, April.
- Wanzenried, G. (2003): Capital Structure Decisions and Output Market Competition Under Demand Uncertainty, International Journal of Industrial Organization 21, 171-200.
- Wanzenried, G. (2006): Capital Structure Dynamics in the United Kingdom and Continental Europe, European Journal of Finance 12, 693-716.

16 Währungen als Werttreiber im Unternehmen

Der Artikel geht erstens auf die aktuelle Situation des starken Schweizer Frankens ein, welcher insbesondere für exportorientierte Unternehmen veritable Probleme verursachen kann. Zweitens werden die mit schwankenden Wechselkursen verbundenen Risiken betrachtet. Drittens folgt die Darstellung des IFZ-Forschungsprojektes «Währungen als Werttreiber im Unternehmen». Viertens werden allgemeine Massnahmen zur Risikoreduzierung und die Reaktionen von Unternehmen in der Praxis aufgezeigt.

Thomas Birrer

Thomas Birrer (1982) ist Wissenschaftlicher Mitarbeiter am Institut für Finanzdienstleistungen Zug IFZ der Hochschule Luzern – Wirtschaft und Doktorand an der Universität Basel. Er hat an der Hochschule Luzern – Wirtschaft fünf Jahre Betriebswirtschaftslehre studiert und im Jahr 2010 als Master of Science in Banking & Finance abgeschlossen.

Thomas Birrer leitet das Projekt «Währungen als Werttreiber im Unternehmen», ist Studienleiter des CAS Swiss Certified Treasurer (SCT)® sowie Geschäftsführer des CFO Forum Schweiz.

Kontakt: thomas.birrer@hslu.ch

Dieser Artikel geht erstens auf die aktuelle Situation des starken Schweizer Frankens ein. Der starke Franken bringt in einem Umfeld von internationaler Währungsinstabilität neben (kaum erwähnten) Vorteilen wie mittel- und langfristigen Zins- sowie Terms-of-Trade-Vorteilen[1], insbesondere für exportorientierte Unternehmen, bedeutende Probleme mit sich. Zweitens werden mit schwankenden Wechselkursen verbundene Risiken betrachtet. Anschliessend folgt drittens eine Darstellung der Tätigkeiten am Institut für Finanzdienstleistungen IFZ in diesem Themenfeld. Dazu soll exemplarisch ein Projekt vorgestellt werden, mit dem Zweck das Vorgehen in der angewandten Forschung zu illustrieren. Viertens und letztens geht es um allgemeine Massnahmen zur Risikoreduzierung und die Reaktionen von Unternehmen in der Praxis.

16.1 Der starke Franken und seine Folgen

Der Euro hat gegenüber dem Franken innerhalb kurzer Zeit enorm an Wert verloren. Nachdem er im Herbst 2007 einen Höchststand von CHF 1.68 erreicht hatte, fiel er im Oktober 2008 kurzzeitig auf unter CHF 1.45. Die europäische Schuldenkrise liess den Euro dann im Verlauf des Jahres 2010 von CHF 1.50 auf CHF 1.25 sinken. Diese Erstarkung des Frankens versuchte die SNB mit Devisenkäufen zu bremsen. Nach dem Absturz des Euro auf CHF 1.08 – unter anderem wegen Sorgen um die italienischen Staatsschulden und des Dollars auf 76 Rappen – senkte die SNB Anfang August 2011 die Zinsen. Diese Massnahmen weitete sie aus, als zeitweise ein Euro praktisch gleich viel wert war wie ein Franken (Franken-Euro-Parität). Ende August 2011 stieg der Euro wieder auf einen Wert von knapp CHF 1.20. Im September 2011 deklarierte die SNB schliesslich eine klare Wechselkursuntergrenze von CHF 1.20. Damit strebt die SNB eine Abschwächung des Frankens an.[2]

Trotz dieser einschneidenden Massnahme brechen auch in jüngster Zeit die negativen Nachrichten nicht ab. So war zu vernehmen, dass der starke Franken bspw. den Schweizer Bonbonmachern sauer aufstösst.[3] Die NZZ titelte: «Der Franken macht Schweizer Bonbons weniger süss»[4]. Ob Schweizer Bonbons nun (wörtlich genommen) wirklich weniger süss sind, bleibt zwar zu bestreiten.

---

1 Vgl. Kugler, P. (2012), S. 27-30.

2 Vgl. Lanz, M. (2011), S. 27.

3 Vgl. NZZ Online (2012).

4 NZZ (2011), S. 27.

Dennoch ist nicht von der Hand zu weisen, dass der aktuelle Frankenkurs für viele Unternehmen eine veritable Herausforderung darstellt. Insbesondere für Schweizer Hotels, vor allem jene in den Alpen[5] und ebenso für viele Industrieunternehmen, die gezwungenermassen geringere Umsätze und Erträge ausweisen – obwohl in Lokalwährungen Zunahmen zu verzeichnen sind.[6]

Und auch zukünftig wird wohl mit Ankündigungen von Unternehmen, die Stellen abbauen, Teile der Produktion ins Ausland verlagern oder ihre Mitarbeitenden länger arbeiten lassen, zu rechnen sein. Die Begründungen für die Massnahmen sind oft dieselben: Die Unternehmen führen den starken Franken und das verschlechterte wirtschaftliche Umfeld als Gründe an.

Doch welche Unternehmen sind überhaupt betroffen? Dass die Betroffenheit in Abhängigkeit der Branche stark variiert, zeigt die von der Schweizerischen Nationalbank (SNB) bei 164 bzw. 228 Unternehmen durchgeführte Wechselkursumfrage (siehe Abbildung 1).[7]

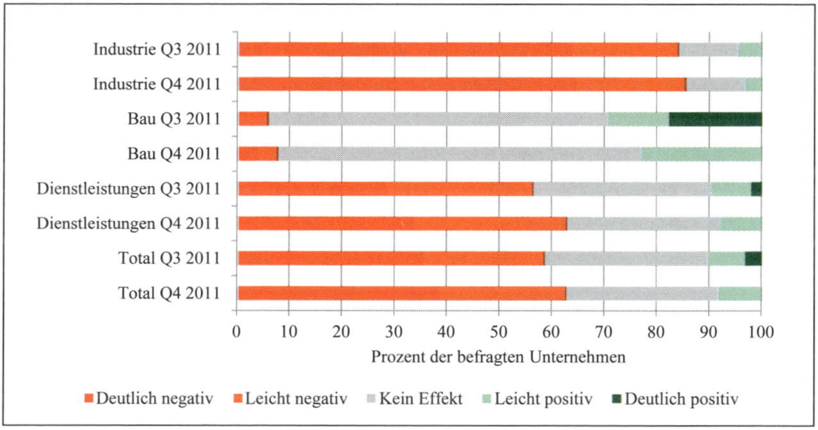

Abbildung 1: Betroffenheit von der Frankenaufwertung

Quelle: SNB (2011a), S. 39 sowie SNB (2011b), S. 43

5 Vgl. Kutscher, R. (2012), S. 8.

6 Siehe dazu bspw. die Ergebnisse für das Jahr 2011 verschiedener grosser Schweizer Unternehmen wie Schindler (vgl. Schärer (2012), S. 8), Georg Fischer (vgl. Müller (2012), S. 25) oder Gategroup (vgl. Helble (2012), S. 30).

7 Die detaillierten Ergebnisse der Wechselkursumfrage des dritten Quartals 2011 bei 164 Unternehmen finden sich in SNB (2011a), S. 39 ff., die Ergebnisse der Umfrage bei 228 Unternehmen für das vierte Quartal in SNB (2011b), S. 43 ff.

Insbesondere die verarbeitende Industrie ist von der Wechselkursentwicklung deutlich negativ betroffen. Der starke Wechselkurs wirkt sich unvorteilhaft auf deren Exporttätigkeit aus. Die entsprechenden Unternehmen leiden unter tieferen Margen, tieferen erzielten Preisen und geringeren abgesetzten Mengen. Wer nun davon ausgeht, dass importierende Unternehmen von ähnlichen Problemen verschont bleiben, dürfte sich irren. Denn sollte längerfristig die aktuelle Phase der Überbewertung nicht mehr anhalten, werden sich die importorientierten Unternehmen in einer unangenehmen Lage wiederfinden. Weiter können längerfristig auch Unternehmen, deren gesamte Erträge und auch Aufwendungen ausschliesslich Positionen in der heimischen Währung aufweisen, indirekt von Währungsveränderungen betroffen sein. Mehr dazu im nächsten Kapitel, in welchem verschiedene Fremdwährungsrisiken beleuchtet werden.

16.2 Die Problematik schwankender Wechselkurse

In einer Welt ohne Unsicherheit könnten Unternehmen die Wechselkurse perfekt voraussagen. Sie wären bspw. in der Lage, genau zu kalkulieren, wie viel vertraglich vereinbarte Exportgeschäfte in der Heimwährung einbringen. Leider ist diese Überlegung jedoch eine Illusion, denn in der Realität ergeben sich bei schwankenden Wechselkursen verschiedene Unwägbarkeiten. Vielfach diskutiert und in der Theorie (jedoch nicht einheitlich) genannt werden insbesondere das Transaktionsexposure, das Translationsexposure sowie das Ökonomische Exposure. Die drei Exposurearten haben unterschiedliche Ursachen wie auch verschiedene von den Risikopositionen eines Unternehmens abhängige Auswirkungen.[8]

16.2.1 Transaktionsexposure

Das Transaktionsexposure beinhaltet alle offenen Währungsrisikopositionen, die aus der Vergangenheit stammen, wobei jedoch deren Volumen und zukünftiger Fälligkeitszeitpunkt gegenwärtig fixiert sind. Es handelt sich um Fremdwährungsverbindlichkeiten und -forderungen, resultierend aus abgeschlossenen Handelsverträgen. Insofern ist der erwartete Zahlungsstrom zwar als wahrscheinlich einzustufen, jedoch nicht sicher. Allenfalls fällt die Zahlung geringer aus, verzögert sich oder kann ganz ausfallen. Und weiter steht die Zahlung unter dem Einfluss des Wechselkursrisikos, da sich nebst dem Cashflow ebenso

[8] Siehe dazu bspw. die Erläuterungen in De Filippis, F. (2011), S. 111 ff.

der entsprechende Devisenkurs unerwartet verändern kann. Möglicherweise erfährt deshalb ein Unternehmen ohne getätigte Absicherungsmassnahmen beim anschliessenden Umtausch in die Heimwährung einen Währungsverlust. Das Währungsrisiko entfaltet beim Transaktionsexposure sowohl eine liquiditäts- als auch eine erfolgswirksame Wirkung auf das betroffene Unternehmen: Wenn nun der erwartete Zahlungsstrom vom erwarteten Wert abweicht, ändert sich die finanzielle Situation des Unternehmens. Dies überträgt sich gleichzeitig auf die Vermögenspositionen, so dass auch die Bilanz betroffen ist.[9]

16.2.2 Translationsexposure

Das Translationsexposure umfasst auf fremde Währungen lautende Vermögenspositionen, welche durch Devisenkursbewegungen zu Wertschwankungen in der Bilanz führen. Solche Wertschwankungen entstehen beim Jahresabschluss oder bei der Konsolidierung in Rahmen eines Konzernabschlusses, wenn sich die Umrechnungskurse an zwei aufeinanderfolgenden Stichtagen bzw. seit der Entstehung der Position und dem nachfolgenden Stichtag verändert haben und die Umrechnung nicht zu historischen Wechselkursen erfolgt. Wie genau umgerechnet wird – ob zum historischen, durchschnittlichen oder zum Stichtagskurs – regeln die geltenden bzw. angewandten Rechnungslegungs- und Steuervorschriften. Eine eingehende Betrachtung der Bilanz ermöglicht es, alle vom Translationsexposure betroffenen Positionen zu identifizieren. Da die bilanziellen Wertveränderungen sich nicht unmittelbar auf die Finanzströme eines Unternehmens auswirken, nehmen sie lediglich eine untergeordnete Rolle im Währungsmanagement ein.[10]

16.2.3 Ökonomisches Exposure

Im Gegensatz zu den beiden vorangehenden Exposurearten, welche auch direkte Exposures genannt werden, existiert zudem das Konzept indirekter Währungsexposures mit der Bezeichnung Economic Exposure bzw. Ökonomisches Exposure. Das Konzept behandelt die Wechselkursbeeinflussung von Unternehmen ohne direkte Handelsbeziehungen zu anderen Währungsräumen. Solche ausschliesslich lokal tätigen Unternehmen werden durch eine Veränderung der Wettbewerbssituation ausländischer Unternehmen[11] beeinflusst. Deshalb wird

---

9 Vgl. De Filippis, F. (2011), S. 125-126 sowie Kartheiser, T. (2010), S. 23-24.

10 Vgl. De Filippis,F. (2011), S. 123-125 sowie Kartheiser, T. (2010), S. 22-23.

11 Damit sind im «Währungsausland» tätige Unternehmen angesprochen.

dieses Exposure ebenfalls «Competitive Exposure» oder «Operating Exposure» genannt.[12]

An dieser Stelle ein Beispiel zur Illustration[13]: Ein Unternehmen ist in der Schweiz tätig und fakturiert in Schweizer Franken und verfügt über eine Struktur, wonach die vorangehend beschriebenen direkten Exposures vernachlässigt werden können. Sobald nun ausländische Unternehmen – bspw. aus dem Euroraum – dieses Unternehmen konkurrenzieren, handelt es sich um ein Ökonomisches Exposure. Wenn sich in einer solchen Situation der EUR/CHF-Wechselkurs für das ausländische Unternehmen vorteilhaft entwickelt, kann es möglicherweise das entsprechende Konkurrenzprodukt bzw. die konkurrierende Leistung nach Umrechnung in Schweizer Franken günstiger als das inländische Unternehmen anbieten. Folglich ist das inländische Unternehmen gezwungen, seine Preise zu korrigieren oder Umsatz- bzw. damit verbundene Gewinneinbussen hinzunehmen. In dieser Situation werden die zukünftigen Cashflows des inländischen Unternehmens negativ beeinflusst, obwohl es selbst nicht mit Fremdwährungen in Kontakt kommt.

Daraus wird klar, dass das Economic Exposure alle zukünftigen, von Währungsveränderungen beeinflussten Cashflows des Unternehmens berücksichtigt. Und damit sind auch deren Barwerte betroffen, wenn eine Unternehmensbewertung nach der sog. Discounted Cashflow Methode (DCF-Methode) unterstellt wird.[14] Die Wettbewerbsveränderungen entfalten ihre Wirkung auf lange Frist. Bei dieser weitreichenden, zukunftsorientierten Sichtweise wird die Identifizierung und Quantifizierung des konkreten Exposures dadurch erschwert, dass auch ungewisse Cashflows relevant sind. Zu berücksichtigen sind nicht nur nominelle, sondern auch wettbewerbsbeeinflussende reale Wechselkursveränderungen.[15]

---

[12] Vgl. De Filippis, F. (2011), S. 127.

[13] Beispiel in Anlehnung an De Filippis, F. (2011), S. 127.

[14] Zur DCF-Methode siehe bspw. Volkart, R. (2008), S. 315 ff.

[15] Vgl. De Filippis, F. (2011), S. 127 sowie Kartheiser, T. (2010), S. 24-25.

16.2.4 Übersicht

Die folgende Tabelle fasst die wichtigsten Merkmale der drei Exposurearten kurz zusammen:

Kategorie	*Direkte Exposures*		*Indirektes Exposure*
	Transaction	*Translation*	*Economic*
Bezugsgrösse	Fremdwährungs-verträge bzw. kfr. Ex- und Importe	Vermögenswerte, Bilanzielles Auslandsvermögen	Wachstumsstrategie, zuk. Ertragskraft und Unternehmenswert
Natur	Ex ante, Operativ	Ex post, Buchhalterisch	Ex ante, Strategisch
Fremdwährungs-risiko	Geschätzt, Kurz-, mittelfristig	Exakt messbar Jährlich	Nicht genau messbar, Prognostiziert, langfr.
Wirkung	Erfolgs- und liquiditätswirksam	Buchhalterisch, nicht liquiditätswirksam	Wettbewerbsfähigkeit, Erfolgs- und liquiditäswirksam

Abbildung 2: Charakterisierung der Exposurearten

Quelle: in Anlehnung an De Filippis, F. (2011), S. 128 sowie Kartheiser, T. (2010), S. 26

Es ist ersichtlich, dass die drei Exposurearten unterschiedliche Auswirkungen entfalten können – dies insbesondere auch in zeitlicher Hinsicht. Sind die Folgen von Transaktionsrisiken allenfalls bereits kurzfristig spürbar, wirken die indirekten ökonomische Risiken tendenziell erst in der längeren Frist auf Erfolg und Liquidität. Auf diesen Erkenntnissen basierend muss nun jedes Unternehmen entscheiden, wie es mittels Währungsrisikomanagement auf die vorhandenen Risiken reagiert. Und die im vorangegangenen Abschnitt erwähnten Auswirkungen machen deutlich, dass Währungsveränderungen für sehr viele Unternehmen einen nicht zu unterschätzenden Werttreiber darstellen. Wie nun die theoretischen Erkenntnisse mit der Praxis verknüpft werden können, wird im nächsten Abschnitt betrachtet.

16.3 Angewandte Forschung als Verbindung von Theorie und Praxis

Das Institut für Finanzdienstleistungen Zug IFZ leistet in mehreren Belangen einen Beitrag zum optimalen Umgang mit der vorherrschenden Währungssituation wie auch zum Umgang mit den definierten Währungsrisiken bzw. -exposures. Einerseits gilt es die verschiedenen studentischen Arbeiten im Rahmen der Aus- und Weiterbildungslehrgänge zu nennen. Andererseits wird angewandte Forschung betrieben.

16.3.1 Studentische Arbeiten

Zum Tätigkeitsbereich studentischer Arbeiten zählen sogenannte Transferübungen. Im Rahmen der verschiedenen Weiterbildungslehrgänge wird eine grosse Menge an Wissen vermittelt. Die Zielsetzung der Weiterbildungslehrgänge besteht jedoch darin, dass das erworbene Wissen im beruflichen Alltag situationsgerecht angewandt und Probleme sachgerecht angegangen werden können. Deshalb vertiefen sich die Studierenden, bspw. im Rahmen des Lehrganges MAS Corporate Finance, in einem speziellen Gebiet, indem sie eine Transferübung verfassen. Die Studierenden vertiefen sich in der relevanten Theorie, reflektieren über die Anwendbarkeit des Wissens in ihrem beruflichen Umfeld und erstellen eine Checkliste mit zentralen Fragestellungen.

In dieser Hinsicht sind bereits einige Arbeiten zum Thema Fremdwährungsmanagement entstanden. Bspw. untersucht Silva (2011) die praktische Anwendbarkeit der Fremdwährungsabsicherung und behandelt dabei unter anderem die Identifizierung vorhandener Exposures, die Messung der identifizierten Risiken wie auch die Reduktion von Fremdwährungsrisiken. Ein weiteres Beispiel ist die Arbeit von Bamert (2012), in welcher der Einfluss von Währungsschwankungen auf die Werttreiber des Economic Profit untersucht wird. Anhand eines Modells wird untersucht, inwiefern Währungsschwankungen die sogenannten Wertschaffungsebenen Wachstum, Kosteneffizienz und Kapitaleffizienz beeinflussen. Je nach Struktur des untersuchten Unternehmens ergeben sich sehr gravierende Auswirkungen auf diesen drei Ebenen.

Zudem werden auch verschiedene, im Gegensatz zu den obgenannten Transferübungen wesentlich umfassendere, Diplomarbeiten im Themenfeld des Fremdwährungsmanagements verfasst. Sowohl in Weiterbildungs- wie auch in Ausbildungslehrgängen. Aktuell werden bspw. im Studiengang zum Bachelor of Science in Business Administration für (zumeist externe) Auftraggeber folgende Projekte bearbeitet:

- Empirische Untersuchung wirtschaftspolitischer Instrumente zur finanziellen Unterstützung der exportorientierten Industrie am Beispiel der Schweiz.
- Realisierbarkeit eines neuen Wechselkursregimes nach Kaufkraftparitäten.
- Darstellung der Fremdwährungs-Exposures von SPI Unternehmen.

16.3.2 Forschungsprojekt Währungen als Werttreiber

Neben studentischen Arbeiten verfolgt das IFZ auch Forschungsprojekte mit externen Partnern. Zur Vorstellung eines solchen Projektes wird nebst der Erläuterung der Ziele nachfolgend auch dargelegt, in welchen Schritten die Umsetzung geplant ist.

Setting

Das IFZ führt gemeinsam mit ausgewählten Unternehmen ein anwendungsorientiertes Forschungsprojekt zum Thema Währungen als Werttreiber im Unternehmen durch. In der Untersuchung sollen die angewandten Praktiken im Rahmen des Fremdwährungsmanagements durchleuchtet, Optimierungspotenziale für die involvierten Unternehmen identifiziert und Hinweise zu Best Practice Lösungen gegeben werden. Das Projekt wurde so konzipiert, dass es im Rahmen der Forschungsförderung des Bundes Unterstützung erhält. Am Projekt beteiligen sich zwölf exportorientierte, hauptsächlich in der Industrie tätige Unternehmen (sog. Anwendungspartner). Die Anwendungspartner sind von den Fremdwährungsrisiken selber direkt betroffen und arbeiten mit, indem sie sich an Workshops beteiligen, für Interviews zur Verfügung stehen und Datenmaterial bereitstellen. Zusätzlich zu den Anwendungspartnern arbeiten sechs Institutionen in beratender Funktion mit. Bei diesen Umsetzungspartnern handelt es sich um bekannte Beratungsunternehmen, Interessensverbände und eine Bank. Und neben dem IFZ der Hochschule Luzern ist auch die Universität Basel in das Projekt involviert.

Zielsetzung

Das Projekt mit dem Titel «Währungen als Werttreiber im Unternehmen» zielt darauf ab, allgemeine Hinweise und Strategien zur Optimierung des Fremdwährungsmanagements zu entwickeln. Dies soll auf zwei Ebenen erfolgen:

Einerseits soll für die zwölf am Projekt beteiligten Unternehmen Nutzen resultieren, indem für jedes der zwölf Unternehmen die Ist-Situation und die vergangene Entwicklung des Währungexposures analysiert wird. Weiter werden Optimierungspotenziale und Handlungsempfehlungen für künftige Währungsstrategien in einem veränderten Umfeld – d.h. in verschiedenen Szenarien – entwickelt. Die Unternehmen profitieren überdies vom gegenseitigen Erfahrungsaustausch.

Andererseits sollen auch Optimierungspotenziale für am Projekt nicht direkt beteiligte Unternehmen eruiert werden. Dazu gilt es die Erkenntnisse aus der Analyse der zwölf direkt beteiligten Unternehmen in einer breiten Umfrage bei währungsexponierten Unternehmen zu validieren. So wird ein Überblick über verschiedene Fremdwährungsrisiko-Management-Strategien geschaffen und die jeweilige praktische Relevanz evaluiert.

Aufgrund der Resultate dieser Umfrage ist ein Benchmarking gegenüber anderen Wirtschaftspartnern möglich. Daraus sollen die angestrebten Hinweise zu Optimierungspotenzialen in Bezug auf die angewandten Praktiken resultieren. Dies ermöglicht das Ableiten von Strategien für verschiedene Währungsszenarien (sog. «*Kontingenzplanung*»). Damit können Unternehmen eine langfristig durchzuführende Strategie als operative Entscheidungsgrundlage definieren. Diese dient als Richtlinie, wie sich ein Unternehmen in bestimmten Währungssituationen verhalten soll und definiert damit auch, welche konkreten Absicherungsschritte angezeigt sind.

Die Innovation des Projektes besteht darin, dass es bislang noch keine Benchmarking-Möglichkeit für die Angemessenheit der gewählten Strategien im Währungsmanagement gibt. Das heisst Unternehmen sind bislang noch nicht in der Lage, die gewählte Vorgehensweise mit anderen möglichen Strategien sowie auch mit anderen ähnlichen Unternehmen zu vergleichen.

Vorgehen

Das Forschungsprogramm setzt sich aus fünf Teilprojekten zusammen: Ein erster Schritt analysiert in Zusammenarbeit mit Unternehmen die jeweilige Situation des teilnehmenden Unternehmens (Teilprojekte 1 und 2). In einem zweiten Schritt werden die daraus gewonnenen Erkenntnisse mit breit angelegten Umfragen validiert (Teilprojekte 3 und 4). Schliesslich betrachtet das Projekt die Erkenntnisse aller Teilprojekte im Hinblick auf Strategien und Optimierungshinweisen aus einer gesamthaften Optik (Teilprojekt 5). Der vorgesehene Ablauf wird wie folgt zusammengefasst (siehe Abbildung 3):

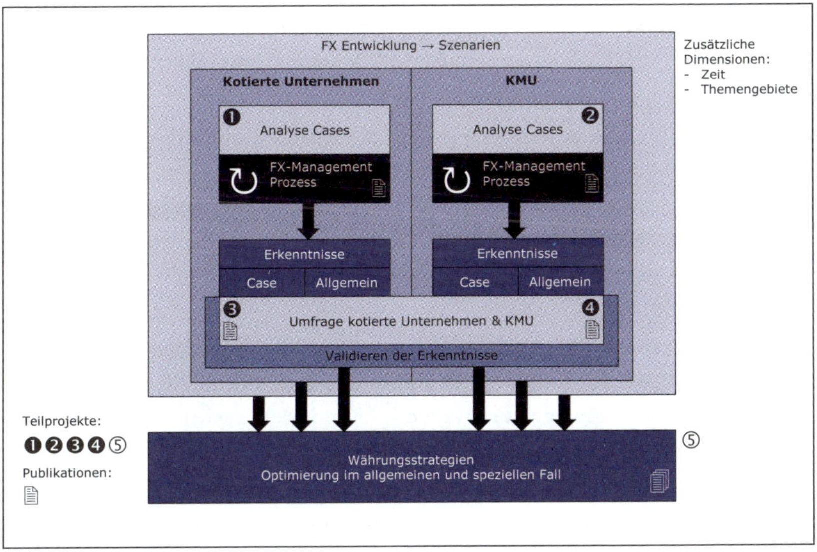

Abbildung 3: Forschungs- und Projektplan

Quelle: Birrer, T. et al. (2012), S. 20

Wie ebenfalls in der Abbildung eingezeichnet ist, sind während der gesamten Projektdauer von rund zwei Jahren verschiedene Publikationen vorgesehen. Über die möglichen Resultate des explorativen Projektes kann zum aktuellen Zeitpunkt keine Aussage gemacht werden, dennoch werden im nächsten Abschnitt allgemeine Hinweise zum Umgang mit Wechselkursrisiken angebracht.

16.4 Währungsrisikobewältigung

Nach erfolgter Modellierung und Messung der Risiken streben Unternehmen den Wandel von einer latenten Unternehmensgefährdung hin zu einer gewünschten Risikosituation an. Diesbezüglich kann sich ein Unternehmen an den folgenden allgemeinen Richtlinien bzw. Faustregeln orientieren:[16]

- *«Don't risk more than you can afford to lose»*

  Die Bemühungen im Risikomanagement sollten sich an einem vorgegebenen maximalen Verlustpotenzial ausrichten. Sollte die Unternehmensleitung je-

[16] Vgl. De Filippis, F. (2011), S. 128-129.

doch keine solchen Limiten festlegen, sind zumindest diejenigen Risiken zu vermeiden, welche den Fortbestand des Unternehmens gefährden.

- *«Don't risk a lot for a little»*
  Mit dieser Richtlinie wird empfohlen, die Kosten einer Risikoreduktion zu berücksichtigen. Die Kosten sollten in einem ausgewogenen Verhältnis zur Wirkung der getroffenen Massnahmen stehen. Eine vollständige Vermeidung von Risiken (sofern dies überhaupt möglich ist), führt auch bei risikoaversen Individuen nicht zwangsweise zum optimalen Ergebnis.
- *«Consider the odds»*
  Neben der potenziellen Verlusthöhe, welche gemäss der ersten Richtlinie berücksichtigt werden sollte, gilt es zudem die Wahrscheinlichkeit des Verlustes zu bedenken. Analog zur zweiten Richtlinie sollte wiederum nicht gegen jedes Risiko Massnahmen ergriffen werden.

Diese (doch sehr allgemeinen) Grundsätze machen deutlich, dass im Rahmen des Risikomanagements sowohl eine Absicherung als auch eine Akzeptanz von Exposureanteilen stattfindet. Die darauf basierenden theoretischen risikoreduzierenden Massnahmen lassen sich wie in untenstehender Abbildung klassifizieren.

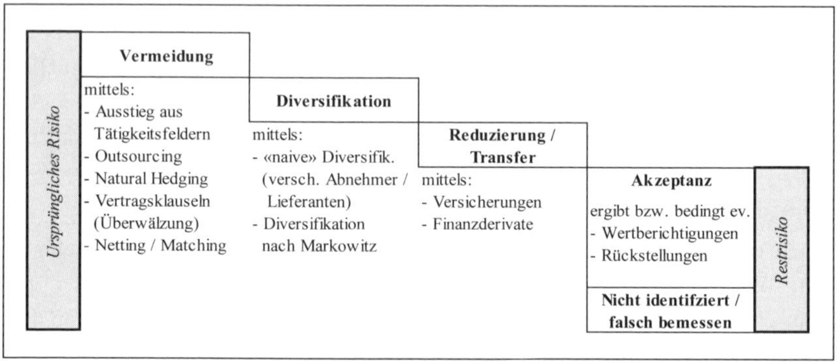

Abbildung 4: Klassifizierung der Massnahmen zur Risikoreduzierung
Quelle: in Anlehnung an De Filippis, F. (2011), S. 131

Ein Unternehmen kann erstens Risiken vermeiden, bspw. mit natürlichen Hedges. Dazu versucht ein Unternehmen, die Einnahmen- und Ausgabenanteile in derselben (Fremd-)Währung möglichst anzugleichen. Damit lassen sich auch die im ersten Teil erwähnten Produktionsverlagerungen ins Ausland erklären.

Durch eine Verlagerung der Produktion ins Währungsausland fallen im Optimalfall die Ausgaben in der gleichen Währung wie die Einnahmen an. Damit wird das Währungsrisiko vermieden. Ein Unternehmen kann zweitens Diversifikationsbemühungen anstrengen und eine geografische und politische Streuung der Risiken erreichen. Dadurch dürften einzelne Risiken das Unternehmen weniger stark beeinflussen. In die dritte Kategorie «Risikoreduzierung und Risikotransfers» fallen das Abschliessen von Versicherungen und das Nutzen derivativer Finanzinstrumente.

Die Risikomanagement-Massnahmen von Unternehmen sind sehr heterogen. Welche Massnahmen die in der Wechselkursumfrage von der SNB als negativ betroffenen deklarierten Unternehmen anwenden, ist in nachfolgender Abbildung ersichtlich.

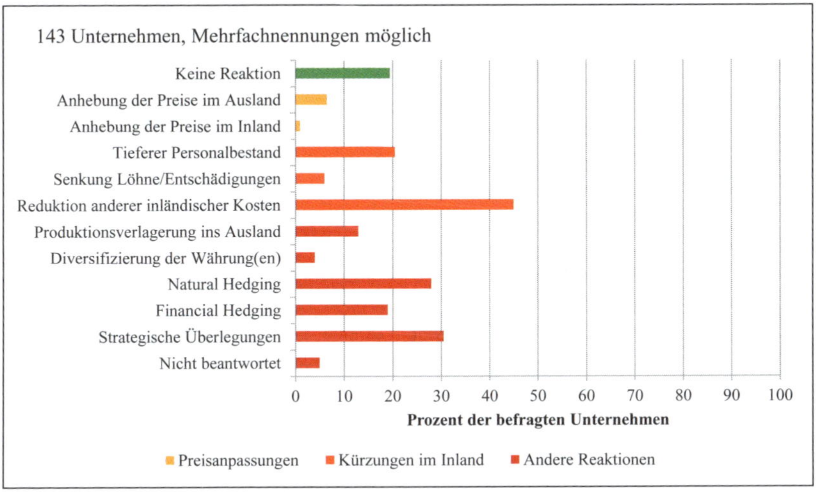

Abbildung 5: Reaktion auf die Aufwertung

Quelle: SNB (2011 b), S. 45

Am häufigsten reagieren Unternehmen mit einer Reduktion der Produktionskosten. Dies bedeutet, dass die Arbeitskosten in erster Linie durch einen Personalabbau reduziert werden. Vermehrt wird zudem eine Erhöhung der Arbeitszeit bei gleichem Lohn verfolgt. In den meisten Fällen betreffen die Sparmassnahmen jedoch die übrigen Produktionskosten.

Daneben wird auch oftmals eine Vermeidung der Risiken beabsichtigt, was vor allem in Form von Natural Hedging geschehen soll. Einige Firmen versuchen auch, in ihrer Produkte- und Dienstleistungspalette eine höhere Wertschöpfung zu erzielen. Dazu gehören strategische Überlegungen über die Zukunft des Unternehmens, wobei auch mögliche Geschäftsverlagerungen ins Ausland angedacht werden.[17]

Wie es nun konkret weitergeht bzw. welche dieser Massnahmen am meisten Erfolg mit sich bringen, wird die Zukunft weisen. Es ist anzunehmen, dass das IFZ Projekt «Währungen als Werttreiber im Unternehmen» einen Beitrag zum Umgang mit der vorherrschenden Währungssituation zu liefern vermag. Und wer weiss, allenfalls werden dadurch Schweizer Bonbons in Zukunft sogar wieder eine Spur süsser!

Literaturverzeichnis

- Bamert, F. (2012): Einfluss von Währungsschwankungen auf die Werttreiber des Economic Profit, Unveröffentlichte Arbeit an der Hochschule Luzern – Wirtschaft.
- Birrer, T. / Lengwiler, C. / Spillmann, M. (2012): KTI Beitragsgesuch Währungen als Werttreiber im Unternehmen. Unveröffentlichter Antrag, Institut für Finanzdienstleistungen Zug IFZ.
- De Filippis, F. (2011): Währungsrisikomanagement in kleinen und mittleren Unternehmen, Dissertation der Helmut-Schmidt-Universität Hamburg, Wiesbaden: Gabler.
- Helble, Y. (2012): Gategroup in schwierigem Umfeld. Weltweite Luftfahrtindustrie nach wie vor unter Druck, NZZ vom 29. Februar 2012, S. 30.
- Kartheiser, T. (2010): Strategisches Währungs- und Zinsrisikomanagement. Die Verknüpfung von Währungs- und Zinsrisikomanagement mit der Beschaffungs- und Preispolitik, um die unternehmerische Wettbewerbsfähigkeit zu steigern. Dissertation der Wirtschaftswissenschaftlichen Fakultät der Universität Zürich, Göttingen: Cuvillier.
- Kugler, P. (2012): Grosse Währung eines kleinen Landes: Fluch oder Segen? Erschienen in: Die Volks-wirtschaft 1/2-2012, S. 27-30.
- Kutscher, R. (2012, 23. Februar): Von allen Seiten unter Druck. Nach einem schlechten Geschäftsjahr müssen viele Schweizer Hotels ihre Strategien anpassen. NZZ Equity, S. 8.
- Lanz, M. (2011): Die SNB greift zur Brechstange. Währungshüter legen Wechselkursuntergrenze von 1 Franken 20 je Euro fest. NZZ vom 7. September 2011, S. 27.

[17] SNB (2011 b), S. 45-46.

- Müller, G. (2012): Georg Fischer auf halbem Weg. Operative Fortschritte der Industriegruppe vom starken Franken zerzaust. NZZ vom 29. Februar 2012, S. 25.
- NZZ (2011): Der Franken macht Schweizer Bonbons weniger süss. Erosion des Marktan-teils im Inland gestoppt. NZZ vom 23. Februar 2011, S. 27.
- NZZ Online, Starker Franken stösst Schweizer Bonbonmachern sauer auf. Deutsche sind die grössten Schleckermäuler von Schweizer Zuckerwaren. Online (22. Februar 2012): http://www.nzz.ch/nachrichten/wirtschaft/aktuell/starker_franken_stoesst_schweizer_bonbonmachern_sauer_auf_1.15212551.html
- Schärer, U. (2012): Schindler präsentiert soliden Leistungsausweis. Ambitionierte Akquisitionsstrategie – Gewinnerholung im laufenden Jahr. Finanz und Wirtschaft vom 22. Februar 2012, S. 8.
- Schweizerische Nationalbank (SNB) (a) (2011): Quartalsheft September 3/2011, 29. Jahrgang. Bern: Schweizerische Nationalbank.
- Schweizerische Nationalbank (SNB) (b) (2011): Quartalsheft Dezember 4/2011, 29. Jahrgang. Bern: Schweizerische Nationalbank.
- Silva, E. (2011): FX Risk Management. Practice Transfer «Financial Risk Management» (Leistungsnachweis 22), Unveröffentlichte Arbeit an der Hochschule Luzern – Wirtschaft.
- Volkart, R. (2008): Corporate Finance. Grundlagen von Finanzierung und Investition. 3., überarbeitete Auflage, Zürich: Versus.

17 Finanzierung mittelgrosser Gemeinden

Das IFZ der Hochschule Luzern – Wirtschaft hat für die Jahre 2003, 2007 und 2010 Erhebungen über die Finanzierung von mittelgrossen Gemeinden in der Schweiz durchgeführt. Im vorliegenden Fachbeitrag werden die beiden jüngsten Studien miteinander verglichen. Es werden die wesentlichen Erkenntnisse zu Finanzierungpartnern, Kreditarten, Laufzeiten und Fälligkeiten sowie zu Durchschnittsverzinsung und Zinsmargen aufgezeigt.

Christoph Lengwiler

Prof. Dr. Christoph Lengwiler (1959) ist Leiter des Instituts für Finanzdienstleistungen Zug IFZ der Hochschule Luzern – Wirtschaft. Er hat an der Universität Zürich Betriebs- und Volkswirtschaftslehre studiert und im Jahre 1987 mit einer bankwirtschaftlichen Dissertation promoviert. Von 1984 – 1988 war er Assistent am Institut für schweizerisches Bankwesen der Universität Zürich. Seit 1987 ist er Dozent an der Hochschule Luzern – Wirtschaft. Dort hat er seit 1997 das Institut für Finanzdienstleistungen Zug IFZ aufgebaut.

Christoph Lengwiler ist Mitglied des Verwaltungsrates der Luzerner Kantonalbank und der shaPE Capital AG, Mitglied des Bankrates der Schweizerischen Nationalbank sowie Vorstandsmitglied des CFO Forums Schweiz und von swissVR. Er hat in den letzten Jahren verschiedentlich Firmen und Gemeinden bei Finanzierungsprojekten als Berater begleitet. Er lebt mit seiner Frau und seinen beiden Söhnen in Kriens.

Kontakt: christoph.lengwiler@hslu.ch

Das Institut für Finanzdienstleistungen Zug IFZ der Hochschule Luzern – Wirtschaft beschäftigt sich seit längerer Zeit mit der Finanzierung von Schweizer Gemeinden. Unter anderem wurden per Ende 2003, 2007 und 2010 Erhebungen über die Finanzierung von mittelgrossen Gemeinden in der Schweiz durchgeführt und die Resultate publiziert. Im Folgenden werden Resultate der jüngsten Erhebung vorgestellt und mit jenen der früheren Studien verglichen.

17.1 Drei Studien im Vergleich

Ziel der bisherigen drei Studien war es, durch eine Erhebung bei den Kreditnehmern Erkenntnisse zur Finanzierungsstruktur und zu den Finanzierungspartnern der Schweizer Gemeinden zu gewinnen. Um mit vertretbarem Aufwand einen grossen Teil des Volumens an Gemeindefinanzierungen abdecken zu können, konzentrierten sich die Erhebungen auf mittelgrosse Gemeinden.

Wie Abbildung 1 zeigt, wurde für die Studien 2007 und 2010 der Kreis der einbezogenen Gemeinden ausgeweitet, indem zusätzlich auch Gemeinden mit 4'000 bis 7'000 Einwohnern einbezogen wurden. Entsprechend sind vor allem diese beiden Studien relativ gut vergleichbar. Die beiden Studien umfassen 217 bzw. 213 Gemeinden mit rund 1.9 Mio. Einwohnern, was in etwa 25% der Schweizer Bevölkerung entspricht.

Allerdings ist die Studie von 2007 bezüglich Kreditvolumen und Anzahl Kreditpositionen umfangreicher als jene von 2010. Zudem ist zu beachten, dass sich jeweils nur ein Teil der Gemeinden an allen oder zumindest an zwei Erhebungen beteiligt hat. So sind in den Studien 2007 und 2010 nur drei Viertel der einbezogenen Gemeinden identisch. Ebenso sind in den Studien 2007 und 2010 nur etwa 70-80% jener Gemeinden beteiligt, welche bereits 2003 bei der Erhebung mitgemacht haben.

Legt man alle drei Studien übereinander, so umfassen sie Daten von rund 285 Gemeinden. Geht man davon aus, dass für die Studie 2010 insgesamt 326 Gemeinden mit 4'000 bis 30'000 Einwohnern angefragt wurden, haben somit rund 87% der Zielgruppe an mindestens einer der drei Erhebungen mitgemacht. Für die Studien von 2007 und 2010 sind es noch 270 Gemeinden oder 83% der Gemeinden in der anvisierten Zielgruppe. Im Folgenden werden vor allem diese beiden Studien miteinander verglichen.

	Studie 2003[1]	Studie 2007[2]	Studie 2010[3]
Erhebungszeitpunkt	31.12.2003	31.12.2007	31.12.2010
Region	Deutschschweiz	Deutschschweiz	Deutschschweiz
Gemeindegrössen	7'000-30'000	4'000-30'000	4'000-30'000
Angefragte Gemeinden	156	303	326
Analysierte Gemeinden	101	217	213
Rücklauf	65%	72%	65%
Einwohner	1'247'203	1'894'863	1'874'528
Anteil Einwohner CH	17%	25%	24%
Kreditpositionen	1'089	1'804	1'545
Kreditvolumen	CHF 4'019 Mio.	CHF 5'213 Mio.	CHF 4'319 Mio.
Kreditvolumen / Kopf	CHF 3'221	CHF 2'752	CHF 2'471

Abbildung 1: Vergleich der drei Studien zur Finanzierung von mittelgrossen Gemeinden

Hinsichtlich der Repräsentativität der drei Studien ist auch zu beachten, dass sich die Erhebungen auf mittelgrosse Gemeinden in der Deutschschweiz beschränken und jeweils nur (bzw. immerhin) rund zwei Drittel der möglichen Gemeinden abdecken.

17.2 Finanzierungspartner der Gemeinden

Wie die nachfolgende Abbildung zeigt, sind Ende 2010 rund 64% des Volumens der Kredite an Gemeinden durch Banken (inkl. Postfinance) finanziert. 33% des Finanzierungsvolumens stammt von institutionellen Investoren (Versicherungen, AHV-Ausgleichsfonds, SUVA, Pensionskassen) und die restlichen

---

1 Lengwiler, Ch. et al. (2004).

2 Lengwiler, Ch. / Hensel, Ch. (2008).

3 Lengwiler, Ch. / Fässler, Ch. (2011).

rund 3% von weiteren Finanzierungspartnern (Bund, Kantone, andere Gemeinden, Private etc.). Zu erwähnen ist, dass in der Studie per Ende 2007 der Anteil der Banken mit 57% tiefer und jener der institutionellen Anleger mit 39% höher lag. Auch wenn – wie erwähnt – nur etwa je drei Viertel der Gemeinden in beiden Studien deckungsgleich sind, ist anzunehmen, dass die institutionellen Anleger und insbesondere die Privatversicherungen sich etwas zurückhaltender auf dem Markt für Gemeindekredite engagieren.

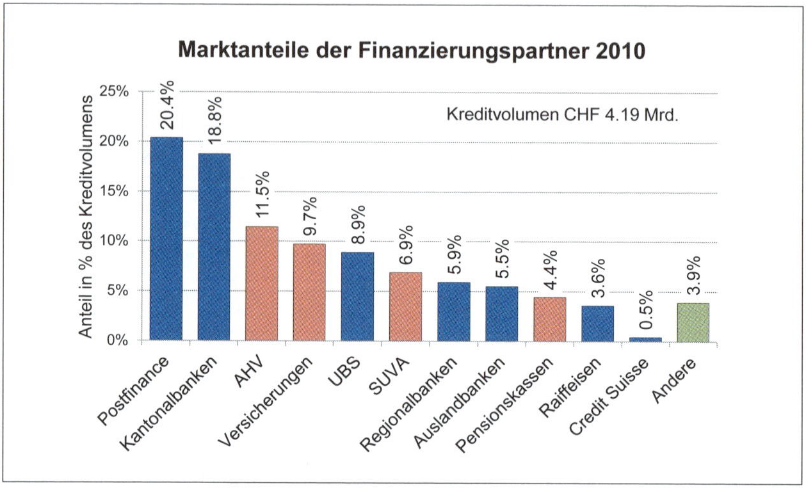

Abbildung 2: Marktanteile der Finanzierungspartner

Die durchschnittlichen Marktanteile sollen nun für die Banken und für die institutionellen Anleger anhand der Abbildungen 2, 3 und 4 vertieft analysiert werden. Zu beachten ist dabei, dass es bei einzelnen Gemeinden in der Struktur der Finanzierungspartner grosse Abweichungen vom Durchschnitt gibt.

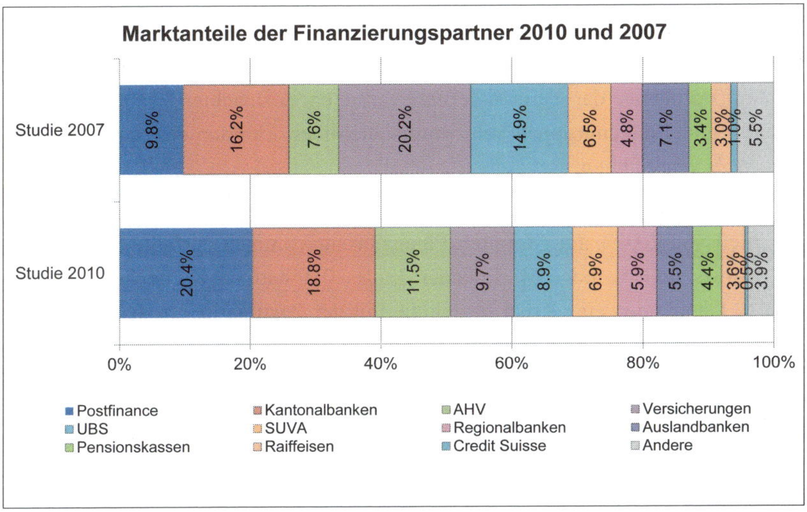

Abbildung 3: Marktanteile der Finanzierungspartner 2010 und 2007 im Vergleich

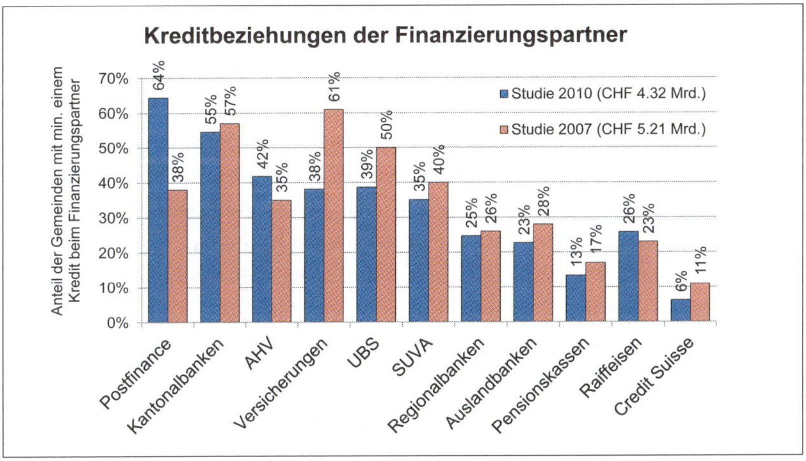

Abbildung 4: Anteil der Gemeinden mit Kreditbeziehung zum Finanzierungspartner

17.2.1 Banken

Bei den Bankfinanzierungen, welche im Jahre 2010 rund zwei Drittel des gesamten Volumens der Gemeindefinanzierungen ausmachten, haben einzelne Banken und Bankengruppen sehr unterschiedliche Marktanteile und Entwicklungen zu verzeichnen:

- *Postfinance:* Die Postfinance ist gemäss Studie von 2010 mit einem Marktanteil von 20.4% am gesamten Finanzierungsvolumen der analysierten mittelgrossen Gemeinden Marktleader. Ende 2010 hatten 64% der untersuchten 213 Gemeinden eine Kreditbeziehung mit der Postfinance. In der Studie von 2007 waren mit einem Marktanteil von 9.8% und mit Kreditbeziehungen zu 38% der Gemeinden deutlich tiefere Werte zu verzeichnen. Offenbar hat die Postfinance in den letzten Jahren ihre Marktposition in der Gemeindefinanzierung – möglicherweise zu Lasten der Versicherungen und der UBS – ausbauen können.
- *Kantonalbanken:* Die Kantonalbanken stehen mit Marktanteilen von 18.8% (2010) bzw. 16.2% (2007) an zweiter Stelle. Rund 55% (2010) bzw. 57% (2007) der untersuchten Gemeinden haben mindestens einen Kredit mit einer Kantonalbank als Finanzierungspartner offen. Die Detailanalysen zeigen, dass die Kantonalbanken seit dem Jahr 2005 bei den untersuchten Gemeinden immer mindestens einen Fünftel des neu abgeschlossenen Kreditvolumens finanzieren konnten.
- *UBS:* Gemessen am Marktanteil verzeichnet die UBS bei der Finanzierung der mittelgrossen Gemeinden in der Studie von 2010 mit 8.9% deutlich tiefere Werte als in der Studie von 2007 mit 14.9%. Auch der Anteil der Gemeinden, welche bei der UBS mindestens einen Kredit ausstehend haben, ist von 50% auf 39% zurückgegangen. Eine detaillierte Analyse der Studie 2010 zeigt, dass die UBS in den drei Jahren 2008 bis 2010 bei neuen Kreditabschlüssen nur einen Marktanteil von 6% erreichte, in den Jahren zuvor waren es durchschnittlich 11%.
- *Auslandbanken:* Seit einigen Jahren sind auch Auslandbanken in der Gemeindefinanzierung aktiv. Sie haben gemäss Studie 2010 mit 5.5% einen etwas tieferen Marktanteil als in der Studie 2007 (7.1%). Rund ein Viertel der Gemeinden hat mindestens einen Kredit bei einer Auslandbank aufgenommen. Marktleader in dieser Bankengruppe ist die Kommunalkredit Austria AG, welche rund drei Viertel des Finanzierungsvolumens auf sich vereinigt. Weiter sind beispielsweise die Bank Austria, die Österreichische Postsparkasse, die Dexia Municipal, die Bayrische Landesbank und einzelne

weitere Banken aus Deutschland auf dem Markt anzutreffen. Wie eine Detailanalyse der Studie 2010 zeigt, waren die Auslandbanken offenbar vor allem in den Jahren 2007 und 2008 mit Marktanteilen von 12% bzw. 14% bei den Kreditabschlüssen stark vertreten. In den Jahren davor und danach betrug ihr Marktanteil lediglich 2-3%.

- *Regionalbanken:* Die Regionalbanken sind bei der Finanzierung mittelgrosser Gemeinden mit einem Marktanteil von 5.9% (Studie 2010) bzw. 4.8% (Studie 2007) engagiert. Rund ein Viertel der analysierten Gemeinden hat mindestens eine Kreditbeziehung mit einer Regionalbank. In der den Regionalbanken zugeordneten Gruppe haben die Neue Aargauer Bank NAB (eine Tochter der Credit Suisse) mit einem Anteil von 34% sowie die Valiant Bank (20%) und die Hypothekarbank Lenzburg (11%) die grösste Bedeutung. Das restliche Volumen verteilt sich auf verschiedene weitere Regionalbanken. Die Detailanalysen zeigen, dass die Marktanteile in den letzten Jahren relativ stabil geblieben sind.
- *Raiffeisenbanken:* Die Raiffeisenbanken verzeichnen bei den mittelgrossen Gemeinden einen Marktanteil von 3.6% (Studie 2010) bzw. 3.0% (Studie 2007). Rund ein Viertel der analysierten Gemeinden haben mindestens eine Kreditbeziehung mit einer Raiffeisenbank. Die Detailanalysen deuten darauf hin, dass die Raiffeisenbanken in den letzten 3 bis 5 Jahren ihren Marktanteil leicht steigern konnten. Im Vergleich zu den übrigen Finanzierungspartnern zeichnen sich ihre Kredite durch relativ kurze Laufzeiten aus.
- *Credit Suisse:* Bei den drei Studien hatten nur sehr wenige Gemeinden Kredite mit der Credit Suisse finanziert (6% in der Studie 2010 und 11% in der Studie 2007). Der Marktanteil lag bei 0.5% bzw. 2.0%, wobei allerdings noch die Volumina der Neuen Aargauer Bank addiert werden könnten, welche der Gruppe der Regionalbanken zugerechnet wurden und in der Studie von 2010 immerhin einen Marktanteil von 2% ergeben.

17.2.2 Institutionelle Anleger

Nebst den Banken engagieren sich bei der Finanzierung mittelgrosser Gemeinden grössere institutionelle Anleger, für welche Gemeindekredite relativ sichere Anlagen darstellen.

- *AHV-Ausgleichsfonds:* Der Ausgleichsfonds der AHV finanziert gemäss Studie 2010 rund 11.5% des gesamten Kreditvolumens. Bei der Studie von 2007 waren es 7.6%. Rund 42% (Studie 2007: 35%) der analysierten mittelgrossen Gemeinden haben mindestens einen Kredit mit diesem Finanzierungspartner abgeschlossen.

- *SUVA:* Eine starke Marktposition bei den Gemeindefinanzierungen hat auch die SUVA. Gemäss Studie 2010 verzeichnet sie bei den untersuchten mittelgrossen Gemeinden einen Marktanteil von 6.9% (Studie 2007: 6.5%). Bei 35% (40%) der Gemeinden hat sie mindestens einen Kredit ausstehend. Die Detailanalysen weisen auf ein relativ stabiles Engagement hin, auffallend ist ein hoher Marktanteil von 14% bis 15% bei den in den Jahren 2005 und 2006 abgeschlossenen Gemeindekrediten.
- *Versicherungen:* Stark engagiert bei den Gemeindefinanzierungen sind auch einzelne Versicherungsgesellschaften. Gesamthaft vereinigen sie in der Studie 2010 einen Marktanteil von 9.7% auf sich. Diese Zahl liegt jedoch weit unter den 14.9% Marktanteil in der Studie 2007. Innerhalb der Gruppe der Versicherungen vereinigt die AXA Winterthur rund 63%, die Helvetia rund 16% und die Baloise rund 7% des Kreditvolumens auf sich. Mehrere Kredite werden auch durch die Vaudoise und die Allianz Suisse gewährt. Im Vergleich mit der Studie von 2007 zeigt sich, dass die Swiss Life sich offenbar aus der Gemeindefinanzierung zurückgezogen hat: Ende 2007 hatte sie bei den untersuchten Gemeinden rund CHF 414 Mio. Gemeindekredite ausstehend, in der Studie von 2010 war es noch ein einziger Kredit von CHF 4 Mio. Entsprechend lassen sich auch der starke Rückgang des Marktanteils sowie der Rückgang des Anteils der Gemeinden mit einem Kredit bei einer Versicherung von 61% auf 38% erklären.
- *Pensionskassen:* Als Finanzierungspartner für Gemeinden kommen auch Pensionskassen in Frage. Diese haben in der Studie 2010 einen Marktanteil von 4.4% (Studie 2007: 3.4%) am gesamten Kreditvolumen. Etwa 13% (2010) bzw. 17% (2007) haben mindestens einen Kredit mit einer Pensionskasse als Finanzierungspartner abgeschlossen.

17.3 Kreditarten für Gemeindefinanzierungen

Wie die nachfolgende Abbildung zeigt, finanzieren sich die Gemeinden grösstenteils mit Darlehen, welche eine feste Verzinsung und – meist mehrjährige – Laufzeit aufweisen. Entsprechend machen im Jahre 2010 Festdarlehen (von Banken) und Schuldscheindarlehen (von weiteren Finanzierungspartnern) rund 87% des gesamten Kreditvolumens aus.

Die restlichen rund 13% des Kreditvolumens sind kurzfristig (z.B. durch Kontokorrentkredite bzw. durch feste Vorschüsse unterjähriger Laufzeit) oder mit variabler Verzinsung und unbestimmter Laufzeit finanziert.

Die Gemeinden beanspruchen nur CHF 45 Mio. bzw. 16% der offenen Kreditlimiten von CHF 279 Mio. Sie haben damit noch ein gewisses Potenzial, um kurzfristige Liquiditätsengpässe zu überbrücken.

Arten der Gemeindekredite 2007 und 2010

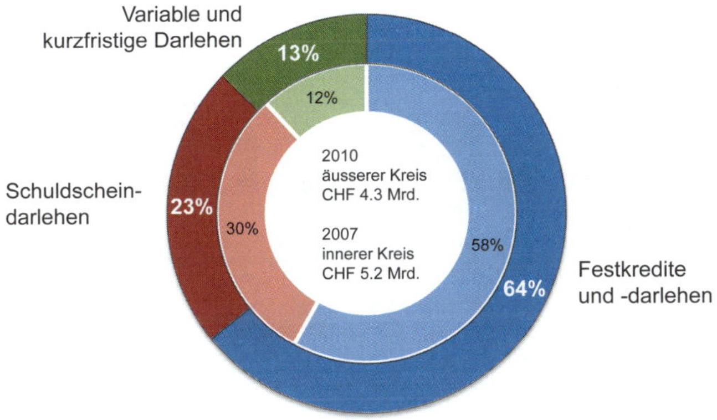

Abbildung 5: Arten von Gemeindekrediten

Die Studie von 2010 zeigt ein ähnliches Gesamtbild wie jene von 2007, bei welcher allerdings – wegen des höheren Anteils der institutionellen Anleger als Finanzierungspartner – der Anteil der Schuldscheindarlehen mit 30% statt 23% deutlich höher war.

17.4 Laufzeiten der Gemeindekredite

Wie die vorherrschende Form der Festkredite und der Schuldscheindarlehen erahnen lässt, bevorzugen die Gemeinden Kredite mit längeren Laufzeiten.

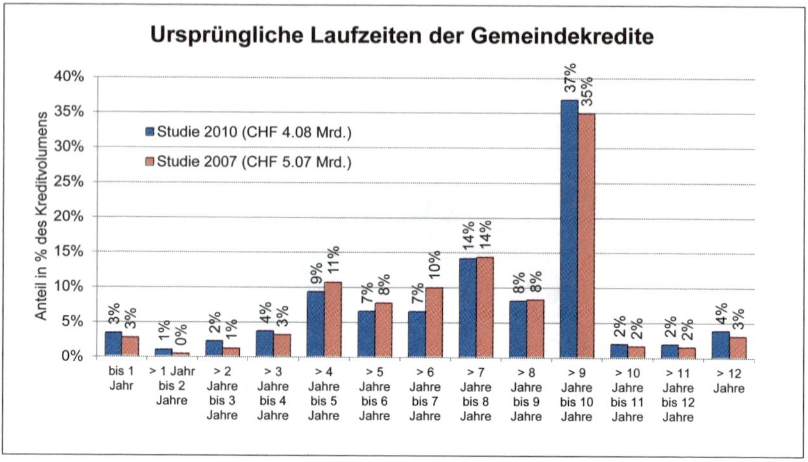

Abbildung 6: Ursprüngliche Laufzeiten der Gemeindekredite

Rund 89% der Ende 2010 ausstehenden Gemeindekredite haben Laufzeiten von mehr als 4 Jahren. Den höchsten Anteil am Finanzierungsvolumen haben mit 37% Kredite mit 10 Jahren Laufzeit. Die Studie von 2007 zeigt diesbezüglich ein fast identisches Bild (92% und 35%).

Die offensichtlich bevorzugten langen Laufzeiten der Gemeindekredite sind nachvollziehbar, weil sie es erlauben, die aktuell tiefen Zinsen für einen längeren Zeitraum zu binden und einen Zinsanstieg dank der Staffelung der Zinsbindungen abfedern zu können. Gleichzeitig stellt sich natürlich die Frage, ob die untersuchten Gemeinden in den letzten Jahren die Chancen der tiefen kurzfristigen Zinsen zu wenig genutzt haben.

17.5 Fälligkeiten der Gemeindekredite

Die Gemeinden haben die Kapitalbindung ihrer Kredite über mehrere Jahre gestaffelt. Rund 17% der Ende 2010 ausstehenden Kredite sind bei den untersuchten Gemeinden innert eines Jahres zur Rückzahlung fällig. Auf einen Zeithorizont von 4 Jahren sind 57% des Kreditvolumens rückzahlbar. In der Studie von 2007 zeigte sich ein fast identisches Bild.

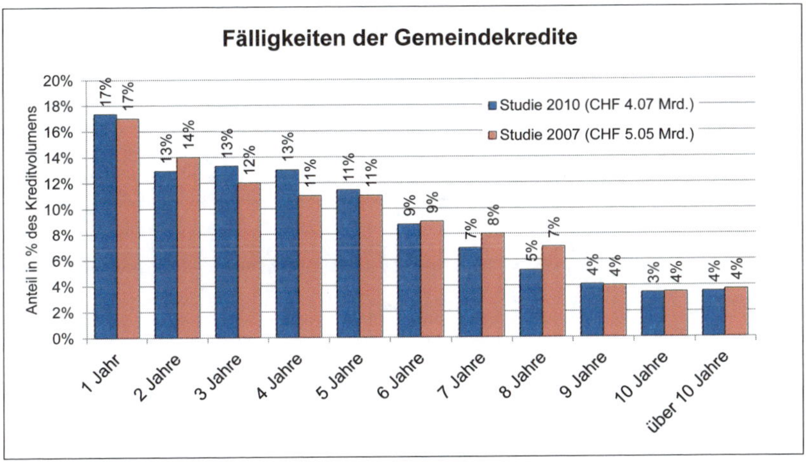

Abbildung 7: Fälligkeiten der Gemeindekredite

Die Staffelung der Kapitalbindung erlaubt es den Gemeinden, auf einen unterschiedlichen Liquiditätsbedarf reagieren zu können. Bei einem Liquiditätsüberhang können sie darauf verzichten, auslaufende Kredite zu erneuern. Bei einem zusätzlichen Liquiditätsbedarf können sie auslaufende Kredite erneuern und zusätzliche Kredite aufnehmen, was angesichts der hohen Bonität für die meisten Gemeinden problemlos machbar sein dürfte.

Da die meisten Gemeindekredite festverzinsliche Darlehen sind, wird mit der Kapitalbindung gleichzeitig auch die Zinsbindung gestaffelt. Bei einem Zinsanstieg wird die Durchschnittsverzinsung nur langsam zunehmen, da während mehreren Jahren jeweils nur 10-15% des Kreditvolumens zu höheren Zinssätzen erneuert werden muss. Analoges gilt umgekehrt bei einem Zinsrückgang.

17.6 Durchschnittsverzinsung der Gemeindekredite

Wie die nachfolgende Abbildung zeigt, beträgt die Durchschnittsverzinsung auf den Ende 2010 ausstehenden Gemeindekrediten 2.62%. In der gleichen Höhe bewegt sich der Median der Durchschnittsverzinsung. Bei jenem Viertel der Gemeinden mit den tiefsten Finanzierungskosten liegt die Durchschnittsverzinsung unter 2.31% und bei jenem Viertel mit den höchsten Finanzierungskosten über 2.92%. Die günstigsten Finanzierungskosten liegen bei 0.36% (Gemeinde, welche sich ausschliesslich kurzfristig finanziert), die höchsten bei 3.58%. Diese Extremwerte zeigen einmal mehr, wie unterschiedlich die Finanzierungsstrukturen der einzelnen Gemeinden sein können.

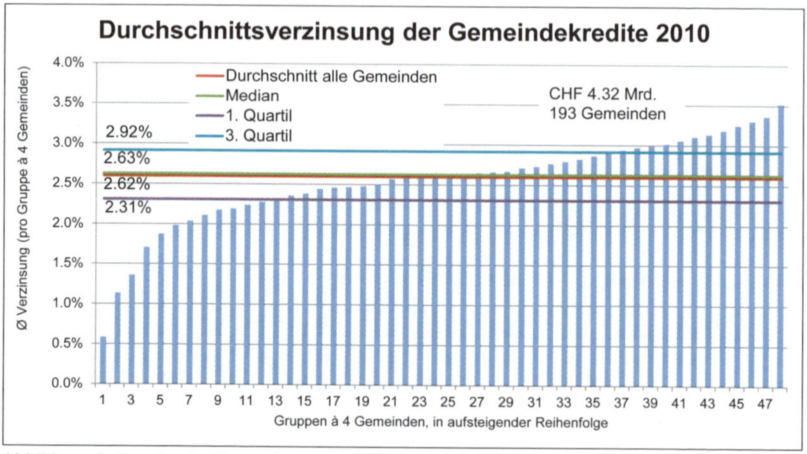

Abbildung 8: Durchschnittsverzinsung der Gemeindekredite

Die Durchschnittsverzinsung kann auch in Relation zu den Ende 2010 auf dem Markt geltenden Libor- und Swap-Sätzen betrachtet werden. Diese liegen für unterschiedliche Laufzeiten auf folgendem Niveau (Quelle: ZKB):

3 Monate	0.17%	3 Jahre	0.77%	7 Jahre	1.70%
6 Monate	0.24%	4 Jahre	1.03%	8 Jahre	1.86%
1 Jahr	0.52%	5 Jahre	1.31%	9 Jahre	1.98%
2 Jahre	0.54%	6 Jahre	1.52%	10 Jahre	2.09%

Auch wenn man noch eine durchschnittliche Zinsmarge von rund 0.2% bzw. 20 Basispunkte auf die Marktsätze dazuzählt, erscheinen die durchschnittlichen Finanzierungskosten für die meisten der untersuchten Gemeinden eher hoch zu sein: Ende 2010 hätten die Gemeinden im Durchschnitt zehnjährige Kredite für 2.3%, fünfjährige Kredite für 1.5% und zweijährige Kredite zu 0.75% aufnehmen können.

Diese Zinssätze liegen deutlich unter der Durchschnittsverzinsung der ausstehenden Kredite von 2.63%. Entsprechend müssten die durchschnittlichen Finanzierungskosten der Gemeinden aufgrund des aktuell tiefen Zinsniveaus weiterhin eine rückläufige Tendenz aufweisen. Dies zeigt sich auch darin, dass in der Studie per Ende 2007 die Durchschnittsverzinsung noch bei 3.03% lag.

Überhaupt stellt sich die Frage, ob bei sinkendem oder länger tief bleibendem Zinsniveau nicht ein grösserer Teil der Gemeindefinanzierung kurzfristig zu tiefen Zinssätzen erfolgen sollte. Eine solche Strategie wäre in den letzten Jahren erfolgreich gewesen. Allerdings kann die im Durchschnitt aller Gemeinden feststellbare Staffelung der Kapital- und Zinsbindung auf der Zeitachse eine Strategie sein, mit welchen die Zinsänderungsrisiken in Grenzen gehalten und die Finanzierungskosten geglättet werden können. Die Opportunitätskosten dieser Strategie sind allerdings die relativ hohen Zinskosten, welche sich angesichts der ansteigenden Zinskurve bei längerfristigen Finanzierungen ergeben.

17.7 Zinsmargen der Gemeindekredite

Wenn die Banken die Marktzinsmethode anwenden, basieren die Zinssätze für Gemeindekredite auf einem Marktzinssatz zuzüglich einer Marge, welche die Risikokosten, die Betriebskosten und die Kosten des Eigenkapitals (inkl. Gewinnbeitrag) abdecken sollte.

In den Studien von 2007 und 2010 wurden für die festverzinslichen Kredite die Marktzinssätze (Liborsätze, Swapsätze) zum Zeitpunkt des Kreditbeginns für die entsprechende Laufzeit des jeweiligen Kredites erhoben. Indem dieser Marktzinssatz vom Zinssatz des Kredites abgezogen wurde, liess sich die Kreditmarge errechnen.

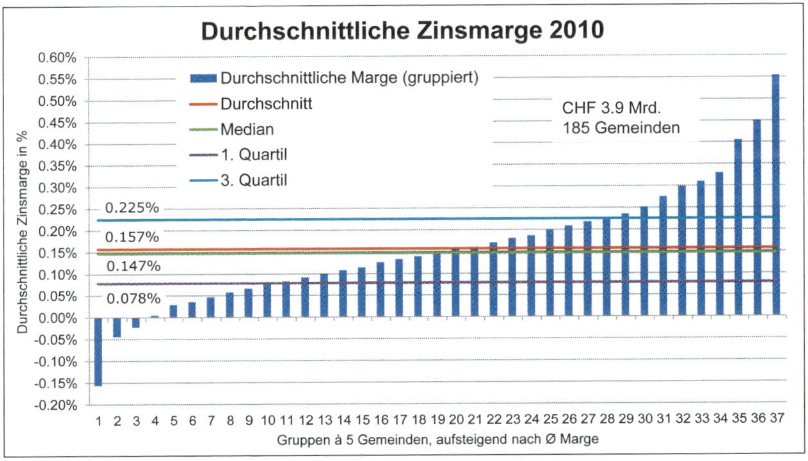

Abbildung 9: Zinsmargen der Gemeindekredite

Wie die obige Abbildung zeigt, betrug bei den per Ende 2010 untersuchten 185 mittelgrossen Gemeinden mit einem Kreditvolumen von CHF 3.9 Mrd. die durchschnittliche Zinsmarge der per Ende 2010 ausstehenden Gemeindekredite 0.157% bzw. 16 Basispunkte.

Eine grobe Analyse ergibt das folgende Bild:

- 25% der Gemeinden verfügen über eine durchschnittliche Zinsmarge von weniger als 0.078%
- 25% der Gemeinden verfügen über eine durchschnittliche Zinsmarge von 0.078% bis 0.157%
- 25% der Gemeinden verfügen über eine durchschnittliche Zinsmarge von 0.157% bis 0.225%
- 25% der Gemeinden verfügen über eine durchschnittliche Zinsmarge von über 0.225%

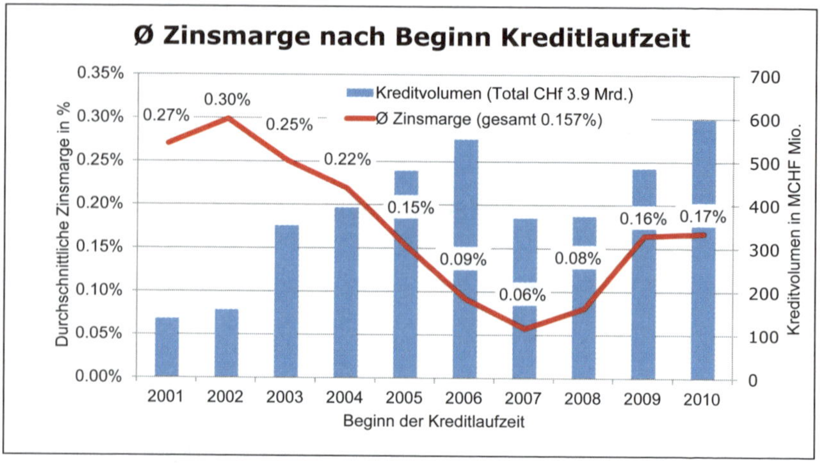

Abbildung 10: Zinsmargen nach Beginn der Kreditlaufzeit

Abbildung 10 zeigt für die Ende 2010 laufenden Kredite der untersuchten Gemeinden die durchschnittliche Zinsmarge nach dem Jahr des Beginns der Laufzeit. Es zeigt sich, dass die durchschnittliche Marge bis zum Jahr 2007 kontinuierlich gesunken und ab 2008 wieder angestiegen ist.

Dieser Trend bestätigt die Feststellungen aus der Studie von 2007, welche ebenfalls im Laufe der Jahre sinkende Margen für Gemeindekredite festgestellt hat (bei einer leicht höheren Durchschnittsmarge von 0.226% bzw. 23 Basispunkten). Er entspricht der Wahrnehmung von Marktkennern, welche auf dem Markt für Gemeindekredite in den letzten Jahren einen intensiven Wettbewerb mit sinkenden Margen ausmachen. Dies zeigt sich auch darin, dass gemäss der Studie von 2010 rund 54% der befragten Gemeinden mit Brokern zusammenarbeiten (Confinanz, Finexgo, Finarbit, Tradition, Wiremas u.a.), mehrere Konkurrenzofferten einholen und entsprechend den Markt spielen lassen, um günstige Finanzierungen zu erhalten.

Mittels Regressionsanalysen wurden aufgrund der Studie per Ende 2010 die Faktoren ermittelt, welche einen Einfluss auf die Zinsmargen für Gemeindekredite haben:

- *Laufzeitbeginn der Kredite:* Je weiter zurück der Laufzeitbeginn liegt, desto höher sind die Zinsmargen.
- *Kreditvolumen pro Einwohner:* Je höher das Kreditvolumen einer Gemeinde pro Einwohner ist, desto höher ist die Zinsmarge.
- *Volumen einer Kreditposition:* Je höher das Volumen einer Kreditposition ist, desto tiefer ist die Zinsmarge der Kreditposition.
- *Kreditlaufzeit:* Je länger die Laufzeit einer Kreditposition ist, desto tiefer ist die Zinsmarge der Kreditposition

17.8 Fazit

Die Studien des IFZ der Hochschule Luzern – Wirtschaft zur Finanzierung von mittelgrossen Gemeinden sind einzigartig, weil sie die Kreditpositionen direkt bei den Gemeinden erheben und vom Kreditvolumen her rund 25% der Schweiz bzw. zumindest der Bevölkerung abdecken. Die Erkenntnisse können den Gemeinden und ihren Finanzierungspartnern helfen, den Markt für Gemeindefinanzierungen zu verstehen und sich Überlegungen zur Zukunft zu machen. Mit Blick in die Zukunft dürften vor allem die folgenden Trends zu beachten sein:

- *Zinsniveau bietet Chancen:* Das aktuelle tiefe Zinsniveau eröffnet vielen Gemeinden die Möglichkeit, ihre Finanzierungskosten zu senken, indem sie auslaufende Kredite auf lange Frist kostengünstiger refinanzieren und/oder indem sie von den äusserst tiefen kurzfristigen Zinsen profitieren.
- *Zinsmargen steigen:* Im Zuge von Basel III und den verschärften Eigenkapitalerfordernissen dürften sich die Zinsmargen für Gemeindekredite tendenziell eher erhöhen.
- *Auswahl der Finanzierungspartner sinkt:* Der Kreis der Finanzierungspartner für die Gemeinden dürfte tendenziell eher abnehmen, wobei sich insbesondere institutionelle Anleger und Auslandbanken (weiter) zurückziehen könnten.

- *Neubeurteilung der Bonität:* Die angespannte Finanzlage der öffentlichen Haushalte könnte tendenziell eine Neubeurteilung der Bonität von Gemeinden zur Folge haben. Gemeinden mit ungenügender Bonität werden für die Finanzierung vermehrt auf Banken angewiesen sein, weil die institutionellen Anleger sich auf die Finanzierung von Gemeinden mit ausreichendem Bonitätsrating beschränken.

Literaturverzeichnis

- Lengwiler, Ch. / Sax, Ch. / Gölz, J. / Küng, P. (2004): Finanzierung von mittelgrossen Schweizer Gemeinden, IFZ- Hochschule Luzern, Zug.
- Lengwiler, Ch. / Hensel, Ch. (2008): Finanzierung von mittelgrossen Schweizer Gemeinden, IFZ- Hochschule Luzern, Zug.
- Lengwiler, Ch. / Fässler, Ch. (2011): Finanzierung von mittelgrossen Schweizer Gemeinden, IFZ- Hochschule Luzern, Zug.

18 Treiber der Zinsmargen in der Schweiz

Der nachfolgende Beitrag untersucht und identifiziert einerseits die wichtigsten Bestimmungsfaktoren für die Entwicklung der Zinsspannen (Aktivmargen) von Festhypotheken in der Schweiz und damit auch die Gründe für den während der letzten zehn Jahre beobachteten Rückgang. In einem zweiten Teil befasst sich der Artikel mit der Frage, ob, respektive warum kleinere Unternehmen im Kreditmarkt benachteiligt sein könnten.

Andreas Dietrich

Prof. Dr. Andreas Dietrich (1976) war nach seinem Studium an der Universität St. Gallen in der Unternehmensberatung tätig, wo er verschiedene Projekte in der Financial Services Industry betreute. Während seines Doktorandenstudiums wirkte er als wissenschaftlicher Mitarbeiter an der Universität St. Gallen HSG und absolvierte ein vom schweizerischen Nationalfonds unterstütztes Forschungsjahr an der DePaul University in Chicago. Seit März 2008 ist er als Dozent, Projektleiter und Studiengangsleiter des MSc Banking and Finance am IFZ der Hochschule Luzern tätig. Seit 2011 ist er Leiter des Kompetenzzentrums «Financial Services Management» und Mitglied der Institutsleitung.

Kontakt: andreas.dietrich@hslu.ch

18.1 Die Entwicklung der Zinsspannen der Banken im Zeitverlauf

Ähnlich wie in den meisten EU-Mitgliedstaaten war während der letzten zehn Jahre auch in der Schweiz die Zinsspanne der Banken stark rückläufig: Die durchschnittliche Zinsmarge, definiert als die durchschnittliche Verzinsung von auf Schweizer Franken lautenden inländischen Hypothekarforderungen abzüglich der durchschnittlichen Verzinsung von auf Schweizer Franken lautenden inländische Verpflichtungen in Spar- und Anlageform, sank bspw. bei den Kantonalbanken um 25% – oder in absoluten Zahlen ausgedrückt von 2.63% auf 1.99% (siehe Abbildung 1). Dabei waren die Zinsspannen praktisch während des gesamten Beobachtungszeitraums rückläufig. Dieser Trend beschränkte sich also nicht einfach auf einen engeren Zeitraum, in dem eine bestimmte Wirtschaftsentwicklung zu beobachten war. Zudem waren nicht nur die Kantonalbanken davon betroffen – vielmehr verringerten sich die Zinsmargen auch bei den Grossbanken (-28%), Raiffeisenbanken (-19%) oder Regionalbanken und Sparkassen (-23%).

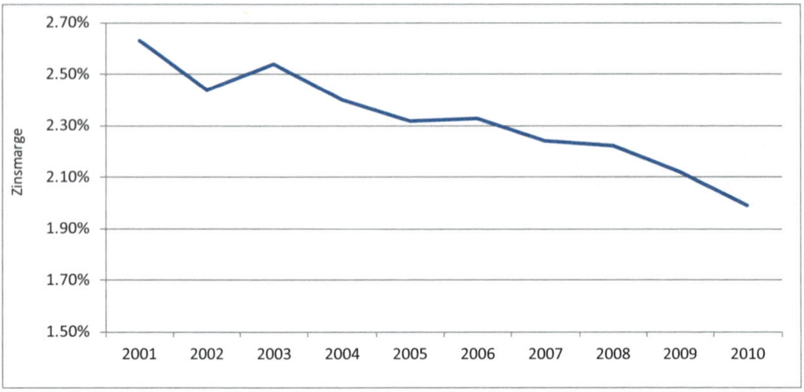

Abbildung 1: Entwicklung der Zinsmargen von Hypotheken bei Kantonalbanken
Quelle: SNB (2011a)

Der Zinsertrag stellt für alle inlandorientierten Banken nach wie vor die wichtigste Ertragskomponente dar. Er trägt insgesamt rund 70% zum Gesamtertrag bei. Dabei sind insbesondere die Raiffeisenbanken auf Zinserfolge angewiesen, machen diese doch rund 83% ihres Gesamtertrages aus.[1] Somit ist die beobachtete Verringerung der Zinsmargen sowohl auf der Mikro- (sprich: aus Sicht der einzelnen Banken) als auch auf Makroebene (im Hinblick auf die Finanzmarktstabilität) von grosser Bedeutung.

Kennt man die Ursachen für den Rückgang der Zinsspannen und ist somit in der Lage deren Entwicklung vorauszusagen, sollte es aus mikroökonomischer Sicht möglich sein, künftige Veränderungen dieses Abwärtstrends besser einzuschätzen und möglicherweise auch (besser) darauf reagieren zu können.

Auch aus der Perspektive der Finanzmarktstabilität ist der Rückgang der Zinsspannen relevant: Auffallend ist, dass die inlandorientierten Banken trotz eines hohen Kreditwachstums einen relativ stabilen Nettozinsertrag ausweisen. Die rückläufigen Zinsmargen im Verbund mit dem überdurchschnittlichen Kreditwachstum deuten möglicherweise auf eine zunehmende Risikoneigung in der Kreditvergabe der Banken hin und werden auch von der Schweizerischen Nationalbank (SNB) genauer beobachtet. Tiefe respektive sinkende Margen können zwar ein Zeichen eines kompetitiven Wettbewerbsumfeldes mit hoher bzw. steigender operationeller Effizienz sein. Auf der anderen Seite könnten diese Entwicklungen aber auch durch allzu riskante Geschäftspraktiken im derzeitigen Tiefzinsumfeld und vor dem Hintergrund des weiterhin (zu) schnellen Anstiegs der Immobilienpreise zu erklären sein. Ebenso könnte sich daraus für die Banken der Anreiz ergeben, zur Verbesserung der Ertragslage andere, potenziell risikoreichere Geschäftsbereiche zu erschliessen.

Aus geldpolitischer Sicht ist möglicherweise relevant, ob ein Rückgang der Zinsspannen hauptsächlich auf mikroökonomische Ursachen oder auf makroökonomische Entwicklungen zurückzuführen ist.

Gleichzeitig gibt es anekdotische Evidenz, gemäss welcher kleinere Unternehmen trotz sinkender Margen tendenziell benachteiligt werden und möglicherweise höhere Zinssätze zu entrichten haben als grössere Unternehmen. Dies wäre für die hiesige Volkswirtschaft von grosser Relevanz, da KMU in der Schweizer Volkswirtschaft eine wichtige Rolle spielen und ihre Finanzierungskapazität grösstenteils von Bankkrediten abhängt. Alternative Finanzierungsmöglichkeiten wie etwa der Primärmarkt für Aktien oder Unternehmensanleihen bleiben den KMU meistens verschlossen.

---

[1] Vgl. SNB (2011b).

Angesichts der oben aufgeführten Entwicklungen untersuchen zwei am IFZ durchgeführte Studien diese beiden Fragestellungen. Die eine Studie untersucht und identifiziert die wichtigsten Bestimmungsfaktoren für die Entwicklung der Zinsspannen (Aktivmargen) von Festhypotheken in der Schweiz und damit auch die Gründe für den während der letzten zehn Jahre beobachteten Rückgang. Die zweite Studie befasst sich mit der Frage, ob respektive warum kleinere Unternehmen im Kreditmarkt benachteiligt sein könnten.

Entsprechend ist auch dieser Artikel in drei Teile aufgeteilt: Im obigen ersten Kapitel wurde die generelle Entwicklung der Zinsmargen und deren Bedeutung für die Banken in der Schweiz beschrieben. In einem zweiten Teil des Artikels wird anhand empirischer Daten aufgezeigt, welches bei einer mittelgrossen Schweizer Bank die Treiber der Zinsmargen sind. Anhand einer am IFZ durchgeführten Studie werden die wichtigsten Bestimmungsfaktoren der Zinsmarge von Festhypotheken identifiziert. Im dritten Teil dieses Artikels wird schliesslich der Frage nachgegangen, ob kleinere Unternehmen gegenüber grösseren im Kreditmarkt benachteiligt werden. Der Artikel schliesst mit einem kurzen Fazit.

18.2 Treiber der Hypothekarzinsmargen – eine empirische Untersuchung (Studie Dietrich / Wunderlin, 2011)

Das Ziel dieser Studie ist es – wie oben erwähnt – die Treiber der (Aktiv-)Zinsmargen von Festhypotheken zu bestimmen. Die Studie wurde anhand vertraulicher Daten durchgeführt, die von einer mittelgrossen Regionalbank zur Verfügung gestellt worden sind. Die Bestimmungsfaktoren von Zinsmargen werden anhand dieses einzigartigen Datasets von 8'120 Festhypotheken berechnet. Die Hypotheken (Neuabschlüsse) wurden im Zeitraum zwischen dem 1.1.2000 und dem 31.12.2009 abgeschlossen.

Anlehnend an die Fachliteratur wird die Entwicklung und Höhe der Zinsmargen anhand von kreditspezifischen, bankspezifischen, makroökonomischen sowie industriespezifischen Eigenschaften zu bestimmen versucht. Gemäss Literatur ist aus gesamtwirtschaftlicher Sicht bspw. die konjunkturelle Lage von Bedeutung[2], während es etwa auf der Bankenebene die Betriebskosten sind, welche die Zinsmargen beeinflussen[3]. Maudos und Fernandez de Guevara (2004) haben in ihrer Arbeit aufgezeigt, dass die Marktstruktur respektive der Wettbewerb

2 Vgl. z.B. Dietrich, A. et al. (2010).

3 Vgl. z.B. Demirgüc-Kunt, A. / Huizinga, H. (1998).

einen signifikanten Einfluss auf die Zinsmargen in Deutschland, Frankreich, UK, Italien und Spanien ausüben. Für die Schweiz sind bisher noch keine entsprechenden Untersuchungen durchgeführt worden. Ebenso wurden einige der im unten aufgeführten Modell getestete Variablen (v.a. kreditspezifische Variablen) bisher noch in keiner Studie untersucht.

Mittels einer Regressionsanalyse soll untersucht werden, welche Faktoren die Zinsmarge der Hypotheken (abhängige Variable) beeinflussen. Die Zinsmarge entspricht dabei der Differenz zwischen dem Zinssatz für eine Hypothek und dem Swap-Satz für ein Geldmarktgeschäft über die gleiche Laufzeit am Abschlusstag der Hypothek.

Als erklärende Variablen werden einerseits kreditspezifische Variablen untersucht – namentlich: Kreditvolumen, Kreditdauer, eine Dummyvariable für den Kreditnehmertyp (Privatkunde oder Firmenkunde) und das Abschlussjahr. Andererseits werden makroökonomische Entwicklungen (BIP-Wachstum sowie Inflation), der Herfindahl-Index der entsprechenden Region als Proxy für den vorherrschenden Wettbewerb sowie bankenspezifische Variablen (Wachstumsrate des Hypothekarkreditvolumens und operationelle Effizienz) verwendet.

Die nachfolgende Abbildung 2 zeigt die deskriptive Statistik für die in dieser Untersuchung verwendeten Variablen auf.

Nachfolgend werden kurz die wichtigsten Fakten zusammengefasst: Im Durchschnitt weist die untersuchte Bank eine Zinsmarge von rund 101 Basispunkten (1.01%) auf. Dieser Wert ist tiefer als die oben ausgewiesenen Margen auf Bankenebene es sind. Dies kann damit erklärt werden, dass sowohl die Passivmarge als auch der Fristentransformationsbeitrag durch die hier angewendete Berechnungsmethode ausgeklammert werden und nur die Aktivmarge von Neugeschäften analysiert werden. Die entsprechende Marge wurde in einem mittelmässig konzentrierten Markt mit entsprechend mittelstarker Konkurrenzsituation erzielt. Der durchschnittliche Hypothekarkredit beträgt CHF 411'823. Die Differenz zwischen diesem Mittelwert und dem Median (CHF 250'000) zeigt auf, dass in den vergebenen Kreditvolumen ziemlich grosse Unterschiede existieren. Im Durchschnitt werden die Festhypotheken über eine Laufzeit von 4.12 Jahre abgeschlossen. Dieses Resultat bestätigt die gängige Praxis, wonach Festhypotheken in der Schweiz mit einer Laufzeit zwischen drei und fünf Jahren abgeschlossen werden. Im untersuchten Zeitabschnitt konnte die entsprechende Bank das Kreditvolumen um durchschnittlich 3.24% pro Jahr ausweiten. Dieses Wachstum war höher als jenes des Schweizer BIP, welches sich in der gleichen Zeit um durchschnittlich 2.06% erhöhte. Die Inflationsrate in der

Schweiz betrug im untersuchten Zeitraum durchschnittlich – verglichen mit Inflationsraten in der EU (2.5%) oder den USA (2.6%) – relativ tiefe 1.41%.

Abhängige Variable	**Durch-schnitt**	**Median**	**Standard-Abw.**
Zinsmargen Festhypotheken	1.01	0.98	0.39
Unabhängige Variablen	**Durch-schnitt**	**Median**	**Standard-Abw.**
Kreditspezifische Eigenschaften			
Kreditvolumen (in CHF)	411'823	250'000	623'368
Kreditlaufzeit (in Jahren)	4.12	4.00	1.82
Dummy Variable: Privat vs. Unternehmung	0.85	1.00	0.35
Abschlussjahr (in Jahren)	2.25	2.00	2.09
Makroökonomische und industriespezifische Eigenschaften			
BIP Wachstum (in %)	2.06	1.80	1.08
Inflationsrate (in %)	1.41	1.10	0.76
Herfindahl Index	2660	2661	48.38
Bankspezifische Eigenschaften			
Kreditwachstum (in %)	3.24	2.02	1.73
Operationelle Effizienz (in %)	0.01	0.01	0.00

Abbildung 2: Deskriptive Statistik der im Modell verwendeten Variablen

Die Ergebnisse der Regressionsresultate können der Abbildung 3 entnommen werden.

	(1)	(2)	(3)	(4)
	Externe Variablen	Kredit-spezifische Variablen	Banken-spezifische Variablen	Alle Variablen
BIP Wachstum	-0.133***			-0.189***
	(0.005)			(0.008)
Inflation	0.105***			0.270***
	(0.005)			(0.026)
Herfindahl Index	0.001***			0.003***
	(0.000)			(0.000)
Dum_Borrower Type		-0.094***		-0.099***
		(0.012)		(0.011)
Kreditvolumen		-0.000***		-0.000***
		(0.000)		(0.000)
Kreditlaufzeit		-0.049***		-0.037***
		(0.002)		(0.002)
Abschlussjahr		0.074***		0.127***
		(0.002)		(0.005)
Overhead_Ta			135.67***	279.157***
			(15.404)	(20.122)
Kreditwachstum			-0.051***	-0.043***
			(0.003)	(0.012)
Konstante	-0.127	1.150***	2.907***	5.921***
	(0.301)	(0.015)	(0.198)	(0.380)
Beobachtungen	8'120	8'120	8'120	8'120
Adj. R-squared	0.21	0.22	0.05	0.33

Abbildung 3: Regressionsresultate

*Robuste Standardfehler in Klammern; Koeffizienten, welche signifikant unterschiedlich sind von 0 auf dem 1%, 5%, resp. 10%-Level werden mit ***, **, resp. * versehen.*

Die obigen Resultate zeigen, dass die Zinsmargen durch die gewählten Variablen gut erklärt werden können. Alle im Modell verwendeten Variablen üben einen statistisch hoch signifikanten Einfluss auf die Zinsmarge aus.

Insbesondere mit kreditspezifischen Variablen kann ein grosser Teil der Varianz der Zinsmargen erklärt werden. So wird beispielweise ersichtlich, dass Unternehmen für ihre Geschäftsliegenschaften höhere Zinssätze bezahlen müssen als Privatpersonen für ihre Eigenheime. Geschäftsimmobilien werden von Banken als riskanter eingestuft und daher mit einer zusätzlichen Risikoprämie versehen, weil sie oftmals sehr spezifisch auf die Bedürfnisse des Unternehmens zugeschnitten sind und entsprechend schwieriger weiterzuverkaufen sind. Ebenso werden Geschäftsliegenschaften oftmals weniger gut unterhalten als Liegenschaften von Privatpersonen.

Interessanterweise lässt sich ein hoch signifikanter Zusammenhang nachweisen zwischen dem Kreditvolumen und der Zinsmarge von Festhypotheken. Bei höheren Kreditvolumina sind die Margen entsprechend geringer. Dieser Zusammenhang kann möglicherweise durch die Fixkostendegression oder durch die geringere Marktmacht von kleineren Nachfragern erklärt werden. Ebenso hat die Kreditlaufzeit einen signifikant negativen Zusammenhang mit der Zinsmarge. Eine höhere Laufzeit des Kredits führt also zu signifikant tieferen Margen für die Banken. Geht es um die Vergabe von Hypothekarkrediten, wird eine möglicherweise steigende Ausfallwahrscheinlichkeit bei langfristigen Krediten üblicherweise nicht berücksichtigt. Hingegen führen langfristige Hypotheken möglicherweise zu günstigeren operationellen Kosten (v.a. application costs). Möglich ist auch, dass ein «optischer» Effekt dieses Phänomen erklären kann. Für Kunden ist nur der Hypothekarzins, nicht aber die Bankzinsmarge von Bedeutung. Entsprechend ist es für die Banken möglich, bei kurzfristigen Krediten höhere Margen (aber in der Regel tiefere Kreditzinsen) zu verlangen, derweil für die langfristigen Kredite zwar die Kreditzinsen etwas höher zu liegen kommen, die Marge aber eher geringer ist. Einen bedeutenden Einfluss auf die Zinsmarge hat hingegen – wenig überraschend – das Abschlussjahr. In früheren Jahren konnten höhere Zinsmargen durchgesetzt werden (vgl. auch Abbildung 1). Die oben aufgezeigte Entwicklung kann also statistisch erhärtet werden: Zinsmargen haben auch bei dieser Bank über die Zeit abgenommen.

Auch makroökonomische Faktoren beeinflussen die Zinsmarge statistisch signifikant. Die Resultate zeigen, dass insbesondere das BIP-Wachstum in einem negativen Zusammenhang zur Zinsmarge steht. Banken tendieren dazu, ihre Zinsmargen in wirtschaftlich guten Zeiten, in welchen auch die Nachfrage nach

Krediten stark zunimmt, zu reduzieren, derweil sie diese in schlechteren Zeiten erhöhen. Sie handeln entsprechend bis zu einem gewissen Grad prozyklisch.

Auch bankenspezifische Faktoren beeinflussen die Margen von Festhypotheken. Die rückgängige Marge ist möglicherweise das Resultat einer gestiegenen operativen Effizienz (gemessen mit der overhead costs to total assets-ratio), welche dem Kunden weitergegeben wurde und einer aggressiveren Wachstumsstrategie dieser Bank. Vor allem der letzte Punkt ist interessant. Die Variable des Kreditvolumenwachstums übt einen statistisch signifikant negativen Einfluss auf die Zinsmarge aus. Die untersuchte Bank hat sich das Wachstum vor allem durch tiefere Zinsmargen «erkauft». Entsprechend geht das ausgedehnte Volumen möglicherweise einher mit einer tieferen Profitabilität. Der positive Zusammenhang zwischen dem Herfindahl-Index und der Zinsmarge weist zudem darauf hin, dass die sinkenden Zinsmargen auch das Resultat eines sich verschärfenden Wettbewerbs sein könnten.

18.3 Zinssätze für Bankkredite an KMU/Zinsmargen und Unternehmensgrösse (Studie Dietrich, 2012)

Wie oben aufgezeigt wurde, hat das Kreditvolumen einen negativen und statistisch signifikanten Zusammenhang mit der Zinsmarge und dadurch auch mit den Kreditzinssätzen. Empirische Evidenz zeigt, dass die Zinssätze für kleinere Kreditvolumina ceteris paribus höher sind als diejenigen für grössere Kreditvolumen. Unter der Annahme, dass kleinere Unternehmen im Durchschnitt geringere Kreditvolumina nachfragen als grössere Unternehmen, müssen also insbesondere kleine Unternehmen vergleichsweise hohe Zinssätze für ihre Kredite entrichten. Da kleinere Unternehmen Fremdkapital in erster Linie über Bankkredite beziehen, sind sie entsprechend stark betroffen. Nachfolgend soll diese Thematik weiter vertieft werden und die möglichen Ursachen für diesen Zusammenhang sollen aufgezeigt werden.

18.3.1 Ein Blick über die Grenzen

Öffentlich verfügbare Statistiken zum amerikanischen, deutschen oder australischen Kreditmarkt zeigen, dass der Zusammenhang zwischen dem nachgefragten Kreditvolumen und dem durchschnittlich zu entrichtenden Zinssatz in sämtlichen aufgeführten Ländern negativ ist. In der untenstehenden Abbildung 4 wird exemplarisch die Situation in den USA dargelegt. Ersichtlich ist, dass die durchschnittlichen Zinssätze eines Kredits mit höherem Volumen tiefer ausfallen als für Kredite mit nur geringem Ausleihvolumen. Unter der Annahme, dass kleine Unternehmen im Durchschnitt tiefere Kreditbeträge nachfragen, kommen die Kreditkosten für sie darum höher zu liegen als für grössere Unternehmen.

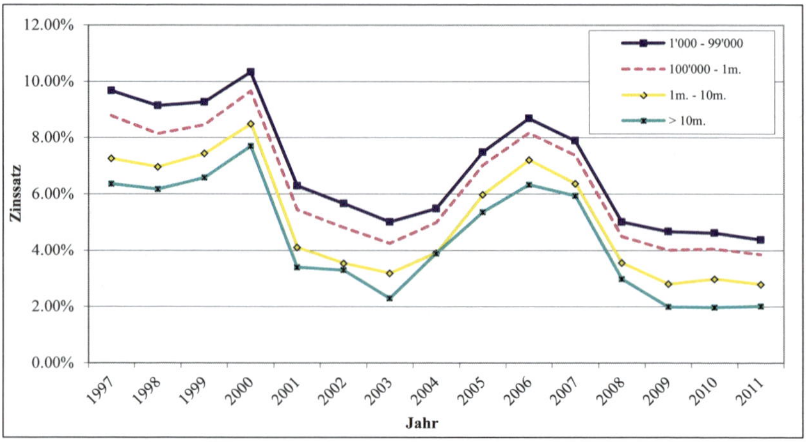

Abbildung 4: Durchschnittlicher Zinssatz nach Kreditvolumen in den USA (in USD)
Quelle: Federal Reserve Board, (2011)

Während dieser Zusammenhang bspw. in den USA gut dargelegt werden kann, existieren für den Schweizer Kreditmarkt nur wenige entsprechende Daten. Eine Studie von Prognos kam 1998 zum Schluss, dass 90% der untersuchten Zinssätze in einer Bandbreite von 350 Basispunkten lagen, und dass auch in der Schweiz ein negativer Zusammenhang besteht zwischen der Unternehmensgrösse und den Zinssätzen. Auf die Ursachen für diesen negativen Zusammenhang zwischen Unternehmensgrösse und Zinssatz gingen die Verfasser dieser Studie allerdings nicht ein. Die oben erwähnte Studie von Dietrich und Wunderlin (2011) konnte aufzeigen, dass auch in der Schweiz ein solcher negativer Zusammenhang besteht. Auf die Ursache wurde allerdings in der entsprechenden Arbeit ebenfalls nicht vertieft eingegangen. Es lohnt sich deshalb, vertieft nach den Gründen für die feststellbaren Differenzen bei den Kreditkonditionen unterschiedlich grosser Unternehmen zu suchen.

18.3.2 Einfluss von Informationsasymmetrien auf die Kreditpreise

Für die Banken fallen hohe Prüfkosten an, weil der Markt in den meisten Fällen nicht genügend Informationen zur Bonität eines Unternehmens anbietet. Diese Kosten, verursacht durch Informationsasymmetrien, fliessen in den Zinssatz ein. Informationsasymmetrien beeinflussen dabei sowohl die Höhe der bankseitig anfallenden Betriebskosten als auch die Höhe der Risikoprämie, welche der Kreditnehmer entrichten muss.

Als Einflussfaktoren auf die Betriebskosten beim Kreditvergabeprozess sind dabei vor allem drei Arten von Informationskosten massgebend: Die Suchkosten (infolge von ex-ante-Informationsasymmetrien), die Überwachungskosten (Überprüfung, ob die vertraglichen Abmachungen auch tatsächlich umgesetzt werden) sowie die Sanktionskosten. Wie anhand einer früheren Studie des Autors nachgewiesen werden konnte, ist der Einfluss der Informationsasymmetrie auf die Betriebskosten für einen kommerziellen Kredit verhältnismässig klein.

Von grösserer Bedeutung – wenn auch schwierig(er) zu messen respektive zu beziffern – ist das Ausmass der Informationsasymmetrien als Einflussfaktor auf die Risikokosten. Sie sind bei kleinen Unternehmen deutlich stärker ausgeprägt als bei grösseren Unternehmen und können auf unterschiedliche Ursachen zurückgeführt werden:

a) Jüngere (kleinere) Unternehmen verfügen über keine oder aber nur wenige Daten aus der Vergangenheit. Infolge dieses fehlenden Track Records sind die Informationsasymmetrien – auch betreffend Verhaltens- und Absichtsunsicherheiten – bei KMU speziell gross. So werden möglicherweise kleinere Unternehmen mit Zugang zu positiven und vielversprechenden Projekten blockiert oder Kredite werden nur zu hohen Zinssätzen vergeben, weil die Kreditgeber die Erfolgswahrscheinlichkeit und Qualität der Unternehmung nur schwer abschätzen können. Kotierte Unternehmen hingegen versorgen die Öffentlichkeit ausgiebig mit Informationen. Sie verfügen zudem dank ihres Track Records über eine gewisse Bekanntheit und Reputation.

b) Kleine Unternehmen verfügen oft nur über eine unzureichende Berichterstattung, die erst spät erstellt und den Banken noch später eingereicht wird. Eine dynamische Kreditanalyse durchzuführen, kann sich bei kleinen Unternehmen als schwierig erweisen. Während quantitative Faktoren noch einfach zu bewerten sind, ist darüber hinaus die Beurteilung qualitativer und auch zukunftsgerichteter Faktoren für die Banken teilweise schwierig.

c) KMU entwickeln häufig neue Produkte oder stossen in neue Märkte vor. Gerade diese Neuheiten machen es für Banken aber schwierig, die Erfolgschancen des Vorhabens abzuschätzen. Die Heterogenität und die Schwierigkeiten in der Beurteilung von KMU sind für die Bank Probleme, welche zumindest vor der Vergabe des Erstkredits eine ausführliche Bonitätsprüfung erfordern.

Diese ungleich höheren Informationsasymmetrien sind entsprechend eine mögliche Ursache für die höheren Zinskosten von kleinen Unternehmen. Verschiedene Untersuchungen – bspw. von Berger und Udell (1995), Harhoff und Körting (1998), Scott und Dunkelberg (1999) oder Degryse und Van Cayseele (2000) – konnten auch empirisch aufzeigen, dass Informationsasymmetrien einen bedeutenden Einfluss auf die Kreditzinssätze haben. Eine zunehmende *Stärke der Kreditbeziehung* (meistens definiert durch die Anzahl Jahre der Verbindung und die Exklusivität der Beziehung, gemessen mit der Anzahl an Bankbeziehungen) führt gemäss diesen Studien zu tieferen Zinssätzen. Ebenso konnten diese Studien aufzeigen, dass die Informationsasymmetrien bei kleinen Unternehmen überproportional stark ausgeprägt sind.

18.3.3 Einfluss der Fixkostendegression auf die Kreditpreise

Eine Studie von Dietrich (2012) zeigt erstmals auch den Einfluss der Fixkosten auf die einzelnen Kreditvolumen auf. In der entsprechenden Analyse wurden die einzelnen Kreditpreis-Parameter untersucht und das Erkenntnisziel, die Höhe der verschiedenen Kreditzinsfaktoren in Abhängigkeit vom Kreditvolumen (und Risiko) zu eruieren, wurde verfolgt. Diese Analyse der Zinsmarge wurde anhand einer Erhebung bei fünfzehn mittelgrossen Banken aus verschiedenen Regionen der Schweiz und von unterschiedlichen Bankengruppen durchgeführt. Es werden jeweils nur Festzinskredite (Investitions- und Betriebskredite) an Unternehmen untersucht, da Kreditsätze abhängig von der Kreditart (Hypotheken, Kontokorrentkredite, Konsumkredite; variable und fixe Zinssätze) stark variieren können.

Das Resultat der Studie macht deutlich, dass die durchschnittlich höheren Kreditpreise für kleine gegenüber grösseren Unternehmen nicht nur mit den Informationsasymmetrien, sondern auch mit den operativen Betriebskosten der Banken erklärt werden können. Zwar sind die bankseitig anfallenden Betriebskosten für kleinere Kreditbeträge (und daher kleinere Unternehmen) pro Kredit und absolut gesehen tiefer. Da sich die fixen Betriebskosten jedoch auf geringere Volumina verteilen, sind die in Prozent des Kreditbetrags ausgedrückten relativen Betriebskosten für kleine Unternehmen höher als für grosse Unternehmen. Folglich sinken die relativen Betriebskosten mit zunehmender Unternehmensgrösse. Gemäss den vorliegenden Resultaten sind die operationellen Kosten also ein zentraler Erklärungsfaktor der Unterschiede von Kreditzinssätzen für kleine und grosse Unternehmen. Entsprechende Unterschiede in den operationellen Kosten erklären durchschnittlich bis 140 Basispunkte (CHF 100'000 vs. CHF 5'000'000; siehe Abbildung 5).

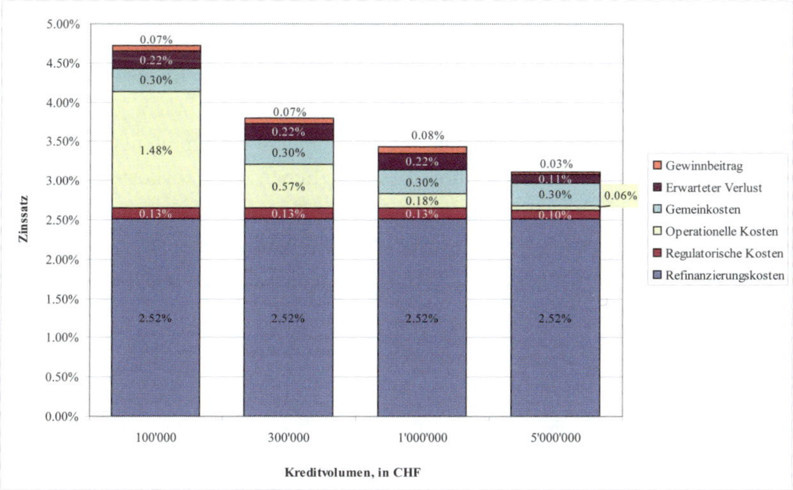

Abbildung 5: Kreditzins in Abhängigkeit des Kreditvolumens und bei gleicher Bonität

18.3.4 Die aktuell gängige Praxis

Unter Berücksichtigung der oben aufgeführten, theoretisch einleuchtenden Unterschiede der Kreditkosten, wären eigentlich sehr grosse Unterschiede in den Zinssätzen für Kredite an kleine und grosse Unternehmen zu erwarten. Die unterschiedlichen Kreditkosten widerspiegeln sich in der Regel auch in den von Schweizer Banken eingesetzten Preismodellen. Gemäss verschiedener Aussagen von Schweizer Bankenvertretern wird in der Praxis aber gerade für Kleinstunternehmen oftmals bewusst von den errechneten Kreditpreis-Modellwerten abgewichen. Einige kleinere Unternehmen erhalten Kredite zu tieferen Zinssätzen, als es die errechneten Modellwerte rechtfertigen würden. Gewisse Kleinstkredite wären ansonsten nämlich kaum finanzierbar. Einen (Erst-)Kreditantrag eines KMU mit mittelhoher Ausfallwahrscheinlichkeit und einer geforderten Kreditlimite von bspw. 100'000 CHF (auch unter Berücksichtigung des Faktums, dass dieses Limit möglicherweise nur zu 50% genutzt wird), müssten die Banken bei strikter Verwendung ihrer Preismodelle wohl zumeist ablehnen, oder wenigstens mit sehr hohen Kreditzinsen offerieren. Dass hier ein Zusammenhang zwar besteht, aber eben nicht im erwarteten Ausmass, zeigt auch der Regressionskoeffizient der Variable für das Kreditvolumen (siehe Abbildung 3). Der Effekt scheint bei Hypotheken – obschon auch hier vorhanden – noch geringer auszufallen als bei Investitionskrediten. Infolge eines Wirtschaftsförderungsgedankens, teilweise aus Cross-Selling-Aspekten, wohl aber vor allem aus Imagegründen und als Folge der grossen Konkurrenz, nehmen die Banken aber bewusst eine gewisse Quersubventionierung in Kauf. Ebenso haben verschiedene Banken das Problem der Kleinstkredite gelöst, indem sie den Kredittransaktionsprozess für Kreditanträge unter einem bestimmten Betrag stark vereinfachen und damit auch ihre diesbezüglichen Betriebskosten drastisch reduzieren. Damit ein einigermassen tiefer Kreditsatz offeriert werden kann, wird der Prozess derartig verkürzt respektive die Anzahl an Überprüfungsmassnahmen soweit reduziert, dass der verrechnete Kreditpreis auch ökonomisch gerechtfertigt werden kann.

18.4 Fazit

Wie anhand dieses Artikels aufgezeigt wurde, sind die Zinsmargen der Schweizer Banken in den vergangenen Jahren insgesamt stark zurückgegangen. Als Hauptgründe für den Rückgang der Zinsspannen konnten sinkende Betriebskosten, eine aggressivere Wachstumsstrategie, die konjunkturelle Entwicklung sowie die Intensivierung des Wettbewerbs festgemacht werden. Ebenso konnte aufgezeigt werden, dass kreditspezifische Faktoren wie das Kreditvolumen, die Kreditlaufzeit oder der Kreditnehmertyp die Zinsmarge signifikant beeinflussen.

Bankkredite sind trotz des Wachstums von Finanzierungsmöglichkeiten über den Kapitalmarkt noch immer die zentrale Finanzierungsform der schweizerischen Volkswirtschaft. Kleinere Unternehmen beziehen ihr Eigenkapital weiterhin häufig aus privaten und nicht institutionalisierten Quellen, das Fremdkapital dagegen in erster Linie über Bankkredite. Viele, vor allem auch kleinere und mittelgrosse Unternehmen (KMU), sind stark von einem gut funktionierenden Kreditmarkt abhängig, da valable Alternativen zu Bankkrediten für sie erst in einem sehr beschränkten Mass verfügbar sind. Es konnte oben aufgezeigt werden, dass kleinere Unternehmen infolge von Informationsasymmetrien und einer zu beobachtenden Fixkostendegression zwar betriebswirtschaftlich nachvollziehbare statistisch signifikant höhere Zinssätze zu entrichten haben, als grössere Unternehmen. Der Effekt ist jedoch von geringerer (absoluter) Bedeutung, als man dies eigentlich hätte erwarten können. Ebenso wirkt sich das Hausbankenprinzip möglicherweise positiv auf die Zinsmargen aus.

Literaturverzeichnis

- Berger, A. / Udell, G. (1995): Relationship Lending and Lines of Credit in Small Firm Finance. Journal of Business 68 (3), 351-382.
- Dietrich, A. (2012): Explaining Differences in Loan Rates for Small and Large Companies: Evidence from Switzerland. Small Business Economics 38 (4), 481-494.
- Dietrich, A. / Wunderlin, C. (2011): What drives the Margins of Mortgage Loans? Proceedings of the 2011, Southwestern Finance Association Annual Meeting.
- Dietrich, A. / Cole, R./Wanzenried, G. (2010): Why are net-interest margins across countries so different? Working Paper.
- Degryse, Hans / Van Cayseele, P. (2000): Relationship Lending within a Bank-based System: Evidence from European Small Business Data. Journal of Financial Intermediation 9 (1), 90-109.
- Demirguc-Kunt, A. / Huizinga, H. (1999): Determinants of Commercial Bank Interest Margins and Profitability: Some International Evidence. World Bank Economic Review 13 (2), 379-408.
- Federal Reserve Board (2011): Survey of Terms of Business Lending - E.2 Commercial and industrial loans made by all commercial banks
- Harhoff, D. / Körting, T. (1998): Lending Relationships in Germany: Empirical Results from Survey Data. Journal of Banking and Finance 22 (10-11), 1317-1393.
- Maudos, J. / de Guevara, J. (2004): Factors Explaining the Interest Margin in the Banking Sectors of the European Union. Journal of Banking and Finance 28 (9), 2259-2281.
- Prognos (1998): Die Zusammenarbeit der kleinen und mittleren Unternehmen mit den Banken - Ergebnisse der KMU-Befragung vom Sommer '98.
- Schweizerische Nationalbank SNB (2011a): Die Banken in der Schweiz 2010.
- Schweizerische Nationalbank SNB (2011b): Bericht zur Finanzstabilität 2011.
- Scott, J. / Dunkelberg, W. (1999): Bank Consolidation and Small Business Lending: A Small Firm Perspective, in: Blanton/Williams/Rhine (Hrsg.): Business Access to Capital and Credit: A Federal Reserve System Research Conference, 238-361, Washington, D.C.

19 Ratingsysteme und Overrides

Der vorliegende Artikel beschäftigt sich mit der Frage, inwieweit die Prognosefähigkeit von Kundenratings – durch automatisierte Systeme erstellt – mithilfe von Eingriffen der Kreditspezialisten verbessert werden kann. Dabei wird eine Diskussionsbasis geschaffen, die es erlaubt, den Einsatz teurer Expertenressourcen im Ratingprozess zu optimieren ohne unerwünschte Abstriche bei der Prognosefähigkeit in Kauf nehmen zu müssen.

Christian Wunderlin

Prof. Dr. Dr. Christian Wunderlin (1968) ist Dozent und Projektleiter am Institut für Finanzdienstleistungen Zug IFZ der Hochschule Luzern – Wirtschaft. Er hat die Ausbildungen zum eidg. dipl. Experten in Rechnungslegung & Controlling, zum eidg. dipl. Wirtschaftsinformatiker und zum MBA der Universität Rochester (NY) abgeschlossen sowie an der Universität Bradford (UK) in Finanz und an der Universität Bern in Wirtschaftsinformatik promoviert.

Christian Wunderlin widmet sich nach langjähriger sanierender CFO Tätigkeit – zuletzt bei einem an der SWX kotierten Unternehmen – seit 2007 seinen akademischen Interessen und begleitet einige spannende Mittelstandsunternehmen aus den Branchen IT und Finanz als Verwaltungs- bzw. Beirat.

Kontakt: christian.wunderlin@hslu.ch

Nachdem früher Kredite auf Basis verbaler Kreditwürdigkeitsprüfung, Erfahrung und Vertrauen vergeben und meist aufrechterhalten wurden (Buy and Hold)[1], entstand als Folge der grossen Kreditverluste zu Beginn der Neunzigerjahre das Bedürfnis, Kreditrisiken kalkulierbarer zu machen. Damit war der Grundstein für spezifische Systeme zur Messung von Kreditrisiken gelegt und die Buy and Hold Strategie wurde durch eine aktive Portfolio-Optimierungsstrategie abgelöst.[2] In dieser Zeit kamen die ersten IT-Systeme zur Unterstützung dieser Optimierungsstrategie zum Einsatz: CreditMetrics von J.P. Morgan, CreditRisk+ von Credit Suisse oder CreditPortfolioView von McKinsey.[3] Heute haben alle kreditgebenden Banken solche IT-Systeme im Einsatz und beurteilen damit den Kreditnehmer in Bezug auf dessen Ausfallrisiko. Dabei gilt es, folgende Fragen zu beantworten[4]:

1. Wie viel Prozent beträgt die Wahrscheinlichkeit, dass der Kreditnehmer zahlungsunfähig wird?[5]
2. Wie hoch ist der Restschuldbetrag beim Ausfall, d.h. wie viel Beanspruchung und Tilgung findet bis zu einem möglichen Ausfall noch statt?[6]
3. Wie viele Sicherheiten stehen zur Verfügung, die zur Deckung herangezogen werden können, und wie viel Prozent beträgt die dem Verlustrisiko unterliegende Restschuld nach Verwertung dieser Sicherheiten?[7]

Alle Antworten auf diese Fragen werden ermittelt und geben, für sämtliche Kreditkunden ausmultipliziert, den zu erwartenden Verlust der Bank aus dem Kreditgeschäft.[8] Die erste Frage nach der Ausfallwahrscheinlichkeit wird mit dem Rating beantwortet. Dies bedeutet, dass jeder Kreditnehmer durch IT-Systeme, wie die oben genannten, und durch Kreditspezialisten beurteilt und einer *Gefahrenklasse* oder *Ratingklasse* zugeordnet wird. Dieser Beitrag beschäftigt sich damit, wie solche IT-Systeme für das Rating («Ratingsysteme»)

---

1 Weber, M. (2003), S. 1.

2 Hinder, P. (2004), S. 1-6.

3 Meier, C. (2007), S. 2.

4 Schneck, O. (2008), S. 29.

5 PD (Probability of Default) genannt.

6 EAD (Exposure at Default) genannt.

7 LGD (Loss given Default) genannt.

8 EL (Expected Loss) genannt = [PD * EAD * LGD].

für Firmenkunden entwickelt werden und wie das Zusammenspiel Mensch – Ratingsystem funktioniert. Die Ausführungen wurden im Rahmen dieses Beitrags stark vereinfacht, um die grosse Komplexität des Themas zu reduzieren.

Grundlage der Ergebnisse bilden *erstens* rund 50 Interviews mit Spezialisten zum Thema Rating zwischen Juni 2008 und Juni 2009 sowie *zweitens* die Ratingdaten von Credit Suisse, UBS, Zürcher Kantonalbank sowie fünf weiteren Kantonalbanken im Zeitraum vom 01.01.2004 bis 31.12.2007. Gesamthaft standen rund 130'000 Ratingvorgänge für die Analyse zur Verfügung.

19.1 Entwicklung von Ratingsystemen

Ein Ratingsystem hat den Zweck, den Kreditkunden eine prozentuale Ausfallwahrscheinlichkeit zuzuordnen und diese anhand ihrer Ausfallwahrscheinlichkeiten in Ratingklassen zu gruppieren. Die Berechnungen erfolgen zu einem wesentlichen Teil auf Basis der Jahresabschlusszahlen. Damit ein Ratingsystem anhand von Abschlusszahlen eine Ausfallwahrscheinlichkeit prognostizieren kann, bedarf es einer soliden Systementwicklung. Eine solche Entwicklung erfolgt in mehreren Schritten: Zuerst werden aus alten Jahresabschlüssen Analysedaten aufbereitet, die zur Entwicklung von Berechnungsmodellen herangezogen werden. In einem zweiten Schritt werden aus den Daten einzelne Kennzahlen ermittelt, die bei guten Kreditnehmern tendenziell anders aussehen als bei ausgefallenen. Als Drittes werden diese einzelnen Kennzahlen so gruppiert, dass gute von ausfallenden Kreditnehmern mit einer möglichst hohen Genauigkeit unterschieden werden können. Schlussendlich werden in verschiedenen Tests die Ergebnisse kontrolliert und dann, mit der nötigen Information der Überleitung von Kennzahlen in Ratingklassen, zum produktiven Einsatz freigegeben.

19.1.1 Aufbau der Datengrundlage

Der erste Schritt für ein Ratingsystem ist also eine solide Datenbasis. Um eine solche zu erhalten, müssen Jahresabschlüsse möglichst vieler Firmen und Jahre zusammengetragen und homogen erfasst werden. Je grösser und homogener die Datenbasis ist, desto präziser können statistische Erkenntnisse gewonnen werden. Gerade im Bereich der Jahresabschlüsse stellt die Homogenität ein Kernproblem dar. So sehen Zahlen unter verschiedenen Rechnungslegungsstandards deutlich unterschiedlich aus. Aber auch innerhalb des gleichen Standards bedarf es bei der Erfassung klarer Regeln. Ob ein Bankkonto mit negativem Saldo ein Minusaktiv- oder ein Passivkonto, oder ob ein Aktionärsdarlehen kurz- oder langfristig zu behandeln ist, stellen nur zwei mögliche Beispiele von Regeln zur Homogenisierung von Jahresabschlussdaten dar. Je nach Behandlung ergeben sich aber deutlich unterschiedliche Kennzahlen. Und genau diese Kennzahlen sind es, die für die weitere Entwicklung von Ratingsystemen relevant sind.

19.1.2 Ermittlung von einzeln erklärenden Kennzahlen

Zu Beginn der Entwicklung eines Ratingsystems können gut und gerne über 1'000 Kennzahlen aus der oben beschriebenen Datengrundlage zusammenkommen, welche für die Weiterverwendung zur Verfügung stehen. All diese Kennzahlen werden von Statistikprogrammen darauf geprüft, in wie weit sie ausfallende Kreditnehmer erkennen können («univariate Diskriminanzanalyse» genannt). Es ist keine Kennzahl bekannt, die für sich alleine perfekt zwischen überlebenden und ausfallenden Kreditnehmern unterscheiden kann. Ziel ist daher, diejenigen Kennzahlen zu finden, die eine möglichst gute Kraft zum Trennen («Trennkraft») der guten und ausgefallenen Kunden erreichen. Als gut gilt, deutlich über 50% zu liegen, denn eine Trennkraft von 50% kommt einem Münzwurf gleich.[9]

---

9 Vgl. Ochsner, D. (2009).

Da eine perfekte Trennkraft real nicht möglich ist, gibt es Überschneidungen:

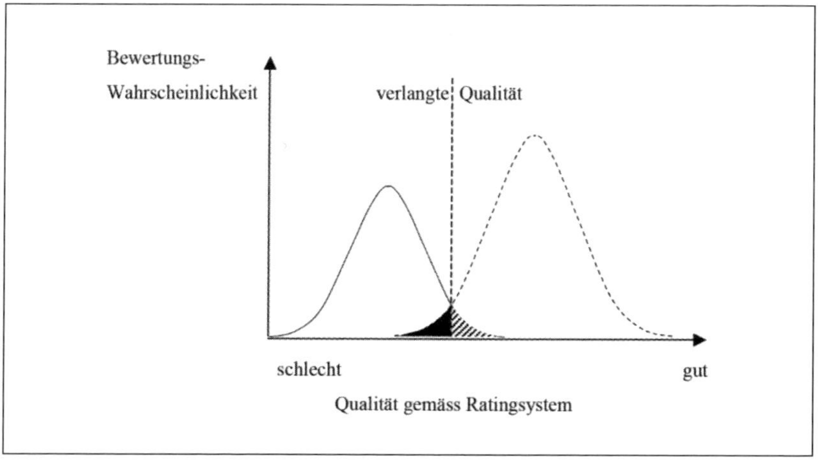

Abbildung 1: Fehler beim Rating

Quelle: Vgl. Oehler, A. / Unser, M. (2001)

Die Überschneidungen sind oben mit der schraffierten und mit der schwarzen Fläche dargestellt. Je höher die Trennkraft ist, desto kleiner sind diese Flächen. Die schraffierte Fläche heisst in der Fachsprache «Alpha-Fehler», die schwarze Fläche «Beta-Fehler». Der Alpha-Fehler bedeutet, dass schlechte Bonitäten zu gut taxiert werden. Somit erhält ein schlechter Kunde fälschlicherweise einen Kredit bzw. seinen Kredit zu günstig. Der Beta-Fehler bedeutet, dass eine gute Bonität als schlecht eingestuft wird. Somit erhält ein guter Kunde fälschlicherweise keinen Kredit bzw. seinen Kredit zu teuer.[10] Anhand des folgenden Beispiels kann die Relevanz von Alpha- und Beta-Fehlern einander gegenübergestellt werden[11]:

---

[10] Westerfeld, S. (2007) S. 15.

[11] Vgl. Ochsner, D. (2009).

Alpha-Fehler:

Kredit CHF 100‘000, 100 % Verlust = CHF 100‘000 Verlust für die Bank[12]

Beta-Fehler:

Kredit CHF 100‘000, entgangener Gewinn CHF 1‘000 bei 1 % Zinsmarge

Zur Abdeckung eines Alpha-Fehlers von CHF 100‘000 müssten also CHF 10 Mio. Kredite zu 1 % Zinsmarge gewährt werden.

Die gefundenen Kennzahlen mit genügend grosser Trennkraft werden für die weitere Verwendung aufgrund verschiedener qualitativer und statistischer Kriterien so weit reduziert, bis nur noch ca. 30 übrig sind. Dabei wird sichergestellt, dass alle Bereiche des operativen Geschäfts des Kreditkunden mit Kennzahlen abgedeckt sind: Liquidität, Zinsdeckung & Finanzierungshöhe, Profitabilität, Bilanzstruktur und Wachstum.

19.1.3 Ermittlung von Kennzahlensets mit hoher Trennkraft

In der Folge werden mit den gefundenen rund 30 Kennzahlen Kombinationen zu ca. 5 bis 10 Kennzahlen gesucht, die im Vergleich zur Trennkraft der einzelnen Kennzahlen gemeinsam eine noch höhere Trennkraft erreichen («multivariate Diskriminanzanalyse» genannt).[13] Gemessen mit dem statistischen Mass der Fläche unter der ROC[14]-Kurve werden Werte um 70% oder mehr avisiert (100% wäre der perfekte Wert). Die Differenz zwischen der erzielten Trennkraft und dem perfekten Wert sind alle guten Kreditkunden, die zu schlecht bewertet wurden und alle schlechten Kreditkunden, die zu gut bewertet wurden bzw. die effektiv ausgefallen sind.

Für jede Kennzahl in der Kombination wird ein Punktegewicht vergeben, mit der sie ins Endergebnis einfliessen soll. So kann z.B. Liquidität höher gewichtet werden als Wachstum. Die addierten Punkte aller Kennzahlen eines Kreditkunden werden Score genannt. Sinnigerweise wird die Kombination an Kennzahlen, mit denen der Score ermittelt wird, Scorecard genannt.

---

[12] Unter den Annahmen von 100% LGD und 100% EAD.

[13] Rommelfranger, H. (2002) S. 38.

[14] ROC steht für Receiver Operating Characteristic.

Im Kreditgeschäft kommen meist zwei Scorecards parallel zum Einsatz. Die eine ist die oben Beschriebene mit den Kennzahlen (quantitative Aspekte), die andere berücksichtigt die qualitativen Aspekte (z.B. Managementqualität, Strategie, Branchenattraktivität, etc.). Das Verfahren zum Aufbau der qualitativen Scorecard ist dem der quantitativen Scorecard sehr ähnlich.

Liegen die quantitativen und qualitativen Scorecards vor, werden die erzielbaren Scores in Ausfallwahrscheinlichkeiten umgerechnet und diese wiederum zu Ratingklassen gruppiert («Kalibrierung» genannt). Im Rahmen der Kalibrierung werden Scores ausgewählter Testkunden mit manuellen Ratings von Kreditexperten vergleichen. Bei diesem Schritt wird sichergestellt, dass das mit menschlichem Sachverstand und das mittels IT-Systemen erstellte Rating möglichst deckungsgleich sind. Bevor eine Scorecard aber zum praktischen Einsatz kommen kann, unterliegt sie noch zahlreichen statistischen Tests. Zudem muss sie weiteren Anforderungen standhalten:

- Durch den Einsatz der Scorecard sollen die bisherigen Kreditkundenratings so gut wie nicht verändert werden.
- Die Kennzahlen in der Scorecard sollen vom Kreditkundenberater verstanden werden und einfach erklärbar sein.

Erst wenn alle Tests zur Zufriedenheit bestanden sind, erfolgt der produktive Einsatz der Scorecards, welche zusammen mit den Erfassungssystemen für die Jahresabschlüsse «Ratingsystem» genannt werden. Man kann sich vorstellen, dass eine solche Entwicklung teuer ist. Wesentliche Kostentreiber sind die benötigten homogenen Daten und die statistischen Systeme, die mit einer gewissen Intelligenz Kennzahlen kombinieren, bis sie Scorecards gefunden haben, die allen statistischen und weiteren Anforderungen gerecht werden.

19.2 Zusammenspiel Mensch – Ratingsystem

Kreditkundenberater müssen jährlich ihre Kunden beurteilen. Dies erfolgt anhand des vom Kunden eingereichten Jahresabschlusses und aufgrund von persönlichen Eindrücken des Kreditkundenberaters. In Ratingsystemen, werden der Jahresabschluss wie auch die persönlichen Eindrücke erfasst und ein Rating berechnet. Der Kreditkundenberater hat unter Einhaltung einer Genehmigungsprozedur die Möglichkeit, das so berechnete Rating zu übersteuern. Diese Übersteuerung nennt man Override:

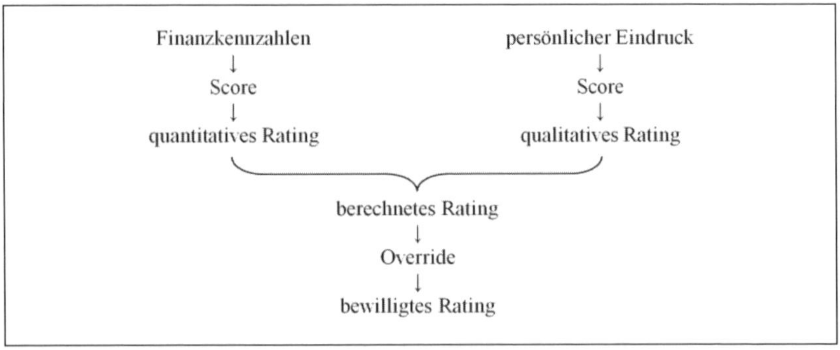

Abbildung 2: Override

Der Anteil an Overrides variiert von Bank zu Bank sehr stark. Selbst bei den 5 an dieser Arbeit teilnehmenden Kantonalbanken, die allesamt dasselbe Ratingsystem im Einsatz haben, ist der Unterschied enorm: bei derjenigen der 5 Banken mit den wenigsten Overrides wurden 5.6% der berechneten Ratings durch die Kreditkundenberater korrigiert, bei der Bank mit den meisten Overrides waren dies 56.4% (Effekt siehe Abbildung 3).

Overrides sind jedoch aus mehreren Gründen nicht wirklich erstrebenswert. Berücksichtigt man die Transaktionskosten eines Overrides für das mehrstufige Bewilligungsverfahren und die Dokumentation, dann ist ein Override als teuer zu taxieren. Daneben stellen Overrides ein wichtiges Indiz für die Beurteilung der eingesetzten Scorecards dar[15]: Zu hohe Overridequoten deuten auf Schwächen der Scorecards hin, denen mit verbesserten Scorecards begegnet werden sollte. So scheinen Override-Quoten um die 10% für die Beurteilung von Firmenkunden, deren Ratingvorgänge in diese Arbeit eingeflossen sind, akzeptabel[16]. Die nachfolgende Abbildung zeigt, wie anhand von Overrides die Verteilung der Kreditkunden über sämtliche Ratingklassen hinweg verschoben wurde. Die gestrichelte Linie ist das Ergebnis der Ratingsysteme, die ausgezogene Linie das, was schlussendlich bewilligt wurde.

---

[15] Martin, M. (2007), S. 103.

[16] Martin, M. (2007), S. 104. Die Aussage wird für Deutschland gemacht und kann als Richtwert für die Schweiz herangezogen werden.

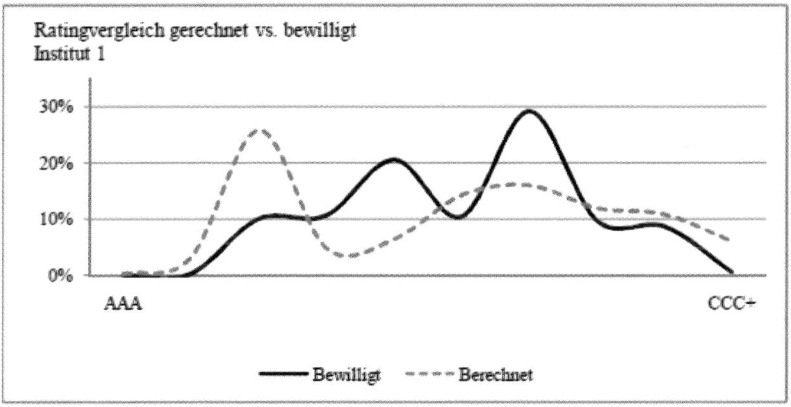

Abbildung 3: Ratingvergleich der Bank mit 56.4% Overridequote

19.2.1 Gründe für Overrides

Im Wissen um die Kosten zur Ermittlung der Scorecards und um die Kosten jedes einzelnen Overrides scheint die Frage berechtigt, ob Overrides nötig sind. Im Wesentlichen werden Overrides gemäss bisherigen Analysen auf drei Gründe zurückgeführt:[17]

1. Die Scorecard weist Schwächen auf z.B. das Über- oder Untergewichten von gewissen Kennzahlen.
2. Qualitative Faktoren sind so stark, dass sie aufgrund der tiefen Gewichtung nicht genügend Eingang in das Score finden.[18]
3. Es sind quantitative und qualitative Faktoren vorhanden, die in der Scorecard nicht abgedeckt sind, d.h. der Indikator tritt zeitverzögert auf. Overrides sind also ein Blick in die Zukunft durch den Kundenberater.

Unter dem Gesichtspunkt des Blicks in die Zukunft gemäss dem dritten Grund kann man Overrides auch als unstrukturierte quantitative und qualitative Faktoren bezeichnen, die auf der Basis der Erfahrung des Kundenberaters getätigt werden. Hintergrund ist, dass es Faktoren gibt, die nicht gemessen werden bzw. wurden. Somit besteht keine Datenbasis, die statistisch abgesichert in die Sco-

[17] Martin, M. (2007), S. 222.

[18] Vgl. Hunziker, D. / Messner, S. (2005).

recards einfliessen kann. Solche Faktoren können nur über Overrides in ein Rating einfliessen.

Interessant ist, dass die Overrides allesamt zu einer Verbesserung der Trennkraft geführt haben, d.h. die Overrides haben die Qualität der Ratingentscheide verbessert. Die grauen Balken in untenstehender Abbildung zeigen die Trennkraft der Systeme. Die schwarzen Balken die Steigerung der Trennkraft durch Overrides.

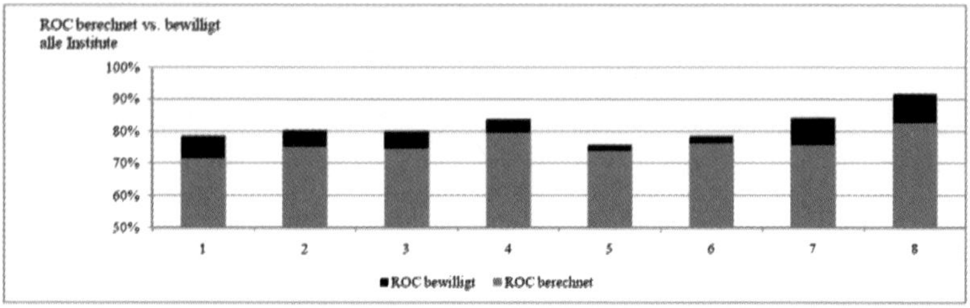

	1	2	3	4	5	6	7	8
ROC berechnet	0.7172	0.7525	0.7487	0.7966	0.7409	0.7644	0.7584	0.8282
ROC bewilligt	0.7862	0.8039	0.8014	0.8384	0.7582	0.7854	0.8419	0.9169
ROC Differenz	0.0690	0.0514	0.0527	0.0418	0.0173	0.0210	0.0835	0.0887
Standard Error	0.0414	0.0358	0.0975	0.0370	0.0700	0.0236	0.0120	0.0149
Z-Value	-1.6670	-1.4374	-0.5403	-1.1285	-0.2473	-0.8911	-6.9537	-5.9730
P One-tailed	0.0478	0.0753	0.2945	0.1296	0.4023	0.1864	<0.0001	<0.0001
Signifikant	Ja	Ja	Nein	Ja	Nein	Nein	Ja	Ja

Abbildung 4: ROC berechnet vs. bewilligt

Ein weiterer Grund für Overrides ist, dass das ermittelte Rating bei gewissen Banken direkt mit den Kreditkosten zusammenhängt. Somit stellt ein Override die Grundlage für eine Preisanpassung dar.

19.2.2 Eindämmung von Overrides

Da Overrides, wie schon beschrieben, aus verschiedenen Gründen nicht erstrebenswert sind, stellt sich die Frage, ob sie eingedämmt werden könnten, ohne dass die Verbesserung der Trennkraft verloren geht.

Im Rahmen der vorliegenden Untersuchung wurde festgestellt, dass die Hälfte der Overrides nur eine Ratingklasse nach oben oder unten umfassen. Diese feintunenden Overrides sind in der Praxis fragwürdig, da solch feine Adjustierungen kaum mit einer veränderten Ausfallwahrscheinlichkeit begründet werden können (ein AA- hat bei S&P eine Ausfallwahrscheinlichkeit von 0.031%, ein A+ von 0.034%)[19] – welcher Kreditkundenberater vermag dies zu unterscheiden? Die weitere Analyse hat gezeigt, dass bei einem Verzicht auf solche feintunenden Overrides die Overridequote und damit die in diesem Zusammenhang entstehenden Transaktionskosten halbiert werden können.

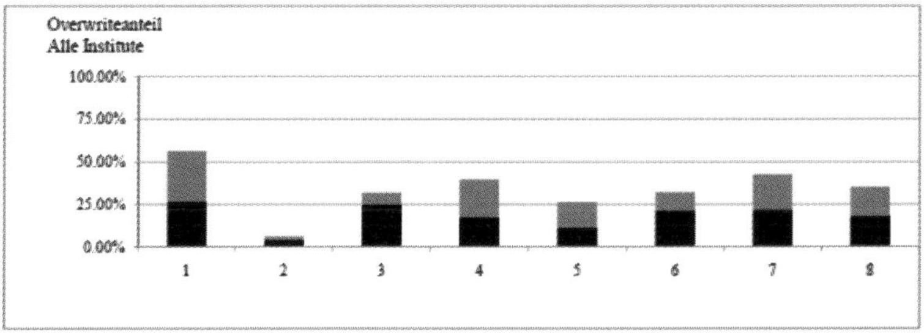

	1	2	3	4	5	6	7	8
Anteil	56.4%	5.9%	31.7%	39.6%	25.9%	32.1%	42.2%	35.1%
Anteil o. ±1	26.1%	3.4%	24.2%	16.7%	10.6%	20.7%	21.2%	17.3%
Diff ROC	0.11%	-0.67%	0.48%	0.09%	-0.17%	-3.90%	-2.00%	-0.34%
Reduktion	54%	42%	24%	58%	59%	35%	50%	51%

Abbildung 5: Overrideanteil ohne ± 1 Klasse

In obiger Abbildung sind folgende wesentlichen Erkenntnisse dargestellt:

- In der Zeile «Anteil» ist der Overrideanteil auf Basis der erhaltenen Daten dargestellt (graue Balken);
- In der Zeile «Anteil o. ±1» ist der Anteil nach dem Eliminieren der feintunenden Overrides dargestellt (schwarze Balken);
- In der Zeile «Diff. ROC» ist der Einfluss durch das Verbot der feintunenden Overrides auf die Fläche unter der ROC-Kurve (Trennkraft) berechnet;
- In der Zeile «Reduktion» ist berechnet, um wie viele Prozent die Overrides bei einem Verbot des Fein-Tunings eingedämmt würden.

[19] Erni, S. (2008) S. 32.

Daraus kann abgeleitet werden, dass:

1. Fein-Tuning bei fünf der acht Institute mehr als die Hälfte aller Overrides ausmacht.
2. der Trennkraftverlust nur bei zwei von acht Instituten höher als 1% ist.

Auf jeden Fall kann festgehalten werden, dass ein Eindämmen der feintunenden Overrides mit sehr hoher Wahrscheinlichkeit eine Transaktionskosten-Reduktion ohne wesentlichen Trennkraftverlust erzielen würde.[20] Von dieser Aussage ausgenommen sind die Institute 6 (4% Trennschärfenverlust) und 7 (2% Trennschärfenverlust). Für diese beiden Institute müsste die Kosten-Nutzen-Abwägung vertieft betrachtet werden, was die Grenzen dieser Untersuchung sprengen würde.

19.3 Weiterer Nutzen für die Praxis

Die Eindämmungsmöglichkeit von Overrides wird von der Praxis sehr wohlwollend aufgenommen. Dieselben Anstrengungen laufen auch bei den Banken:

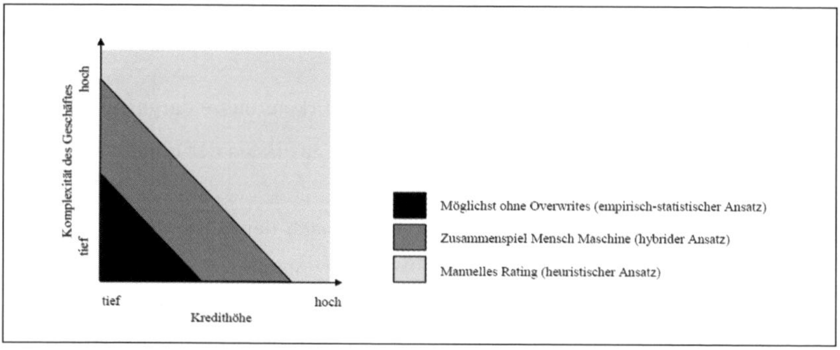

Abbildung 6: Ratingansätze in der Schweiz

Quelle: Seydoux, L. (2009)

Die schwarze Fläche oben zeigt den Bereich im Schweizer Kreditgeschäft, den die Banken mit einem hohen Automatisierungsgrad adressieren wollen: kleine Kreditbeträge bei überschaubarer Komplexität des Geschäfts (typischerweise

---

[20] Die organisatorischen Rahmenbedingungen müssten ein Ausweichen auf > 1 Ratingklasse adressieren.

das untere KMU-Segment). Die dunkelgraue Fläche (typischerweise das Kreditgeschäft mit mittleren und grösseren Mittelstandsunternehmen) zeigt, dass bis zu einer gewissen Komplexität und Kredithöhe auf das Zusammenspiel Mensch-Ratingsysteme abgestützt wird. Bei den grösseren Krediten in diesem Feld bzw. bei erhöhter Komplexität wird normalerweise eine Zweitmeinung eingeholt. Die hellgraue Fläche zeigt die Spezialfinanzierungen mit sehr hoher Komplexität bzw. grossen Kreditsummen. Für solche Vorgänge wird normalerweise ein manuelles Rating erstellt. In dieses Feld gehören die Kreditgewährung im Verbund mit anderen Banken («Syndikatskredite» genannt) oder spezielle Kreditkundenkategorien wie z.B. Venture-Kapital-Gesellschaften.

Es ist durch die Ergebnisse der vorliegenden Arbeit also gelungen, eine Diskussionsbasis zu schaffen, die es erlaubt, den Einsatz teurer Expertenressourcen im Ratingprozess zu optimieren. Neben diesem Nutzen können aber auch zwei weitere spannende Fragestellungen anhand dieser Arbeit beantwortet werden: *Erstens* ob Overrides einen Einfluss auf die Kreditklemme nehmen und ob *zweitens* eine Postbank light eine Antwort auf eine Kreditklemme wäre.

19.3.1 Nehmen Overrides Einfluss auf die Kreditklemme?

Der Begriff «Kreditklemme» ist immer wieder zu hören, wenn die Banken unter Druck stehen. Unter Kreditklemme wird im Allgemeinen verstanden, wenn Kunden bestehende Kredite verlieren, wenn neue Kredit nicht gewährt werden oder aber wenn neue Kredite aufgrund des Ratings nur zu sehr teuren Konditionen erhältlich sind. Da Overrides Einfluss auf das Rating nehmen, liegt die Vermutung nahe, dass über diesen Weg die gefühlte Kreditklemme beeinflusst wird. Aufgrund dieses Umstandes wurden die teilnehmenden Partner angefragt, ob sie die Ratingdaten der Periode Oktober 2008 bis und mit März 2009 zur Verfügung stellen könnten, d.h. die Periode mit dem Ausbruch der Finanzkrise, dem Untergang von Lehman Brothers und der Verstaatlichung der Bank von Island. Gewisse Institute haben dies getan. Für diese Institute wurde verglichen, wie sich die Klassenverschiebung während der Finanzkrise im Vergleich zur Klassenverschiebung in der Beobachtungsperiode dieser Arbeit (2003 – 2007) verändert hat.

In den ersten 6 Monaten nach Ausbruch der Finanzkrise hat sich das durchschnittliche Ausmass von Overrides von -0.30 auf -0.75 Ratingklassen verschlechtert, bei nahezu identischer Standardabweichung. Mit anderen Worten: Die subjektive Beurteilung der Kundenberater über die Entwicklung der nächsten zwölf Monate ihrer beurteilten Kreditkunden ist um fast eine halbe Ratingklasse schlechter als vor der Finanzkrise.

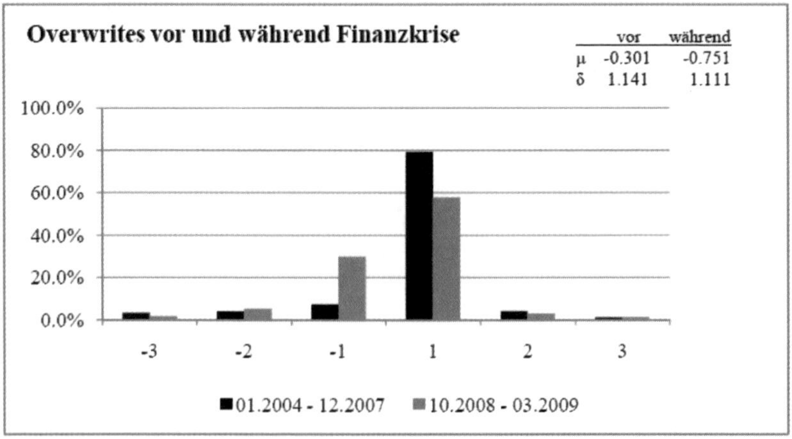

Abbildung 7: Details Veränderungen Overrides während Finanzkrise

Dieses negativere Übersteuern nimmt Einfluss auf die Kreditvergabe: Durch das schlechtere Rating fallen Unternehmen «unten raus», die vor einigen Monaten noch Kredite bekommen hätten bzw. es verteuerten sich für betroffene Unternehmen die Kreditkonditionen. Als Antwort auf die dadurch gefühlte Kreditklemme wurde zum Zeitpunkt der Finanzkrise eine kurzfristig zu etablierende *Postbank light* diskutiert, was uns zur Zweiten der genannten Fragen führt.

19.3.2 Ist eine «Postbank light» eine schnelle Lösung bei einer Kreditklemme?

Vor allem die Politik forderte ein solches Institut zur sicheren Versorgung der KMU mit Krediten. Hintergrund der politischen Forderung war, dass die PostFinance im Geschäftsjahr 2008 einen Neugeldzufluss von CHF 5.9 Mia. (CHF Vorjahr 3.4 Mia.)[21] generieren konnte. Die meisten Kantonal- wie auch die Raiffeisenbanken meldeten in ihren Abschlüssen[22] ebenfalls einen ausserge-

---

21 Vgl. PostFinance (2009).

22 Die Geschäftsberichte der Kantonalbanken und der Raiffeisenbank sind über das Web einsehbar.

wöhnlichen Neugeldzufluss. Allein die ZKB meldete für das Jahr 2008 die Summe von CHF 16.3 Mia. (Vorjahr CHF 2.0 Mia.). Parallel dazu nahmen die KMU die erwähnte Kreditklemme wahr[23] und selbst Bundesrätin Doris Leuthard liess in einem Interview verlauten, dass die Kantonal- und Raiffeisenbanken förmlich *«auf ihrem Geld sitzen»*.[24]

Vorliegende Untersuchung hat gezeigt, dass die Kreditkundenberater mit ihren Overrides die Trennkraft erhöhen. Somit verhindern sie finanziellen Schaden für ihre Arbeitgeber, indem sie die einleitend vorgestellten Alpha- und Betafehler reduzieren. Um das Thema *Postbank light* zu betrachten, werden diese zwei Fehler etwas detaillierter erläutert:

- Der Alpha-Fehler bedeutet, dass schlechte, unerwünschte Bonitäten als gut taxiert werden. Somit erhält ein schlechter Kunde fälschlicherweise einen Kredit.25 Dieser Fehler ist von der Risikobetrachtung her relevant26, denn die Kosten des Alpha-Fehlers sind künftige Wertberichtigungen und Verluste27.
- Der Beta-Fehler bedeutet, dass eine gute Bonität als schlecht eingestuft wird. Somit erhält ein guter Kunde fälschlicherweise keinen Kredit.28 Dieser Fehler ist von der Vertriebsbetrachtung heraus relevant, denn die Kosten für den Beta-Fehler sind entgangene Gewinne und ein Marktanteilsverlust.

Berücksichtigt man die Ergebnisse dieser Untersuchung, so kann festgehalten werden, dass dank des menschlichen Urteilsvermögens der Kreditkundenberater die Alpha- und Beta-Fehler reduziert werden. Im Umkehrschluss bedeutet dies, wenn eine kreditgebende Institution zu wenige erfahrene Experten hat, können diese Fehler nicht genügend reduziert werden. Die Expertenerfahrung und -

---

23 Die Finanzindustrie dementiert eine Kreditklemme, Vertreter der Wirtschaft (auch der Autor) machen andere Erfahrungen.

24 Leuthard, D. (2009). In späteren Interviews äusserte sich Frau Leuthard differenzierter und anerkannte, dass das KMU-Segment in einer Gesamtbetrachtung ausreichend mit Krediten versorgt sei. Ihre oben zitierte Aussage wurde aber neben anderen Argumenten zum Anlass für politische Vorstösse genommen.

25 Der zweite mögliche Alpha-Fehler ist, dass ein Kunde einen Kredit zu Konditionen erhält, die das Risiko nicht decken.

26 Westerfeld, S. (2003), S. 15.

27 Ochsner, D. (2009), S. 8.

28 Der zweite mögliche Beta-Fehler ist, dass ein Kunde den Kredit potentiell überteuert erhält.

einschätzung aktueller Gegebenheiten sind also für eine Trennschärfenerhöhung und somit für die Ausfallprognose von höchstem Wert, um unnötige Verluste durch eine falsche Kreditvergabe zu verhindern.

Zur kurzfristigen Etablierung einer *Postbank light* muss also zwingend die Frage beantwortet werden, ob die Post zeitgerecht zum nötigen Expertenwissen kommen könnte. Eine vertrauliche Studie des Instituts für Finanzdienstleistungen Zug IFZ der Hochschule Luzern – Wirtschaft hat gezeigt, dass Kreditkundenberater und weitere Kreditexperten ihrem Arbeitgeber gegenüber sehr loyal sind und nur selten wechseln. Somit ist davon auszugehen, dass die Post nicht schnell genug ausreichendes Fachwissen aufbauen kann. Der Autor hat am 17.04.2009 mit Thierry Kneissler, Leiter Unternehmensentwicklung der PostFinance, die obigen Erkenntnisse angesprochen. Seitens Herrn Kneissler wird festgehalten, dass:

- die PostFinance einen selbstständigen Markteintritt als Alternative zu den bisherigen Instituten sucht und – sollte dies gesetzlich genehmigt werden – die Anzahl Kreditspezialisten erhöhen wird.
- nur KMUs finanzieren würden, die auch bei anderen Instituten kreditwürdig sind.

Entsprechend den Aussagen von Thierry Kneissler kann die Schlussfolgerung getroffen werden, dass die PostFinance diese Kenntnisse selbst auch hat und daher einen Einstieg in die eigenständige KMU-Kreditvergabe mit dem zeitgleichen Ausbau der KMU-Kreditexpertise verbinden dürfte, was nicht kurzfristig erfolgen kann.

19.4 Ausblick

Die vorliegende Untersuchung hat für die Banken Nutzen generiert. Daher wurde seitens der Banken ein Folgeprojekt angestossen, anlässlich dessen der Einfluss der Konjunktur auf die Ratings betrachtet werden soll. Normalerweise sind die Ratings zu Beginn einer Krise zu gut. Sie basieren auf den Jahresabschlüssen der guten Vergangenheit und die Liquidität als starker Ratingtreiber ist aufgrund tieferer Investitionen ins Umlaufvermögen hoch. Am Ende einer Krise sind die Ratings zu schlecht: sie basieren auf den Jahresabschlüssen der krisengeplagten Vergangenheit und die Liquidität wird im Rahmen des Aufschwungs zur Vorfinanzierung von Aufträgen verwendet. Das Rating könnte also zur Konjunkturbremse werden. Um diesen Umstand zu analysieren haben sich 24 Banken (darunter CS, Raiffeisen, UBS, ZKB) bereit erklärt, ihre Ratingdaten der letzten zehn Jahre in einem anonymisierten Datenpool am IFZ zusammenzulegen. Dieses Projekt läuft aktuell und die Erkenntnisse sollen wiederum der Praxis zu Gute kommen:

- Einerseits soll die obige Problemstellung beurteilt und Gegenmassnahmen diskutiert werden. Hierzu und zur Sicherung der FINMA-Konformität der Massnahmen, haben sich dem Projekt auch Ernst & Young, KPMG und PricewaterhouseCoopers angeschlossen.
- Andererseits kann das Wissen um den Zusammenhang von Konjunkturdaten und Ratingveränderung für die Kreditportfoliosteuerung genutzt werden. Aufgrund von Konjunkturprognosen kann im Wissen um diese Zusammenhänge simuliert werden, wie sich die Ratings in den Kreditkundenportfolios verändern werden. Diese Simulation erlaubt die Berechnung des erwarteten Verlustes, des unerwarteten Verlusts, des Value at Risk des Kreditkundenportfolios und des damit verbundenen notwendigen regulatorischen Eigenkapitals.

Literaturverzeichnis

- Erni, S. (2008): Ratingagenturen - Reproduktion von Corporate Ratings mittels objektiver Finanzkennzahlen, 2008, St. Gallen: HSG.
- Hinder, P. (2004): Kreditgeschäft im Wandel: die Einführung von Kreditportfolio Management und seine Auswirkungen, Universität Zürich, Gastvortrag vom 5. Januar 2004.
- Hunziker, D. / Messner S. (2005): Ratingmodelle österreichischer und Schweizerischer Banken, eine ländervergleichende empirische Untersuchung in Kooperation der Fachhochschule des bfi Wien mit der Fachhochschule beider Basel. Online (11.01.2009): http://basel2.fh-vie.at/files/00562314416.pdf, Abruf 07.07.2009 17:11 h
- Martin, M. (2007): Regulatorische Aspekte der Prüfung von Risikoklassifizierungsverfahren, in Becker, A., / Förschler, D. / Klein, J. (Hrsg): Rating-Systeme und Prozesse, 2007, Frankfurt: Bankakademie-Verlag.
- Meier, C. (2007): Einführung Credit Analyzer, Zürich: Risk Consulting Group, Au-gust 2007.
- Ochsner, D. (2009): Interview mit Daniel Ochsner, Credit Risk Management, Credit Suisse AG, Zürich.
- Postfinance (2009). Die Schweizerische Post, Medienmitteilung Nr. 090218, Bern, 18.02.2009.
- Rommelfranger, H. (2002): Credit Risk Management, Mathematisch-Statistische Verfahren des Risikomanagement, Frankfurt: Goethe-Universität
- Schneck, O. (2008): Rating, Beck Wirtschaftsberater, Deutscher Taschenbuch Verlag, München.
- Seydoux, L. (2009): Interview mit Luc Seydoux, Leiter Credit Risk Management, Zürcher Kantonalbank, Zürich.
- Weber, M. (2003): Möglichkeiten und Grenzen der Bewertung von Ratingsystemen durch Markt und Staat, Mannheim: Universität Mannheim, 24. Ok-tober 2003.
- Westerfeld, S. (2007): Financial Service Management, Sommersemester 2007, St. Gallen: Universität St. Gallen.

20 Schätzungen der Einkommensmigration als Herausforderung im Risikomanagement privater Hypothekarportfolios

Der Beitrag befasst sich mit der Identifikation der soziodemografischen und makroökonomischen Faktoren, welche eine Einkommenserhöhung bzw. -einbusse ex ante zu erklären vermögen. Der Fokus liegt dabei auf der Analyse von Einkommensveränderungen auf individueller Ebene. Dabei muss insbesondere die Frage geklärt werden, ob die Ausgangslage, in der sich eine Person zum Zeitpunkt der Hypothekarvergabe befindet, einen Einfluss auf deren Einkommensentwicklung hat. Die Frage wird mittels Schätzung eines Heckman-Selection-Model untersucht.

Yvonne Seiler Zimmermann

Dr. Yvonne Seiler Zimmermann (1976) hat an der Universität Bern Wirtschaftswissenschaften studiert und 2005 an der Universität Basel promoviert. Während ihres Doktorandenstudiums erlangte sie zudem das Certificate in Econometrics der University of Chicago, USA.

Von 2002-2005 war sie Assistentin an der Universität Basel, und anschliessend bis 2008 in der Gruppe Risikomanagement der Eidgenössischen Bankenkommission (EBK) tätig. Seit 2008 ist sie Dozentin und Projektleiterin am Institut für Finanzdienstleistungen Zug IFZ der Hochschule Luzern – Wirtschaft.

Kontakt: yvonne.seiler@hslu.ch

20.1 Ausgangslage

Eine wichtige Aufgabe des Risikomanagements privater Hypothekarportfolios liegt in der Schätzung der zukünftigen Verluste aus den Hypothekarkrediten. Dazu wird üblicherweise eine Verlustverteilung simuliert. Neben Diversifikationseffekten wird die Verlustverteilung insbesondere durch die Höhe des Credit Exposures, die Verlustquote (Loss Given Default) sowie die Ausfallwahrscheinlichkeit (Probability of Default) der einzelnen Schuldner bestimmt. Voraussetzung einer möglichst adäquaten Schätzung der Verlustverteilung ist die Aktualität der Inputdaten. Gerade hier liegt denn auch eine besondere Herausforderung für die hypothekarvergebenden Institute. Hauptsächlich aufgrund von Einkommensveränderungen kann sich die Bonität der Schuldner während der Laufzeit des Kredits seit der Hypothekarvergabe ändern. Basiert das Institut seine Schätzungen auf falschen oder veralteten Inputdaten, unter- oder überschätzt es das Risiko seines Portfolios in systematischer Weise.

Wie zahlreiche Studien zeigen, sind Einkommensveränderungen auf aggregierter Ebene hauptsächlich durch makroökonomische Faktoren geprägt. Auf individueller Ebene spielen dagegen die soziodemografischen Faktoren eine entscheidende Rolle. Der vorliegende Beitrag hat zum Ziel, Einkommensveränderungen auf individueller Ebene zu untersuchen.[1] Das Interesse liegt in der Identifikation der Faktoren, welche eine Einkommenserhöhung bzw. eine -einbusse ex ante zu erklären vermögen. Dabei muss vor allem die Frage geklärt werden, ob die Ausgangslage, in der sich eine Person zum Zeitpunkt der Hypothekarvergabe befindet, einen Einfluss auf deren Einkommensentwicklung hat. Ist dies der Fall, stellen sich zwei Anschlussfragen:

- Welche soziodemografischen und makroökonomischen Faktoren erklären die Ausgangslage?
- Welche dieser Faktoren vermögen die Einkommensmigrationen zu erklären?

Diese Fragen werden in der vorliegenden Untersuchung mit den Daten der Schweizerischen Arbeitskräfteerhebung (SAKE) des Bundesamtes für Statistik von 2002-2009 untersucht.

---

[1] Die hier präsentierten Ergebnisse stammen aus einem laufenden Forschungsprojekt am IFZ. Dieses wird von Raiffeisenbank Schweiz, RSN AG und der Zürcher Kantonalbank getragen und von der Kommission für Technologie und Innovation KTI mitfinanziert (KTI-Projekt Nr. 11170.1 PFES-ES).

Der Beitrag ist wie folgt gegliedert: Im Abschnitt 20.2 wird eine Literaturübersicht gegeben. Daraus geht hervor, dass das Heckman-Selection-Model das zur Untersuchung der obigen Fragen geeignete ökonometrische Verfahren darstellt. Dieses Modell wird in Abschnitt 20.3 vorgestellt. Die Daten, die der Analyse zugrunde gelegt werden, werden in Abschnitt 20.4 beschrieben. Abschnitt 20.5 enthält die Modellspezifikation und in Abschnitt 20.6 werden die Ergebnisse dargestellt. Schliesslich folgen in Abschnitt 20.7 die Zusammenfassung und die Schlussfolgerungen.

20.2 Literaturübersicht

In der volkswirtschaftlichen Forschung gibt es eine umfangreiche Literatur zum Thema der Einkommensentwicklungen und deren Ursachen. Der weitaus grösste Teil dieser Forschung legt dabei den Fokus auf das aggregierte Einkommen und dessen Zusammenhang mit makroökonomischen Faktoren. Zurückgehend auf Keynes (1936) besteht eine Gleichgewichtsbeziehung zwischen Einkommen, Konsum, Arbeit, Investitionen, Zinsniveau und Geldmenge. Schocks in diesen Variablen können Einkommensveränderungen auslösen. Untersuchungen mit disaggregierten Daten haben gezeigt, dass die Migration zwischen Einkommensklassen, d.h. die Ab- und Aufstiegschance zwischen den Einkommensklassen, mit zunehmendem Zeitraum steigt und in den mittleren Einkommensklassen am grössten ist.[2] Welche soziodemografischen Faktoren für die Migration entscheidend sind, ist länderspezifisch und abhängig von den untersuchten Einkommensklassen.

Wohneigentumsbesitzer sind typischerweise in die mittleren und höheren Einkommensklassen einzuordnen. Für das Risikomanagement von Hypothekarportfolios ist daher die Kenntnis der Einkommensmigrationen dieser Klassen entscheidend. Die bestehende Forschung hat sich jedoch hauptsächlich auf die Untersuchung der untersten Einkommensklassen beschränkt.[3] Diese Beschränkung trifft auch für die Literatur zur Schweiz zu. Untersuchungsziel dieser Forschung ist, jene soziodemografischen Faktoren zu identifizieren, die dazu beitragen, dass eine Person, welche im Zeitpunkt t-1 in der untersten Einkom-

---

2 Siehe z.B. Sheldon, G. (1991), de Coulon A. / Zürcher, B. A. (2001), Dickens, R. (2000).

3 Siehe bspw. Bane, M. / Ellwood, D. (1986), Booth, A.L. / Bryan, M. L. (2005), Capellarie, L. (1999), de Coulon A. / Zürcher, B. A. (2001), Bundesamt für Statistik (1996).

mensklasse ist, im Zeitpunkt t einer höheren Einkommensklasse angehört. Dabei wird davon ausgegangen, dass die Wahrscheinlichkeit, in eine höhere Einkommensklasse zu kommen, hauptsächlich davon abhängig ist, welcher Einkommensklasse man zum Zeitpunkt t-1 angehört. Weshalb jemand im Zeitpunkt t-1 einer bestimmten Einkommensklasse angehört, ist nicht beobachtbar. Besteht jedoch zwischen der Einkommensklasse im Zeitpunkt t-1 und der Einkommensentwicklung ein Zusammenhang, d.h. eine Korrelation grösser Null, muss dieser bei der Schätzung der Einkommensentwicklung berücksichtigt werden, weil dies ansonsten zu einer Stichprobenverzerrung (Sample Selection Bias) führt. Um diesem Problem entgegenzuwirken, wird in der Literatur meist nicht ein einfaches Probit-Modell geschätzt, sondern ein sog. bivariates Heckman-Probit-Selection-Model. Dabei wird zuerst eine sog. Selektionsfunktion geschätzt, welche erklären soll, weshalb jemand im Zeitpunkt t-1 einer bestimmten Einkommensklasse angehört, und anschliessend die eigentliche Regressionsgleichung, in welche das Ergebnis aus der Selektionsfunktionsschätzung einfliesst. Das Modell behandelt das Problem analog zu einer «initial truncation» Situation, d.h. einer Situation, bei welcher die Stichprobe abgeschnitten ist.[4]

Das Heckman-Modell erlaubt somit nicht nur die Identifikation der soziodemographischen Faktoren, welche ex ante Einkommensmigrationen erklären können, sondern auch die Beantwortung der Frage, ob die Ausgangslage, in der sich eine Person befindet, eine Auswirkung auf die zukünftige Einkommensentwicklung hat.

In den Studien zu Untersuchungen von Einkommensmigrationen der tiefsten Einkommensklassen werden für die Selektionsfunktion meist Faktoren benützt, welche den familiären Hintergrund beschreiben, wie Nationalität und Familienstruktur (Anzahl Kinder, Lebenspartner, HH-Grösse usw.).[5] In der Regressionsgleichung zur Erklärung der Einkommensmigration werden meist folgende soziodemografischen Faktoren verwendet: Geschlecht, Alter, Zivilstand, Ausbildung, Erwerbsstatus, Firmengrösse und Industriesektor.[6]

Im Gegensatz zu den Untersuchungen zur Einkommensmigration der tiefsten Einkommensklasse liegt das Ziel dieses Beitrags darin, Einkommenserhöhun-

---

4 Für eine nähere Erklärung des Modells, siehe Abschnitt 20.3.

5 Vgl. bspw. Stewart, M. B. / Swaffield, J. K. (1999).

6 Vgl. bspw. de Coulon A. / Zürcher, B. A. (2001).

gen bzw. -einbussen aller Einkommensklassen, insbesondere auch der höheren, zu untersuchen. Dabei wird als abhängige Variable die logarithmierte relative Einkommenserhöhung bzw. -einbusse verwendet und nicht, wie in den Studien bezüglich der tiefsten Einkommen, die Einkommensveränderung lediglich als bivariate Variable modelliert.[7] Das gewählte Vorgehen hat den Vorteil, dass keine Informationen bezüglich der Höhe der Einkommensveränderungen verloren gehen. Ansonsten wird ebenfalls angenommen, dass Einkommensmigrationen nicht zufällig sind, sondern von der Ausgangslage abhängig sind. Um diese Hypothese zu testen, wird ebenfalls ein Heckman-Modell geschätzt, allerdings kein bivariates Heckman-Probit-Selection-Model, sondern ein Heckman-Selection-Model (1976).

20.3 Das Heckmann-Selection-Model

Bei diesem Modell[8] handelt es sich um ein zweistufiges Schätzverfahren, das bei sog. Stichprobenselektionen (engl. Sample Selections) zur Anwendung kommt.[9] Das Modell besteht aus einer linearen Regressionsbeziehung und einer Selektionsgleichung. Mit der Regressionsgleichung wird der zu untersuchende lineare Zusammenhang zwischen der zu erklärenden Variable y und den M erklärenden Variablen $\underline{x}$ modelliert,

Regressionsgleichung $$y_i = \underline{x}'_i \underline{\beta} + e_i \qquad (1)$$

worin i = 1 … N ist und N die Anzahl der Beobachtungen bezeichnet. $\underline{\beta}$ ist der 1xM Vektor der geschätzten Regressionskoeffizienten. Die Selektionsgleichung dient zur Bestimmung der Wahrscheinlichkeit, mit der das in der Regressionsgleichung modellierte Ereignis (z.B. Einkommenserhöhung oder –einbusse) beobachtbar ist oder nicht.

---

7 Mit den Ausprägungen 1 für Einkommenserhöhung und 0 für keine Einkommenserhöhung.

8 Siehe Gronau, R. (1974); Lewis, H. G. (1974); Heckman, J. (1976).

9 Vgl. auch Hausman, J. A. / Taylor, W. E. (1981), Heckman, J. (1981), Heckman, J. / Borjas, G. (1980).

Dazu wird eine dichotome Selektionsvariable z_i

$$z_i = \begin{cases} 1 \; if \; z_i > 0 \\ 0 \; if \; z_i \leq 0 \end{cases} \quad (2)$$

auf K erklärende Variablen $\underline{w}$ regressiert,

Selektionsgleichung $$z_i = \underline{w}'_i \underline{\gamma} + \varepsilon_i \quad (3)$$

worin $\underline{\gamma}$ der 1xK Vektor der geschätzten Regressionskoeffizienten darstellt. e_i und ε_i sind die Fehlerterme (Residuen) der beiden geschätzten Gleichungen, wobei

$$\begin{aligned} & e_i \sim N(0, \sigma_e) \qquad E(\underline{x}'_i \, e_i) = \underline{0} \\ & \varepsilon_i \sim N(0, \sigma_\varepsilon) \qquad E(\underline{w}'_i \, \varepsilon_i) = \underline{0} \\ & corr(e_i, \varepsilon_i) = \rho \end{aligned} \quad (4)$$

gilt.

Es muss beachtet werden, dass die Selektionsgleichung mindestens eine erklärende Variable enthalten muss, die nicht auch in der Regressionsgleichung als solche vorkommt.[10]

Die Selektionsgleichung (2) kann als Probit-Modell geschätzt werden. Dabei gelten die folgenden Beziehungen:

$$Pr[z_i = 1] = \Phi\left(\underline{w}'_i \, \underline{\gamma}\right)$$

und

$$Pr[z_i = 0] = 1 - \Phi\left(\underline{w}'_i \, \underline{\gamma}\right)$$

wobei Φ die kumulierte Standardnormalverteilungsdichte (CDF) ist.

---

10 Wooldridge, J. M. (2006) analysiert den Fall, in welchem die erklärenden Variablen in der Regressions- und Selektionsgleichung identisch sind. Ein solches Modell führt häufig zu Fehlspezifikationen und ist daher nicht zu empfehlen.

Wenn $\rho \neq 0$ ist, folgt aus Gleichungen (1) bis (4), dass y_i nur dann beobachtbar ist, wenn z_i=1 ist. Normale OLS-Schätzer der Regressionsgleichung würden daher verzerrte Parameterschätzungen liefern. Die Regressionsgleichung in (1) wird also um eine weitere Erklärungsvariable ergänzt, welche das Ergebnis aus der Selektionsgleichung beinhaltet. Mathematisch:

$$E[y_i|z_i = 1] = \underline{x}'_i\, \underline{\beta} + \lambda\, IMR_i \qquad (5)$$

wobei $\lambda = \rho\sigma_e$ ist und IMR für die sog. inverse Mills Ratio steht. Die inverse Mills Ratio ist wie folgt definiert:

Für $z_i = 1$ $$IMR_i = \frac{\phi\left(\underline{w}'_i\, \underline{\gamma}\right)}{\Phi\left(\underline{w}'_i\, \underline{\gamma}\right)}$$

wobei ϕ die Standardnormalverteilungsdichte ist. Da $\lambda = \rho\sigma_e$ gilt, ist aus Gleichung (5) sofort ersichtlich, dass bei einer Korrelation von Null, $\rho = 0$, und somit die beiden Fehlerterme aus der Regressions- und Selektionsgleichung nicht korreliert sind, der konditionierte Erwartungswert mit einer «normalen» OLS-Schätzung ermittelt werden kann:

$$E[y_i|z_i = 1] = \underline{x}'_i\, \underline{\beta}$$

Die zu schätzenden Parameter im Heckman-Model können anhand von zwei unterschiedlichen Verfahren ermittelt werden. Einerseits können sie in zwei Schritten bestimmt werden: Im ersten Schritt wird der Vektor $\underline{\gamma}_i$ der Selektionsgleichung mittels Maximum Likelihood (ML) bestimmt. Damit kann für jede Beobachtung i IMR_i berechnet werden. Im zweiten Schritt werden die Parameter $\underline{\beta}$ und $\underline{\lambda}$ mittels einer OLS-Regression geschätzt. Anderseits können die Parameter gleichzeitig mittels ML bestimmt werden. Im vorliegenden Beitrag wird ersteres Verfahren angewendet.

20.4 Datenbeschreibung

Die Untersuchungen basieren auf den Daten der Schweizerischen Arbeitskräfteerhebung (SAKE) vom Bundesamt für Statistik über die Jahre 2002 bis 2009. Dabei werden nur die Einkommensveränderungen der erwerbstätigen Hauptverdiener der Haushalte analysiert. Als Hauptverdiener werden Personen definiert, die erwerbstätig sind, ein Erwerbseinkommen erzielen, Haushaltsälteste und zwischen 18 und 64 Jahre alt sind. Der Grund, weshalb nur Hauptverdiener analysiert werden, liegt darin, dass diese Personen einerseits als potentielle Hypothekarkreditnehmer von Interesse sind und andererseits – falls sie bereits ein Wohneigentum besitzen – dieses auch finanzieren. Mit der Annahme, dass der Hauptverdiener auch Haushaltsältester ist, wird verhindert, dass fälschlicherweise erwerbstätige Söhne bzw. Töchter, die das Elternhaus mit grosser Wahrscheinlichkeit in der Zukunft verlassen werden, in die Analyse einfliessen.

Untersucht wird die reale Bruttoeinkommensveränderung über ein Jahr. Dabei wird das Ausgangsjahr mit t-1 bezeichnet. Da der zugrundeliegende Datensatz über die Jahre 2002-2009 läuft, ist t definiert als t=2003, 2004, ..., 2009. Die Daten werden somit gepolt. Der bereinigte Datensatz enthält 23‘527 Beobachtungen.

Das durchschnittliche reale Bruttoeinkommen liegt im Ausgangsjahr t-1 bei CHF 81‘748 und das Medianeinkommen bei CHF 71‘814. Die Standardabweichung beträgt CHF 63‘545. Das Preisniveau ist dabei auf das Jahr 2002 normiert.

In Abbildung 1 ist die sog. Migrationstabelle abgebildet. Diese zeigt den Anteil derjenigen Hauptverdiener, die ausgehend von einer bestimmten Einkommensklasse im Ausgangsjahr t-1 in eine andere Einkommensklasse im Jahr t migrieren oder in derselben bleiben. In Anlehnung an die Literatur sind die Einkommensklassen derart definiert, dass sich im Ausgangsjahr t-1 in jeder Klasse 10% der gesamten Stichprobe befindet. Das 1. Dezil repräsentiert dabei die unterste und das 10. Dezil die höchste Einkommensklasse. Die Werte auf der Diagonale zeigen dabei den Anteil derjenigen Hauptverdienern pro Einkommensklasse, die über ein Jahr in derselben Einkommensklasse bleiben.

		Periode t									
		1. Dezil	2. Dezil	3. Dezil	4. Dezil	5. Dezil	6. Dezil	7. Dezil	8. Dezil	9. Dezil	10. Dezil
Periode t-1	1. Dezil	68.82	17.84	4.59	1.97	1.65	1.05	0.83	1.24	0.96	1.05
	2. Dezil	12.32	53.90	20.34	5.73	2.54	1.94	0.90	0.82	0.56	0.95
	3. Dezil	4.07	14.93	45.27	22.61	7.30	2.76	1.23	1.23	0.42	0.17
	4. Dezil	1.45	4.27	15.98	42.16	22.17	9.18	3.03	1.03	0.38	0.34
	5. Dezil	1.70	2.25	6.16	18.57	38.72	21.21	7.27	2.63	0.93	0.55
	6. Dezil	0.88	1.21	2.55	5.48	15.45	43.24	22.94	6.03	1.59	0.63
	7. Dezil	0.80	0.96	1.55	3.31	4.86	14.87	44.60	23.49	4.73	0.84
	8. Dezil	0.84	0.96	0.71	0.67	1.55	3.89	12.70	54.41	21.23	3.05
	9. Dezil	0.67	0.33	0.54	0.67	0.58	1.12	3.16	15.31	61.69	15.93
	10. Dezil	1.25	0.92	0.96	0.67	0.46	0.63	0.92	2.54	12.08	79.58

Abbildung 1: Einkommensmigration, in Prozenten

Datengrundlage: Schweizerische Arbeitskräfteerhebung (SAKE), Bundesamt für Statistik BFS, 2002-2009

Es fällt auf, dass über alle Einkommensklassen der Anteil der Hauptverdiener, die über ein Jahr in denselben Klassen bleiben, am höchsten ist (vgl. Werte auf der Diagonale in der Abbildung). Am grössten ist dabei der Anteil bei den höchsten und tiefsten Einkommensklassen. Der Anteil der Migrierenden ist dennoch beachtlich. So wechseln in der Einkommensklasse des 5. Dezils bspw. über 32% der Hauptverdiener in eine höhere und rund 29% in eine tiefere Einkommensklasse. Bei der höchsten Einkommensklasse sind es 20%, die in eine tiefere Einkommensklasse fallen.

Die Migrationstabelle zeigt demnach, dass die Einkommensveränderungen beachtlich sind. Dies stellt für die hypothekarvergebenden Institute ein Risiko dar, da durch die Einkommensveränderung sich auch die Bonität der Hypothekarschuldner verändert. Stützt das Institut seine Risikoanalyse auf falsche Inputdaten, wird das tatsächliche Portfoliorisiko systematisch unter- oder überschätzt.

Die Migrationstabelle gibt jedoch keinen Aufschluss darüber, ob möglicherweise ein Zusammenhang besteht zwischen der Ausgangslage, in der sich die Person in t-1 befindet und der Einkommensmigration. Ist der Zusammenhang zwischen der Ausgangslage und der Einkommensentwicklung nicht zufällig, sondern abhängig von soziodemografischen und makroökonomischen Faktoren, sollten diese Zusammenhänge bei der Ermittlung der Bonität mitberücksichtigt werden. Wie in Abschnitt 2 aufgezeigt, können solche Zusammenhänge mittels eines Heckman-Selections-Models ökonometrisch ermittelt werden.

20.5 Modellspezifikation

Im Folgenden soll die Spezifikation des Heckman-Selections-Models zur Analyse der Einkommensmigration dargestellt werden. Als abhängige Variable y der Regressionsgleichung werden einerseits die logarithmierten relativen realen Einkommenserhöhungen und andererseits die logarithmierten relativen realen Einkommenseinbussen definiert.

Die Einkommensveränderungen sind dabei wie folgt definiert:

Einkommenserhöhung:

$$\Delta Einkommen = \begin{cases} \ln \frac{Einkommen_t}{Einkommen_{t-1}} & wenn\ \Delta Einkommen > 0 \\ 0 & wenn\ \Delta Einkommen \leq 0 \end{cases}$$

Einkommenseinbusse:

$$\Delta Einkommen = \begin{cases} -\ln \frac{Einkommen_t}{Einkommen_{t-1}} & wenn\ \Delta Einkommen \geq 0 \\ 0 & wenn\ \Delta Einkommen < 0 \end{cases}$$

Es ist zu beachten, dass die Einkommenseinbussen als positive Werte definiert sind, und neben den eigentlichen Einkommenseinbussen auch Beobachtungen mit keiner Einkommensveränderung beinhalten.

Die Variable z ist für die Einkommenserhöhung 1, falls eine Einkommenserhöhung beobachtet wird, andernfalls ist sie Null. Dementsprechend ist sie für eine Einkommenseinbusse 1, falls eine Einkommenseinbusse oder keine Einkommensveränderung beobachtbar ist.

In Anlehnung an die Literatur werden für die Selektionsgleichung folgende Variablen unterstellt: Nationalität (Schweizer, Ausländer), Geschlecht, Kinder (ja/nein) und Wohnort (Stadt, Land). Zusätzlich werden noch die folgenden Variablen mit einbezogen: erwerbstätiger Lebenspartner (ja, nein), Nebenerwerb (ja, nein), Veränderung des realen BIP, Term Spread zwischen dem 10-Jahres-Kassasatz und dem 12-monatigen LIBOR, sowie Veränderung der Erwerbslosenquote.[11]

Bei den Faktoren Nationalität, Geschlecht, Kinder, Wohnort, erwerbstätiger Lebenspartner und Nebenerwerb handelt es sich um Dummy-Variablen mit den Ausprägungen 1 und 0. Bei der BIP-Veränderung handelt es sich um die reale relative Veränderung, berechnet als $ln(BIP_{t-1}/BIP_{t-2})$. Dabei bezeichnet ln den natürlichen Logarithmus. Der Term Spread wird berechnet als Differenz des 10-Jahres-Kassasatzes zum Zeitpunkt t-1 und dem 12-monatigen CHF LIBOR zum Zeitpunkt t-1. Die Veränderung der Erwerbslosenquote wird berechnet als absolute Differenz zwischen der Erwerbslosenquote zu den Zeitpunkten t-1 und t-2.

In der Regressionsgleichung werden die folgenden erklärenden Variablen berücksichtigt: logarithmiertes Einkommen, Vollzeitbeschäftigung (ja/nein), Alter, Berufserfahrung (definiert als Alter im Quadrat), Nationalität (Schweizer,

---

[11] Die Bezugsquellen der Daten sind die folgenden: reales BIP vom SECO, der 10-Jahres-Kassasatz und der 12-monatige LIBOR von der Schweizerischen Nationalbank SNB und die Erwerbslosenquote vom Bundesamt für Statistik BFS.

Ausländer), Geschlecht, Ausbildung, Erwerbsstatus, Arbeitssektor, Grossregion, in welcher jemand arbeitstätig ist und Firmengrösse.

20.6 Ergebnisse

Nachfolgend werden die Schätzergebnisse des Heckman-Selection-Models hinsichtlich der anfangs aufgeworfenen Fragen diskutiert:

- Hat die Ausgangslage, in der sich eine Person befindet, eine Auswirkung auf die zukünftige Einkommensentwicklung?
- Wenn ja, welche soziodemografische und makroökonomische Faktoren erklären die Ausgangslage?
- Welche soziodemografischen und makroökonomischen Faktoren vermögen die Einkommensmigrationen zu erklären?

Abbildung 2 zeigt die Schätzergebnisse für die Einkommenserhöhung bzw. -einbusse über den Zeithorizont eines Jahres. Das Modell ist für die folgenden Dummy-Variablen berechnet:

- Ausbildung: obligatorische Schule
- Erwerbsstatus: Selbstständige
- Sektor: Land- und Forstwirtschaft
- Grossregion: Genferseeregion und
- Firmengrösse: 1 bis 20 Mitarbeitende.

Relevanz der Ausgangslage

Sowohl für die Einkommenserhöhung als auch -einbusse ist der aus der Selektionsgleichung geschätzte Koeffizient, Lamda λ, hoch signifikant. Somit ist die Ausgangslage, in der sich eine Person im Zeitpunkt t-1 befindet, von entscheidender Bedeutung, ob sie im Jahr t eine Einkommensveränderung erfahren wird oder nicht.

Relevante Bestimmungsfaktoren für die Abbildung der Ausgangslage

Wie aus Abbildung 2 zu entnehmen ist, bestimmen sowohl soziodemografische als auch makroökonomische Faktoren die Ausgangslage. Aufgrund der statistischen Signifikanz spielt bei den soziodemografischen Faktoren eine Rolle, ob jemand Kinder hat, welche Nationalität jemand hat und ob jemand einem Nebenerwerb nachgeht. Bei den makroökonomischen Faktoren sind es die Veränderung des BIPs sowie der Term Spread.

Hat jemand Kinder, wirkt sich dies positiv auf die Einkommensentwicklung aus: Die Wahrscheinlichkeit, eine Einkommenserhöhung zu erfahren erhöht sich, während sich die Wahrscheinlichkeit einer Einkommenseinbusse verringert. Personen mit Kindern haben damit eine bessere Ausgangslage als solche ohne Kinder. Genauso verhält es sich bei Personen, die einen Nebenerwerb haben. Dagegen ist bei den Schweizern die Wahrscheinlichkeit, dass sie keine Einkommenserhöhung, sondern eine -einbusse erleiden, grösser als bei den Ausländern. Schweizer haben daher gegenüber Ausländern generell eine schlechtere Ausgangslage.

Bezüglich wirtschaftlicher Lage wirkt sich erwartungsgemäss eine Erhöhung des BIPs zum Zeitpunkt der Ausgangslage t-1 gegenüber dem Vorjahr t-2 positiv auf die Einkommensentwicklung aus. Hat sich das reale BIP gegenüber dem Vorjahr erhöht, steigt die Wahrscheinlichkeit einer Einkommenserhöhung. Beim Term Spread verhält es sich gerade umgekehrt. Je höher dieser zum Zeitpunkt t-1 ist, desto weniger wahrscheinlich ist es, dass eine Person eine Einkommenserhöhung im nächsten Jahr erfährt. Dieses Ergebnis entspricht auch den Erwartungen, da der Term Spread als die Differenz zwischen dem 10-Jahres-Kassasatz und dem 12 Monat-LIBOR definiert ist. Die Wirtschaftslage in einem Jahr wird vom Markt als weniger gut eingeschätzt als in 10 Jahren.

		Einkommenserhöhung		Einkommenseinbusse	
		Koeffizient	Std-Error	Koeffizient	Std-Error
Selektionsgleichung					
	Erwerbstätige Partner	-0.017	0.02	0.018	0.02
	Stadt	0.004	0.02	-0.004	0.02
	Kinder	0.031*	0.02	-0.030*	0.02
	weiblich	0.007	0.02	-0.006	0.02
	Schweizer	-0.039**	0.02	0.039**	0.02
	Nebenerwerb	0.128***	0.04	-0.128***	0.04
	Delta BIP	0.020***	0.01	-0.020***	0.01
	Term Spread	-0.066***	0.02	0.066***	0.02
	Delta Erwerbslosenquote	0.000	0.04	0.000	0.04
Regressionsgleichung					
	Lamda λ	*-0.203****	*0.05*	*0.454****	*0.08*
	Einkommen	-0.377***	0.00	0.176***	0.01
	vollzeit	0.057***	0.01	-0.176***	0.01
	Berufserfahrung	-0.014***	0.00	0.021***	0.00
	Alter	0.014***	0.00	-0.018***	0.00
	Schweizer	0.008	0.01	-0.006	0.01
	weiblich	-0.068***	0.01	0.034***	0.01
Ausbildung	HH-Lehrjahr, Hausschule, Sprachunterricht	0.016	0.02	0.020	0.03
	allgemeinbildende Schule	0.087***	0.02	0.002	0.04
	Berufslehre	0.054***	0.01	-0.029**	0.01
	Vollzeitberufsschule	0.081***	0.01	-0.030*	0.02
	Berufsmaturitäts-, Maturitätsschule	0.096***	0.01	-0.032*	0.02
	höhere Berufsausbildung	0.115***	0.01	-0.059***	0.02
	Technicker- und/oder Fachhochschule	0.105***	0.01	-0.052**	0.02
	höhere Fachhochschule, HTL, HWV, FH	0.160***	0.01	-0.079***	0.02
	Universität, ETH	0.196***	0.01	-0.058***	0.01
	kein Abschluss	0.064**	0.03	0.024	0.03
	Anlehre	0.020	0.02	-0.011	0.02
Erwerbsstatus	eigene Firma	-0.065***	0.01	-0.103***	0.02
	Arbeitnehmer	-0.101***	0.01	-0.192***	0.01
	Manager	0.081***	0.01	-0.037***	0.01
Sektor	Bergbau, Steine und Erden	0.042	0.06	-0.075	0.09
	Verarbeitendes Gewerbe, Industrie	0.053***	0.02	-0.033	0.03
	Energie- und Wasserversorgung	0.096***	0.03	-0.014	0.04
	Baugewerbe	0.052***	0.02	-0.018	0.03
	Handel, Reparaturgewerbe	0.066***	0.02	-0.026	0.03
	Gastgewerbe	0.006	0.02	0.014	0.03
	Verkehr, Nachrichteninformation	0.067***	0.02	-0.024	0.03
	Kredit- und Versicherungsgewerbe	0.172***	0.02	-0.050	0.03
	Immobilien, Vermietung, Informatik	0.127***	0.02	-0.020	0.03
	öffentliche Verwaltung	0.082***	0.02	-0.047	0.03
	Unterrichtswesen	0.084***	0.02	0.008	0.03
	Gesundheits- und Sozialwesen	0.051***	0.02	-0.046*	0.03
	sonstige Dienstleistungen	0.045**	0.02	0.001	0.03
	private Haushalte	0.109	0.07	0.211**	0.10
	Exterritoriale Organisationen und Körperschaften	0.097**	0.04	-0.007	0.06
Grossregion	Espace Mittelland	-0.010	0.01	-0.003	0.01
	Nordwestschweiz	0.005	0.01	-0.010	0.01
	Zürich	0.021***	0.01	-0.007	0.01
	Ostschweiz	0.007	0.01	-0.008	0.01
	Zentralschweiz	0.004	0.01	-0.009	0.01
	Tessin	-0.045***	0.01	-0.010	0.01
Firmengrösse	zwischen 21 und 99 Mitarbeiter	0.018***	0.01	-0.039***	0.01
	mehr als 99 Mitarbeiter	0.033***	0.01	-0.049***	0.01

Abbildung 2: Heckman-Selection-Model

Erklärungen zu Abbildung 2: ***, **, * bedeutet signifikant auf dem 1%, 5% bzw. 10% Niveau. Das Modell ist berechnet für die folgenden Dummy-Variablen: Ausbildung: obligatorische Schule, Erwerbsstatus: Selbstständige, Sektor: Land- und Forstwirtschaft, Grossregion: Genferseeregion und Firmengrösse: 1 bis 20 Mitarbeitende.

Relevante Bestimmungsfaktoren für Einkommensmigrationen

Aus Abbildung 2 ist ersichtlich, dass zwischen der Höhe der Einkommensveränderung und der Höhe des Einkommens ein hoch signifikanter, negativer Zusammenhang besteht. So nimmt die relativ (d.h. gegenüber dem Einkommen) erhaltene Einkommenserhöhung mit steigendem Einkommen ab, wohingegen die Einkommenseinbussen zunehmen. Ebenfalls entscheidend ist, ob jemand in Vollzeit oder Teilzeit arbeitet. So haben Vollzeitarbeitende eine höhere Einkommenserhöhung als die Teilzeitarbeitenden, wohingegen diese eine tiefere Einkommenseinbusse hinnehmen müssen. Das Alter wirkt sich positiv auf die Einkommensentwicklung aus. Dagegen hat die Berufserfahrung erstaunlicherweise eher einen negativen Einfluss. Während ein Schweizer gegenüber einem Ausländer zwar eine schlechtere Ausgangslage hat, ist die Einkommenserhöhung, wenn er eine erfährt, tendenziell etwas höher. Dieser Effekt ist jedoch statistisch nicht signifikant. Bezüglich des Geschlechts kann festgehalten werden, dass die Frauen generell eine tiefere Einkommenserhöhung erfahren und auch eine höhere Einkommenseinbusse hinnehmen müssen als Männer.

Erwartungsgemäss wirkt sich eine höhere Ausbildung positiv auf die Einkommensentwicklung aus. Über ein Jahr können Personen mit einem Universitäts- oder ETH-Abschluss tendenziell mit höheren Einkommensgewinnen rechnen als Personen mit anderem Ausbildungshintergrund. Dagegen haben Personen mit einem Ausbildungshintergrund einer höheren Fachhochschule, HTL oder HWV, tiefere Einkommenseinbussen als die übrigen.[12]

Bezüglich des Erwerbsstatus verzeichnen die Selbständigen gegenüber jenen mit einer eigenen Firma oder die Arbeitnehmer die grösste Einkommensvolatilität. Sie können tendenziell mit höheren Einkommenszuwächsen rechnen, müssen dagegen auch höhere Einkommenseinbussen in Kauf nehmen. Manager verzeichnen hingegen signifikant höhere Einkommenserhöhungen und gleichzeitig auch kleinere Einkommenseinbussen als Nicht-Manager.

In welchem Wirtschaftsabschnitt (nach NOGA 2002) jemand arbeitstätig ist, hat für die Einkommensentwicklung einen statistisch signifikanten Erklärungsgehalt. Dabei fällt auf, dass Personen, die im Kredit- und Versicherungsgewerbe arbeiten, generell signifikant höhere Einkommenszuwächse verzeichnen als

---

[12] Diese Ergebnisse werden auch durch die F-Tests bestätigt, die die Signifikanz der Unterschiede zwischen den Koeffizienten der Ausbildung messen. Die F-Tests sind in diesem Beitrag nicht dargestellt.

Erwerbstätige der übrigen Wirtschaftsabschnitte.[13] Personen, die im Gesundheits- und Sozialwesen tätig sind, müssen dagegen die tiefsten Einkommenseinbussen in Kauf nehmen.

Die Einkommenszuwächse von Personen, die in Zürich arbeiten, sind höher als in den übrigen Grossregionen. Im Tessin sind die Einkommenserhöhungen am tiefsten. Bezüglich der Höhe der Einkommenseinbusse haben die Grossregionen keinen signifikanten Einfluss.

Schliesslich zeigt Abbildung 2, dass Personen, die in Unternehmungen mit 20 oder weniger Mitarbeitenden tätig sind, gegenüber den Personen, welche in grösseren Unternehmungen arbeiten, eine schlechtere Einkommensentwicklung erfahren. Sie müssen sowohl tiefere Einkommenserhöhungen als auch höhere Einkommenseinbussen hinnehmen als die übrigen Erwerbstätigen.

20.7 Zusammenfassung und Schlussfolgerungen

Die Analyse der SAKE Daten 2002-2009 hat gezeigt, dass die Einkommensmigration, ermittelt durch die Migrationsmatrix, über ein Jahr erheblich ist. Das Heckman-Selection-Model zeigt, dass die Ausgangslage für die Einkommensmigration, d.h. ob jemand eine Einkommenserhöhung erfährt oder nicht, eine entscheidende Rolle spielt. Dabei sind sowohl soziodemografische als auch makroökonomische Faktoren von Relevanz. Bei den soziodemografischen sind es die Faktoren Nationalität, Kinder und Nebenerwerb. Bei den makroökonomischen Faktoren sind es die Veränderung des realen BIPs sowie der Term Spread. Dabei ist die Ausgangslage sowohl für eine Einkommenserhöhung wie auch für eine -einbusse entscheidend. Einkommensmigrationen sind somit nicht zufällig. Eine Konsequenz dieses Ergebnisses ist ferner, dass eine Analyse mittels einer einfachen Regression zu verzerrten Schätzwerten führen würde.

Des Weiteren vermögen die folgenden Faktoren die Einkommensmigration über ein Jahr ex ante erklären: Einkommen, Anstellungsgrad, Berufserfahrung, Alter und Geschlecht. Bezüglich Ausbildung haben Personen mit einem Universitäts- oder ETH-Abschluss die besten Einkommensaussichten. Sie können mit höheren Einkommenszuwächsen rechnen, dagegen erfahren Personen mit einem Ausbildungshintergrund einer höheren Fachhochschule, HTL oder HWV weniger hohe Einkommenseinbussen als Personen mit anderem Ausbildungshinter-

[13] Dieses Ergebnis wird insbesondere durch die durchgeführten F-Test, welche hier nicht abgebildet sind, bestätigt.

grund. Ebenfalls haben Personen im Kredit- und Versicherungsbereich höhere Einkommenszuwächse als Personen der übrigen Wirtschaftsabschnitte. Zudem ist der Lohnzuwachs im Tessin tiefer als in den übrigen Grossregionen. In grösseren Unternehmungen fallen generell die Einkommenserhöhungen höher und Einkommenseinbussen tiefer aus. Bezüglich der Einkommensentwicklung sind somit Personen, welche in grösseren Unternehmungen arbeiten, besser gestellt als die übrigen.

Die Tatsache, dass die Ausgangslage entscheidend ist für die Einkommensentwicklung, sollte insbesondere bei der Bonitätsbeurteilung bei der Hypothekarvergabe mitberücksichtigt werden. Die hypothekarvergebenden Institute können sich die Erkenntnisse dieser Analyse auch für die Abschätzung der möglichen Bonitätsveränderungen der Kreditnehmer zu Nutzen machen. Das Risiko einer Einkommenseinbusse ist bei älteren, vollzeitbeschäftigen und gutgebildeten Männern tiefer als bei den anderen Personen. Zusätzlich wird das Risiko einer Einkommenseinbusse reduziert, wenn die Personen auch noch eine Managementfunktion in einer grösseren Firma einnehmen.

Literaturverzeichnis

- Bane, M. / Ellwood, D. (1986): Slipping into and out of Poverty: the Dynamics of Spells, Journal of Human Resources 21, p. 1-23.
- Booth, A. L. / Bryan, M. L. (2005): Testing Some Predictions of Human Capital Theory: New Training Evidence form Britain, Review of Economics and Statistics 87, p. 391-394.
- Bundesamt für Statistik (1996): Niedrige Einkommen, ungeschützte Arbeitsverhältnisse und Aus-schluss vom Arbeitsmarkt: Entwicklung einiger Indikatoren der SAKE 1991-1995.
- Capellari, L. (1999): Low-Wage Mobility in the Italian Labour Market, Warwick Economics Research Paper 531. University of Warwick.
- De Coulon, A. / Zürcher, B. A. (2001): Low Pay Mobility in the Swiss Labor Market, Working Paper.
- De Serviginiy, A. / Renault, O. (2004): Measuring and Managing Credit Risk, McGraw-Hill, New York.
- Dickens, R. (2000): Caught in a Trap? Wage Mobility in Great Britain: 1975-1994, Economica 67, p. 477-497.
- Gronau, R. (1974): Wage comparisons: A selectivity bias. Journal of Political Economy 82, p. 1119-1143.

- Hausman, J.A. / Taylor, W. E. (1981): Panel Data and Unobservable Individual Effects, Econometrica 49, p. 1377-1398.
- Heckman, J. (1976): The Common Structure of Statistical Models of Truncation, Sample Selection, and Limited Dependent Variables and a Simple Estimator for such Models, Annals of Economic and Social Measurement 5, p. 475-492.
- Heckman, J. J. (1981): The incidental Parameters Problem and the Problem of Initial Conditions in Estimating a Discrete-Time Data Stochastic Process, in C.F. Manski and D.McFadden (eds.): Structural Analysis of Discrete Data with Econometric Applications, MIT Press, Cambridge, Mass.
- Heckman, J. J. / Borjas, G. (1980): Does Unemployment Cause Future Unemployment? Definitions, Questions and Answers form a Continuous Time Model for Heterogeneity and State Depend-ence, Economica 47, p. 247-283.
- Keynes, J. M. (1936): The General Theory of Employment, Interest and Money, London.
- Lewis, H. G. (1974): Comments on selectivity biases in wage comparisons, Journal of Political Econo-my 82, p. 1145-1155.
- Lillard, L. A. / Willis, R. J. (1978): Dynamic Aspects of Earning Mobility, Econometrica 46, p. 985-1011.
- Sheldon, G. (1991): Zur Dynamik der Armut in der Schweiz. Eine Untersuchung beruhend auf der Einkommensentwicklung männlicher Erwerbspersonen. WWZ Studien, Basel.
- Stewart, M. B. / Swaffield, J. K. (1999): Low Pay Dynamics and Transistion Porbabilities, Econometrica 66, p. 23-42.
- Storesletten, K. / Telmer, C. I. / Yaron, A. (2004): Cyclical Dynamics in Idiosyncratic Labor-Market Risk, Journal of Political Economics 112, p. 695-717.
- Wooldridge, J. M. (2006): Introductory Econometrics: A Modern Approach 3rd ed. New York: Thomson.

21 Vergleich zwischen Corporate-Venture-Capital- und Venture-Capital-finanzierten Jungunternehmen in der Schweiz

Christoph Banik

Dr. Christoph Banik wurde 1981 als zweiter Sohn von Waltraud und Eckhard Banik-Sommer geboren. Das Gymnasium Muttenz verlieh ihm im Jahr 2000 den Maturandenpreis. Danach studierte er von 2001 bis 2006 am Wirtschaftswissenschaftlichen Zentrum (WWZ) der Universität Basel, wo er den Master of Science in Business and Economics mit «magna cum laude» in der Vertiefungsrichtung «Finance, Controlling, Banking» erwarb. Studienbegleitend arbeitete er als Tutor für Wirtschaftsinformatik am Wirtschaftswissenschaftlichen Zentrum und im Bereich «Workforce Analytics and Reporting» der Credit Suisse. Nach Abschluss seiner Studien wechselte er ins «Business Development Switzerland» des Private Bankings der Credit Suisse bevor er als wissenschaftlicher Mitarbeiter am Institut für Finanzdienstleistungen Zug IFZ startete. Nach seiner erfolgreich abgeschlossenen Dissertation im Themengebiet «Corporate Venture Capital» begann er Anfang Februar 2012 bei Ernst & Young in der Risikoberatung in den Aufgabenbereichen «Basel III» und «Recovery and Resolution Planning». Christoph Banik ist Autor von mehreren Publikationen zu Innovationsfinanzierung, Mezzanine und «Basel II».

Kontakt: christoph.banik@ch.ey.com

21.1 Einleitung

Der technologischen Innovation fällt eine Schlüsselrolle im nachhaltigen Wachstumsprozess einer Volkswirtschaft zu. Die Herausforderung für Unternehmen besteht nun darin, neben einer fortlaufenden Verbesserung der bestehenden Produkte und Dienstleistungen auch zukünftige Marktfelder zu erschliessen, um im künftigen Wettbewerb bestehen zu können. Disruptive Innovationen vermögen Schocks auszulösen, durch die bestehende Märkte durch neue substituiert werden. Ein proaktiver Umgang mit disruptiven Innovationen ist somit ein Imperativ in der heutigen und insbesondere zukünftigen Wirtschaftswelt. Ein etabliertes Unternehmen sollte daher seine strukturellen Barrieren überwinden und notwendige Ressourcen zur Verfügung stellen.[1]

Die Entwicklung neuer Technologien ist sowohl kapitalintensiv als auch risikoreich, da ihr Erfolg von vielen externen und internen Unsicherheiten abhängt. Ohne ausreichende Ressourcen kann die Umsetzung innovativer Ideen aber nicht realisiert werden. Folglich ist die effiziente Innovation ein zentrales Ziel von etablierten Firmen. Einen Zugang zu Innovationen ermöglicht Corporate Venture Capital (CVC), das allgemein als Finanzierung von innovativen Jungunternehmen durch etablierte Firmen verstanden wird, um das gemeinsame Wachstum anzuregen.[2]

Jungunternehmen sind ausgeprägten technologischen und ökonomischen Risiken ausgesetzt, was sich in einer hohen Insolvenzwahrscheinlichkeit mit unzureichend verwertbaren Sicherheiten äussert. Während Venture Capital (VC) meist ausschliesslich auf Renditen fokussiert, verfolgen Industrieunternehmen oft zusätzlich strategische Ziele, um ihre zukünftige Wettbewerbsposition nachhaltig zu verbessern.

1 Vgl. Duffner, S. (2005), S. 16, Schrottke, J. (2005), S. 4, Banik, C. et al. (2008), S. VII, Banik, S. (2004), S. 1, Ernst & Young (2008), S. 1.

2 Vgl. bspw. Schrottke, J. (2005), S. 1.

Das Synergiepotenzial von etabliertem Unternehmen und Jungunternehmen wird in der folgenden Tabelle aufgezeigt:

Etabliertes Unternehmen	Jungunternehmen
Stärken: - Finanzielle, materielle und personelle Ressourcen vorhanden - Erfahrung mit Management, Markt, Technologie, Produktion und Vermarktung - Marktposition mit Reputation - Entwickelte Aufbau- und Ablauforganisation	**Schwächen:** - Knappe finanzielle, materielle und personelle Ressourcen - Beschränkte Erfahrung in Management, Markt, Produktion und Vermarktung - Fehlende Reputation, schwache Marktposition - Nur in Ansätzen vorhandene Aufbau- und Ablauforganisation
Schwächen: - Starre Organisationsstrukturen, die zu einer gewissen Trägheit führen können - Risikoaversion der Manager, wodurch Innovationen verhindert werden - Forschung und Entwicklung konzentrieren sich primär auf die Weiterentwicklung der bestehenden Produkte und Dienstleistungen	**Stärken:** - Hohes Mass an Motivation, Flexibilität und Kreativität - Innovation als Basis für die Geschäftstätigkeit - Forschung und Entwicklung auf dem neuesten Stand des spezifischen Wissens

Abbildung 1: Gegenüberstellung der Stärken und Schwächen von Corporate und Venture

Quelle: Eigene Darstellung und eigene Auswahl von Elementen aus Schween (1996), S. 75[3]

[3] Eine Übersicht über die Motive liefern auch Barmettler (2006), S. 148, Schrottke, J. (2005) S. 86, Stringer (2000), S. 85.

21.2 Finanzierungstransaktionen von Jungunternehmen

Wie aus der folgenden Grafik ersichtlich, schwankt die Anzahl an Finanzierungstransaktionen zwischen den Jahren 1999 und 2009 erheblich.[4]

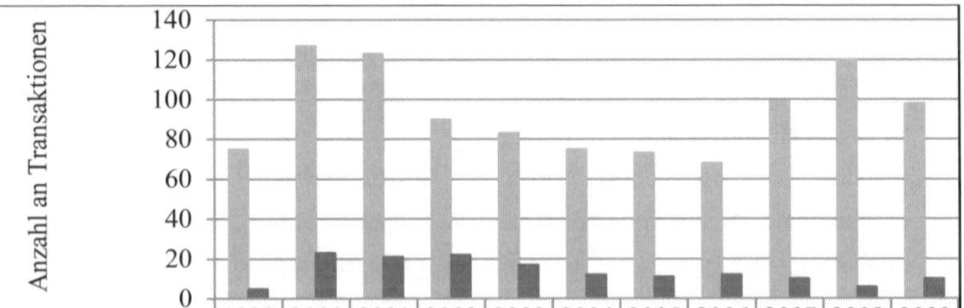

Kalenderjahr	1999	2000	2001	2002	2003	2004	2005	2006	2007	2008	2009
VC (ohne CVC)	75	127	123	90	83	75	73	68	99	120	98
CVC	5	23	21	22	17	12	11	12	10	6	10

Abbildung 2: Anzahl Transaktionen pro Kalenderjahr

Quelle: Eigene Berechnungen basierend auf der Datenbank «Venture Capital in der Schweiz»

Anhand der Abbildung 2 wird ersichtlich, dass CVC lediglich einen relativ kleinen Teil von VC darstellt.[5] Der Transaktionsboom in den Jahren 2000 und 2001 ist im Wesentlichen auf die IT-Branche zurückzuführen. Die Anzahl der Finanzierungen von VC und CVC scheint sich vor 2007 zeitlich jeweils um ein Jahr verschoben zu entwickeln. Während der Finanzkrise setzte sich diese Entwicklung nicht fort, was anhand einer relativen Betrachtung deutlich wird.[6]

---

[4] Die analysierten Daten stammen aus der Datenbank «Venture Capital in der Schweiz» der Abteilung Finanzmanagement des Wirtschaftswissenschaftlichen Zentrums (WWZ) der Universität Basel und haben den Stand vom 28. Februar 2011. Kontaktinformationen und weiterführende Links sind unter www.vc-datenbank.ch verfügbar.

[5] Die Transaktionen sind in zwei eindeutige Kategorien eingeteilt: Sollte bei einer Finanzierungstransaktion ein Corporate-Venture-Capital-Investor partizipiert haben, wird die gesamte Transaktion in der Rubrik «CVC» ausgewiesen. Sollte eine Finanzierungstransaktion ohne Beteiligung von Corporate Venture Capital durchgeführt worden sein, wird sie in der Zeile «VC (ohne CVC)» geführt.

[6] Die Transaktionen vor 1998 wurden nicht systematisch erfasst und die Werte für 2010 und 2011 lagen bei Bearbeitungsschluss noch nicht vollständig vor, weshalb sie in der Grafik nicht enthalten sind. In den einzelnen Berechnungen dieser Arbeit werden sie aber berücksichtigt.

Die Entwicklung der Anzahl an Transaktionen von VC und CVC verlief nach 2006 unterschiedlich: Während bei VC eine deutliche Zunahme an Finanzierungsrunden festgestellt werden kann, reduzierten CVC-Geber ihre Aktivitäten. Eine mögliche Ursache kann darin liegen, dass aufgrund der teilweise angespannten finanziellen Lage von etablierten Unternehmen weniger Mittel für Innovationen zur Verfügung standen. Entsprechend wurden auch weniger Transaktionen durch CVC-Geber durchgeführt.[7] In einem herausfordernden gesamtwirtschaftlichen Umfeld werden CVC-Aktivitäten – empirisch belegbar – stark reduziert.[8]

In der folgenden Grafik wird das Alter eines Jungunternehmens zum Zeitpunkt einer Finanzierung dargestellt. Finanzierungen vor einer Unternehmensgründung werden als negatives Alter geführt. Transaktionen zum Gründungszeitpunkt befinden sich in der Kolonne «0».

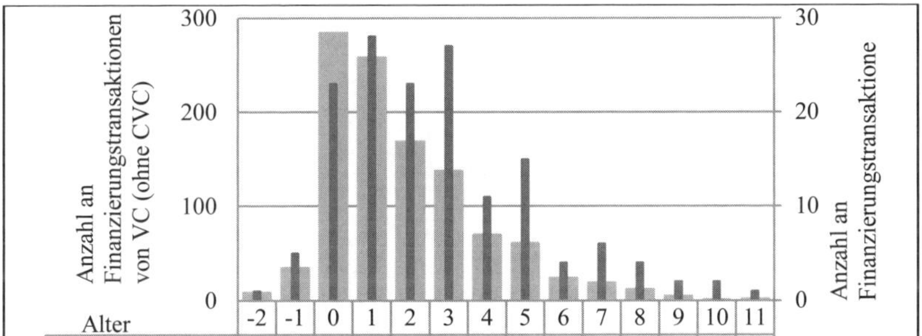

Alter	-2	-1	0	1	2	3	4	5	6	7	8	9	10	11
VC (ohne CVC)	9	35	284	258	169	138	70	61	24	19	12	5	1	2
CVC	1	5	23	28	23	27	11	15	4	6	4	2	2	1

Abbildung 3: Anzahl Finanzierungen pro vollendetes Jahr

Quelle: Eigene Berechnungen basierend auf der Datenbank «Venture Capital in der Schweiz»

In der obigen Abbildung ist VC (ohne CVC) auf der linken Achse und CVC auf der rechten Achse abgetragen.[9] Aus der Grafik wird ersichtlich, dass Venture-Capital-Investitionen mehrheitlich zum Gründungszeitpunkt eines Jungunter-

7 Vgl. Bleicher, K./ Paul, H. (1987), S. 68 f., Boué, A. (2008), S. 42 f.

8 Vgl. Erni, S. (2008), S. 12.

9 Die sechs Transaktionen, welche mehr als zwei Jahre vor der eigentlichen Gründung des Jungunternehmens durchgeführt wurden, sind in dieser Grafik nicht enthalten. Die beiden Transaktionen nach dem 11. Jahr sind ebenfalls nicht berücksichtigt.

nehmens erfolgen. Finanzierungen im Vorfeld einer Unternehmensgründung oder zu einem erheblich späteren Zeitpunkt finden nur in kleinerem Umfang statt. Corporate Venture Capital finanziert dagegen in erster Linie nach dem vollendeten ersten und vor dem vierten Jahr eines Jungunternehmens. Im fünften Jahr findet erneut ein Finanzierungsschub statt. Auch Gompers (2002) stellte fest, dass CVC-Geber zu einem späteren Zeitpunkt in der Unternehmensgeschichte und in grösseren Finanzierungsrunden partizipieren. Er führt seinen Befund auf den höheren Kapitalbedarf von Jungunternehmen zurück,[10] der in mehreren Finanzierungsrunden bereitgestellt wird.

Dieses Ergebnis zeigt sich noch deutlicher, wenn der Anteil der Anzahl an Transaktionen pro Jahr ins Verhältnis zu sämtlichen Finanzierungsrunden der jeweiligen Kategorie gesetzt wird:

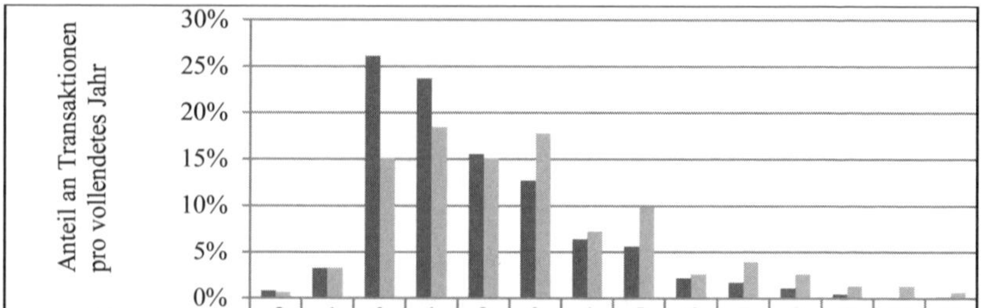

Alter	-2	-1	0	1	2	3	4	5	6	7	8	9	10	11
■ VC (ohne CVC)	1%	3%	26%	24%	16%	13%	6%	6%	2%	2%	1%	0%	0%	0%
■ CVC	1%	3%	15%	18%	15%	18%	7%	10%	3%	4%	3%	1%	1%	1%

Abbildung 4: Anteil Finanzierungen pro vollendetes Jahr

Quelle: Eigene Berechnungen basierend auf der Datenbank «Venture Capital in der Schweiz»

Aus den beiden obigen Abbildungen lässt sich vorerst schlussfolgern, dass CVC-Geber später und zeitlich breiter gestreut finanzieren als VC-Geber. CVC scheint somit eher bei späteren Finanzierungsrunden eingesetzt zu werden, als dies bei VC üblich ist. Hierfür sind zwei mögliche Gründe denkbar: Einerseits könnten CVC-Geber eher bereit (und in der Lage) sein, mehr finanzielle Mittel in einer Finanzierungsrunde zuzusprechen als VC-Geber. Andererseits kann der

10 Vgl. Gompers, P. (2002) S. 9.

CVC-Geber auch die Strategie verfolgen, erst bei bereits weiter entwickelter Technologie einzusteigen, um dann Synergien nutzen zu können.

Im Jahr 2000 erreichten die Firmengründungen einen Höhepunkt, während sie im Jahr 2009 auf einen Tiefststand sanken. Der Beginn der Finanzkrise zeigt sich dabei nicht vor 2009. In den Jahren 1999 bis 2009 wurden durchschnittlich 73 Firmen pro Jahr gegründet, welche in der VC-Datenbank geführt werden:

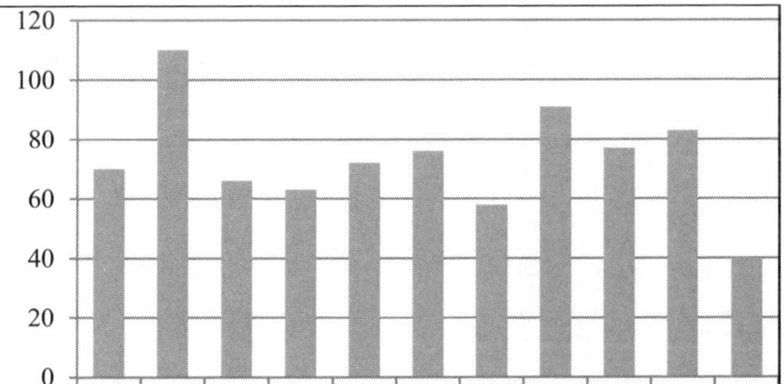

Kalenderjahr	1999	2000	2001	2002	2003	2004	2005	2006	2007	2008	2009
Anzahl Gründungen an Jungunternehmen	70	110	66	63	72	76	58	91	77	83	40

Abbildung 5: Anzahl an Firmengründungen in den Kalenderjahren 1999 bis 2009

Quelle: Eigene Berechnungen basierend auf der Datenbank «Venture Capital in der Schweiz»

21.3 Finanzierungsart der Jungunternehmen

Im Hinblick auf die Finanzierungsart wird grundsätzlich zwischen *Eigenkapital*, *Fremdkapital* und *Mezzanine* unterschieden.

Der Charakter von Mezzanine bildet eine Mischung aus EK und FK:

Kriterium	Eigenkapital	Mezzanine-Kapital	Fremdkapital
Rechtliche Stellung	Eigenkapital	Meistens Fremdkapital	Fremdkapital
Ertrag	Erfolgsabhängig	Erfolgsabhängige Komponenten	Erfolgsunabhängig
Ökonomische Betrachtung	Fremdkapital	Partielles Eigenkapital	Eigenkapital
Mitbestimmung	Nicht direkt oder keine	Nicht direkt	Direkt
Effektive Laufzeit	Oft weniger als sieben Jahre	Fünf bis zwölf Jahre, wobei gewisse Papiere mehrere Jahrzehnte laufen	Grundsätzlich unbefristet
Sicherheiten	Mehrheitlich besichert	Höchstens partiell besichert	Unbesichert
Finanzierungszweck	Bilanzielles Anlagevermögen	Wachstumsfinanzierung, Wechsel des Eigentümers, Optimierung der Bilanz, Finanzierung einer Akquisition	Risikokapital

Abbildung 6: Charakterisierung von EK, FK und Mezzanine

Quelle: Credit Suisse (2005) S. 8, Ross, S. et al (2002) S. 921 f., Banik, S. et al (2008) S. 14, Fischer, M. (2004) S. 224 ff.

Bei der folgenden Abbildung fällt auf, dass in 78.4% aller Transaktionen die VC-Finanzierungen (ohne Berücksichtigung von CVC) mit Eigenkapital durchgeführt wurden, weitere 17.5% der Jungunternehmen nahmen Fremdkapital auf und lediglich 4% emittierten Mezzanine-Papiere.[11]

[11] Die verbleibenden 0.1% sind auf die Rundung auf eine Nachkommastelle zurückzuführen.

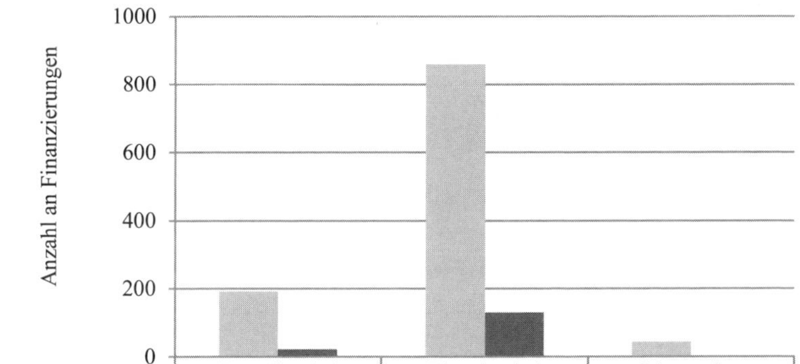

Finanzierungsart	Fremdkapital	Eigenkapital	Mezzanine
VC (ohne CVC)	192	859	44
CVC	22	130	0

Abbildung 7: Anzahl an Transaktionen pro Finanzierungsart

Quelle: Eigene Berechnungen basierend auf der Datenbank «Venture Capital in der Schweiz»

Bei CVC-finanzierten Jungunternehmen ist der Unterschied in der Finanzierungsart noch extremer ausgeprägt: In 85.5% sämtlicher Transaktionen finanzierte sich ein Jungunternehmen mit Eigenkapital und in 14.5% der Fälle mit Fremdmitteln. Kein einziges Jungunternehmen wurde durch Mezzanine oder mit einer Mezzanine-ähnlichen Struktur finanziert.

21.4 Charakteristische Eigenschaften der Kapitalgeber

Von den insgesamt 1247 untersuchten Transaktionen war 419 Mal ein institutioneller, 62 Mal ein öffentlicher und 885 Mal ein institutioneller Investor involviert:[12]

[12] Da bei gewissen Transaktionen teilweise Investoren aus verschiedenen Kategorien zusammenarbeiten, werden die entsprechenden Transaktionen in sämtlichen involvierten Kategorien gezählt, wodurch die Summe aus dem Diagramm die Anzahl an Transaktionen übersteigt. Falls mehrere Investoren aus der gleichen Kategorie stammen, wird eine Finanzierung in der entsprechenden Kategorie lediglich einmal gezählt. Aus diesem Grund kann aus dieser Grafik nicht die Anzahl an Investoren ermittelt werden.

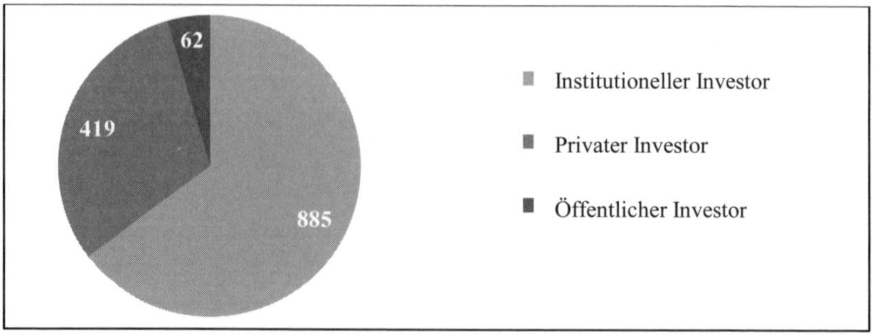

Abbildung 8: Anzahl an getätigten Finanzierungstransaktionen pro Investorenkategorie

Quelle: Eigene Berechnungen basierend auf der Datenbank «Venture Capital in der Schweiz».

Bei den meisten Transaktionen scheinen die institutionellen Investoren involviert zu sein. Öffentliche Investoren beteiligen sich dagegen nur in kleinerem Umfang.

Die Finanzierungskooperation zwischen mehreren Investoren kann anhand der folgenden Abbildung näher untersucht werden:

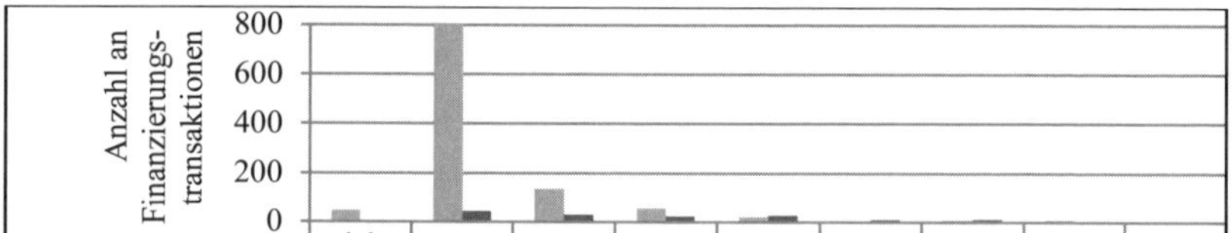

Anzahl an Kapitalgebern	nicht verfügbar	1	2	3	4	5	6	7	8
VC (ohne CVC)	48	807	136	56	21	6	9	9	3
CVC	0	43	30	24	27	9	11	2	6

Abbildung 9: Anzahl an Kapitalgebern pro Finanzierungsrunde

Quelle: Eigene Berechnungen basierend auf der Datenbank «Venture Capital in der Schweiz»

Auf der x-Achse ist die Anzahl der an einer Transaktion beteiligten Investoren abgetragen. Auf der Ordinate ist die Anzahl an Transaktionen wiedergegeben.

Von den insgesamt 1247 Transaktionen wurden 152 Finanzierungen (oder 12%) mit CVC-Beteiligung durchgeführt. Wenn nun die Transaktionen dieser beiden Gruppen jeweils nur innerhalb der entsprechenden Gruppe betrachtet werden, ergibt sich folgendes Bild:

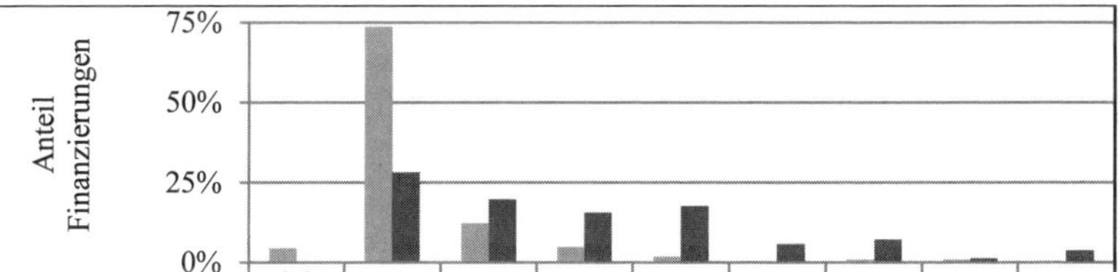

Anzahl Kapitalgeber	nicht verfügbar	1	2	3	4	5	6	7	8
VC (ohne CVC)	4%	74%	12%	5%	2%	1%	1%	1%	0%
CVC	0%	28%	20%	16%	18%	6%	7%	1%	4%

Abbildung 10: Relativer Anteil an Kapitalgebern pro Finanzierungsrunde

Quelle: Eigene Berechnungen basierend auf der Datenbank «Venture Capital in der Schweiz»

Die obige Abbildung zeigt auf, dass in 74% sämtlicher VC-Jungunternehmensfinanzierungen der VC-Geber alleine investiert. Bei weiteren 12% (ohne Beteiligung von CVC-Gebern) kooperieren zwei VC-Geber und in den verbleibenden 14% der Transaktionen finanzieren sie in Gruppen von mindestens drei Investoren.[13] Dagegen suchen die Corporates verstärkt die Kooperation: Lediglich in 28% aller Transaktionen investiert ein CVC-Geber alleine. In 20% der Finanzierungen mit CVC-Beteiligung investieren zwei Investoren gemeinsam. In der Mehrheit der Fälle (52%) investieren mindestens drei Kapitalgeber, von welchen mindestens einer ein CVC-Geber ist.

Aus dieser Grafik lässt sich vorerst schlussfolgern, dass CVC-Geber tendenziell eine Kooperation mit mehreren Investoren suchen, während VC-Geber eine Zusammenarbeit eher vermeiden. Eine mögliche Ursache für dieses Resultat kann in der Investitionshöhe liegen, da Corporates bei höheren Investitionssummen berücksichtigt werden.[14]

Dieses Ergebnis deckt sich mit dem Ergebnis der Ernst-&-Young-Studie, nach der die CVC-Geber ein Jungunternehmen bevorzugt mit einem unabhängigen VC finanzieren. An zweiter Stelle steht für CVC-Geber ein Syndikat von VC-

---

[13] In 48 Fällen gaben die Jungunternehmen zwar an, dass sie Kapital von mehreren Investoren erhielten, verweigerten aber nähere Angaben.

[14] Vgl. Gompers, P. (2002), S. 9.

Investoren oder eine alleinige Investition. Auch Gompers (2002) gelangte zu dem Ergebnis, dass CVC-Geber an grösseren Finanzierungsrunden partizipieren.[15]

21.5 Fazit

Einen Zugang zu Innovationen ermöglicht Corporate Venture Capital, das allgemein als Finanzierung von innovativen Jungunternehmen durch etablierte Firmen verstanden wird. In der Schweiz stellt CVC lediglich einen relativ kleinen Teil der Jungunternehmensfinanzierung dar. Die Entwicklung der Anzahl an Transaktionen von VC und CVC verlief nach 2006 unterschiedlich: Während bei VC eine deutliche Zunahme an Finanzierungsrunden festgestellt werden kann, reduzierten CVC-Geber ihre Aktivitäten. Während VC mehrheitlich die Gründung eines Jungunternehmens finanziert, wird CVC eher bei späteren Finanzierungsrunden eingesetzt. Bei drei von vier Finanzierungen investiert ein VC-Geber alleine, wohingegen Corporates die Kooperation mit anderen Investoren suchen.

Dieses Kapitel basiert auf vereinfachten Auszügen aus der Publikation *Banik (2011): Corporate Venture Capital–Eine empirische Untersuchung zur Abgrenzung gegenüber Venture Capital basierend auf dem Umsatz- und Beschäftigungswachstum und anhand von Realoptionen von Schweizer Jungunternehmen, Dissertation, Hamburg: Verlag Dr. Kovač.*

---

15 Vgl. Ernst & Young (2008), S. 8 f., Gompers, P. (2002), S. 9.

Literaturverzeichnis

- Banik, Ch. (2004): Finanzierung von Jungunternehmen mit Venture Capital, Seminararbeit, URL: http://www.banik.ch/vc.pdf, Aufruf am 10.04.2011.
- Banik Ch ./ Ogg, M. / Pedergnana M. (2008): Hybride und mezzanine Finanzierungsinstrumente – Möglichkeiten und Grenzen, Bern/Stuttgart/Wien: Haupt Verlag.
- Bleicher, K. / Paul, H. (1987): The external corporate venture capital fund – A valuable vehicle for growth, in: Long Range Planning, Vol. 20, No. 6, S. 64–70.
- Boué, A. R. (2008): Wie komme ich zu Venture Capital? Praxisratgeber mit Insidertipps für die erfolgreiche Kapitalakquise, Wien: Linde International.
- Credit Suisse (2005): Mezzanine Finance – Mischform mit Zukunft, in: Economic Briefing, Nr. 42, URL: http://emagazine.credit-suisse.com/data /_product_documents/_shop/127913/Briefing_42_dt.pdf, Zugriff am 17.05.2010.
- Duffner, S. (2003): Agency problems in venture capital financing, Working-Paper Nr. 11/03, URL: http://pages.unibas.ch/wwz/finanz/publications/researchpapers/11-03%20PrincAgent.pdf, Aufruf am 05.04.2011.
- Erni, S. (2008): Corporate Venturing – Eine strategische Handlungsalternative im Business Development, Luzern: Hochschule Luzern.
- Ernst & Young (2008): Global corporate venture capital survey 2008–09 – Benchmarking programs and practices, URL: http://www.ey.hu/ Publication/vwLUAssets/Global_corporate_venture_capital_survey/$FILE/Global%20corporate%20venture%20capital%20survey%202008-09.pdf, Aufruf am 10.12.2010.
- Fischer, M. (2004): Mezzanine Finance, in: Stadler, W. (Hrsg.): Die neue Unternehmensfinanzierung: strategisch Finanzieren mit bank- und kapitalmarkt-orientierten Instrumenten, Frankfurt am Main: Redline Wirtschaft, S. 224–234.
- Gompers, P. A. (2002): Corporations and the financing of innovation: The corporate venturing experience, Federal Reserve Bank of Atlanta – Economic Review, 4/2002.
- Ross, S. A. / Westerfield, R. W./ Jaffe, J. (2002): Corporate finance, New York: McGraw-Hill.
- Schrottke, J. (2005): Corporate Venturing – Erweiterung der bestehenden Grundformen unter Betrachtung industrieökonomischer und finanzieller Aspekte, Dissertation St. Gallen Nr. 3060, St. Gallen.

Teil 4
Finanzielle Führung von Unternehmen

Dieser Teil beschäftigt sich mit Aspekten der finanziellen Führung von Unternehmen aller Branchen. Das Spektrum der Themen reicht von einem Überblick über die anstehenden Herausforderungen für das Controlling über die Möglichkeiten zur Steuerung dezentraler Organisationen bis hin zu Fragen des Returns on Business Intelligence oder die unterstützende Funktion des Controllings bei Social Media Aktivitäten. Weitere Beiträge beschäftigen sich mit dem IKS von Gemeinden und NPO, mit Standard-ERP-Software für KMU, mit dem Buchführungs- und Rechnungslegungsrecht im schweizerischen Obligationenrecht oder mit Rechnungslegungsstandards für Schweizer KMU.

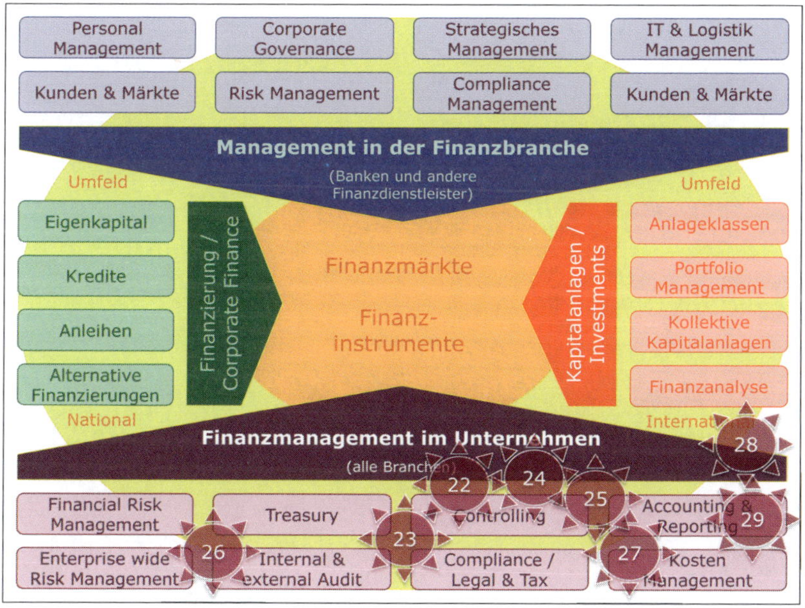

Die Sterne mit den Kapitelnummern zeigen auf, welchem Thema rund um das Finanzmanagement im Unternehmen die jeweiligen Kapitel zugeordnet werden können.

22 Zukünftige Herausforderungen des Controllings

Basierend auf einem Controlling-Framework werden im Artikel die verschiedenen Herausforderungen an das Controlling diskutiert. Es zeigt sich, dass die schwierigsten Fragestellungen aus den Interdependenzen zwischen den Herausforderungen und den sich schneller verändernden Rahmenbedingungen abgeleitet werden können.

Michael Blankenagel / Linard Nadig

Prof. Dr. Michael Blankenagel (1965) ist Dozent und Projektleiter am Institut für Finanzdienstleistungen Zug IFZ der Hochschule Luzern – Wirtschaft. Nach der Promotion an der Universität St. Gallen HSG sammelte er 16 Jahre Erfahrung in internationalen Industrie- und Dienstleistungsunternehmen, unter anderem als Kaufmännischer Leiter und Group CFO.

Kontakt: michael.blankenagel@hslu.ch

Prof. Dr. Linard Nadig (1962) ist Co-Leiter des Instituts für Finanzdienstleistungen Zug und Mitglied der Direktion der Hochschule Luzern – Wirtschaft. Nach der Promotion an der Universität Zürich war er dort sowie an der Universität Fribourg als Oberassistent tätig. Zahlreiche Auslandaufenthalte führten ihn als Visiting Professor an die University of Washington (Seattle) und an die ESSEC (Paris) sowie als Visiting Scholar an die Wharton School (Philadelphia) und ans RMIT in Melbourne.

Kontakt: linard.nadig@hslu.ch

22.1 Einleitung

Controlling als Teil einer anwendungsorientierten Wissenschaft kann einerseits nicht unabhängig von den in der Wirtschaft gelebten Ausformungen betrachtet werden. Andererseits kann aber eine rein deskriptive Annäherung immer nur ex post den Status Quo und die realisierten Veränderungen im Zeitablauf konstatieren. Im vorliegenden Artikel wird ein konzeptioneller Bezugsrahmen für das Controlling, ein Controlling-Framework, aufgezeigt und zukünftige Herausforderungen des Controllings aus Praxis und Wissenschaft thesenartig vorgestellt und in diesen Bezugsrahmen eingeordnet.

22.2 Das Controlling-Framework

In der folgenden Abbildung wird das Controlling-Framework aufgezeigt, das die Kategorien liefert, mit denen sich das Controlling in seinen unternehmensspezifischen Ausprägungen beschreiben lässt.

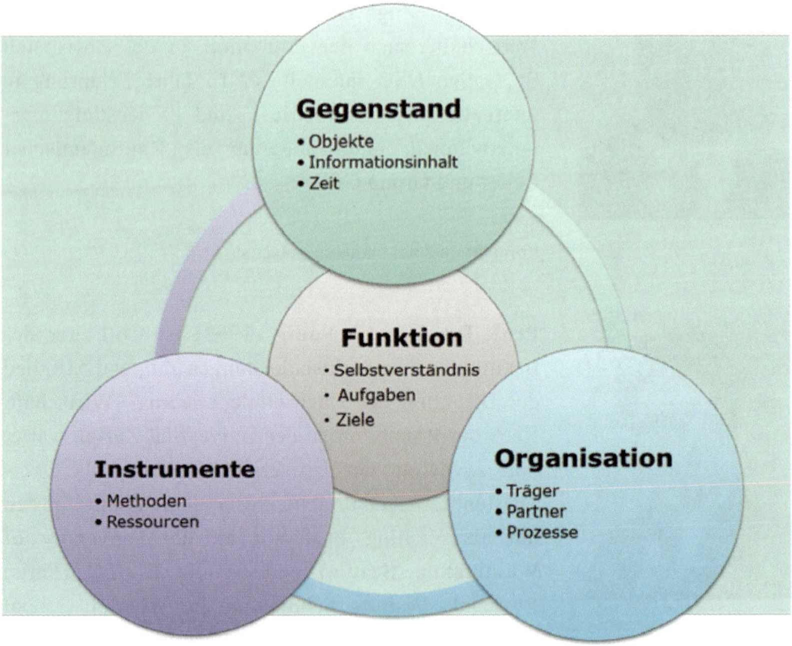

Abbildung 1: Controlling-Framework

Ein spezifisches Controlling zeichnet sich damit durch die Beantwortung der Fragen zu seiner Funktion, seinem Gegenstand, der Organisation und den Instrumenten aus. Nachfolgend sollen diese Kategorien näher erläutert werden.

22.2.1 Funktion des Controllings

Controlling ist kein Selbstzweck sondern kann sich nur über seinen Beitrag zum Unternehmenserfolg im weitesten Sinne legitimieren. Das heisst, das Controlling ausgehend von einem Selbstverständnis seiner Funktion Aufgaben übernehmen und Ziele erreichen muss.

22.2.1.1 Selbstverständnis

In der deutschsprachigen Controlling-Literatur dominiert das Verständnis des Controllings als Funktion des Managements.[1] Innerhalb dieses funktionellen Verständnisses, gibt es diverse Controlling-Definitionen, von denen die bedeutsamsten in Abbildung 2 dargestellt sind.

Diese Definitionen stellen unterschiedliche Controlling-Verständnisse dar, die sich aber im Grundgedanken nur wenig unterscheiden und letztlich auf Rationalitätssicherung und Entscheidungsunterstützung mit gewissen Nuancen in der Schwergewichtssetzung hinauslaufen.[2] Auch zum Beispiel die Betrachtung des Controllings als Sprache[3] kann in die gleiche Systematik eingereiht werden, allerdings aus einem etwas anderen Blickwinkel.

Ein grundlegend anderes Selbstverständnis, das in der Praxis ebenfalls anzutreffen ist, ist die Gleichsetzung von Träger und Aufgabe: Controlling ist was ein Controller tut. Implizit verbunden ist damit häufig die Vorstellung, Controlling sei mit Accounting gleichzusetzen.

---

1 Vgl. Weber, J. / Schäffer, U. (2008), S. 1; Lachnit, L. / Müller, S. (2006), S. 3; Küpper, H.-U. (2008), S. 30; Reichmann, T. (2006), S. 13; Horváth, P. (2009), S. 92.

2 Horváth, P. (2009), S. 130, Vanini, U. (2012), S. 343-344.

3 Vgl. Nadig, L. (2000), S. 41–42, Nadig, L. (1998).

Controlling-Definition nach		
Reichmann[4]	**Horvàth**[5]	**Weber/Schäffer**[6]
«... zielbezogene Unterstützung von Führungsaufgaben, die der [...] Informationsbeschaffung und Informationsverarbeitung zur Planerstellung, Koordination und Kontrolle dient; es ist eine rechnungswesen- und vorsystemgestützte Systematik zur Verbesserung der Entscheidungsqualität.»	«... dasjenige Subsystem der Führung, das Planung und Kontrolle sowie Informationsversorgung ergebniszielorientiert koordiniert und so die Adaption und Koordination des Gesamtsystems unterstützt.»	«... Rationalitätssicherung der Führung»

Abbildung 2: Controlling Definitionen im Überblick

Quelle: Vanini, U. (2009), S. 8 und Vanini, U. (2012), S 342

22.2.1.2 Aufgaben

Entsprechend dem Selbstverständnis werden dem Controlling verschiedene Aufgaben zugeordnet. Oft wird bei der Abgrenzung der Aufgaben ein Wechsel von einer funktionellen zu einer institutionellen Perspektive vollzogen, indem die Aufgaben des Controllers beschrieben werden. Grundsätzlich gehören aber alle Aufgaben im Controlling dazu, unabhängig vom Träger der Aufgabe. Kontext und Selbstverständnis haben hingegen sehr wohl einen Einfluss auf die Aufgaben.

Im Folgenden wird dies beispielhaft an den Aufgaben des Controlling-Bereiches illustriert.

---

4 Reichmann, T. (2006), S. 13.

5 Horváth, P. (2009), S. 125.

6 Weber, J / Schäffer, U. (2008), S. 43.

Die Aufgaben, die der Controlling-Bereich wahrnimmt, unterliegen kontextbedingt einem Wandel[7]. Einen bedeutenden Teil des kontextuellen Einflusses bilden die Nationen, in denen die Controller tätig sind, respektive in denen die Konzerne, für die sie arbeiten, beheimatet sind. Übersichtshalber seien die Ergebnisse der Untersuchung von Stoffel aus dem Jahre 1995 widergegeben, die gleichzeitig die Vielfalt der Controlling-Aufgabe aufzeigt:

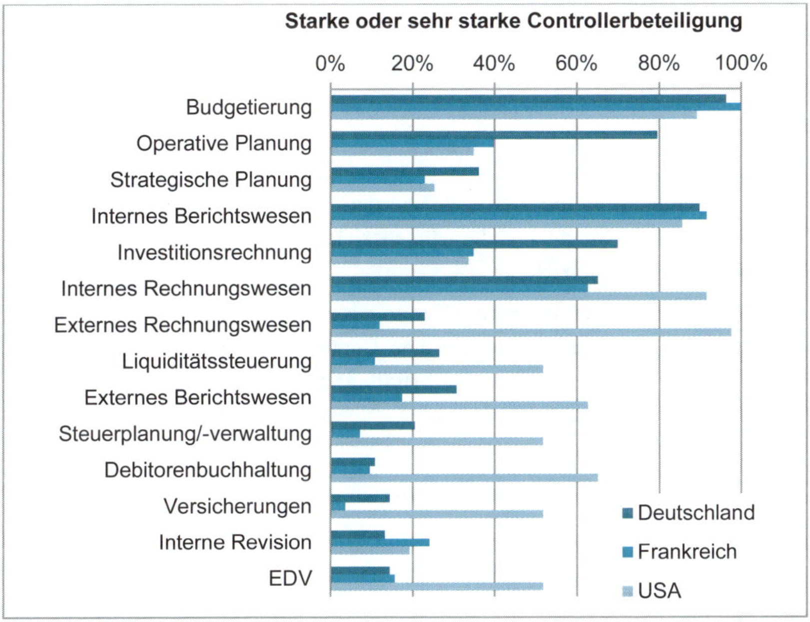

Abbildung 3: Controlleraufgaben in internationalen Vergleich

Quelle: Stoffel (1995), S.157, entnommen aus Weber, J. / Schäffer, U. (2008), S. 12

Gerade in den letzten Jahren konnten Entwicklungen festgestellt werden, die global Einfluss hatten und von einzelnen Events oder wirtschaftlichen Rahmenbedingungen geprägt wurden:

---

7 Vgl. für einen Überblick Weber, J. (2008): 3–15; Weber, J. (2008), S. 197-260; Hoffjan, A. (2009), S. 24-38; Hoffjan, A. et al. (2012); Horváth, P. (2009), S. 21–61) und die dort angegebenen Quellen.

- eine stärkere Betonung von externem Rechnungswesen, externer Berichtserstattung, Compliance, Riskmanagement und Interner Kontrollsysteme als Reaktion auf die Bilanzskandale und darauf folgende Gesetzesänderungen
- eine stärkere Betonung von Effizienz und Kostenreduktionsmassnahmen aufgrund der verschiedenen Finanz- und Wirtschaftskrisen.

Weitere Entwicklungen, die naturgemäss von einzelnen Unternehmungen bereits vorausschauend oder zumindest schnell reagierend vollzogen wurden, stellen für einen Grossteil der Wirtschaftsteilnehmer noch Herausforderungen dar und werden daher im Kapitel 22.3 und 22.4 angesprochen.

22.2.1.3 Ziele

Das indirekte Ziel des Controllings ist immer die Verbesserung des Erreichens aller oder eines Teils der Unternehmensziele[8]. Wenn eine Einschränkung auf die Verfolgung bestimmter Unternehmensziele erfolgt, sind dies meistens Ergebnis- und Liquiditätsziele.[9]

Als direktes Ziel wird einerseits die Verbesserung der Entscheidungsqualität angesprochen. Andererseits werden dem Controlling aber auch Ziele im Hinblick auf Koordination der Planung, Erfüllung der Vorschriften im Hinblick auf gesetzliche Vorschriften, etc. zugeordnet. Neben diesen mehr effektivitätsbezogenen Zielen muss aber natürlich auch das Controlling Effizienzziele erfüllen.[10]

Die direkten Ziele qualifizieren die Aufgaben des Controllings.

22.2.2 Gegenstand des Controlling

Ausgehend von der Funktion des Controllings können Überlegungen angestellt werden, auf welchen Gegenstand sich Controlling bezieht. Neben dem eigentlichen Objekt sind auch die Informationsinhalte dieser Objekte, sowie der zeitliche Bezug dieser Inhalte festzulegen.

Folgende Abbildung stellt mögliche Gegenstände des Controllings übersichtmässig dar.

---

8 Vanini, U. (2012), S. 344.

9 Vanini, U. (2012), S. 341.

10 Weber, J. et al. (2012), S. 25-29.

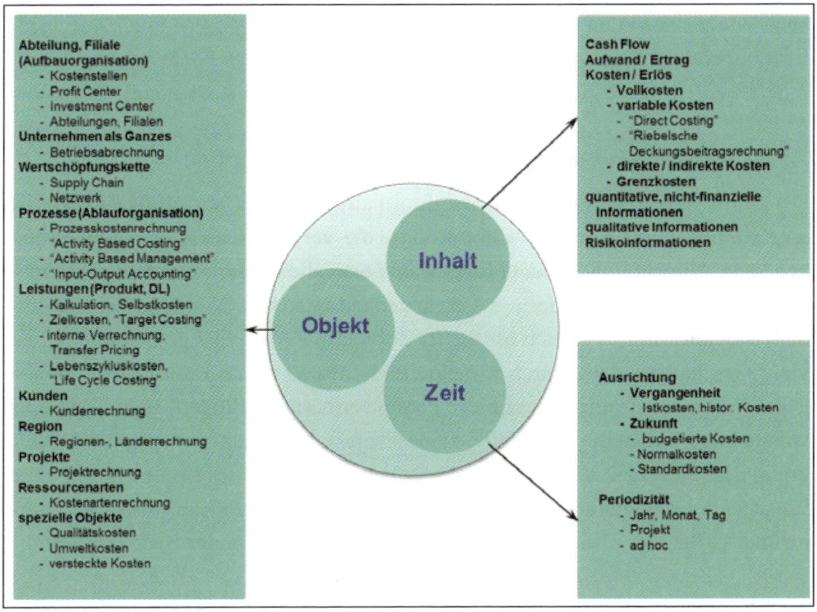

Abbildung 4: Gegenstände des Controllings

Quelle: in Erweiterung von Nadig, L (2000), S. 73

22.2.2.1 Objekte

Objekte des Controllings können beispielsweise Produkte, Prozesse, Organisatorische Einheiten, Ressourcenarten, Märkte und Kunden in verschiedenen Aggregationen und Kombinationen sein. Auf der höchsten Aggregationsstufe ist letztlich das Objekt des Controllings die Unternehmung oder allenfalls eine Wertschöpfungskette. Ein Unternehmensmodell[11] bildet auf tieferer Aggregationsstufe die relevanten Objekte ab – dabei stellt sich immer die Frage der bewussten Schwerpunktsetzung (selektives Controlling).[12]

22.2.2.2 Informationsinhalt

Informationsinhalte dieser Objekte sind primär monetäre Werte, aber auch quantitative nicht-finanzielle, qualitative Informationen und Risikoinformatio-

---

[11] Vgl. bspw. das Unternehmensmodell in Blankenagel, M. / Fischer, T. (2012), S. 137.

[12] Vgl. Nadig, L. (1996).

nen. Die finanziellen Grössen lassen sich weiter in Cash-Flow, Aufwand-/Ertragsgrössen, Kosten/Erlöse etc. unterteilen. Auch diese können weiter spezifiziert werden, wie bspw. die Kosten in variable und fixe Kosten etc.

22.2.2.3 Zeitlicher Bezug

Der zeitliche Bezug der inhaltlichen Informationen über Controlling-Objekte ist eine weitere Dimension des Controllings, die verschiedene Ausprägungen haben kann. Die zeitliche Ausrichtung beantwortet die Frage, ob sich die Informationen auf die Zukunft oder die Vergangenheit beziehen. Während bei traditionellen Controlling-Systemen oft die fix definierte Periodenlänge dominiert, sind viele Geschäftsmodelle durch Projekte und entsprechende Projektlebenszyklen geprägt. Das Controlling muss diese Parameter berücksichtigen, auch wenn eine vollständige Umstellung auf eine reine Projektsicht nicht realistisch ist. Aufgrund des unter 22.2.1.1 erwähnten Selbstverständnisses des Controllings ist die Entscheidungsunterstützung sehr wichtig – damit ist auch klar, dass im Unternehmensalltag die zeitpunktbezogenen Analysen von zentraler Bedeutung sind.

22.2.3 Organisation des Controlling

Organisation in seinen Komponenten Aufbau- und Ablauforganisation beschäftigt sich mit der Zuordnung von Aufgaben zu Stellen und die logische, zeitliche, räumliche und personelle Sequenz, in der Teilschritte zur Aufgabenerfüllung stehen.[13]

22.2.3.1 Träger

Controlling als Funktion[14] wird durch verschiedene Aufgabenträger wahrgenommen: einerseits durch Manager und andererseits durch Controller.

---

13 Vgl. Vahs, D.(2003), S. 47-57 und die dort angegebene Literatur.

14 Vgl. hierzu Kapitel 22.1.2.1.

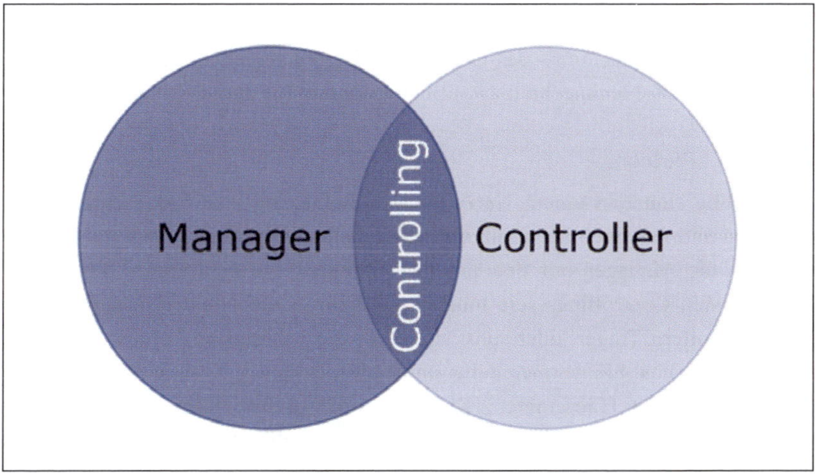

Abbildung 5: Controlling in der Schnittstelle zwischen Manager und Controller
Quelle: nach Deyhle, A. / Hauser, M. (2010), vereinfacht übernommen aus Hauser, M. (2011), S. 45

Relevant ist nicht nur die Aufteilung des Controllings zwischen diesen beiden Gruppen, sondern genauso die oft vernachlässigte Beziehung zwischen den beiden Gruppen. Wichtige Fragestellungen bezüglich des Trägers des Controllings sind persönliche Merkmale. Im Vordergrund stehen die:

- fachlichen Fähigkeiten und vor allem entsprechende Limitationen[15]
- persönlichen Fähigkeiten (z.B. Belastbarkeit)
- persönliche Werte (Arbeitsverhalten, Ethik)
- sozialen Fähigkeiten (im Team aber auch gegenüber z.B. Lieferanten und Kunden des Controllings).

Die Aufteilung der Aufgaben des Controllings kann nicht nur zwischen Manager und Controller sehr unterschiedlich sein, sondern auch innerhalb der Controller-Organisation. Zudem spielt die ganze Einbettung des Controllers in der Finanzorganisation (Verantwortungsbereich CFO) eine wichtige Rolle.

[15] Vgl. zu den Limitationen z.B. Kahneman, D. (2011); Dobelli, R. (2011) und Wömpener, A. (2008), S. 91-209.

Das Selbstverständnis des Controlling aus Kapitel 22.2.1.1 findet sein Gegenstück im Selbstverständnis des Controllers. Die entsprechenden Ausprägungen reichen vom «Zahlenknecht» bzw. «Been Counter» bis zum Business Partner.[16]

22.2.3.2 Partner

Controlling findet in einem Netzwerk von Beziehungen zu unterschiedlichen Gruppen und Personen innerhalb und ausserhalb des Unternehmens statt. Gerade weil die Manager auf den unterschiedlichen Hierarchiestufen Teil eines umfassenden Controllings sein müssen, sind sie je nach Lesart zusammen mit den Controllern Träger, oder sonst sicherlich die wichtigsten Partner, des Controlling-Bereichs. Sie nehmen dabei unterschiedlichste, z.T. auch mehrdimensionale Rollen ein (Lieferanten, Kunden, Auftraggeber, Kontrollinstanz) und entsprechende Interessenkonflikte behindern oft die Aufgabenerfüllung des Controllers.

Zusätzlich besteht das Netz der Partner beispielsweise aus Juristen, Revisoren, Informatikern, Beratern etc. Vor allem bei unternehmensexternen Partnern sind oft die Informationen über die persönlichen Merkmale (z.B. Fähigkeiten) oder auch die entsprechenden Interessenpositionen verschleiert und entsprechend schwierig einzuschätzen.

22.2.3.3 Prozesse

Ablauforganisatorisch ist die Wahrnehmung der Controlling-Funktion in verschiedenen Prozessen im Führungs- und Support-Bereich des Unternehmens angesiedelt. Vordringlich sind dies Planungs-, Reporting und Entscheidungsprozesse, die gerne nach Gegenstand und Aufgabe differenziert werden.[17] In diesem Baustein finden aber auch Überlegungen zum Lernen über Controlling ihren Platz: wie wird Managern Controlling-Wissen vermittelt, wie wird Controller-Nachwuchs ausgebildet und wie wird die fortwährende Weiterentwicklung des Controlling-Bereiches sichergestellt?

---

[16] Vgl. hierzu Weber, J. et al. (2012), S. 41-47.

[17] Vgl. zu den Risiken solcher Differenzierungen Blankenagel, M. / Fischer, T. (2012), S. 110-111.

22.2.4 Instrumente des Controllings

Die Instrumente des Controllings haben lange Zeit das Berufsbild des Controllers im Wesentlichen charakterisiert: Controller gelten als Methodenspezialisten. Während sie früher primär die Ergebnisse der Methoden ermittelt und weitergeleitet haben, gehört es heute verstärkt zu ihren Aufgaben, Methodenwissen bereitzustellen und zu erläutern. Methodenwissen nützt aber nichts, wenn nicht die entsprechenden Ressourcen zur Verfügung stehen, um die Methoden auch sinnvoll einsetzen zu können.

22.2.4.1 Methoden

Methoden stellen Verfahrensweisen dar. Zu diesen zählen im Controlling bspw. die Doppelte Buchhaltung, die Kostenrechnung, die Investitionsrechnung, die Balanced Scorecard, die Mittelflussrechnung, oder, auf einer höheren Abstraktionsebene, generell Methoden zur/zum

- Planung
- Kontrolle
- Reporting
- Informationsaufbereitung
- Entscheidungsfindung
- Risikoabschätzung.

22.2.4.2 Ressourcen

Die Ressourcen, die für das Controlling zur Verfügung stehen, sind teilweise überlappend:

- Menschen[18] mit
    - Wissen
    - Fähigkeiten
    - Zeit / Kapazität

[18] Träger und Partner, vgl. hierzu Kapitel 22.2.3.1 und 22.2.3.2.

- ICT Mittel mit
  - Daten
  - Applikationen (insbesondere methodenunterstützende wie ERP und Business Intelligence Systeme und Kommunikationsmittel)
  - Kapazität
- Geld

Insbesondere Fähigkeiten, Daten und Applikationen beeinflussen die einsetzbaren Methoden natürlich sehr stark.

22.3 Übersicht über die Herausforderungen des Controllings

Die aus Sicht der Verfasser zukünftigen Herausforderungen des Controllings, sind im Folgenden thesenartig aufgezählt. Es wurde versucht, den Ausgangspunkt oder «Aufhänger» der Herausforderung im Controlling-Framework zu verorten und dessen Struktur zu folgen.[19] Erfolgreiche Unternehmen gehen mit diesen Herausforderungen proaktiv um und haben sich entsprechende Fragen schon gestellt bzw. auch schon notwendige Massnahmen eingeleitet.

- Herausforderungen durch neue Instrumente
  - Neue Entwicklungen im ICT Bereich ermöglichen oft eine zielgerichtetere Erfüllung der Controllingaufgaben, stellen aber gleichzeitig neue Anforderungen an fast alle Bereiche des Controllings. (22.4.1.1)
  - Methoden, die u.a. auf die oben beschriebenen neuen Ressourcen zurückgreifen, entstehen in den Bereichen
    - Planung und Budgetierung, insbesondere Simulationsrechnungen und Szenarien zur schnellen Entscheidungsfindung, basierend auf integrierten Unternehmensmodellen. (22.4.1.2)
    - Projekt- und Multiprojektcontrolling, z.B. Innovationscontrolling gewinnen an Bedeutung. (22.4.1.2)

---

[19] Im Kapitel 22.4 wird gezeigt, dass eine solche Verortung Kausalzusammenhänge teilweise willkürlich unterbricht. Die Gliederung bietet aber dennoch ein gutes Orientierungsraster.

    - Das Liquiditätsmanagement wird stärker mit der Planung verbunden, aber immer noch auf primär finanzwirtschaftliche Grössen abstellen. (22.4.1.3)
    - Konsolidierung und Reporting auf Knopfdruck. (22.4.1.4)
    - Neuen Methoden zum Umgang mit Volatilität werden entwickelt und eingesetzt, insbesondere im Bereich der Prognose- und Zukunftsforschung. (22.4.1.5)
- Herausforderungen durch neuen Gegenstand des Controlling
  - Neue Objekte:
    - Eine Gesamtsicht des Unternehmenszustandes im Sinne eines Integrated Performance Measurements (ökonomische, ökologische und soziale Kriterien. (22.4.2.1)
    - Neben den nicht systematisch gemanagten intangible Assets wird die «organizational effectiveness» verstärkt ein Controlling-Objekt. (22.4.2.2)
    - Neue Geschäftsmodelle müssen vom Controlling adäquat abgebildet werden und in die Gesamtunternehmenssteuerung integriert werden. (22.4.2.3)
  - Neue Inhalte:
    - Die Kriterien Nutzen und Risiko werden verstärkt eingesetzt werden müssen, um die Integrierte Performance nachhaltiger zu gestalten. (22.4.2.4)
    - Die Integration von interner und externer Rechnungslegung wird sich verlangsamen und möglicherweise sogar umkehren. (22.4.2.5)
  - Neue Zeiträume:
    - Eine integrierte Betrachtung über die zukünftige Entwicklung wird die starre, oft unkoordinierte Trennung in operativ und strategisch ersetzten. (22.4.2.6)
- Herausforderungen an die Organisation
  - Herausforderungen an die Träger:
    - Controller werden verstärkt Business Partner, die als eigenständige Funktion neu auch neben dem CFO organisiert werden. (22.4.3.1)

- Die Anforderungen, Komplexität in einem internationalen Umfeld in Zusammenarbeit mit Partnern mit unterschiedlichen sozialen und kulturellen Hintergründen steigen. (22.4.3.2)
- Der Sicherung der Kompetenz im Controlling wird immer wichtiger, da die persönlichen und inhaltlichen Anforderungen steigen. (22.4.3.3)
- Informationsanalyse und –darstellung sowie Kommunikation werden immer wichtigere Fähigkeiten. Dies erfordert sowohl eine hohe Technologieaffinität wie auch verbesserte Kommunikationsfähigkeiten. (22.4.3.4)

- Neue Grenzen zu Partnern: Controller werden vermehrt inhaltliche Verantwortung für Business Intelligence Lösungen übernehmen und die Schnittstelle zur IT wird sich hier verschieben. (22.4.3.5)
- Neue Prozesse:
  - Die Informationsaufbereitung wird weiter automatisiert (pull-Prinzip für Informationen) und die entsprechende Selbstverantwortung der Manager erhöht. (22.4.1.1)
  - Compliance: ein gesunder Mix zwischen Regelungen, Kontrolle und Befähigung und Motivation zur Selbstverantwortung muss gefunden werden. (22.4.3.6)
  - Einbezug des Controlling in den Strategieprozess (22.4.2.6)

– Herausforderungen durch neue Funktionen
  - Selbstverständnis:
    Controlling bewegt sich weg von der Anwendung rein ökonomischen Prinzipien hin zum Einbezug einer integrierten Wirtschaftsethik in die Entscheidungsunterstützung. (22.4.4.1)
  - Aufgaben:
    Die Grundaufgabe der Unterstützung einer rationalen Unternehmensführung wird durch die neue integrale Betrachtung des Unternehmens und den Einbezug auch von langfristigen Aspekten massiv erweitert. (22.4.4.2)
  - Ziele:
    Controlling muss die Effizienz- und Effektivitätsmassstäbe, die es an andere anlegt, auch selbst erreichen. (22.4.4.3)

- Herausforderungen aus dem relevanten Kontext
  - Das wirtschaftliche Umfeld wird gekennzeichnet durch zunehmende Dynamik, Komplexität, Volatilität und Internationalisierung sowie Trendbrüche und (Dauer-)Krisen. (22.4.1)
  - Neue Gesetzgebung, unter anderem in Bezug auf Rechnungslegung und Steuern, müssen umgesetzt und die Compliance sichergestellt werden (22.4.5).
  - Die nicht-ökonomischen Anforderungen der Gesellschaft an Unternehmungen steigen (z.B. Ökologie, Wertvorstellungen – Ethik, Boni-Diskussionen).

22.4 Die Interdependenzen zwischen den Herausforderungen als eigentliche Challenge

Im Folgenden wird versucht, die thesenartig in Kapitel 22.3 aufgezeigten und im Controlling-Bezugsrahmen verorteten Herausforderungen näher zu beschreiben und insbesondere die Interdependenzen mit Entwicklungen in den anderen Bausteinen des Bezugsrahmens aufzuzeigen. Oftmals machen gerade diese Interdependenzen die grossen Herausforderungen erst aus.

Naturgemäss haben verschiedene Herausforderungen unterschiedlich gewichtige Auswirkungen. Zusammen mit der Bedeutung der Auswirkung für das Controlling gehen meistens auch ein zunehmender Zeithorizont und eine abnehmende Vorhersagegenauigkeit einher. Aber es wird zukünftig Aufgabe des Controllings sein, sich mit der unsichereren Zukunft verstärkt auseinander zu setzen und auf Trendbrüche zu achten (vgl. 22.4.2.6). Dazu gehört auch, mögliche neue Entwicklungen für die eigene Arbeit zu erkennen und entsprechende Konsequenzen aufzuzeigen.

22.4.1 Der Komplexität, Dynamik und Volatilität gewachsene Instrumente

22.4.1.1 Einsatz von Informatik-Mitteln

Die Umwelt der Unternehmen wird zusehends komplexer, dynamischer und volatiler.[20] Die Unternehmen sind gezwungen, sich der Geschwindigkeit der

---

[20] Vgl. stellvertretend für viele Mayer, R. (2012), S. 49.

Umweltveränderungen anzupassen. Die Zeitschere zwischen verfügbarer und benötigter Reaktionszeit öffnet sich.[21] Die Informatik stellt Ressourcen zur Verfügung, mit denen zumindest im Grundsatz die Geschwindigkeit auf Seite der Unternehmen gesteigert werden kann. Insbesondere zählen hierzu einerseits ERP Systeme[22], Business Intelligence[23] und weitere ICT Tools wie Mobile Computing[24], die primär die Kommunikation in und zwischen Unternehmen verbessern und Daten verteilen.[25] Andererseits zählen hierzu aber auch Social Media Plattformen, die die Kommunikation zwischen Unternehmen und Anspruchsgruppen und innerhalb von Anspruchsgruppen vereinfachen und wieder neue Herausforderungen an das Controlling stellen.[26]

Gemeinsam ist den Werkzeugen der ersten Gruppe, dass sie Plattformen oder eben Ressourcen darstellen, auf denen wirksames Controlling ablaufen kann. Ihr Einsatz ist für ein gutes Controlling aber nicht hinreichend. So fehlen bspw. im Business Intelligence Bereich vielfach die Anwendungskonzepte für einen sinnvollen Einsatz.[27] Ferner stellt sich bei jedem Ressourcen-Einsatz die Frage nach dem Kosten-/Nutzenverhältnis.[28] Werkzeugeinsatz kann kein Selbstzweck sein, sondern muss einen Mehrwert für das Unternehmen stiften. Die Herausforderung dieser neuen Möglichkeiten, genannt seien hier vor allem Self-Service Auswertung, Mobilität, Echtzeitverarbeitung grosser Datenmengen (Information at the Speed of Thought), Cloud Computing und Social Media, liegt einerseits im Schaffen der Voraussetzungen wie Datenintegration, Standardisierung, Rechtemanagement und Funktionsintegration.[29] Wohl wichtiger ist aber noch ihr sinnvoller Einsatz. Zu oft werden durch neue IT-Möglichkeiten

---

21 Vgl. Bleicher, K. (1991), S. 19-20.

22 Vgl. hierzu auch den Artikel «Controlling mit Standard-ERP-Software» von Stefan Renggli und Thomas Fischer im vorliegenden Band.

23 Kemper, H.-J. et al. (2010), S. 1-13; vgl. hierzu auch den Artikel «Return on Business Intelligence» von Marino Bundi im vorliegenden Band.

24 Michael, U / Gräf, J. (2012)S. 79.

25 Vgl. hierzu auch Weber, J. et al. (2012), S. 15-17.

26 Vgl. hierzu auch den Artikel «Das Controlling als Unterstützungsfunktion für Social Media» von Ulrich Egle im vorliegenden Band

27 Seufert, A. / Oehler, K. (2009), S. 15-16.

28 Vgl. hierzu auch den Artikel «Return on Business Intelligence» von Marino Bundi im vorliegenden Band.

29 Vgl. Weber, J. et al. (2012), S. 15-17.

neue Methoden eingeführt oder komplexere Modelle abgebildet ohne aber die effektive Nutzenfrage zu stellen. Darüber hinaus müssen die Träger der Controlling-Funktion in der Lage sein, die Ressourcen zu nutzen. Insbesondere bei Self-Service Auswertungen und oder teilweise sogar in mobilen Anwendungen werden an die Manager erhöhte Anforderungen im Umgang mit Informatik-Ressourcen gestellt. Die oft grössere Herausforderung für Manager ist die plötzliche Selbstverantwortung bezüglich Informationsselektion. Dem Controller kommt deshalb auch eine diesbezügliche Lehr- und Unterstützungsfunktion zu. Nicht selten kann man beobachten, dass in einer Konsolidierungsphase die entsprechenden Freiheiten wieder stark eingeschränkt werden (personell und inhaltlich).

22.4.1.2 Neue Methoden in der Planung und Budgetierung

Neben der Informatik-Unterstützung der Controlling-Prozesse braucht es, wie oben bereits erwähnt, auch neue Methoden, um den gestiegenen Anforderungen nachkommen zu können. Dazu zählen die oben bereits angesprochenen analytischen Applikationen und Kosten-/Nutzen-Bewertungen. Es wird nicht reichen, bestehende Methoden mit IT-Unterstützung zu automatisieren.

Bereits seit mehreren Jahren wurde hinsichtlich Planung und Budgetierung Kritik laut.[30] Lösungsansätze in Richtung einer modernen Budgetierung[31] wurden entwickelt, müssen aber weiter konkretisiert werden, um im Controlling-Alltag einsetzbar zu sein.

Zukünftig wird Planung immer wichtiger.[32] Dabei wird Planung nicht als die Vorhersage zukünftiger Ergebnisse verstanden, sondern als die systematische Beschäftigung mit möglichen zukünftigen Entwicklungen, um das Unternehmen auf diese vorzubereiten.[33] Entsprechend gewinnen Simulationen immer mehr an Bedeutung.[34] Mit dem einher geht die Möglichkeit, schnelle und zeitgerechte Entscheidungen zu treffen: Budgets sind nicht mehr für Perioden zugesprochene

---

30 Vgl. zum Beispiel Tschandl, M. et al. (2009), S. 65–67; Rieg, R. (2008), S. 51-64 ; Spreiter, S. (2010), S. 28-31; Hope, J. / Fraser, R. (2003), S. 3-17, Pfläging (2003), S. 17–54 und Weber und Linder (2003).

31 Vgl. z.B. Gleich, R. et al. (2009) und Weber, J. / Linder, S. (2003), S. 8-31.

32 Weber, J. (2008), S. 223-236; Fuchs, C. (2012); Gleich, R. et al. (2009).

33 Vgl. auch Rieg, R. (2008), S. 28-30.

34 Fuchs, C. (2012).

Ressourcen, sondern unterliegen Anpassungen.[35] Im Zuge der Simulation werden Entscheidungsalternativen durchgespielt und bewertet, um zeitnah Vorstellungen zu den entsprechenden Konsequenzen zu entwickeln. Planung konzentriert sich damit zunehmend auf die Planung von Massnahmen und Projekten. Diese müssen damit aber im Hinblick auf ihre Konsequenzen für das Unternehmensgeschehen beschrieben werden. Der schon lange geforderte[36] Einbezug von nicht monetären Zielgrössen muss erfolgen, damit eben solche Simulationen überhaupt möglich werden. Projekt- und Multiprojektcontrolling[37] werden damit zunehmend wichtiger. Das Beispiel des Innovationscontrollings zeigt aber, dass nicht nur klar definierte Projekte im Controlling abgebildet werden dürfen, sondern dass auch emergente Entwicklungen einbezogen werden müssen.[38]

Im Grundsatz bauen diese neuen Methoden alle auf einem Unternehmensmodell auf, das in einem integrierten Planungssystem abgebildet werden kann.[39] Forecasts und Detailplanungen werden durch ein entsprechendes BI-System übernommen. Damit werden schnelle Aussagen und umfangreiche Simulationen möglich. Je konsequenter solche Unternehmensmodelle eingesetzt werden, umso stärker wird der Zwang werden, Massnahmen und Projekte hinsichtlich ihres Impacts auf modellrelevante Parameter zu planen. Die Controller werden sich zunehmend damit beschäftigen, das Modell anzupassen und auszubauen und neue Massnahmen und Projekte zu integrieren. Die Planung verändert ihren bisherigen Charakter von der jährlichen Wiederholungsübung zu einer kontinuierlichen Herausforderung, neue Entwicklungen abzubilden.

Es versteht sich von selbst, dass solche Planungen nicht mehr auf Erwartungswerte abstellen können, sondern Wahrscheinlichkeiten und Unsicherheit abbilden müssen. Risikomanagement und Planung werden entsprechend näher zusammenwachsen müssen.[40]

---

[35] Vgl. Weber, J. (2008), S. 231-236 und Rieg, R. (2008), S. 81-86.

[36] Vgl. Rieg, R. (2008), S. 76-77.

[37] Vgl. hierzu stellvertretend für viele Fiedler, R. (2010).

[38] Vgl. Blankenagel, M. / Fischer, T. (2012).

[39] Vgl. hierzu auch Horvàth, P. (2003), S. 4.

[40] Vgl. hierzu auch Gleissner, W. (2008), S. 8-17.

22.4.1.3 Neue Methoden im Liquiditätsmanagement

Im beschriebenen volatilen Umfeld mit schlechten Prognosemöglichkeiten wird das Management der Liquidität überlebenswichtig. Schnelle und verlässliche Refinanzierungsmöglichkeiten sind nicht mehr immer gegeben. Unternehmen reagieren damit teilweise durch die verstärkte Vorhaltung von Liquiditätsreserven, was in der heutigen Zeit auch noch keine grossen Opportunitätskosten verursacht, da Anlagemöglichkeiten im nicht-spekulativen Bereich nur geringe Erträge abwerfen. In Zeiten wieder steigender Zinsen wird diese Vorratshaltung aber zunehmend teurer. Liquiditätsmanagement wird häufig noch isoliert von den ERP Systemen durchgeführt, was entsprechende Schwierigkeiten mit sich bringt.

22.4.1.4 Neue Methoden in Konsolidierung und Reporting

Reporting wird in Zukunft weitgehend automatisiert ablaufen.[41] Während dies für Bilanz und Erfolgsrechnung schon relativ gut funktioniert, müssen im Bereich der Geldflussrechnung und der Konsolidierung hier Lücken konstatiert werden.

Insbesondere bei der Geldflussrechnung wird durch die in IFRS geplante Vorschrift einer originären (direkten) Cash-Flow Ermittlung eine funktionierende Systemunterstützung unabdingbar.

22.4.1.5 Methoden aus der Prognose- und Zukunftsforschung für das Controlling

Methoden der Zukunftsforschung an sich sind durchaus existent, wenn auch noch relativ neu. Zudem werden sie bislang nicht mit dem Controlling in Verbindung gebracht. Insbesondere im Zusammenhang mit einer integrierten Planung und entsprechenden Szenarien[42] sollte aber auf diesen Methodenpool zurückgegriffen werden. Damit wird auch der Einzug eines längerfristigen Denkens im Controlling[43] erreicht. Für diese Methoden und relevante Umweltt-

---

[41] Vgl. Weber, J. et al. (2012), S. 18-19.

[42] Vgl. Kapitel 22.4.1.2.

[43] Vgl. Kapitel 22.4.2.6.

rends sei auf die einschlägige Literatur[44] verwiesen. Nur schon eine Skizzierung von möglichen Zukunftsprognosen würde hier zu weit führen.

22.4.2 Geänderter Gegenstand des Controlling

Neben den zukünftig einzusetzenden Instrumenten zur Bewältigung bestehender Aufgaben wird sich das Controlling auch mit gänzlich neuen Gegenständen auseinandersetzten müssen.

22.4.2.1 Integriertes Performance Measurement

Eines der zukünftigen zentralen Themen wird das Integrierte Performance Measurement sein. Dieser Begriff wird zwar heute schon gerne verwendet, bei näherer Betrachtung muss aber festgestellt werden, dass die darunter subsumierten Konzepte eben nicht integriert sind, sondern sich auf partielle Aspekte der Leistungen von Unternehmen konzentrieren.[45] Ohne hier auf die Diskussion von Unternehmenszielen[46] eingehen zu wollen, muss konstatiert werden, dass Unternehmen in vielfältigen Austauschbeziehungen zu diversen Bezugsgruppen stehen.[47] Für jegliche rationale Betrachtung dieser Beziehungen über den rein monetären Aspekt hinaus ist das Controlling schlecht vorbereitet. Um aber zukünftig hier mitreden und mitgestalten zu können, muss sich das Controlling Gedanken dazu machen, wie weitere, über rein ökonomische Dimensionen hinausgehende Aspekte der Unternehmensperformance mit in die Rationalitätssicherung und die Entscheidungsfindung einbezogen werden können.

Die neben der ökonomischen an Bedeutung gewinnenden Performance Dimensionen sind die ökologische und soziale. Unter letzterer werden auch psychologische und evolutionäre Performance Aspekte verstanden. Während die ökologische Dimension bereits Beachtung findet[48], beschränkt sich die konkrete Messung der diesbezüglichen Performance auf das zusammenhanglose Report-

---

[44] Vgl. beispielsweise Burmeister, K. (2005); Burmeister / Glockner (2009, c 2009) und Müller, A. / Müller-Stewens, G. (2009).

[45] Vgl. Blankenagel, M. / Fischer, T (2012), S. 115-116.

[46] Vgl. hierzu beispielsweise Rüegg-Stürm 2003, S. 28–31; Hahn und Hungenberg 2001, S. 11–22, 2001, S. 151–218; Blankenagel, M. / Fischer, T (2012), S. 111 und die dort angegebene Literatur; Blankenagel, M. / Fischer, T (2012), S. 124-125; aber auch Kapitel 22.4.4.1.

[47] Vgl. Rüegg-Stürm, J. (2003), S. 28-31.

[48] Vgl. hierzu Weber, J. et al. 2011 und Prammer, H.-K. (2009).

ing von Mengen, ohne deren ökologischen Auswirkungen zu beachten. Um einen Einbezug in eine rationale Unternehmensführung zu gewährleisten fehlen hier operationelle Konzepte zur Bewertung von ökologischen Kosten.[49]

Soziale Aspekte der Unternehmensperformance wie die Schaffung von Arbeitsplätzen, aber auch die Kosten von Konflikten, betriebliches Gesundheitsmanagement etc. werden partiell aufgezeigt, aber eine ganzheitliche soziale Performance fehlt.[50]

Zu den externalisierten Kosten werden auch die psychischen und sozialen gezählt. Gemeint sind hier die physische, vor allem auch die psychischen Belastungen im Arbeitsplatz, die immer mehr zunehmen[51] und auf der persönlichen wie auch volkswirtschaftlichen Ebene wieder kompensiert werden müssen. Das Aufkommen des Schlagwortes Corporate Social Responsibility in den letzten Jahren hat zwar die Aufmerksamkeit erhöht, aber insbesondere im Bereich Messbarkeit noch nicht eine durchschlagende Wirkung gezeigt.

Ob letztlich in der sozialen Dimension auch evolutionäre Aspekte Eingang in eine integrierte Unternehmensperformance finden müssen, ist heute nicht absehbar.

Zukünftig ist damit zu rechnen, dass diese Performance Dimensionen nicht mehr in einer reinen Zweck-Mittel-Beziehung zur ökonomischen betrachtet werden.[52] Sie bedingen zu ihrer Erfassung konzeptionelle Erweiterungen im Controlling, vor allem in den Bereichen Methoden, Objekte und Inhalte.

22.4.2.2 Intangibles als Gegenstand

Als Potentiale, die dem Unternehmen für diese Nutzenstiftung zur Verfügung stehen, haben neben materiellen Potentialen immaterielle immer mehr Beachtung gefunden. Während es für die Messung von immateriellen Rechten Ansätze in der Rechnungslegung gibt, werden andere intangible Assets kaum einbezogen.[53] Hier existieren allerdings bereits Ansätze, die sich insbesondere auf das

---

49 Vgl. Prammer, H.-K. (2009).

50 Vgl. Michel, U. / Gräf, J. (2012), S. 75-76.

51 Vgl. Grebner, S. et al. (2011).

52 Vgl. hierzu auch Kapitel 22.4.4.1.

53 Vgl. Möller, K. / Schläfke, M. (2012), S. 86–87 und IAS 38.

Wissensmanagement beziehen.[54] Aufgrund der immensen Bedeutung dieses Bereiches werden die Herausforderungen weiter zunehmen und entsprechend sind sowohl in der Praxis wie auch in der Forschung Anstrengungen zu machen.

Noch weitgehend ungelöst ist aber die Frage, wie die Fähigkeit des Unternehmens gemessen werden kann, alle diese Leistungspotentiale zur Stiftung von heutigem und zukünftigem Nutzen sinnvoll zu kombinieren.[55] Dieser Bereich der «Organisational Effectiveness»[56], wo es um die Sicherung einer Rationalen Unternehmensführung und Organisation geht, braucht griffige Konzepte, um die nötige Professionalisierung des Controllings und der Unternehmensführung vorantreiben zu können.

22.4.2.3 Neue Geschäftsmodelle

Neue Geschäftsmodelle machen auch neue Steuerungssysteme nötig.[57] Das Controlling wird immer öfter und schneller vor die Herausforderung gestellt, solche Steuerungssysteme zu entwerfen, zu implementieren und sie in bereits bestehende Steuerungssysteme auf höherer organisatorischer Stufe zu integrieren oder vor dem Hintergrund des neuen Geschäftsmodells anzupassen.[58] Das Netzwerkcontrolling oder auch die ganze Entwicklung um Geschäftsmodelle im Bereich Social Media kann hier zugeordnet werden.

22.4.2.4 Nutzen und Risiko als inhaltliche Erweiterungen

Aus einer inhaltlichen Perspektive wird es bei der Performance Messung künftig um die Messung von Nutzen gehen.[59] Hierbei spielen unterschiedliche Vorstellungen zu Unternehmenszielen sicherlich eine Rolle. Unter Berücksichtigung dieser Relativierung erscheint der Nutzen, im Gegensatz zu rein monetä-

---

54 Vgl. für einen Überblick Möller, K. / Schläfke, M. (2012), S. 89-96 und die dort angegebene Literatur.

55 Vgl. Blankenagel, M. / Fischer, T. (2012), S. 138.

56 Vgl. hierzu Blankenagel und Fischer 2012, S. 135–139 und auch das in eine ähnliche Richtung gehende Konzept der Enterprise Total Factor Productivity Lev und Daum (2003), S. 45-48.

57 Vgl. Michel, U. / Gräf, J. (2012), S. 69-70.

58 Vgl. Michel, U. / Gräf, J. (2012), S. 68-69.

59 Vgl Blankenagel, M. / Fischer, T. (2012), S. 131-135.

ren Werten, aber die Fähigkeit zu haben, die verschiedenen Dimensionen zu integrieren.[60]

Risikomanagement ist bereits heute vielbeachtet. Zukünftig wird aber der Einbezug des Konzeptes «Risiko» den reinen Erwartungswert im Controlling ersetzen und über eine verstärkte Messbarmachung (nicht in jedem Fall monetär) die Nutzenüberlegungen ergänzen.

22.4.2.5 Integration von Interner und Externer Rechnungslegung

Eine primär methodische Herausforderung ist die Verschmelzung von interner und externer Rechnungslegung. Aus den in diesem Artikel gemachten Überlegungen lässt sich folgern, dass die von Effizienzgründen getriebene Verschmelzung immer wieder durch das Aufgreifen von zusätzlichen Aspekten im internen oder externen orientierten Informationssystem gestört wird. Mit einer kompletten Aufhebung der Grenze zwischen interner und externer Rechnungslegung kann nicht gerechnet werden. Wahrscheinlich hindert eine weitgehende Integration sogar bei der Reaktion auf die in diesem Artikel aufgezeigten Herausforderungen.

22.4.2.6 Strategisches Controlling und Strategie

Controlling wird sich vermehrt auch mit längerfristigen zukünftigen Zeiträumen beschäftigen. Insbesondere wird sich vermehrt die Frage stellen, welche Rolle das Controlling bei der Unternehmensstrategie spielt.[61] In der Praxis kann zunehmend die Schaffung eines Strategic Office beobachtet werden.[62] Das Verhältnis zwischen dem Controller-Bereich und dieser Funktion wird sehr unterschiedlich ausgestaltet. Insbesondere das Strategische Controlling ist vielfach inhaltsgleich zu den Aufgaben des Strategic Office.

Der Bereich der Zukunftsplanung wird aufgrund der schlechten Vorhersagbarkeit und der Länge der involvierten Zeiträume künftig aber über den klassischen Strategieprozess hinausgehend verstärkt durch Instrumente wie Szenarien, Prognosetechniken und Zukunftsforschung geprägt werden.[63] Gerade diese Entwicklungen haben einerseits grossen Einfluss auf das Controlling und ande-

---

[60] Vgl. Blankenagel, M. / Fischer, T. (2012), S. 128-131.

[61] Vgl. hierzu Weber, J. et al. (2012), S. 33-40 und Müller-Stewens, G. / Menz, M. (2012).

[62] Vgl. Müller-Stewens, G. / Menz, M. (2012), S. 4.

[63] Vgl. hierzu Kapitel 22.4.1.5.

rerseits ist das Controlling mit seinen Methodenkenntnissen und seinem Wissen um unternehmensinterne Zusammenhänge in der Interdependenz mit Umweltentwicklungen prädestiniert, an diesen Überlegungen zumindest teil zu haben.

Im Zuge der Rationalitätssicherung der Unternehmensführung und der Unterstützung der Entscheidungsfindung wird eine Überwindung der artifiziellen Teilung in operatives und strategisches Management nötig werden.[64] Diese Zusammenführung wird tendenziell eher vom Controlling getrieben werden, als von den «Strategen». Aufgrund der Partikularinteressen ist hier aber nicht mit raschen Fortschritten zu rechnen.

22.4.3 Organisation

22.4.3.1 Organisatorische Einbettung des Controlling-Bereichs

Im Umfeld der in diesem Artikel skizzierten Herausforderungen und ihrer unternehmensspezifischen Bewältigung, lassen sich verschiedenen Szenarien für die zukünftige organisatorische Einbettung des Controlling-Bereichs entwickeln:

- Weiterentwicklung wie bisher, Controlling als Teil der Finanzfunktion, oft auf tieferer Stufe mit hohem Bezug zum Geschäft (z.B. auch organisatorischer Einbindung)
- Trennung von Controlling und Finanzfunktion: die Aufgaben der Investor Relations und der Finanzierung bleiben beim CFO, während die Controlling-Aufgaben als Führungsunterstützung in einer separaten Funktion unterhalb des COOs oder CEOs wahrgenommen werden. Die verstärkte Tendenz zum Controlling als Business Partner[65] geht in eine ähnliche Richtung, ohne in letzter Konsequenz die Abspaltung der Investor Relations-Aufgaben und der Finanzierung zu vollziehen.
- Verschmelzung des Controllings als Führungsunterstützung und des Strategy Offices zu einer Einheit, allenfalls in Kombination mit der Abspaltung der CFO-Aufgaben.
- Verschmelzung von COO und CFO und damit Sicherstellung der Nähe des Controllings zum Geschäft

---

[64] Vgl. hierzu Blankenagel, M. / Fischer, T. (2012), S. 110-114.

[65] Vgl. hierzu Weber, J. et al. (2012), S. 41-51.

Allen diesen Szenarien ist gemeinsam, dass der Controller vermehrt als Business Partner verstanden, akzeptiert aber auch gefordert wird.[66]

22.4.3.2 Internationalisierung als persönliche Herausforderung

Die zunehmende Internationalisierung, das Arbeiten in länderübergreifenden Kooperationen und Netzwerken bedingt, dass Controller mit Partnern mit unterschiedlichen kulturellen und sozialen Hintergründen und Zielvorstellungen, aber auch Verhaltensweisen konstruktiv zusammenarbeiten können. Darüber hinaus müssen Controller mit der Komplexität umgehen können, die durch die Internationalisierung entsteht: Neben dem Handling mehrerer Kontexte müssen die verschiedenen Controlling-Systeme, die auf diese Kontexte angepasst sind, zu einem Gesamtsystem zusammengefasst werden und das bei teilweise sich widersprechenden Anforderungen. Das IFZ hat sich intensiv mit dem Controlling dezentraler Organisationen auseinandergesetzt.[67] Der geplante Lehrgang Master of Science in International Financial Management wird seine Absolventen insbesondere auch auf diesen Aspekt hin ausbilden.

22.4.3.3 Kompetenzentwicklung im Controlling

Noch stärker als bisher wird es dem Controlling obliegen, seine eigene Fähigkeiten bzw. Kompetenzen zu sichern.[68] Die neuen Anforderungen ergeben den Anspruch an eine kontinuierliche Weiterbildung einerseits, andererseits aber auch an die Rekrutierung eines hochwertigen Nachwuchses. Über die grundsätzliche Veränderung des Selbstverständnisses in den letzten 20 Jahren des Controllings und die entsprechenden Anpassungen in Aus- und Weiterbildungskonzepten wird der jungen Controllergeneration verstärkte Bedeutung zukommen. Auch wenn in den nächsten Jahren ein weniger starker Wandel im Berufsbild des Controllers zu erwarten ist, sind die Herausforderungen über die Erweiterung des Themenfeldes gross.

---

[66] Vgl. hierzu Weber, J. et al. (2012), S. 41-51 und Michel, U. / Gräf, J. (2012), S. 81-82.

[67] Vgl. hierzu auch den Artikel «Herausforderungen bei der Steuerung dezentraler Organisationen» von Viviane Trachsel und Thomas Gysler im vorliegenden Band.

[68] Vgl. Weber, J. et al. (2012), S. 87-95.

22.4.3.4 Umgang mit Informationen und Rationalität als persönliche Herausforderung

Durch seine Rolle als Business Partner wird der Controller verstärkt auch zum Kommunikator.[69] Während die Informationsbeschaffung von ihrer Bedeutung her abnimmt, werden Informationsanalyse und -vermittlung immer wichtiger. Der kommunikativen Darstellung von Informationen, auch Information Design, kommt dabei eine besondere Bedeutung zu.[70] Um dies bewältigen zu können, müssen die Daten bereitstellenden Systeme ausgezeichnet beherrscht werden.

Natürlich unterliegen alle Menschen kognitiven Limitationen.[71] Das Erkennen der eigenen Grenzen und das Verhindern von Fehlentscheidungen aufgrund solcher Mängel gehört sicherlich weiterhin zu den Aufgaben und den Anforderungen an einen Controller.[72] Diese Thematik wird heute unter dem Begriff «Verhaltensorientiertes» oder «Behavioural Controlling» angegangen und findet manchmal in der Diskussion rund um die Zielsetzung der Rationalitätssicherung zu wenig Raum.

22.4.3.5 Kumulierung von IT Anwendungs-Knowhow im Controlling

Die oben schon angesprochene ausgeprägte Kenntnis der IT-Möglichkeiten wird, wie schon bei den ERP Systemen, dazu führen, dass auch Business Intelligence Systeme schwerpunktmässig vom Controlling genutzt werden und dort die inhaltlichen Anwendungskonzepte getrieben werden. Ein Teil der Controller wird an dieser Schnittstelle zwischen Informationsanalyse und IT-Systemen seine neue Heimat finden. Die Bedeutung von Controllingwissen für Informatiker und Wirtschaftsinformatiker wird entsprechend steigen.

22.4.3.6 Ethos-fördernde Compliance

Compliance ist ein aktuelles Thema[73] und umfasst die unternehmensseitigen Vorkehrungen, insb. Prozesse, dass Gesetze und Regeln eingehalten werden.[74]

---

[69] Vgl. Weber, J. et al. (2012), S. 41-51 insb. S.49, und Nadig, L. (2000), S. 37-42, Nadig, L. (1998).

[70] Vgl. hierzu stellvertretend für viele Zelazny, G. (2006).

[71] Vgl. hierzu zum Beispiel Kahneman, D. (2011); Dobelli, R. (2011) und Wömpener, A. (2008), S. 91-209.

[72] Vgl. hierzu Weber, J. et al. (2012), S. 79-88.

[73] Vgl. Weber, J. et al. (2012), S. 53-60.

Grundsätzlich ist auch die Thematik der Internen Kontrollsysteme (IKS) hier zuzurechnen[75], wobei ein nutzenstiftendes IKS sich nicht primär an den gesetzlichen Regelungen orientiert. Eine zunehmende Regelungsdichte, sei es auf globaler, internationaler, nationaler oder unternehmensebene untergräbt aber zusehends den Ethos[76] der Beteiligten. Anstelle einer persönlichen Überzeugung und der Fähigkeit, richtig und falsch zu unterscheiden, tritt die Befolgung von Regelungen und der (Fehl-)schluss, dass alles erlaubt ist, was nicht explizit verboten ist.

Zudem haben (Geld-)Strafen einen relativierenden Effekt. Die Kosten von Regelverstössen werden berechenbar und können damit in ein (ökonomisches) Kalkül einbezogen werden. Entsprechende Konsequenzen wurden von der Motivationsforschung aufgezeigt.[77] Weitere Untersuchungen bestätigen, dass insbesondere sozial besser gestellte Personen sich weniger durch Regelungen gebunden fühlen.[78] Eine Tendenz zu «erlaubt ist, was keiner sieht» steht damit im Raum. Die Forschung ist sich dieser Problematik bewusst.[79] Es gilt in der Praxis einen vernünftigen Mittelweg zwischen Regelung und wahrgenommener Selbstverantwortung zu finden.

22.4.4 Funktion

22.4.4.1 Umfassende Rationalitätssicherung als Erweiterung des Controlling-Selbstverständnisses

Controlling als Rationalitätssicherung und Entscheidungsunterstützung[80] muss sich natürlich Fragen nach dem Zweck des unternehmerischen Handelns heute und in der Zukunft stellen. Nur unter einer Zweckvorstellung ist Rationalität überhaupt begründbar. Während heute noch die klassische Ökonomierationali-

---

74 Vgl. Roth, M. (2011), S. 1.

75 Vgl. hierzu auch den Artikel «Internes Kontrollsystem» von Stefan Hunziker im vorliegenden Band.

76 Vgl. zum Begriff «Ethos» Ulrich, P. (2008), S. 32.

77 Vgl. Pink, D. (2011).

78 Vgl. hierzu Piff, P. et al.

79 Vgl. Roth, M. (2011), S. 9-10.

80 Vgl. Kapitel 22.2.1.

tät[81] als Orientierungsraster für das Controlling dient, werden zukünftig vermehrt Überlegungen im Hinblick auf eine integrative Wirtschaftsethik[82] relevant werden. Damit einher geht, wie bereits beschreiben, die Forderung, die Inhalte des Controlling-Gegenstandes auf ökologische und soziale Aspekte auszudehnen.[83]

Einzelne Unternehmen werden zukünftig anfangen, ihre Performance auf all diesen Ebenen zu messen. Wenn das Controlling zu einer rationalen Unternehmensführung beitragen will, die eine integrierte Performance anstrebt, muss es entsprechende Konzepte zur Performance-Messung bereitstellen.

Anreize der Gesetzgeber werden diesen Trend hin zu einer stärkeren Berücksichtigung gesellschaftlicher Anforderungen verstärken.[84] Als ein Beispiel hierfür seien die CO2-Abgabe oder die Diskussion um Boni genannt.

22.4.4.2 Aufgabe

Aus Sicht der Verfasser erfährt die grundsätzliche Aufgabe des Controllings durch die genannten Aspekte eine Erweiterung, aber keine grundlegende Neuausrichtung. Je nach unternehmensspezifischem Selbstverständnis als Ausgangspunkt kann diese Erweiterung aber recht massiv ausfallen.

22.4.4.3 Ziele

Ähnliches gilt auch für die direkten und indirekten Ziele des Controllings, die sich nicht ändern, aber deren Erreichung die Berücksichtigung von zusätzlichen Parametern und Vorgaben erfordert. Die Forderung nach Effektivität und Effizienz des Controllings bleibt bestehen.[85]

22.4.5 Kontextänderungen durch controllingrelevante Regelungen und Normen

Regelungen und Normen ändern sich relativ langsam. Durch die involvierten politischen Prozesse entstehen auch nur selten Vorschriften, die einschneidende

---

81 Vgl. Ulrich, P. (2008), S. 138.

82 Vgl. hierzu Ulrich, P. (2008), S. 14-15.

83 Vgl. hierzu Kapitel 22.4.2.1.

84 Vgl. auch Kapitel 22.4.5.

85 Vgl. hierzu auch Weber, J. et al. (2012), S. 25-29.

Auswirkungen auf das Unternehmen haben, wie beispielsweise bei der neuen Schweizer Rechnungslegung[86] beobachtet werden konnte. Deutlich schneller umsetzbar aber ähnlich weitgreifend sind aber Interpretationen und Ausführungsbestimmungen auf Basis bestehender Regelungen.

Im Hinblick auf die Rechnungslegung ist mit einer langsamen Annäherung von IFRS und US-GAAP zu rechnen. Allerdings werden die finanzpolitischen und wirtschaftlichen Turbulenzen diesen Prozess eher behindern. IFRS for SME wird weiter ein Schattendasein fristen, das erst enden wird, wenn sich KMUs aufgrund der Kosten und des Unwillens der Banken direkt an spezialisierten Kapitalmärkten finanzieren müssen. Eine zumindest optionale Übernahme von internationalen Standards in nationales Recht wird nur sehr langsam und zögerlich erfolgen.

Im Hinblick auf Steuern ist damit zu rechnen, dass die Thematik Transferpreise weiter eine hohe Bedeutung behält. Ein zunehmender Protektionismus und die Notwendigkeit, Staatsdefizite zu finanzieren, können hier einen massiven Einfluss auf die internationalen Warenströme, insbesondere ihre Bewertung, haben.

Im Bereich der Unternehmenssteuern ist keine grundlegende Veränderung zu erwarten. Allerdings ist dies der Bereich, in dem mittelfristig die gravierendsten controllingrelevanten Anpassungen auftreten könnten. Getrieben von Überlegungen zum Unternehmenszweck[87] könnte sich in Zukunft ein Wechsel zu «intelligenten Steuersystemen» einstellen, bei denen bspw. die Anzahl im Inland beschäftigter Personen oder deren Lohnsumme die Steuerschuld vermindern, oder vormals externalisierte Kosten dem Unternehmen über Steuern wieder belastet werden.

Compliance als Sicherstellung des Einhaltens von Vorschriften und Regelungen wird eine immer wichtigere Rolle einnehmen.[88] Besonderes Augenmerk wird hier der Korruption[89] zu widmen sein.

---

[86] Vgl. zur neuen Schweizer Rechnungslegung auch den Artikel «Das neue allgemeine Buchführungsrecht im OR» von Marco Fontana im vorliegenden Band.

[87] Vgl. hierzu auch Kapitel 22.4.4.1.

[88] Vgl. hierzu auch die Ausführungen in Kapitel 22.4.3.6.

[89] Vgl. hierzu auch KPMG 2011.

22.5 Zusammenfassung

Das Controlling als Konzept zur Rationalitätssicherung und Entscheidungsunterstützung unterliegt einem dynamischen Wandlungsprozess und muss sich stets an die veränderten Umweltbedingungen und Geschäftsmodelle anpassen. Daraus werden sich für das Controlling in seiner funktionellen und institutionellen Perspektive zukünftig mehrschichtige Herausforderungen ergeben. Neue Funktionen erfordern deshalb ein umfassenderes Selbstverständnis, das sämtliche Stakeholderinteressen in die Entscheidungsunterstützung mit einbezieht. Dementsprechend wird langfristigen Aspekten mehr Beachtung geschenkt und neue Zielkategorien entstehen.

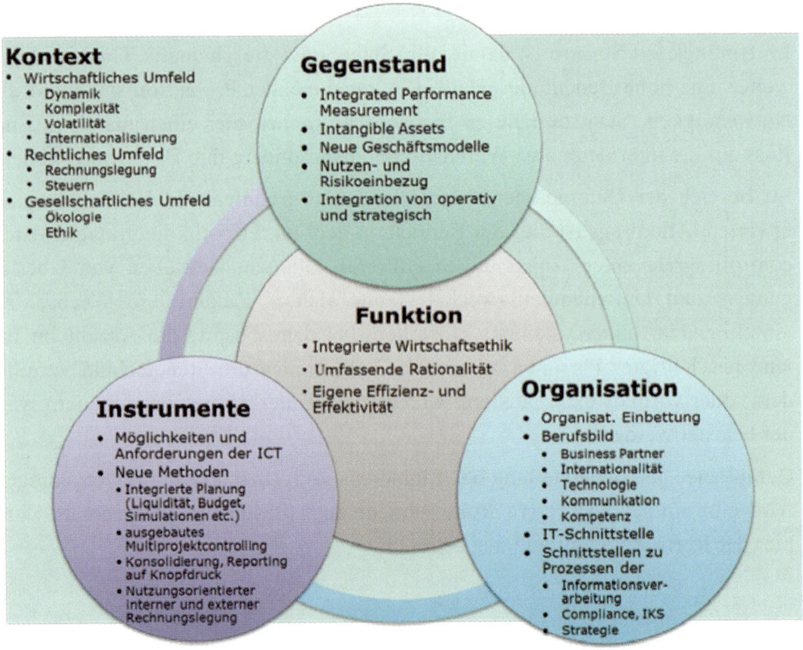

Abbildung 6: Herausforderungen innerhalb des Controlling Frameworks

Zusätzlich prägen neue Instrumente im Informations- und Kommunikationsbereich sowie angepasste oder neue Methoden in den meisten Bereichen den erwarteten Veränderungsprozess. Aufgrund der neuen Zielkategorien und der grösseren Bedeutung der Überbrückung von operativen und strategischen Fragestellungen rückt das Integrated Performance Measurement in den Fokus des

Controllings. Schliesslich stellen organisatorische Herausforderungen neue Anforderungen an Träger, Partner und Prozesse. In diesem Sinne nimmt das Controlling künftig neue Aufgaben, Kompetenzen und Verantwortlichkeiten wahr, die es im Zusammenspiel mit der Gesamtorganisation umzusetzen gilt.

Literaturverzeichnis

- Blankenagel, M. / Fischer, T. (2012): Berücksichtigung der Innovation in der Integrierten Unternehmens-Planung. In: Nagel, E. (Hrsg.): Forschungswerkstatt Innovation. Verständnisse - Gestaltung - Kommunikation - Ressourcen. Stuttgart: Lucius & Lucius, S. 107–157.
- Bleicher, K. (1991): Das Konzept integriertes Management. Frankfurt, New York: Campus.
- Burmeister, K. (2005): In the long run. Corporate foresight und Langfristdenken in Unternehmen und Gesellschaft. München: oekom Verl.
- Burmeister, K. / Glockner, H. (2009): Handbuch Zukunft 2010. Trends, Herausforderungen, Chancen. München: Focus-Magazin-Verl.
- Deyhle, A. / Hauser, M. (2010): Controller-Praxis. Führung durch Ziele, Planung und Kontrolle. 17. Aufl. Gauting/München: Management-Service-Verl.
- Dobelli, R. (2011): Die Kunst des klaren Denkens. 52 Denkfehler, die Sie besser anderen überlassen. München: Hanser.
- Fiedler, R. (2010): Controlling von Projekten. Mit konkreten Beispielen aus der Unternehmenspraxis - alle Aspekte der Projektplanung, Projektsteuerung und Projektkontrolle. 5. Aufl. Wiesbaden: Vieweg + Teubner.
- Frey, B. S. / Frey Marti, C. (2009): Glücksforschung. 1. Aufl. Zürich: Rüegger.
- Fuchs, C. (2012): Planung nach der Finanzkrise - Aktuelle Studienergebnisse. Hrsg. v. BARC. BARC. Würzburg (BARC Research Note, 1012), zuletzt geprüft am 29.03.2012.
- Gleich, R. (Hrsg., 2011): Challenge Controlling 2015. [Trends und Tendenzen]. 1. Aufl. Freiburg, Berlin, München: Haufe.
- Gleich, R. / Gänsslen, S. / Rieg, R. / Schentler, P. / Tschandl, M. / Kraus, U. / Michael, U. (2009): Moderne Budgetierung, - einfach, flexibel, integriert. In: Gleich, R. / Klein, A. (Hrsg.): Moderne Budgetierung. [Grundsätze und Handlungsempfehlungen zur Optimierung der Budgetierung : Praxisbeispiele aus unterschiedlichen Branchen ; Vorgehensmodelle und Möglichkeiten der IT-Unterstützung. Freiburg [im Breisgau] ;, Berlin ;, München [i.e. Planegg]: Haufe-Mediengruppe (Der Controlling Berater, 3), S. 75–96.
- Gleissner, W. (2008): Grundlagen des Risikomanagements. München: Vahlen.
- Grebner, S. / Berlowitz, I. / Alvarado, V. / Cassina, M. (2011): Stress bei Schweizer Erwerbstätigen. Zusammenhänge zwischen Arbeitsbedingungen, Personenmerkmalen, Befinden und Gesundheit. Stressstudie 2010. Hrsg. v. Staatssekretariat für Wirtschaft

SECO. Online verfügbar unter www.seco.admin.ch (Dokumentation/Publikationen/Studien und Berichte).

- Hahn, D. / Hungenberg, H. (2001): PuK. Planung und Kontrolle, Planungs- und Kontrollsysteme, Planungs- und Kontrollrechnung ; wertorientierte Controllingkonzepte ; Unternehmungsbeispiele von DaimlerChrysler AG, Stuttgart, Siemens AG, München, Franz Haniel & Cie. GmbH, Duisburg. 6. Aufl. Wiesbaden: Gabler.
- Hauser, M. (2011): Das Controller-Leitbild auf dem Prüfstand. In: Gleich, R. (Hrsg.): Challenge Controlling 2015. [Trends und Tendenzen]. 1. Aufl. Freiburg ;, Berlin ;, München: Haufe, S. 41–60.
- Hoffjan, A. (2009): Internationales Controlling. Stuttgart: Schäffer-Poeschel.
- Hoffjan, A. / Brandau, M. / Endenich, C. (2012): Zur Internationalisierung der Controllingforschung - Bestandesaufnahme und Entwicklungsperspektiven des International Vergleichenden Controlling. In: Gleich, R. / Mayer, R. / Möller, K. / Seiter, M. (Hrsg.): Controlling - Relevance lost? Perspektiven für ein zukunftsfähiges Controlling. München: Vahlen, S. 99–116.
- Hope, J. / Fraser, R. (2003): Beyond budgeting. How managers can break free from the annual performance trap. Boston, Mass: Harvard Business School Press.
- Horváth, P. (2009): Controlling. 11. Aufl. München: Vahlen.
- Kahneman, D. (2011): Thinking, fast and slow. London: Allen Lane.
- Kemper, H.-G. / Mehanna, W. / Baars, H. (2010): Business intelligence - Grundlagen und praktische Anwendungen. Eine Einführung in die IT-basierte Managementunterstützung ; [mit Online-Service]. 3. Aufl. Wiesbaden: Vieweg + Teubner.
- KPMG (Hrsg.) (2011): Global Anti-Bribery and Corruption Survey 2011. KPMG.
- Küpper, H.-U. (2008): Controlling. Konzeption, Aufgaben, Instrumente. 5. Aufl. Stuttgart: Schäffer-Poeschel.
- Lachnit, L. / Müller, S. (2006): Unternehmenscontrolling. Managementunterstützung bei Erfolgs-, Finanz-, Risiko- und Erfolgspotenzialsteuerung. 1. Aufl. Wiesbaden: Gabler.
- Lev, B. / Daum, J. H. (2003): Intangible Assets: Neue Ansätze für Unternehmenssteuerung und Berichtswesen. In: Péter Horváth und Gleich, R. (Hrsg.): Neugestaltung der Unternehmensplanung. Innovative Konzepte und erfolgreiche Praxislösungen. 1. Aufl. Stuttgart: Schäffer-Poeschel, S. 33–68.
- Mayer, R. (2012): Performancesteuerung von Wertschöpfungsprozessen. In: Gleich, R. / Mayer, R. / Möller, K. / Seiter, M. (Hrsg.): Controlling - Relevance lost? Perspektiven für ein zukunftsfähiges Controlling. München: Vahlen, S. 49–64.
- Michael, U. / Gräf, J. (2012): Unternehmenssteuerung und Management Reporting. In: Gleich, R. / Mayer, R. / Möller, K. / Seiter, M. (Hrsg.): Controlling - Relevance lost? Perspektiven für ein zukunftsfähiges Controlling. München: Vahlen, S. 65–83.
- Möller, K. / Schläfke, M. (2012): Controlling und immaterielle Werte. In: Gleich, R. / Mayer, R. / Möller, K. / Seiter, M. Seiter (Hrsg.): Controlling - Relevance lost? Perspektiven für ein zukunftsfähiges Controlling. München: Vahlen, S. 85–98.
- Müller, A. W. / Müller-Stewens, G. (2009): Strategic Foresight. Trend- und Zukunftsforschung in Unternehmen - Instrumente, Prozesse, Fallstudien. Stuttgart: Schaeffer Poeschel.
- Müller-Stewens, G. / Menz, M. (2012): Der Chief Strategy Officer: Neuer Wind in der C-Suite? In: Gleich, R. / Mayer, R. / Möller, K. / Seiter, M. (Hrsg.): Controlling - Relevance lost? Perspektiven für ein zukunftsfähiges Controlling. München: Vahlen, S. 3–16.

- Nadig, L. (2000): Kostenrechnung als Führungsinstrument. Grundlagen. Zürich: Schulthess.
- Nadig, L. (1996): Wachsende Komplexität und selektives Management Accounting, in Der Schweizer Treuhänder 10/96
- Nadig, L. (1998): Management Accounting – A Language? Working Paper, Annual Conference of the European Accounting Association, Antwerpen.
- Pfläging, N. (2003): Beyond Budgeting, Better Budgeting. Ohne feste Budgets zielorientiert führen und erfolgreich steuern. Freiburg im Breisgau [u.a.]: Haufe.
- Piff, P. K. / Stancato, D. M. / Coté, S. / Mendozza-Denton, R. / Keltner, D. (2012): Higher social class predicts increased unethical behavior. National Academy of Science (PNAS Early Edition). Online verfügbar unter www.pnas.org/cgi/doi/10.1073/pnas.1118373109.
- Pink, D. H. (2011): Drive. The surprising truth about what motivates us. Edinburgh: Canongate.
- Prammer, H.-K. (2009): Integriertes Umweltkostenmanagement. Bezugsrahmen und Konzeption für eine ökologisch nachhaltige Unternehmensführung. 1. Aufl. Wiesbaden: Gabler.
- Reichmann, T. (2006): Controlling mit Kennzahlen und Management-Tools. Die systemgestützte Controlling-Konzeption. 7. Aufl. München: Vahlen.
- Rieg, R. (2008): Planung und Budgetierung. Was wirklich funktioniert. 1. Aufl. Wiesbaden: Gabler.
- Rieg, R. (2008): Planung und Budgetierung. Was wirklich funktioniert. 1. Aufl. Wiesbaden: Gabler.
- Roth, M.(2011): Compliance. Zürich: Dike.
- Rüegg-Stürm, J. (2003): Das neue St. Galler Management-Modell. Grundkategorien einer integrierten Managementlehre ; der HSG-Ansatz. 2. Aufl. Bern [u.a.]: Haupt.
- Seufert, A. / Oehler, K. (2009): Grundlagen Business intelligence. 1. Aufl. Stuttgart, Berlin: Steinbeis-Ed.
- Spreiter, S. (2010): Neugestaltung der Budgetierung. Eine theoretische und empirische Analyse. Zürich: Schulthess.
- Tschandl, M. / Frey, P. / Gleich, R. / Hofmann, S. (2009): Traditionelle Budgetierung und ihre Grenzen. In: Ronald Gleich und Andreas Klein (Hrsg.): Moderne Budgetierung. [Grundsätze und Handlungsempfehlungen zur Optimierung der Budgetierung : Praxisbeispiele aus unterschiedlichen Branchen ; Vorgehensmodelle und Möglichkeiten der IT-Unterstützung. Freiburg [im Breisgau] ;, Berlin ;, München [i.e. Planegg]: Haufe-Mediengruppe (Der Controlling Berater, 3), S. 57–74.
- Ulrich, P. (2008): Integrative Wirtschaftsethik. Grundlagen einer lebensdienlichen Ökonomie. 4. Aufl. Bern [u.a.]: Haupt.
- Vahs, D. (2003): Organisation. Einführung in die Organisationstheorie und -praxis. 4. Aufl. Stuttgart: Schäffer-Poeschel.
- Vanini, U. (2012): Controlling-Konzeptionen. In: WiSu - Das Wirtschaftsstudium (3/12), S. 337–345, zuletzt geprüft am 24.03.2012.
- Vanini, U. (2009): Controlling. Stuttgart: Lucius & Lucius.
- Weber, J. (2008): Von Top-Controllern lernen. Controlling in den DAX-30-Unternehmen. 1. Aufl. Weinheim: Wiley-VCH-Verl.

- Weber, J. / Schäffer, U. (2008): Einführung in das Controlling. 12. Aufl. Stuttgart: Schäffer-Poeschel.
- Weber, J. / Linder, S. (2003): Budgeting, Better Budgeting oder Beyond Budgeting? Konzeptionelle Eignung und Implementierbarkeit. Vallendar: WHU, Lehrstuhl für Betriebswirtschaftslehre, insbesondere Controlling und Telekommunikation.
- Weber, J. / Schäffer, U. / Goretzki, L. / Strauss, E. (2012): Zehn Zukunftsthemen des Controllings. Innovationen, Trends und Herausforderungen. 1. Aufl. Weinheim, Bergstr: Wiley-VCH (Advanced Controlling, 82).
- Wömpener, A. (2008): Behavioral budgeting. Beschränkte Rationalität von kognitiven Urteils- und Entscheidungsprozessen im Kontext der Budgetierung. Hamburg: Kovač.
- Zelazny, G. (2006): The say it with charts. Complete toolkit. New York: McGraw-Hill.

23 Herausforderungen bei der Steuerung dezentraler Organisationen

Der vorliegende Artikel legt die Herausforderungen bei der Steuerung dezentraler Einheiten dar. Die Ausgestaltung und das Zusammenspiel der Steuerungsinstrumente Performance Measurement, Anreizsystem und Verrechnungspreise führt in der Praxis oft zu Diskussionen und Konflikten zwischen den verschiedenen dezentralen Einheiten oder zwischen Zentrale und dezentralen Einheiten. Der vorliegende Text liefert einen Beitrag zur systematischen Lokalisierung und Analyse solcher Spannungsfelder mit Hilfe des CODEZ Konzeptes.

Viviane Trachsel / Thomas Gysler

Prof. Viviane Trachsel (1972) ist Dozentin und Projektleiterin am Institut für Finanzdienstleistungen Zug IFZ der Hochschule Luzern - Wirtschaft. Sie hat an der Universität Zürich Betriebswirtschaftslehre studiert und das Handelslehrerdiplom erworben. Nach dem Studium arbeitete sie im Konzerncontrolling des Migros-Genossenschafts-Bundes. Ihr Weg führte sie 2001 an ans Institut für Finanzdienstleistungen Zug IFZ, wo sie als Dozentin mit Schwerpunkt Controlling arbeitet. Sie ist verantwortlich für die Studienrichtung Controlling + Accounting des Studienganges Bachelor of Science in Business Administration. Daneben bearbeitet sie praxisorientierte Forschungsprojekte und ist im Master of Advanced Studies in Controlling (MAS Controlling) als Fachrätin und Dozentin tätig.

Viviane Trachsel ist Mutter zweier Söhne und lebt mit ihrer Familie in Stallikon (ZH).

Kontakt: viviane.trachsel@hslu.ch

Prof. Dr. Thomas Gysler (1962) ist Dozent, Projektleiter und Studienleiter am Institut für Finanzdienstleistungen Zug (IFZ) der Hochschule Luzern - Wirtschaft. Nach dem Studium der Wirtschaftsinformatik und anschliessender betriebswirtschaftlicher Promotion an der Universität Zürich war er mehrere Jahre in Fach- und Führungsverantwortung im Controllingbereich tätig. Seit 2008 ist er Dozent für «international accounting & controlling» an der Hochschule Luzern - Wirtschaft.

Thomas Gysler ist Mitglied des Verwaltungsrates der Phoenux AG sowie Mitglied diverser Vorstände. Er lebt mit seiner Lebenspartnerin in Thalwil (ZH).

Kontakt: thomas.gysler@hslu.ch

23.1 Einleitung

Jede mittlere und grössere Unternehmung ist in unterschiedlichem Grad dezentral organisiert. Bereits bei mehreren Standorten oder bei Firmen mit Filialen liegt eine dezentrale Struktur vor. Dezentrale Einheiten werden vielfach nicht primär über Gebote und Verbote sondern mit Hilfe von Marktmechanismen geführt. Dies geschieht über die Ausgestaltung der Steuerungsinstrumente Performance Measurement, Anreizsystem und Verrechnungspreise. Das Zusammenspiel dieser Steuerungsinstrumente führt in der Praxis oft zu Diskussionen und Konflikten zwischen verschiedenen dezentralen Einheiten oder zwischen Zentrale und dezentralen Einheiten.

Während die einzelnen Steuerungsinstrumente bereits gut erforscht und beschrieben sind, fehlen empirische Analysen der Probleme beim Zusammenspiel dieser Steuerungsinstrumente weitgehend.

Am IFZ wurde zusammen mit den Praxispartnern Georg Fischer, Siemens und Kuoni ein Forschungsprojekt mit dem Ziel lanciert, das Zusammenspiel der Instrumente zur Steuerung dezentraler Einheiten zu erfassen, allfällige Probleme und den Umgang mit diesen aufzuzeigen und schliesslich ein Analyse- und Monitoring-Modell zu entwickeln, welches es dem zentralen Controlling erlaubt, mögliche Problemfelder frühzeitig zu erkennen, zu vermeiden oder mit zu verfolgen.

Im Rahmen des Projekts CODEZ (Controlling dezentraler Organisationen) wurde das CODEZ Konzept erarbeitet, welches eine integrierte Betrachtung der Steuerungsinstrumente erlaubt. Daran orientiert sich die Analyse bei den Praxispartnern. Mittels einer Online-Umfrage und Interviews mit ausgewählten Verantwortungsträgern wird erhoben, mit welchen Konzepten und Kennzahlen aktuell gearbeitet wird, welches die aktuellen Herausforderungen sind und mit welchen Ansätzen diese angegangen werden. Um der starken Vernetzung des Forschungsgebietes Rechnung zu tragen, werden die Resultate von Umfragen und Interviews in Mindmaps konsolidiert und zur Analyse vorbereitet. Aus dieser Analyse wird in einem weiteren Schritt das Analyse- und Monitoring-Modell entwickelt.

Das Projekt ist bei Drucklegung dieses Beitrages noch nicht abgeschlossen. Hier aufgezeigte Erkenntnisse beruhen auf dem bisherigen Erkenntnisstand.

23.2 Das CODEZ Projekt

23.2.1 Problemstellung

Gespräche mit Controllern und CFO's (Chief Financial Officer) zeigen, dass die Steuerung der dezentralen Einheiten immer wieder zu Diskussionen Anlass gibt. So sind beispielsweise interne Verrechnungen oft Gegenstand von Diskussionen, da diese die Bereichsergebnisse beeinflussen und die variable Vergütung der Bereichsmanager oft auf ebendiesen Ergebnissen basiert. Oder die Wahl der bonusrelevanten Kennzahlen kann zu falschen Investitionsentscheiden führen.

Die Forschung beschäftigt sich schon sehr lange mit der optimalen Ausgestaltung der Steuerungsinstrumente dezentraler Unternehmenseinheiten. Während einige Probleme selbst theoretisch nicht gelöst werden können, stehen der Lösung anderer unternehmensspezifische strategische, strukturelle oder kulturelle Rahmenbedingungen entgegen. In der Regel werden die festgestellten Probleme in Zusammenhang mit einem einzelnen Steuerungsinstrument diskutiert. Dies kontrastiert mit den Problemen der Praxis, welche oft im Zusammenspiel von Performance Measurement, Anreizsystemen und Verrechnungspreisen begründet sind oder dadurch entstehen, dass die Steuerungsinstrumente nicht an die Unternehmensstrategie, -struktur und -kultur angepasst sind.[1]

23.2.2 Konzeptioneller Ansatz

Je nach Grad der Eigenständigkeit dezentraler Unternehmenseinheiten werden diese im Rahmen des Center-Konzepts als Cost-, Profit- oder Investment-Center bezeichnet. Über eine grosse Eigenständigkeit verfügen Profit- und Investment-Center.[2] Diese sind im vorliegenden Kontext relevant, da ihr Management betriebswirtschaftliche Entscheide im Rahmen der Konzernstrategie weitgehend selber treffen kann.

---

1 Bourne hält fest, dass die bisherige Forschung zu stark auf Einzelheiten fokussiert und dass dadurch relevante Zusammenhänge («big-picture problems») von der Forschung zu wenig erfasst werden. Vgl. Bourne, M. (2008), S. 69.

2 Eine Übersicht über die verschiedenen Center-Typen findet sich beispielsweise in Merchant, K. A. / Van der Stede, W. A. (2007), S. 270-277 und in Atkinson, A. A. et al. (2012), S. 493-497.

Die Steuerung solcher Einheiten erfolgt über Marktmechanismen und durch die konkrete Ausgestaltung der Steuerungsinstrumente Performance Measurement, Anreizsystem und Verrechnungspreise.

- Das Performance Measurement legt fest, mit welchen Messgrössen die Leistungen der dezentralen Einheiten gemessen werden.
- Im Anreizsystem steht die Leistung des Managements im Zentrum. Es definiert die Berechnungsgrundlage eines Bonussystems.
- Verrechnungspreise bewerten interne Lieferungen von Gütern und interne Dienstleistungen der Center untereinander.

Abbildung 1 verdeutlicht, dass die Steuerungsinstrumente vor dem Hintergrund des entsprechenden Center-Typs abhängig von Kompetenzen und Verantwortung der dezentralen Einheit auszugestalten sind. Die Steuerungsinstrumente sind auch untereinander abhängig.

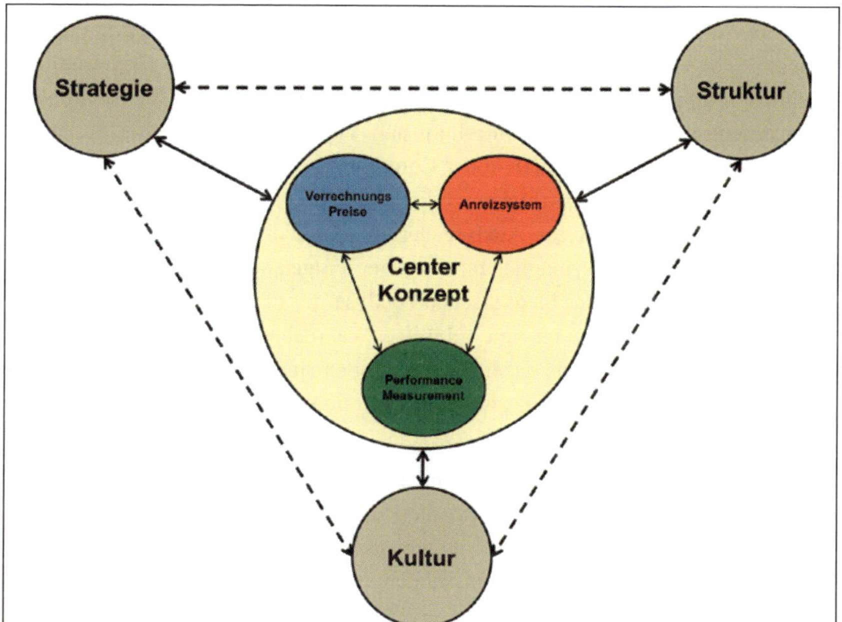

Abbildung 1: CODEZ Konzept

Der theoretisch exakten Ausgestaltung der Steuerungsinstrumente – wenn es eine solche überhaupt gibt – stehen in der betrieblichen Realität strukturelle, strategische oder unternehmenskulturelle Hindernisse im Weg. Es gilt für jedes Unternehmen eine optimale Ausgestaltung zu wählen, welche strukturelle, strategische und kulturelle Rahmenbedingungen berücksichtigt. Dies hat zur Folge, dass jede mögliche Ausgestaltung zu dysfunktionalem Verhalten führen kann. Für das Controlling heisst das, dass mögliche Probleme frühzeitig erkannt und entsprechende Massnahmen getroffen werden müssen.

23.2.3 Forschungsansatz

Für dieses Projekt wurde ein Forschungsansatz mit vier Schritten gewählt. Basis bildet die theoretische Analyse möglicher Probleme bei Einsatz von Performance Measurement, Anreizsystem und Verrechnungspreisen.

Erstens wurde auf Grund der Aufarbeitung der aktuellen Literatur das CODEZ Konzept entwickelt. Zweitens wird anschliessend für jeden Wirtschaftspartner eine Ist-Aufnahme der angewendeten Steuerungsinstrumente vorgenommen. Diese erfolgt mittels einer elektronischen Befragung einer ausgewählten Schlüsselgruppe, bestehend aus Geschäftsführern (CEO) und CFO (zentraler und dezentraler Einheiten), Controllern und Vertretern ausgewählter Supporteinheiten wie zum Beispiel HR- oder Compensation-Verantwortlichen. Anhand von Interviews werden anschliessend die erkannten Probleme vertieft und verifiziert. Drittens werden zur Analyse der Resultate unter anderem Mindmaps eingesetzt, da diese es ermöglichen, die gegenseitigen Vernetzungen zu visualisieren. Ein Vergleich der theoretischen Analyse mit den in der Praxis wahrgenommenen Problemen zeigt eine allfällige Wahrnehmungslücke auf. Aus der Untersuchung zentraler wie dezentraler Einheiten sind auch Aussagen zu unterschiedlichen Wahrnehmungen zwischen Zentrale und dezentraler Einheit möglich.

Viertens wird auf der Basis der erkannten Probleme ein Analyse- und Monitoring Modell erarbeitet, mit welchem die Probleme laufend erfasst und mitverfolgt werden können. Dieses soll es dem zentralen Controlling erlauben, das Zusammenwirken der Steuerungsinstrumente zu beurteilen und mögliche Probleme rechtzeitig zu erkennen. Daraus ergibt sich eine Optimierung des Controllings dezentraler Einheiten. Fehlentscheide können vermieden und Fehlentwicklungen frühzeitig korrigiert werden.

23.3 Das CODEZ Konzept im Detail

23.3.1 Die Steuerungsinstrumente

23.3.1.1 Performance Measurement

Das Performance Measurement beschäftigt sich mit der Frage, wie die Leistung dezentraler Einheiten gemessen werden kann. Für deren Steuerung ist das Performance Measurement wichtig, weil auf dessen Basis über die optimale Zuteilung knapper Ressourcen entschieden wird.

Von jeder Messgrösse geht eine Anreizwirkung aus. Diese wirkt nur auf den in der Kennzahl erfassten Bestandteilen. Wird ein Bereich z.B. über eine DB2-Marge gesteuert, wird der Fokus auf den Nettoerlös und die im DB2 berücksichtigten Kosten gelegt. Alle Kosten, welche nach der gewählten DB-Stufe anfallen, wie beispielsweise Infrastrukturkosten, werden kaum beachtet und bewirtschaftet.

Wird als Leistungsziel eine Gewinngrösse vorgegeben, so wird der Center-Leiter versuchen, den Umsatz zu steigern und die Kosten zu senken. Absolute Gewinngrössen (z.B. EBIT, EBITDA, Unternehmensergebnis) haben aber den Nachteil, dass unterschiedlich grosse Profit-Center nicht direkt mit einander verglichen werden können. Ob ein Gewinn in einer bestimmten Höhe als gut oder schlecht bezeichnet werden kann, hängt von der Grösse des Profit-Centers bzw. vom investierten Kapital ab. Im schlechten Fall kann die Vorgabe einer Gewinngrösse dazu führen, dass Umsatz mit einem übermässigen Kapitaleinsatz erkauft wird und somit die Rentabilität darunter leidet. Aus diesen Gründen sollten bei Investment-Centern Renditegrössen (z.B. ROI oder ROE) oder wertorientierte Messgrössen (z.B. EVA© (Economic Value Added) oder Economic Profit) eingesetzt werden.[3]

Renditegrössen können jedoch ebenfalls zu Problemen führen. So wird nicht in Projekte investiert, deren Rendite unter der aktuellen Rendite des Investment-Centers liegt, obwohl diese Rendite möglicherweise über derjenigen des Konzerns liegt und den Gesamtkapitalkostensatz (WACC) des Konzerns übersteigt[4].

---

[3] Vgl. Young, S. / O'Byrne, D. (2001), S. 455.

[4] Vgl. Atkinson, A. A. et al. (2012), S. 514.

Zudem steigt die Rendite bei gleich bleibenden Gewinnen über den Zeitverlauf an, weil durch die lineare Abschreibung das Gesamtkapital abnimmt.

Sowohl bei Gewinn- wie bei Renditegrössen kann auch die zugrunde liegende Rechnungslegung zu Problemen führen. Änderungen von Standards haben Einfluss auf die Resultate, obwohl keine Managementleistung dahinter steht. Von der Rechnungslegung können im Zusammenhang mit der Rendite falsche Anreizsignale ausgehen. So kann sich beispielsweise der Verzicht auf weitere Markterschliessungen kurzfristig positiv auf die Rendite auswirken, obwohl dies langfristig unerwünschte Entwicklungen sind. Zudem gilt es auch zu beachten, dass Teile des Reportings von Schätzungen abhängig sind, was je nach zugrunde liegendem Rechnungslegungsstandard zu kleineren oder grösseren Gestaltungsspielräumen führt.

Einige der oben dargestellten Probleme können durch den Einsatz wertorientierter Messgrössen behoben werden. Sie setzen die Maximierung des Unternehmenswertes ins Zentrum. Für das Performance Measurement eignet sich der Economic Value Added© bzw. Economic Profit, weil mit dieser Messgrösse die Leistungsmessung einzelner Perioden möglich ist. Das Konzept wertorientierter Messgrössen zeigt nicht nur, wie viel Rendite auf dem eingesetzten Kapital erwirtschaftet wurde, sondern wie gross der absolute Wertbeitrag nach Abzug der Fremd- und Eigenkapitalkosten ausgefallen ist.

Durch Anpassungen der Datengrundlagen (sog. Adjustments oder Conversions) wird einerseits erreicht, dass der ROCE (Return on Capital Employed) nicht von der Kapitalstruktur abhängig ist und andererseits werden unerwünschte Anreizwirkungen durch die Rechnungslegung behoben und die Sicht der Aktionäre abgebildet.[5]

Oft werden Adjustments vom Management nicht richtig verstanden, führen sie doch zu zwei unterschiedlichen Ergebnissen. Das Verständnis einer Messgrösse ist jedoch die Voraussetzung dafür, dass die Messgrösse auch angewendet wird. Es gilt deshalb nur solche Adjustments umzusetzen, welche

- einen wesentlichen Einfluss haben und
- deren Anreizwirkung für die Unternehmung zentral ist.

Für das Controlling ist es wichtig, die Anreizwirkung des oder der eingesetzten Performance Masse zu kennen. Wird auf ein Adjustment verzichtet, nimmt man

---

5 Einen Überblick über die gängigsten Adjustments gibt Trachsel, V. (2006), S. 9-10.

die falsche Anreizwirkung in Kauf. Die Entwicklung in diesem Bereich muss dann mit anderen Massnahmen sichergestellt werden. Werden bspw. Forschungs- und Entwicklungskosten nicht aktiviert, belasten sie direkt die Erfolgsrechnung. Der Manager hat kurzfristig keinen Anreiz in Forschung- und Entwicklung zu investieren.

Werden Fehlanreize festgestellt, kann das dazu führen, dass das Reporting um eine weitere Kennzahl erweitert wird, welche den problematischen Bereich ausleuchtet. So kann eine zu starke Orientierung am Umsatz dazu führen, dass die betrieblichen Aufwendungen und damit der EBIT vernachlässigt werden. In der Folge wird das Augenmerk vermehrt auf den EBIT gerichtet. Dies kann dazu führen, dass Verkäufer längere Zahlungsfristen gewähren und damit das Net Working Capital erhöht. Eine solche Reaktionskette kann zu einer Kennzahlenschwemme im Reporting führen. Die Anreizwirkungen der verschiedenen Kennzahlen sind dann nicht mehr aufeinander abgestimmt. Es gilt, eine möglichst optimale Mischung der Kennzahlen und deren Anreizwirkungen zu wählen.

23.3.1.2 Anreizsystem

Die Leistungsmessung des Center-Leiters bildet die Grundlage der Bonusberechung. Das Anreizsystem legt fest, wie der Bonus berechnet wird. Die im Kapitel Performance Measurement gemachten Aussagen zu Anreizwirkungen von Kennzahlensets gelten noch mehr für die Auswahl von Kennzahlen, welche einem Bonussystem zugrunde liegen. Die Gefahr, dass Fehlanreize wirklich zu Fehlentscheidungen für das Unternehmen führen, ist umso grösser. Messgrössen, welche zur Bonusberechnung herangezogen werden, müssen besonders sorgfältig ausgewählt und geprüft werden. Fehlüberlegungen können zu Demotivierung oder gar Ausscheiden von guten Managern und zu Fehlentscheiden führen.

Werden als Basis für die Bonusberechnung mehrere Kennzahlen (Kennzahlensets) zugrunde gelegt, so kann beobachtet werden, dass unbewusst einzelne Grössen stärker gewichtet werden. Werden zum Beispiel in einem Anreizsystem zur Ermittlung der Performance sowohl der Umsatz wie auch der EBIT erfasst, so wird der Umsatz faktisch mehrfach gewichtet, da er auch eine wichtige Komponente im EBIT darstellt. Gleichzeitig muss darauf geachtet werden, dass ein Kennzahlenset möglichst widerspruchsfrei ist. Werden Manager zum Beispiel auf der Basis des ROI entlohnt, sind sie an einer möglichst hohen relativen Profitabilität interessiert. Kommt jetzt aber noch das Ziel eines Unternehmensgewinns in absoluten Zahlen dazu, dann stellen sich Widersprüche ein. Der Manager wird sich auf eine einzige Kernkennzahl konzentrieren müssen und wird implizit oder explizit die Balance im Set vernachlässigen[6]. Deshalb sollten Anreizsysteme möglichst einfach, gut verständlich und widerspruchsfrei sein.

Stützt das Bonusprogramm auf die Leistungsmessung des eigenen Bereichs ab, führt das zu einer Fokussierung des Managers auf den eigenen Bereich. Die Zusammenarbeit mit anderen Einheiten wird nicht gefördert, sondern kann im ungünstigen Fall sogar behindert werden. Um die Zusammenarbeit über den ganzen Konzern hinweg zu fördern, können neben den Messgrössen der eigenen Einheit auch solche übergeordneter Einheiten im Bonussystem einbezogen werden. Nachteil davon ist jedoch, dass der Einflussbereich auf diese Messgrössen deutlich kleiner ist.[7]

Kennzahlen und Kennzahlensets sollten nicht zu oft verändert werden. Dank der angestrebten Steuerwirkung lernen Manager und Mitarbeitende sich effizient im Sinn des Anreizsystems zu verhalten. Ändert sich dieses, so muss sich die Belegschaft erst wieder neu ausrichten. Des Weiteren fokussieren schnelle Wechsel von Kennzahlensystemen die Verantwortungsträger auf quick wins, das heisst, dass innerhalb weniger Messperioden bonusrelevante Resultate vorliegen müssen. Es besteht die Gefahr, dass längerfristige Projekte und zukunftsträchtige Investitionen nicht durchgeführt werden.

Um eine echte langfristige Ausrichtung der Entscheidungsträger zu gewährleisten, kann auf Bonuspläne mit Bonusbanken zurückgegriffen werden. Bei diesen Systemen wird ein Teil des Bonus einer Bonusbank zugewiesen. Eine solche Zuweisung kann in schlechten Jahren auch negativ sein. Ein negativer Bonus wird mit dem positiven Saldo der Bonusbank verrechnet. Damit wird das Management nicht nur an den Chancen, sondern auch an den Risiken beteiligt.[8]

---

6 Siehe auch Kapitel 3.2 Die Interaktion zwischen den Steuerungsinstrumenten.

7 Vgl. Merchant, K. A. / Van der Stede, W. A. (2007), S. 405-406.

8 Vertiefende Erläuterungen zur Bonusbank finden sich in: Koch, M. / Pertl, M. (2009) und Young, S. / O'Byrne, D. (2001), S. 138-142.

23.3.1.3 Verrechnungspreise

Tauschen verschiedene Center untereinander Güter oder Dienstleistungen aus, muss für diesen Transfer ein Preis (Verrechnungspreis) festgelegt werden.

Verrechnungspreise ermöglichen in dezentralen Organisationen eine Erfolgslokalisierung. Je nach Ausgestaltung des Verrechnungspreissystems fallen in den Unternehmenseinheiten unterschiedliche Gewinne an. Man spricht in diesem Zusammenhang von der Erfolgsermittlungsfunktion von Verrechnungspreisen. Verrechnungspreise üben zudem eine Koordinations- oder Lenkungsfunktion aus, da sie viele Entscheidungen wie Kapazitäts- oder Ressourcenzuteilungsentscheidungen beeinflussen. Verrechnungspreise sollen die Entscheidungen der Center-Leiter so steuern, dass diese im Sinne des Gesamtunternehmens bzw. des Konzerns erfolgen.

Welche Möglichkeiten stehen zur Preisermittlung zur Verfügung? Zum einen kann versucht werden, einen externen Marktpreis zu ermitteln. Weiter können Informationen aus der Kostenrechnung verwendet werden oder die Parteien handeln gemeinsam einen Preis aus.

Sofern ein externer Markt für das gleiche oder ähnliche Produkt bzw. die Dienstleistung besteht, kann der extern gezahlte Preis auch für die interne Verrechnung genutzt werden. Wenn die Center Marktzugang haben, reguliert sich der Preis über den Marktmechanismus. Damit stellt der Preis eine objektive Grösse dar, was zu einer gut akzeptierten Erlöszuteilung führt. Die Allokation von Ressourcen richtet sich nach denselben Kriterien, wie am externen Markt.

Für viele interne Lieferungen und Leistungen existiert jedoch kein genügend vergleichbarer externer Markt oder es herrscht auf dem Markt keine echte Konkurrenzsituation. In solchen Fällen wird oft auf kostenbasierte Verrechnungspreise zurückgegriffen. Am häufigsten werden Vollkosten plus Gewinnzuschlag verrechnet.[9]

---

9 Vgl. Pfaff, D. / Stefani, U. (2006), S. 517-524.

Der wichtigste Nachteil solcher Verrechnungspreise ist die Transformation von fixen in variable Kosten. Abbildung 2 zeigt diese Situation.

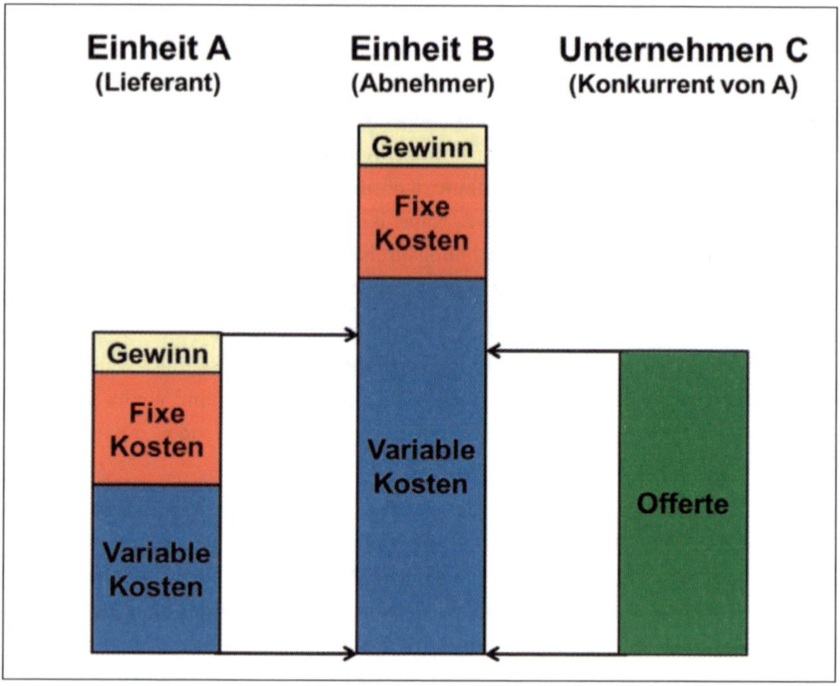

Abbildung 2: Transformation von fixen in variable Kosten

Aus Sicht der abnehmenden Einheit (B) stellt der Preis den Einstandspreis für die beschaffte Ware und damit variable Kosten dar. Für die liefernde Einheit (A) wird der Stückpreis mit Hilfe der Kostenrechnung aus den variablen Stückkosten und den anteilsmässigen Fixkosten kalkuliert. Aus Gesamtsicht enthält der Verrechnungspreis somit Fixkostenelemente. Hat B die Möglichkeit, das Produkt entweder bei A oder extern am Markt (C) einzukaufen, wird sich B für den Konkurrenten entscheiden, falls dieser günstiger offeriert. Die Fixkosten der Einheit A entstehen jedoch in jedem Fall. Damit entscheidet sich die einkaufende Einheit B gegen einen konzerninternen Bezug und für einen vermeintlich günstigeren Fremdbezug. Diesem Problem kann mit einer internen Bezugspflicht begegnet werden. Diese hat ihrerseits jedoch den Nachteil, dass die Steuerungsfunktion nicht mehr optimal funktioniert.

Diese Transformation von fixen in variable Kosten kann entschärft werden, indem die einzelnen Kostenkomponenten gemäss ihren Kostentreibern weiterverrechnet werden. In einer einfachen Ausgestaltung bedeutet dies, dass die variablen Kosten je Einheit verrechnet werden, während die fixen Kosten als fester Betrag monatlich oder jährlich verrechnet werden. Ein solches Verrechnungspreissystem ermöglicht sowohl optimale kurzfristige wie langfristige Entscheide. Sowohl die zuliefernde als auch die abnehmende Einheit sind bestrebt, die Kapazitätsplanung zu koordinieren. Die Schwierigkeit liegt in der Ermittlung der entsprechenden Datengrundlagen. Zudem ist das System komplexer als andere Verrechnungspreissysteme.

Alternativ kann auf die Vorgabe eines markt- oder kostenbasierten Verrechnungspreissystems verzichtet werden und es stattdessen den beteiligten Parteien überlassen, sich im Rahmen einer Verhandlung auf den Verrechnungspreis zu einigen. Die Grundlage der Verhandlungen bilden i.d.R. trotzdem marktorientierte oder kostenbasierte Informationen.

Das Resultat der meist zeitintensiven Verhandlungen ist – zumindest kurzfristig – gut akzeptiert, bleibt aber eine willkürliche Lösung. Konflikte in den Verhandlungen können vom Fokus, eine optimale Lösung für das Gesamtunternehmen zu finden, ablenken und bei ungleicher Verhandlungsmacht zu suboptimalen Lösungen führen.

Im internationalen Waren- und Dienstleistungsverkehr spielen neben betriebswirtschaftlichen Überlegungen auch steuerrechtliche Aspekte eine bedeutende Rolle. Da sich über die Ausgestaltung der Verrechnungspreise die Gewinne bestimmter Einheiten direkt steuern lassen, sind die Steuerbehörden bestrebt, Gewinnverschiebungen in steuerlich vorteilhafte Länder zu unterbinden. Damit konzerninterne Verrechnungspreise steuerlich akzeptiert werden, müssen sie dem Grundsatz des *dealing at arm's length*, des Fremdvergleichs genügen.[10]

Für den Beweis des Fremdvergleichs werden unterschiedliche Methoden herangezogen. Alle haben gemeinsam, dass mit eigenen Geschäften mit Externen oder mit Unternehmen in der gleichen Branche verglichen wird. Um die Verrechnungspreise herzuleiten, stellt man oft z.B. auf die Gewinnmarge ab. Zusätzlich muss zuhanden der Steuerbehörden nachgewiesen werden, dass der

---

10 Zur Vertiefung der steuerrechtlichen Verrechnungspreisproblematik wird auf die Spezialliteratur verwiesen. Weber, Stoffels und Kleindienst (2004) behandeln sowohl die betriebswirtschaftliche wie die steuerliche Verrechnungspreisproblematik.

durch die Einheiten ausgewiesene Gewinn den ausgeübten Funktionen und dem effektiv getragenen Risiko entspricht. In der Praxis kann das dazu führen, dass für die Einheiten Gewinnmargen vorgegeben werden. Die Steuerung der dezentralen Einheiten über das Performance Measurement und über das Anreizsystem wird so entscheidend geschwächt. Macht eine Einheit mehr Gewinn muss nämlich der Verrechnungspreis so angepasst werden, dass die Gewinnmarge wieder dem Benchmark entspricht.

Das Thema der Verrechnungspreisgestaltung beschäftigt die Betriebswirtschaftslehre schon seit deren Bestehen. Den Verrechnungspreis, welcher alle Funktionen optimal erfüllt, gibt es nicht. Damit bleiben Verrechnungspreise ein innerbetriebliches Diskussions- und Konfliktthema.

23.3.2 Die Interaktion zwischen den Steuerungsinstrumenten

Die Steuerungsinstrumente Performance Measurement, Anreizsystem und Verrechnungspreise sind sehr stark miteinander verflochten und beeinflussen sich gegenseitig. Das Anreizsystem setzt auf den Kennzahlen des Performance Measurement auf. Von bonusrelevanten Kennzahlen geht eine starke Steuerwirkung aus. Aus diesem Grund sind diese Kennzahlen besonders sorgfältig auf ihre Anreizwirkung hin zu prüfen. Wenn beispielsweise die Rentabilität eines Investment-Centers sinkt, könnte das damit zu haben, dass der Manager auf der Basis des EBIT entlohnt wird und somit kein Anreiz besteht, sparsam mit dem Kapitaleinsatz umzugehen. Das Anreizsystem ist oft durch das HR getrieben. Wird der Finanzbereich nicht genügend einbezogen, kann es zu Differenzen zum Performance Measurement kommen.

Die Langfristigkeit von gewissen Entscheiden wie z.B. Forschungs- und Entwicklungsinitiativen oder Markterschliessungen kann auch zu Problemen führen. Eine Erhöhung solcher Aufwendungen führt zu einem sinkenden Gewinn und somit zu einem tieferen Bonus. Der Manager hat folglich kurzfristig keinen Anreiz z.B. Forschung zu betreiben. Die Theorie stellt Konzepte zur Verfügung, um dieser Problematik zu begegnen. So können im Rahmen des EVA©-Konzeptes die Forschungs- und Entwicklungsaufwendungen aktiviert und abgeschrieben werden. Dies führt jedoch zu unterschiedlichen Ergebnissen im Performance Measurement und im Finanzreporting.

Oft wird nicht unterschieden zwischen der Messung der Performance der Organisationseinheit und derjenigen des Managers. Bezüglich der Beeinflussbarkeit und der Anreizwirkung ist eine Unterscheidung in manchen Fällen jedoch sinnvoll. So kann ein Teilbereich über Jahre eine unterdurchschnittliche Rendite oder gar Verluste machen. Dies führt zu Überlegungen diesen Bereich zu schliessen oder zu verkaufen. Hat es der Center-Leiter aber geschafft, die Verluste zu verkleinern, hat er trotzdem eine gute Leistung erbracht.

Auch die Verrechnungspreise spielen eine nicht zu unterschätzende Rolle. Die Änderung eines Verrechnungspreises beeinflusst die Bereichsergebnisse direkt. Das Verrechnungspreissystem muss so ausgestaltet sein, dass es das Performance Measurement unterstützt.[11] So führt ein Verrechnungspreis auf Basis von variablen Kosten dazu, dass der Gewinnausweis beider Einheiten verzerrt wird und das Performance Measurement nicht mehr funktioniert. Sind die bonusrelevanten Ergebnisse stark von Verrechnungspreisen abhängig, führt das zu Diskussionen über die Höhe des Verrechnungspreises. In einem solchen Fall kann es helfen, die Kennzahl so zu adjustieren, dass sie nicht durch Verrechnungspreise beeinflusst wird.[12]

23.3.3 Der Einfluss des Umfelds

23.3.3.1 Kulturelle Aspekte

Die Steuerung der dezentralen Einheiten findet vor dem Hintergrund einer bestimmten Unternehmenskultur statt. So ist das Management von einigen Unternehmen eher zahlenaffin während sich das Management anderer z.B. eher marketingorientierten Unternehmen mit komplexeren Messgrössen schwer tut. Cash Flow- oder wertorientierte Grössen werden nicht von allen Managern komplett verstanden. Adjustments im EVA©-Konzept führen denn auch oft zu Widerständen. Zugunsten einer guten Akzeptanz und Verständlichkeit im Management wird dann auf eine anreizkompatible Ausgestaltung des Performance Measurements verzichtet.

Ein weiterer interessanter Aspekt, der sich bei der Auswertung der Daten gezeigt hat, betrifft die Ansichten verschiedener Akteure zu den Steuerungsinstrumenten. So kann festgestellt werden, dass CEO, CFO und Controller unabhängig von der konkreten Ausgestaltung der Steuerungsinstrumente in einem bestimmten Bereich oft eine ähnliche Meinung vertreten.

---

[11] Vgl. Merchant, K. A. / Van der Stede, W. A. (2007), S. 277-278.

[12] Vgl. Weber, J. et al. (2004), S. 40-42.

Abbildung 3 zeigt das Beispiel eines untersuchten Konzerns.

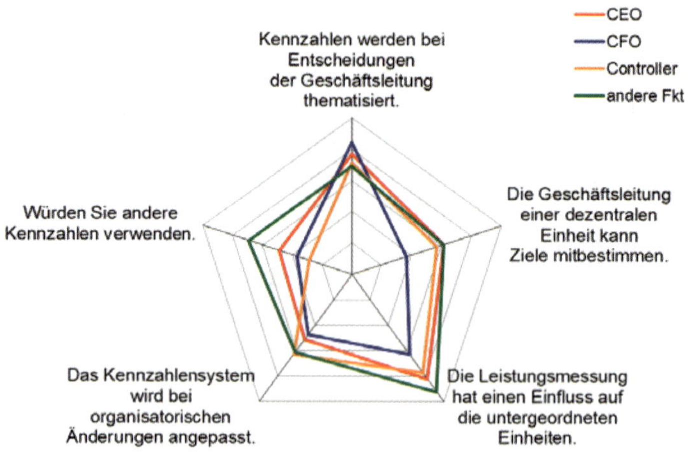

Abbildung 3: Performance Measurement nach Funktionen (Skalierung 0-100%)

Die Controller stehen der aktuellen Lösung allgemein weniger kritisch gegenüber als CEO und CFO. So würden 49% der CEO andere Kennzahlen verwenden, wenn sie das System selber ausgestalten könnten. Bei den Controllern sind es nur 29%.

Die Unternehmenskultur prägt auch den Umgang mit den Steuerungsinstrumenten. So werden die Steuerungssysteme unterschiedlich strikt gehandhabt. Wird bei schlechtem Geschäftsgang aufgrund von Schwierigkeiten im Marktumfeld das Anreizsystem angepasst, büsst das System Glaubwürdigkeit ein. Ein zu strikter Umgang kann in extremen Situationen auf der anderen Seite zum Absprung guter Manager führen.

Auch Verrechnungspreise bieten oft einen Verhaltensspielraum. Ob ein Fremdbezug einer Komponente vom Endkunden gewünscht wird oder vom Verkäufer vorgeschlagen wird, lässt sich später nicht mehr gut nachvollziehen.

Eine positive Unternehmenskultur hilft jedoch auch dabei, dass Fehlanreize nicht zu Fehlentscheiden führen. Ein gutes Commitment mit dem Konzern als Ganzes hilft kurzfristiges Bereichsdenken zu überwinden.[13]

23.3.3.2 Strukturelle Aspekte

Die Ausgestaltung der Steuerungssysteme muss auf die Unternehmensstruktur abgestimmt sein. So müssen sowohl Kompetenzen als auch Verantwortungen im Performance Measurement abgebildet werden. Hat der Bereichsleiter keine Finanzverantwortung, sollte das gewählte Performance Mass keine Finanzierungseinflüsse enthalten. Die Eigenkapitalrendite (ROE) beispielsweise wäre in diesem Fall kein geeignetes Performance Mass.

In Konzernstrukturen kommt der Kaskadierung der Steuerungssysteme über verschiedene Hierarchiestufen eine bedeutende Rolle zu. Es geht dabei um die Frage, ob Performance Measurement, Anreizsystem und Verrechnungspreise konzernweit gleich umgesetzt werden oder ob die dezentralen Einheiten Freiheiten haben in der Gestaltung dieser Steuerungsinstrumente. Falls die Systeme nicht einheitlich umgesetzt werden, besteht die Gefahr, dass die dezentralen Einheiten nicht im Sinne des Konzerns handeln. Die obersten Ziele werden mit jeder Stufe weiter unten weniger klar kommuniziert und verlieren an Gewicht.[14] Wird als zentrales Performance Mass ein EVA© eingesetzt, kann dieser nicht über alle Stufen hinweg berechnet werden, weil beispielsweise die Vermögenspositionen nicht mehr einer bestimmten Einheit zugerechnet werden können. In diesem Fall wird dann auf EVA©-Treiber ausgewichen.[15]

In Konzernen besteht für das Verrechnungspreissystem die Herausforderung sowohl Verrechnungen von unselbständigen Managementeinheiten wie auch solche von rechtlich selbständigen Einheiten in Einklang zu bringen. Dies kann deshalb zu Schwierigkeiten führen, weil die Verrechnungspreise oft von unterschiedlichen Stellen festgelegt werden.[16]

Kommt es im Unternehmen zu einer Restrukturierung oder zu einer Verschiebung der Kompetenzen zwischen zwei dezentralen Einheiten, müssen die Systeme angepasst werden. Solche Anpassungen erfolgen oft erst, wenn es zu

---

[13] Vgl. Gulati, R. (2007), S. 93 und S. 99-100.

[14] Vgl. Bourne, M. (2008), S. 68.

[15] Vgl. Young, S. / O'Byrne, D. (2001), S. 93-98.

[16] Vgl. Weber, J. et al. (2004), S. 11.

Fehlentscheiden oder zu Diskussionen unter den Managern kommt, weil das bisherige System nicht mehr richtig funktioniert. Beispiele aus der Praxis sind die Bildung von Shared Service Centern, zentraler statt dezentraler Einkauf, Key Account-Management oder eine Verschiebung der Verantwortung über Sachanlagen.

23.3.3.3 Strategische Aspekte

Die Steuerungsinstrumente müssen auf die Strategie abgestimmt sein und die Strategieumsetzung unterstützen. Im Abschnitt 1.2.1.1 stehen die finanziellen Messgrössen im Zentrum. Ausschliesslich finanzielle Messgrössen können die Strategieumsetzung nicht ausreichend überprüfen. So ist es möglich dank grossem Volumen und tiefen Kosten ein gutes Ergebnis zu erwirtschaften oder aber über ein kleines Volumen an hochwertigen und entsprechend teureren Produkten. Zwei ganz unterschiedliche Strategien. Um eine Strategieumsetzung zu überprüfen müssen nicht-finanzielle Kennzahlen herangezogen werden.[17] Die allgemeinen Aussagen über die Ausgestaltung eines Performance Measurement-Systems in Abschnitt 1.2.1.1 treffen auch auf nicht-finanzielle Kennzahlen zu.[18]

Im Anreizsystem werden aufgrund der oben gemachten Überlegungen neben finanziellen ebenfalls nicht-finanzielle Kennzahlen empfohlen. Der Einbezug nicht-finanzieller Kennzahlen hilft neben einer entsprechenden Unternehmenskultur Bereichsdenken zu überwinden und eine bereichsübergreifende Kooperation zu stärken. Der Einbezug eines Kundenzufriedenheitsindex bspw. führt zu einer verstärkten Kundenorientierung. Um einen optimalen Kundenservice zu gewährleisten, müssen die Bereiche zusammenarbeiten.[19]

Auch die Ausgestaltung der Verrechnungspreise kann eine Strategieumsetzung fördern. Bei einer Strategie der Kostenführerschaft und kostenorientierten Verrechnungspreisen sollten die Verrechnungspreise aufgrund von Plankosten verrechnet werden. Effizienzabweichungen hat so der liefernde Bereich zu tragen und hat damit einen Anreiz die Kosten zu senken. Bei einer Verrechnung

---

17 Vgl. Otley, D. (2008), S. 28 und Brignall, S. (2008), S. 168.

18 Der Fokus auf finanzielle Kennzahlen in Abschnitt 1.2.1.1 wurde so gewählt, weil in der Praxis den finanziellen Kennzahlen eine grosse Bedeutung zukommt.

19 Vgl. Gulati, R. (2007), S. 100-101.

zu Ist-Kosten hätte der liefernde Bereich keinen Anreiz kostengünstig zu produzieren.[20]

Die diskutierten Steuerungsinstrumente zeigen oft Schwächen im Umgang mit strategischen Investitionen. Investitionen in Sachanlagen können durch die Wahl von Performance Massen oder durch die Ausgestaltung von Bonussystemen gehemmt oder gefördert werden. So erweist sich zum Beispiel die Messgrösse Free Cash Flow als investitionsfeindlich, während der Investitionsentscheid bei der Messgrösse EBITDA gar nicht berücksichtigt wird.

Ebenfalls problematisch in Bezug auf strategische Investitionen ist die Ausgestaltung des Verrechnungspreissystem im Falle einer kostenorientierten Verrechnung: Investiert die liefernde Einheit in eine modernere Produktionsanlage, ermöglicht dies in den folgenden Jahren eine kostengünstigere Produktion. Die Herstellkosten und damit der Verrechnungspreis sinken. Die liefernde Einheit wird die Investition jedoch nicht tätigen wollen, da das Bereichsergebnis in der Folge tiefer ausfallen wird.

Eine weitere Problematik strategischer Investitionen ist, dass diese vom Top Management entschieden, jedoch von Investment-Centern umgesetzt werden. Das Investment-Center-Management muss somit die Konsequenzen eines Entscheides tragen, den es zumindest zum Teil nicht beeinflussen konnte.

Schliesslich gilt es festzuhalten, dass analog zu strukturellen Änderungen, auch bei strategischen Änderungen die Systeme angepasst werden müssen.[21]

23.4 Schlussbemerkungen

Sollen dezentrale Organisationen mittels Kennzahlen gesteuert werden, so wird keine Messgrösse und auch kein Set von Messgrössen alle Erwartungen erfüllen. Die Manager der übergeordneten Gesellschaft wünschen sich Messgrössen, welche die Entscheide der Bereichsmanager im Sinne des Gesamtunternehmens steuern. Sie erwarten, dass der Manipulationsspielraum möglichst klein ist und dass sie aus dem Messsystem Führungsinformationen ableiten können. Die Manager der Geschäftseinheiten jedoch legen neben geeigneten Führungsinformationen besonderen Wert darauf, dass die Messgrössen gut beeinflussbar sind. Schliesslich soll das Performance Measurement auch möglichst einfach und mit

[20] Vgl. Weber, J. et al. (2004), S. 28.

[21] Vgl. Bourne, M. (2008), S. 69 und 71.

vertretbarem Aufwand bereitgestellt werden können und von allen beteiligten Personen verstanden werden.

Es bietet sich an, die gewählten Kernmessgrössen mit einem System von weiteren Kennzahlen und Messgrössen zu ergänzen, um Fehlentwicklungen zu verhindern, oder diese zumindest rechtzeitig zu erkennen. In Abhängigkeit von der gelebten Unternehmenskultur ergeben sich mehr oder weniger komplexe Systeme. Die Entwicklung, der Unterhalt und der Betrieb solcher Systeme sind kostenintensiv. Deshalb müssen die Vorteile einer differenzierten Messung und Steuerung gegen die Nachteile wie Kosten, Komplexität, eingeschränkte Verständlichkeit oder Scheingenauigkeit abgewogen werden.

Jede Lösung hat Vor- und Nachteile, welche es im spezifischen Fall abzuwägen gilt. Entscheide über die Ausgestaltung von Center-Konzept, Performance Measurement, Anreizsystem und Verrechnungspreissystem müssen immer vor dem Hintergrund des Marktumfeldes der Unternehmung, dessen Strategie, dessen Unternehmenskultur und -struktur getroffen werden. Dabei dürfen die Wechselwirkungen zwischen diesen Konzepten nicht vergessen werden.

Literaturverzeichnis

- Atkinson, A. A. / Kaplan, R. S. / Matsumura E. M. / Young S. M. (2012): Management Accounting – Information for Decision-Making and Strategy Execution, Pearson Education Limited, 6. Edition, Harlow, England 2012.
- Bourne, M. (2008): Performance Measurement: Learning from the Past and Projecting the Future in: Measuring Business Intelligence, Vol. 12, No. 4, S. 67 - 72.
- Brignall, S. (2008): An Accounting and Finance Perspective on Performance Measurement and Management, in: Thorpe, R. / Holloway, J. (Hrsg., 2008): Performance Management, Multidisciplinary Perspectives, Palgrave Macmillan, New York.
- Gulati, R. (2007): Abschied vom Silodenken, in: Harvard Business Manager, Dezember 2007, S. 90-106.
- Koch, M. / Pertl, M. (2009): Beteiligung an Chancen und Risiken. Es lebe die Bonus-Bank! in: Stern Stewart Research, Vol 40.
- Merchant, K. A. / Van der Steede, W. A. (2007): Management Control Systems, Prentice Hall / Pearson Education Limited, 2nd edition Harlow, England.
- Otley, D. (2008): Performance Management: A Framwork for Analysis, in: Thorpe, R. / Holloway, J. (2008) (Hrsg.): Performance Management, Multidisciplinary Perspectives, Palgrave Macmillan, New York.
- Pfaff, D. / Stefani, U. (2006): Verrechnungspreise in der Unternehmenspraxis, in: Controlling, 18. Jahrgang, Nr. 10, Oktober 2006, S. 517-524.
- Trachsel, V. (2006): Controlling in dezentralen Organisationen, in: Controller Praxis, Oktober 2006, WEKA Verlag AG, Zürich, Teil 2, Beitrag 9, S. 1 – 16.
- Weber, J. / Stoffels, M. / Kleindienst, I. (2004): Internationale Verrechnungspreise im Konzern – Altes Problem – neuer Fokus, Reihe: Advanced Controlling, Band 40, Vallendar.
- Young, S. D. / O'Byrne, S. F. (2001): EVA and Value-Based Management – A Practical Guide to Implementation, McGraw-Hill, New York.

24 Return on Business Intelligence (RoB)

Der vorliegende Artikel beleuchtet Einsatz und Grenzen von Business Intelligence aus Sicht des Finanz- und Controlling-Bereichs und zeigt auf, wie der Nutzen von Business Intelligence Komponenten im Unternehmen gemessen und beeinflusst werden kann.

Marino Bundi

Marino Bundi (1961) ist Dozent und Projektleiter am Institut für Finanzdienstleistungen Zug IFZ der Hochschule Luzern – Wirtschaft. Er hat in den 1980er Jahren an der Höheren Wirtschafts- und Verwaltungsschule Zürich Betriebswirtschaftslehre studiert und abgeschlossen und anschliessend das eidg. Diplom als Wirtschaftsinformatiker erworben. Bis 2010 war er als Unternehmensberater u.a. für Coopers & Lybrand, PricewaterhouseCoopers und IBM tätig. Seine Beratungsschwerpunkte lagen dabei im Bereich der finanziellen Unternehmensführung und –steuerung im Spannungsfeld Betriebswirtschaft und Informatik. Seit 2001 ist Marino Bundi Dozent an der Hochschule Luzern – Wirtschaft mit Schwerpunkt Controlling. Daneben bearbeitet er verschiedene Forschungsprojekte und Beratungsmandate.

Marino Bundi lebt mit seiner Lebenspartnerin in Fällanden (ZH).

Kontakt: marino.bundi@hslu.ch

Business Intelligence (BI) spielt im Zusammenhang mit transparenten Führungsinformationen, flexiblen Planungsprozessen und aussagekräftigen Analysemöglichkeiten eine wichtige Rolle im Finanz- und Controllingbereich. Ziel ist die Gewinnung von Erkenntnissen, die in Hinsicht auf die Unternehmensziele bessere operative und strategische Entscheidungen ermöglichen. Dies geschieht mit Hilfe analytischer Konzepte und Informatiksysteme, die Daten über das eigene Unternehmen, die Mitbewerber oder den Markt im Hinblick auf den gewünschten Erkenntnisgewinn auswerten. Mit diesen Erkenntnissen wollen Unternehmen ihre Geschäftsabläufe, Kunden- und Lieferantenbeziehungen profitabler machen, Kosten senken, Risiken minimieren und die Wertschöpfung vergrössern.

Der subjektive Nutzen des BI-Einsatzes ist unbestritten. Nichtsdestotrotz muss die Frage nach Wirtschaftlichkeit von Business Intelligence Lösungen, bzw. nach der Messbarkeit des Nutzens gestellt werden.

24.1 Zur Entstehung und Popularisierung des Begriffs Business Intelligence

Im Oktober 1958 erschien zum ersten Mal ein Beitrag mit dem Titel «A Business Intelligence System» von Hans Peter Luhn im IBM Journal[1]. Dies ist mit hoher Wahrscheinlichkeit die Geburtsstunde des Begriffs «Business Intelligence». Ab 1989 machte sich dann die Gartner Group den Begriff zu eigen. Sie schuf später auch den weiterführenden Begriff des Business Performance Managements.

Der Begriff Business Intelligence bezeichnet Verfahren und Prozesse zur systematischen Analyse (Sammlung, Auswertung und Darstellung) von Daten in elektronischer Form. Der englische Ausdruck «intelligence» bedeutet in diesem Kontext nicht «Intelligenz», sondern die aus dem Sammeln und Aufbereiten erworbener Informationen gewonnenen Erkenntnisse. Das entspricht der Bedeutung von Intelligence im Namen des amerikanischen Geheimdienstes, der CIA Central Intelligence Agency. Business bedeutet Geschäft im weiteren Sinne als Gesamtheit aller unternehmensinternen und -externen wirtschaftlichen Subjekte und Vorgänge, die für das eigene Unternehmen relevant sind.

---

1 Vgl. Luhn, H.P. (1958).

Business Intelligence kann aus operativer Sicht grundsätzlich in zwei Ebenen, eine (eher technisch orientierte) *Integrationsebene* und eine (eher anwendungsbezogene) *analytische Ebene,* unterteilt werden. Die Integrationsebene umfasst folgende Funktionen:

- Datenbanken (Datawarehouses, Datamarts, etc.): Speicherung der Daten in strukturierter Form für die Datenaufbereitung und Datenabfrage.
- Datenmodellierung und Metadaten-Management: Verfahren zur logischen und physischen Abbildung der in einem definierten Kontext relevanten Daten-Objekte mittels Attributen und Beziehungen.
- Datentransformation: Extraktion der Daten aus unterschiedlichen Quellsystemen, Aufbereitung, Aggregation und Laden in das Business Intelligence System (wird gemeinhin als ETL-Funktionalität bezeichnet: Extract, Transform, Load).

Die (für Finanzen und Controlling relevante) analytische Ebene besteht häufig aus folgenden Funktionen:

- Reporting: Statische und dynamische Darstellung von Informationen in tabellarischer oder grafischer Form als Standardberichte für wiederkehrende Informationsbedürfnisse für einen breiten Empfängerkreis.
- Analyse (OLAP: Online Analytical Processing): Schnelle und freie Analyse von Daten in einem mehrdimensionalen Modell mit einer hohen Interaktivität des Anwenders für ad-hoc- und Sonderauswertungen. Der Informationsgrad steht hier vor der optischen Aufbereitung der Daten.
- Statistik, Prognose und Data-Mining: Ungerichtete Analysen von Datenbeständen mit statistischen Verfahren oder komplexen Methoden zur Aufdeckung von Beziehungen und Trends in den Daten.
- Planung und Budgetierung: Unterstützung der Plandatenerfassung über Formulare und Planungsapplikationen, Berechnung von Planvorschlägen, Integration der Teilpläne und Prozessunterstützung mittels Workflow-Komponenten.[2]
- Management-Informationssysteme, Dashboards und Scorecards: Darstellung von wichtigen Kennzahlen in stark übersichtlicher Form als strategisches Steuerungsinstrument.

---

2 Grundsätzlich sind auch weitere Finanzprozesse wie Risk-Management, Konsolidierung, etc. BI-relevant, werden hier aber nicht weiter ausgeführt.

24.2 Das Rahmenkonzept aus wissenschaftlicher Sicht

Im wissenschaftlichen Kontext wird der Begriff Business Intelligence als unternehmensspezifisches Konzept verstanden. Nach dieser Auffassung sind nur einzelne Werkzeuge, mit deren Hilfe BI-Anwendungen umgesetzt werden, käuflich erwerbbar. BI-Anwendungen sind wiederum nur Teilaspekte des BI-Gesamtansatzes. Die essenzielle organisationsspezifische Konzeption und Implementierung zur betrieblichen Entscheidungsunterstützung wird demnach erst in einem Gesamtansatz berücksichtigt. Dieser Gesamtansatz wird auch in zahlreichen Definitionen hervorgehoben. Seufert & Lehmann[3] definieren zudem die Art der Daten und des zu generierenden Wissens: «BI wird hierbei als integrierter Gesamtansatz verstanden, der es durch die Integration von Strategien, Prozessen und Technologien ermöglichen soll, aus verteilten und inhomogenen Unternehmens-, Markt- und Wettbewerberdaten erfolgskritisches Wissen über Status, Potenziale und Perspektiven zu erzeugen und für Entscheidungsträger nutzbar zu machen.»

Seit geraumer Zeit tritt in dieser Hinsicht die Bezeichnung Corporate Performance Management (CPM) für Instrumente der Controlling-Unterstützung in Erscheinung. Beim CPM-Ansatz (top down) stehen Methoden, Kennzahlen, Prozesse und Systeme im Vordergrund, die helfen, die Leistung des Unternehmens zu messen und zu steuern. Dies steht im Gegensatz zum analytischen BI-Ansatz (bottom up), der Unternehmens- und Wettbewerbsdaten in handlungsgerechtes Wissen für die Unternehmenssteuerung überführt.[4] Die analytische Anwendung resultiert deshalb oft als nachgelagerte Ergänzung. Ganz anders stellt CPM die fachlichen Anforderungen vor die Daten. Diese Schwerpunktverschiebung auf die Aufgabe der Entscheidungsunterstützung und -koordination bringt somit «Betriebswirtschaft und Informationstechnologie näher zusammen und integriert primär aus Sicht der Betriebswirtschaft»[5]. Beiden Ansätzen ist jedoch gemein, dass sie die betriebswirtschaftliche Anwendung fokussieren.

Kemper, Baars & Mehanna[6] stellen ein generisches Konzept zur Verfügung, das den Raum für die individuelle Gestaltung determiniert. Dieser BI-Ordnungsrahmen baut sich in drei Schichten auf, die durch ein Metadatenma-

---

3 Vgl. Seufert, A. / Lehmann, P. (2006).

4 Vgl. Chamoni, P. (2009).

5 Vgl. Oehler, K. (2006).

6 Vgl. Kemper, H.-G. et al. (2010).

nagement miteinander verbunden sind. Den Schichten vorgelagert sind die externen und operativen Quellsysteme.

Das reibungslose Zusammenspiel dieser Komponenten verkörpert ein konstituierendes Merkmal von Business Intelligence.[7] Allerdings darf diese Einteilung nicht als Abgrenzung käuflich erwerbbarer Softwareprodukte im BI-Umfeld gedeutet werden. Diese setzen sich aus Funktionen aller drei Ebenen des konzeptionellen Rahmens zusammen, werden aber physisch als ein Produkt abgebildet:

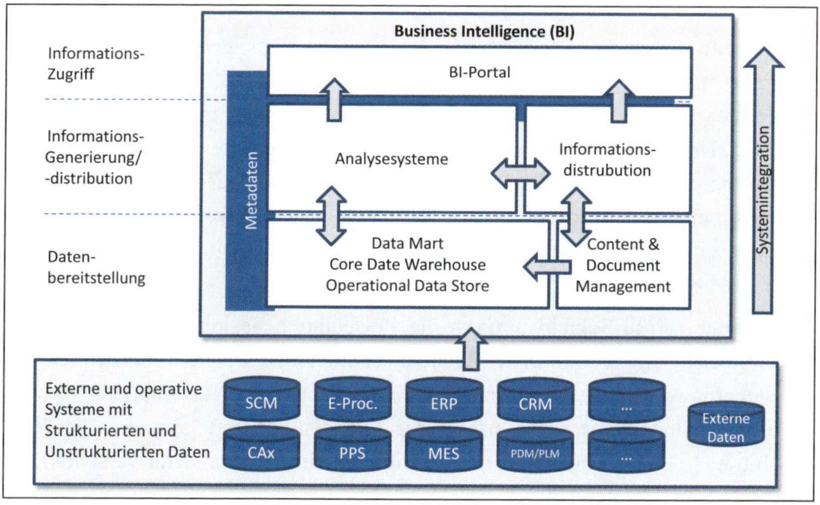

Abbildung 1: BI-Ordnungsrahmen

Quelle: Kemper, H.-G. / Baars, H. / Mehanna, W. (2010), S. 11

Dem eigentlichen Ordnungsrahmen geht eine Ebene von externen und operativen Systemen mit strukturierten (numerischen) und unstrukturierten Daten vor. Zu diesen Systemen zählen Supply Chain Management (SCM), E-Procurement, Enterprise Resource Planning (ERP) und Customer Relationship Management (CRM).

[7] Vgl. Gluchowski, P. / Kemper, H.-G. (2006).

In der ersten Schicht, der Datenbereitstellung, sind stimmige und konsistente Daten aus den zuvor erwähnten Quellsystemen zu generieren und adäquat abzulegen. Für die Bereitstellung der Daten etablierten sich in Wissenschaft und Praxis die sogenannten Data-Warehouse-Ansätze (DWH-Ansätze), die aus Core Data Warehouses und Data Marts bestehen. Darin werden aus Managementsicht gewünschte, meist voraggregierte Datenmaterialien dauerhaft abgelegt. Die Core DWHs sind häufig nicht direkte Quellen von endbenutzerspezifischen Systemen, sondern dienen der Belieferung von Data Marts. Diese wiederum sind kleine DWHs für einzelne Unternehmensfunktionen wie das Controlling, den Vertrieb oder das Marketing.

Zur zweiten, mittleren Schicht des Ordnungsrahmens gehören Systeme zur Informationsgenerierung respektive zur Informationsdistribution. Bei Ersteren lassen sich verschiedene Systeme abgrenzen, die sich in ihrer Anwendungsausrichtung, Nutzungsfrequenz, der IT-Kompetenz der Benutzer und der Nutzungsinitiierung unterscheiden. Ziel ist dabei, mittels verschiedener Modellierungstechniken die Daten aus der ersten Ebene in einen anwendungsspezifischen Kontext zu überführen und die relevanten Inhalte zu identifizieren und spezifisch aufzubereiten.

Die oberste, dritte Schicht umfasst die Präsentation beziehungsweise den Informationszugriff. Komfortable Benutzerschnittstellen sind erforderlich, damit die steuerungsrelevanten Informationen in integrierter und personalisierter Form abrufbar sind. Üblicherweise erfolgt der Zugriff über Portalsysteme, die über das Intranet des Unternehmens einen zentralen Einstiegspunkt für verschiedene Analysesysteme bieten.

24.3 Business Intelligence im Finanz- und Controllingbereich

Der Einsatzbereich von BI-Anwendungen liegt grundsätzlich in der gesamten Breite der Unternehmensführung. Entscheidungsträger aus allen Unternehmensfunktionen sind zunehmend auf die hohe Qualität und flexible Analyse von Unternehmensdaten angewiesen, damit die richtige Information zur richtigen Zeit am richtigen Ort verfügbar ist. Die Komplexität des Führungssystems bewirkt aber, dass neben dem eigentlichen Management auch unterstützende Organisationseinheiten in vielen Entscheidungsprozessen als Entscheidungsvorbereitende involviert sind. Das Controlling mit seinen Hauptaufgaben der Koordination von Planung und Kontrolle sowie der Informationsversorgung ist als solche Organisationseinheit zu nennen. Gemäss einer IBM-Studie[8] bei deutschen Unternehmen mittlerer Grössenklassen liegt das Haupteinsatzgebiet von Analyse-, Berichts- und Auswertungssoftware im Controlling mit 88%. Neben dem Top-Management mit 77% werden BI-Anwendungen für den Vertrieb mit 76% und das Rechnungswesen und die Buchhaltung 63% häufig genutzt. Über jegliche Unternehmensbereiche hinweg planen durchschnittlich 10% der Unternehmen neue BI-Lösungen.

Über die gesamte Finanzagenda hinweg wird der Informationsintegration besonders viel Gewicht beigemessen. Seit 2005 hat sich die Bedeutung der Informationsintegration vervielfacht. Dies ist vor allem auf den exponentiellen Anstieg des Informationsvolumens und der Geschwindigkeit in der heutigen Geschäftswelt zurückzuführen. Integrierte Informationen sind entscheidend. Sie sind die zentrale Wissensquelle für einen umfassenden Einblick in die Unternehmung. Um ein tieferes und zugleich breiteres Geschäftsverständnis aufzubauen, das die Finanzorganisation für ihre immer verantwortungsvollere Rolle benötigt, müssen integrierte Informationen – sowohl aus dem Finanz- als auch aus dem operativen Bereich – vorliegen.

Anhand ihrer Prioritäten bestätigen viele CFOs nicht nur, dass das Informationsmanagement eine ernst zu nehmende und wachsende Herausforderung darstellt, sondern unterstreichen auch ihre Mitverantwortung für deren Bewältigung. Zudem stufen mehr als 80% der CIOs Business Intelligence als ihr wichtigstes Instrument zur Steigerung der Wettbewerbsfähigkeit ein. Das Management fordert in allen Bereichen einen breiteren, tieferen und schnelleren Einblick – und heute fällt der Finanzorganisation dabei mehr denn je die Hauptlast zu.[9]

Der Fokus der CFOs liegt jedoch nicht nur auf der Informationsintegration, sondern letztlich auch auf dem Verständnis, welche Kennzahlen oder Indikatoren welche Ergebnisse signalisieren und welche Informationen wöchentlich, täglich, stündlich und in Echtzeit verfügbar sein müssen. Im Grunde genommen geht es dabei um eine aktive Data Governance – klar geregelte Prozesse sowie Verfahren und verbindliche Zuständigkeiten, um auf konsistente und aktuelle Daten zugreifen zu können.

---

[8] Vgl. IBM (2010).

[9] Vgl. IBM Institute for Business Value (2010).

Die operativen Herausforderungen im Umgang mit Business Intelligence liegen im Controlling vielfach darin, relevante Informationen in grossen Datenbeständen erfolgreich zu finden und sinnvoll zu verwerten. Praxiserfahrungen zeigen, dass die Nutzung des BI-Instrumentariums oft problembehaftet ist:

- Vorhandene Datenmengen und steigende Informationsbedürfnisse entwickeln sich diametral entgegengesetzt zur verfügbaren Analyse- und Entscheidungszeit.[10]
- Es bestehen latente operative Probleme im Finanz- und Controllingbereich:
  - Hoher Aufbereitungs- und Abstimmungsaufwand bei der Datenbereinigung.
  - Zweifel an den ausgewiesenen Daten.
  - Interpretationsschwierigkeiten bei der Ergebnisbetrachtung.
  - Der Anteil der Informationen, die vom Empfänger als nützlich betrachtet wird, ist gering.
  - Die Komplexität der Informatiksysteme nimmt stetig zu.
  - Führungsinformationen müssen immer mehr Empfängern zur Verfügung gestellt werden.
  - Jeder Empfänger hat individuelle Ansprüche.
- Der Markt für BI-Lösungen ist dynamisch und unübersichtlich. Transparente Produkteübersichten mit finanz- und controllingrelevanten Anforderungskriterien sind kaum verfügbar beziehungsweise schnell veraltet.[11]
- Viele Unternehmen sind trotz Nutzung von BI- Lösungen nicht in der Lage, Erkenntnisse aus der Datenanalyse wirkungsvoll in Wertschöpfungssteigerungen umzusetzen.

Die Beratungsgesellschaft KMPG betrachtet die optimale Entscheidungsunterstützung durch Business Intelligence als Anspruch und Herausforderung eines vorausschauenden Corporate Performance Managements.[12] Das Streben nach einer bestmöglichen Informationsversorgung werde in der unternehmerischen Praxis aber häufig nicht erreicht. Kritisch erscheint auch, dass gut geführte und mit den modernsten Controllingtools ausgerüstete Unternehmen innerhalb von

---

[10] Vgl. Seufert, A. (2008).

[11] Vgl. Gartner Group (2010).

[12] Vgl. KPMG (2011).

kurzer Zeit massive Ziel- und Ertragsabweichungen kommunizieren müssen. Hier muss sich der kritische Controller die Frage stellen, ob er seine Hausaufgaben gemacht hat.[13]

Im operativen Alltag steigt die Datenflut stetig an und auch die Anzahl der Datenquellen nimmt fortlaufend zu. Ein bedeutender Anteil dieser Daten ist finanzrelevant und wird, ob konsolidiert oder detailliert, in der Finanzorganisation landen. Daraus erwächst dem Finanz- und Controllingbereich aber auch eine Chance. Mit den richtigen Analyseressourcen sowie entsprechenden Prozessen, Technologien und Fachkompetenz kann diese Fülle an finanziellen und betrieblichen Informationen in wertvolles Wissen umgewandelt werden. Hoch entwickelte Analysemethoden helfen, Zusammenhänge zwischen scheinbar in keiner Beziehung zueinander stehenden Informationen zu erkennen und Muster aufzudecken, die ihnen mit rein manuellen Verfahren verborgen geblieben wären. Mit den richtigen Werkzeugen kann der Finanz- und Controllingbereich damit wesentlich zur Wertschöpfung des Unternehmens beitragen. In vielerlei Hinsicht hängt die Überzeugungskraft der Finanzorganisation von ihrer Fähigkeit ab, relevante Anstösse zu generieren.

Gemäss IBM[14] arbeiten trotz dieser enorm gestiegenen Verantwortung viele Finanzabteilungen immer noch nicht ausreichend effizient. Beim Thema Überwachung der Business-Performance sind viele CFOs der Meinung, dass ihre Organisationen bei der Aufstellung allgemeiner Kennzahlen und Leistungsindikatoren gute Arbeit leisten, aber kaum in der Lage sind, tiefer ins Detail zu gehen. Obwohl die CFOs die Bereitstellung von Informationen für die Unternehmensstrategie als oberste Priorität sehen, bewertet nur die Hälfte der Finanzverantwortlichen ihre Finanzorganisation in diesem Bereich als effizient. Viele CFOs haben den Eindruck, dass ihre Organisation lieber «Rücklichter» bereitstellt als «Frontscheinwerfer» einzubauen. Ein CFO aus Japan räumt ein: «Unsere Finanzorganisation lebt mit Ist-Zahlen. Mit Prognosen ist sie nicht vertraut.» Ein weiterer Finanzchef aus der Logistikbranche formuliert die Herausforderung so: «Die Finanzorganisation muss von der Frage, was sie operativ tun kann, zur Frage kommen, was sie tun sollte. Der Unterschied in der Fragestellung ist beträchtlich. Beispielsweise fördern wir Operational Excellence, aber wir verstehen uns nicht auf die Elastizität der Nachfrage und auf die Zah-

---

13 Vgl. Steiner, H. (2009).

14 Vgl. IBM Institute for Business Value (2010).

lungsbereitschaft unserer Kunden.» Dies legt die Schlussfolgerung nahe, dass die Finanzorganisation mehr Einblick in das Wechselspiel zwischen bereichsübergreifenden, operativen Kennzahlen aus Lieferkette, Vertrieb und Marketing sowie aus sonstigen Bereichen gewinnen und die Vertriebs- und Betriebsplanung in Finanzprognosen einbeziehen muss.

24.4 Welchen Wertbeitrag leistet Business Intelligence?

Bereits vor acht Jahren wurde im Rahmen einer Studie der Fachhochschule Köln aufgezeigt, dass nur wenige Unternehmungen Überlegungen zum Return on Investment von Business Intelligence-Projekten anstellen.[15] Die Gründe dürften vor allem darin liegen, dass der finanzielle Nutzen von BI nur schwer zu quantifizieren ist.

An dieser Beurteilung hat sich bisher wenig geändert. Qualitative Interviews anlässlich einer Bachelorarbeit an der Hochschule Luzern zeigen, dass aus Sicht der befragten Unternehmungen eine Messung der Wirtschaftlichkeit als schwierig bis unmöglich betrachtet wird. Wie viel Business Intelligence kosten darf, sei schwer zu sagen. Eine Kontrolle der anfallenden Kosten könne man relativ einfach bewerkstelligen, den Gesamtnutzen umfassend und detailliert zu quantifizieren, stehe aufgrund der Komplexität schlichtweg nicht zur Diskussion.[16]

Weitere Erkenntnisse aus der Auswertung der qualitativen Interviews:

- Erfahrungsberichte aus BI-Einführungsprojekten zeigen, dass die Zielsetzungen meist in der Steigerung von Transparenz und Effizienz liegen. Allerdings ist kein Projekt mit dem anderen vergleichbar. Als Kernelement der BI-Nutzung hat das Reporting eine ausgeprägte Bedeutung bei Umsetzungs- und Verbesserungsmassnahmen. Besonders die Wichtigkeit von aggregierten Kennzahlen hervorgehoben. Anhand dieser soll die Möglichkeit bestehen, die Zahlen herunterzubrechen und zu analysieren, um deren Zustandekommen nachzuvollziehen.
- In der Planung und Budgetierung orten die Unternehmen ein enormes Potenzial für Prozessverbesserungen und Effizienzsteigerungen. Zum einen kann eine Lösung dafür in der IT-basierten Abbildung der Prozesslogik und der Flexibilisierung der Planung liegen. Dadurch werden zeitliche und finanziel-

---

15 Vgl. Frank, M. (2004).

16 Vgl. Fallegger, M. (2011).

le Einsparungen für möglich gehalten. Zum anderen sieht man in der differenzierteren Analyse von Abweichungen ein fortlaufendes Verbesserungspotenzial, welches in der Praxis aber zunehmend zu intensiveren Diskussionen führe und erhöhte Analysefähigkeiten für die zugrunde liegenden Daten verlange.

- Nutzenbetrachtungen zeigen, dass durch den Einsatz von BI erhebliche Fortschritte in Bezug auf die Ursachenanalyse, Flexibilität, Transparenz und Datenaktualität erreicht wurden. Eine besonders hohe Zustimmung besteht für qualitativ bedeutend verbesserte Berichte. Die Hintergründe dafür liegen in der besseren Datengrundlage, welche ihrerseits erst durch das zeiteffizientere Zusammenfügen sowie Verdichten von Datenbeständen geschaffen wurden. Die Fehler in der Datenquelle wurden erst durch das Zusammenführen von neuen Datenbeständen festgestellt. Damit einher geht die präzisere und aktuellere Datenauswertung, welche die Unternehmen durch das Entdecken von Fehlern in Datenbeständen sowie der überdachten Definition der Auswertungen erreicht hat. Die Ziele der transparenteren Führungsinformationen und der besseren Datenqualität scheinen also zumindest teilweise erreicht. Dennoch wird von mehreren Unternehmen relativiert, dass man ständig neue Probleme entdecke und somit mittendrin in einem laufenden Prozess sei.

Es stellt sich die Frage, mit welchem geeigneten konzeptionellen Modell der strategische und operative Nutzen von BI einerseits gemessen und andererseits beeinflusst/sichergestellt werden kann. In Anlehnung an das Konzept der wertorientierten Unternehmensführung[17] drängt sich hier die Idee des BI-Wertbeitrags auf. Ein derartiger ‚Return on Business Intelligence' lässt sich dann sinnvoll ausweisen, wenn dabei alle vorgängig beschriebenen Aspekte berücksichtigt werden, also sowohl das wissenschaftliche Rahmenkonzept wie auch die spezifischen Aufgabenstellungen sowie die operativen Probleme und Herausforderungen für den Finanz- und Controllingbereich.

Dies gelingt nur, wenn sowohl die finanz- und controllingspezifischen Business Intelligence-*Funktionen* wie auch die entsprechenden Business Intelligence-*Schichten* integriert betrachtet werden. Die Business Intelligence-Funktionen bilden die eingangs beschriebene analytische Ebene aus Sicht von Finanzen und Controlling ab. Die Business Intelligence-Schichten dokumentieren in differenzierter Form die dazu notwendigen erfolgskritischen Fragen und Antworten:

---

[17] Vgl. Schierenbeck, H. / Lister, M. (2002).

- Ausrichtung, Ziele: Was bezweckt der Einsatz der BI-Funktion, welche Ziele werden verfolgt und welches ist der strategische Bezug?
- Prozesse: In welche Geschäftsprozesse ist die BI-Funktion eingebettet? Wie wird die BI-Funktion ausgeführt? Welche Zyklen existieren? Welche Funktionalität übernimmt die BI-Software (Bsp. Drilldown)?
- Daten: Welche Daten und Informationen werden in der BI-Funktion bearbeitet? In welcher Granularität, Formaten, Strukturen und Volumen? Wie sehen die Wertflüsse aus?
- Verfahren, Methoden: Welche Szenarien, Algorithmen, Methoden, Formeln und Normen werden angewendet (Bsp. Planszenarien, Kennzahlen-Systeme, etc.)?
- Ressourcen: Wer übernimmt welche BI-Aufgaben, -Rollen und – Verantwortlichkeiten? Wie ist die BI-Funktion organisatorisch eingebettet?
- Technologie: Welche Plattformen, Applikationen, Portale und Technologien werden eingesetzt? Wie sieht die BI-Architektur aus?

Diese erfolgskritischen Fragen und Antworten sind in der folgenden Matrix-Struktur in Form von Komponenten abgebildet:

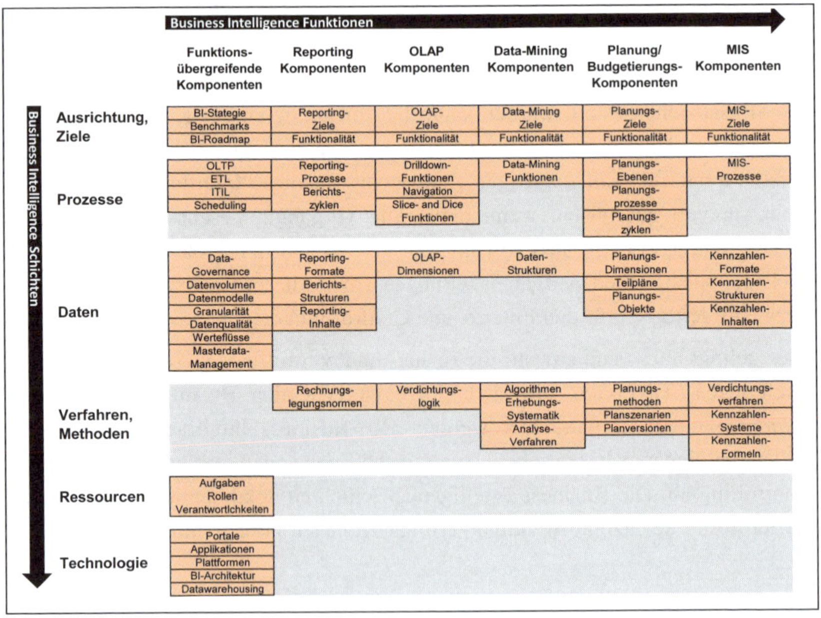

Abbildung 2: BI Komponentenmodell

Wertorientierung bedeutet, dass die strategische Ausrichtung und deren Umsetzung mittels entsprechender Investitionen den Unternehmenswert insgesamt erhöhen. Die Erhöhung des Unternehmenswerts ist dabei sowohl von materiellen als auch immateriellen Werten (Image, Mitarbeiterfähigkeiten, Mitarbeiterzufriedenheit etc.) abhängig. Um die identifizierten BI-Komponenten hinsichtlich ihres Wertbeitrags zu beurteilen und zu kategorisieren, muss der Begriff Wertbeitrag hinsichtlich der BI-Komponenten konkretisiert und differenziert werden:

- *Finanzieller Wertbeitrag*: Direkte Wirkung des Einsatzes von BI-Komponenten auf die Finanzsituation der Unternehmung. Die Auswirkungen lassen sich in der Bilanz, bzw. Erfolgsrechnung ablesen (Profitabilität, Cash Flow, etc.) und können in einer Wirtschaftlichkeitsrechnung bzw. Investitionsrechnung dargestellt werden.
- *Quantifizierbarer Wertbeitrag*: Der Einsatz der BI-Komponenten lässt sich zwar nicht finanziell bewerten, ist aber gleichwohl identifizierbar und quantitativ messbar, beispielsweise in Form von kürzeren Durchlaufzeiten, verminderter Risiken oder höherer Kundenzufriedenheit.
- *Identifizierbarer Wertbeitrag*: Der Einsatz der BI-Komponenten lässt sich ausschliesslich qualitativ identifizieren, beispielsweise im Sinne einer höheren Datenqualität, einer Informationsverbesserung und damit einem besseren Geschäftsverständnis. In diese Kategorie gehören auch BI-Komponenten, welche der Werterhaltung, bzw. der Erfüllung von Auflagen (z.B. externe Berichterstattung nach IFRS) dienen.

Unabhängig davon, inwieweit die Wertbeiträge der BI-Komponenten zur Ermittlung des Unternehmenswerts verwendet werden, können sie auch in Form einer sogenannten Heat-Map dargestellt werden. Daraus wird – in vereinfachter Form – ersichtlich, wo Handlungs- bzw. Optimierungsbedarf besteht. Beispiel:

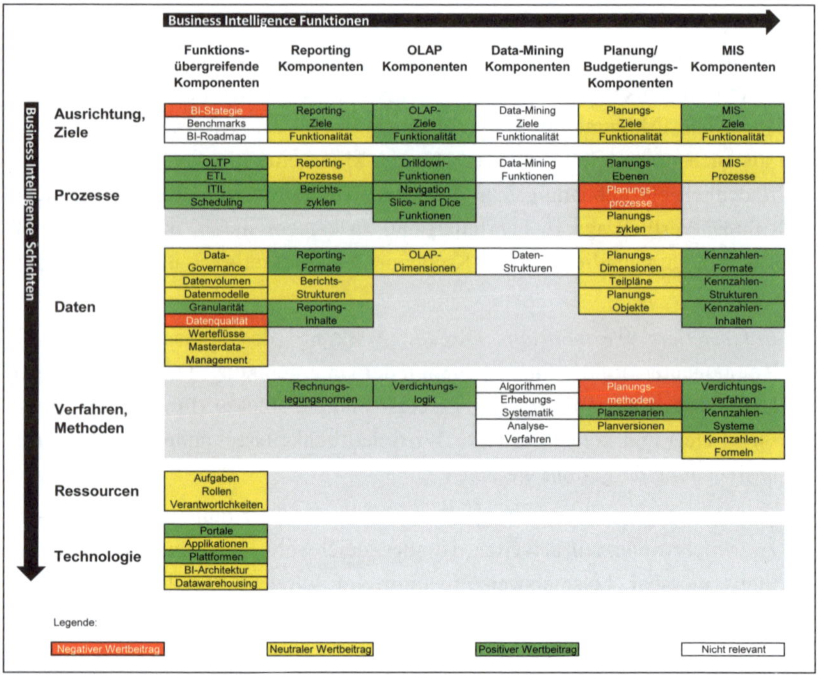

Abbildung 3: BI-Komponenten Heat Map

Handlungsoptionen können sich in vielfältiger Form ergeben:

- Identifizierung nicht differenzierender, bzw. auch fehlender BI-Komponenten zur Unterstützung des Geschäfts
- Durchführung zielgerichteter Optimierungen und Kostenreduktionen
- Eliminierung unwirtschaftlicher Doppelspurigkeiten, bzw. Schliessen von Lücken
- Bereinigung inhaltlicher Aufgabenabgrenzungen von Organisationseinheiten, etc.).

Zweifelsohne lassen sich fehlerhafte Abläufe nicht einfach durch Automatisierung kompensieren. Auch der Einsatz von Planungssoftware bspw. macht noch keine wertorientierte Planungsfunktion. Ein derartiges Verständnis von Business Intelligence würde zu kurz greifen. Um einen positiven Wertbeitrag leisten zu können, müssen sämtliche Komponenten einer Funktion, also beispielsweise Informationsquellen, Datendefinitionen, Prozessabläufe, Dashboard-Alarme und

Ad-hoc – statt vordefinierter Berichte und Analysen aufeinander abgestimmt werden.

Darüber hinaus ist zur Wertsicherung eine BI-Strategie zwingend notwendig. Ohne fachliche, organisatorische, architektonisch und technische Rahmenbedingungen bleibt der tatsächliche Nutzen des BI-Einsatzes oft hinter den Erwartungen zurück. Auch die Weiterentwicklung und Neueinführung von Applikationen und Werkzeugen wird durch ein uneinheitliches und nicht abgestimmtes Vorgehen erschwert. In einer BI-Strategie müssen globale, die gesamte Unternehmensentwicklung betreffende Ziele sowie fachliche, organisatorische, architektonische und technologische Ziele festgelegt sein. Damit wird für einen definierten Zeitraum (meist 3 bis 5 Jahre) sichergestellt, dass die Führungsverantwortlichen eines Unternehmens optimal mit entscheidungsrelevanten Informationen versorgt werden.

24.5 Fazit

Die betriebswirtschaftliche Bedeutung von Business Intelligence steigt nach wie vor. Die Investitionsbudgets hingegen bleiben bei vielen Unternehmungen stabil. Transparenz in den Wertbeiträgen der einzelnen BI-Komponenten ist wichtig. Sie hilft, die richtigen Entscheidungen für künftige Investitionsvorhaben zu treffen und die Weichenstellungen des Einsatzes von Business Intelligence zielgerichtet und strategiekonform vorzunehmen. Nur so können Unternehmen wie eingangs erwähnt ihre Geschäftsabläufe, Kunden- und Lieferantenbeziehungen profitabler machen, Kosten senken, Risiken minimieren und die Wertschöpfung vergrössern.

Literaturverzeichnis

- Chamoni, P. (2009): Business Process Intelligence. CeBit 2009. Online: http://www.tdwi.eu/fileadmin/Knowledgebase/assets/whitepaper/TDWI_Chamoni_BPI.pdf.
- Frank, M. (2004): Lohnt sich Business Intelligence?, Forschungsprojekt der Fachhochschule Köln.
- Gartner Group (2010): BI Platforms User Survey, 2010: Customers Rate their BI Platform Functionality. Stamford.
- Gluchowski, P. / Kemper H.-G. (2006): Quo Vadis Business Intelligence? BI-Spektrum, Nr. 1.
- IBM Institute for Business Value (2010): The Global CFO Study 2010 – The New Value Integrator, Armonk.
- IBM (2010): Business-Intelligence-Studie 2010. Online: https://www.304.ibm.com/businesscenter/cpe/download0/206034/IML14239DEDE.PDF.
- Kemper, H.-G. / Baars, H. / Mehanna, W. (2010): Business Intelligence - Grundlagen und praktische Anwendungen (3. Aufl.). Wiesbaden: Vieweg + Teubner.
- KPMG (2011): Reifegrade im Corporate Performance Management. Online: http://www.kpmg.at/uploads/media/corporate-performance-management-20110909.pdf
- Luhn, H.P. (1958): A Business Intellligence System. IBM Journal, Oktober-Ausgabe.
- Oehler, K. (2006): Was macht den Unterschied aus? Corporate Performance Management und Business Intelligence. Online: http://www.ap-verlag.de/Online-Artikel/Business%20Intelligence/200604-BI-MIS.htm
- Schierenbeck, H. / Lister, M. (2002): Value Controlling –Grundlager Wertorientierter Unternehmensführung, München: Oldenbourg Wissenschaftsverlag GmbH.
- Seufert, A. (2008): Business Intelligence als Enabler einer modernen Unternehmenssteuerung. Status Quo und zukünftige Herausforderungen. Online: http://www.controllerverein.com/redaktion/download.php?type=file&id=1383xxx.
- Seufert, A. / Lehmann, P. (2006): Business Intelligence – Status quo und zukünftige Entwicklungen. HMD Praxis der Wirtschaftsinformatik, Februar-Ausgabe.
- Steiner, H. (2009): Controlling in der Krise. Business Intelligence Magazine, 1/09.

25 Das Controlling als Unterstützungsfunktion für Social Media

Der vorliegende Artikel beschreibt die Rolle vom Controlling im Zusammenhang mit Social Media-Aktivitäten in den Unternehmen. Das veränderte Kundenverhalten und neue Kommunikations-kanäle stellt Unternehmen vor grosse Herausforderungen und verlangt nach neuen Steuerungsinstrumenten. Das Controlling muss den Wertbeitrag von Social Media-Aktivitäten systematisch erfassen und die Entscheidungsträger mit adäquaten operativen und strategischen Informationen unterstützen.

Ulrich Egle

Prof. Dr. Ulrich Egle (1975) ist Dozent und Projektleiter am Institut für Finanzdienstleistungen Zug IFZ der Hochschule Luzern – Wirtschaft. Er hat an der Universität Stuttgart Betriebswirtschaftslehre studiert und im Jahre 2008 an der Universität Bern mit einer Dissertation zum Thema «IT-Kostenmanagement» promoviert. Schwerpunkte seiner wissenschaftlichen und praktischen Tätigkeiten sind das Controlling und das IT-Management.

Kontakt: ulrich.egle@hslu.ch

25.1 Einleitung

Social Media durchdringt unaufhaltsam alle Lebensbereiche. Unter den 14- bis 29-jährigen Internetnutzern sind nahezu 100% Mitglied in einer oder mehreren Online-Communities. Für Unternehmen stellen sich hier die Fragen, welche Social Media-Touchpoints von Bedeutung sind, welche Investitionen getätigt werden müssen und wie sich der Wertbeitrag messen lässt. Daraus ergeben sich neue Anforderungen an das Controlling. Einerseits geht es um die Unterstützung bei der Ausgestaltung der Social Media-Strategie, der Integration von Social Media im Unternehmen und andererseits um die Messung des Wertbeitrags von Social Media für das Unternehmen.

25.2 Verändertes Kundenverhalten

Social Media hat sich innerhalb kurzer Zeit im Alltag der Menschen verankert. Interaktion ist das zentrale Element von Social Media. Allerdings sind die Bedürfnisse nicht neu. Früher wurden Geschichten und Erfahrungen am Lagerfeuer ausgetauscht, heute können wir unsere Geschichten mit den zur Verfügung stehenden Technologien global austauschen. Es wird über Erfahrungen mit Produkten und Dienstleistungen in sozialen Netzwerken diskutiert. Bei Fragen und Problemen wird immer weniger das Kundenkontaktzentrum angerufen sondern in Communities wird nach Lösungsansätzen gesucht. Der Kunde erwartet exklusiven Zugang zu Angeboten, den Austausch mit anderen über das Produkt, die Marke sowie Kundensupport. Es besteht ein erhebliches Bedürfnis die persönlichen Erfahrungen mitzuteilen. Daraus lässt sich das grosse Kundenbedürfnis nach Dialog ableiten, dem sich Unternehmen nicht verweigern dürfen. Der Kundendialog gehört branchenübergreifend zu den bestimmenden Wettbewerbsfaktoren in einer dynamischen Unternehmensumwelt. In der heutigen Zeit, in der Produkte und Dienstleistungen immer ähnlicher werden und Konkurrenzangebote schnell auf den Markt kommen, kann der Kundendialog in hohem Masse über den Erfolg eines Produkts und letztendlich über die Unternehmensexistenz entscheiden.[1] Ausserdem ist das Kommunikationsverhalten in unserer Gesellschaft gerade dabei, sich durch Social Media grundlegend zu verändern.[2] Studien belegen mittlerweile, dass die Nutzung des Mediums Telefon als das bislang am intensivsten genutzten Kommunikationsinstruments

---

[1] Vgl. Hafner, N. / Elsten, R. (2011) sowie Picot, A. et al. (2010).

[2] Vgl. Qualman, E. (2009).

langsam, aber dennoch spürbar, zurückgeht. Eine vergleichbare Entwicklung lässt sich bei SMS beobachten. Stattdessen gewinnt die Netzwerkkommunikation einen immer grösseren Stellenwert. Diese Entwicklungen erfordern notwendigerweise eine Anpassung der Kundenkommunikation in den Unternehmen. Die klassischen Medien wie Telefon, Brief oder Fax werden immer stärker durch die neuen Social Media-Touchpoints (z. B. Facebook, Google+ oder Twitter) verdrängt.

25.3 Controlling als Strategieunterstützung für Social Media

Social Media ist ein kontinuierliche Prozess, der einerseits Inhalte benötigt, andererseits von den Reaktionen der Kunden lebt. Der Dialog mit Kunden ist das Fundament, aber genauso elementar ist die Auswertung dieser Kundendialoge und der Transfer in das eigene Unternehmen. Für Unternehmen tut sich dadurch ein breites Zielspektrum auf. Auch wenn sich Unternehmen intensiver mit Social Media auseinandersetzen, ist eine strukturierte Social Media-Vorgehensweise in der Praxis nicht etabliert. Die Social Media-Strategie muss drei Aspekte beinhalten:

- Transparente Ausgangslage
- Eindeutig definierte Ziele
- Adäquate Messmethode

Unabhängig von der Branche und Unternehmensgrösse müssen die für das Geschäftsmodell relevanten sozialen Netzwerke ausgesucht werden. Diese Aufgabe ist elementar, da die verschiedenen Plattformen hinsichtlich Reichweite, Benutzer, Demographie und Funktionalität stark variieren. Während die «Catch all» sozialen Kanäle wie Facebook, YouTube und Twitter etabliert sind, können Nischenplattformen zusätzliche Vorteile bieten. Zu Beginn sind klare Social Media-Ziele zu definieren, die von den Unternehmenszielen abgeleitet sind. Dazu ist zu überprüfen, für welche Unternehmensbereiche der Einsatz von Social Media lohnenswert ist. Diese elementare Phase muss von einem interdisziplinären Team begleitet werden. Grundsätzlich sind alle Mitarbeitenden im Unternehmen darauf anzusetzen, Trends im Unternehmensumfeld aufzunehmen. Für das Controlling steht hier die klassische Aufgabe der Koordination der Informationsversorgung im Zentrum. Danach ist zu prüfen, welche Geschäftsfunktionen damit optimal unterstützt werden können. Diese sehr dynamische Entwicklung muss kontinuierlich beobachtet werden. Aus dem Dialog mit den Kunden, können wertvolle Informationen für die Weiterentwicklung von Produkten und Dienstleistungen gewonnen werden. Dazu müssen Strukturen geschaffen werden, um die Informationen zu sammeln, zu analysieren und daraus ein aussagekräftiges Reporting zu erstellen. Der Informationsfluss muss durch ein effektives Informationssystem gewährleistet werden. Das Controlling kann hier seine Kernkompetenzen einbringen, die richtige Information zur richtigen Zeit am richtigen Ort zur Verfügung zu stellen. Die Integration von Social Media in das Geschäftsmodell ist eine aufwendige und nachhaltige Aufgabe. Die reine Portierung von Kampagnen auf z. B. Facebook und die Integration von Social Media im Unternehmen ist ein riesiger Unterschied. Die Abstimmung und Koordination der Apps, Gewinnspiele und Kampagnen mit den involvierten Abteilungen ist komplex. Das Verständnis der Zusammenhänge der Prozesse muss den beteiligten Abteilungen z. B. Marketing, PR-Abteilung, Vertriebe, Produktentwicklung und IT transparent dargestellt werden. Natürlich beginnt kein Unternehmen mit einer vollständigen Integration, allerdings muss es das Ziel der Social Media-Strategie sein, dass möglichst rasch die Verknüpfung der Unternehmensstrukturen und Geschäftsprozesse erfolgt.

25.4 Controlling als Entscheidungsunterstützung für Social Media

Die Social Media-Aktivitäten bedürfen der Planung, Steuerung, Kontrolle und Dokumentation und machen ein Controlling erforderlich. Das Controlling muss hier die Strukturen schaffen, damit Social Media langfristig und erfolgreich im Unternehmen integriert wird, um die Potenziale auszuschöpfen und einen Beitrag zur Zielerreichung beiträgt. Im Rahmen der Planung werden zukünftige Entwicklungen durchgespielt. Die Steuerung dient der erfolgreichen Umsetzung der Pläne durch Orientierung bei den operativen Tätigkeiten. Das Controlling kann Vorgaben definieren, innerhalb welchem Zeitraum Kundenanfragen zu beantworten sind, Abweichungen kritisch sind oder welches Budgets zur Verfügung stehen. Insbesondere ist die Verhaltensbeeinflussung der Mitarbeitenden zu steuern, so dass Entscheidungen sich an den Zielen des Unternehmens ausrichten. Der Erfolg darf z. B. nicht nur an den «Likes» gemessen werden, sondern es müssen auch die monetären Veränderungen, die sich durch Social Media-Aktivitäten ergeben, aufgezeigt werden. Dazu sind Kontrollen notwendig, um die Planvorgaben mit den Istwerten zu vergleichen und die Ursachen bei Abweichungen zu identifizieren bzw. entsprechende Handlungsempfehlungen abzugeben. Alle Vorgänge sind grundsätzlich zu dokumentieren, um die entsprechenden Controllingaufgaben durchzuführen. Damit wird die Grundlage für die Planung, Steuerung, Kontrolle und Entscheidungsunterstützung gelegt.

Ausserdem muss das Controlling adäquate Methoden zur Verfügung stellen, um den Wertbeitrag von Social Media richtig abzubilden. Bspw. ist die Zuteilung der Budgets zu den Touchpoints von deren Erfolg abhängig. Das Controlling muss die Methodik zur Verfügung stellen, wie der Erfolg bestimmt wird. Es muss festgelegt werden, ob z. B. die Last Click-Methode oder die First Click-Methode zur Erfolgsmessung bei einem Online-Händler herangezogen wird. Je nach Methode ergeben sich unterschiedliche Werte. Adobe hat ermittelt, dass sich bei der First Click-Methode ein Betrag von USD 1.13 ergibt, den der durchschnittliche User, der via Social Media gekommen ist, dort ausgibt. Bei der Last-Click-Methode reduziert sich der Social Media-Betrag auf USD 0.60. Die Ursachen dieser Differenz lassen sich mit unterschiedlichen Zielsetzungen erklären. Social Media wird von Marken als Touchpoint genutzt, um Awareness zu schaffen und potenzielle Kunden möglichst frühzeitig anzusprechen. Später wählt der Kunde dann die Website direkt an oder nutzt Suchmaschinen. Während die «Last Click»-Methode den Marketing-Touchpoints einen überproportionalen Wert beimisst, mit denen der Kunde zuletzt Kontakt hat, werden andere, vorgelagerte Touchpoints der Markenbildung und Werbung vernachlässigt.

25.5 Identifizierung der Chancen und Risiken von Social Media

Durch den Einsatz von Social Media bieten sich einem Unternehmen Chancen, die sich den finanziellen Grössen Kosten und Umsatz zuordnen lassen. Social Media kann dazu eingesetzt werden, die Kosten im Marketing zu senken. Durch den Einsatz von Monitoringsystemen lassen sich die Marketingaktivitäten gezielter einsetzen. Die Nutzung dieser Potenziale wird durch die Effizienz des aktuellen Marketings bestimmt. Ausserdem ist zu berücksichtigen, welchen Anteil die Marketingkosten an den Gesamtkosten haben. Je höher der Anteil, umso stärker sind strategische Überlegungen unter Berücksichtigung vom Geschäftsmodell einzubeziehen. Die Motivation, mit sozialen Netzwerken die Marketingkosten zu senken ist eine Illusion. Natürlich ist es einfach eine Facebook-Seite oder Twitter-Konto einzurichten, allerdings fallen dann die Kosten für Inhalte erst an. Neben den Personalkosten für die Steuerung der Social Media-Aktivitäten kommen Kosten für Gewinnspiele, Rabatte, Bilder oder Videos hinzu. Als unterstützende Prozesse muss ein Monitoring durchgeführt werden. Grundsätzlich ist aufzuzeigen, dass Social Media einen Mehrwert für das Unternehmen liefert und nicht nur einen Kostenblock darstellt. Es muss deshalb der Einfluss von Social Media auf die Geschäftsprozess im Unternehmen dargestellt werden (siehe Abbildung 1).

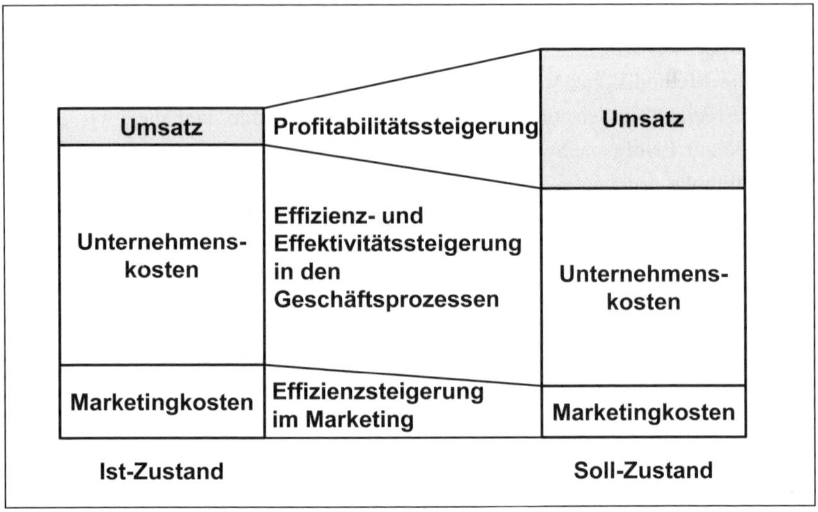

Abbildung 1: Potenzieller Wertbeitrag durch Social Media

Social Media kann zur Senkung der Kosten von Geschäftsprozessen beitragen aber auch die Prozessleistung wie Qualität und Zeit steigern. Zeiteinsparungen, wie eine schnelle Beantwortung einer Kundenanfragen oder Qualitätsverbesserungen führen zu einer höheren Kundenzufriedenheit, die zu einer höheren Kundenbindung und höheren Umsätzen führt. Der indirekte Einfluss von Social Media ist nicht immer einfach zu messen. Der Aufbau einer gelebten Community kann bspw. das Transaktionsvolumen im Kundenkontaktzentrum reduzieren und sich damit das Personal mit anderen wertschöpfenden Tätigkeiten beschäftigen oder sogar Kostensenkungen einleiten. Die Möglichkeit, jederzeit auf den Service zuzugreifen stellt einen Mehrwert dar, obwohl eigentlich eine Servicereduktion durchgeführt wurde. Nachfolgend sind die Chancen durch den Einsatz von sozialen Medien in ausgewählten Organisationsbereichen dargestellt (siehe Abbildung 2).

Organisationsbereich	Chancen
Marketing	Durch den Einsatz von Social Media kann eine Erhöhung der Marken- bzw. Unternehmensbekanntheit erreicht werden. Social Media unterstützt zum Beispiel das Empfehlungsmarketing.
Vertrieb	Social Media kann zu einer Umsatzsteigerung führen, da neue Vertriebskanäle genutzt werden können.
Personalwesen	Im Bereich des Personalwesens eröffnen sich durch den Fokus auf Interaktion neue Möglichkeiten. So können die Aspekte der Personalsuche, -ansprache, -auswahl, -qualifizierung und -bindung zielgerichteter und individueller ausgestaltet werden. Darüber hinaus kann die Wahrnehmung bzw. Attraktivität einer Organisation als Arbeitgeber gesteigert werden. Auch das Reputations- und Referenzmanagement wird deutlich erleichtert.
Organisationsentwicklung	Im Bereich der Organisationsentwicklung kann vor allem die interne Kommunikation unterstützt und die Zusammenarbeit gestärkt werden. Implizites Expertenwissen kann systematisch in die Organisation überführt werden. Hierbei unterstützt Social Media den Aufbau und die Nutzung von Wissensmanagementsystemen, die den Mitarbeitern oftmals bereits aus dem Privatbereich bekannt sind.
Forschung und Entwicklung	Der Bereich des Vorschlagswesens kann sowohl intern als auch extern in Aufbau und Nutzung unterstützt werden. Intern kann das Vorschlagwesen der Mitarbeiter

	unterstützt werden und extern die Kommunikation mit den Kunden und Geschäftspartnern, was Feedback zu Produkten und Dienstleistungen betrifft. Extern kann zudem die klassische Marktforschung durch neue Instrumente ergänzt werden. Durch die erweiterten Informationsmöglichkeiten profitiert die Produkt- und Dienstleistungsweiterentwicklung.
Unternehmenskommunikation	Soziale Medien können die Reichweite der Unternehmenskommunikation steigern. Auch der Dialog kann aufgebaut und durchgeführt werden. Da Social Media vor allem auf eine multidirektionale Kommunikation abzielt, kann dieser Dialog mit einer höheren Zielgenauigkeit gestaltet werden.
Kunden- und Lieferantenmanagement	In Analogie zu den zuvor erläuterten Kommunikations- und Interaktionsbeziehungen können auch die Kundenbindung und -kommunikation profitieren. Auch hier spielt die Individualisierung der Kommunikation eine grosse Rolle. Serviceprozesse können individueller und zielgerichteter unterstützt und implementiert werden. Dies gilt auch für die Verbesserung von Lieferantenprozessen.

Abbildung 2: Chancen von Social Media in ausgewählten Unternehmensfunktionen

Quelle: DIN SPEC 91253

Mehrere Rahmenbedingungen wie die Unternehmensgrösse und -struktur, aber auch die Einschätzung des wirtschaftlichen Potenzials der Nutzung bedingen den tatsächlichen Einsatz von Social Media. Hinzu kommt die Vielfalt an Technologien und Anwendungen (Games, Apps, innovative Werbe- und Kommunikationsformen). Dies führt dazu, dass neben den gezeigten Chancen folgende exemplarische Risiken beim Einsatz von Social Media aufgeführt werden können:[3]

- Der Kommunikationspartner erwartet eine schnelle Reaktion. Deshalb müssen im Unternehmen Prozesse und Zuständigkeiten inklusive Vertretungsregelungen definiert und etabliert werden.
- Die Kommunikation über ein Unternehmen und dessen Botschaften kann sich durch die Teilnahme von vielen internen und externen Beteiligten «verselbstständigen» und sich daher der weiteren Kontrolle des Unternehmens entziehen.
- Interne Informationen oder Fehlinformationen gelangen nach aussen und verbreiten sich schnell, wenn es an Regelungen fehlt, welche Informationstypen über welche Touchpoints kommuniziert werden dürfen.
- Eingeschränkte Messbarkeit und schlechtere Erfolgskontrolle, da es bis dato keine etablierten Mess- und Kontrollinstrumente gibt. Daher sind die Erfolgsaussichten risikobehaftet.

25.6 ROI von Social Media

Am Anfang von Social Media steht ein bewilligtes Investitionsbudget. Budgets sind knappe Ressourcen, so dass der Mehrwert von Social Media transparent und plausible dargestellt werden muss. Mit der Investition wird eine Social Media-Aktivität finanziert. Zentral ist die Beziehung zwischen der Investition und der finanziellen Auswirkung (ROI). Die Ereignisse dazwischen sind wichtig und haben massgeblichen Einfluss auf die finanziellen Auswirkungen. Die Aufgabe vom Controlling ist es deshalb, die Entscheidungskette mit adäquaten KPIs zu versorgen. Allgemein versteht man unter Key Performance Indicators (KPIs) die Beeinflussung der Denkprozesse und Handlungen von Führungskräften durch ein einfaches, gemeinsam genutztes internes Model. Die KPIs sollen komplizierte betriebliche Sachverhalte, Strukturen und Prozesse auf relativ einfache Weise abbilden. Damit soll ein möglichst umfassender und schneller Überblick gewährleistet werden, um Entscheidungsträger in der laufenden Planung, Steuerung und Kontrolle mit finanziellen und nicht-finanziellen Informationen zu unterstützen. Zur Steuerung der Unternehmensaktivitäten sind die Planung von Zielen und deren Kontrolle unverzichtbar. Daraus ergibt sich

---

3 Vgl. DIN SPEC 91253.

die Forderung nach adäquaten Steuerungsmöglichkeiten. KPIs unterstützen die Setzung von Prioritäten und Konzentration auf Schwerpunkte und helfen, die Sach- und Formalziele zu operationalisieren. Die erfolgreiche Durchsetzung der Ziele wird durch die Kontrollfunktion wahrgenommen. Dazu sind Sollgrössen erforderlich, damit die realisierte Zielerreichung gemessen wird.[4] Das Controlling muss für die KPIs Ausgangswerte festlegen, Zielwerte definieren und Abweichungen ermitteln.

Der Fokus im Controlling von Social Media darf nicht nur bei finanziellen KPIs liegen (z. B. Umsatz, Kosten oder Gewinn), sondern muss insbesondere nicht-finanzielle KPIs berücksichtigen. Bei operativen Entscheidungen oder zur Kontrolle von Geschäftsprozessen sind die nicht-finanziellen KPIs notwendig. Der Nutzen vom Controlling ergibt sich aus der erfolgsorientierten Anwendung der Information. Die Aufgabe liegt grundsätzlich darin, die Entscheidungsträger mit entscheidungsunterstützenden und entscheidungsbeeinflussenden Informationen zu unterstützen. Dazu sind bei den nicht-finanziellen KPIs zwischen quantitativen und qualitativen KPIs zu differenzieren (siehe Abbildung 3).

Ziel	**Quantitative KPIs**	**Qualitative KPIs**
Erhöhung der Bekanntheit der Produkte und des Unternehmens	→ Besucher auf der Website → Fans oder Freunde von Produktseiten → Follower → Subscriber → Unique visitors → Nennungen des Produkts oder des Unternehmens in Social Media → Position in Suchmaschinen → Posts → Video Views → Share of voice	→ Einfluss der User, die die Produkte diskutieren → Qualität der geposteten Inhalte über das Unternehmen in Social Media

4 Vgl. Weber, J. (2011).

	→ Engagement der Zielgruppe → Links, die auf die Unternehmensseite verweisen → Retweets → RSS-Feed-Abonnenten → Unternehmens- und Produktreferenzen in Social Media	
Verbesserung der Reputation und des Images des Unternehmens und der Produkte	→ Fürsprecher in Social Media → Blogs, die auf das Unternehmen verweisen → positive und negative Ratings auf Kundenratingseiten → positive und negative Unternehmens- und Produktreferenzen in Social Media	→ Markenwahrnehmung in Social Media → Sentiments der Kunden und Konsumenten → Änderungen in User Sentiments → Gründe für die Kontaktierung des Unternehmens von Konsumenten über die Website
Erhöhung der Kundenzufriedenheit	→ positive/negative Kommentare in Social Media → Weiterempfehlungen auf Sozialen Medien-Plattformen → positive/negative Ratings auf Ratingseiten	→ Qualität der Zufriedenheitskommentare auf Social Media-Plattformen → Qualität der Unternehmens-Blog-Beiträge → Kundenzufriedenheit mit Produkten und Dienstleistungen

Abbildung 3: Ziele definieren, die dazu passenden SM-Plattformen auswählen und die zu den Plattformen passenden Kennzahlen definieren.

Quelle: Lengler, S. et al. (2010).

Die Herausforderung ist dann, die Verbindung zwischen den finanziellen und nicht-finanziellen KPIs herzustellen. Nicht-finanzielle KPIs sind das Bindeglied zwischen einer Investition und der Rendite. Sie dokumentieren einen strukturierten Prozess (siehe Abbildung 4). Während der Anfangs- und Endwert monetär messbar ist, liegen dazwischen nicht-monetäre Zwischenergebnisse.

CHF				**CHF**
Investition	**Aktion**	**Reaktion**	**Nicht-Finanzielle Auswirkung**	**Finanzielle Auswirkung**
CHF 25‘000 für das 1. Quartal	Unternehmen startet eine Facebook-Seite	Die Öffentlichkeit reagiert positiv.	30‘000 Menschen registrieren sich, Starker Anstieg der Website-Besucher Markenerwähnungen Starke Zunahme der positiven Sentiment	12‘000 neue Transaktionen = CHF 120‘000

Abbildung 4: Social Media-Prozesskette
Quelle: Blanchard, O. (2012)

Der Startpunkt ist die Genehmigung eines Investitionsbudgets Social Media. Das Unternehmen beschliesst, CHF 25‘000 in einen Facebook-Auftritt zu investieren. Aufgrund der Nutzerzahlen wird das Unternehmen auf Facebook aktiv. Man verspricht sich damit eine grössere Reichweite, Kundendialog und Produktvorstellungen. Die Aufschaltung der Facebook-Seite ist die Aktion, daran schliesst sich die Reaktion der Öffentlichkeit an. Die Zielgruppe wird auf den neuen Touchpoint aufmerksam, die Anzahl der Kommentare steigt sprunghaft, das Engagement ist sehr positiv. Nun lassen sich die Wirkungen der Aktion mit nicht-finanziellen KPIs messen. In einem definierten Zeitraum (1. Quartal) werden die immateriellen Wirkungen gemessen. Im ersten Quartal haben 30‘000 Menschen «Like» gedrückt und sich entschlossen, mit der Marke in Kontakt zu treten. Ausserdem werden die Besucher der Website, Markenerwähnungen und das Sentiment gemessen. Die Zunahme der Besucher der Website fördert die Sichtbarkeit der Markte, die Wahrnehmung, die Bevorzugung und das Kaufverhalten. Zusätzlich wird durch Word of Mouth die Konversation, Diskussion und Meinungen gefördert und damit die Reichweite der Marke.

Abschliessend zeigt sich, dass sich die Wahrnehmung der Marke verändert und positiver gesehen wird. Spannend in dem Zusammenhang ist, welche finanziellen Auswirkungen sich daraus ergeben. Unter der vereinfachten Annahme, dass sich die Rahmenbedingungen nicht verändert haben, zeigt sich, das im Vergleich zum 1. Quartal im Vorjahr, die Transaktionen um 12‘000 angestiegen sind und eine Umsatzsteigerung von CHF 120‘000 realisiert wurde. Damit lässt sich nachweisen, dass Social Media die finanziellen Unternehmensziele unterstützt.[5]

25.7 Fazit

Viele Unternehmen erhöhen ihr Investitionsbudget für Social Media, das längst nicht mehr eine Modeerscheinung ist, sondern einen messbaren Erfolg zur Wertschöpfung leisten soll. Dazu muss die Unternehmensleitung bedarfsgerechte Strukturen schaffen. Erik Qualman bringt es auf den Punkt: The ROI of Social Media is Your Business Will Still Exist in 5 Years! Entscheidend ist dabei die Wirtschaftlichkeit von Social Media-Projekten, insbesondere auch im Kontext mit etablierten Touchpoints. In diesem Zusammenhang ist der Wertbeitrag von Social Media-Kommunikation darzulegen und die wirtschaftliche Vorteilhaftigkeit ihrer Investition nachzuweisen. Es bedarf dazu einer Erfolgskontrolle durch adäquate Key Performance Indicators, um den Wertbeitrag von Social Media-Aktivitäten zu planen, zu steuern und zu kontrollieren. Ein formalisierter Social Media-Prozess ist in der unternehmerischen Praxis selten vorzufinden. Forschungsprojekte am Institut für Finanzdienstleistungen IFZ beschäftigen sich damit, die Messung des Wertbeitrags von Social Media durch adäquate KPIs voranzutreiben.

[5] Vgl. Blanchard, O. (2012).

Literaturverzeichnis

- Blanchard, O. (2012): Social Media ROI. Messen Sie den Erfolg Ihrer Marketing-Kampagne. München u. a. 2012.
- DIN SPEC 91253: Einführung und Management von Web 2.0 und Sozialen Medien in KMU.
- Hafner, N. / Elsten, R. (2011): CRM Customer Relationship Management: Kundenmanagement zwischen Umsatzausbau und Effizienz. Rheinfelden 2011.
- Lengler, S. / Többens, T. / Schmitz-Axe, A. (2010): Was nutzt Social Media? Absatzwirtschaft Sonderheft 2010, S. 41-42.
- Picot, A. / Reichwald, R. / Wigand, R. T. (2010): Die grenzenlose Unternehmung. Information, Organisation und Management. Lehrbuch zur Unternehmensführung im Informationszeitalter. 5. Aufl. Wiesbaden 2010.
- Qualman, E. (2009): Socialnomics. How Social Media Transforms the Way we Live and Do Business. Hoboken, NJ 2009.
- Weber, J. / Schaeffer, U. (2011): Einführung in das Controlling. Stuttgart 2011.

26 Internes Kontrollsystem – Auch für Gemeinden und NPOs ein unerlässliches Führungsinstrument

Unbestritten ist die Zunahme der Wichtigkeit eines internen Kontrollsystems (IKS) sowohl in öffentlich-rechtlichen Körperschaften wie auch in staatlich finanzierten NPOs. Der vorliegende Artikel beleuchtet wesentliche IKS-Elemente dieser Institutionen und zeigt Unterschiede und Gemeinsamkeiten zu privatwirtschaftlichen, gewinnorientierten Unternehmen auf.

Stefan Hunziker

Stefan Hunziker (1978) ist seit 2009 Dozent und Projektleiter am Institut für Finanzdienstleistungen Zug IFZ der Hochschule Luzern – Wirtschaft. Er hat Wirtschaftswissenschaften und Soziologie an der Universität Bern studiert und ist im Doktorandenstudium der Universität St. Gallen immatrikuliert. Am IFZ leitet er den Studiengang MAS Controlling und ist für die Themenbereiche Risikomanagement und IKS zuständig.

Stefan Hunziker ist Dozent an der Akademie der Treuhand-Kammer; nimmt Lehraufträge in den Bereichen Management Accounting und Risikomanagement/IKS wahr, hat etliche Unternehmen bei der Einführung von IKS/RM als Berater begleitet und ist Verfasser von zahlreichen Büchern und Artikeln in Fachzeitschriften zu den Themengebieten IKS und Risikomanagement.

Kontakt: stefan.hunziker@hslu.ch

26.1 Einleitung

Mit der Unterstützung eines internen Kontrollsystems (IKS) kann in Organisationen ein Umfeld geschaffen werden, welches die zweckmässige Verwendung von finanziellen Mitteln sicherstellt, den Schutz der Vermögen gegen Missbrauch oder Veruntreuung gewährt und schliesslich die Transparenz über Prozesse, Leistungen und die Verlässlichkeit der finanziellen Berichterstattung massgeblich erhöht.

Dieser Beitrag zeigt auf, wieso ein IKS für öffentlich-rechtliche Körperschaften und staatlich finanzierte NPOs zunehmend wichtiger wird. Damit der Begriff «IKS» neben anderen Führungsinstrumenten der Corporate Governance eindeutig eingeordnet werden kann, wird auf die Abgrenzung zu Qualitäts- und Risikomanagement eingegangen. Anschliessend werden erstmals empirische Erkenntnisse spezifisch zu den IKS-Reifegraden in staatlich subventionierte NPOs präsentiert. Weiter zeigt der Beitrag die Gemeinsamkeiten und Unterschiede eines IKS zwischen gewinnorientierten Unternehmen und öffentlich-rechtlichen Körperschaften (am Beispiel der Gemeinden) einerseits und staatlich finanzierten NPOs andererseits auf. Wesentlich Erkenntnisse hierfür entstanden im Rahmen eines KTI-Forschungsprojektes am IFZ in Kooperation mit dem Institut für Nonprofit- und Public Management NPPM (ein Institut der Fachhochschule Nordwestschweiz), der Fernfachhochschule Schweiz (FFHS) sowie der Treuhand- und Revisionsgesellschaft Mattig-Suter und Partner Schwyz. Ein Fazit und Ausblick rundet den Beitrag schliesslich ab.

26.2 Druck auf staatlich finanzierte NPOs und Gemeinden nimmt zu

Durch die neuen Bestimmungen im Schweizerischen Obligationenrecht sind mittlere und grosse Organisationen seit dem 1. Januar 2008 unabhängig von ihrer Rechtsform verpflichtet im Rahmen der jährlichen ordentlichen Revision ein IKS nachzuweisen. Die Privatwirtschaft darf somit als Vorreiter der Dokumentation und Institutionalisierung des IKS gesehen werden – mindestens seit den Änderungen im Obligationenrecht im Jahr 2008. Im Zuge der Diskussionen um gute Corporate Governance, ausgelöst von etlichen Bilanzskandalen in jüngerer Vergangenheit, hat die Schweizer Gesetzgebung mit der verpflichtenden Einführung eines IKS reagiert. Bei den öffentlichen Verwaltungen der Schweiz werden zurzeit Anpassungen der IKS-relevanten Rechtsgrundlagen und des Leistungsvereinbarungs- bzw. Beteiligungs-Controllings mit den Nonprofit-Organisationen (NPOs) vorgenommen. Einzelne Kantone verpflichten staatlich finanzierte NPOs sogar generell, ein IKS zu führen, so z.B. der Kanton

Aargau. Dadurch sehen sich auch Kleinst-Organisationen vor der Aufgabe, ein IKS einzuführen. NPOs stehen aber oft vor einem Dilemma: Spenden und Gelder der öffentlichen Hand müssen zweckgebunden verwendet werden. Private und öffentliche Geldgeber erwarten, dass die Verwendung der Mittel korrekt und transparent dokumentiert wird. Die Berichterstattung muss absolut verlässlich und der Schutz der Vermögenswerte sichergestellt sein. Entsprechende Nachweise hingegen sollen den Verwaltungsaufwand aber möglichst nicht zusätzlich belasten.

Da öffentlich-rechtliche Körperschaften selber aber dem öffentlichen Recht unterstehen, gelten für sie die im Aktienrecht verankerten gesetzlichen IKS-Auflagen nicht, ein IKS einführen zu müssen. Indirekt wird aber sehr wohl Druck auf Bund, Kantone und Gemeinden ausgeübt, ein IKS ebenso einzuführen – wie nachfolgend kurz erläutert wird. Der öffentliche Sektor befindet sich aufgrund eines immer komplexer werdenden Umfelds in einem ständigen Wandel. Um diesen Anforderungen gerecht zu werden, orientieren sich Verwaltungen immer stärker an betriebswirtschaftlichen Prinzipien. Dieser Trend hin zur *Ökonomisierung der öffentlichen Hand* wird zusätzlich dadurch verstärkt, als dass privatwirtschaftlichen Unternehmen Eigenschaften wie Innovation und Flexibilität nachgesagt werden, während Verwaltungen gemeinhin eher als starr und nicht anpassungsfähig qualifiziert werden.[1]

Entgegen diesem nicht sehr vorteilhaften Image hat die öffentliche Verwaltungsführung in den letzten Jahren eine Reihe tiefgreifender Reformen durchgeführt.[2] Es ist daher nicht überraschend, dass mit dem IKS ein Führungsinstrument in der öffentlichen Verwaltung Einzug gehalten hat und vor allem in den letzten zwei, drei Jahren stark an Bedeutung gewann, welches ursprünglich in der Privatwirtschaft institutionalisiert wurde.[3] So erstaunt es nicht, dass im Jahr 2010 bereits 17 der 20 Deutschschweizer Kantone ein IKS als Rechtsgrundlage verankert haben oder diesbezüglich eine Gesetzesrevision bis spätestens 2014 vorsehen, wie eine Untersuchung, die mit der Hochschule Luzern-Wirtschaft im Rahmen einer Masterarbeit gemacht wurde, eindrücklich aufgezeigt hat.[4] Des Weiteren erachtet rund die Hälfte der untersuchten Kantone eine gleichlaufende

---

1 Vgl. Harms, J. / Reichard, C. (2003), S. 13 ff.

2 Vgl. Treuhand-Kammer, HWP Band 4 (2009), S. 253.

3 Vgl. Rautenstrauch, T. / Hunziker, S. (2009).

4 Vgl. Amrein, D. et al. (2010).

Umsetzung auf kommunaler Ebene als sinnvoll. Es ist also damit zu rechnen, dass in absehbarer Zeit die Gemeinden ebenfalls ein IKS nachzuweisen haben. Im Moment besteht jedoch noch wenig Transparenz, wie weit die Umsetzung in den Kantonen mit Wirkung auf Gemeinden und angegliederte Institutionen tatsächlich vorangeschritten ist.

Dem Staatsvermögen kommt seit jeher besondere Wachsamkeit zu. Dementsprechend sind Kontrollmassnahmen zum Schutz des öffentlichen Vermögens keineswegs neu, sondern blicken auf eine lange Tradition zurück.[5] Trotz zahlreicher historisch gewachsener Kontrollen fehlt es den Gemeinden in der Regel aber an einem systematisch aufgebauten und detailliert dokumentierten IKS.[6] Durch die Einführung eines IKS sollen die bisherigen Kontrollen revidiert, ergänzt und vereinheitlicht werden, so dass letztlich der Schutz öffentlicher Gelder optimiert werden kann. Das IKS in der öffentlichen Verwaltung kann sogar als «wichtiger Garant der Glaubwürdigkeit, insbesondere gegenüber den Bürgerinnen und Bürger, Geldgeber und den kantonalen Behörden»[7] verstanden werden.

Für die Gemeinden bedeutet das sinngemäss, dass der Gemeinderat als Exekutive die notwendigen Massnahmen zur Risiko-Minimierung trifft und nach Rücksprache mit dem gemeindeeigenen Rechnungsprüfungsorgan Weisungen zum internen Kontrollsystem erlässt. Auch in der Gemeinde sind die Leitungen der Verwaltungseinheiten für die Einführung, den Einsatz und die Überwachung des Kontrollsystems in ihrem Zuständigkeitsbereich verantwortlich. Das Musterfinanzhaushaltgesetz (MFHG) ist jedoch lediglich eine Empfehlung. Kantone können davon abweichende oder weiterführende Bestimmungen erlassen. Selbstverständlich steht es den Gemeinden frei, in ihren Gemeindeordnungen Regelungen zum internen Kontrollsystem aufzunehmen. Zurzeit sind etliche Gemeinden daran oder planen in naher Zukunft, das neue Harmonisierte Rechnungslegungs-Modell (HRM2) einzuführen. Damit verbunden ist meist die Übernahme von Artikel 68 des MFHGs in die entsprechenden Rechtsgrundlagen der Gemeinden (Finanzhaushaltsgesetz, Gemeindegesetz bzw. den Verordnungen und Dekreten dazu), was faktisch zur Verpflichtung bezüglich Einführung eines IKS führt.

---

[5] Vgl. Strub, A. (2011), S. 1.

[6] Vgl. Bergmann, A. (2009), S. 545 f.

[7] Hunkeler, Y. (2009), S. 549 ff.

26.3 Begriff und Aufgaben eines IKS

Trotz intensiver Beschäftigung und Auseinandersetzung mit dem Thema IKS in Forschung und Praxis besteht kaum Einigkeit darüber, was unter einem IKS zu verstehen ist, respektive welche Ziele mit einem IKS verfolgt werden sollen. Ein relativ breit akzeptiertes IKS-Verständnis rührt aus dem 1992 in den USA publizierten COSO-Rahmenwerk. Das vom Committee of Sponsoring Organizations of the Treadway Commission (COSO) geschaffene Rahmenwerk dient Unternehmen und Verwaltungen als Unterstützung bei der Bewertung und Verbesserung der internen Kontrollen.

Zusammenfassend zielt die interne Kontrolle gemäss COSO darauf ab, eine angemessene Sicherheit bezogen auf folgende Aspekte zu erreichen:

- Effizienz und Effektivität der Geschäftstätigkeiten schaffen,
- Verlässlichkeit der finanziellen Berichterstattung verbessern,
- Einhaltung der Gesetze und Verordnungen (Compliance) sicherstellen,
- ein Umfeld zu schaffen, welches betrügerisches Verhalten verhindern oder zumindest vermindern kann.

Interpretiert man diese IKS-Definition wird deutlich, wie breit ein Kontrollsystem gemäss COSO ausgelegt wird. Eine derart weitreichende Neuregelung war offensichtlich nicht in der Absicht des Schweizer Gesetzgebers, so dass Alt-Bundesrat Christoph Blocher in der Wintersession 2005 den Geltungsbereich des IKS auf die Sicherstellung einer verlässlichen und wahrheitsgetreuen finanziellen Berichterstattung eingeschränkt hat.[8] In diesem Zusammenhang regelt der Schweizer Prüfungsstandard (PS) 890, der vom Vorstand der Treuhand-Kammer am 17. Dezember 2007 verabschiedet wurde, welche Massstäbe für die Prüfung der von Organisationen dokumentierten internen Kontrollen anzulegen sind. Aus dieser Einschränkung bezüglich des Wirkungsbereichs des IKS ergibt sich ein anderer Fokus der IKS-Definition:

«Der Begriff ‹Internes Kontrollsystem› wird [...] nicht in der üblichen Form verwendet, sondern inhaltlich eingegrenzt. Das IKS [...] umfasst nur jene Vor-

---

[8] In der Wintersession des Ständerates am 1. Dezember 2005 hat Alt-Bundesrat Christoph Blocher mit folgendem Statement für Klarheit gesorgt: «Wenn im neuen Revisionsrecht vom internen Kontrollsystem gesprochen wird, dann nur in Bezug auf die Buchführung und Rechnungslegung. Andere Bereiche, wie die Geschäftsführung oder die Compliance, werden von der Vorlage – soweit keine Auswirkungen auf die Jahresrechnung bestehen – nicht berührt.»

gänge und Massnahmen in einer Unternehmung, welche eine ordnungsmässige Buchführung und finanzielle Berichterstattung sicherstellen.»[9]

Abschliessend lässt sich feststellen, dass in den neuen Bestimmungen im Schweizer Gesetz keine klare Aussage darüber gemacht wird, wie ein IKS konkret auszugestalten ist. Die Legislative überlässt es den Organisationen, zu entscheiden, welches Kontrollsystem oder welche Kontrollmechanismen sie für ihre Situation als angemessen betrachten.

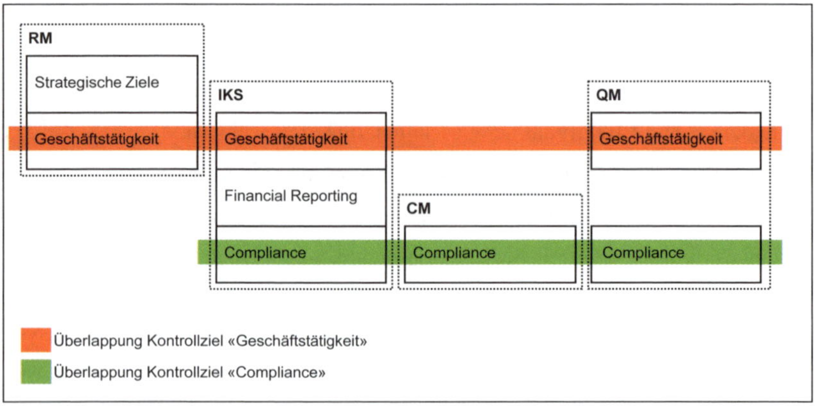

Abbildung 1: Überlappung verschiedener Kontrollziele

Die «Kontrollziele» gemäss COSO in den Bereichen Geschäftstätigkeit, wahrheitsgetreuer finanzieller Berichterstattung (Financial Reporting) sowie Regel- und Normenkonformität (Compliance) weisen Redundanzen mit anderen Führungsinstrumenten wie Risikomanagement (RM) oder Qualitätsmanagement (QM) auf. Diese Redundanzen sind zu beheben respektive sollen die Schnittstellen zwischen den Führungsinstrumenten optimiert werden.

9 Treuhand-Kammer (2007), S. 3.

26.4 IKS-Reifegrade in staatlich finanzierten NPOs

Im 2009 wurde von vier Fachstellen im Sozialbereich[10] der Kantone Aargau, Baselland, Tessin und Wallis sowie aus dem Nicht-Sozialbereich[11] des Kantons Zug der Bedarf geäussert, Erkenntnisse zu gewinnen, wie mit der IKS-Thematik bei staatlich finanzierten NPOs umzugehen ist. Das Institut für Nonprofit- und Public Management der Fachhochschule Nordwestschweiz sowie das Institut für Finanzdienstleistungen Zug IFZ der Hochschule Luzern untersuchten 17 staatlich finanzierte NPOs – darunter soziale Einrichtungen wie Sonderschulen und Behindertenwerkstätten, aber auch Wohnheime für Kinder und Jugendliche, Erwachsene sowie Betagte.

Von den befragten NPOs sind bisher vier aufgrund ihrer Grösse[12] verpflichtet, ein IKS zu unterhalten. Allerdings sind die noch nicht IKS-pflichtigen NPOs für das Thema sensibilisiert, weil sie damit rechnen, in Verbindung mit den Leistungsvereinbarungen von der zuständigen Behörde entsprechende Anforderungen gestellt zu erhalten. Zwei Einrichtungen führen aufgrund der Vorgaben der kantonalen Fachstelle ein IKS. Grundsätzlich stehen alle NPOs einem IKS positiv gegenüber und erwarten einen Nutzen daraus.[13]

Damit der IKS-Reifegrad bestimmt werden konnte, stützte sich das Forschungsteam bei der Analyse auf Untersuchungsinstrumente, welche sich am COSO-Rahmenkonzept[14] orientierten. Die fünf Kontroll-Komponenten nach COSO finden sich deshalb in der Gruppierung des Handlungsbedarfs wieder (siehe Abbildung 2).

---

[10] Vor allem im Bereich der Sonderschulen, Jugend- und Behindertenhilfe.

[11] Nicht-Sozialbereich wie öffentlicher Verkehr, Tourismus etc.

[12] Hierbei fanden noch die alten Grössenkriterien der ordentlichen Revision ihre Anwendung, welche von 2008 bis Ende 2011 galten. Die ab 1.1.2012 geltenden Schwellenwerte würde keines der untersuchten NPOs mehr überschreiten.

[13] Es handelt sich v.a. um Opportunitätskosten, welche durch ein IKS eingespart werden können (z.B. Verhinderung von Doppelspurigkeiten, Verhinderung von Zweckentfremdung der Subventionen, besseres Risikomanagement etc.). Der erwartete finanzielle Nutzen wurde von den Kantonen mit fünf- bis sechsstelligen Frankenbeträgen pro Jahr beziffert.

[14] Vgl. COSO (1992).

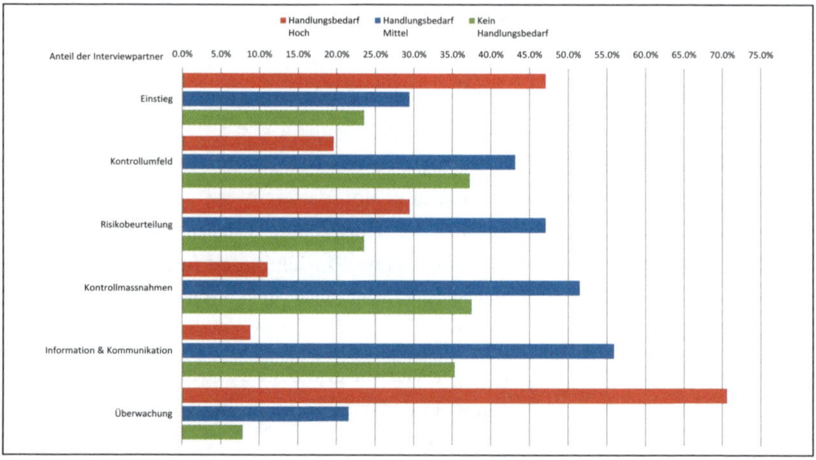

Abbildung 2: Handlungsbedarf nach Kontroll-Komponenten

26.4.1 Ausgepräges Kontrollumfeld ist zentral

Die positive Grundhaltung gegenüber dem IKS ist gegeben, was eine wichtige Basis ist, um überhaupt ein nachhaltiges Führungsinstrument aufbauen zu können. In allen NPOs ist auch sichergestellt, dass die in der Leistungsvereinbarung aufgeführten Leistungen tatsächlich erbracht werden und die zur Verfügung stehenden Mittel zweckgebunden eingesetzt werden. In der Regel führt aber die zuständige Verwaltungseinheit entsprechende Kontrollmassnahmen durch.[15] Zum Umgang mit Fondsvermögen und zu Spendeneinnahmen sind hingegen nur bei einzelnen Einrichtungen explizite Kontrollmassnahmen vorgesehen. Häufig verlässt man sich auf die stichprobenartige Prüfung im Zuge der externen Revision. Lediglich eine der befragten NPOs betreibt ein Fund-Accounting. Fast alle kostenrechnungspflichtigen NPOs verlassen sich ganz auf die entsprechenden Kontrollen der jeweils zuständigen Verwaltungseinheit. Dementsprechend ist der Handlungsbedarf in Bezug auf mehr Eigen- statt Fremdkontrolle bei deutlich mehr als der Hälfte der NPOs mittel bis hoch.

---

15 Z.B. durch das Leistungscontrolling und Finanzcontrolling der Fachstelle im Kanton Basel Landschaft.

26.4.1.1 Geschäftsleitung und Aufsichtsorgan

Die Aufgabenverteilung der Geschäftsleitung ist in Form einer Kompetenzordnung mehrheitlich geregelt. Da die Buchführung häufig durch ein Treuhandunternehmen erfolgt, vertraut die Geschäftsleitung Drittpersonen, dass Buchhaltung und Abschluss regelkonform sind. Diejenigen NPOs, welche bereits ein IKS unterhalten, sehen dieses als reine Führungsaufgabe und informieren entsprechend nur einen ausgewählten Kreis über dessen Wichtigkeit. Bei rund der Hälfte der NPOs resultiert daraus ein mittlerer bis hoher Handlungsbedarf.

Mit Ausnahme von zwei NPOs ist das Aufsichtsorgan unabhängig von der Geschäftsleitung. Bei der Hälfte der NPOs bestehen jedoch Interessenkonflikte im Aufsichtsorgan. Alle Aufsichtsorgane tagen regelmässig und lassen ihre Sitzungen protokollieren.

26.4.1.2 Rechnungswesen und Controlling

Fast die Hälfte der NPOs gibt an, dass die Anzahl Personen, die in den Bereichen Buchhaltung und Controlling tätig sind, nicht ausreichend ist. Die NPOs behelfen sich, indem sie die Buchführung oder Teile davon (z.B. Lohnbuchhaltung) extern vergeben. Teilweise wird auf ein internes Controlling verzichtet, da keine entsprechenden Fachpersonen vorhanden sind. Dabei ist gerade für NPOs der Controllingbedarf sehr hoch. Zwischen Einnahmen und Ausgaben besteht oft kein betriebswirtschaftlicher Zusammenhang, somit können Leistungen kaum über geschlossene ökonomische Kreisläufe gemessen werden. Folglich sind strategisches und finanzielles Controlling oft die einzigen Hilfsmittel, um Ineffizienzen oder eventuelle kriminelle Handlungen nachzuweisen. Daraus ergibt sich für fast die Hälfte der NPOs ein mittlerer Handlungsbedarf.

26.4.2 Lücken im Risikobeurteilungsprozess

Die Organisationsziele werden meist von der entsprechenden Verwaltungseinheit vorgegeben, z.B. Leistungsauftrag bzw. –vereinbarung, und in unterschiedlicher Periodizität mit der Geschäftsleitung diskutiert. Zusätzlich werden Zielvorgaben in Diskussion mit der Geschäftsleitung und dem Aufsichtsorgan festgelegt. Zwar sind viele Organisationsziele vorgegeben, aber oftmals werden diese nicht auf Prozessstufe hinunter gebrochen und unterliegen keinem expliziten Risikobeurteilungsprozess. Einen umfassenden Risikobeurteilungsprozess haben lediglich vier NPOs implementiert.

Viele NPOs sehen sich einerseits durch ihre Revisionsstellen bereits gut beraten und würden deswegen keine zusätzlichen externen Experten zur Risikoanalyse beiziehen, andererseits werden interne Risiko-Workshops als übertriebene Massnahme angesehen. Da die Identifikation und Bewertung von Risiken aller Unternehmensbereiche eine zentrale Bedeutung innerhalb des IKS-Arbeitsprozesses hat, besteht bei den meisten NPOs hoher oder mittlerer Handlungsbedarf.

26.4.3 Kontrollmassnahmen

Eine geeignete Grundlage zur Identifikation von Risiken und zur Dokumentation von Kontrollen sind Prozessdokumentationen.[16] Ausnahmslos alle NPOs erachten eine Dokumentation der Kernprozesse als sinnvoll. Einige NPOs haben dies im Rahmen des Qualitätsmanagements auch schon gemacht. Die zentralen finanziellen IKS-Prozesse fehlten aber bei den meisten NPOs.

26.4.3.1 Kontrollen im Finanzbereich zu wenig dokumentiert

Die meisten NPOs können auf ein Kontierungshandbuch zurückgreifen. Häufig ist dies das Stichwortverzeichnis zum IVSE-Kontenrahmen.[17] Im Zahlungsverkehr sind das Vieraugenprinzip und die aus IKS-Sicht wichtige Funktionentrennung fast überall verankert, jedoch meist nicht genügend dokumentiert. Auch für Geschäftsfälle, die seltener vorkommen (Anlageentscheide, Darlehensgewährung) fehlen oftmals Beschreibungen und darin festgehaltene Kontrollen. Nur eine NPO führt Kontrollen aus, um sicherzustellen, dass der Betriebsabrechnungsbogen vollständig und korrekt ist – hier besteht Aufholbedarf. Bei fast allen NPOs besteht deshalb mittlerer oder hoher Handlungsbedarf, vor allem in Bezug auf die Kontrolldokumentation.

26.4.3.2 IT – Verlass auf externe Dienstleister

Die meisten NPOs beschäftigen externe Dienstleister für den Betrieb, die Wartung und den Support ihrer IT-Infrastruktur. Sie verlassen sich darauf, dass dieser Dienstleister die notwendigen Kontrollmassnahmen erkennt und in eigener Regie ausführt. Der Zugriff auf sensitive Daten ist systemtechnisch mittels Berechtigungsstruktur geschützt. Vereinzelt gibt es jedoch Einrichtungen, bei

---

[16] Prozessdokumentationen sind nicht zwingender Bestandteil eines IKS. Sie helfen aber, die Transparenz und das Prozessdenken in der Organisation zu fördern, erleichtern massgeblich die Identifikation von Risiken und tragen zur Verbesserung der Effizienz und Qualität der Geschäftsprozesse bei.

[17] Interkantonale Vereinbarung für soziale Einrichtungen (siehe http://www.sodk.ch/ueber-die-sodk/ivse.html).

denen alle Mitarbeitenden auf alle Daten zugreifen können. In allen NPOs gibt es Benutzer mit Generalzutritt auf alle Systeme. In der Regel sind das die Geschäftsleitung sowie die IT-Administration. Nur einzelne NPOs können bei Zwischenfällen das System aufrechterhalten, indem sie z.B. redundante Server betreiben. Die Übrigen verlassen sich auf die Soforthilfe ihres IT-Supportes und die vorhandenen Backups.

26.4.4 Information und Kommunikation

Die Geschäftsleitungen kommunizieren die Bedeutung des IKS zu wenig. Das Wissen über die Bedeutung der internen Kontrolle ist selbst in denjenigen NPOs, die bereits mit einem IKS arbeiten, zu wenig breit gestreut. In der Regel werden nur die Mitarbeitenden mit Führungsfunktionen an periodischen Sitzungen mit dem Thema konfrontiert. In ausnahmslos allen NPOs besteht eine Open-Door-Philosophie, welcher der Kommunikationskultur zuträglich ist. Der Grossteil der NPOs gibt an, dass die Kommunikation mit den zuständigen Verwaltungseinheiten funktioniert. Wo dies nicht der Fall ist, werden z.B. mangelnde Information oder unklares Vorgehen beim Festlegen von Leistungsabgeltungen als Gründe genannt. Daraus ergibt sich für mehr als die Hälfte der NPOs ein mittlerer Handlungsbedarf.

26.4.5 Überwachung – grösster Handlungsbedarf

Lediglich vier NPOs haben bereits ein formalisiertes IKS eingeführt. Um die permanente Überwachung des IKS zu beurteilen, liegen noch zu wenig verwertbare Erfahrungen vor. Häufig verlässt man sich auf die Prüfung durch die externe Revisionsstelle, obwohl diese lediglich das Vorhandensein eines IKS testiert. Generell ergibt sich bei fast allen NPOs ein hoher Handlungsbedarf; vor allem dadurch bedingt, dass ein dokumentiertes IKS noch gar nicht existiert.

26.4.6 Abschliessende Einschätzungen des IKS-Reifegrades

In Anlehnung an die Darstellung der Eidgenössischen Finanzkontrolle lässt sich der Reifegrad eines IKS in fünf Stufen beschreiben. Dazu befragt, wie die NPOs den Reifegrad ihres IKS einschätzen, ergab sich folgendes Bild: Etwas mehr als die Hälfte der NPOs ist überzeugt, dass einfache Grundsätze für das IKS existieren oder dass das IKS sogar detailliert beschrieben ist. Sie geben an, dass die Schlüsselprozesse definiert sind und regelmässig überwacht werden. Dic übrigen Einrichtungen verfügen nach eigener Einschätzung über interne Kontrollen. Diese sind jedoch nicht standardisiert. Gesamthaft gesehen erfüllt nur eine Minderheit der befragten Einrichtungen die Voraussetzungen für ein IKS nach «Best Practice» (siehe Abbildung 3).

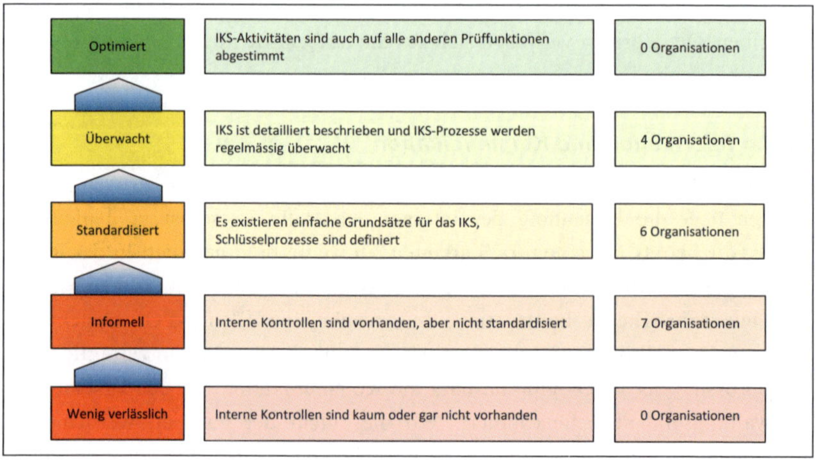

Abbildung 3: Einschätzung des IKS-Reifegrades

Quelle: In Anlehnung an Eidgenössische Finanzkontrolle (2007), S. 12

26.5 IKS-Wirkungsbereich bei Gemeinden und NPOs über dem Gesetzesminimum

Eine Herausforderung besteht in der Festlegung einer sinnvollen Definition bezüglich des IKS-Wirkungsbereiches für Gemeinden und NPOs. Grundsätzlich besteht hierbei ein Spannungsfeld zwischen einer minimalen IKS-Variante und einer sehr umfassenden IKS-Variante gemäss dem COSO-Rahmenkonzept.[18] Im Rahmen der Projektarbeit und anhand zahlreicher Expertengespräche wurde deutlich, dass die Bedürfnisse der Gemeinden und NPOs an ein IKS über die vom Gesetzgeber verlangten Bereiche der Risiken bezüglich finanzieller Berichterstattung hinausgehen. Der ideale, aus Kosten- und Nutzenaspekten hergeleitete Wirkungsbereich des IKS, welcher für Gemeinden und NPOs vorgeschlagen wird, liegt zwischen den beiden Extrema (Gesetzesminimum vs. umfassendes COSO-Verständnis). Um den Bedürfnissen der NPOs an die interne

[18] Vgl. dazu ausführlich Pfaff, D. / Schoeb, M. (2010), S. 858-868.

Kontrolle gerecht zu werden, wurden insbesondere die Risiken und die damit verbundenen Kontrollen in den Bereichen der Betriebsbuchhaltung und des Budgetierungsprozesses in den IKS-Umfang einbezogen (siehe Abbildung 4).

Wirkungsbereich des IKS	Minimal-Variante nach Art. 728a OR	Vorgeschlagene Variante für Gemeinden/NPOs	Variante nach COSO IC
Internes Umfeld (Kontrollumfeld)	Nur in Bezug auf die finanzielle Berichterstattung	Abgedeckt	Abgedeckt
Finanzielle Berichterstattung	Abgedeckt	Abgedeckt	Abgedeckt
Gesetzes- und Normenkonformität	Nur in Bezug zu Rechnungslegungsstandards	Nur in Bezug auf Rechnungslegung (und Leistungsvereinbarung bei NPOs)	Abgedeckt
Schutz des Organisationsvermögens	Nicht abgedeckt	Abgedeckt	Abgedeckt
Effizienz der Geschäftstätigkeit	Nicht abgedeckt	Abgedeckt, wo Bezug zum Vermögensschutz oder zur Berichterstattung	Abgedeckt
Kosten- und Leistungsrechnung, interne Verrechnung	Nicht abgedeckt	Abgedeckt	Nicht abgedeckt
Planung und Budgetierung	Nicht abgedeckt	Abgedeckt	Teilweise abgedeckt (Abweichungsanalysen)

Abbildung 4: IKS-Wirkungsbereich in Gemeinden und NPOs

Quelle: In Anl. an Sutter, E. et al. (2011), S. 82-83 und Hunziker, S. et al. (2012), S. 72

26.5.1 Abgrenzung zum Qualitätsmanagement

Das Projektteam wurde oft mit der Frage konfrontiert, inwiefern sich das IKS und das Qualitätsmanagement unterscheiden respektive wo Gemeinsamkeiten auszumachen sind. In Workshops kamen auch Missverständnisse insofern auf, dass die beiden Führungsinstrumente sogar als Synonyme verstanden wurden. Die Analyse von Prozessen wird oft mit Aspekten des Qualitätsmanagements gleichgestellt, unabhängig davon, aus welchem Blickwinkel (Leistungen, Kunden, Finanzen) diese Prozesse untersucht werden. Daher ist es wichtig, die Qualität der Leistungen und den IKS-Wirkungsbereich verständlich zu definieren und die Unterschiede aufzuzeigen.

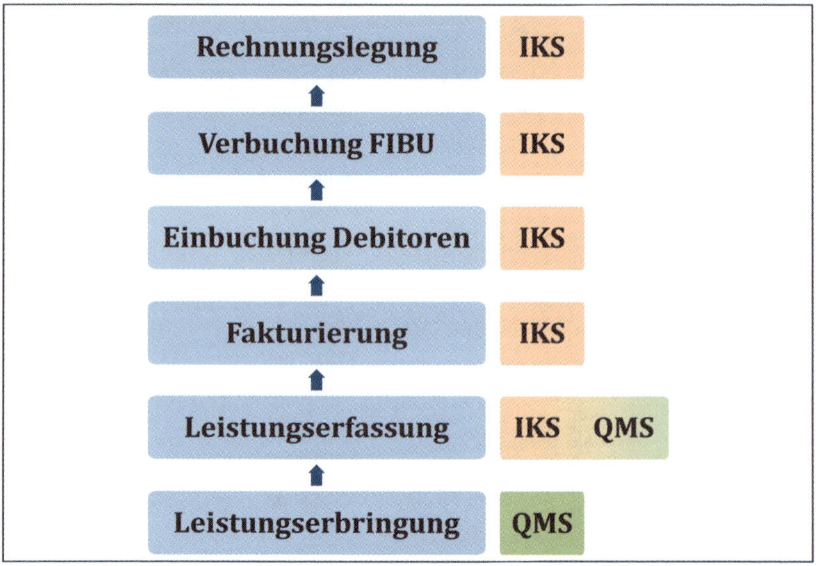

Abbildung 5: Abgrenzung IKS und Qualitätsmanagement

Quelle: Sutter, E. et al. (2011), S. 33

Als Beispiel zur Verdeutlichung der Abgrenzung werden nachfolgend beispielhafte Geschäftsvorfälle aus NPOs und Gemeinden genannt (siehe Abbildung 5):

- Die für Spitex-Dienste typische stellvertretende Übernahme von Alltagsaktivitäten wie das Anbringen von Verbänden sind Prozesse der Leistungserbringung am Patienten. Die Einhaltung von Vorschriften im Zusammenhang mit dem Wohlergehen und Schutz des Patienten, etwa die Einhaltung von

Hygiene-Regeln, sind Qualitätsaspekte dieser Leistung und daher dem Qualitätsmanagement zuzuordnen. Beim darauffolgenden Prozessschritt der Leistungserfassung im System beginnt der Wirkungsbereich des IKS, da die korrekte Erfassung der zu verrechnenden Arbeitszeit sowie des verbrauchten Arbeitsmaterials einen Bezug zur Rechnungslegung haben.

- Die von Gemeinden oft im Rahmen von Verbundaufgaben angebotene Mütter- und Väterberatung sollte von einer fachlich kompetenten Mitarbeiterin durchgeführt werden. Die Sicherstellung der Qualität der Beratung ist eine typische Aufgabe der Qualitätssicherung resp. des Qualitätsmanagement. Die nach der Beratung durchzuführende korrekte Erfassung der Leistungen und entsprechende Fakturierung mit den richtigen Beträgen ist grundsätzlich Aufgabe des IKS.
- Die Sicherstellung der Trinkwasser-Qualität ist gegenüber den Bürgerinnen und Bürgern eine Aufgabe des Qualitätsmanagements. Es ist eine Leistung, um zu verhindern, dass Menschen möglicherweise durch verseuchtes Wasser gesundheitliche Schäden davon tragen. Das interne Kontrollsystem muss andererseits sicherstellen, dass das Ablesen der Zähler sowie die finanzielle Verrechnung keine Fehler aufweisen.

26.5.2 Abgrenzung zum Risikomanagement

Zur abschliessenden Einordnung des IKS drängt sich neben dem Vergleich mit dem Qualitätsmanagement auch eine Abgrenzung zum Risikomanagement auf. Sowohl aus theoretischer wie auch praktischer Sicht ergeben sich oft Missverständnisse bezüglich der beiden Führungsinstrumente. Einigkeit besteht darin, dass IKS und Risikomanagement einige Gemeinsamkeiten aufweisen, nicht aber die gleichen primären Zielsetzungen verfolgen. Das IKS fokussiert im Wesentlichen auf operative Risiken[19], wogegen sich das Risikomanagement in der Regel vorwiegend mit der Identifikation und Steuerung von existenzbedrohenden Risiken[20] oder Risiken mit bedeutendem Schadenpotential beschäftigt. Damit wird klar, dass die Flughöhe beider Führungsinstrumente im Umgang mit Risiken unterschiedlich ist.

---

[19] Risiken, welche vor allem organisationsintern auftreten, bspw. durch mangelhafte Prozesse und fehlerhafte Systeme.

[20] Risiken, die aus den verfolgten Organisationszielen oder von aussen für die Organisation ergeben.

Ist jedoch das Risikomanagement umfassend ausgelegt und schliesst Prozessrisiken explizit mit ein, werden allenfalls dieselben Risiken identifiziert, bewertet, überwacht und rapportiert, wie es im IKS auch der Fall ist. Es wird offensichtlich, dass durch voneinander unabhängig betriebene Führungsinstrumente eine mehrfache und damit ineffiziente Risikoabdeckung generiert wird. Ein Beispiel lässt sich aus dem Personalmanagement aufführen. Bei der Auszahlung von Löhnen besteht das Risiko etwa darin, dass Sozialleistungen (Familienausgleichskasse, Pensionskasse usw.) nicht korrekt nachgeführt werden. Eine entsprechende Kontrolle als Massnahme zur Risikoreduzierung ist also nötig und wird vom IKS und von einem umfassenden Risikomanagement wahrscheinlich doppelt abgedeckt. Ein anderes Beispiel resultiert aus der risikoorientierten Analyse des Einkaufsprozesses. Im Rahmen des IKS wird dieser Prozess mit Sicherheit als relevant eingeschätzt, da bspw. die falsche Erfassung von Einkaufspreisen im System direkt auf die Finanzen durchschlägt. Mit hoher Wahrscheinlichkeit wird dieses Risiko auch vom ganzheitlichen Risikomanagement erkannt, bewertet und dokumentiert.

Da sich im schnell ändernden politischen und volkswirtschaftlichen Umfeld Risiken wandeln oder neue Risiken dazukommen und sich dadurch die Rahmenbedingungen zur Erreichung der Organisationsziele stets umgestalten, muss die Risikobeurteilung im klassischen Risikomanagement periodisch oder zumindest einmal jährlich erneuert werden. Im operationellen, vorwiegend prozessorientierten Bereich ist eine seltenere Risikobeurteilung meist ausreichend, das heisst einmal zu Beginn im Rahmen der erstmaligen Implementierung eines IKS und anschliessend vielleicht nur alle zwei Jahre oder bei sich verändernden Prozessen.

26.6 IKS im Vergleich mit gewinnorientierten Unternehmen

Die Erfahrungen aus gut vier Jahren IKS-Pflicht bei ordentlich revidierten, gewinnorientierten Unternehmen zeigen Erkenntnisse, die sich durchaus auch auf Gemeinden und staatlich finanzierte NPOs übertragen lassen. Es lohnt sich daher, einen Blick in Erfahrungsberichte von Profit-Organisationen zu werfen, welche in der Regel viel Zeit und Anstrengung in die Einrichtung und Einführung des IKS gesteckt haben. Folgende «Lehren aus der Privatwirtschaft» können auch für NPOs und Gemeinden wertvolle Hinweise geben:

- Trotz hohem Initial-Effort gelang es vielen gewinnorientierten Unternehmen nicht, konkrete Überlegungen zur Nachhaltigkeit des IKS anzustellen. Zu oft verkam das IKS zu einem Instrument, welches nur im Rahmen der jährlichen Revision thematisiert wurde. Die Identifikation von Massnahmen zu Verbesserungsvorschlägen – welche eigentlich organisationsintern motiviert sein müsste – wurde in vielen Fällen an die externe Revisionsstelle ausgelagert. Dieser Umstand sollte öffentliche Verwaltungen und NPOs bewusst sein. Erst wenn es gelingt, dass IKS in die täglichen Abläufe zu integrieren, entfaltet dieses Führungsinstrument seine (dauerhafte) Wirkung.
- Wie auch in der Privatwirtschaft haben öffentliche Verwaltungen und NPOs mit publik gewordenen Betrugsfällen und deren Folgen zu kämpfen. Ein Beispiel aus einer Gemeinde soll dies illustrieren: Aufgrund einer Meldung der kantonalen Verwaltung stellt ein Gemeindeverwalter eines Tages fest, dass im Rahmen des Baubewilligungsverfahrens über die Dauer eines Dreivierteljahres Reglementbestimmungen nicht eingehalten wurden. Die Entrüstung beim Kanton und in der Bevölkerung ist gross. Die Reputation leidet unter diesem Vorfall. Dieser und ähnliche solche Fälle zeigen, wie wichtig Kontrollmechanismen auch in den Gemeinden sind. Sie machen mögliche Ablauffehler bezüglich Einhaltung von Reglementen, Jahresrechnungserstellung oder operativen Prozessen transparent. Gerade in Institutionen, wo mit öffentlichen Steuergeldern oder Spendengeldern umgegangen wird, besteht ein erhöhter Anspruch an den sorgfältigen Umgang damit.
- Eine weitere Erkenntnis aus vielen IKS-Projekten in der Privatwirtschaft lässt sich mit Sicherheit auch auf Gemeinden und NPOs übertragen: Die Verwaltungsleitung respektive Geschäftsleitung muss den Mitarbeitenden die Erwartungshaltung im Umgang mit Integrität und ethischen Werten unmissverständlich und wiederkehrend vermitteln. Ein umfassender Verhaltenskodex, in dem einschlägige Verhaltensregeln formuliert werden können (bspw. bezüglich Umgang mit Mitarbeitenden, Bürgerinnen und Bürger), unterstützt diese Sensibilisierung zusätzlich. Am besten lässt die Verwaltungsleitung den Verhaltenskodex von allen Mitarbeitenden durchlesen und unterzeichnen.

- Durch regelmässige Kommunikation und Information bezüglich der Wichtigkeit eines ausgeprägten Kontrollumfelds kann eine dem IKS zuträgliche Kultur geschaffen werden. Dabei kann die Gemeinde oder NPO bei spezifischen Prozesskontrollen und bei der konsequenten Einhaltung der Funktionentrennung in allen Bereichen einige Abstriche machen, ohne die Wirksamkeit des IKS zu schmälern.[21]
- Das IKS nach COSO umfasst – wie in der Abbildung 4 veranschaulicht – nebst der Sicherstellung der finanziellen Berichterstattung verschiedene andere interne Prozesse. Da auch im öffentlichen Bereich und in NPOs ein erhöhtes Risiko für falsche Jahresrechnungen, Wirtschaftskriminalität und ineffiziente Prozesse besteht, bedeutet das IKS für die Tätigkeiten eine Art umfassende Qualitätssicherung. Speziell für Verwaltungen, deren Aktivitäten oft im Blick der Bürgerinnen und Bürger stehen, ist diese Qualitätssicherung, quasi als Gegenwert zum erhobenen Steuergeld, Teil ihrer Legitimation. NPOs und Gemeinden wird empfohlen, sich für kommende IKS-Projekte an den fünf Komponenten des COSO-Rahmenwerkes zu orientieren. Das COSO-Rahmenwerk hält ein sinnvolles Denkraster bereit und hilft, die richtigen Fragen innerhalb der Organisation in Bezug auf ein IKS zu stellen.
- Zu einem ausgeprägten Kontrollumfeld gehört die Bekenntnis zur fachlichen Kompetenz der Mitarbeitenden. Fachwissen im Bereich der finanziellen Führung und Berichterstattung sind im Rahmen des IKS von zentraler Bedeutung. Oft war in der Analyse zu beobachten, dass im Aufsichtsorgan von kleineren Unternehmen Finanzfachleute untervertreten sind. Diese Feststellung bestätigt sich teilweise auch in (kleineren) Gemeinden und NPOs. Zur Beurteilung der Risiken im Hinblick auf die Rechnungslegung ist aber gerade dieses Know-how nötig. Eine sinnvolle Massnahme zur Stärkung des IKS ist es, die Kompetenz im Finanzbereich durch eine Vertretung im Gemeinderat respektive Stiftungsrat mit ausgewiesener Finanzexpertise zu «erwerben».
- Schliesslich zeigen zahlreiche Erfahrungen aus IKS-Projekten, dass sich Vorgehensweise und Struktur des IKS sowohl in gewinnorientierten Unternehmen als auch in Gemeinden und NPOs nur unwesentlich voneinander un-

[21] Man spricht bei diesem Effekt auch von der «kompensierenden Wirkung» des ausgeprägten Kontrollumfelds. Der Effekt kann in der Regel nur bei kleineren und mittelgrossen Organisationen eintreten.

terscheiden und die gleiche Basis haben. Oft können die gleichen Konzepte eingesetzt werden.

Allerdings lassen sich auch Unterschiede im IKS von Gemeinden und NPOs zu gewinnorientierten Unternehmen ausmachen. Wesentliche Unterschiede werden im Folgenden kurz illustriert:

- Gewisse Kantone wie bspw. Aargau und Zürich gehen über die Minimalanforderungen des Obligationenrechts hinaus und verlangen von allen finanzierten NPOs, auch von Kleinst-NPOs, eine ordentliche Revision und somit den IKS-Nachweis.
- Die staatlich finanzierten NPOs sehen sich im Vergleich zu Profitunternehmen deutlich mehr Kontrollinstanzen gegenüber. Neben der externen Revision können auch die Kontrollorgane der öffentlichen Hand bspw. in Form von kantonalen Finanzkontrollen, Rechnungs-, Geschäftsprüfungs-, Finanzkommissionen aber auch Controlling- und Audit-Organen der kantonalen Fachstellen usw. Prüfungen vornehmen. Für die Zukunft denkbar ist, dass die Aufsichtsstelle des Kantons punktuell zusätzliche Prüfungshandlungen von der Revisionsstelle verlangt. Diese werden ebenfalls im Rahmen der Leistungsvereinbarung mit der staatlich finanzierten NPO festgelegt. Hierbei kann es sich unter anderem um die Bestätigung handeln, dass ein IKS besteht.
- Viele Gemeinden und NPOs verfügen bereits heute über etliche interne Kontrollen. Teilweise sind diese deutlich zahlreicher als in kleineren gewinnorientierten Unternehmen vorhanden. Die entsprechenden Dokumente und Prozessbeschreibungen sind aber oft nicht mehr aktuell, können aber in der Regel mit geringem finanziellen und personellen Ressourcen auf den neusten Stand gebracht werden.
- Führungs- und Kontrollgremien sind in gewinnorientierten Unternehmen meist sehr zentral strukturiert. Im Unterschied dazu haben Gemeinden und grössere NPOs oftmals eine dezentrale Struktur mit verschiedenen gesetzlich verankerten Aufgaben. Deshalb lässt sich ein IKS in Gemeinden und grösseren staatlich finanzierten NPOs nicht so schnell umsetzen wie in gewinnorientierten Unternehmen. Einzelne Abteilungen starten oft mit einem Pilotprojekt, in einer späteren Phase stossen weitere Verwaltungseinheiten dazu.
- Vorwiegend in Gemeinden, teilweise aber auch in NPOs, mangelt es an der notwendigen Flexibilität, da Anpassungen von Prozessabläufen aufgrund von bestehenden Gesetzen, Verordnungen und Leistungsvereinbarungen nicht

einfach geändert werden können. Diesem Aspekt gilt es Rechnung zu tragen, indem bei IKS-Projekten eine längere Frist einzuplanen ist.[22]

- Die Leistungs-, Aufgaben- und Wirkungsorientierung sowie das Bestreben nach Qualität nehmen bei staatlich finanzierten NPOs und Gemeinden eine zentrale Rolle ein. Die wertorientierte Unternehmensführung mit dem Ziel der Gewinnmaximierung sowie die finanzielle Berichterstattung spielen keine respektive nur eine untergeordnete Rolle.
- Das Kontrollumfeld, davon insbesondere weiche Faktoren wie Integrität und ethische Werte, ist tendenziell besser ausgeprägt als in gewinnorientierten Unternehmen. Der oft sehr persönliche Umgang zwischen Geschäfts- und Verwaltungsleitung und Mitarbeitenden sowie die vor allem in NPOs vorherrschenden informellen Organisationsstrukturen sind wichtige Aspekte der Organisationskultur. Gerade bei solchen Konstellationen wird das Kontrollbewusstsein der Mitarbeitenden stark durch die «Organisationspersönlichkeit» geprägt.
- Ein weiterer Unterschied betrifft den Erfahrungsaustausch zwischen einzelnen NPOs oder zwischen einzelnen Gemeinden in Bezug auf IKS. Die Erfahrungen aus der Privatwirtschaft zeigen, dass es lohnenswert ist, sich im Rahmen von Seminartagungen oder ähnlichen Veranstaltungen Praxisbeispiele von IKS-Umsetzungen anderer Organisationen (welche zugegebenermassen nicht zahlreich sind) zeigen zu lassen. Gerade in Gemeinden findet dieser Austausch noch recht spärlich statt, obwohl es sich eigentlich sehr anbieten würde. Es ist den Gemeinden zu empfehlen, den interkommunalen Erfahrungsaustausch zu fördern und für diesen Austausch ein entsprechendes Gefäss zu schaffen. Der Kanton Schwyz bspw. hat die IKS-Umsetzung bei den Gemeinden gemeinsam mit dem Verband Schwyzer Gemeinden und Bezirke (vszgb) koordiniert und vereinheitlicht. Der interkommunale Austausch im IKS-Bereich ist deutlich einfacher zu bewerkstelligen als das Benchmarking in privatwirtschaftlichen Unternehmen, da dort oft aufgrund der Konkurrenzsituation zwischen Unternehmen die Informationen nur spärlich oder gar nicht getauscht werden.

Ein zentrales Ziel der Forschungsprojekte war es zudem, relevante Schlüsselprozesse für NPOs und Gemeinden zu identifizieren, welche im IKS idealer-

---

22 Vgl. Nay, M. (2009), S. 539.

weise berücksichtigt werden sollten. Diese Schlüsselprozesse unterscheiden sich jeweils geringfügig von den Empfehlungen für gewinnorientierte Unternehmen. Dies liegt einerseits an den inhärenten Geschäftsmodellen bzw. Organisationsstrukturen von NPOs und Gemeinden und andererseits an der Orientierung am idealen IKS-Wirkungsbereich gemäss Abbildung 4.

Aufgabengebiet	Empfohlene IKS-Prozesse in NPOs	Empfohlene IKS-Prozesse in Gemeinden
Abwicklung	- Zahlungen/Flüssige Mittel	- Zahlungen/Flüssige Mittel
	- Leistungsbezug/ Einkauf/Kreditoren	- Leistungsbezug/ Einkauf/Kreditoren
	- Projektabwicklung/ Angefangene Arbeiten	- Projekte/Verpflichtungs- und Zusatzkredite
	- Informationstechnologie	- Informationstechnologie
Verwaltung	- Personaladministration/ Löhne	- Personaladministration/ Löhne
	- Kreditverwaltung/ Finanzverbindlichkeiten	- Kreditverwaltung/ Finanzverbindlichkeiten
	- Vermögensverwaltung/ Finanzanlagen	- Vermögensverwaltung/ Finanzanlagen
	- Infrastrukturverwaltung/ Sachanlagen	- Infrastrukturverwaltung/ Sachanlagen
	- Fondsverwaltung	- Fondsverwaltung/ Sonderrechnungen
	- Lagerverwaltung/Vorräte	
Verrechnung	- Fakturierung/Debitoren	- Fakturierung/Debitoren/ Steuer-Inkasso
	- Budgetierung	- Fakturierung/Debitoren/ Diverses
	- Verrechnung aus Produktion	- Fakturierung/Gebühren/ Spezialfinanzierungen
	- Verrechnung aus Leistungserbringung	

Aufgabengebiet	Empfohlene IKS-Prozesse in NPOs	Empfohlene IKS-Prozesse in Gemeinden
Reporting	- Berichterstattung/ Rechnungslegung	- Berichterstattung/ Rechnungslegung
	- Kosten- und Leistungs-rechnung	- Budgetierung/Voranschlag/ Nachtragskredit
	- Konsolidierung	- Kosten- und Leistungsrechnung
		- Konsolidierung

Abbildung 6: Empfohlene IKS-Prozesse für NPOs und Gemeinden

Quelle: Vgl. Sutter, E. et al. (2011), S. 141 und Hunziker, S. et al. (2012), S. 130

Insbesondere der Budgetierungsprozess, die Kosten- und Leistungsrechnung sowie die Prozesse der Fondsverwaltung sind in NPOs relevante IKS-Prozesse, welche im IKS von gewinnorientierten Unternehmen keine oder tendenziell weniger Relevanz aufweisen. Empfohlen werden die in der Abbildung 6 pro Aufgabengebiet aufgeführten Prozesse für staatlich finanzierte NPOs für Gemeinden.

26.7 Fazit

Unbestritten ist die Zunahme der Wichtigkeit eines IKS sowohl in öffentlich-rechtlichen Körperschaften wie auch in staatlich finanzierten NPOs. Die geringe Fehlertoleranz der Öffentlichkeit gegenüber Fehlern oder Veruntreuungsfällen von öffentlich-rechtlichen Körperschaften oder spendensammelnden NPOs und seiner Beschäftigten führt zwangsläufig zu erhöhter Vorsicht und damit zum Bedarf nach angemessener interner Kontrolle. Abweichungen vom Zielkurs werden in den Medien und von der Bevölkerung tendenziell häufiger wahrgenommen und kritischer gewürdigt als in gewinnorientierten Unternehmen.

Die Anforderungen an ein IKS waren in den Forschungsprojekten klar formuliert: Die Einführung eines pragmatischen IKS unter Berücksichtigung bestehender Vorschriften und Kontrollinstrumente mit einem gesunden Kosten-Nutzen-Verhältnis stand im Vordergrund. Integration von bestehenden Elementen wie Risikomanagement, Qualitätsmanagement sowie Controlling anstelle der Schaffung einer neuen IKS-Insellösung lautete eine massgebliche Devise. Ein einfaches, intuitives IT-Tool sollte die Nachhaltigkeit des IKS zusätzlich fördern, indem es eine integrierte, effiziente Sicht auf das gesamte IKS ermöglicht. Diese Bedürfnisse konnten anhand der Veröffentlichung zweier Leitfäden[23] sowie der Entwicklung eines pragmatischen IKS-Tools[24] erfüllt werden. Diese Publikationen halten für den Leser zentrale Erfolgsfaktoren eines IKS-Projekts in staatlich finanzieren NPOs und Gemeinden bereit und zeigen wesentliche Unterschiede zum IKS in gewinnorientierten Unternehmen auf.

Literaturverzeichnis

- Committee of Sponsoring Organizations of the Treadway Commission (COSO) (1992): Internal Control – Integrated Framework, Framework, Jersey City.
- Amrein, D. / Fuchs, A. / Grüter, B. / Senn, T. (2010): IKS in den Deutschschweizer Kantonen. Masterarbeit im Auftrag von Mattig-Suter und Partner, Schwyz, Hochschule Luzern - Wirtschaft. Luzern.
- Bergmann, A. (2009): IKS in öffentlichen Verwaltungen - Ein traditionelles Instrument wird aufgefrischt. Der Schweizer Treuhänder (8), S. 545-548.
- Eidgenössische Finanzkontrolle (Oktober 2007): Weisungen und Leitfaden der EFK: Aufbau eines Internes Kontrollsystems, IKS, Abgerufen am 15. Oktober 2011 von www.efk.admin.ch: http://www.efk.admin.ch/IE/pdf/broschuere_iks_d.pdf.
- Harms, J. / Reichard, C. (2003): Die Ökonomisierung des öffentlichen Sektors - eine Einführung. In Harms, J. / Reichard, C. (Hrsg.), Ökonomisierung des öffentlichen Sektors: Instrumente und Trends. S. 13-26. Baden-Baden: Nomos.
- Hunkeler, Y. (2009): Aufbau eines IKS in öffentlichen Verwaltungen – Einführung in Kantonen und Gemeinden. Der Schweizer Treuhänder (8), S. 549-552.
- Hunziker, S. / Grab, H. / Dietiker, Y. / Gwerder, L. (2012): IKS-Leitfaden für Gemeinden, 2012, Verlag Haupt: Bern,
- Nay, M. (2009): Risikomanagement und IKS in öffentlichen Verwaltungen, in: Der Schweizer Treuhänder (8), 2009, S. 538-544.
- Pfaff, D. / Schoeb, M. / (2019): Schweizer Gründlichkeit beim IKS bringt positive Nebeneffekte, in: Der Schweizer Treuhänder, 84(12), 2010, S. 858-868.
- Strub, A. (2011): Internes Kontrollsystem in den Deutschschweizer Kantonen. Bachelorarbeit im Auftrag von Mattig-Suter und Partner, Schwyz, Hochschule Luzern - Wirtschaft. Luzern.

---

[23] Vgl. Sutter, E. et al. (2011) und Hunziker, S. et al. (2012).

[24] Das Excel-basierte IKS-Tool wurde zusammen mit der Treuhand- und Revisionsgesellschaft Mattig-Suter und Partner entwickelt, vgl. www.mattigiks.ch

- Sutter, E. / Hunziker, S. / Grab, H. (2011): IKS-Leitfaden für staatlich finanzierte NPOs, 2011, Verlag Haupt: Bern.
- Treuhand-Kammer (2007): Schweizer Prüfungsstandard: Prüfung der Existenz des Internen Kontrollsystems (PS 890), Abgerufen am 24. Februar 2011 von www.treuhandsuisse.ch: http://www.treuhandsuisse.ch/documents/PS_890.pdf.
- Treuhand-Kammer (2009): Schweizer Handbuch der Wirtschaftsprüfung HWP. (Bd. 4 - Versicherungen, Personalvorsorge und öffentliche Verwaltungen).Treuhand-Kammer (Hrsg.), Zürich: Verlag SKV.

27 Controlling mit Standard-ERP-Software in CH-KMU – Eine qualitative Studie

Der vorliegende Artikel beschäftigt sich mit der Frage, wie in KMU eingesetzte Standard-ERP-Software genutzt wird. In diesem Beitrag wird anhand qualitativer Studienresultate aufgezeigt, welche Informationen, die direkt aus einem ERP System gewonnen werden können, für die Controlling-Praxis eine hohe Relevanz aufweisen.

Stefan Renggli / Thomas Fischer

Stefan Renggli (1973) ist Dozent und Projektleiter am Institut für Finanzdienstleistungen Zug IFZ der Hochschule Luzern – Wirtschaft. Er hat an der Universität Fribourg Betriebswirtschaftslehre studiert und im Anschluss berufsbegleitend das Diplom zum eidg. dipl. Experten in Rechnungslegung und Controlling erworben. Von 1998 – 2006 war er als Consultant, mehrheitlich im ERP-Bereich, tätig. In den Jahren 2006 bis 2011 arbeitete Stefan Renggli als CFO eines mittelständischen Unternehmens. Seit 2011 ist er vollamtlicher Dozent am IFZ.

Stefan Renggli ist Mitglied der Fachkommission Controlling des Vereins für Höhere Prüfungen in Rechnungswesen und Controlling (HFP). Zudem ist er bei der Diplomprüfung zum eidg. dipl. Experten in Rechnungslegung und Controlling mündlich Prüfungsexperte. Er lebt mit seiner Frau und seinen beiden Töchtern in Oberkirch LU.

Kontakt: stefan.renggli@hslu.ch

Thomas Fischer (1984) ist Masterassistent am Institut für Finanzdienstleistungen Zug IFZ der Hochschule Luzern. Er hat an der Hochschule Luzern Betriebswirtschaft studiert.

Kontakt: thomas.fischer@hslu.ch

27.1 Einleitung

«Entschlüsse eines Menschen können nie besser sein, als die Informationen und die Einsichten, die er hat» (Emil Oesch).

Die Relevanz von guten Informationen als Entscheidungsbasis ist offensichtlich. Eine Aufgabe des Controllings ist es, Entscheide vorzubereiten, indem Informationen in der notwendigen Qualität aufbereitet werden. An der Hochschule Luzern wurde das Informationsbedürfnis von Schweizer Klein- und Mittelunternehmungen (KMU) untersucht. Dies unter der Einschränkung, dass nur Informationen relevant sind, die von einem ERP-System zur Verfügung gestellt werden können.

Im ersten Kapitel werden die theoretischen Grundlagen der Untersuchung aufgezeigt. Dies liefert einen Überblick über das Verständnis und den heutigen Stand der Forschung zu Controlling von KMU, zu Informationsqualität und zu ERP-Systemen. Im Anschluss daran werden die Erkenntnisse aus der Untersuchung erörtert. Das abschliessende Fazit fasst die wichtigsten Erkenntnisse zusammen und weist auf den weiteren Forschungsbedarf im Themengebiet hin.

27.2 Theoretische Grundlagen

Im Gesamtkontext dieser Untersuchung sind die Themen Controlling, KMU, ERP und Informationsqualität relevant und vorgängig zu erörtern. Dazu werden diese separat aufgegriffen und anschliessend die Interdependenzen im Gesamtzusammenhang festgehalten.

27.2.1 Controlling

Das vorliegende Projekt befasst sich mit relevanten Controlling-Informationen. Unter den zahlreichen Definitionen von Controlling sticht diejenige von Horváth heraus, der Controlling als eine Funktion, «die durch die Koordination von Planung, Kontrolle sowie Informationsversorgung die Führungsfähigkeit von Organisationen verbessern hilft»[1], definiert. Es existieren zahlreiche weitere Controlling-Definitionen, welche noch stärker informationsorientiert sind.[2] Unabhängig von der verwendeten Controlling-Definition ist offensichtlich, dass

---

[1] Horvath, P. (2009), S. 123 ff.

[2] Vgl. Mäder, O. B. / Hirsch, H. (2008), S. 9-12.

Informationen und deren Aufbereitung und Kommunikation an die relevanten Personen bzw. Stellen ein wesentlicher Bestandteil von Controlling ausmacht. Einen entsprechend hohen Stellenwert für die Ausübung der Controlling-Funktion haben demnach IT-Systeme. Sie sind auf der einen Seite Träger von Informationen, andererseits sind sie im heutigen Geschäftsalltag für die Distribution von Informationen nicht mehr wegzudenken.

Die fehlende einheitliche Definition von Controlling führt zu einer Diskussion, was alles im Zielsystem des Controllings enthalten sein soll.[3] Während einzelne Autoren Controlling auf Ergebnis- und Wertziele beschränken[4], sehen Andere Controlling auf sämtliche Zielkategorien (Sach- und Wertziele) ausgerichtet. Die in den heute existierenden Informations- und Kommunikationstechnologien zur Verfügung stehenden grossen Mengen an Informationen, können in sachzielorientierte und wertzielorientierte Informationen unterteilt werden.[5] Die sachzielorientierten Faktoren beziehen sich auf die Leistungserstellung und sind für die Abwicklung und Steuerung der Geschäftsprozesse relevant. Sie betreffen Grössen wie Qualität, Mengen und Termine. Die zunehmende Prozessorientierung wurde dabei erst durch das Controlling und die damit einhergehende Fokussierung auf sachzielorientierte Informationen möglich.[6] Grundgedanke bei der Prozessorientierung ist, dass die Prozesse effizient und effektiv ablaufen. Eine angemessene Gestaltung der Kernprozesse ist für jede Unternehmung besonders zentral. Eine automatisierte Analyse von Prozesskennzahlen kann mithelfen, Schwachstellen zu entdecken und Abläufe zu optimieren.[7] So werden Prozesskennzahlen vielfach im Rahmen von umfassenden Qualitätssicherungen für die Einhaltung von Standards bei der Abwicklung von Geschäftsprozessen verwendet. Auch für eine wirksame Entscheidungsunterstützung im Rahmen der Planung und Steuerung von logistischen Transferbeziehungen ist Transparenz eine wesentliche Voraussetzung. Denn nur über gezielte Identifikation und Analyse von relevanten Abweichungen können Prozessverbesserungen erreicht werden.[8]

---

3 Vgl. Barth, T. / Barth, D. (2008), S. 42.

4 Vgl. Horvath, P. (2011), S. 129.

5 Vgl. Klinke, D. A. (2002), S. 136.

6 Vgl. Fischer, J. (1996), S. 222.

7 Vgl. Hess, H. (2005), S. 7.

8 Vgl. Drawert, S. (2005), S. 193.

Während sachzielorientierte Informationen Mengen- und Zeitdimensionen enthalten, betreffen die wertzielorientierten Informationen ausschliesslich monetäre Grössen. Die Haltung, dass Controlling sich auf die wertzielorientierten Grössen fokussieren sollte, wird sowohl von Horvath, als auch von Hahn, Reichert und weiteren Autoren vertreten.[9] Basis für die Berechnung wertzielorientierter Grössen sind meistens die Finanz- und Betriebsbuchhaltung. Daraus gewonnene Informationen sind Rentabilitäts-, Ergebnis- und Liquiditätskennzahlen. Die Konzentration auf Wertgrössen wird mit der Koordinationsausrichtung der Gesamtunternehmung auf die Ergebnisziele begründet. Controlling hat lediglich insofern Auswirkungen auf die Sachziele, als dass die Verfolgung der Ergebnisziele auch eine Koordination der Sachziele bewirkt. Die Steuerung der Sachziele wird aber von Vertretern dieses Ansatzes als Aufgabe des Managements betrachtet.[10]

27.2.2 Informationsqualität

Die Qualität der Entscheide hängt massgebend von der Qualität der zur Verfügung gestellten Informationen ab. Bei der Beurteilung der Informationsqualität spielt das individuelle Informationsbedürfnis eine entscheidende Rolle. In der Literatur wird zwischen objektivem Informationsbedarf und subjektivem Informationsbedürfnis unterschieden.[11] Wird zusätzlich noch das Informationsangebot, wie es beispielsweise von einem ERP-System zur Verfügung gestellt wird, mitberücksichtigt, so kann dies wie folgt dargestellt werden:

---

[9] Vgl. Horvath, P. (2011), S. 130.

[10] Vgl. Horvath, P. (2011), S. 129.

[11] Vgl. Stelzer, D. (2001), S. 238 ff.

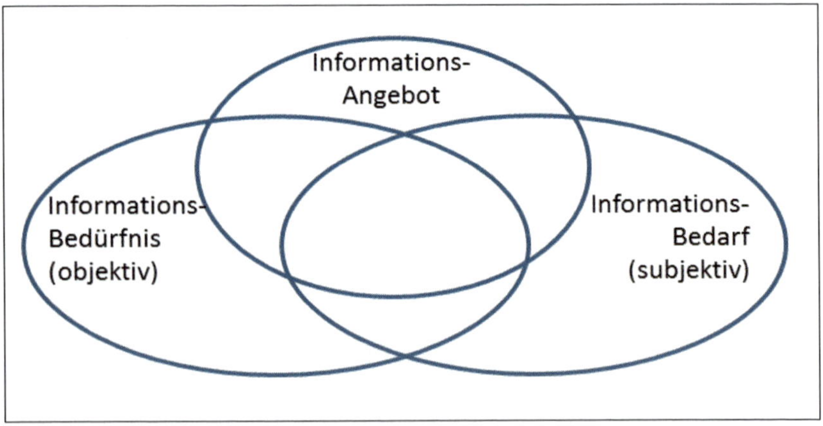

Abbildung 1: Zusammenspiel zwischen objektivem Informationsbedürfnis, subjektivem Informationsbedarf und Informationsangebot

Quelle: Barth, T / Barth, D. (2008), S. 129

Subjektiv optimal ist das Informationsangebot, wenn es mit dem Informationsbedürfnis identisch ist. Optimal ist aber, wenn sowohl Informationsbedarf, Informationsbedürfnis und Informationsangebot deckungsgleich sind. In einer solchen Situation werden die objektiv notwendigen Informationen vom Informationsempfänger begehrt und vom Informationssystem zur Verfügung gestellt.

In der klassischen Definition wird eine hohe Datenqualität so definiert, dass die Daten für den beabsichtigten Gebrauch passen, sei dies in Prozessen oder bei der Planung und Entscheidung.[12] Diese treffende und allgemein gültige Definition ist relativ ungenau, weil nicht klar ist, welches Kriterium wichtig ist. Im Übrigen kann sich Informationsqualität, wie jeder allgemeine Qualitätsbegriff, auf verschiedene Vorstellungen beziehen, z.B. produkt-, anwender-, prozess- oder wertbezogen.[13] Um die Qualität der verfügbaren Information zu messen, wurden verschiedene Rahmenwerke und Modelle zu deren Bestimmung definiert. Die meisten Modelle bilden die verschiedenartigen Funktionen und Eigenschaften von Informationen in hierarchischen Strukturen mit Hauptkategorien und pro Hauptkategorie mehreren Dimensionen oder Unterkategorien ab. Weitverbreitete Modelle sind diejenigen von Ballou and Pazer 1985, Redman

---

[12] Vgl. Juran, J. N. (1999), Kap. 2.

[13] Vgl. Garvin, D. A. (1984), S. 25 ff.

1996, Wang and Strong 1996, Huang et al. 1999[14] oder dasjenige der deutschen Gesellschaft für Informations- und Datenqualität (DGIQ) ab. Allen gemeinsam ist, dass die Qualität von Information mit objektiv feststellbaren Kriterien festgehalten werden soll.

Als Beispiel eines Modells mit mehrdimensionalen Kriterien zur Informationsqualität wird nachfolgend dasjenige der DGIQ aufgezeigt.

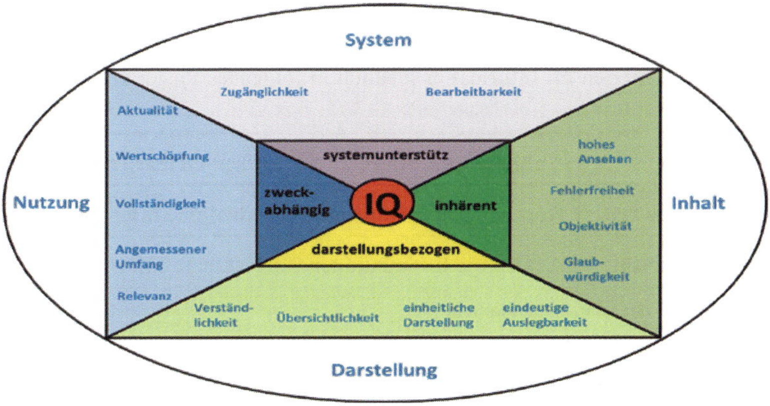

Abbildung 2: Das DGIQ-Modell gemäss DGIQ
Quelle: DGIQ. Online

Die vom DGIQ definierten Kriterien sind ähnlich denjenigen der anderen Modelle. Auffällig ist, dass eben nicht nur inhaltliche Kriterien von Bedeutung sind sondern auch Darstellung und Zugriff. So unterscheidet DGIQ die vier Hauptkategorien inhärent, systemunterstützt, zweckabhängig und darstellungsbezogen. Die inhärente Informationsqualität bezieht sich auf die Information selbst und beinhaltet Aspekte wie Objektivität und Fehlerfreiheit, aber auch Glaubwürdigkeit und Ansehen der Information. Die systemunterstützten Kriterien beziehen sich auf den Zugriff. Die zweckabhängigen Kriterien der Informationsqualität verbinden die Informationen mit der Nutzung und dem Zweck der Informationen. In diesen Dimensionen wird geprüft, ob die Informationen beispielsweise vollständig, aktuell und relevant sind. Die Aufbereitung der Infor-

[14] Vgl. Ge, M. / Helfert, M. (2007), S. 468.

mationen wird über die darstellungsbezogenen Kriterien in der Qualitätsmessung berücksichtigt.

Einen leicht anderen Ansatz verfolgt das EUC-Modell (End User Computing Satisfaction) bei der Messung der Informationsqualität. Über die konkrete Beantwortung von Fragen in den Kategorien Inhalt, Genauigkeit, Format, Benutzerfreundlichkeit und Zeitaspekt soll die subjektive Informationsqualität gemessen werden.

Noch einen Schritt weiter geht die AIMQ-Methode. Mit Hilfe dieser Methode wird die Informationsqualität nicht nur gemessen sondern auch optimiert. Dabei werden die Kriterien für Informationsqualität in folgendes Raster gesetzt.

	Aufgabenorientiert	**User-Orientiert**
Produktqualität	Korrekte Informationen	Nützliche Informationen
Servicequalität	Abhängige Informationen	Nutzbare Informationen

Abbildung 3: Raster der AIMQ-Methode
Quelle: Lee, Y. W. et al. (2002), S. 137

Anschliessend werden für sämtliche Kriterien der jeweiligen Matrixfelder die Ausprägungen von Qualität gemessen und im entsprechenden Feld aggregiert. Mit der entsprechenden Analysetechnik werden Versuche unternommen, Qualitätslücken zu entdecken und die Informationsqualität zu verbessern.

27.2.3 ERP-Systeme und deren Nutzen

ERP-Systeme sind integrierte, betriebliche Standardsysteme. Sie sind in Echtzeit verfügbar, interaktiv und unterstützen die funktionsübergreifende Prozessabwicklung und Datenintegration.[15] Ihre Aufgabe ist es, die täglichen Geschäftsprozesse abzuwickeln und Informationen zur Verfügung zu stellen. Sie gelten damit auch als Informationssysteme. ERP-Systeme sind in grossen Unternehmungen vielfach in eine ganze Business System-Landschaft integriert. Ergänzende Systeme können beispielsweise Business Intelligence-, Customer Relationship-, Supply-Chain- oder Knowledge-Management-Lösungen sein. Diese wiederum zeichnen sich durch eine die ERP-Lösungen ergänzende Funk-

[15] Vgl. Brown, C. V. et al. (2000), S. 1029.

tionalität aus. Durch die Integration verschiedener Funktionen und der übergreifenden Abwicklung unterstützen ERP-Systeme die Integration aller Flussinformationen, d.h. sowohl Mengen, Werte und Zeiten.[16]

Die Verwendung von ERP-Software zur Abwicklung von Geschäftstransaktionen hat in der Schweiz vor allem in mittelgrossen Unternehmungen eine immer grössere Bedeutung erhalten. Der Business Value einer solchen Lösung ist stark davon abhängig wie die Lösung eingesetzt und genutzt wird. Wie der Nutzen solcher Modelle gemessen wird, ist Thema zahlreicher Forschungsprojekte. Es wurden verschiedene Modelle entwickelt, um den Nutzen und den Erfolg von Information System (IS)-Lösungen und im Speziellen von ERP-Lösungen zu messen. Ein weit verbreitetes und für zahlreiche Untersuchungen verwendetes Modell für die Beurteilung des Erfolgs von IS-Lösungen ist das McLean-DeLone-Modell. Dieses besagt, dass der Erfolg von sechs Faktoren beeinflusst wird. Es wurde in mehreren Studien nachgewiesen, dass die Informationsqualität als einer dieser sechs Faktoren eine wesentliche Komponente des Erfolgs einer ERP-Lösung ist.[17]

Verschiedene Rahmenwerke wurden definiert, um konkreter den Nutzen von ERP-Lösungen zu beurteilen. Das Ziel solcher Modelle ist herauszufinden, welche Faktoren für eine erfolgreiche Nutzung von Bedeutung sind. Die erste Gruppe von Rahmenwerken stellten auf einzelnen Nutzenkategorien ab. Shang und Seddon haben die fünf Hauptnutzenkategorien strategischer, management-bezogener, organisatorischer und operativer Nutzen sowie IT-Infrastruktur definiert.[18] Martin et al. unterscheiden für eine Betrachtung des Nutzens von ERP-Systemen Prozesseffizienz, Markteffizienz, Ressourceneffizienz, Delegationseffizienz (Effizienz der Informationsgewinnung) und Motivationseffizienz (Ebene des Mitarbeiters).[19] Durch ihre Fokussierung auf ERP-Systeme fehlt diesem Ansatz, wie auch jenem von Shang und Seddon, eine Kundenperspektive. Die zweite Gruppe von Rahmenwerken bezieht sich nicht mehr auf verschiedene Nutzenkategorien sondern auf den Erfolg und berücksichtigt Erfolgsdimensionen.[20] Alle Ansätze dieser ersten und zweiten Gruppe haben gemein-

---

[16] Vgl. Wong, A. / Scarbrough, H. (2000), Introduction.

[17] Vgl. Petter, S. et al. (2008), S. 250.

[18] Vgl. Shang, S. / Seddon; P.B. (2000), S. 1006 ff.

[19] Vgl. Martin, R. et al. (2002), S.111.

[20] Vgl z.B. Gable, G. G. et al. (2008), The conceptual model.

sam, dass die Modelle allgemeingültig aufgesetzt sind und sich wenig auf die unternehmensindividuellen Ausprägungen konzentrieren.

Eine dritte Kategorie von Modellen befasst sich mit individuellen ERP-Projekten und versucht im Kontext nachzuweisen, was zum Erfolg geführt hat. Dieser Schritt wird von Schubert und Williams noch weiter entwickelt, in dem sie proklamieren, dass der Erfolg eines Modells abhängig ist von den Erwartungen, der Motivation, der aktuellen Situation und dem Teilbereich des Projekts.[21] Schubert und Williams haben dafür das Erwartungen-Nutzen-Modell mit den Nutzenkategorien Business Design (Strategie und Prozesse), Management (Ressourcen), Abteilungen (Funktionen) und IT und Infrastruktur (Technologie) entwickelt.[22]

Werden in diesen Rahmenwerken Gemeinsamkeiten gesucht, so kann festgehalten werden, dass im Gegensatz zu den Kosten der Nutzen einer ERP-Lösung zu grossen Teilen nicht objektiv quantifizierbar ist.[23] In der Nutzenkategorie des nicht monetär messbaren Nutzens fallen qualitative Grössen wie Prozesstransparenz oder bessere Informationsgrundlagen an. Auch eine Erhöhung der Mitarbeiterkompetenz und des Informationsflusses oder die Verbesserung der Kommunikation zwischen Abteilungen gehören in diese Nutzenkategorie.[24]

Hingegen existieren auch die Kategorien für direkt oder indirekt monetäre messbare Nutzen. Für Nutzenfaktoren dieser Kategorien ist eine Berechnung möglich, wenn gleich diese in vielen Fällen nicht objektiv nachvollziehbar ist. Direkt monetär messbarer Nutzen sind beispielsweise anfallende Lizenzkosten (im Vergleich zum Vorsystem). Indirekt monetär messbar sind Grössen wie direkte Umsatzsteigerung, Produktivitätssteigerung oder Kostenersparnis.[25]

27.2.4 ERP & Informationsqualität

Die Informationsqualität steht in direktem Zusammenhang mit den verwendeten IT-Systemen. Weil für KMU eine einfache Systemlandschaft typisch ist, sind ERP-Systeme vielfach alleinstehend und damit die einzige Informationsquelle.

---

[21] Vgl. Schubert, P. / Williams, S. P. (2009b), S. 336.

[22] Vgl. Schubert, P. / Williams, S. P. (2009a), S. 8.

[23] Vgl. Losan, F. (2011), S. 59.

[24] Vgl. Losan, F. (2011), S. 59.

[25] Vgl. Jacob; O. (2002), S: 5.

Entsprechend bedeutend sind eine hohe Datenqualität in ERP-Systemen und die Nutzung der verfügbaren Informationen.

Die Frage nach Informationsqualität in ERP-Systemen und wie diese gesteuert werden kann, ist in der aktuellen Forschung noch wenig verbreitet. Haug, Stentoft und Pedersen haben die verschiedenen Ansätze zu Datenqualität im Zusammenhang mit ERP-Systemen aufbereitet und folgende drei Kategorien definiert:[26]

- Intrinsische Datenqualität: Vollständigkeit, Eindeutigkeit, Wichtigkeit und Korrektheit
- Zugriffsqualität: Berechtigung, Speicherplatz, Darstellungsfähigkeit
- Anwendungsfähigkeit: Bedeutung, Wertvermehrung

Röthlin hat das Thema Datenqualität in ERP-Systemen für Schweizer Mittelständler untersucht und die Einflussfaktoren auf Datenqualität festgehalten. Schlechte Datenqualität in ERP-Systemen kann verschiedenartige Ursachen haben. Röthlin hat aufgeführt, dass die Informationsqualität aufgrund falscher Dateneingabe, abgelaufener Aktualität, Schnittstellenproblemen zu Umsystemen und nicht adäquater Nutzung ungenügend ist. Vielfach ist es auch so, dass benötigte Informationen nicht zur Verfügung stehen, während im System grosse Mengen an Informationen mitgeführt werden, für die kein Auswertungsbedürfnis besteht.[27] Dass unternehmensinterne Faktoren Einfluss auf die Informationsqualität haben können, haben Hoffjan et al. gezeigt. Sie haben nachgewiesen, dass bei ungenügenden kaufmännischen oder technischen Kenntnissen die zur Verfügung stehende Information nicht optimal genutzt werden.[28] Auch wurde nachgewiesen, dass die Unternehmensgrösse Einfluss auf die für die Steuerung der Unternehmung benötigte Information hat.[29] Ebenfalls Einfluss hat die Verfügbarkeit von Ressourcen und Know-How sowie die Offenheit der Unternehmung, welche sich in der Zusammenarbeit mit externen Beratern manifestieren kann.[30] Von Röthlin ermittelte Faktoren sind ungenügende Ausbildung, ungenügendes Verantwortungsbewusstsein bezüglich Daten, schlechte Einführung,

---

[26] Vgl. Haug, A. et al. (2009), S. 1059.

[27] Vgl. Röthlin, H. (2004), S. 255.

[28] Vgl. Hoffjan, A. et al. (2010), S. 99.

[29] Vgl. Flacke, K. (2006), S. 285.

[30] Vgl. Flacke K. (2006), S. 179.

tiefes Qualitätsbewusstsein, ungenügende Adaption der ERP-Software auf die Unternehmensbedürfnisse, ungenügende User-Erfahrung, ungenügendes Interesse am ERP-System und an den Prozessen.[31]

27.2.5 ERP & Controlling

Im Zeitalter der Informationsgesellschaft wird Information als Inputfaktor für den zukünftigen Erfolg immer wichtiger. ERP-Systeme können in ihrer Eigenschaft einen wahren Informationsfluss für alle Anwender auf den verschiedensten Level bieten.[32] Dies kann sowohl positiv genutzt werden, als auch zu einem Überfluss an Informationen führen, was das Gegenteil des angestrebten Ziels bewirkt.

ERP-Systeme sind in KMU vielfach die einzige Informationsquelle für das Controlling.[33] Wird in Standard-Lehrbüchern zum Controlling nach Bezügen zu Problemen der ERP Nutzung gesucht, so findet man meist nur allgemeine Aussagen im Zusammenhang mit Aspekten der Informationsversorgung[34] oder mit Anforderungen an das DV-gestützte Controlling sowie Beispiele zu ihrer Umsetzung. Dies ist aber bereits auf konkrete ERP-Systeme, vielfach SAP, abgestimmte Literatur. So sind ERP-System spezifische Darstellungen z.B. der Kostenrechnung in wissenschaftlichen Lehrwerken praktisch nicht anzutreffen.[35] In der aktuellen Literatur im Zusammenhang von ERP und Controlling sind vor allem die Computerunterstützung des Rechnungswesens, der Planung, der Kontrolle und des Berichtswesens von grossem Interesse. Es fehlt jedoch ein Bezug, wie ERP-Systeme aufgesetzt und eingeführt sein müssen, damit das System möglichst gute Informationen zur Verfügung stellen kann.

ERP Systeme bieten in der Steuerung und Führung ein enorm grosses Informationspotential, weil durch die Abbildung von Geschäftstransaktionen eine grosse Menge an Prozessdaten vorhanden ist. Dieser Teil wird in der Literatur weitestgehend vernachlässigt. Während der wertzielorientierte Teil der Informationen eines ERP in der Controllingpraxis vielfach gut genutzt wird, bieten die sachzielorientierten Informationen noch grosses Potential.

---

[31] Vgl. Röthlin, H. (2003), S. 22-31.

[32] Vgl. Zimmermann, E. / Smedley, J. (2006), S. 3.

[33] Vgl. Kluge, P.-D. / Lingnau, V. (2010), S. III.

[34] Vgl. Horvath (2009), S. 615 ff.

[35] Vgl. Kluge, Lingnau (2010), S. 21.

27.2.6 ERP und KMU

Ein in der Forschung kaum untersuchter Themenbereich ist der Einfluss von ERP-Lösungen auf KMU. Dabei muss als Rahmenbedingung festgehalten werden, dass sich KMU durch beschränkte zur Verfügung stehende Ressourcen auszeichnen[36] und der Einfluss von gescheiterten ERP-Lösungen für KMU ernsthaftere Konsequenzen hat als für Grossunternehmungen.[37] Wichtige zusätzliche Unterschiede sind die verstärkte Branchenorientierung, weil KMU vielfach in nur einer Branche tätig sind, sowie eine höhere Flexibilität und Anpassungsfähigkeit. Diese ermöglichen KMU schneller auf Veränderungen reagieren können.[38]

Die beschränkten zeitlichen und finanziellen Ressourcen in KMU können dazu führen, dass bei der Nutzung von ERP-Systemen die Abwicklung der Geschäftsprozesse gegenüber der damit verbundenen Informationsgewinnung im Vordergrund steht. In einer typischen ERP-Umgebung wird wenig Aufmerksamkeit auf Informationsqualität, auf Entscheidungsqualität und die Beziehung zwischen diesen Faktoren gelegt.[39] Dies führt dazu, dass die Informationsqualität nicht optimal ist, was wiederum gemäss McLean-DeLone-Modell direkt den Erfolg des Systems beeinflusst.

Die Beziehung ERP und KMU ist Gegenstand verschiedener Untersuchungen, wobei diese in den meisten Fällen geographisch und branchenbezogen eingeschränkt sind. So hat eine Untersuchung in Spanien ergeben, dass der Einfluss einer ERP-Einführung einen negativen Einfluss auf die Produktivität hat.[40] Eine Untersuchung über kanadische KMU hat ergeben, dass der Erfolg eines ERP-Systems von verschiedenen Kriterien wie Qualität der operativen Prozesse, Grösse des Kernteams, Projektmanagement-Fähigkeiten, End-User-Schulungen, Qualifizierten Beratern und Management Support abhängt.[41] Eine griechische Untersuchung hat gezeigt, dass durch die Einführung einer ERP-Lösung die

---

[36] Vgl. McAdam, R. (2002), S. 38.

[37] Vgl. Muscatello, J. R. et al. (2003), S. 860.

[38] Vgl. Schmidl, R. et al. (2007), S. 14.

[39] Vgl. Madapusi, A. (2008), S. 629.

[40] Vgl. Bohorquez, B. / Esteves, J. (2008), S. 75.

[41] Vgl. Snider, da Silveira, G. J. / Balakrishnan, J. (2009), S. 16.

Flexibilität bei der Informationsgenerierung erhöht und die Reporting-Qualität verbessert wird.[42]

In der Schweiz wurde nachgewiesen, dass diejenigen KMU, welche sich ein ERP-System beschaffen, grössere finanzielle Möglichkeiten und ein höheres Wachstum aufweisen als der Durchschnitt.[43] Für fast alle KMU hat sich die Nutzung eines ERP-Systems in einer Verbesserung der Information niedergeschlagen. 95% der befragten KMU konstatierten durch die Nutzung eine Verbesserung der Arbeitsqualität.[44]

27.2.7 Controlling in KMU

KMU unterscheiden sich im Allgemeinen von Grossunternehmungen in mehrfacher Hinsicht. Unternehmensinterne Besonderheiten sind Einheit von Haftung und Risiko, enge und informelle Kontakte, geringer Formalisierungsgrad, flache Hierarchien und grosse Führungsspannen. Aus unternehmensexterner Perspektive sticht die Abhängigkeit von Kunden, Lieferanten und Kapitalgeber hervor. Aber auch eine schwache Diversifizierung, regional oder hinsichtlich Marktgrösse begrenzte Tätigkeiten und grosse Kundennähe sind symptomatisch.[45]

Zwischen den Aufgaben des Controllings in KMU und in Grossunternehmungen bestehen keinerlei Unterschiede. Die Differenzierung erfolgt hingegen bei der Anwendung aufgrund der unterschiedlichen Rahmenbedingungen. Vielfach existiert in KMU keine eigentliche Controller-Stelle.[46] Gründe dafür sind die daraus resultierenden Kosten und eine mögliche Veränderung des Kompetenzgefüges.[47] Zudem verstärken KMU-typische Eigenschaften wie eine starke Zentralisation der Führungsaufgabe und der Entscheidungskompetenz oder eine geringe Arbeitsteilung diese Tendenz ebenfalls.[48] In KMU ist zusätzlich von Bedeutung, dass aufgrund der begrenzten Ressourcen ein schlankes und effekti-

---

42 Vgl. Spathys, C. / Constantinides, S. (2003), S. 680.

43 Vgl. Balzli, E. et al. (2006), S. 4.

44 Vgl. Balzli, E. et al. (2006), S. 7.

45 Vgl. Kramer, M / Valentin, M. (2008), S. 77 und Mäder, O. B. et al. (2008), S. 7.

46 Vgl. Berens, W. et al. (2005) S. 187.

47 Vgl. Holland-Letz, S. (2008), S. 19.

48 Vgl. Berens, W. et al. (2005), S. 187.

ves Controlling erforderlich ist, welches durch Wirtschaftlichkeitsüberlegungen gesteuert wird.[49]

Zum Thema Mittelstandcontrolling beziehungsweise Controlling in KMU wurden mehrere Fachbücher verfasst. Informationen, die für das mittelständische Controlling propagiert werden, sind dabei praktisch ausschliesslich Finanzkennzahlen.[50] Auch die in diesem Bereich getätigte Forschung zeigt, dass in erster Linie Untersuchung zu Finanzinstrumenten und Kostenrechnung durchgeführt wurden.[51] Ebenfalls wurde durch mehrere Untersuchungen gezeigt, dass strategische Instrumente viel weniger stark gewichtet werden als operative.[52]

Im Unterschied zu Grossbetrieben zeichnet sich in KMU das Controlling durch die Bereitstellung von Steuerungsinformationen sowie geeignete Instrumente und Methoden und weniger durch die Koordinationsfunktion aus.[53] Wenn das Controlling sich in erster Linie auf die Rolle des Informationslieferanten reduziert, ist es von grosser Bedeutung, dass diese Informationen in gebührender Qualität vorhanden sind.

27.2.8 Zwischenfazit

Werden die Ausführungen des vorangegangenen Kapitels in einen Kontext gesetzt, so kann festgehalten werden, dass ERP-Systeme für das Controlling von KMU eine herausragende Bedeutung geniessen. Dabei fokussieren sich KMU in erster Linie auf wertzielorientierte Faktoren, denen eine ungleich höhere Bedeutung zugemessen wird als sachzielorientierten Faktoren.

Die nachfolgende Untersuchung wurde aufgrund dieser Kenntnisse aufgesetzt. Die Untersuchung zielt darauf ab, herauszufinden, auf welcher Ebene in KMU welche Informationsbedürfnisse bestehen.

27.3 Untersuchungsergebnisse

Anhand von acht umfassenden Interviews wurde untersucht, wie Führungskräfte die Möglichkeiten von ERP-Standardsoftware für das operative Controlling

---

[49] Vgl. Holland-Letz; S. (2008), S. 20.

[50] Vgl. Posluschny, P. (2010), S. 9-195, oder Keidel, C. (2009), S. 120.

[51] Vgl. Keuper, F. et al. (2008), S. 62-65.

[52] Vgl. Kramer, M. et al. (2008), S. 87, oder Hegglin, A. / Kaufmann; H. (2003), S. 360.

[53] Vgl. Flacke, K. (2006), S. 41-47, und Berens, W. et al. (2005), S. 188.

beurteilen. Die acht Interviewpartner sind alle in leitender Funktion im Bereich Controlling tätig und verfügen über praktische Erfahrung und den notwendigen theoretischen Hintergrund.

Ziel der Befragung war es, die aus Sicht der Befragten relevanten Informationsbedürfnisse zu identifizieren. Diese müssen nicht mit den tatsächlich in den einzelnen Unternehmen existierenden Bedürfnissen korrelieren.

Als Einschränkung für die Bestimmung der Informationsbedürfnisse wurde die Rahmenbedingung vorgegeben, dass die genannten Informationsbedürfnisse über ein ERP-System abgedeckt werden können. ERP-System wird im Sinne dieser Umfrage als Informationssystem definiert, das Geschäftstransaktionen sowie deren Planung abzubilden vermag. Durch diese Einschränkung konnte eine Abgrenzung zu Umsystemen wie CRM, SCM, und Konsolidierungssoftware gewährleistet werden.

In den Interviews wurden die Informationsbedürfnisse unter Verwendung des Process Classification Framework (PCF) der APQC aufgenommen. Dieses Framework dient dazu, sämtliche in einem Unternehmen existierenden Prozesse aufzunehmen und zu strukturieren. Die Verwendung des PCF dient dazu, die Informationsbedürfnisse zu gliedern um eine höhere Auswertungsqualität zu erhalten. In den Interviews haben sich 266 verschiedene Informationsbedürfnisse der Controlling Praxis ergeben. Gesamthaft konnten so 126 unterschiedliche Informationsbedürfnisse identifiziert werden. Die Resultate sind nicht repräsentativ.

27.3.1 Informationsbedürfnisse

Die Auswertung ergab eine sehr heterogene Verteilung der Informationsbedürfnisse. Von den gesamthaft 126 identifizierten Informationsbedürfnissen wurden 58 (46%) von nur einer der befragten Unternehmungen angegeben. Die verbleibenden 54% wurden von mehreren Unternehmungen genannt. Sechs Informationsbedürfnisse wurden durchgehend von allen Befragten identifiziert. Das folgende Diagramm zeigt die Häufigkeit der genannten Informationsbedürfnisse. Das Maximum beträgt aufgrund der Anzahl Interviews acht.

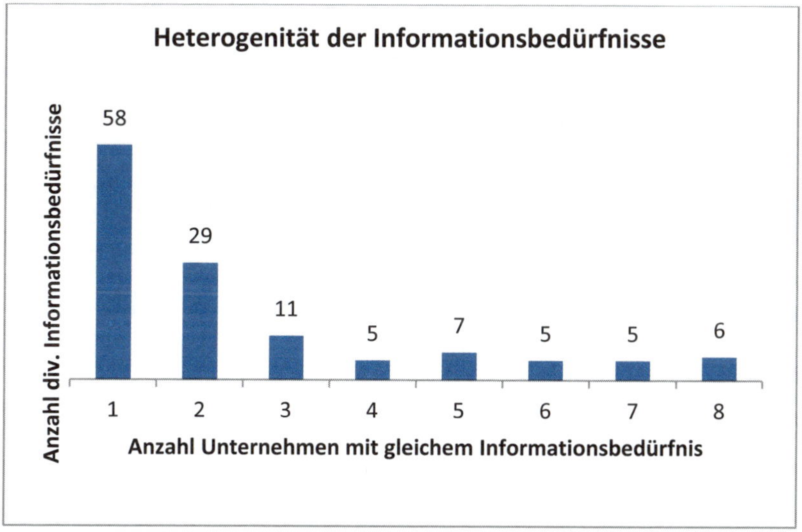

Abbildung 4: Heterogenität der Informationsbedürfnisse

Die Darstellung weist darauf hin, dass «objektive» Informationsbedürfnisse in KMU individuell ausgeprägt sind und nicht in Standardrahmenwerken wieder gegeben werden können.

Die folgende Tabelle beinhaltet die 15 meistgenannten Informationsbedürfnisse. Die Tabelle unterscheidet zudem finanzielle und prozessorientierte Informationsbedürfnisse. Die finanziellen Informationsbedürfnisse sind grau eingefärbt. Die Spalte Wert informiert über die Anzahl Nennungen der Informationsbedürfnisse.

Rang	Kennzahl	Wert
1	DB-Analyse (Plan, IST, VJ / abs & %) pro Kunde	8
1	DB-Analyse (Plan, IST, VJ / abs & %) pro Produkt/P-Gruppe	8
1	DB-Analyse (Plan, IST, VJ / abs & %) pro Marktsegment	8
1	Geldflussrechnung (Ist & Plan)	8
1	Liquiditätsplanung	8
1	Fluktuationsrate / Ein-/Austritte	8
6	Projektfortschrittsgrad (Termin, Qualität, Kosten)	7
6	Geplante Auslastung / Kapazitätsplanung	7
6	Fälligkeitsstruktur	7
6	Produktivität MA	7
6	Anzahl FTE	7
11	KST Unterdeckung / -überdeckung	6
11	Lieferantenbeurteilung (Qualität, Menge, Termin)	6
11	Überstunden / Ferien-FLAZ	6
11	ABC-Analysen Lieferanten	6

Abbildung 5: Häufigkeit Informationsbedürfnisse

Aus obiger Tabelle ist ersichtlich, dass die meistgenannten Informationsbedürfnisse fast ausschliesslich finanzieller Art sind. Diese Aussage bestätigt die in der Literatur abgefasste Controlling-Praxis von KMU. Trotzdem sind 9 der 15 am häufigsten genannten Informationsbedürfnisse nicht-finanzieller Art. Dies zeigt, dass die wertzielorientierte Betrachtungsweise im Controlling von KMU nicht den ganzheitlichen Bedürfnissen entspricht.

27.3.2 Wichtigkeit der Informationsbedürfnisse

Um die Wichtigkeit der Informationsbedürfnisse ermitteln zu können, wurden die genannten Bedürfnisse anhand einer Skala von 1 – 10 bewertet. Je höher die Bewertung, desto wichtiger wird das Informationsbedürfnis wahrgenommen.

Werden alle ermittelten Wichtigkeitswerte eines Informationsbedürfnisses über alle befragten Unternehmungen summiert, resultiert die gesamte Wichtigkeit eines Informationsbedürfnisses. Die folgende Tabelle zeigt die 15 wichtigsten Informationsbedürfnisse auf, die in unterschiedlichen Unternehmensbereichen anfallen.

Rang	**Kennzahl**	**Wert**
1	DB-Analyse (Plan, IST, VJ / abs & %) pro Kunde	79
1	DB-Analyse (Plan, IST, VJ / abs & %) pro Produkt/P-Gruppe	79
1	DB-Analyse (Plan, IST, VJ / abs & %) pro Marktsegment	79
4	Geldflussrechnung (Ist & Plan)	71
4	Liquiditätsplanung	71
6	Projektfortschrittsgrad (Termin, Qualität, Kosten)	55
6	Fluktuationsrate / Ein-/Austritte	55
8	KST Unterdeckung / -überdeckung	53
9	Geplante Auslastung / Kapazitätsplanung	52
10	Fälligkeitsstruktur	51
11	Produktivität MA	49
12	Ergebnisgrössen aus ER (EBIT, BG,...)	48
13	DB-Analyse (Plan, IST, VJ / abs & %) pro Projekt	45
13	Absenzen	45
15	Lieferantenbeurteilung (Qualität, Menge, Termin)	44

Abbildung 6: Wichtigkeit der Informationsbedürfnisse

Mit über 70 Punkten wurden die Deckungsbeitragsanalysen auf Kunden, Produkt und Marktsegmentebene sowie die Geldflussrechnung und Liquiditätsplanung deutlich am stärksten bewertet. Des Weiteren fällt im Vergleich zur Tabelle Häufigkeit Informationsbedürfnisse auf, dass verschiedene nicht-finanzielle Informationen aus den Top 15 gefallen sind. Somit verbleiben in den Top 15 nur noch 6 nicht-finanzielle Informationsbedürfnisse. Dies ist ein Indiz dafür, dass finanzielle Kennzahlen als wichtiger wahrgenommen werden.

27.3.3 Adressatenbezogene Informationsbedürfnisse

Controlling-Informationsbedürfnisse werden wie oben aufgezeigt, in den verschiedensten Unternehmensbereichen eingesetzt. Dies führt dazu, dass unterschiedliche Personen auf verschiedenen Hierarchiestufen massgeschneiderte Informationen benötigen. Um zu untersuchen wie die Informationen verwendet werden, wurde zusätzlich zur Einschätzung der Wichtigkeit der Informationsbedürfnisse der Adressat der Information erhoben. Total standen sechs Antwortkategorien, bestehend aus den drei Adressaten Sachbearbeiter, Abteilungsleiter / Controlling und Geschäftsleitung sowie jeder Zweierkombination zwischen den Adressaten zur Auswahl. Die Analyse hat gezeigt, dass tatsächlich nur vier Adressatenkategorien unterschieden werden. Die genannten Adressatenkategorien umfassen die Sachbearbeiter, Abteilungsleiter / Controller, Geschäftsleitung und die Kombination von Abteilungsleiter / Controller und der Geschäftsleitung.

Die folgende Abbildung illustriert die Anzahl ermittelter Informationsbedürfnisse pro Adressatenkategorie.

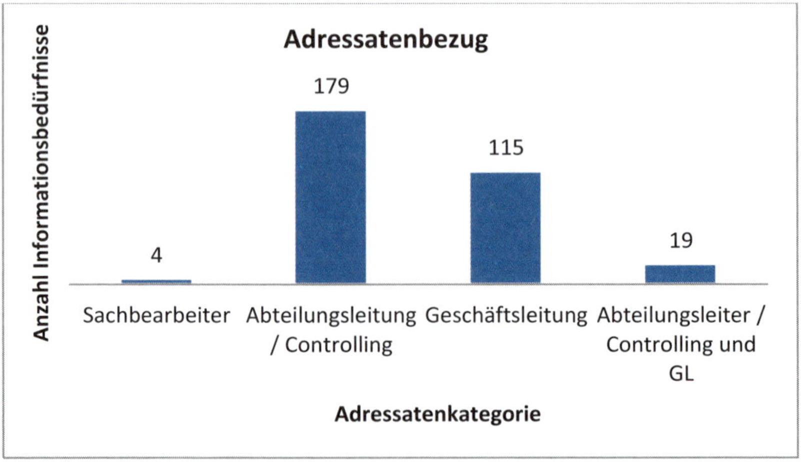

Abbildung 7: Adressatenbezug

Es ist deutlich zu erkennen, dass die Abteilungsleiter / Controlling, gefolgt von der Geschäftsleitung die umfassendsten Informationsbedürfnisse aufweisen. Bedeutend weniger Informationen sind gleichzeitig für die Abteilungsleiter / Controlling und die Geschäftsleitung bestimmt. Informationsbedürfnisse der Sachbearbeiter wurden nur bei einer Unternehmung identifiziert. In dieser Unternehmung gehen 12% der genannten Informationsbedürfnisse von den Sachbearbeitern aus. Aufgrund der Antworten wird vermutet, dass das Informationsbedürfnis der Sachbearbeiter von den meisten Unternehmungen nicht als controllingrelevant eingestuft wird. Diese unterschiedliche Beurteilung beruht auf der uneinheitlichen Begriffs- und Zielsystemdefinition von Controlling.

27.3.3.1 Summe der Adressaten

Alle Untersuchungsteilnehmer wiesen zwischen 33 und 49 Informationsbedürfnisse, verteilt über alle Adressaten auf. Die durchschnittliche Wichtigkeit aller Informationsbedürfnisse bewegt sich auf einer Skala von 1 – 10 zwischen 6 und 8.41 Punkten. Es konnte kein allgemeiner Zusammenhang zwischen der Anzahl Informationsbedürfnissen und der durchschnittlichen Wichtigkeit nachgewiesen werden. Demnach schätzen Unternehmungen, die mehr Informationsbedürfnisse aufweisen, deren Wichtigkeit weder höher noch tiefer ein, als Unternehmungen mit weniger Informationsbedürfnissen. Nachfolgend werden die Adressatenkategorien separat analysiert. Auf die Analyse der Informationsbedürfnisse der Sachbearbeiter wird aufgrund der geringen Datenmenge nicht weiter eingegangen.

27.3.3.2 Abteilungsleiter / Controlling

Wie in der Abbildung 7 illustriert, hegen die Abteilungsleiter / Controller die meisten Informationsbedürfnisse. Die Abteilungsleiter / Controller benötigen zwischen 13 und 31 Informationen. Deren durchschnittliche Wichtigkeit beträgt pro Unternehmung zwischen 5.41 und 7.7. Indes konnte kein Zusammenhang zwischen der Anzahl geforderter Informationsbedürfnisse für die Adressatenkategorie Abteilungsleiter / Controlling und der durchschnittlichen Informationswichtigkeit nachgewiesen werden.

27.3.3.3 Geschäftsleitung

Die Geschäftsleitungen, die nach der Adressatenkategorie Abteilungsleiter / Controlling die zweitmeisten Informationsbedürfnisse aufweisen, fordern je nach Unternehmung zwischen 8 und 22 Informationen. Die durchschnittliche

Wichtigkeit weist Werte zwischen 6.45 und 10 auf. Zudem konnte ein Zusammenhang zwischen der Anzahl Informationsbedürfnisse und der durchschnittlichen Informationswichtigkeit identifiziert werden. Je mehr Informationsbedürfnisse in der Geschäftsleitung bestehen, desto geringer wird deren einzelne Wichtigkeit eingeschätzt. Des Weiteren wurde bei sechs von acht Unternehmungen nachgewiesen, dass die Informationsbedürfnisse der Geschäftsleitung als signifikant wichtiger betrachtet werden als jene der Abteilungsleiter / Controller.

27.3.3.4 Abteilungsleiter / Controlling & Geschäftsleitung

Bedeutend weniger Informationen sind sowohl für die Abteilungsleiter / Controlling als auch die Geschäftsleitung bestimmt. Von den gesamthaft 19 erhobenen Informationsbedürfnissen für diese Adressatenkategorie, weisen die einzelnen Unternehmungen zwischen 0 und 5 auf. Die durchschnittliche Informationswichtigkeit bewegt sich zwischen 5 und 10. Im Gegensatz zu den Informationen für die Geschäftsleitung konnte für den Adressat Abteilungsleiter / Controlling & Geschäftsleitung keinen Zusammenhang mit der durchschnittlichen Informationswichtigkeit nachgewiesen werden.

27.3.3.5 Unterscheidung nach Sektorenzugehörigkeit

Unternehmungen aus den verschiedenen Wirtschaftssektoren Landwirtschaft, Produktion und Dienstleistung haben oft mit unterschiedlichen Rahmenbedingungen und Herausforderungen zu kämpfen. Um zu überprüfen, ob Unternehmungen aus unterschiedlichen Sektoren sich bezüglich der Informationsbedürfnisse unterscheiden, wurden die befragten Unternehmungen in Dienstleitungs- und nicht-Dienstleistungsunternehmungen aufgeteilt. Fünf der untersuchten Unternehmungen sind reine Dienstleister, während die übrigen drei in der Produktion tätig sind.

Durch die Untersuchung verschiedener Faktoren wie Anzahl Informationsbedürfnisse, durchschnittliche Wichtigkeit und die Unternehmensgrösse gemessen an der Anzahl Mitarbeiter wurde versucht, auf die Sektorenzugehörigkeit einer Unternehmung zu schliessen. Es konnten keinerlei Unterschiede zwischen den Informationsbedürfnissen aus Standard-ERP Software für das Controllingumfeld von Dienstleistungs- und nicht-Dienstleistungsunternehmungen festgestellt werden.

27.3.4 Unterscheidung nach finanziellen und nicht-finanziellen Informationsbedürfnissen

27.3.4.1 Generelle Unterscheidung

Von den 126 identifizierten Informationsbedürfnissen sind 51 (40%) finanzieller und 75 (60%) nicht-finanzieller Natur. Die folgende Tabelle zeigt das kumulierte Ergebnis, der Unterscheidung von finanziellen und nicht-finanziellen Informationsbedürfnissen.

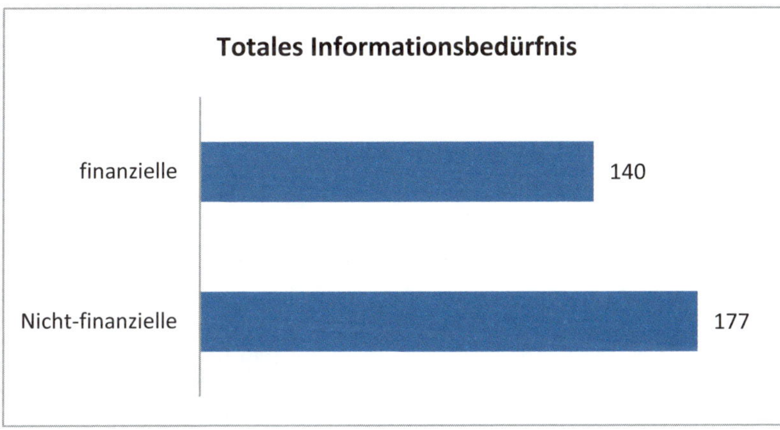

Abbildung 8: Totales Informationsbedürfnis nach Kennzahlengruppe

Die obige Abbildung zeigt, dass gesamthaft mehr nicht-finanzielle Informationsbedürfnisse nachgefragt werden. Die totalisierte Betrachtung der nicht-finanziellen Informationsbedürfnissen widerspricht der Literatur, welche den Fokus im KMU-Controlling fast ausschliesslich auf wertzielorientierte Grössen legt.

27.3.4.2 Unterscheidung nach Adressat

Weiter wurde untersucht, ob die verschiedenen Adressatenkategorien eine Vorliebe für finanzielle oder nicht finanzielle Informationen aufweisen.

Die Zugehörigkeit zur Adressatenkategorie Abteilungsleiter / Controlling oder Abteilungsleiter / Controlling & Geschäftsleitung scheint keinen Einfluss auf die Bevorzugung finanzieller bzw. nicht-finanzieller Informationen zu haben. Unterschiedlich dazu präsentierten sich die Resultate der Geschäftsleitungen. Es konnte nachgewiesen werden, dass die Geschäftsleitung verstärkt finanzielle Informationen nachfragen.

27.3.4.3 Aufteilung Operation und Management- & Supportprozesse

Das PCF Rahmenwerk unterscheidet verschiedene Prozesskategorien. Für die Untersuchung wurden die Prozesskategorien in die Prozessarten Operation und Management & Support eingeteilt. Die nachfolgende Grafik illustriert die Anzahl Informationsbedürfnisse pro Prozessart.

73 (58%) der eingesetzten Kennzahlen entsprechen der Prozessart Management & Support und 53 (42%) der Prozessart Operating. Wie bereits einleitend aufgeführt, werden die verschiedenen Informationsbedürfnisse verteilt über alle befragten Unternehmungen unterschiedlich oft eingesetzt. Die nachfolgende Abbildung zeigt die totalisierten Informationsbedürfnisse aufgeteilt auf die Prozessarten Operating und Management & Support.

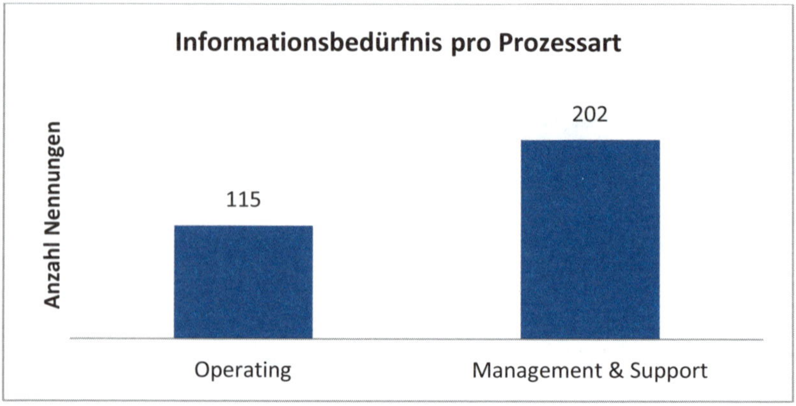

Abbildung 9: Informationsbedürfnis pro Prozessart

202 (64%) der tatsächlich nachgefragten Informationsbedürfnissen sind für Management- & Supportprozesse bestimmt und lediglich 115 (36%) für operative Prozesse. Dies bedeutet, dass Bedürfnisse aus Management- und Supportprozessen im Durchschnitt öfters bei Unternehmungen nachgewiesen wurden als Bedürfnisse aus operativen Prozessen. Die Betrachtung der geschätzten Wichtigkeiten der einzelnen Informationsbedürfnissen hat folgendes ergeben:

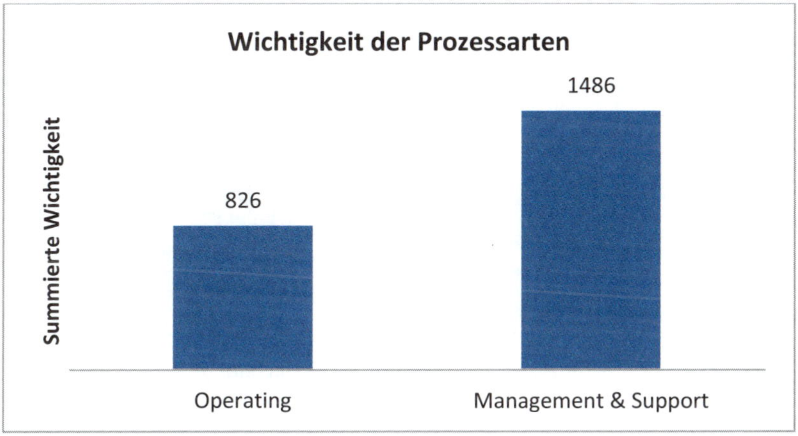

Abbildung 10: Wichtigkeit der Prozessarten

Die summierte Wichtigkeit aller Kennzahlen haben für Management & Support einen Wert von 1486 (64%) und für Operating einen Wert von 826 (36%) ergeben. Diese Zahlen entsprechen im Verhältnis annährend der Anzahl Informationsbedürfnisse pro Prozessart. Daraus lässt sich ableiten, dass die Management & Supportkennzahlen weder als wichtiger noch als weniger wichtig im Vergleich zu den Informationsbedürfnissen im Bereich Operating wahrgenommen werden.

27.3.5 Aufteilung nach PCF Kategorien

Das PCF Rahmenwerk sieht eine weitere Unterteilung der Prozessarten in 12 Prozesskategorien vor. Die Prozessart Operating umfasst fünf und Management & Support sieben Prozesskategorien. Die folgende Grafik zeigt die verschiedenen Prozesskategorien und die Anzahl verschiedener eingesetzter Kennzahlen pro Prozesskategorie auf. Die ersten fünf grün eingefärbten Säulen entsprechen der Prozessart Operating. Die verbleibenden sieben der Prozessart Management & Support.

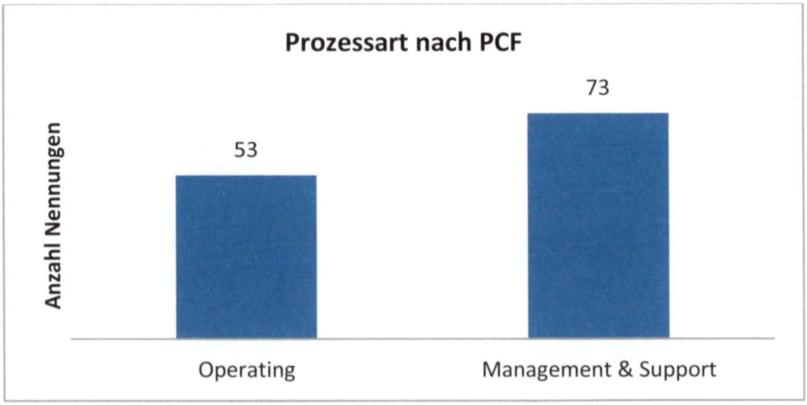

Abbildung 11: Prozessart nach APQC

Es ist ersichtlich, dass im Rahmen dieser Befragung nicht alle im Modell aufgeführten Prozesskategorien für das Controlling mit ERP-Systemen die gleiche Relevanz aufweisen. Es existieren zahlreiche Prozesse, die entweder nicht über ERP-Systeme abgewickelt werden oder für die befragten Unternehmungen nicht relevant sind. So hat die Prozesskategorie «Develop Vision and Strategy» absolute Relevanz für das strategische Controlling, dieses wird üblicherweise aber nicht über das ERP-System abgebildet. Unter der Prämisse, dass die aus den Informationsbedürfnissen entstehenden Informationen im ERP-System anfallen müssen, resultieren nur aus 4 von 12 Prozesskategorien Informationsbedürfnisse. Hätte man die Untersuchung so angelegt, dass diejenigen Prozesskategorien aufgenommen werden, in denen die aus dem ERP-System hergeleiteten Informationen weiter verwendet werden, so hätte sich ein anderes Bild ergeben. Die folgende Grafik zeigt die verschiedenen Prozessarten und die entsprechend zugewiesenen Informationsbedürfnisse. Die blau eingefärbten Balken entsprechen der Prozessart Management & Support, während die grünen Balken der Prozessart Operating angehören.

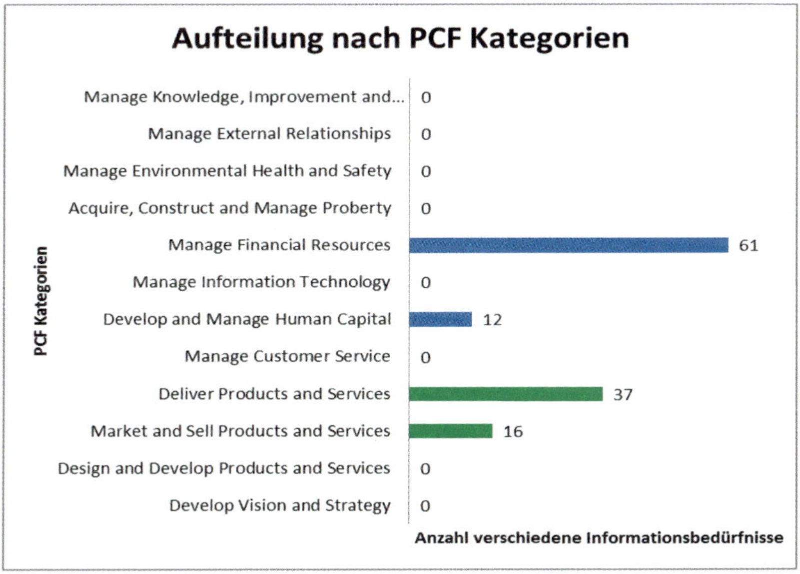

Abbildung 12: Aufteilung nach PCF Kategorien

Informationen für das Controlling aus ERP-Standardsoftware werden nur aus vier Prozesskategorien gewonnen. Für die nachfolgenden Darstellungen der durchschnittlichen Wichtigkeitswerte der Informationsbedürfnisse pro Prozesskategorie, werden alle Kategorien ohne Nennungen vernachlässigt.

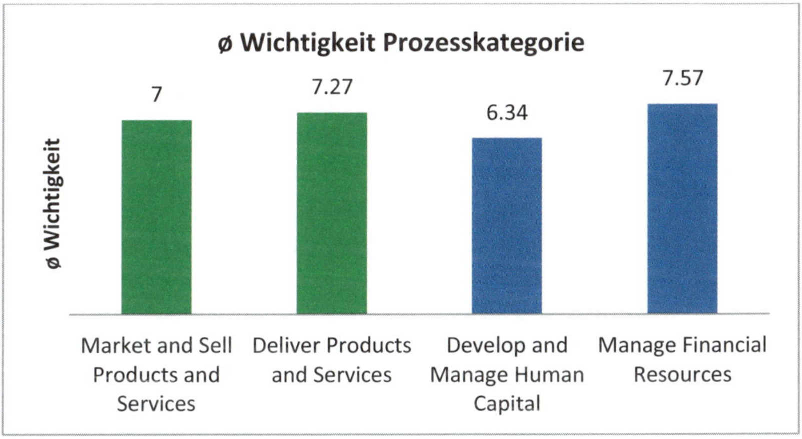

Abbildung 13: Durchschnittliche Wichtigkeit Prozesskategorie

Manage Financial Resources ist gefolgt von Deliver Products and Services die wichtigste Prozesskategorie, während Develop and Manage Human Capital am wenigsten wichtig erscheint. Dem ist jedoch hinzuzufügen, dass die Wichtigkeitsunterschiede zwischen den Prozesskategorien klein und nicht signifikant sind.

27.4 Fazit

Die aus der Untersuchung resultierende Haupterkenntnis ist, dass die in der Literatur vorherrschende Meinung, dass sich das Controlling in mittelständischen Unternehmen praktisch ausschliesslich nach wertzielorientierten Grössen orientiert, relativiert werden muss. Obwohl das Bedürfnis nach finanziellen Informationen grösser ist als nach sachzielorientierten Grössen, hat sich gezeigt, dass eine grosse Nachfrage nach Informationen der zweiten Kategorie besteht. Wird jedoch ausschliesslich die oberste Führungsebene betrachtet, so kann eine Priorisierung der finanziellen Informationen bestätigt werden.

Auf den ersten Blick eher überraschend ist die Tatsache, dass die aufgeführten Bedürfnisse Informationen aus lediglich vier Prozesskategorien des PCF betreffen. Werden jedoch die zugrunde gelegten Rahmenbedingungen mit der Abgrenzung von ERP-Systemen zu Umsystemen betrachtet, so muss festgehalten werden, dass ERP-Systeme für die Abbildung zahlreicher Unternehmensprozesse nicht geeignet sind. Für die Abwicklung der Kernprozesse sowie die Abbildung dieser Prozesse in finanzielle Kennzahlen ist das ERP-System allerdings das richtige System. Dies zeigt die grosse Anzahl an Informationsbedürfnissen, welche im Rahmen der Untersuchung aufgenommen wurde.

In der Untersuchung ist nicht berücksichtigt, dass gewisse Informationen für andere, hier nicht zugeordnete Prozesskategorien Verwendung finden können. So können Informationen, welche der Prozesskategorie «Deliver Products and Services» für andere Prozesskategorien wie «Develop Vision and Strategy» oder «Manage external relationship» weiter verwendet werden.

Die aus der Untersuchung stammenden Erkenntnisse können vertieft werden, indem das Thema «Deckung der Informationsbedürfnisse im ERP-System» angegangen wird. Im Rahmen einer Untersuchung zur Informationsqualität könnte untersucht werden, inwieweit ERP-Systeme die gewünschten Informationen liefern bzw. was Gründe sind, wieso die gewünschten Bedürfnisse nicht befriedigt werden können.

Literaturverzeichnis

- Balzli, E. / Tuberosa, J. / Maradan, D. / Zufferey Bersier, M.-E. (2006): Kurzfassung der Studie zum Verhalten der Schweizer KMU im Hinblick auf die Nutzung eines integrierten betrieblichen Softwaresystems. Kurzfassung des Forschungsberichts: Nr. HES-SO/HEG-GE/C--06/13/1—CH. Haute école de gestion de Genève. Genf.
- Barth, Th. / Barth, D. (2008): Controlling. München: Oldenbourg Wissenschaftsverlag
- Berens, W. / Püthe, T. / Siemens, A. (2005): Ausgestaltung der Controlling-Systeme im Mittelstand, Ergebnisse einer Untersuchung. In: Controlling & Management. 49. Jg. Heft 3. S. 186 – 191.
- Bohorquez, V. / Esteves, J. (2008): Analyzing SME's size as a Moderator of ERP-Impact in SME's Productivity. Communications of the IIMA. Vol. 8. Issue 3, S. 67 – 80.
- Brown, C.V. / Vessey, I. / Powell, A., (2000): The ERP Purchase Decision: Influential Business and IT Factors. American Conference on Information Systems (AMCIS) proceeding. Paper 438.
- DGIQ. Homepage. Online (21.03.2012): http://www.dgiq.de
- Drawert, St. (2005): Corporate Performance Management in Logistik und Beschaffung. In Scheer, A.-W. / Jost, W. / Hess, H. / Kronz, A. (Hrsg): Corporate Performance Management. ARIS in der Praxis. Berlin: Springer Verlag.
- Fischer, J. (1996): Prozessorientiertes Controlling. Ein notwendiger Paradigmenwechsel?. Controlling, Heft 4, 8. Jg., S. 222 – 231.
- Flacke, K. (2006): Controlling in mittelständischen Unternehmen – Ausgestaltung, Einflussfaktoren der Instrumentennutzung und Einfluss auf die Bankenkomission. Inaugural-Dissertation der Westfälischen Wilhelms-Universität Münster.
- Gable, G.G. / Sedera, D. / Chan, T. (2008): Re-conceptualizing Information System Success: The IS-Impact Measurement Model. In: Journal of the Association for Information Systems, 9 (7), S. 377-408.
- Ge, M. / Helfert, M. (2007): A Review of Information Quality Research in Information System and Descision Making. IADIS International Conference e-Society (S. 467 – 470): O. O.
- Garvin, D. A. (1984): What Does «Product Quality» Really Mean?. Sloan Management Review, Jahrgang 26, Heft 1, S. 25-43.
- Haug, A. / Stentoft, J. / Pederson, A. (2009): A classification model of ERP system data quality. In: Industrial Management & Data Systems. Vol. 109 No. 8, S. 1053-1068.
- Hegglin, A. / Kaufmann, H. (2003): Controlling in KMU. In: Der Schweizer Treuhänder. Heft 5. S. 359 – 368.
- Hess, H. (2005): Von der Unternehmensstrategie zur Prozess-Performance – was kommt nach Business Intelligence. In Scheer, A.-W. / Jost, W. / Hess, H. / Kronz, A. (Hrsg): Corporate Performance Management. ARIS in der Praxis. Berlin: Springer Verlag.
- Hoffjan, A. / Kolburg, A. / Ufer, H.-W. (2010): Controllingeffizienz in der Praxis – Effizienzverständnis, Einflussfaktoren, Massnahmen. In Controlling & Management. 54. Jg, Heft 2. S. 96 – 101.

- Holland-Letz, St. (2008): Controlling im Mittelstand. Berlin: Wissenschaftlicher Verlag.
- Horvath, P. (2009): Controlling (11. Auflage), München: Vahlen Verlag.
- Horvath, P. (2011): Controlling (12. Auflage), München: Vahlen Verlag.
- Jacob, O. (2008): ERP Value. In Jacob, O. (Hrsg): ERP Value – Signifikante Vorteile mit ERP-Systemen. Berlin: Springer.
- Juran, J. M. (1999): How to think about Quality. In Juran, J. M. / Godfrey, A. B. (Hrsg): Juran's Quality Handbook, New York: McGraw-Hill.
- Keidel, Ch. (2009): Entwicklung und Gestaltung eines Unternehmenscontrolling in mittelständischen Bauunternehmen. Wiesbaden: Gabler Verlag.
- Keuper, F. / Brösel, G. / Albrecht, T. (2008): Controlling in KMU – Identifikation spezifischer Handlungsbedarfe auf Basis aktueller Studien. . In Müller, D. (Hrsg.): Controlling für kleine und mittlere Unternehmen (S. 55 - 71), München: Oldenbourg Verlag.
- Klinke, D. A. (2002): Finanzcontrolling als Teil des operativen Unternehmenscontrolling in mittelständischen Bauunternehmen mit integrierten IV-Systemen unter Einsatz baubetrieblicher Standardsoftware. Dissertation. Technische Universität Bergakademie Freiberg.
- Kluge, P.-D. / Lingnau, V., (2010): Controlling und ERP-Systeme für den Mittelstand. Controlling-Studie Nr. 2, Technische Universität Kaiserslautern.
- Kramer, M. / Valentin, M. (2008): Controlling-Konzeptionen in KMU – Forschungsstand und Auswirkungen auf die Absolventenausbildung unter didaktischen Gesichtspunkten. In D. Müller (Hrsg.): Controlling für kleine und mittlere Unternehmen (S. 73 – 99). München: Oldenbourg Verlag.
- Lee, Y.W. / Strong, D.M. / Kahn, B.K. / Wang, R.Y. (2002): AIMQ: a methodology for information quality assessment. Information & Management. Vol. 40. S. 133 – 146.
- Lingnau, V. / Kluge, P.-D., (2010): ERP-Bezug in Lehrmaterialien zur Kosten- und Erlösrechnung (KER). In: V. Lingnau (Hrsg.): Controlling und ERP-Systeme für den Mittelstand. Controlling-Studie Nr. 2, Technische Universität Kaiserslautern.
- Losan, F. (2011): Kosten und Nutzen einer ERP-Einführung in einem österreichischen Mittelstandsunternehmen am Beispiel Axapta – Entwicklung eines Rahmenmodells. Magisterarbeit Universität Wien.
- Madapusi, A. (2008): ERP Information Quality And Information Presentation Effects On Decision Making. In: Industrial Management Data Systems. Issue 940. S. 628 – 633.
- McAdam, R. (2002): Large scale innovation – reengineering methodology in SMEs. Positivistic and phenomenological approaches. In: International Small Business Journal, Vol. 20 No. 1, pp. 33-50.
- Mäder, O. B. / Hirsch, B. (2008): Rationalitätssicherung als Controllingaufgabe in KMU. In D. Müller (Hrsg.): Controlling für kleine und mittlere Unternehmen (S. 3 - 27). München: Oldenbourg Verlag.
- Martin, R. / Mauterer, H. / Gemünden, H.-G. (2002): Systematisierung des Nutzens von ERP-Systemen in der Fertigungsindustrie. In: Wirtschaftsinformatik 2002. 44(2). S. 109-116.
- Muscatello, J. R. / Small, M. H. / Chen, I. C. (2003): Implementing enterprise resource planning (ERP) systems in small and midsize manufacturing firms. In: International Journal of Operations & Production Management. Vol. 23 No. 8. pp. 850-871.

- Petter, St. / DeLone, W. / McLean, E. (2008): Measuring information systems success: models, dimensions, measures and interrelationships. In European Journal of Information Systems. Vol. 17, S. 236-263.
- Posluschny, P. (2010): Basiswissen Mittelstandscontrolling. München: Oldenbourg Wissenschaftsverlag.
- Röthlin, M., (2003): Datenqualitätsmanagement in ERP-Systemen von Schweizer Unternehmen. Ergebnisse der Umfrage 2003. Arbeitsbericht 156. Institut für Wirtschaftsinformatik. Universität Bern.
- Röthlin, M., (2004): An Exploratory Study of Data Quality Management Practices in the ERP Software Systems Context. In: Dadam, P., Reichert, M. (Hrsg.): Beiträge der 34. Jahrestagung der Gesellschaft für Informatik e.V. (GI). Band 1. Ulm: GI 2004. S. 254-258.
- Schmidl, R. / Becker, Ch. / Popovic, V. (2007): ERP-Systeme im Mittelstand. Nordersted: GRIN-Verlag.
- Schubert, P. / Williams, S. P. (2009a): An Extended Framework for Comparing Expectations and Realized Benefits of Enterprise Systems Implementations. Proceedings of the Fifteenth Americas Conference on Information Systems. San Francisco.
- Schubert, P. / Williams, S. P. (2009b): Constructing a Framework for Investigating and Visualizing ERP Benefits and Business Change. 22nd Bled eConference. Bled (Slovenia).
- Shang, S. / Seddon, P.B. (2000): A comprehensive Framework for classifying the benefits of ERP Systems. American Conference on Information Systems (AMCIS) proceeding. Paper 39.
- Snider, B. / da Silveira, G.J.C. / Balakrishnan, J. (2009): ERP Implementation at SME's: analysis of five Candien Cases. In: International Journal of Operations & Production Management. Vol. 29 Iss. 1, S. 4-29.
- Spathis, Ch. / Constantinides, S. (2003): The usefulness of ERP systems for effective management. In: Industrial Management & Data Systems. In: Industrial Management & Data Systems, Vol. 103. Iss: 9. S. 677-685.
- Stelzer, D. (2001): Informationsbedarf. In Mertens, P. (Hrsg.): Lexikon der Wirtschaftsinformatik (4. Aufl.). Berlin: Springer-Verlag. S. 238-239.
- Wong, A. / Scarbrough, H. / Chau, P.Y.K. / Davison, R. (2005): Critical Failure Factors in ERP Implementation, Pacific Asia Conferense on Information System. Paper 40.
- Zimmermann, E. / Smedley, J. (2006): ERP Implementations – a never ending story?. Proceedings of the 29th IRIS (Information Systems Research in Scandinavia). Helsingor, Denmark.

28 Das neue allgemeine Buchführungsrecht im OR

Ende 2011 hat das schweizerische Parlament nach langjährigen Vorarbeiten einer Teilrevision des allgemeinen Buchführungsrechts (Art. 957ff. OR) zugestimmt. Im vorliegenden Beitrag werden die neuen Regelungen zur Buchführung in den Grundzügen zur Darstellung gebracht. Dabei wird Buchführung umfassend verstanden. Entsprechend werden auch Fragen der Bewertung und der Abschlussbuchungen miteinbezogen. Neben dem Überblick über die neuen Regelungen zur Buchführung wird auch aufgezeigt, wo noch Auslegungsbedarf besteht und wo sich voraussichtlich Fragen stellen werden, wenn es um die Anwendung der neuen Vorschriften geht. Im Hinblick auf die noch ausreichend vorhandene Zeit bis zur Inkraftsetzung wird es Aufgabe der Lehre sein, rechtzeitig Antworten auf diese Fragestellungen zu erarbeiten.

Marco Fontana

Marco Fontana (1960) ist seit 2009 Dozent und Projektleiter am Institut für Finanzdienstleistungen Zug IFZ. In dieser Funktion befasst er sich in Lehre, Forschung und Dienstleistungen mit Fragen der Rechnungslegung, der Finanzberichterstattung und des finanziellen Rechnungswesens sowie der Wirtschaftsprüfung. Zudem ist er als Studienleiter für den CAS Lehrgang Finanz- und Rechnungswesen für Juristen verantwortlich. Er war davor langjährig als Finanzchef auf Konzernebene eines in Deutschland börsenkotierten mittelgrossen Konzerns tätig. Marco Fontana ist diplomierter Wirtschaftsprüfer und verfügt über einen betriebswirtschaftlichen Abschluss der Universität St. Gallen (lic.oec.HSG).

Kontakt: marco.fontana@hslu.ch

28.1 Einleitung

28.1.1 Struktur und Ablauf der Reform

«Das geltende allgemeine Buchführungs- und Rechnungslegungsrecht (Art. 957ff. OR) stammt aus dem Jahr 1936»[1]. Die letzte grössere Reform des Aktienrechts liegt bald 20 Jahre zurück. Nach längeren Vorarbeiten[2] genehmigte der Schweizerische Bundesrat im Dezember 2007 einen Entwurf zu einer weiteren Revision des Aktien- und Rechnungslegungsrechts und verabschiedete eine Botschaft[3] dazu an das Parlament. Der Gesetzesentwurf des Bundesrats wurde vom Parlament in mehrere Vorlagen unterteilt, welche gesondert behandelt wurden oder noch in Beratung sind.[4] Die Änderungen im Bereich des Buchführungs- und Rechnungslegungsrechts betreffen überwiegend das Obligationenrecht[5], insbesondere den 32. Titel «Kaufmännische Buchführung und Rechnungslegung». Diese Änderungen sind innerhalb des Geschäfts[6] als eigenständige Beschlussvorlage unter der Bezeichnung «Vorlage 2 (Rechnungslegungsrecht)» abgespalten worden.

Am 23. Dezember 2011 hat die Bundesversammlung einer vom ursprünglichen Entwurf des Bundesrats teilweise erheblich abweichenden Gesetzesrevision[7] betreffend die Vorlage 2 (Rechnungslegungsrecht) zugestimmt.[8] Der vorliegende Beitrag befasst sich ausschliesslich mit diesem Teil der Revision des Aktien- und Rechnungslegungsrechts.

---

1 Der Schweizerische Bundesrat (2007), S. 1598.

2 Vgl. zur Vorgeschichte der Reform insgesamt a.a.O. S. 1599-1605 sowie des Buchführungs- und Rechnungslegungsrechts im Besonderen Zihler, F. (2011), S. 40.

3 Der Schweizerische Bundesrat (2007).

4 Einen guten Überblick dazu vermitteln Zihler, F. / Blanc, O. (2011).

5 Bundesgesetz vom 30. März 1911 betreffend die Ergänzung des Schweizerischen Zivilgesetzbuches (Fünfter Teil: Obligationenrecht) (2012) , in der Folge als «OR» bezeichnet.

6 Die Bundesversammlung der Schweizerischen Eidgenossenschaft (2012).

7 Die Bundesversammlung der Schweizerischen Eidgenossenschaft (2011).

8 Zu der parlamentarischen Beratung der Vorlage vgl. Die Bundesversammlung der Schweizerischen Eidgenossenschaft (2012) oder zusammengefasst auch Zihler, F. (2011) S. 41f.

Die in diesem Beschluss der Bundesversammlung enthaltenen neuen Artikel des Obligationenrechts werden nachstehend mit «nOR» bezeichnet, um sie klar vom geltenden Obligationenrecht (OR) abzugrenzen.

28.1.2 Zielsetzung des Beitrags

Der vorliegende Beitrag verfolgt das Ziel, einen Überblick über Struktur und wesentliche Inhalte der beschlossenen Gesetzesvorschriften zu geben. Dabei wird eine bewusste Einschränkung auf das Thema Buchführung vorgenommen. Dieses wird jedoch in umfassender Weise behandelt und schliesst auch Fragen der Bewertung und der Abschlussbuchungen mit ein. Aus Platzgründen wird jedoch nicht auf die neuen gesetzlichen Regelungen zur Berichterstattung (Rechnungslegung, Jahresrechnung, Konzernrechnung, Lagebericht) eingegangen.

Neben dem Überblick sollen Fragen der Auslegung und praktischen Anwendung aufgeworfen werden. Deren Beantwortung würde jedoch den Rahmen des Beitrags sprengen. Eine vergleichende Darstellung zwischen dem bestehenden OR und den neuen Regelungen (nOR) ist ebenfalls nicht beabsichtigt. Auch soll nicht der Handlungsbedarf von Unternehmen aufgezeigt werden. Schliesslich ist es auch nicht Gegenstand dieses Beitrags, die Erreichung der Ziele der Reform zu würdigen oder die vorliegende gesetzliche Regelung aus betriebswirtschaftlicher Sicht zu bewerten.

28.1.3 Überblick über die gesetzliche Systematik der neuen Regelungen

Der Beschluss der Bundesversammlung über die Änderung des Obligationenrechts (Rechnungslegung) vom 23. Dezember 2011 ersetzt im Kern die sechs bestehenden Artikel des 32. Titels des Obligationenrechts (Art. 957ff. OR). Dieser Titel regelt unter der Überschrift «Die kaufmännische Buchführung» rechtsformunabhängig Fragen der Buchführung und Bilanzierung für die im Handelsregister Eintragungspflichtigen. Diese Regelungen gelten gemäss Botschaft des Bundesrats[9] als lücken- und mangelhaft. Die rechtsformunabhängige Regelungskonzeption wird im nOR weitgehend beibehalten.

Der 32. Titel im neuen OR in der Fassung gemäss Beschluss der Bundesversammlung vom 23. Dezember 2011 (nOR) ist überschrieben mit «Kaufmänni-

[9] Der Schweizerische Bundesrat (2007), S. 1623.

sche Buchführung und Rechnungslegung» und gliedert sich gemäss der nachstehenden Abbildung in fünf Abschnitte:

Abschnitt	**Titel**	**Gesetzesartikel nOR**
1	Allgemeine Bestimmungen	Art. 957 – 958f
2	Jahresrechnung	Art. 959 – 960e
3	Rechnungslegung für grössere Unternehmen	Art. 961 – 961d
4	Abschluss nach anerkanntem Standard zur Rechnungslegung	Art. 962 – 962a
5	Konzernrechnung	Art. 963 – 963b

Abbildung 1: Gliederung des 32. Titels des neuen Obligationenrechts

Der vorliegende Beitrag fokussiert auf Fragen der Buchführung im weiteren Sinne. Entsprechend beziehen sich die Darstellungen überwiegend auf relevante Regelungen aus dem ersten und zweiten Abschnitt der Gesetzesvorlage. Buchführung ist kein Selbstzweck, sondern sollte neben anderen Funktionen auf die im Rahmen der Rechnungslegung zu erstellenden Berichte ausgerichtet sein. Auch der Gesetzgeber hat in seiner Darstellung der Buchführung ein Verständnis von der Buchführung als Grundlage der Rechnungslegung.[10] Durch diese gegenseitige Abhängigkeit ist eine klare Abgrenzung zwischen der Buchführung und der Rechnungslegung schwierig. Insbesondere der Abschlussprozess stellt eine eigentliche Schnittstelle dar, bei der die laufend in der Buchführung erfassten Geschäftsvorfälle durch Bewertungs-, Abgrenzungs- und sonstige Abschlussbuchungen für die Erstellung der Berichte (Rechnungslegung) vorbereitet werden. Die Vorschriften zu Bewertung, Abgrenzung und sonstigen Abschlussbuchungen werden für diesen Beitrag als Teil der Thematik Buchführung behandelt, obwohl sie gemäss der gesetzlichen Systematik unter dem Abschnitt «Die Jahresrechnung» geregelt sind.

---

[10] Art. 957a Abs. 1 Satz 1 nOR.

28.2 Überblick und offene Fragen zu neuen Regelungen über die Buchführung

«Das neue Rechnungslegungsrecht orientiert sich an der wirtschaftlichen Bedeutung eines Unternehmens»[11]. Entsprechend wurden die u.a. auch neuen Regelungen zur Buchführung differenziert ausgestaltet. Sie werden nachstehend dargestellt. Die Überblicksdarstellung zeigt zunächst die neue gesetzliche Systematik der Buchführungspflicht auf. Danach werden die allgemeingültigen Regelungen der ordentlichen Buchführungspflicht im Einzelnen erläutert. Schliesslich wird die differenzierte Gültigkeit für bestimmte Gruppen von Unternehmen dargestellt. Am Schluss des Abschnitts werden offene Fragen der Auslegung aufgeworfen.

28.2.1 Überblick über die Formen der Buchführungspflicht

Das neue Recht fasst die Pflicht zur Buchführung und zur Rechnungslegung in Art. 957 Abs. 1 nOR zunächst als Einheit auf. Alle juristischen Personen[12] sowie bestimmte Personengesellschaften und Einzelunternehmen sind danach zur Buchführung und Rechnungslegung verpflichtet. Allerdings wird im folgenden Absatz eine bedeutsame Differenzierung nach Rechtsform und wirtschaftlicher Bedeutung vorgenommen.

Einzelunternehmen und Personengesellschaften unterliegen nur für diejenigen Geschäftsjahre den Vorschriften des 32. Titels des neuen OR, bei denen sie im jeweils vorangegangenen Geschäftsjahr ein Grössenkriterium (mindestens CHF 500‘000 Umsatzerlös) überschritten haben.[13] Andernfalls gilt nur eine «eingeschränkte Buchführungspflicht»[14], wonach sie lediglich über «Einnahmen und Ausgaben sowie über die Vermögenslage» Buch führen müssen.[15] Diese Form der Buchführung wurde in der Botschaft[16] als «Milchbüchlein-Rechnung» bezeichnet. Ebenfalls nur dieser eingeschränkten Buchführungspflicht unterliegen bestimmte juristische Personen, namentlich die nicht zur Eintragung im Han-

---

[11] Zihler, F. / Blanc, O. (2011), S. 408.

[12] soweit sie nicht vom Vorbehalt nach Art. 59 Abs. 1 oder 3 ZGB erfasst sind.

[13] Art. 957 Abs. 1 Ziff. 1 nOR.

[14] Dieser Begriff geht nicht aus dem Gesetz hervor, sondern wurde vom Autor dieses Beitrags gewählt.

[15] Art. 957 Abs. 2 nOR.

[16] Der Schweizerische Bundesrat (2007), S. 1624.

delsregister verpflichteten Vereine und Stiftungen[17] sowie Stiftungen, die nach Art. 83b Abs. 2 ZGB[18] von der Pflicht zur Bezeichnung einer Revisionsstelle befreit sind.[19] Für alle der eingeschränkten Buchführungspflicht unterliegenden Unternehmen gelten die Grundsätze ordnungsmässiger Buchführung nur sinngemäss.[20] Art. 957 nOR dürfte bei der Auslegung und Anwendung einige Fragen aufwerfen. Einige davon sind unten in Abschnitt 1.2.6 aufgeführt.

Für gewisse Unternehmen, die nicht ohnehin schon unter die vorerwähnte eingeschränkte Buchführungspflicht fallen, sondern der ordentlichen Buchführungspflicht unterliegen, besteht mit Rücksicht auf die Gesetzgebung im Bereich der Mehrwertsteuer eine Ausnahmebestimmung. Nach Art. 958b Abs. 2 nOR kann bei Unterschreitung gewisser Grenzwerte bei den Erträgen auf die zeitliche Abgrenzung von Aufwand und Ertrag verzichtet und auf Einnahmen und Ausgaben abgestellt werden.[21] Obwohl dies unter dem Randtitel «Rechnungslegung» geregelt ist, ergibt sich naturgemäss daraus eine Rückwirkung auf die Art und Weise der Buchführung. Die unter diese Bestimmung fallenden Sachverhalte werden daher nachstehend mit der Bezeichnung «ordentliche Buchführungspflicht ohne zeitliche Abgrenzung» versehen.

Zusammenfassend ergeben sich also folgende Differenzierungen im Bereich der Buchführungspflicht, welche in folgenden späteren Abschnitten wieder aufgenommen werden:

---

[17] Art. 957 Abs. 2 Ziff. 2 nOR.

[18] Schweizerisches Zivilgesetzbuch vom 10. Dezember 1907 (2012). Die Vorschrift lautet: «Die Aufsichtsbehörde kann eine Stiftung von der Pflicht befreien, eine Revisionsstelle zu bezeichnen. Der Bundesrat legt die Voraussetzungen der Befreiung fest.» Diese Befreiung wird vor allem sog. «Kleinstiftungen» gewährt.

[19] Art. 957 Abs. 2 Ziff. 3 nOR.

[20] Art. 957 Abs. 3 nOR.

[21] Der Schweizerische Bundesrat (2007), S. 1700f.

Art der Buchführungspflicht	Kurzbeschreibung	Abschnitt
Keine Buchführungspflicht	z.B. einfache Gesellschaft	-
Eingeschränkte Buchführungspflicht	Einnahmen/Ausgaben, Vermögensstand Buchführungsgrundsätze sinngemäss	28.2.4
Ordentliche Buchführungspflicht ohne zeitliche Abgrenzung	Keine zeitliche Abgrenzung, sonst jedoch ordentliche Buchführungspflicht	28.2.5
Ordentliche Buchführungspflicht	Uneingeschränkte Geltung 32. Titel	28.2.3

Abbildung 2: Arten der Buchführungspflicht nach neuem OR

In Art. 957a nOR wird der Buchführung ein relativ ausführlicher Gesetzesartikel gewidmet. Darauf wird im nächsten Abschnitt näher eingegangen. Zudem werden auch die Regelungen zur Thematik der Bewertung und zu den Grundsätzen und Sonderregelungen der Erfolgsermittlung im nächsten Abschnitt beschrieben, obwohl diese in der gesetzlichen Systematik unter dem Abschnitt «Jahresrechnung» eingeordnet sind.

28.2.2 Allgemeine Vorschriften

«Die Buchführung bildet die Grundlage der Rechnungslegung.»[22] Sie erfasst somit nicht nur die Geschäftsvorfälle, sondern alle Sachverhalte, die im Hinblick auf die Rechnungslegung notwendig sind. Dies schliesst auch Abschreibungen und andere Bewertungsvorgänge, Verrechnungs-, Gruppierungs- und Abgrenzungsvorgänge ein. Entsprechend sind z.B. auch ausserbuchhalterische Überleitungsrechnungen, welche von den Kontosaldi der Buchhaltung auf die Jahresrechnung überleiten, Teil der Buchführung.

[22] Art. 957a Abs. 1 Satz 1 nOR.

28.2.2.1 Grundsätze der Buchführung

In einer nicht abschliessenden Aufzählung werden in Art. 957a Abs. 2 nOR einige Punkte erwähnt, die zu beachten sind, um die Grundsätze ordnungsmässiger Buchführung zu wahren. Besonders zu erwähnen ist das Erfordernis, die Geschäftsvorfälle und Sachverhalte vollständig, wahrheitsgetreu und systematisch zu erfassen.[23] Auch die Anforderung hinsichtlich eines Belegnachweises sowie eine Legaldefinition des Begriffs Buchungsbeleg sind festgehalten. Die Buchführung hat bezogen auf Art und Grösse des Unternehmens zweckmässig zu sein. Zudem soll die Buchführung klar und nachprüfbar sein.

28.2.2.2 Buchführungssprache und -währung, Form der Buchführung

Die Buchführung kann in der Landeswährung (Schweizer Franken) oder in der für die Geschäftstätigkeit wesentlichen Währung erfolgen (sog. funktionale Währung).[24] Schliesslich äussert sich die neue gesetzliche Regelung auch zu der Sprache der Buchführung (eine Landessprache oder Englisch). Bei der Art der Buchführung sind neben einer schriftlichen auch die elektronische oder vergleichbare Führung der Bücher zugelassen.[25]

28.2.2.3 Form, Art und Aufbewahrung der Geschäftsbücher

In Art. 958f Abs. 1 nOR ist die Dauer der Pflicht zur Aufbewahrung von Geschäftsbüchern und Buchungsbelegen (10 Jahre nach Ablauf des Geschäftsjahres) festgehalten. Die Form der aufzubewahrenden Unterlagen wird geregelt.[26] Schliesslich wird dem Bundesrat die Kompetenz eingeräumt, nähere Vorschriften über die zu führenden Geschäftsbücher, die Grundsätze zu deren Führung und Aufbewahrung sowie die verwendbaren Informationsträger zu erlassen.[27]

28.2.2.4 Buchführungsrelevante Grundsätze der Rechnungslegung

Entsprechend dem oben beschriebenen erweiterten Verständnis der Buchführung ergeben sich durch Vorschriften des neuen Gesetzes betreffend Jahresrechnung und Rechnungslegung auch Rückwirkungen auf die Buchführung.

---

[23] Art. 957a Abs. 2 Ziff. 1 nOR.

[24] Art. 957a Abs. 4 nOR.

[25] Art. 957a Abs. 5 nOR.

[26] Art. 958f Abs. 3 nOR.

[27] Art. 958f Abs. 4 nOR.

Diese sind nachstehend kurz beschrieben.

Annahme der absehbaren Fortführung des Unternehmens

«Ist die Einstellung der Tätigkeit oder von Teilen davon in den nächsten zwölf Monaten ab Bilanzstichtag beabsichtigt oder voraussichtlich nicht abwendbar, so sind der Rechnungslegung für die betreffenden Unternehmensteile Veräusserungswerte zu Grunde zu legen. Für die mit der Einstellung verbundenen Aufwendungen sind Rückstellungen zu bilden.»[28] Damit legt das Gesetz klare Bewertungsregeln für nicht weitergeführte Unternehmensteile fest. Allerdings wird der Begriff Veräusserungswert in der Folge nicht definiert oder näher umschrieben. Für die übrigen Unternehmensteile basiert die Bewertung somit auf der Annahme der absehbaren Fortführung.[29] Die weiter unten dargestellten Regeln der Bewertung basieren darauf, dass es sich um solche Unternehmensteile handelt. Dies hat Rückwirkungen auf die Buchführung, insbesondere auf die Bewertungsbuchungen vor der Erstellung des Jahresabschlusses.

Bilanzierung auf Abgrenzungsbasis

«Aufwände und Erträge müssen voneinander in zeitlicher und sachlicher Hinsicht abgegrenzt werden.»[30] Die etwas schwierig verständliche Kombination von zeitlicher und sachlicher Abgrenzung in einem Satz legt zwei Aspekte der Abgrenzung fest.[31]

Die Posten der Erfolgsrechnung sollen zeitlich so abgegrenzt werden, dass die zum Bilanzstichtag bestehenden Vermögenwerte oder Verbindlichkeiten sowie die damit zusammenhängenden Aufwand- und Ertragsposten unabhängig von Geldflüssen (Einnahmen/Ausgaben) erfasst werden. Dies ist der Aspekt der zeitlichen Abgrenzung. Besondere Bedeutung hat der Grundsatz der zeitlichen Abgrenzung bei zeitraumbezogen anfallenden Vorgängen (z.B. Miete, Zinsen, Versicherungsprämien usw.). Wenn dafür nicht besondere Bilanzkonten bestehen, sind allgemeine Konten zur Erfassung der damit zusammenhängenden

---

[28] Art. 958a Abs. 2 nOR.

[29] Art. 958a Abs. 1 nOR.

[30] Art. 958b Abs. 1 nOR.

[31] Vgl. dazu auch Böckli, P. (2011), S. 241.

Vermögenswerte oder Verbindlichkeiten (sog. Rechnungsabgrenzungskonten) zu verwenden.[32]

Andererseits beinhaltet die Regelung auch ein Gebot der sachlichen Abgrenzung. Vor diesem Hintergrund ist auch das Wort «voneinander» in der Formulierung besser zu verstehen. Es geht darum, dass «alle Aufwände, die dazu dienen, bestimmte Erträge zu erzielen, entsprechend dem Ertragsanfall in der Erfolgsrechnung (...) zu berücksichtigen sind (...).»[33]

Die Buchführung auf Basis der Einnahmen und Ausgaben in Verbindung mit einem Verzicht auf die zeitliche und sachliche Abgrenzung bei der Abschlusserstellung ist im neuen Gesetz für Unternehmen mit ordentlicher Buchführungspflicht nur noch in besonderen Fällen als Ausnahme zulässig[34] (vgl. unten Abschnitt 28.2.5).

Vorsicht

«Das Vorsichtsprinzip gebietet es, kein zu optimistisches Bild der wirtschaftlichen Lage zu zeichnen (...).»[35] Art. 960 Abs. 2 nOR beinhaltet eine allgemeine Bewertungsregel, wonach die Bewertung vorsichtig erfolgen muss, jedoch die zuverlässige Beurteilung der wirtschaftlichen Lage des Unternehmens nicht verhindern darf. Letztere Bestimmung wurde vom Bundesrat bewusst im Sinne einer sachgerechteren Einordnung als Bewertungsvorschrift und nicht mehr als Rechnungslegungsgrundsatz in den Entwurf aufgenommen.[36] Dennoch hat das Parlament dann zusätzlich unter den Grundsätzen der Rechnungslegung den Satz «Sie muss vorsichtig sein.»[37] eingefügt.

Unveränderte Massstäbe bei der Bewertung

«Es sind bei der Darstellung und Bewertung stets die gleichen Massstäbe zu verwenden.»[38] «In materieller Sicht verlangt der Grundsatz die kontinuierliche

---

[32] Vgl. Der Schweizerische Bundesrat (2007), S. 1700.

[33] Vgl. Der Schweizerische Bundesrat (2007).

[34] Vgl. Art. 959b Abs. 2 nOR.

[35] Der Schweizerische Bundesrat (2007), S. 1710.

[36] A.a.O. S. 1701, 1710.

[37] Art. 958c Abs. 1 Ziff. 5 nOR (gemeint ist die Rechnungslegung).

[38] Art. 958c Abs. 1 Ziff. 6 nOR.

Anwendung der gewählten Bewertungs- und Offenlegungsgrundsätze.»[39] Diese klare Aussage des Bundesrats in der Botschaft zum Gesetzesentwurf wird allerdings mit Verweis auf die Möglichkeit, Bewertungsspielräume von Jahr zu Jahr unterschiedlich zu nutzen, wieder stark eingeschränkt. Gemeint sind damit Möglichkeiten der willkürlichen Bewertung, wie sie weiter unten beschrieben sind.

Verbot der Verrechnung von Aktiven und Passiven

Das neue Gesetz sieht vor, dass Aktiv- und Passivposten nicht verrechnet, d.h. nicht netto ausgewiesen werden dürfen.[40] Das Verrechnungsverbot scheint vom Wortlaut her ohne Ausnahme zu gelten.[41] In der Botschaft des Bundesrats hingegen wird dies jedoch mittels Verweis auf die Grundsätze der Klarheit und Verständlichkeit stark relativiert.[42]

Verbot der Verrechnung von Aufwand und Ertrag

Im gleichen Grundsatz wie das Verbot der Verrechnung von Aktiven und Passiven ist auch ein Verbot der Verrechnung von Aufwand und Ertrag enthalten. Dort dürfte die Abgrenzung von Aufwandminderung zu Ertrag bzw. von Ertragsminderung zu Aufwand schwerer fallen. Zudem relativiert die Botschaft auch diesbezüglich das Verbot.[43] Dieses Verbot ist auch für die Buchführung von Bedeutung. Beispielweise stellt sich die Frage der Verrechnung von Aufwand und Ertrag bei der buchhalterischen Behandlung einer Auflösung nicht mehr benötigter Rückstellungen oder bei der Auflösung einer Wertberichtigung auf Forderungen oder Warenbeständen. Es stellt sich die Frage, ob diese Sachverhalte als Ertrag oder als Minderung des Aufwands zu verbuchen sind.

---

39 Der Schweizerische Bundesrat (2007), S. 1702.

40 Art. 958c Abs. 1 Ziff. 7 nOR.

41 Böckli, P. (2011), S. 240 äussert sich hierzu kritisch und weist auf die Relativierungen in der Botschaft hin.

42 Der Schweizerische Bundesrat (2007), S. 1702.

43 Der Schweizerische Bundesrat (2007).

Nachweise des Bestands von Bilanzpositionen und Positionen des Anhangs

Mit der Bestimmung, dass die einzelnen Positionen in der Bilanz und im Anhang durch ein Inventar oder auf andere Art nachzuweisen sind[44], ergeben sich auch Auswirkungen auf die Buchführung. Insbesondere könnte damit auch die Notwendigkeit entstehen, gewisse Hilfsbücher zu führen (z.B. eine Anlagenbuchhaltung). Jedenfalls ist deutlich, dass nicht nur ein Inventar der Warenvorräte, sondern aller wesentlicher Bilanzbestände und von Positionen des Anhangs erforderlich ist.

Wertbasis der erstmaligen Aktivierung (Ersterfassung)

Jeder Vermögenswert muss nach Vorliegen der Ansatzpflicht in der Buchhaltung erfasst werden. Dies ergibt sich aus dem Grundsatz der Vollständigkeit der Erfassung von Geschäftsvorfällen und Sachverhalten.[45] Es stellt sich dabei die Frage, zu welchen Wertansätzen diese sog. «Ersterfassung» von Vermögenswerten zu erfolgen hat. Der Gesetzesentwurf des Bundesrats sah in Art. 960a Abs. 1 E-OR[46] noch eine Pflicht zur Bewertung zu Anschaffungs- oder Herstellkosten vor. Das Parlament hat jedoch das Wort «höchstens» noch hinzugefügt. Es ergibt sich somit: «Bei ihrer Ersterfassung müssen die Aktiven höchstens zu den Anschaffungs- oder Herstellungskosten bewertet werden.»[47] Diese Regelung hat direkte Auswirkungen auf die Buchungstechnik. Je nach Auslegung wäre eine Ersterfassung zu einem Wertansatz unter dem maximal zulässigen Wert zulässig. Allerdings stellt sich die Frage, wie der nicht angesetzte Wertanteil des erstmals zu erfassenden Vermögenswerts buchhalterisch gesetzeskonform behandelt werden soll.

28.2.2.5 Ansatzvorschriften zu Bilanzposten

Mit Art. 959 Abs. 2 nOR wird erstmals eine allgemeine Definition eines Aktivums gegeben und gleichzeitig eine Ansatzpflicht für darunter fallende Vermögenswerte und ein Ansatzverbot für andere Vermögenswerte gesetzt.

---

[44] Art. 958c Abs. 2 nOR.

[45] Art. 957a Abs. 2 Ziff. 1 nOR.

[46] Der Schweizerische Bundesrat (2007), S. 1795.

[47] Art. 960a Abs. 1 nOR.

Ebenso werden in Art. 959 Abs. 5 nOR die Verbindlichkeiten definiert und eine Verpflichtung zur Bilanzierung als Fremdkapital festgeschrieben. Ein Ansatzverbot für Verbindlichkeiten, welche die Definition nicht erfüllen, besteht hingegen nicht ausdrücklich.[48] Ein Passivum wird nicht direkt definiert. In der Summe ergeben sich alle Passiva («Passiven») implizit als Kombination aus den Posten des Fremd- und Eigenkapitals.[49]

28.2.2.6 Bewertungsvorschriften

Die Vorschriften zur Bewertung beziehen sich auf die Bilanz und ihre Einzelposten. Allerdings hat durch die Gesetzmässigkeit der doppelten Buchhaltung jeder Bewertungsvorgang seine Entsprechung in der Erfolgsrechnung. Dazu bestehen nur sehr wenige Ausnahmefälle (bilanzinterne Bewertungsvorgänge). Insofern sind Bewertungsvorschriften zur Bilanz auch Vorschriften zur Erfolgsermittlung. Um Wiederholungen zu vermeiden, werden im Abschnitt 1.2.2.7 solche bewertungsbedingte Aspekte der Ermittlung des Periodenerfolgs nicht erneut aufgenommen.

Annahme der Unternehmensfortführung

Die Bewertung der Posten der Bilanz erfolgt unter der Annahme der Fortführung des Unternehmens bzw. des Unternehmensteils, dem der Bilanzposten zuzurechnen ist. Nachstehende Ausführungen zu den Bewertungsvorschriften basieren darauf, dass die Fortführung des Unternehmens zu Grunde gelegt werden kann.

Grundsätze der Bewertung

Es sind bei der Bewertung stets die gleichen Massstäbe zu verwenden.[50] Diese materielle Stetigkeit der Bewertungsmassstäbe gilt jedoch nur im Grundsatz. Durch spezifische Vorschriften im neuen Gesetz[51] wird faktisch die Legitimation zu Abweichungen von diesem Grundsatz gelegt.

---

[48] Vgl. jedoch Der Schweizerische Bundesrat (2007), S. 1705: «Insbesondere dürfen keine fiktiven Verbindlichkeiten bilanziert werden.»

[49] Art. 959 Abs. 4 nOR.

[50] Art. 958c Abs. 1 Ziff. 6 nOR.

[51] Gemeint sind z.B. Art. 960a Abs. 4 nOR sowie Art. 960e Abs. 3 und 4 nOR, welche relativ willkürliche Bewertungen zulassen.

Wie vorangehend erwähnt, war es dem Parlament sehr wichtig, das Element der «Vorsicht» stark im neuen Gesetz zu verankern. Neben einer bewertungsorientierten Vorschrift in Art. 960 Abs. 2 nOR hat auch die Rechnungslegung insgesamt «vorsichtig zu sein».[52] Letztere Einfügung in das neue Gesetz war in der parlamentarischen Debatte nicht unbestritten. Es ist allerdings zu beachten, dass nach Art. 960 Abs. 2 nOR die vorsichtige Bewertung nicht so ausgelegt werden darf, dass die zuverlässige Beurteilung der wirtschaftlichen Lage des Unternehmens verhindert wird. Damit ist einer übermässig extensiven Auslegung zumindest eine allgemein formulierte Grenze gesetzt.

Im Weiteren ist ein sehr wichtiger Aspekt der Bewertung neu ausdrücklich im Gesetz geregelt. Bei dieser Thematik geht es um die Frage, ob eine Bewertungsregel auf jeden einzelnen Vermögensgegenstand bzw. jede einzelne Verbindlichkeit anzuwenden sei (Einzelbewertung) oder ob die Bewertungsregel erfüllt ist, wenn der Gesamtbilanzwert einer ganzen Gruppe von Vermögenswerten oder Verbindlichkeiten in ihrer Summe die Bewertungsregel erfüllt (Gruppenbewertung). Implizit ist damit die Frage verbunden, ob Überbewertungen auf einzelnen Vermögenswerten durch Unterbewertungen auf anderen Vermögenswerten geheilt werden können. Die Regelung in Art. 960 Abs. 1 nOR ist diesbezüglich eine Mittellösung. Einerseits wird der Grundsatz der Einzelbewertung als Regel für wesentliche Aktiven und Verbindlichkeiten postuliert. Ausnahme davon sind andererseits Fälle, bei denen «üblicherweise eine Zusammenfassung als Gruppe erfolgt». Diese Abgrenzung erscheint erhebliche Auslegungsspielräume aufzuweisen. Die Botschaft des Bundesrats[53] versucht mit Beispielen eine Konkretisierung herbeizuführen.

Schliesslich ist auch die Frage der Überprüfung und gegebenenfalls einer Anpassung von Wertansätzen im neuen Gesetz so geregelt, dass jedenfalls dann dazu eine Verpflichtung besteht, wenn «konkrete Anzeichen für eine Überbewertung von Aktiven oder für zu geringe Rückstellungen»[54] bestehen. Vorhandene Unterbewertungen von Aktiven bzw. Überbewertungen von Rückstellungen müssen jedoch explizit nicht korrigiert werden.[55]

---

52 Art. 958c Abs. 1 Ziff. 4 nOR.

53 Der Schweizerische Bundesrat (2007), S. 1710.

54 Art. 960 Abs. 3 nOR.

55 Art. 960a Abs. 4 Satz 2 nOR sowie Art. 960e Abs. 4 nOR.

Allgemeine Vorschriften zur Erst- und Folgebewertung von Vermögenswerten

Entgegen dem ursprünglichen Konzept des Bundesrats, welches vorsah, dass Vermögenswerte bei ihrer erstmaligen Erfassung (genau) zu den Anschaffungskosten (bezogene Vermögenswerte) bzw. zu den Herstellkosten (selbst hergestellte Vermögenswerte) zu bewerten sind, hat das Parlament statt des ungeschriebenen Worts «genau» ausdrücklich das Wort «höchstens» eingesetzt. Neben der Bewertung bei der Erfassung sieht das Gesetz auch die Folgebewertung vor. Gemeint sind Regeln für zulässige und notwendige Wertanpassungen nach der erfolgten buchhalterischen Erfassung. Auch bei der Folgebewertung von Vermögenswerten wird kein bestimmter Wertansatz als Regel vorgegeben, sondern eine Wertobergrenze. Als Regelfall für diese Wertobergrenze werden die Anschaffungs- oder Herstellkosten festgeschrieben.[56] Regelfall der Bewertungsbasis sind somit die historischen Kosten. Ausnahmefall bilden aktuelle Werte für bestimmte Arten von Aktiven. Es handelt sich um Aktiven mit beobachtbaren Marktpreisen.[57]

Weiter legt das neue Gesetz fest, dass Wertverluste bei der Bewertung von Vermögenswerten berücksichtigt werden müssen.[58] Dabei wird unterschieden zwischen nutzungs- und alterungsbedingtem Wertverlust und anderweitigen Wertverlusten. Erstere sollen durch Vornahme von Abschreibungen und letztere durch Vornahme von Wertberichtigungen berücksichtigt werden. Über Wertaufholungen äussert sich das Gesetz nur insoweit, als es relativ grosszügig[59] zulässt, davon abzusehen diese buchhalterisch zu berücksichtigen.[60] Ohne den Begriff Willkürreserven bzw. stille Reserven zu verwenden, wird in Art. 960a Abs. 4 Satz 1 nOR die Zulässigkeit einer über die die tatsächlichen Wertverluste hinausgehenden Bewertungskorrektur festgeschrieben.[61] Ebenfalls führt das

---

56 Art. 960a Abs. 2 nOR.

57 Vgl. Art. 960b nOR.

58 Art. 960a Abs. 3 nOR.

59 Die Voraussetzung besteht darin, dass es dem Zweck der Wiederbeschaffung des Vermögensgegenstands oder der Sicherung des dauernden Gedeihens des Unternehmens dient, auf die Zuschreibung zu verzichten. Allerdings ist es zulässig, Wertaufholungen buchhalterisch abzubilden und in der Bewertung zu berücksichtigen.

60 Art. 960a Abs. 4 Satz 2 nOR.

61 Diese kann nur zu den gesetzlich bestimmten Zwecken erfolgen und wird in Form von «zusätzlichen Abschreibungen und Wertberichtigungen» vorgenommen. Böckli, P. (2011), S. 240f. weist auf mögliche Widersprüchlichkeiten dazu hin.

neue Gesetz die Möglichkeit der Vornahme einer Bewertungskorrektur bei Aktiven ein, die zum Börsenkurs oder zum Marktpreis bewertet wurden. Die Korrekturmöglichkeit ist allerdings im Umfang begrenzt.[62]

Besondere Vorschriften zur Bewertung der Vermögenswerte

Für Vorräte und nicht fakturierte, jedoch erbrachte Dienstleistungen besteht ergänzend zur allgemeinen Bewertungsregel eine zusätzliche Vorschrift zur Folgebewertung. Danach ist die Höchstbewertung auf den Veräusserungswert am Bilanzstichtag, unter Berücksichtigung noch anfallender Kosten, begrenzt, wenn dieser «korrigierte Veräusserungswert» tiefer als die Anschaffungs- oder Herstellungskosten ist. Der Begriff der Vorräte wird näher beschrieben.[63]

Allgemeine Vorschriften zur Bewertung der Verbindlichkeiten

Die einzige allgemeine Vorschrift lautet: «Verbindlichkeiten müssen zum Nennwert eingesetzt werden.»[64] Damit ist eine Bilanzierung von Verbindlichkeiten zum Gegenwartswert (Barwert) nicht zulässig. Eine höhere Bewertung von Verbindlichkeiten als zum Nennwert ist ebenfalls ausgeschlossen. Insofern ist eine willkürliche Bewertung höchstens über die Auslegung des Begriffs Nennwert denkbar. Es fehlen materielle Bestimmungen über die Umrechnung von Verbindlichkeiten in Fremdwährungen. Damit eröffnen sich gewisse Spielräume der Bewertung.

Spezielle Vorschriften zur Bewertung von Verbindlichkeiten

Die einzige spezielle Vorschrift zur Bewertung von Verbindlichkeiten betrifft die Rückstellungen. Die Regelung ist allerdings schwierig auszulegen. Einerseits wird eine Ansatzpflicht für bestimmte künftige Mittelabflüsse festgelegt. Andererseits wird eine nicht abschliessende Auflistung von zulässigen Rückstellungsanlässen gegeben. Schliesslich wird noch die Möglichkeit eingeräumt, ohne bestimmtes vergangenes Ereignis und ohne die Erwartung eines künftigen Mittelabflusses Rückstellungen «für die Sicherung des dauernden Gedeihens des Unternehmens» vorzunehmen. Eine Pflicht zur Auflösung von nicht mehr

---

[62] Vgl. Art. 960b Abs. 2 Satz 2 nOR.

[63] Vgl. Art. 960c Abs. 1 und 2 nOR.

[64] Art. 960e Abs. 1 nOR.

begründeten Rückstellungen besteht ausdrücklich nicht.[65] Im Bereich der Rückstellungen räumt der Gesetzgeber offenbar Spielräume für den relativ willkürlichen Ansatz und willkürliche Bewertungen ein, ohne jedoch den Begriff «stille Reserven» zu verwenden.

Stille Reserven

Mit der einzigen Ausnahme in Art. 959c Abs. 1 Ziff. 3 nOR, welcher vom Parlament in den Entwurf des Bundesrats eingefügt wurde, findet sich der Ausdruck «stille Reserven» im neuen Gesetz nicht mehr. Der erwähnte Gesetzesartikel bezieht sich auf die Thematik des Inhalts des Anhangs der Jahresrechnung. Der fast ausnahmslose und bewusste Verzicht auf die Verwendung dieses mehrdeutigen Begriffs erscheint sinnvoll. Im Kern sind stille Reserven Wertdifferenzen zwischen dem tatsächlichen Wert und dem in der Buchhaltung bzw. der Jahresrechnung verwendeten Wert («Buchwert»). Allerdings gäbe es nicht eine umfangreiche Literatur zur Bewertungslehre, wenn der tatsächliche Wert eines Vermögensgegenstands so einfach zu ermitteln wäre. Die Praxis zu der Auslegung des Begriffs der stillen Reserven in der geltenden Gesetzgebung beinhaltet eine adaptierte Ermittlung unter Ausklammerung von sog. Zwangsreserven (Bewertungsdifferenz zwischen dem «tatsächlichen Wert» und dem gesetzlichen Höchstwert). Bei dieser adaptierten Methode wird somit auf den gesetzlichen Höchstwert (bzw. Mindestwert bei Verbindlichkeiten) als Vergleichswert abgestellt.[66] Dieser ist allerdings aufgrund des Einflusses von Schätzungen und Annahmen über zukünftige Ereignisse ebenfalls kein objektiv und eindeutig ermittelbarer Wert. Daher wurde in der Praxis die Bandbreite solcher schätzungsbedingter Beurteilungsunterschiede (sog. «Ermessensreserven») ebenfalls nicht in den Begriff der stillen Reserven im gesetzlichen Sinn einbezogen. Der im Gesetz verwendete Begriff der stillen Reserven bezeichnet den verbleibenden Bewertungsunterschied, der auch als «Willkürreserve»[67] bezeichnet wird.

Der Verzicht auf die Verwendung des Begriffs der stillen Reserven mit der erwähnten, wohl nicht beabsichtigten Ausnahme, bedeutet aber nicht, dass Willkürreserven in der neuen Gesetzesfassung nicht mehr zulässig wären. Wie

---

65 Vgl. Art. 960e Abs. 2-4 nOR.

66 Treuhand-Kammer (2009), S. 286.

67 Treuhand-Kammer (2009), S. 67.

oben beschrieben, lässt das Gesetz über die Vornahme von Abschreibungen und Wertberichtigungen sowie über die Bildung von Rückstellungen teilweise willkürliche Wertansätze zu. Dies wird auch durch Höchstwertregelungen bei den Vermögenswerten begünstigt. Fehlende Regelungen über Fremdwährungsumrechnungen eröffnen in bestimmtem Umfang ebenfalls gewisse Spielräume bei den Wertansätzen.

28.2.2.7 Vorschriften zur Erfolgsermittlung

Im Sinne eines umfassenden Begriffs der Buchführung sind auch bestimmte Vorschriften zur Erfolgsermittlung von Bedeutung für die Art und den Umfang der Buchführung. Bereits abschliessend erwähnt wurde die Bedeutung der Bewertung von Vermögenswerten und Verbindlichkeiten für die Ermittlung des Erfolgs.[68] Entsprechend wird hier nur noch im Zusammenhang mit der Veränderung von stillen Reserven auf die Erfolgsermittlung darauf eingegangen.

Zeitliche und sachliche Abgrenzung

Das zwingende Erfordernis der zeitlichen und sachlichen Abgrenzung bei Aufwand und Ertrag[69] hat erheblichen Einfluss auf die Art der Buchführung. Obwohl unterschiedliche Zeitpunkte und Arten der Erfassung von zeitlichen und sachlichen Abgrenzungssachverhalten bestehen, ist jedenfalls damit festgelegt, dass der Erfolg nicht nur auf der Basis von Zahlungsflüssen (Einnahmen und Ausgaben), sondern unter Berücksichtigung der Veränderung von weiteren Bilanzposten ausserhalb der Liquidität zu ermitteln ist. Klassische Beispiele sind die Erträge aus gelieferten, jedoch noch nicht bezahlten Waren oder Aufträge in Arbeit. Vor diesem Hintergrund sind auch die Ansatzvorschriften und gewisse Bewertungsvorschriften von erheblicher Bedeutung.[70] Die Verpflichtung zur zeitlichen Abgrenzung ist logisch mit der Ansatzpflicht verknüpft. Der Verzicht auf den Ansatz eines Vermögenswerts führt zu einem Verstoss gegen den Grundsatz der zeitlichen und sachlichen Abgrenzung. Umgekehrt bewirkt die in Art. 958b Abs. 2 nOR eingeräumte Möglichkeit zum Verzicht auf zeitliche Abgrenzung auch die Möglichkeit zum Verzicht auf den Ansatz bestimmter damit zusammenhängender Vermögenswerte. Nicht nur Geschäftsfälle im klas-

---

68 Vgl. oben Abschnitt 1.2.2.6.

69 Vgl. Art. 958b Ziff. 1 nOR.

70 Vgl. oben Abschnitte 1.2.2.5 und 1.2.2.6.

sischen Sinne, sondern auch Abgrenzungssachverhalte sind vollständig und wahrheitsgetreu zu erfassen.[71]

Periodengerechtigkeit

Erfolgsermittlung bezieht sich immer auf eine Zeitperiode, in der Regel auf das Geschäftsjahr. Nicht jeder in der Periode erfasste erfolgswirksame Vorgang ist auch wirtschaftlich dieser Periode zuzurechnen. In der Periode erfasste, aber nicht dieser Periode wirtschaftlich zuzurechnende Vorgänge und Sachverhalte werden als periodenfremd bezeichnet. Durch die zeitliche und sachliche Abgrenzung wird versucht, solche periodenfremde Vorgänge bei der Erfolgsermittlung auszuschliessen. Dennoch können z.B. durch Korrektur von Fehlern aus Vorperioden oder durch Änderungen der Erfassungs- oder Bewertungsregeln, aber auch durch willkürliche Wertänderungen periodenfremde Effekte in die Erfolgsermittlung einfliessen. Dies ist zwar primär eine Frage, die bei der Präsentation der Erfolgsrechnung[72] und bei gewissen Offenlegungen im Anhang[73] zu berücksichtigen ist. Dennoch ist diesen Erfordernissen der Präsentation sinnvollerweise schon bei der Buchführung durch entsprechende Ausgestaltung des Kontenplans und der Buchungsrichtlinien Rechnung zu tragen. Die klare Trennung von Erfolgsbestandteilen, die der Rechnungsperiode wirtschaftlich zuzurechnen sind und anderen Bestandteilen ist eine nicht zu unterschätzende neue Herausforderung auch für die Buchführung.

Bezug zum Betriebszweck

Das Erfordernis, betriebsfremde Aufwendungen und Erträge in der Erfolgsrechnung gesondert auszuweisen[74], kann auch entsprechende Rückwirkungen auf die Ausgestaltung der Buchführung, zumindest auf den Abschlussprozess haben. Die Abgrenzung zwischen betrieblichen und betriebsfremden Vorgängen ist nicht immer einfach.

---

[71] Art. 957a Abs. 2 Ziff. 1 nOR legt als Grundsatz ordnungsmässiger Buchführung eine vollständige und wahrheitsgetreue Erfassung der Geschäftsvorfälle und Sachverhalte fest.

[72] Art. 959b Abs. 2 Ziff. 9 bzw. Art. 959b Abs. 3 Ziff. 6 nOR.

[73] Art. 959c Abs. 2 Ziff. 12 nOR.

[74] Art. 959b Abs. 2 Ziff. 8 bzw. Art. 959b Abs. 3 Ziff. 5 nOR.

Einmaligkeit

Das neue Recht schreibt bei der Gliederung der Erfolgsrechnung mindestens einen «je einzelnen» Ausweis der Position «ausserordentlicher, einmaliger oder periodenfremder Aufwand und Ertrag» vor.[75] Die Eigenschaft der Einmaligkeit ist ein neuer, auslegungsbedürftiger Begriff. Die Anforderung des gesonderten Ausweises in der Erfolgsrechnung führt zu neuen Ansprüchen an die Ausgestaltung der Buchführung, zumindest jedenfalls auf den Abschlussprozess.

Ausserordentlichkeit

Die unter dem obigen Abschnitt zur Einmaligkeit erwähnten Anforderungen an die Buchführung sind sinngemäss auch auf die Geschäftsfälle, die als ausserordentliche Aufwendungen und Erträge einzustufen sind, anwendbar. Das geltende Aktienrecht kennt diese Kategorien schon. Dennoch ist eine klare Abgrenzung zu ordentlichen Geschäftsfällen nicht immer ganz einfach.[76]

Verrechnung von Aufwand und Ertrag

Das Verbot der Verrechnung von Aufwand und Ertrag[77] ist zwar ein Element unter dem Titel der Grundsätze ordnungsmässiger Rechnungslegung. Dennoch ist diesem Erfordernis nur dann mit wenig Aufwand Rechnung zu tragen, wenn die Buchführung entsprechend darauf ausgerichtet ist. Selbstredend sind die Anforderung an den Kontenplan und die Buchungsrichtlinien von der Auslegung dieser Bestimmung abhängig. Der Bundesrat relativierte das Verbot bereits in der Botschaft.[78] Zudem spielt auch die Frage der Wesentlichkeit der zu verrechnenden Posten eine Rolle.

Veränderung von stillen Reserven

Wie bereits oben erwähnt, hat fast jede Bewertungsänderung in der Bilanz aufgrund der buchhalterischen Logik der Doppik eine Auswirkung auf die Er-

---

[75] Art. 959b Abs. 2 Ziff. 9 bzw. Art. 959b Abs. 3 Ziff. 6 nOR.

[76] In der Umschreibung des Begriffs in der Botschaft des Bundesrats wird der Aspekt der Ungewöhnlichkeit und der mangelnde Zusammenhang mit dem Geschäftsgang hervorgehoben Der Schweizerische Bundesrat (2007), S. 1707.

[77] Art. 958c Abs. 1 Ziff. 7 nOR.

[78] Vgl. Der Schweizerische Bundesrat (2007), S. 1702.

folgsermittlung. Soweit also das Gesetz willkürliche Wertansätze zulässt, sind auch entsprechende Einflüsse auf die Erfolgsermittlung verbunden. Neben Bildung und Auflösung von solchen Wertkorrekturen oder Rückstellungen beeinflusst auch der Verzicht auf die Auflösung nicht notwendiger Wertkorrekturen und Rückstellungen die Erfolgsermittlung. Dies ist mit Blick auf die Zielsetzung der «Steuerneutralität» der Revision politisch so gewollt.[79] Abhängig von der Beantwortung der Frage, ob Bildung und Auflösung von sachlich nicht notwendigen Wertkorrekturen und Rückstellungen in der Erfolgsrechnung unter der Position «ausserordentlicher, einmaliger oder periodenfremder Aufwand und Ertrag» auszuweisen sind, ist auch deren buchhalterische Behandlung.

28.2.3 Ordentliche Buchführungspflicht

Die Vorschriften der Art. 957a ff. nOR umschreiben u.a. die Buchführungspflicht. Dieser Pflicht unterliegen alle Einzelunternehmen, Personengesellschaften und juristischen Personen, soweit sie nicht davon ausgenommen sind. Die Thematik der von der ordentlichen Buchführungspflicht ausgenommen Rechtsträger wird unten im Abschnitt 1.2.4 Eingeschränkte Buchführungspflicht aufgenommen. Neben Grössenkriterien (Einzelunternehmen, Personengesellschaften[80]) wird hinsichtlich der Pflicht zur ordentlichen Buchführung auch an die Eintragungspflicht im Handelsregister (Vereine und Stiftungen[81]) bzw. an aufsichtsrechtliche Sachverhalte (Stiftungen[82]) angeknüpft. Unabhängig von Grössenkriterien oder der Eintragungspflicht im Handelsregister sind somit die übrigen juristischen Gesellschaften, wie z.B. Aktiengesellschaften, Gesellschaften mit beschränkter Haftung oder Genossenschaften zur ordentlichen Buchführung verpflichtet. Einzig hinsichtlich der Frage, ob die Buchführung auch zeitliche und sachliche Abgrenzungen umfassen soll, besteht unter bestimmten Voraussetzungen das Wahlrecht zu einer modifizierten ordentlichen Buchführungspflicht[83]. Hinsichtlich der inhaltlichen Aspekte der ordentlichen Buchführungspflicht wird auf Abschnitt 1.2.2 verwiesen.

---

[79] A.a.O. S. 1710.

[80] Art. 957 Abs. 1 Ziff. 1 nOR.

[81] Art. 957 Abs. 1 Ziff. 2 i.V.m. Art. 957 Abs. 2 Ziff. 2 nOR.

[82] Art. 957 Abs. 1 Ziff. 2 i.V.m. Art. 957 Abs. 2 Ziff. 3 nOR.

[83] Vgl. unten Abschnitt 1.2.5.

28.2.4 Eingeschränkte Buchführungspflicht

Vorangehend wurde dargelegt, dass die Buchführungspflicht im Sinne des neuen Gesetzes für bestimmte Rechtsträger nur sehr eingeschränkt gilt. Nach den Ausführungen in der Botschaft zu dem ursprünglichen Gesetzesentwurf «genügt eine einfache Buchhaltung, welche die Einnahmen und Ausgaben erfasst sowie die Vermögenslage wiedergibt (sog. «Milchbüchleinrechnung», Abs. 2)»[84]. Die Bedeutung dieser Bestimmung wird allerdings nicht einheitlich verstanden. Einzig bei der scheinbar klaren Umschreibung als «Milchbüchleinrechnung» scheint weitgehende Einigkeit zu herrschen.[85] Zumindest bedeutet dies, dass die Bücher einen «Nachweis über die Ausgaben und Einnahmen sowie über die Vermögenslage»[86] zu erbringen haben. Die Auslegung dieser Bestimmung dürfte kaum generell abstrakt möglich sein. Vielmehr ist durch sinngemässe Anwendung der Grundsätze ordnungsmässiger Buchführung[87], insbesondere der Bestimmung wonach die Buchführung mit Blick auf die Art und Grösse des Unternehmens zweckmässig sein muss[88], eine auf den konkreten Fall ausgerichtete Auslegung erforderlich. Der Fokus liegt jedenfalls bei der Vermögenslage und nicht bei der Erfolgsermittlung. Die Rechtsprechung, vor allem aber die Lehre werden diese Gesetzesbestimmung noch hinsichtlich der Anforderungen an die Buchführung näher zu konkretisieren haben. Dabei wird auch die Frage zu klären sein, wie die sinngemässe Geltung der Grundsätze ordnungsmässiger Buchführung auszulegen ist.

28.2.5 Ordentliche Buchführungspflicht ohne Abgrenzungspflicht

Nur der Vollständigkeit halber soll noch auf eine Regelung hingewiesen werden, die schwierig in das Gesamtkonzept einzuordnen ist. Es dürfte sich um einen Sonderfall innerhalb der ordentlich buchführungspflichtigen Rechtsträger handeln.[89] Art. 958b Abs. 2 nOR sieht für Rechtsträger, die bestimmte Grössen-

---

84 Der Schweizerische Bundesrat (2007), S. 1696f.

85 Vgl. z.B. Zihler, F. / Blanc, O. (2011), S. 408, Schüle, K. (2010), Zihler, F. (2011), S. 42, Schweizerische Eidgenossenschaft (2009), S. 1191, Schweizerische Eidgenossenschaft (2010), S. 1368, Schweizerische Eidgenossenschaft (2011), S. 256.

86 Schweizerische Eidgenossenschaft (2011), S. 256.

87 Vgl. Art. 957 Abs. 3 nOR.

88 Vgl. Art. 957a Abs. 2 Ziff. 4 nOR.

89 Insbesondere Einzelunternehmen und Personengesellschaften mit Vorjahres-Umsatzerlösen unter CHF 500'000 unterliegen den Bestimmungen von Art. 958b nOR nicht, da

kriterien nicht überschreiten, vor, dass dem Bilanzierenden die Option eingeräumt wird, in der Rechnungslegung nicht die Erträge und Aufwendungen (unter Berücksichtigung zeitlicher und sachlicher Abgrenzungen) zum Ausdruck zu bringen, sondern nur auf die Einnahmen und Ausgaben einer Rechnungsperiode abzustellen. Es stellen sich bei näherer Betrachtung eine Reihe von Auslegungs- und Anwendungsfragen. Diese beziehen sich einerseits darauf, welche Rechtsträger dieses Wahlrecht geniessen. Andererseits ist auch nicht zweifelsfrei zu ermitteln, welche Konsequenzen die Ausübung des Wahlrechts auf Art und Umfang der Buchführung hat. Obwohl Art. 957 in der vom Parlament beschlossenen Fassung des Obligationsrechts ein gegenüber dem Entwurf des Bundesrats völlig verändertes Konzept der Buchführungs- und Rechnungslegungspflicht beinhaltet, blieb der Art. 958b Abs. 2 des Obligationenrechts davon völlig unberührt. Dies wirft die Frage auf, ob es sich um nicht entdeckten redaktionellen Überarbeitungsbedarf handelt oder ob die Regelung dem tatsächlichen politischen Willen entspricht. Angesichts des in Art. 957 nOR für Einzelunternehmen und Personengesellschaften auf CHF 500‘000 angesetzten Umsatzerlös-Kriteriums für die ordentliche Buchführungspflicht dürfte die Regelung ohnehin nur für die übrigen Rechtsträger (juristische Personen) potenziell relevant sein. Schliesslich ergibt sich auch die Frage, ob die Verknüpfung der beiden Kriterien Nettoerlöse aus Lieferungen und Leistungen sowie Finanzerträge mit dem Wort «oder» wirklich so anzuwenden ist, wie es nach dem Wortlaut zu verstehen ist; Wenn nur eine von beiden Grössen nicht überschritten wird, scheint das Wahlrecht vorzuliegen. Finanzerträge könnten auch bei grösseren juristischen Personen durchaus unter CHF 100‘000 zu liegen kommen. Es ist nicht davon auszugehen, dass in solchen Fällen ein Übergang zu einer Erfolgsrechnung auf Basis von Einnahmen und Ausgaben bzw. einer Buchführung auf der Basis von reinen Zahlungsströmen beabsichtigt war.[90] Zusammenfassend ist festzuhalten, dass weder der Kreis der unter diese Regelung fallenden Rechtsträger, noch die gewollte Bedeutung und Rechtsfolgen dieser Vorschrift einfach zu erkennen sind. Es stellen sich erhebliche auslegungstechnische Herausforde-

---

es sich bei dieser Vorschrift unter der Marginale «Rechnungslegung» um nicht um «Grundsätze ordnungsmässiger Buchführung» handelt. (Art. 957 Abs. 1 Ziff. 3 nOR).

90 In der Botschaft des Bundesrats wird der beabsichtigte Anwendungsbereich so beschrieben, dass Kleinstunternehmen in der Rechtsform des Einzelunternehmens nicht durch das Obligationenrecht zu einer Buchführung mit zeitlichen und sachlichen Abgrenzungen verpflichtet werden. Vgl. Der Schweizerische Bundesrat (2007), S. 1700f.

rungen. Allerdings dürfte die Bestimmung nur in wenig Anwendungsfällen der Praxis von Bedeutung sein, sofern die obige Problematik mit den Finanzerträgen sich als unbeachtlich herausstellen würde.

28.2.6 Auslegungs- und Anwendungsfragen

Wie aus den obigen Ausführungen bereits ersichtlich war, ergeben sich bei der Auslegung und der Anwendung der neuen rechtlichen Bestimmungen zur Buchführung eine Reihe von Fragestellungen, die grösstenteils noch nicht im Sinne einer herrschenden Lehrmeinung geklärt sind. Die nachstehende Auflistung führt einige Fragen exemplarisch und ohne Anspruch auf Vollständigkeit in Kurzfassungen auf (Hinweise in Klammern verweisen auf die Abschnittsnummer):

Offene Auslegungs- und Anwendungsfragen

- → Was bedeutet vorsichtige Rechnungslegung? Wie grenzt sich diese von vorsichtiger Bewertung ab? (28.2.2.4)
- → Wie ist das Verhältnis zwischen dem Rechnungslegungsgrundsatz der Stetigkeit der Bewertungsmassstäbe und der Möglichkeit zu sachlich nicht notwendigen zusätzlichen Abschreibungen, Wertberichtigungen und Rückstellungen zu beurteilen? (28.2.2.4)
- → Unter welchen Umständen ist eine Verrechnung von Vermögenswerten mit Passiven zulässig? (28.2.2.4)
- → Ist die Verrechnung von Erträgen aus Auflösung nicht mehr benötigter Rückstellungen oder Wertberichtigungen mit Aufwendungen unzulässig? (28.2.2.4)
- → Welche Konsequenz hat das Wort «höchstens» für die Bewertung der Erfassung von Vermögensgegenständen in der Bilanz? Wie ist das Verhältnis zum Gebot der sachlichen und zeitlichen Abgrenzung einzustufen? (28.2.2.4)
- → Ist aus Art. 959 Abs. 2 nOR eine umfassende Ansatzpflicht abzuleiten? (28.2.2.5)
- → Ist aus Art. 959 Abs. 5 nOR ein Ansatzverbot für Passivposten abzuleiten, die nicht die Kriterien erfüllen? (28.2.2.5)
- → Wie ist die Regelung über die Ausnahmen zum Grundsatz der Einzelbewertung von Vermögenswerten auszulegen? (28.2.2.6)
- → Ist die Verpflichtung zur Überprüfung und Anpassung von Wertansätzen nur bei konkreten Anzeichen einer Überbewertung oder ergänzend zu einer jährlichen Überprüfung auf den Bilanzstichtag hin zu verstehen? (28.2.2.6)
- → Wie sind nicht aktivierte Anteile von Herstellkosten oder Anschaffungskosten zu behandeln, die sich daraus ergeben, dass nicht der zulässige Höchstwert, sondern ein darunter liegender Wert bei der Erfassung angesetzt wird? (28.2.2.6)

- → Wie ist der Begriff Nennwert auf die verschiedenen Erscheinungsformen von Verbindlichkeiten umzusetzen? (28.2.2.6)
- → Sind Zuführungen zu Rückstellungen für die Sicherung des dauernden Gedeihens des Unternehmens ausserordentlicher oder periodenfremder Aufwand? (28.2.2.6)
- → Ist der Erfolgsbeitrag aus der Auflösung nicht mehr begründeter Rückstellungen ein Ertrag? Ist er als ausserordentlich oder periodenfremd einzustufen? (28.2.2.6)
- → Erzwingt das Gebot der vollständigen und wahrheitsgetreuen Erfassung von Geschäftsfällen und Sachverhalten in Verbindung mit den Vorschriften über die zeitliche und sachliche Abgrenzung von Aufwand und Ertrag eine Erfassung von Vermögenswerten zu vollen Anschaffungs- oder Herstellkosten? (28.2.2.7)
- → Inwiefern widerspricht die Anforderung des gesonderten Ausweises von periodenfremden und ausserordentlichen Aufwendungen und Erträgen dem ungeschriebenen Verständnis, dass Veränderungen von willkürlichen Bewertungen («stille Reserven») in der Erfolgsrechnung nicht als solche ersichtlich sein sollen? (28.2.2.7)
- → Wie ist die Abgrenzung von betrieblichen und betriebsfremden Aufwendungen und Erträgen zu beschreiben und umzusetzen? Ist diese auch auf Zinsen und Steuern anzuwenden? (28.2.2.7)
- → Wie sind einmalige Aufwendungen und Erträge von den nicht einmaligen Posten abzugrenzen? Welches ist der massgebliche Bemessungszeitraum? (28.2.2.7)
- → Wie grenzt sich ein ausserordentlicher Vorgang von ordentlichen Vorgängen ab? (28.2.2.7)
- → Welche Zusammenfassungen von Soll- und Habenbuchungen in der Erfolgsrechnung verstossen gegen das Verbot der Verrechnung von Aufwand und Ertrag? (28.2.2.7)
- → Welche konkreten Anforderungen sind an die Buchführung bei eingeschränkter Buchführungspflicht zu stellen («Milchbüchleinrechnung»)? Bedeutet Buchführung über Einnahmen und Ausgaben eine sog. «einfache Buchführung» über die Liquiditätskonten, mithin ein Verzicht auf die doppelte Buchhaltung (Doppik)? (28.2.4)
- → Was bedeutet «über die Vermögenslage Buch führen»? (28.2.4)
- → Wird mit dem Bezug auf die Grundsätze ordnungsmässiger Buchführung nur Art. 957a Abs. 2 nOR umfasst? (28.2.4)
- → Inwieweit ist die Geltung der Grundsätze ordnungsmässiger Buchführung für die Unternehmen, die unter Art. 957 Abs. 3 nOR fallen, durch das Wort «sinngemäss» eingeschränkt? (28.2.4)
- → Ist weder eine Bilanz noch eine Einnahmen-/Ausgabenanalyse aufzustellen? (28.2.4)

Abbildung 3: Offene Auslegungs- und Anwendungsfragen zur Buchführung nach nOR

28.3 Schlussbemerkungen

28.3.1 Bewertung der offenen Fragen zur Auslegung und Anwendung

Die Liste der offenen Fragen zeigt, dass bei der Auslegung der Gesetzesbestimmungen unterschiedliche Ergebnisse resultieren können. Es wird Aufgabe primär der Rechtslehre, aber auch hilfsweise der Betriebswirtschaftslehre sein, den Anwendern Leitlinien zur Auslegung zur Verfügung zu stellen. Besteht eine herrschende Lehrmeinung zu bestimmten Themen ist dann primär die Betriebswirtschaftslehre gefordert, eine Lehrmeinung zu Fragen der praktischen Umsetzung und Anwendung der gesetzlichen Bestimmungen zu entwickeln.

Rechnungslegungsrecht ist Recht. Viele der aufgeworfenen Fragen in dieser Ausarbeitung fallen in den Zuständigkeitsbereich der Rechtslehre. Doch ohne betriebswirtschaftliche Konzepte dürfte es der Rechtslehre schwer fallen, praktikable und umsetzbare Auslegungen zu entwickeln. Insofern ist zu hoffen, dass in einem konstruktiven Diskurs Fachleute aus Recht und Betriebswirtschaft sich der offenen Fragen annehmen und praxisgerechten Lösungen zuführen werden.

28.3.2 Zusammenfassende Beurteilung der Reform

Die mit Schlussabstimmung vom 23. Dezember 2011 im Parlament abgeschlossene Revision des Obligationenrechts unter der Geschäftsnummer 08.011 (Vorlage 2) verändert die die Vorschriften zur Buchführung und Rechnungslegung von Einzelpersonen und sämtlicher Gesellschaftsformen des Privatrechts. Als Teil einer umfassenden Reform des Aktienrechts in Verbindung mit der Anpassung des Rechnungslegungsrechts[91] hatte der Bundesrat den Anspruch, ein zeitgemässes Buchführungs- und Rechnungslegungsrecht[92] vorzuschlagen. Durch die Anhebung verschiedener Grössenkriterien (z.B. für die Befreiung von der ordentlichen Buchführungspflicht bzw. von der ordentlichen Rechnungslegungs- und Prüfungspflicht) ergeben sich erhebliche Erleichterungen für viele Unternehmen. Ob darunter die Zuverlässigkeit und Richtigkeit der Finanzinformationen leiden wird, ist schwierig im Voraus einzuschätzen. Die Unterstellung aller Rechtsformen von Unternehmen unter vergleichbare Vorschriften zur Rechnungslegung und Buchführung ist trotz der vielen Ausnahmen als Errungenschaft dieser Reform zu betrachten.

---

[91] Vgl. Der Schweizerische Bundesrat (2007).

[92] A.a.O. S. 1622.

28.3.3 Ausblick und Inkraftsetzung

Das Parlament hat der Änderung des Obligationenrechts (Rechnungslegungsrecht) vom 23. Dezember 2011 im Ständerat einstimmig und im Nationalrat mit 129 Ja gegen 62 Nein die Zustimmung erteilt. Die Referendumsfrist ist am 13. April 2012 unbenützt abgelaufen. Eine Inkraftsetzung auf den 1. Januar 2013 wird als denkbar aber unwahrscheinlich eingestuft. Wahrscheinlicher dürfte eine spätere Inkraftsetzung sein.[93] Es sind zudem Übergangsbestimmungen zu berücksichtigen[94], welche die praktischen Auswirkungen für die Bilanzierenden noch weiter in die Zukunft verschieben. Dadurch bleibt den Unternehmen genügend Zeit zur Anpassung. Voraussetzung ist die frühzeitige Befassung mit der Materie. Andererseits ist auch die Lehre gefordert diese Zeit zu nutzen, um offene Fragen zu klären und der Praxis Hilfestellungen zur Anwendung und Umsetzung der neuen Regelungen bereit zu stellen. Einige Fragen sind in diesem Beitrag aufgelistet. Es ist zu hoffen, dass diese nicht erst nach Inkraftsetzung einer Beantwortung zugeführt werden können. Der grosse zeitliche Vorlauf sollte von allen Beteiligten dazu genützt werden sich vorausschauend mit den neuen gesetzlichen Regelungen zu befassen.

---

93 Vgl. angebliche Aussagen und Einschätzungen eines üblicherweise sehr gut informierten Mitarbeiters (F. Zihler) der Bundesverwaltung in Schmid (2012).

94 Insbesondere Art. 2 Abs. 2 der Übergangsbestimmungen der Änderung vom 23. Dezember 2011 Die Bundesversammlung der Schweizerischen Eidgenossenschaft (2011), S. 81.

Literaturverzeichnis

- Böckli, P. (2011): Auswirkungen der neuen Rechnungslegung auf die Gewinnsteuer. Ungereimtheiten, Widersprüche und ungelöste Fragen. Der Schweizer Treuhänder (4), S. 234-245.
- Bundesgesetz vom 30. März 1911 betreffend die Ergänzung des Schweizerischen Zivilgesetzbuches (Fünfter Teil: Obligationenrecht) (Stand 1. März 2012), SR 220.
- Der Schweizerische Bundesrat (2007): Botschaft zur Änderung des Obligationenrechts. (Aktienrecht und Rechnungslegungsrecht sowie Anpassungen im Recht der Kollektiv- und der Kommanditgesellschaft, im GmbH-Recht, Genossenschafts-, Handelsregister- sowie Firmenrecht). Online (28.3.2012): http://www.admin.ch/ch/d/ff/2008/1589.pdf
- Obligationenrecht (Rechnungslegungsrecht) Änderung vom 23. Dezember 2011 (2011): Online (28.3.2012): http://www.admin.ch/ch/d/ff/2012/63.pdf
- Schmid, S. (2012): Neues Rechnungslegungsrecht wahrscheinlich eher per Anfang 2014 in Kraft – allenfalls 2015. accountingundcontrolling.ch blogsite. Online (25.01.2012): http://www.accountingundcontrolling.ch/accounting/neues-rechnungslegungsrecht-wahrscheinlich-eher-per-anfang-2014-in-kraft-allenfalls-2015/
- Schüle, K. (2010): Die Michbüchleinrechnung ist kein buchhalterischer Freipass. Der Schweizer Treuhänder (12), S. 856-857.
- Schweizerische Eidgenossenschaft (2009): Amtliches Bulletin der Bundesversammlung. Online (29.3.2012): http://www.parlament.ch/ab/frameset/d/
- Schweizerische Eidgenossenschaft (2010): Amtliches Bulletin der Bundesversammlung (2010). Online (29.3.2012): http://www.parlament.ch/ab/frameset/d/
- Schweizerische Eidgenossenschaft (2011): Amtliches Bulletin der Bundesversammlung (2011). Online (29.3.2012): http://www.parlament.ch/ab/frameset/d/
- Schweizerische Eidgenossenschaft. (2012): Die Bundesversammlung der Schweizerischen Eidgenossenschaft. 08.011 OR. Aktien- und Rechnungslegungsrecht Curia Vista - Geschäftsdatenbank. Online (21.3.2012): http://www.parlament.ch/d/suche/seiten/geschaefte.aspx?gesch_id=20080011
- Schweizerisches Zivilgesetzbuch vom 10. Dezember 1907 (Stand 1. Januar 2012), SR 210.
- Treuhand-Kammer (Hrsg., 2009): Schweizer Handbuch der Wirtschaftsprüfung. Zürich: Treuhand-Kammer.
- Zihler, F. (2011): Das zukünftige Rechnungslegungsrecht. Gemäss Art. 957 ff. E-OR – Zwischenhalt nach der Erstberatung im Stände- und Nationalrat. Der Schweizer Treuhänder (1-2), S. 40-47.
- Zihler, F. / Blanc, O. (2011): Revision des Aktien-, Rechnungslegungs- und Revisionsrechts – Stand der parlamentarischen Beratung. Anwaltsrevue (10), S. 407-418.

29 Der «richtige» Rechnungslegungsstandard für Schweizer KMU

Um die richtige Wahl des Rechnungslegungsstandards zu treffen, bedarf es einer sorgfältigen Analyse von Nutzen und Kosten der jeweiligen Standards. Eine derartige Analyse ist nur möglich, wenn vorgängig bewusst gemacht wird, welches die Ziele, Funktionen und auch Anspruchsgruppen der Rechnungslegung sind. Im vorliegenden Beitrag werden diese Aspekte aufgezeigt und die potentiell möglichen Rechnungslegungsstandards für Schweizer KMU übersichtsmässig vorgestellt und charakterisiert. Basierend auf diesen Ausführungen wird ein Entscheidungsbaum präsentiert, der Hinweise für die Wahl des «richtigen» Rechnungslegungsstandards geben kann.

Christian Bitterli

Christian Bitterli (1972), lic. rer. pol., Studium der Wirtschaftswissenschaften an der Universität Basel. Seit 2009 arbeitet er als Dozent und Projektleiter im Competence Center Controlling und Accounting am Institut für Finanzdienstleistungen Zug IFZ. Zuvor war er mehrere Jahre als Revisor, später als Controller und Finance Manager in einem grossen internationalen Konzern tätig. Christian Bitterli beschäftigt sich v.a. mit Financial Accounting sowie Corporate Governance & Audit.

Kontakt: christian.bitterli@hslu.ch

29.1 Einleitung

Im Bereich der Rechnungslegung gibt es seit einiger Zeit auf nationaler und internationaler Ebene verschiedene interessante Entwicklungen zu beobachten. Zu erwähnen ist das am 23. Dezember 2011 von den eidgenössischen Räten verabschiedete neue Rechnungslegungsrecht, welches wichtige Änderungen in den gesetzlichen Buchführungsvorschriften vorsieht. Ob das neue Recht, welches unter anderem eine rechtsformunabhängige und einheitliche Ordnung für alle Unternehmen vorsieht, als gelungen bezeichnet werden darf, ist umstritten. Teilweise wurde der ursprüngliche bundesrätliche Entwurf durch das Parlament «entschärft». Auch ist noch unklar, wann die Inkraftsetzung sein wird.

Auch der noch junge Rechnungslegungsstandard IFRS for SMEs[1] (IFRS für KMU), welcher am 9. Juli 2009 nach langer Vorlaufzeit publiziert wurde, hat bereits zu einigen Diskussionen geführt. Mit dem neuen Standard – welcher auf den «full» IFRS basiert – wird das Ziel verfolgt, den Bedürfnissen und Anforderungen kleiner und mittelgrosser Unternehmen an die Rechnungslegung gerecht zu werden. Die Erstellung der Jahresrechnung nach dem Prinzip von «true and fair view» soll mit einem für KMU besseren Kosten-/Nutzenverhältnis erreicht werden als bei den «full» IFRS, die viel umfangreicher und entsprechend komplizierter ausgestaltet sind.

Bereits vor ein paar Jahren – nämlich Anfang 2007 – wurde die Neugestaltung der Swiss GAAP FER[2] vorgenommen. Seither ist dieser Rechnungslegungsstandard modular aufgebaut.[3] Er ist speziell auf Schweizer KMU zugeschnitten. Sein modularer Aufbau erlaubt kleinen und grösseren Organisationen, ebenfalls eine den tatsächlichen Verhältnissen entsprechende Darstellung der Vermögens-, Finanz- und Ertragslage nach dem Prinzip von «true and fair view» vorzunehmen.[4] Damit erreicht dieser Standard das gleiche Ziel wie der IFRS for SMEs.

Die Auswirkungen all dieser Änderungen auf Schweizer KMU und die Praxis des Rechnungswesens sind heute noch nicht vollständig abzusehen. Die Ent-

---

[1] International Financial Reporting Standards (IFRS) for small and medium-sized entities (SMEs).

[2] Swiss Generally Accepted Accounting Principles Fachempfehlungen zur Rechnungslegung (Swiss GAAP FER).

[3] Vgl. Meyer, C. (2008b), S. 289.

[4] Vgl. Meyer, C. (2008b), S. 289.

wicklungen führen bei KMU teilweise auch zu Unsicherheiten bzw. zu Klärungsbedarf hinsichtlich der zukünftigen Rechnungslegungspraxis. Es stellen sich aus ihrer Sicht verschiedene Fragen, beispielsweise: Wird von Kapitalgebern zukünftig ein bestimmter Rechnungslegungsstandard verlangt? Stehen Kosten und Nutzen einer allfälligen Umstellung auf einen «höherwertigen» Rechnungslegungsstandard in einem günstigen bzw. vertretbaren Verhältnis? Im Zentrum all dieser Überlegungen steht die Frage nach dem «richtigen» Rechnungslegungsstandard für Schweizer KMU und die Ableitung allfälliger Handlungsempfehlungen.

Um die richtige Wahl des Rechnungslegungsstandards zu treffen, bedarf es einer sorgfältigen Analyse von Nutzen und Kosten der jeweiligen Standards. Eine derartige Analyse ist nur möglich, wenn vorgängig bewusst gemacht wird, welches die Ziele, Funktionen und auch Anspruchsgruppen (inkl. derer Bedürfnisse) der Rechnungslegung sind. Im vorliegenden Beitrag werden diese Aspekte aufgezeigt. Anschliessend werden die potentiell möglichen Rechnungslegungsstandards für Schweizer KMU übersichtsmässig vorgestellt und charakterisiert. Basierend auf diesen Ausführungen wird ein Entscheidungsbaum präsentiert, der Hinweise für die Wahl des «richtigen» Rechnungslegungsstandards geben kann.

29.2 Definitionen und Abgrenzungen

Nachfolgend sollen die wesentlichen Begriffe, auf denen der Artikel aufbaut, kurz definiert werden. Auf eine ausführliche Diskussion der Termini wird bewusst verzichtet.

29.2.1 Rechnungslegungsstandard

Der Begriff Rechnungslegungsstandard kann auch mit «Regelwerk für Rechnungslegung» umschrieben werden. Hierzu steht im Schweizer Handbuch der Wirtschaftsprüfer einleitend zu Teil III «Andere relevante Regelwerke»:

«Ziel eines Regelwerkes für die Rechnungslegung ist es, finanzielle Abschlüsse einheitlichen Grundsätzen zu unterwerfen, die es dem Bilanzleser ermöglichen sollen, sich ein möglichst aussagekräftiges Bild der finanziellen Lage und Performance einer Gesellschaft bzw. eines Konzerns zu bilden. Im Weiteren sollen durch die Anwendung eines Rechnungslegungsstandards die Jahresrechnungen verschiedener Unternehmungen vergleichbar werden.»[5]

Im Zentrum stehen also Prinzipien oder Regeln für ein einheitliches Verbuchen von Geschäftsvorgängen sowie die Erstellung der Jahresrechnung.[6] Zu den relevanten Regelwerken für Schweizer Unternehmen zählen das Obligationenrecht, Swiss GAAP FER, IFRS, IFRS for SMEs und US GAAP.

29.2.2 Kleine und mittlere Unternehmen (KMU)

In der Schweiz gibt es keine offizielle Definition für KMU. Oft werden mehrere Kriterien herangezogen, um diese zu definieren. Meistens sind es die Anzahl der beschäftigten Personen oder der Jahresumsatz.

In der Regel zieht die Schweiz für statistische Publikationen das Kriterium Beschäftigte heran und orientiert sich hierfür an den Schwellenwerten der Europäischen Union. Diese definiert Unternehmen zwischen 10 und 249 Beschäftigten als KMU.[7]

Gemäss dem neuen Rechnungslegungsrecht sind viele Schwellenwerte für strengere Anforderungen an die Rechnungslegung ab den Grössen CHF 20 Mio. Bilanzsumme, CHF 40 Mio Umsatz und 250 Vollzeitstellen (im Jahresdurchschnitt) festgesetzt.[8] Unternehmen unterhalb dieser Schwellenwerte können als KMU betrachtet werden. Für die nachfolgenden Ausführungen soll ebenfalls diese Definition zu Grunde gelegt werden.

Im Titel dieses Beitrages ist mit den Anführungszeichen beim Begriff «richtig» bereits angedeutet, dass es keine absolute Wahrheit bei der Wahl des Rechnungslegungsstandards gibt. Im vorliegenden Artikel sollen daher allgemeine Überlegungen zur Wahl des anzuwendenden Regelwerkes gemacht werden. Im Einzelfall gibt es immer gute Gründe, sich ausserhalb dieser allgemeingültigen Empfehlungen zu bewegen.

In einigen Fällen wird bei der Begriffsdefinition KMU präzisiert, dass diese unabhängig sein müssen und entsprechend nicht durch ein Grossunternehmen

---

[5] Treuhand-Kammer, Schweizerische Kammer der Wirtschaftsprüfer und Steuerexperten (2009), S. 111.

[6] Vgl. Institut für Banking und Finance der Universität Zürich, online.

[7] Vgl. KMU Portal, online.

[8] Die strengeren Regeln kommen zur Anwendung, wenn zwei der genannten Grössen in zwei aufeinander folgenden Geschäftsjahren überschritten werden.

kontrolliert werden dürfen.[9] Diese Vorgabe ist auch hier sinnvoll. Die Frage nach dem «richtigen» Rechnungslegungsstandard für KMU in einem Konzern ist aufgrund der durch die Gruppe vorgegebenen Konzernrichtlinien (inkl. Rechnungslegungsstandard) nicht interessant. Entsprechend wird dieser Bereich bewusst ausgeklammert. Ebenfalls ausgeklammert ist der öffentliche Bereich.

29.3 Ziel und Zweck sowie Kosten- und Nutzenaspekt der Rechnungslegung

Um eine Analyse hinsichtlich des «richtigen» Rechnungslegungsstandards vornehmen zu können, muss vorgängig ermittelt werden, welches die Ziele und Zwecke der Rechnungslegung sowie ihre Adressaten inklusive deren Interessen und Bedürfnisse sind. Eine ebenso wichtige Rolle für die «richtige» Wahl des Rechnungslegungswerkes spielen Kosten- und Nutzenüberlegungen.[10]

29.3.1 Ziele und Funktionen der Rechnungslegung

Es ist heute unbestritten, dass die Rechnungslegung keinen Selbstzweck darstellt, sondern Mittel zur Zweckerreichung ist.[11] Das Financial Accounting Standards Board (FASB), das US-amerikanische Gremium zur Verabschiedung von US GAAP Rechnungslegungsvorschriften, führt bspw. unter den Highlights im Statement of Financial Accounting Concepts No. 1 (CON 1) hinsichtlich der Ziele der finanziellen Berichterstattung als erste wichtige Aussage auf: «Financial reporting is not an end in itself but is intended to provide information that is useful in making business and economic decisions.»[12] Diese Informationen können je nach wirtschaftlichen, rechtlichen, politischen oder sozialen Rahmenbedingungen ändern.

Im Vordergrund steht also die Informationsversorgung durch die Rechnungslegung. Diese informiert über die wirtschaftliche Lage eines Unternehmens und wird von einem breiten Kreis von Informationsempfängern, allen voran von Kapitalgebern (Investoren und Gläubigern), für die Entscheidungsfindung genutzt.[13]

---

[9] Vgl. KMU Portal, online.

[10] Vgl. Lühr, I. (2010), S. 37.

[11] Vgl. Streim, H. (1988), S. 8.

[12] Financial Accounting Standards Board, online, S. 4.

[13] Vgl. Behr, G. / Leibfried, P., S. 45.

Fülbier und Gassen fassen die verschiedenen Ziele bzw. Funktionen der Rechnungslegung wie folgt zusammen:

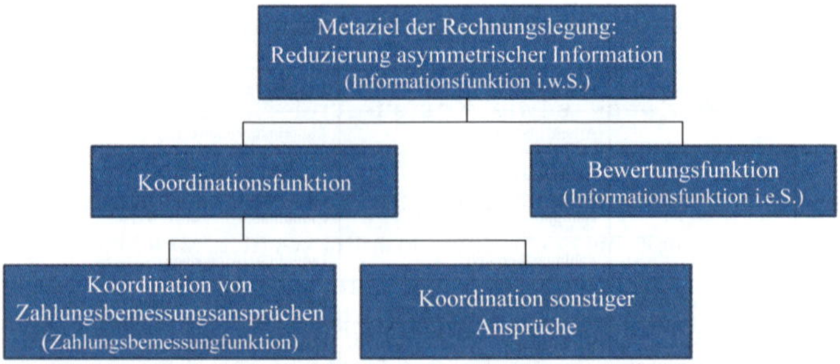

Abbildung 1: Rechnungslegungszielsystem
Quelle: Fülbier, R. U. / Gassen, J. (2008), S. 139

Als oberstes Ziel steht die Reduzierung von Informationsasymmetrien. Diese lässt sich in zwei wesentliche Zielgruppen unterteilen: die Koordinationsfunktion und die Bewertungsfunktion. Erstere dient hauptsächlich der Vertragskoordination. Darunter werden alle Ansprüche aus Verträgen subsumiert, die in irgendeiner Weise an Rechnungslegungsinformationen geknüpft sind. Dazu gehören auch Zahlungsbemessungsansprüche gegenüber Gesellschaftern oder auch anderen Vertragsbeteiligten des Unternehmens. Selbstverständlich ist auch der Fiskus mit seinen Steueransprüchen an dieser Stelle zu nennen. Die Bewertungsfunktion beschreibt dagegen das Bedürfnis nach bewertungsrelevanten Informationen. Im Zentrum steht dabei die zukünftige wirtschaftliche Entwicklung des Unternehmens.

Die Darstellung kann beliebig erweitert werden.[14] Informationen dieser Art werden gleichermassen von Unternehmen selbst wie auch von Kapitalgebern nachgefragt. Aber auch andere Stakeholders haben ihre Interessen und wollen entsprechend informiert sein.

---

[14] Vgl. z.B. Heinhold, M. (1995), S. 21.

29.3.2 *Adressaten der Rechnungslegung und deren Bedürfnisse*

Behr und Leibfried (2010) fassen die wichtigsten Adressaten und deren Entscheidungsfindung sowie Informationsbedürfnisse umfassend zusammen.

Adressaten		Entscheidungsfindung	Informationsbedürfnisse
Interne Adressaten	Geschäftsleitung	Planung	Umsätze, Margen, etc.
	Mitarbeiter	Arbeitsplatz, Lohn	Liquidität, Rendite, Reputation, etc.
Externe Adressaten	Aktionäre	Aktienkauf/-verkauf	Renditen, Finanzlage, etc.
	Kreditgeber	Bonität	Liquidität, Ertragslage, Verschuldung
	Lieferanten	Zahlungsfähigkeit	Liquidität, Ertragslage
	Potentielle Investoren	Investmententscheidung	Rendite, Produkte, Management, etc.
	Steuerbehörden	Veranlagung	Gewinn, Eigenkapital
	Finanzanalysten	Investmentempfehlungen	Renditen, Management, Zukunft, etc.
	Finanzpresse	Berichterstattung	Hintergrundinformationen, Probleme, Zukunft, etc.
	Gewerkschaften	Lohnverhandlungen	Renditen, Finanzlage, etc.
	Aufsichtsbehörden	Bewilligungsentzug	Eigenkapital, Renditen, etc.
	Öffentlichkeit	Einfluss auf lokale Entwicklung	Allgemeine Informationen

Abbildung 2: Adressaten und deren Entscheidungsfindung sowie Informationsbedürfnisse
Quelle: in Anl. an Behr, G. / Leibfried, P. (2010), S. 53

Die Auflistung macht deutlich, dass ein Unternehmen mit der finanziellen Berichterstattung kaum allen Adressaten gleichermassen gerecht werden kann. Es sollte daher versuchen, sich auf die wichtigsten Adressaten zu fokussieren. Nebst den heutigen Bedürfnissen muss das Unternehmen aber auch die zukünftigen Bedürfnisse seiner – aktuellen wie auch potentiellen – Stakeholders kennen.

Es stellt sich folglich die Frage, welche Stakeholder die wichtigsten Informationsempfänger sind. Es ist unbestritten, dass ein Unternehmen in der heutigen Zeit schlecht überleben kann, wenn es seinen Anspruchsgruppen nicht ein genügend hohes Mass an Aufmerksamkeit und Informationen zur Verfügung stellt. Zweifelsohne können einflussreiche Gruppen die Meinung der Öffentlichkeit stark beeinflussen und – im schlimmsten Fall – ein Unternehmen in die Knie zwingen oder gar in den Ruin treiben. Um diesen Stakeholdern gerecht zu werden, muss ein Unternehmen aber höchst selten in Form der finanziellen Berichterstattung (bzw. Rechnungslegung) kommunizieren. Hierzu stehen andere Kommunikationskanäle zur Verfügung. Aus Rechnungslegungssicht sind die wichtigsten Adressaten daher noch immer die Kapitalgeber: Investoren und Gläubiger.[15]

Die in Kontinentaleuropa entstandenen Regelwerke sind traditionell auf den Gläubigerschutz ausgerichtet. Die im angelsächsischen Raum entwickelten Rechnungslegungsvorschriften fokussieren dagegen in erster Linie auf den Investor. In der heutigen globalen Welt sind natürlich längst nicht mehr geographische Kriterien ausschlaggebend für die Anwendung eines Rechnungslegungsstandards. Vielfach haben die Unternehmen eine Wahlfreiheit und können sich für den Standard entscheiden, der ihre Bedürfnisse am besten befriedigt.

Für die unterschiedliche (ursprüngliche) Ausrichtung der Regelwerke gibt es verschiedene Gründe: Zum einen spielen in Kontinentaleuropa (handels-) rechtliche und steuerliche Aspekte eine wichtige Rolle; zum anderen ist die Gläubigerorientierung auch darauf zurückzuführen, dass hier die Fremdfinanzierung (z.B. mittels Bankkredit) eine bis heute sehr zentrale Kapitalbeschaffungsform darstellt. Die Gläubigerschutzorientierung erachtet die Interessen der Investoren – d.h. der Eigenkapitalgeber – als zweitrangig. Die wirtschaftliche Lage wird daher in der Jahresrechnung grundsätzlich vorsichtig dargestellt. Als oberste Handlungsmaxime dient das Vorsichtsprinzip. Entsprechend vermögen die handelsrechtlichen Rechnungslegungsansätze den grossen Informationsbedürfnissen der Investoren (und teilweise auch anderer Interessengruppen) kaum mehr gerecht zu werden. In Kontinentaleuropa, wo oft auch eine enge Bindung zwischen Kapitalgebern und Unternehmen besteht (oder bestand) und Kapitalgeber auch oft in unternehmerische Entscheidungen involviert sind (waren), sind (waren) Rechnungslegungsdaten weniger wichtig, um asymmetrische Informationsverteilungen zu beseitigen. Vielmehr sind sie primär Grundlage für die sog. Anspruchsbemessung (Dividende, erfolgsabhängige Zahlungen an Management, u.ä.).

Die investorenorientierten (und damit als «modern» bezeichneten) Rechnungslegungsstandards haben dagegen vermehrt einen betriebswirtschaftlichen Fokus. IFRS, als typischer Vertreter dieser Standards, stellt bspw. in seinem Framework fest, dass zwar gewisse Informationsbedürfnisse für alle Interessenten gleich sind, dass als Massstab für die Berichterstattung aber die Investoren als Risikokapitalgeber der Unternehmen herangezogen werden. Grund dafür ist, dass deren Informationsbedürfnisse auch die meisten Bedürfnisse der anderen

---

[15] Vgl. dazu bspw. auch Pellens, B. et al. (2011), S. 22.

Adressaten abdeckten.[16] Oberste Handlungsmaxime sind hier die Prinzipien einer «true and fair view» bzw. einer «fair presentation». Die Mehrheit der kontinentaleuropäischen Ansätze kennt diese Prinzipien zwar auch, allerdings hat die zuverlässige Darstellung der Vermögens-, Finanz- und Ertragslage unter Beachtung der Grundsätze ordnungsmässiger Rechnungslegung zu erfolgen, welche den Gläubigerschutz stärker betonen.[17] Die modernen Rechnungslegungsstandards sind aufgrund ihrer Entstehung stark durch angelsächsische Länder und deren (Rechts-)Verständnis bzw. Kultur geprägt. In diesen Ländern haben die öffentlichen Kapitalmärkte und die damit verbundene Kapitalversorgung wie auch die Verbreitung von Publikumsgesellschaften seit je eine viel grössere Bedeutung gespielt als in Kontinentaleuropa. Die Informationsvermittlungsfunktion der Rechnungslegung ist daher zentrale Voraussetzung für ein reibungsloses Funktionieren des öffentlichen Kapitalmarktes.

29.3.3 Kosten und Nutzen der Rechnungslegung

Die Wahl des Rechnungslegungsstandards ist für ein KMU in erster Linie ein Abwägen von Kosten- und Nutzen-Aspekten, welche mit dem entsprechenden Regelwerk einhergehen. Bei der Analyse des Kosten-Nutzen-Verhältnisses müssen die Bedürfnisse des Managements, der Shareholders und der Stakeholders berücksichtigt werden. Letzten Endes muss jedes Unternehmen für sich die Frage beantworten, ob eine «true and fair view» basierte Rechnungslegung oder eine (aus Schweizer KMU-Sicht traditionell) gläubigerschutzorientierte Berichterstattung vorteilhafter ist.

In der Regel ist die Bestimmung der Kosten[18] im Zusammenhang mit der Anwendung eines bestimmten Rechnungslegungswerkes ohne grössere Schwierigkeiten vorzunehmen. Diese sind meistens einfach zu messen. Grundsätzlich kann festgehalten werden, dass die Kosten mit zunehmender Komplexität des Rechnungslegungsstandards steigen. Zu den komplexen Rechnungslegungsstandards gehören sicher IFRS und US GAAP. Am unteren Ende der Komplexitätsskala stehen die obligationenrechtlichen Rechnungslegungsvorschriften.

Zu den Einführungskosten (bei komplexen Rechnungslegungsstandards) gehören unter anderem die folgenden Ausgabenblöcke:

---

[16] Vgl. Behr, G. / Leibfried, P. (2010), S. 60.

[17] Vgl. Achleitner, A.-K. et al. (2009), S. 13.

[18] Vgl. Schmid, S. (2011a); Schmid, S. (2011b); Eberle, R. (2010), S. 124-125.

- *Externe Ausbildung der Mitarbeiter*: Die Mitarbeiter müssen mit den neuen Vorschriften vertraut gemacht und geschult werden. Der damit verbundene Aufwand ist abhängig von der Komplexität des einzuführenden Standards. Swiss GAAP FER bringt deutlich weniger Schulungsbedarf mit sich als IFRS oder US GAAP. Die beiden letzteren Standards können ein Unternehmen sogar dazu veranlasssen, Experten dauerhaft oder zumindest temporär anzustellen.
- *Anpassung des Accounting Manual*: Die neuen Vorschriften müssen in die unternehmensinternen Accounting Guidelines, welche in der Regel speziell auf unternehmensspezifische Gegebenheiten eingehen, aufgenommen werden.
- *Anpassung ERP (Reporting Tool)*: Nebst der Anpassung des Accounting Manuals müssen unter Umständen auch das ERP bzw. die Reporting Tools angepasst werden.
- *Interne Schulungen*: Damit unternehmensweit korrekt nach den neuen Vorschriften gebucht und rapportiert wird, müssen alle in den Berichterstattungsprozess involvierten Mitarbeiter bedarfsgerecht geschult werden.

Die Einführungskosten sind also keineswegs zu unterschätzen. Führt ein KMU beispielsweise Swiss GAAP FER ein, ist dies mit Kosten unter CHF 50‘000 möglich. Will ein Grossunternehmen konzernweit eine einheitliche und regelkonforme Umsetzung von IFRS oder US GAAP sicherstellen, werden schnell zweistellige Millionenbeträge fällig.[19]

Nebst den Einführungskosten sind zudem die laufenden Kosten eines Rechnungslegungsstandards zu berücksichtigen:

- *Aufwendigere Berichterstattung (teilweise auch Zwischenberichterstattung)*: Auch hier gilt, dass bei den Rechnungslegungsstandards IFRS und US GAAP nach der Einführungsphase Experten gebraucht werden; Entweder als festangestellte Mitarbeiter oder in Form eingekaufter Beratungsleistungen. Die umfangreicheren Geschäftsberichte erfordern nicht nur besser qualifizierte Mitarbeiter, sondern sind auch zeitaufwendiger in der Erstellung.
- *Unterhalt der IT-Infrastruktur*: Die unter Umständen neuen IT-Systeme bzw. IT-Anpassungen müssen fortlaufend unterhalten werden und können in höheren IT-Infrastrukturkosten resultieren.

---

19 Vgl. Göldi, D. (2010), S. 21.

- *Laufende Weiterbildung der Mitarbeiter*: Aufgrund der rasanten Weiterentwicklung bei den Standards IFRS und US GAAP müssen sich die Mitarbeitenden laufend weiterbilden. Dies stellt einen nicht zu vernachlässigenden Kostenblock in finanzieller wie auch zeitlicher Hinsicht dar. Swiss GAAP FER weist viel weniger Änderungen auf und verlangt daher deutlich weniger Weiterbildung und Schulung.
- *Auditkosten*: Aufgrund der zunehmenden Komplexität steigen auch die Kosten der Revisionsstelle. Gleichzeitig erhöhen sich die internen Kosten zur Einhaltung der neuen Vorschriften.
- *Externe Gutachten*: Die Vorschriften von IFRS und US GAAP erfordern immer wieder den Einsatz externer Gutachter, z.B. für versicherungsmathematische Gutachten. Diese verteuern den Unterhalt eines modernen Regelwerkes zusätzlich.
- *Wettbewerbsnachteil*: Die immer weitergehenden Offenlegungspflichten im Anhang bei IFRS und US GAAP können dazu führen, dass sensitive Daten bis hin zu Geschäftsgeheimnissen bekannt gegeben werden müssen. Dies kann ein nicht zu unterschätzender Nachteil sein und muss im weitesten Sinn als Kostenfaktor betrachtet werden. Ein Teil dieser Offenlegungspflichten ist allerdings auf börsenkotierte Unternehmen beschränkt.

Anders sieht es bei der Erhebung des Nutzens aus. Dieser ist oft nur sehr schwer oder fast gar nicht zu messen bzw. zu schätzen. In der Praxis wird ihm daher häufig zu wenig Beachtung geschenkt. Zweifelsohne hat eine moderne externe Rechnungslegung nebst externen auch interne Nutzeneffekte.[20]

- *Schaffen von Goodwill*: Der Umstand, dass auf transparente Art und Weise Rechenschaft abgelegt und Bericht erstattet wird, darf nicht unterschätzt werden. Durch die transparente Berichterstattung demonstriert ein Unternehmen, dass es die Informationsbedürfnisse seiner Anspruchsgruppen ernst nimmt. Für eine gute Zusammenarbeit zwischen Unternehmung und Anspruchsgruppen, ist es zentral, dass letztere mit der nötigen Aufmerksamkeit bedacht werden. Durch diese Offenheit können bei vielen Anspruchsgruppen Sympathien gewonnen und Goodwill geschaffen werden. Dies gilt für aktuelle wie auch zukünftige Share- und Stakeholders.

---

20 Vgl. zum Thema interner Nutzen z.B. Leibfried, P. (2008), S. 300-306.

- *Informationsgehalt und Abbau von Informationsasymmetrien*: Detailliertere Berichte führen dazu, dass sich Interessierte besser informieren können. Dadurch wird die Informationsasymmetrie zwischen Prinzipal und Agent abgebaut. Positive Effekte davon sind, dass sich Finanzanalysten und Kapitalgeber ein besseres Bild über die zukünftige Entwicklung des Unternehmens machen können und sich die Kapitalkosten aufgrund der grösseren Transparenz sowie der damit verbundenen Risikoverringerung senken lassen. Diese Aussage machte Arthur Levitt, früherer Vorsitzender der Securities and Exchange Commission, bereits Ende der neunziger Jahre des letzten Jahrtausends: So betonte er die Wichtigkeit qualitativ hochwertiger Standards, da diese die Kapitalkosten senkten.[21] Offenbar ist diese Aussage in der Schweiz aber mit einer gewissen Vorsicht zu geniessen. Es gibt heutzutage verschiedene Beispiele von Unternehmen, die sich vom internationalen Rechnungslegungsstandard IFRS wegbewegt haben und «nur» noch nach dem nationalen Regelwerk Swiss GAAP FER Bericht erstatten, ohne vom Kapitalmarkt mit einer schlechteren Bewertung und damit höheren Kapitalkosten abgestraft worden zu sein.[22]
- *Interner Nutzen*: Die gegen aussen kommunizierten Informationen sind bei qualitativ hochwertigen Rechnungslegungsstandards mehrheitlich so detailliert, dass diese ohne weiteres auch für das interne Berichtswesen verwendet werden können. Damit lassen sich kostspielige Doppelspurigkeiten im Berichtswesen eines Unternehmens vermindern. Auch lassen sich wiederkehrende Fragen und Diskussionen hinsichtlich divergierender interner und externer Zahlen vermeiden oder zumindest verringern. Der verminderte Erklärungsbedarf schont ebenfalls wertvolle Ressourcen.

All diese Nutzenaspekte sind nur zum Preis der oben bereits erwähnten Kostenfaktoren zu bekommen. In den letzten zehn Jahren ist die Weiterentwicklung der internationalen Rechnungslegungsstandards so rasant fortgeschritten, dass es mittlerweile viele kritische Stimmen gibt, welche dieser Entwicklung Einhalt gebieten wollen. IFRS und US GAAP haben einen Umfang und eine Komplexität erreicht, welche nur noch von absoluten Experten überschaut und verstanden werden. Anschaulich für das Umfangwachstum der Berichterstattung unter IFRS mag folgendes Beispiel sein: Für das Geschäftsjahr 1999 umfasste der

---

[21] Vgl. Levitt (1998), S. 82, zit. in Ballwieser, W. (2009), S. 194.

[22] Vgl. Leibfried, P. (2012), S. 28.

Teil «Finanzen» im Jahresbericht des Roche Konzerns 57 Seiten. 2005 war der «Finanzbericht» bereits 121 Seiten stark und 2011 gar 185 Seiten. Es ist mehr als fraglich, ob der durchschnittliche Leser diese Flut an Informationen verarbeiten kann bzw. überhaupt lesen will. Klar ist aber, dass eine halbe Stunde Zeitaufwand für das Studium der finanziellen Berichterstattung eines international tätigen Grosskonzerns nicht genügt, um diesen vollständig zu verstehen. Dies wird aber als vertretbarer Zeitaufwand zur Gewinnung eines zutreffenden Bildes erachtet.[23] Die Frage sei also erlaubt, ob die neuen internationalen Standards nicht zu weit weg von der Praxis entstehen und ob sie dem Leser wirklich noch einen Mehrnutzen bringen? Ein weiterer Nachteil der rasanten Entwicklung sind die fortlaufenden Änderungen der Standards und die damit einhergehende Einschränkung der Vergleichbarkeit mit Vorjahren.

29.4 Potentiell mögliche Rechnungslegungsstandards für Schweizer KMU

Verschiedene Studien zeigen auf, dass heute noch immer ein beachtlicher Teil der Schweizer KMU, welche nicht an der Börse kotiert sind, ihre Jahresrechnung lediglich nach den gesetzlichen Minimalstandards abschliessen und damit von einer sogenannten «fair presentation» weit entfernt sind.[24] Daher wird v.a. von Kapitalgeber-Seite der Druck zur Anwendung von Investoren-orientierten Rechnungslegungsstandards nach dem «true and fair view»-Prinzip auch für KMU weiter zunehmen. Im folgenden Kapitel werden die für Schweizer KMU potentiell möglichen Rechnungslegungsstandards überblicksartig vorgestellt. Vorgängig wird aber kurz auf handelsrechtliche und börsengesetzliche Vorschriften eingegangen, weil diese mitentscheidend sein können, wenn es um die Wahl des Rechnungslegungsstandards geht.

29.4.1 Handelsrechtliche und börsengesetzliche Vorschriften

Da die finanzielle Berichterstattung nicht nur für das Unternehmen sondern auch für viele Stakeholder essentiell ist, hat der Gesetzgeber eine Reihe von Vorschriften zur Buchführung erlassen.[25] Diese lassen sich in allgemeine Vorschriften zur kaufmännischen Buchführung und aktienrechtliche Bestimmungen

---

23 Vgl. Rufer, F. A. (2010), S. 189.

24 Vgl. z.B. Institut für Rechnungswesen und Controlling Universität Zürich (2009).

25 Vgl. Meyer, C. (2008a), S. 161.

untergliedern. Während erstere für alle im Handelsregister eingetragenen Unternehmungen gelten, sind die besonderen Vorschriften für Aktiengesellschaften, GmbH, Kommanditaktiengesellschaften und Genossenschaften zusätzlich einzuhalten. Die obligationenrechtlichen Bestimmungen sind allgemeingültig, einfach gehalten und damit in keiner Weise mit den modernen Rechnungslegungsstandards vergleichbar. Ihr Komplexitätsgrad ist gering. Sie sind das Mindestmass, welches ein buchführungspflichtiges Unternehmens einhalten muss.

Das Ende letzten Jahres vom Parlament verabschiedete neue Rechnungslegungsrecht[26] ändert nur wenig an den heutigen Pflichten zur Buchführung. Die neuen Bestimmungen bringen eine einheitliche und rechtsformunabhängige Ordnung für alle Unternehmen. Eines der Reformziele war es, kleine Unternehmen zu entlasten. Dies kommt z.B. darin zum Ausdruck, dass Einzelunternehmungen und Personengesellschaften bis zu einem Umsatz von CHF 500‘000 pro Jahr einfache Buchhaltungen (Ein- und Ausgabenbuchhaltung) führen dürfen. Entscheidend für die zu erfüllenden Anforderungen ist die wirtschaftliche Bedeutung des Unternehmens, wobei diese Anforderungen nicht sonderlich hoch angesetzt sind: «Die von allen buchführungs- und rechnungslegungspflichtigen Unternehmen anzuwendenden Bestimmungen spiegeln den Status quo der Buchführung und Rechnungslegung eines gut geführten KMU.»[27]

Kurz zusammengefasst müssen grössere Unternehmen[28] mehr Informationen (z.B. zusätzliche Anhangangaben, Geldflussrechnung, Lagebericht) liefern, während KMU, welche diese Schwellenwerte nicht erreichen, in Zukunft z.B. auf den heute noch verlangten Jahresbericht verzichten dürfen. Erwähnenswert ist insbesondere, dass nebst börsenkotierten Gesellschaften auch Genossenschaften mit 2‘000 Genossenschaftern und die von Gesetzes wegen zur ordentlichen Revision verpflichteten Stiftungen (zusätzlich zum handelsrechtlichen Abschluss nach Obligationenrecht) einen Abschluss nach anerkanntem Rechnungslegungsstandard erstellen müssen.[29] Bedauerlicherweise sind Konso-

---

[26] Die Inkraftsetzung ist noch nicht festgelegt, könnte aber auf Anfang 2013 sein.

[27] Schüle, K. (2012), S. 64.

[28] Als grosse Unternehmen gelten jene Unternehmen, welche zwei der drei folgenden Schwellenwerte in zwei nachfolgenden Jahren erreichen: CHF 20 Mio. Bilanzsumme, CHF 40 Mio. Umsatz, 250 Vollzeitstellen.

[29] Gleiches gilt für Gesellschaften, bei denen Gesellschafter mindestens 20% des Grundkapitals vertreten, oder 10% der Genossenschafter oder 20% der Vereinsmitglieder dies

lidierungen nach einem anerkannten Standard nur für börsenkotierte Unternehmen, Grossgenossenschaften und die von Gesetztes wegen zur ordentlichen Revision verpflichteten Stiftungen Pflicht. Die übrigen konsolidierungspflichtigen Unternehmen[30] dürfen (mit gewissen Ausnahmen) weiterhin wenig aussagekräftige Buchwert-Konsolidierungen erstellen.

Nebst den handelsrechtlichen Vorschriften müssen insbesondere Publikumsgesellschaften zusätzliche Vorgaben beachten. Unternehmen, die an der Schweizer Börse (heute SIX Swiss Exchange) kotiert sind, haben die entsprechenden Kotierungsvorschriften zu befolgen. In Abhängigkeit des gewählten Börsensegmentes sind teilweise unterschiedliche Rechnungslegungsnormen vorgeschrieben. Werden Beteiligungsrechte im Main Standard (Hauptsegment) gehandelt, ist zwingend IFRS oder US GAAP anzuwenden.[31] In den anderen Segmenten (Domestic Standard, Standard for Investment Companies und Standard for Real Estate Companies) und für Gesellschaften, die ausschliesslich Forderungsrechte kotiert haben, sind nebst IFRS und US GAAP auch Swiss GAAP FER erlaubt. Publikumsgesellschaften sind also aufgrund des jeweiligen Kotierungsreglements nicht vollständig frei bei der Wahl ihres Rechnungslegungsstandards.

29.4.2 Übersicht über die zur Auswahl stehenden Rechnungslegungsstandards

Nebst den bereits erwähnten Rechnungslegungsvorschriften bzw. -standards (Obligationenrechtliche Vorgaben, Swiss GAAP FER, IFRS und US GAAP) steht den Unternehmen seit Juli 2009 auch IFRS for SMEs (IFRS für KMU) zur Verfügung.

Diese basieren auf den «full» IFRS und verfolgen ebenfalls die Prinzipien von «true and fair view» und «fair presentation» – allerdings mit einem für KMU besseren Kosten-/Nutzenverhältnis. Nicht geeignet bzw. gar nicht erlaubt sind die IFRS for SMEs für Unternehmen, die öffentlich Rechenschaft ablegen müssen. Diese öffentliche Rechenschaft (public accountability) ergibt sich bei Bör-

---

verlangen. Die Pflicht zur Erstellung eines Abschlusses nach einem anerkannten Standard entfällt, wenn eine Konzernrechnung nach einem anerkannten Standard erstellt wird. (OR 962, 2 und 3).

30 Es gelten die oben bereits erwähnten Schwellenwerte.

31 Diese Regelung gilt ab dem Jahr 2013 auch für im Main Standard kotierte Banken.

senkotierung, bei ausstehenden Anleihen oder bei der geschäftsmässigen Betreuung von Vermögenswerten einer breiten Gruppe Aussenstehender.[32]

Darstellung 3 gibt eine Übersicht über die für Schweizer KMU zur Verfügung stehenden Regelwerke. Angefangen bei den handelsrechtlichen Vorgaben gemäss Obligationenrecht bis hin zu US GAAP bietet sich ein breites Spektrum an möglichen Regelwerken an.

Natürlich eignet sich nicht jedes Regelwerk für jedes Unternehmen gleich gut. Es ist Aufgabe des obersten Verwaltungsorgans, für sein Unternehmen den am besten geeigneten Standard auszuwählen.[33] Da an dieser Stelle nicht auf die einzelnen Standards im Detail eingegangen werden kann, soll lediglich der Hinweis erfolgen, dass heute mit einer Ausnahme alle Regelwerke investorenorientiert sind. Einzig die obligationenrechtlichen Vorschriften stützen sich auf den in der Schweiz traditionellen Gläubigerschutz ab.

29.5 Entscheidungsbaum zur Wahl des «richtigen» Rechnungslegungsstandards für Schweizer KMU

Aufgrund der bisherigen Ausführungen zeigt sich, dass v.a. drei Kriterien für die Wahl des Rechnungslegungsstandards eines Unternehmens ausschlaggebend sind:

- *Börsenkotierung*: Ist ein Unternehmen an der Börse kotiert, hat es die jeweiligen Kotierungsvorschriften der Börse zu beachten. Je nach gewähltem Börsensegment grenzen diese den Entscheidungsspielraum erheblich ein. Nichtkotierte Unternehmen hingegen haben volle Freiheit bei der Wahl des Rechnungslegungsstandards.
- *Unternehmensausrichtung*: Auch das Merkmal, ob ein Unternehmen eher national oder international ausgerichtet ist, hat Einfluss auf die Wahl des Rechnungslegungsstandards. Stark international ausgerichtete Unternehmen sollten bei der Wahl ihres Regelwerkes die Herkunft und auch Rechnungslegungs-Kenntnisse ihrer Stakeholder mitberücksichtigen. Nur so können sie deren Informationsbedürfnisse optimal befriedigen.

---

32 Vgl. IFRS for SMEs 1.3.

33 Gemäss OR 716a gehört u.a. die Ausgestaltung des Rechnungswesens zu den unübertragbaren Aufgaben des Verwaltungsrates.

Kriterien	Regelwerke				
	OR	**Swiss GAAP FER**	**IFRS for SME**	**IFRS**	**US GAAP**
Ziel	«Vorsicht vor Wahrheit»; Gläubigerschutz	fair presentation/true and fair view; investorenorientiert	fair presentation/true and fair view; investorenorientiert	fair presentation/true and fair view; investorenorientiert	fair presentation; investorenorientiert
Charakter	ein paar wenige Gesetzesartikel	prinzipienorientiert, übersichtlich	prinzipienorientiert, übersichtlich	prinzipienorientiert, detailliert	case law, extreme Regelungsdichte
Anerkennung / Verbreitung	Schweiz	Schweiz	fast weltweit	fast weltweit (auch USA)	USA und fast weltweit
Ausrichtung	kleine und kleinste nationale Unternehmen	nationale KMU	KMU, welche nicht öffentlich Rechenschaft ablegen müssen	Publikumsgesellschaften mit internationaler Ausstrahlung	Publikumsgesellschaften an US-Börsen
Umfang	heute < 10 Seiten; zukünftig ca. 20 Seiten	ca. 200 Seiten	ca. 250 Seiten	ca. 3'000 Seiten	mehrere Bücher; > 20'000 Seiten
Wahlrechte	praktisch immer	oft mehrere	Einschränkung von Wahlrechten	teilweise Wahlmöglichkeit zwischen Benchmark und Alternative (Tendenz abnehmend)	praktische keine
Informationsgehalt	äusserst beschränkt	gut, aber beschränkt; nicht sehr detailliert	gut, aber beschränkt; nicht sehr detailliert	(sehr) umfassend und sehr detailliert	sehr umfassend und sehr detailliert
Einführungs-, wiederkehrende Kosten	praktisch keine	klein	klein	sehr gross	sehr gross
Anwendung	sehr einfach	einfach	einfach	schwierig	schwierig

Abbildung 3: Übersicht zu den zur Verfügung stehenden Regelwerken

Quelle: Eigene Darstellung (basierend auf Meyer, C. (2008a), S. 175 und Carlen, F. et al. (2011), S. 19.)

- *Kapitalgeberstruktur (inklusive Eigentümerstruktur)*: Zu den wichtigsten Grundtypen von Entscheidungen zählen Investitions- oder Kreditentscheidungen.[34] Entsprechend wichtig ist bei der Wahl des Rechnungslegungsstandards die Analyse der Kapitalgeberstruktur. In einem ersten Schritt ist zu unterscheiden, ob das Unternehmen primär eigen- oder fremdfinanziert ist. In einem weiteren Schritt ist bei primär eigenfinanzierten Unternehmen auch die Eigentümerstruktur zu berücksichtigen. Es ist ein wesentlicher Unterschied, ob ein Alleinaktionär die Geschicke eines Unternehmens leitet und entsprechend auch alle relevanten Informationen zur Hand hat oder ob mehrere (in die Geschäftsführung nicht involvierte) Aktionäre am Unternehmen beteiligt sind.

Aufgrund dieser Kriterien lässt sich ein vereinfachter Entscheidungsbaum zur Wahl des «richtigen» Rechnungslegungsstandards ableiten. Die nachfolgenden Aussagen sind generisch, zudem gibt es in verschiedenen Fällen gute Gründe, vom unten dargestellten Entscheidungsbaum abzuweichen.

Bei der Betrachtung des Entscheidungsbaums fällt auf, dass für nicht-kotierte Unternehmen (linker Ast im Entscheidungsbaum) IFRS oder US GAAP grundsätzlich nicht zu empfehlen sind. Für KMU trifft dies noch viel stärker zu. Diese sind mit den zur Verfügung stehenden Ressourcen kaum in der Lage, die hohen Kosten zur Einhaltung der immer strenger werdenden Anforderungen zu tragen. Zudem sind KMU gemäss eingangs aufgeführter Definition zu klein, um am Main Standard gelistet zu sein.[35]

IFRS und US GAAP sollten daher lediglich bei grossen, börsenkotierten Unternehmen, welche international ausgerichtet sind, in Betracht gezogen werden. Des Weiteren sollten diese Unternehmen nur in gut begründeten Fällen US GAAP anwenden. Obwohl noch immer diskutiert wird, ob bzw. wann in den USA auch US-amerikanischen Emittenten die Anwendung von IFRS erlaubt oder sogar vorgeschrieben sein wird, fährt man mit der Annahme gut, dass IFRS bald *der globale* Rechnungslegungsstandard sein wird.

---

[34] Vgl. Behr, G. / Leibfried, P. (2010), S. 48.

[35] Um am Main Standard kotiert zu sein, muss ein Unternehmen mindestens CHF 25 Mio. Eigenmittel aufweisen. Vgl. SIX Swiss Exchange, online.

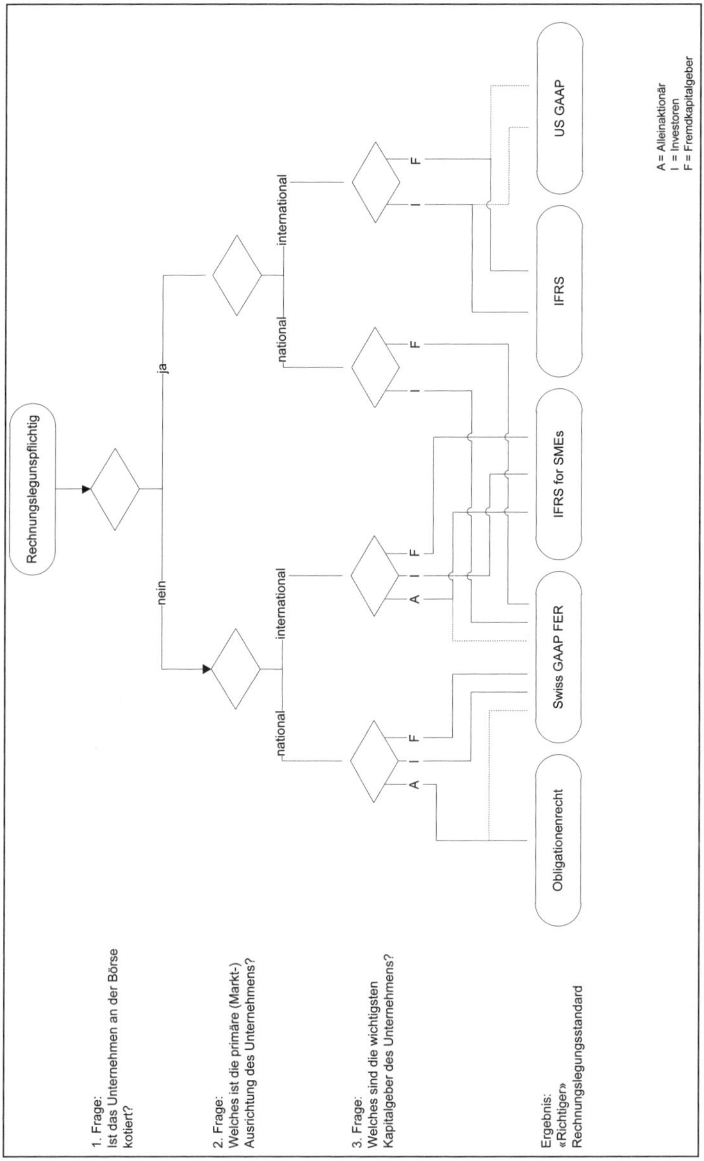

Abbildung 4: Entscheidungsbaum zur Wahl des «richtigen» Rechnungslegungsstandards

Für börsenkotierte und primär national ausgerichtete Unternehmen (insbesondere aber KMU) ist daher aufgrund des Kosten-Nutzen-Verhältnisses Swiss GAAP FER als Rechnungslegungsstandard zu empfehlen. IFRS for SMEs ist für börsenkotierte Unternehmen bekanntlich keine Option.

Nicht gelistete Unternehmen haben sich aufgrund des Entscheidungsbaumes zwischen den obligationenrechtlichen Vorschriften, Swiss GAAP FER und IFRS for SMEs zu entscheiden. Die Empfehlung zur Wahl des «richtigen» Rechnungslegungsstandards ist davon abhängig, ob das Unternehmen primär national oder international ausgerichtet ist.

National ausgerichtete, nicht-kotierte Unternehmen sind gut beraten, wenn sie Swiss GAAP FER als Rechnungslegungsstandard wählen. Mit vertretbarem Aufwand kann eine finanzielle Berichterstattung nach dem Prinzip von «true and fair view» vorgenommen werden. Dies ist nicht nur von grossem Nutzen für die Investoren, sondern dürfte auch von den Gläubigern begrüsst werden. Geht doch der Trend gegenüber Fremdkapitalgebern hin zu mehr Offenheit.[36] In Ausnahmefällen – nämlich dann wenn ein Alleinaktionär auch gleichzeitig die Unternehmensleitung innehat und entsprechend auf alle für ihn relevanten Informationen Zugriff hat – kann auch ein OR-Abschluss genügen. Soll der Abschluss aber gleichzeitig als taugliches Führungsinstrument genutzt werden, empfiehlt sich auch hier der Einsatz von Swiss GAAP FER.

International ausgerichtete nicht-kotierte Unternehmen haben mit den noch jungen IFRS for SMEs einen neuen Rechnungslegungsstandard. Dieser soll gemäss Aussage des International Accounting Standards Board (IASB) geeignet sein, um den Bedürfnissen von über 95% aller KMU weltweit zu genügen.[37] Inwieweit sich der Standard in der Schweiz durchsetzen wird, ist umstritten. Entscheidend wird sicher auch sein, ob der Bundesrat ihn als anerkannten Standard im Rahmen des neuen Rechnungslegungsrechts akzeptieren wird. Für Unternehmen mit einem gewichtigen Anteil an internationalen bzw. ausländischen Kapitalgebern, ist er eine unbedingt zu prüfende Alternative. Für den Fall, dass ein mit Schweizer Verhältnissen vertrauter Alleinaktionär das Unternehmen führt, ist Swiss GAAP FER eine sehr gute Wahl.

---

[36] Vgl. Grundlehner, W. (2012), S. 29.

[37] Vgl. IFRS Foundation and the IASB, online.

29.6 Zusammenfassung und Ausblick

Zusammenfassend lässt sich festhalten, dass die finanzielle Berichterstattung – und damit auch die Wahl des Rechnungslegungsstandards – nicht einfach einen Selbstzweck darstellt, sondern Mittel zur Zielerreichung ist. Die finanzielle Berichterstattung ist sowohl für das Unternehmen wie auch die verschiedenen Stakeholder ein wichtiges Instrument zur Entscheidungsfindung. Entsprechend wichtig ist die richtige Wahl des Regelwerkes.

Dem Entscheid zur Wahl eines bestimmten Standards sollten sorgfältige Kosten-/Nutzen-Überlegungen vorangehen. Grundsätzlich sind eine erhöhte Transparenz und mehr Informationen zu begrüssen. Es sollte aber auch bedacht werden, dass grosse Mengen an Informationen schnell einmal zu einer Informationsüberflutung der Berichtsempfänger führen können. Ganz zu schweigen von den immensen Kosten, die mit einer immer umfassenderen und detaillierteren Finanzberichterstattung, z.B. nach IFRS oder US GAAP, einhergehen.

Jedes Unternehmen, egal ob KMU oder Grossunternehmen, hat für sich die Wahl des «richtigen» Rechnungslegungsstandards zu treffen. Hierzu gibt es ein paar allgemeingültige Empfehlungen, an denen sich jedes KMU orientieren kann. Die Orientierung am vorgestellten Entscheidungsbaum ist eine Möglichkeit. Alleine aufgrund der Tatsache, dass am meisten Pfeile beim Rechnungslegungsstandard Swiss GAAP FER münden, bedeutet nicht, dass die Wahl unreflektiert auf diesen Standard fallen sollte. Vielmehr ist es ein sehr individueller Entscheid, der aufgrund der situativen Gegebenheiten getroffen werden sollte.

Besonders wichtig ist, dass sich Unternehmen bei diesem Entscheid nicht von irgendwelchen Prestige-Überlegungen leiten lassen. Das Etikett «international» und damit verbunden «umfassender» und «detaillierter» ist nicht automatisch mit «besser» gleichzusetzen. Vielleicht lassen bzw. liessen sich einige Unternehmen in der Vergangenheit von diesen Attributen blenden und meinten, einen entsprechenden Standard anwenden zu müssen. Offensichtlich sind die nicht enden wollenden neuen Standards und Regelungen bei den grossen Regelwerken (IFRS und US GAAP) keine Lösung gegen die in jüngster Vergangenheit immer häufiger wiederkehrenden (Vertrauens-)Krisen zu sein. Das scheinen mittlerweile auch immer mehr Schweizer Unternehmen erkannt zu haben und wenden sich von den grossen internationalen Standards ab, hin zu den übersichtlicheren und dem Zweck der Informationsvermittlung offenbar ebenfalls genügenden Swiss GAAP FER. Seit 2009 sind es schon mehr als ein Dutzend Unternehmen, die diesen Schritt unternommen haben. Es dürfte spannend bleiben, ob noch weitere Schweizer Unternehmen, vielleicht sogar grosse Publikumsgesellschaften, diesem Beispiel folgen werden.

Literaturverzeichnis

- Achleitner, A.-K. / Behr, G. / Schäfer, D. (2009): Internationale Rechnungslegung. Grundlagen, Einzelfragen und Praxisanwendungen. München: Franz Vahlen (Accounting competence).
- Ballwieser, W. (2009): IFRS-Rechnungslegung. Konzept, Regeln und Wirkungen. 2., überarb. und erw. Aufl. München: Vahlen (Vahlens Handbücher der Wirtschafts- und Sozialwissenschaften).
- BDO Visura; Institut für Rechnungswesen und Controlling Universität Zürich (2004): Rechnungslegung mittelgrosser Unternehmen – Wie reagieren grössere, nicht kotierte Schweizer Unternehmen auf die Internationalisierung der Rechnungslegung. Zürich.
- Behr, G. / Leibfried, P. (2010): Rechnungslegung. 2., überarb. und erw. Zürich: Versus
- Carlen, F. / Gianini, F. / Riniker, A. (2011): Finanzbuchhaltung 1. Praxis der Finanzbuchhaltung. 12. Aufl. Zürich: Verlag SKV.
- Eberle, R (2010): Der «richtige» Rechnungslegungsstandard. In: Der Schweizer Treuhänder (3/2010), S. 124–125.
- FASB (Financial Accounting Standards Board) (2012): Statement of Financial Accounting Concepts No. 1. Objectives of Financial Reporting by Business Enterprises. Online (24.03.2012): http://www.fasb.org/cs/BlobServer?blobcol=urldata&blobtable=MungoBlobs&blobkey=id &blobwhere =1175820899285&blobheader=application%2Fpdf
- Fülbier, R. U. / Gassen, J. (2008): Bilanzrechtsregulierung: Auf der ewigen Suche nach der eierlegenden Wollmilchsau. In: Wagner, F. W. / Schildbach, T. / Schneider, D. (Hrsg.): Private und öffentliche Rechnungslegung. Festschrift für Prof. Dr. Hannes Streim zum 65. Geburtstag. Wiesbaden: Gabler (Gabler Edition Wissenschaft).
- Göldi, D. (2010): Nationale vs. internationale Rechnungslegungsstandards. Echter Fortschritt oder l'art pour l'art? - Ein Vierteljahrzehnt Streben nach immer grösserer Transparenz - Weniger wäre oft mehr. Finanz und Wirtschaft vom 4. August 2010, S. 21.
- Grundlehner, W. (2012): Die Migros will kein Kredit-Rating mehr. Standard & Poor's gekündigt. Neue Zürcher Zeitung vom 22. Februar 2012, S. 29.
- Heinhold, M. (1995): Der Jahresabschluss. 4., durchgesehene Auflage, München: Oldenbourg Verlag.
- IFRS Foundation and the IASB (2012): Online (24.03.2012): http://www.ifrs.org/IFRS+for+SMEs/IFRS+for+SMEs.htm
- Institut für Banking und Finance der Universität Zürich (2012): FinanceWiki: Rechnungslegungsstandard. Online (16.02.2012): http://www.bf.uzh.ch/financewiki/index.php/Rechnungslegungsstandard
- Institut für Rechnungswesen und Controlling Universität Zürich (2009): Rechnungslegung kleiner und mittelgrosser Unternehmen in der Schweiz – Eine

empirische Erhebung zu Swiss GAAP FER (im Auftrag der Fachkommission für Fachempfehlungen zur Rechnungslegung FER). Zürich.

- KMU Portal (2012): Typologie der KMU - 2.1 Verschiedene Kriterien. Online (16.02.2012): http://www.kmu.admin.ch/politik/00100/00101/index.html?lang=de
- Leibfried, P. (2008): Swiss GAAP FER als Führungsinstrument. Moderne externe Rechnungslegung hat auch einen internen Nutzen. In: Der Schweizer Treuhänder (5/2008), S. 300 – 306.
- Leibfried, P. (2012, 15. Februar): Internationale Rechnungslegung - quo vadis? Politischer Aktionismus als falsche Antwort auf durch die Finanzkrise aufgeworfene Fragestellungen. Neue Zürcher Zeitung, S. 28.
- Lühr, I. (2010): Internationale Rechnungslegung für kleine und mittelgrosse Unternehmen. Wiesbaden: Gabler (Moderne Finanzwirtschaft & Unternehmensbewertung).
- Meyer, C. (2008a): Finanzielles Rechnungswesen. Einführung mit Beispielen und Aufgaben. Zürich: Treuhand-Kammer.
- Meyer, C. (2008b): Grundlagen zu Swiss GAAP FER. Massgeschneidertes Konzept für aussagekräftigen Abschluss nach True and Fair View. In: Der Schweizer Treuhänder (5/2008), S. 289 – 294.
- Pellens, B. / Fülbier, R. U. / Gassen, J. / Sellhorn, Th. (2011): Internationale Rechnungslegung. IFRS 1 bis 9, IAS 1 bis 41, IFRIC-Interpretationen, Standardentwürfe. Mit Beispielen, Aufgaben und Fallstudie. Stuttgart: Schäffer-Poeschel.
- Rufer, F. A. (2010): Studien, Verträge und Rechnungsmodelle – ohne sie geht gar nichts mehr. In: Schweizer Treuhänder (4/2010), S. 188 – 189.
- Schmid, S. (2011a): Kardex Gruppe kehrt IFRS zu Gunsten von Swiss GAAP FER den Rücken. Online (15.03.2012): http://www.accountingundcontrolling.ch/accounting/kardex-gruppe-kehrt-ifrs-zu-gunsten-von-swiss-gaap-fer-den-rucken/
- Schmid, S. (2011b): Wicor wünscht sich schlankere Rechnungslegungsstandards. Online (15.03.2012): http://www.accountingundcontrolling.ch/accounting/interview-wincor-wunscht-sich-schlankere-rechnungslegungsstandards.
- Schüle, K. (2012): Das neue Rechnungslegungsrecht. Erfolgreiche Einflussnahme der Treuhand-Kammer. In: Der Schweizer Treuhänder (1-2/2012), S. 64 – 65.
- SIX Swiss Exchange (2012): Going Public - Börsengang und Handelsaufnahme. Online (24.03.2012): http://www.six-swiss-exchange.com/issuers/listing/shares/going_public_de.html
- Streim, H. (1988): Grundzüge der handels- und steuerrechtlichen Bilanzierung, Stuttgart.
- Treuhand-Kammer, Schweizerische Kammer der Wirtschaftsprüfer und Steuerexperten (2009): Schweizer Handbuch der Wirtschaftsprüfung. Band 1. Zürich: Treuhand-Kammer.

IFZ

Kompetenzzentrum der Hochschule Luzern – Wirtschaft

IFZ – Eine Erfolgsgeschichte

Die Geschichte des Instituts für Finanzdienstleistungen Zug IFZ der Hochschule Luzern ist ein gutes Beispiel dafür, wie Fachhochschulen im Sinne des New Public Managements zusammen mit der Wirtschaft Kompetenzzentren mit nationaler Ausstrahlung aufbauen können. Im Folgenden sollen einige Meilensteine in der erfolgreichen fünfzehnjährigen Entwicklung des IFZ aufgezeigt werden.[1]

1.1 Von der Initiative zur Realisierung

Der Kanton Zug hat in den letzten Jahren das Ziel verfolgt, die Cluster in der Wirtschaft zu fördern und die Rahmenbedingungen für die Unternehmen in diesen Clustern zu verbessern. Dank dieser Strategie sind unter anderem einige Bildungsinitiativen entstanden. Eine davon ist das Institut für Finanzdienstleistungen Zug IFZ der Hochschule Luzern – Wirtschaft.

Die Gründung des Institutes geht auf eine Initiative der Zuger Wirtschaftskammer ZWK und der Volkswirtschaftsdirektion des Kantons Zug zurück. Die ZWK beauftragte zusammen mit der UBS Zug das Betriebswirtschaftliche Zentrum BWI der ETH Zürich, eine Grundlagenstudie zum Standortmanagement für den Handels- und Finanzplatz Zug zu erstellen. Die 1994 veröffentlichte Grundlagenstudie weist auf die nationale und internationale Bedeutung des Handels- und Finanzplatzes Zug und die nach wie vor vorhandenen ausgezeichneten Standortfaktoren hin.

Unter vielen anderen Massnahmen zur Verbesserung der Rahmenbedingungen des Handels- und Finanzplatzes Zug schlug die Studie vor, vermehrt auf das

[1] Der Blick zurück erfolgt aus heutiger Sicht, es werden insbesondere für die beteiligten Institutionen und die Studiengänge die aktuellen Bezeichnungen verwendet. Im Zuge des Wandels in der Wirtschaft und im Bildungswesen haben nämlich in den letzten 15 Jahren viele Institutionen – teils sogar mehrmals – ihren Namen geändert. So entstand die heutige Zuger Wirtschaftskammer ZWK aus dem früheren Handels- und Dienstleistungsverband HDV. Die heutige Hochschule Luzern – Wirtschaft hiess bis 1997 Höhere Wirtschafts- und Verwaltungsschule (HWV Luzern) und dann von 1997 bis 2007 Hochschule für Wirtschaft Luzern (HSW Luzern). Die heutige Hochschule Luzern hiess von 1997 bis 2007 Fachhochschule Zentralschweiz (FHZ). Mit der Einführung des Bologna Systems wurden ab dem Jahre 2005 auch neue Bezeichnungen der Lehrgänge an den Hochschulen eingeführt (MAS, DAS, CAS, MSc, BSc etc.).

Studienangebot der Fachhochschulen Einfluss zu nehmen und den Aufbau eines speziellen Institutes für Handel und Finanzen auf dem Platz Zug, allenfalls als Ableger einer Fachhochschule, zu prüfen. Ein weiterer Vorschlag bestand darin, in Zug Kongresse, Tagungen und Symposien zu speziellen Themen aus dem Bereich Handel und Finanzen durchzuführen.[2]

Die Volkswirtschaftsdirektion des Kantons Zug hat die Anregung der BWI-Studie bezüglich einem Institut für Finanz und Handel aufgenommen und ist im Sommer 1994 mit dem Anliegen an die Hochschule Luzern – Wirtschaft herangetreten. Im April 1995 hat der Regierungsrat des Kantons Zug die Volkswirtschaftsdirektion beauftragt, gemeinsam mit der Hochschule Luzern – Wirtschaft eine Vorstudie für ein Fachhochschulinstitut im Bereich Trading, Handel und Finanz auszuarbeiten.

Aufgrund der Bedürfnisabklärung zeigte sich, dass vor allem im Bereich der Finanzdienstleistungen und des Finanzmanagements, weniger jedoch im Bereich des Rohwarenhandels oder des Grosshandels, ein Bedürfnis nach einem Institut bestand. Entsprechend wurde vorgeschlagen, für das Institut den Namen Institut für Finanzdienstleistungen Zug IFZ zu verwenden.

Am 9. Januar 1996 hat der Regierungsrat des Kantons Zug von der Vorstudie Kenntnis genommen und ein definitives Projekt in Auftrag gegeben. Im Juni 1996 hat er eine Vorlage an den Kantonsrat verabschiedet. Im November 1996 hat der Kantonsrat dem Dekret zugestimmt. Unmittelbar danach wurde der gemischtwirtschaftliche Verein IFZ gegründet. Im Frühjahr und Sommer 1997 wurde das Vertragswerk mit der Hochschule Luzern – Wirtschaft bzw. dem Regierungsrat des Kantons Luzern bereinigt.

Im Sommer 1997 wurde der Institutsleiter gewählt und im Oktober 1997 wurde das Institut für Finanzdienstleistungen Zug IFZ offiziell eröffnet. Gleichzeitig mit der Eröffnung des Instituts konnte auch bereits ein erster Weiterbildungslehrgang, der heutige Master of Advanced Studies MAS Bank Management eröffnet werden. Dieser wurde vom späteren Institutsleiter bereits ab 1995 in Zusammenarbeit mit der Schweizerischen Kommission für Bankfachprüfungen initiiert und konzipiert.

---

2 Betriebswirtschaftliches Institut BWI der ETH Zürich: Handels- und Finanzplatz Zug – Grundlagen-Studie für ein Standortmanagement, Zürich April 1994, Seite 37

1.2 IFZ – Beispiel für eine Public Private Partnership

Das IFZ war sowohl für die Hochschule Luzern als auch für alle beteiligten Partner ein Gemeinschaftsprojekt mit grossem Innovationsgehalt. Es galt ein Fachhochschulinstitut mit Standort Zug zu realisieren, das organisatorisch in die Hochschule Luzern – Wirtschaft integriert war, auf welches jedoch der Kanton Zug und die beteiligten Wirtschaftspartner in wesentlichen Fragen Einfluss nehmen konnten. Hinzu kam, dass der Kanton Luzern als damaliger Träger der Hochschule Luzern das finanzielle Risiko für das Institut nicht tragen wollte.

1.2.1 Verein IFZ als Trägerverein (1997 bis 2001)[3]

Als Lösung wurde Ende 1996 vom Kanton Zug zusammen mit der Zuger Wirtschaftskammer der gemischtwirtschaftliche Verein IFZ gegründet. Dieser erlaubte es, die Privatwirtschaft im Sinne einer Public Private Partnership in die Trägerschaft und Finanzierung des IFZ einzubinden. Da der Kanton Zug in den ersten Betriebsjahren des Instituts eine substanzielle Anschubfinanzierung leistete, hat er im Verein spezielle Mitsprachemöglichkeiten.

Der Verein IFZ schloss dann mit dem Kanton Luzern einen Vertrag ab, in dem sich der Kanton Luzern verpflichtet, an der Hochschule Luzern – Wirtschaft das Institut für Finanzdienstleistungen Zug IFZ zu führen. Im Vertrag wurden in etwa die folgenden Vereinbarungen getroffen:

- Der Kanton Luzern integriert das IFZ als Abteilung in die Hochschule Luzern – Wirtschaft.
- Das Institut muss zwingend den Standort im Kanton Zug haben.
- Der Verein IFZ ist für die Finanzierung des Instituts zuständig.
- Der Verein IFZ schliesst mit der Hochschule Luzern – Wirtschaft eine Leistungsvereinbarung ab und wählt die Institutsleitung.
- Der Vorstand des Vereins IFZ ist innerhalb der Organisation der Hochschule Luzern in Personalunion gleichzeitig der Institutsrat des IFZ. Der Institutsrat

[3] Vgl. dazu Lengwiler Christoph: Clusterorientierte Strategien beim Ausbau der Fachhochschulen – am Beispiel des Instituts für Finanzdienstleistungen Zug IFZ, in: Thierstein Alain et. al. (Hrsg.): Die lernende Region: Regionale Entwicklung durch Bildung, Verlag Rüegger, Zürich 2000, ISBN 3- 7253-0668-0, S. 137-154

hat innerhalb der Organisation der Schule bezogen auf das IFZ die gleichen Aufgaben, wie sie sonst der Aufsichtskommission der Schule zustehen.

Das etwas unkonventionelle Konstrukt erlaubte es dem Verein IFZ, direkt auf eine Abteilung der vom Kanton Luzern geführten Hochschule Luzern – Wirtschaft Einfluss zu nehmen (Wahl des Institutsleiters, Personalentscheide, Strategie, Finanzplan, Institutsbudget, Institutsrechnung, Kursreglemente etc.). Dies war nach dem Grundsatz «wer zahlt befiehlt» zwingend notwendig, weil der Verein IFZ das volle finanzielle Risiko des Instituts trug.

Die im Konstrukt offensichtlichen Rollenkonflikte zwischen dem Vorstand des Vereins IFZ, der Aufsichtskommission und dem Rektor der Hochschule Luzern – Wirtschaft sowie dem Institutsleiter wurden pragmatisch angegangen, indem der Präsident der Aufsichtskommission im Vorstand des Vereins IFZ Einsitz nahm und sowohl der Rektor als auch der Institutsleiter im Vorstand mit beratender Stimme einbezogen wurden.

1.2.2 Verein IFZ als Förderverein (seit 2002)

Nach der Schaffung des Fachhochschulkonkordates und dem erfolgreichen Aufbau des Hochschulinstituts wurde per Anfang 2002 die Struktur des IFZ den aktuellen Erfordernissen angepasst. Die finanzielle Verantwortung für das Institut ging vom Verein IFZ an die Hochschule Luzern über. Entsprechend entfiel der direkte Durchgriff des Vereinsvorstandes auf die Entscheide der Hochschule und der Verein IFZ übernahm fortan die Funktion eines Fördervereins. Die bis Ende 2001 aufgelaufenen Reserven des Instituts wurden als zweckgebundener Fonds IFZ in die Bilanz des Vereins IFZ übergeführt. Der Verein kann aus den Mitteln des Fonds IFZ Beiträge an die Forschung und weitere Aktivitäten des IFZ sprechen.

Der Verein IFZ hat bezüglich dem IFZ auch heute noch einige vertragliche Sonderrechte:

- Er kann zwei Mitglieder in den Beirat der Hochschule Luzern – Wirtschaft delegieren.
- Er entscheidet gemeinsam mit der Leitung der Hochschule Luzern – Wirtschaft über Kooperationen.
- Er kann Anträge für neue Weiterbildungsangebote des Instituts direkt an die Direktion der Hochschule Luzern oder den Fachhochschulrat einreichen.

- Er hat spezielle Mitspracherechte bei der Wahl des Institutsleiters (Vorsitz und zwei von fünf Mitglieder im Wahlausschuss, Vetorecht gegen Wahlentscheid).
- Er entscheidet alleine über die Verwendung von Mitteln aus dem Fonds IFZ.
- Er erhält bis zur Höhe der gewährten finanziellen Beiträge 80% der jährlichen Rechnungsüberschüsse des IFZ zurück (zur Einlage in den Fonds IFZ).

Der Verein hat in den letzten Jahren dem IFZ jährliche Beiträge in der Höhe von jeweils 150'000 bis 400'000 geleistet und er hat das IFZ auch unterstützt, indem er kurzfristig Mietverträge zur Sicherung von Räumlichkeiten für die Weiterentwicklung des Instituts abgeschlossen und später der Hochschule Luzern abgetreten hat. Eine wichtige Funktion für das IFZ haben auch die im Vorstand vertretenen Führungskräfte aus der Finanzindustrie. Sie unterstützen die Institutsleitung mit viel Wohlwollen als «Sparring Partner» und «Türöffner».

1.3 IFZ – Meilensteine zum Erfolg

Das IFZ hat seit seiner Gründung eine beachtliche Entwicklung durchgemacht. In Zusammenarbeit mit der Wirtschaft hat es sukzessive neue Aus- und Weiterbildungsangebote aufgebaut, anwendungsorientierte Forschungsprojekte bearbeitet, Publikationen verfasst sowie Beratungs-, Geschäftsführungs- und Schulungsaufträge übernommen. Die wichtigsten Meilensteine des Aufbaus des Instituts seien kurz erwähnt:

1997 – Eröffnung des Instituts in der Grafenau in Zug
– Start MAS Bank Management

1998 – Start CAS Finanzmathematik und Statistik

1999 – Start MAS Corporate Finance
– Start ES International Commodity Trading (bis 2002)
– Start CAS Führungskompetenz für Finanzfachleute

2000 – Start Vorbereitungskurse Chartered Financial Analyst CFA (bis 2003)
– Start DAS Compliance Management

2001 – Übernahme Geschäftsführung Swiss Corporate Finance and Private Equity Association SECA
– Gründung der Alumni IFZ als Untergruppe der Vereins IFZ

2002 – Start MAS Private Banking and Wealth Management
– Start KMU Forum – Finanzielle Führung
– Verein IFZ wird vom Trägerverein zum Förderverein

2003 – Erstmalige Verleihung Jefferies Studienpreis (IFZ als Mitträger)
– Start MAS Controlling

2004 – Start CAS Swiss Certified Treasurer SCT®
– Übernahme Geschäftsführung Swiss CFA Society SCFAS (bis 2011)
– Reorganisation Hochschule Luzern – Wirtschaft, IFZ ist in Matrixorganisation für Kompetenzschwerpunkte «Finance & Banking» und «Controlling & Accounting» zuständig, Einführung der Co-Leitung

2005 – Start CAS Finanz- und Rechnungswesen für Juristen
– Start MAS Immobilienmanagement
– Start neu konzipierter Bachelor BSc in Business Administration an der Hochschule Luzern – Wirtschaft mit Studienrichtungen «Finance & Banking» und «Controlling & Accounting»
– Einführung der heutigen Terminologien MAS, DAS, CAS, MSc, BSc

2006 – Gründung CFO Forum Schweiz, Geschäftsführung durch das IFZ
– Start des berufsbegleitenden Bachelorstudiengänge
– Erstmalige Durchführung der ersten Women's Finance Conference (heute Women's Business Conference)

2008 – Start Master of Science MSc Banking and Finance (in Kooperation mit der ZHAW School of Management and Law)
– Start Bank VR Workshops
– Start CAS Customer Focus (2011 eingestellt)
– Start CAS Kostenmanagement und Controlling für Führungskräfte

2009 – Start einer neuen Studienrichtung Immobilien im Bachelor-Lehrgang
– Start Summer School

2010 – Erstmalige Organisation des Swiss CFO Day für das CFO Forum Schweiz (inkl. CFO of the Year Award)
– Start Fachkurse in den Bereichen Projektmanagement und Risk Management

2011 – Start MAS Pensionskassen Management
– Gründung swissVR, Übernahme Geschäftsführung durch das IFZ, Ausschreibung von Weiterbildungsangeboten für Verwaltungsräte
– Start Investment Forum

2012 – Gründung Zug Commodity Association, Geschäftsführung durch IFZ
– Erstmalige Ausschreibung MAS Asset Management
– Erstmalige Durchführung des Swiss Treasury Summit

1.4 IFZ – Kompetenzzentrum der Hochschule Luzern – Wirtschaft

Das Institut für Finanzdienstleistungen Zug IFZ ist heute ein Kompetenzzentrum der Hochschule Luzern – Wirtschaft mit nationaler Ausstrahlung. Die Hochschule Luzern – Wirtschaft organisiert sich in einer Matrix-Organisation. Diese besteht zum einen aus fünf Instituten, welche die Fachbereiche der Hochschule darstellen und einen oder mehrere Kompetenzschwerpunkte der Hochschule abdecken. Zum anderen besteht sie aus den Leistungsbereichen, welche sich in Ausbildung (Bachelor, Master), Weiterbildung, anwendungsorientierte Forschung und Entwicklung sowie Dienstleistungen unterteilen lasen.

IFZ – Abteilung der Hochschule Luzern – Wirtschaft

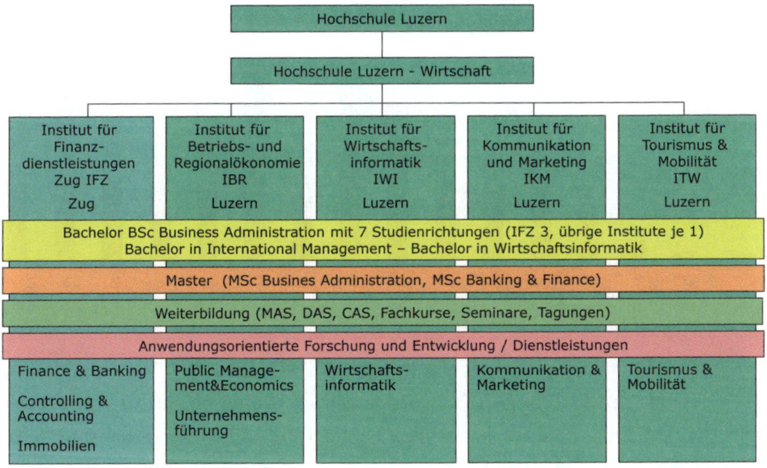

Das IFZ ist in dieser Struktur voll integriert, es unterscheidet sich einzig darin, dass es seinen Standort nicht in Luzern, sondern in Zug hat. Alle Dozierenden und wissenschaftlichen Mitarbeitenden der Hochschule Luzern – Wirtschaft in den Bereichen Finance & Banking, Controlling & Accounting sowie Immobilien sind administrativ dem IFZ zugeteilt. Das IFZ stellt in diesen Themengebieten an der Schule im Bachelor, im Master und in der Weiterbildung die Dozierenden, es betreut drei Studienrichtungen im BSc Business Administration und leitet den MSc Banking & Finance. Am Standort Zug bietet es Weiterbildung, Forschung und Dienstleistungen an.

1.5 IFZ – Mehrwert für die beteiligten Anspruchsgruppen

Das Institut für Finanzdienstleistungen Zug IFZ der Hochschule Luzern – Wirtschaft stellt im Nachhinein eine Erfolgsgeschichte in der schweizerischen Hochschullandschaft dar. Es ist heute unter den Fachhochschulen das grösste Kompetenzzentrum im Finanzbereich und zeichnet sich durch einen hohen Bekanntheitsgrad in der Finanzdienstleistungsbranche und bei Finanzfachleuten in Unternehmungen aller Branchen aus.

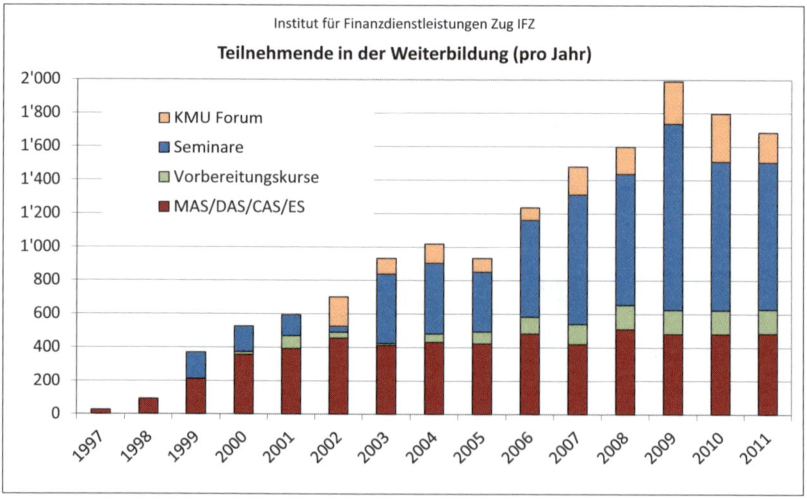

Aus Sicht der Initianten des IFZ wurden die ursprünglich verfolgten Ziele erreicht. In den letzten fünfzehn Jahren haben rund 4'000 Personen aus der Finanzbranche oder aus dem Finanzbereich von Unternehmen aus der ganzen (Deutsch)Schweiz einen der Weiterbildungslehrgänge des IFZ absolviert. Weitere rund 8'000 bis 10'000 Personen haben Seminare, Tagungen oder andere Veranstaltungen des IFZ besucht. Damit hat das Institut – wie ursprünglich bezweckt – durch bedarfsgerechte und hochstehende Aus- und Weiterbildungsmöglichkeiten einen substanziellen Beitrag zur Qualitätssicherung in der schweizerischen Finanzindustrie leisten können.

Das IFZ hat auch für die regionale Wirtschaft Impulse ausgelöst. Es hat in den letzten fünfzehn Jahren in Zug gegen 60 Arbeitsplätze geschaffen. Als teilautonome Einheit der Hochschule Luzern – Wirtschaft im sogenannten erweiterten Leistungsauftrag (Weiterbildung, Forschung, Dienstleistungen) hat das Institut in den letzten fünfzehn Jahren aus eigener Kraft rund CHF 65 Mio. Einnahmen (Studiengelder, Honorare, Beiträge an Forschungsprojekte etc.) erwirtschaftet und damit eine beeindruckende Wertschöpfung erbracht.

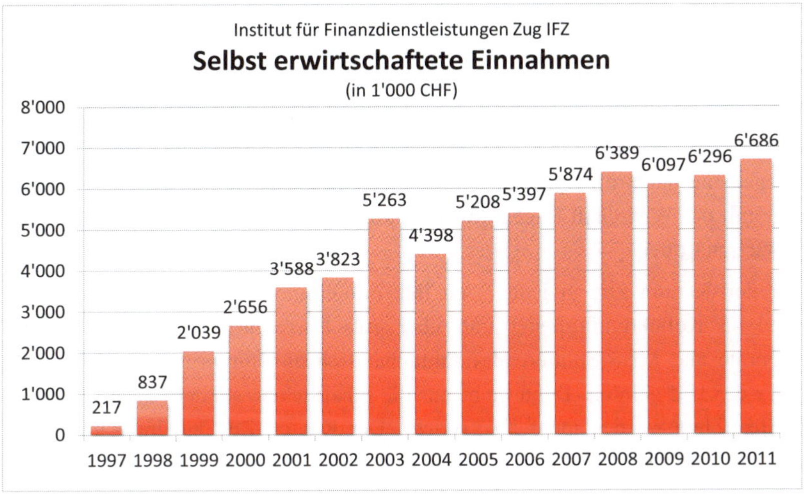

Dank dem IFZ können junge Erwachsene aus Zug ihr Bachelor- und Masterstudium in Zug absolvieren und die Zuger Firmen profitieren von den Weiterbildungsangeboten vor Ort. Viele Veranstaltungen wie etwa die Seminare, das KMU Forum – Finanzielle Führung oder das Investment Forum sprechen speziell auch die regionale Wirtschaft an. Das IFZ hat zudem auch einen Beitrag zum ursprünglichen Ziel geleistet, in Zug vermehrt Kongresse, Tagungen und Symposien zu speziellen Themen aus dem Bereich Handel und Finanzen durchzuführen.

Impulse hat das IFZ auch in der Hochschullandschaft Schweiz ausgelöst. Es hat viele innovative Weiterbildungsangebote aufgebaut, die offensichtlich einem Bedürfnis der Wirtschaft entsprechen. Nicht zuletzt aufgrund des Erfolgs des IFZ haben auch andere Fachhochschulen begonnen, Institute und Weiterbildungsangebote im Finanzbereich aufzubauen. Das IFZ hat somit direkt und auch indirekt der Finanzweiterbildung in der Schweiz wertvolle Impulse gegeben und als Katalysator gewirkt.

Das IFZ hat auch für die Hochschule Luzern – Wirtschaft eine wichtige Funktion gehabt. Dank der Gründung des IFZ konnte die Hochschule ein gesamtschweizerisch bedeutendes Kompetenzzentrum im Finanzbereich aufbauen. Die Exponenten des Instituts haben aktiv in den Schulentwicklungsprojekten mitgewirkt und viel zur guten Positionierung der Hochschule Luzern – Wirtschaft in der Schweiz beigetragen. Heute besucht rund ein Drittel der Studierenden im BSc Business Administration eine der drei vom IFZ betreuten Studienrichtungen (Finance & Banking, Controlling & Accounting, Immobilien). Das IFZ hat auch in der Weiterbildung und in der Forschung innerhalb der Hochschule eine starke Stellung. Die gesamtschweizerische Ausstrahlung des IFZ, der hohe Bekanntheitsgrad und die Medienpräsenz einzelner Professoren sowie die starke Vernetzung der Professoren über Projekte, Verbände und Verwaltungsratsmandate mit der Wirtschaft tragen ebenfalls zum guten Ruf der Hochschule Luzern – Wirtschaft bei.

Für den Kanton Zug und dem von ihm mitgetragenen Verein IFZ, der heute rund 45 Kollektivmitglieder und über 700 Einzelmitglieder (inkl. Alumni, Fachräte und MAS-Studierende) zählt, hat sich die Initiierung und Unterstützung des IFZ gelohnt. Denn nicht nur die inhaltlichen, sondern auch die finanziellen Ziele wurden mehr als erreicht. Der Kanton Zug hat im Rahmen der Anschubfinanzierung rund CHF 2.4 Mio. und der Verein IFZ selbst in den letzten fünfzehn Jahren rund CHF 1.5 Mio. für das Institut aufgewendet. Das Institut hat aus eigener Kraft rund CHF 3.7 Mio. zurückerstatten können. Das Institut hat damit in den letzten fünfzehn Jahren faktisch kostendeckend gearbeitet. Dies erlaubte es auch, den im Jahre 2002 durch den Verein IFZ geschaffenen Fonds IFZ auf einem Niveau von rund CHF 2.3 Mio. zu erhalten. Damit kann der Verein IFZ auch in Zukunft durch seine Beiträge eine gesunde Entwicklung des Instituts sicherstellen.

1.6 Was den Erfolg begünstigt hat

Natürlich stellt sich abschliessend die Frage, welche Faktoren den Erfolg des IFZ in den letzten fünfzehn Jahren ausgemacht haben. Diese Frage ist schwierig zu beantworten, denn oft liegt ja die Ursache für den Erfolg darin, dass die richtigen Leute zum richtigen Zeitpunkt das Richtige machen. Aus Sicht des Autors, der seit der Gründung des IFZ als Institutsleiter die Entwicklung des Instituts mitgestalten konnte, waren wohl vor allem die folgenden Faktoren dem Erfolg förderlich:

- **Support durch den Kanton Zug**: Der Kanton Zug ist in der ganzen Zeit voll hinter der Idee des Instituts gestanden und hat wertvolle Unterstützung geleistet. Er hat in den ersten Jahren des Aufbaus eine Anschubfinanzierung geleistet. Die Institutsleitung ist in der erweiterten Amtsleiterkonferenz der Volkswirtschaftsdirektion des Kantons Zug integriert. Die Volkswirtschaftsdirektion hat auch immer wieder Impulse gegeben und Ideen aufgebracht, welche zu neuen Angeboten und Dienstleistungen des Instituts geführt haben.
- **Support durch die Wirtschaft**: Unterstützung hat das Institut auch immer wieder durch die Wirtschaft des Kantons Zug erhalten. Die Institutsleitung ist im Branchenausschuss Dienstleistungen der Zuger Wirtschaftskammer ZWK vertreten und umgekehrt stellt die ZWK ein Mitglied in den Vorstand des Vereins IFZ. Das Institut kann zudem auf die Unterstützung von rund 45 Firmen aus der Finanzdienstleistungsbranche zählen, welche Kollektivmitglieder des Vereins IFZ sind.
- **Marktorientierung und Entrepreneurship**: Marktorientiertes Denken und Entrepreneurship sind wesentliche Elemente der IFZ-Kultur. Die meisten Weiterbildungsangebote wurden in Zusammenarbeit mit Exponenten der Wirtschaft und mit Branchenverbänden entwickelt. Das IFZ konnte so einige Marktlücken identifizieren und innovative Angebote lancieren. Das Institut versucht auch immer wieder, Chancen zur Initiierung von Forschungsprojekten und zur Akquisition von Dienstleistungsaufträgen zu nutzen.
- **Gutes institutionelles Umfeld**: Die Strukturen der Hochschule Luzern – Wirtschaft bieten für ihre Institute den nötigen Freiraum für unternehmerische Aktivitäten. Die Institute sind im Sinne des New Public Managements teilautonome Einheiten, welche im erweiterten Leistungsauftrag die im Rahmen der Budgetierung vereinbarten Deckungsbeiträge zu erwirtschaften haben. Sie haben es selbst in der Hand, durch ihre Weiterbildungs-, Forschungs- und Beratungsaktivitäten Erträge zu erwirtschaften, mit welchen

sie personelle Kapazitäten erweitern und Rücklagen zur Abdeckung von finanziellen Risiken schaffen können.

- **Identifikation und intrinsische Motivation**: Ein wesentlicher Erfolg eines Fachhochschulinstituts sind Mitarbeitende mit intrinsischer Motivation und einer hohen Identifikation mit ihrer Aufgabe. Dem IFZ ist es gelungen, trotz schwierigem Umfeld auf dem Arbeitsmarkt (hohes Lohnniveau in der Finanzbranche...) Mitarbeitende zu finden, welche Eigeninitiative entwickeln, sich mit Publikationen, Vorträgen und Forschungsprojekten profilieren, Freude an neuen Herausforderungen haben, Chancen nutzen und sich motiviert für die Weiterentwicklung des Instituts einsetzen. Die Institutsleitung trägt das ihre bei, indem sie den Mitarbeitenden viel Freiraum für eigenverantwortliches Handeln und für eine persönliche Profilierung schafft.
- **Vernetzung mit der Wirtschaft**: Der Erfolg des IFZ ist sicher auch auf die intensive Vernetzung der Exponenten des Instituts mit der Wirtschaft zurückzuführen. Viele der Professoren haben ein grosses Beziehungsnetz in die Finanzbranche bzw. in den Finanzbereich von Unternehmen und bauen dieses bspw. im Zusammenhang mit Beratungsaktivitäten und mit Verwaltungsratsmandaten weiter aus. Das IFZ hat auch gezielt eine Strategie verfolgt, für Verbände in der Finanzdienstleistungsbranche Geschäftsführungsfunktionen zu übernehmen und dadurch die beiderseitige Nutzung von Synergien zu ermöglichen.

IFZ – Aus- und Weiterbildungen

Mit der Einführung des Bologna Modells wurde auch in der Schweiz eine einheitliche Systematik für die Aus- und Weiterbildungsangebote der Hochschulen eingeführt. Die Studienleistungen werden mit ECTS Credits gemessen, wobei ein ECTS Credit etwa 30 Stunden studentischem Aufwand entspricht. Wie die untenstehende Abbildung zeigt, gibt es in der Ausbildung die Bachelor- und Masterstufe, welcher sich eine allfällige Promotion (nur an Universitäten möglich) anschliesst. Den Absolventinnen und Absolventen einer Hochschulausbildung stehen nach einigen Jahren Berufspraxis die Weiterbildungsangebote der Hochschulen offen, welche je nach Studienumfang in Master-, Diplom- und Zertifikatskurse unterteilt werden.

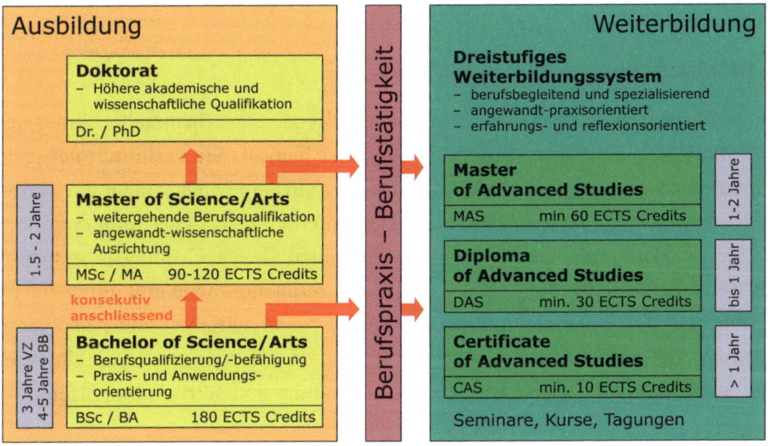

Das IFZ betreut drei von sieben Studienrichtungen im Bachelor of Science BSc in Business Administration der Hochschule Luzern – Wirtschaft. Im gemeinsam mit der ZHAW School of Management and Law geführten Masters of Science MSc in Banking and Finance stellt das IFZ die Studienleitung und die Dozierenden.

Darüber hinaus bietet das Institut ein breites Weiterbildungsangebot an. Dieses umfasst Masterlehrgänge (MAS), Diplomlehrgänge (DAS) und Zertifikatslehrgänge (CAS) sowie Fachkurse, Seminare, Tagungen oder etwa das KMU Forum – Finanzielle Führung bzw. das Investment Forum. Insgesamt betreut das IFZ rund einen Drittel aller Aus- und Weiterbildungsangebote der Hochschule Luzern – Wirtschaft.

Bachelor of Science in Business Administration:

→ Studienrichtung Controlling & Accounting

Im Financial Accounting sind die Studierenden mit komplexen Fragestellungen konfrontiert, insbesondere im Zusammenhang mit den aktuellen Entwicklungen der Rechnungslegungsstandards auf nationaler und internationaler Ebene. Ebenso lernen sie die Bedeutung des Management Accounting & Controlling als Element der Unternehmensführung kennen. Die Studienrichtung bereitet direkt und praxisorientiert auf eine berufliche Tätigkeit in diesem Umfeld vor.

→ Studienrichtung Finance & Banking

Unternehmerische Entscheide haben in der Regel eine finanzielle Dimension. Die Studienrichtung Finance & Banking setzt hier an: Sie vermittelt nebst den generalistischen Fähigkeiten in Betriebswirtschaft und Management ein vertieftes Know-how im Finanzmanagement von Unternehmen. In der Studienrichtung Finance & Banking setzen sich die Studierenden aber auch intensiv mit der in der Schweiz bedeutsamen Bank- und Finanzbranche sowie mit Finanzinstrumenten und den Finanzmärkten auseinander. Absolventinnen und Absolventen eröffnen sich anspruchsvolle Tätigkeitsfelder im Finanzbereich von Unternehmen, in Banken oder in der Unternehmensberatung und Wirtschaftsprüfung.

→ Studienrichtung Immobilien

Ab Herbst 2009 kann an der Hochschule Luzern ein Bachelor in Betriebswirtschaft mit Studienrichtung Immobilien absolviert werden. Damit eröffnet sich in der Schweiz erstmals die Möglichkeit, ein auf Immobilien spezialisiertes Bachelorstudium zu absolvieren. Der Bachelorlehrgang eignet sich ideal für Berufsmaturanden, welche ihre Lehre im Treuhand-, Finanz- und Immobilienbereich gemacht haben und welche später in diesem Bereich tätig sein wollen.

Master of Science in Banking and Finance

Der konsekutive Master of Science MSc in Banking and Finance richtet sich an Bachelor-Absolvierende, die nach dem Studienabschluss in die Finanzbranche oder in das Finanzmanagement von Unternehmen einsteigen möchten. Das Studium baut auf einem betriebswirtschaftlichen Bachelor-Abschluss mit Vertiefung Finance and Banking auf. Es ist jedoch auch möglich, den Masterlehrgang zu besuchen und sich bei allfällig fehlenden Grundlagen in Finance & Banking nachzuqualifizieren.

Das Studium bietet eine Vertiefung der Fach- und Methodenkompetenzen in den Bereichen Finanzmärkte, Finanzinstrumente, Kapitalanlage, Unternehmensfinanzierung, finanzielles Risikomanagement, Management von Banken und anderen Finanzdienstleistungsunternehmen etc. Die Absolvierenden des Studiums verfügen zudem über konzeptionelle und analytische Fähigkeiten, mit welchen sie sich von Bachelor-Absolvierenden abheben. Die enge Verknüpfung des Studiums mit Praxisprojekten und praktischen Tätigkeiten erleichtert den Berufseinstieg.

Master of Advanced Studies MAS

Der Lehrgang zum Master of Advanced Studies MAS ist eine berufsbegleitende Weiterbildung, die sich an Hochschulabsolventinnen und -absolventen richtet. Für den Abschluss eines MAS werden min. 60 Credits nach dem Europäischen Kredittransfersystem (ECTS) vergeben. Das Diplom wird von der Hochschule Luzern (Fachhochschule Zentralschweiz) verliehen und ist eidgenössisch anerkannt.

Angebote des IFZ am Standort Zug:

- MAS Asset Management
- MAS Bank Management
- MAS Controlling
- MAS Corporate Finance
- MAS Immobilienmanagement
- MAS Pensionskassen Management
- MAS Private Banking & Wealth Management

Diploma of Advanced Studies DAS (ehemals NDK Nachdiplomkurse)

Der Lehrgang zum Diploma of Advanced Studies DAS ist eine berufsbegleitende Weiterbildung, die sich an Hochschulabsolventinnen und -absolventen richtet. Für den Abschluss eines DAS werden min. 30 Credits nach dem Europäischen Kredittransfersystem (ECTS) vergeben. Das Diplom wird von der Hochschule Luzern (Fachhochschule Zentralschweiz FHZ) verliehen.

Angebote des IFZ am Standort Zug:

- DAS Asset Managment
- DAS Compliance Management
- DAS Pensionskassen Management
- DAS Private Banking & Wealth Management

Certificate of Advanced Studies CAS (ehemals NDK Nachdiplomkurse)

Der Lehrgang zum Certificate of Advanced Studies CAS ist eine berufsbegleitende Weiterbildung, die sich an Hochschulabsolventinnen und -absolventen richtet. Für den Abschluss eines CAS werden min. 10 Credits nach dem Europäischen Kredittransfersystem (ECTS) vergeben. Das Zertifikat wird von der Hochschule Luzern (Fachhochschule Zentralschweiz FHZ) verliehen.

Angebote des IFZ am Standort Zug:

- CAS Finanz- und Rechnungswesen für Juristen
- CAS Finanzmathematik und Statistik
- CAS Führungskompetenz für Finanzfachleute
- CAS Fundamentals in Banking für Quereinsteiger/innen
- CAS Kostenmanagement und Controlling für Führungskräfte
- CAS Swiss Certified Treasurer (SCT)®

IFZ Fachkurse

Die Fachkurse richten sich in erster Linie an Personen aus dem Controlling- und Accounting nahen Umfeld, die Führungsaufgaben innehaben bzw. diese anstreben und deshalb im Alltag immer wieder mit Fragen des Controlling / Kostenmanagements oder Financial Accounting konfrontiert sind. Um die eigene berufliche Erfahrung zu ergänzen, eignen sich diese praxisbezogenen Fachkurse ideal.

- Fachkurs Controlling
- Fachkurs Brush-up Financial Accounting
- Fachkurs Kostenmanagement
- Fachkurs Corporate Riskmanagement
- Fachkurs Finanzwirtschaftliches Risikomanagement

IFZ Seminare und Tagungen

Das IFZ führt jährlich bis zu 80 Seminare und Tagungen zu verschiedenen Themen aus dem Bereich Finance & Banking, Immobilien sowie Controlling & Accounting durch.

www.seminare.ifz.ch

IFZ Summer School – Banking & Finance

Das Angebot IFZ Summer School – Banking & Finance richtet sich an Fachleute und Führungspersonen aus Finanzdienstleistungsunternehmen, die sich in den Sommermonaten vertieft «en bloc» weiterbilden möchten. Mit den Veranstaltungen der jeweils hochkarätigen Summer School sind die Teilnehmenden am Puls der Entwicklung in den Bereichen Banking & Finance.

KMU Forum – Finanzielle Führung

Das Institut für Finanzdienstleistungen Zug IFZ führt zusammen mit Wirtschaftsverbänden jährlich vier bis sechs Abendveranstaltungen durch, die dem Thema der finanziellen Führung von KMU gewidmet sind. Im Zentrum der Veranstaltungen stehen die praktischen Probleme, die sich kleineren und mittleren Unternehmen stellen. Anhand von Beispielen aus der Praxis sollen typische Problemsituationen und Lösungsansätze aufgezeigt werden.

Investment Forum

Das Institut für Finanzdienstleistungen Zug IFZ führt halbjährlich (Mai und November) mehrere Abendveranstaltungen zu aktuellen Fragestellungen im Bereich von Anlage- und Investitionsentscheiden durch.

IFZ – Geschäftsführung für Verbände

Das Institut für Finanzdienstleistungen Zug IFZ der Hochschule Luzern – Wirtschaft übernimmt mit seinen Mitarbeitenden auf Mandatsbasis die Geschäftsführung für verschiedene Berufs- und Wirtschaftsverbände. Es unterstützt damit diese Verbände bei der Professionalisierung ihrer Aktivitäten und stärkt damit gleichzeitig die Vernetzung des Instituts mit der Wirtschaft und insbesondere mit der Finanzbranche.

Swiss Private Equity and Corporate Finance Association – SECA

S•E•C•A
Swiss Private Equity & Corporate Finance Association

The Swiss Private Equity & Corporate Finance Association (SECA) with its about 350 members is the representative body for Switzerland's private equity, venture capital and corporate finance industries. SECA has the objective to promote private equity and corporate finance activities in Switzerland.

Private Equity refers to equity investments in privately held, non-quoted companies («Beteiligungsfinanzierungen»). Corporate Finance Services are advisory services related to mergers, acquisitions, buyouts and the financing of companies.

info@seca.ch / www.seca.ch

CFO Forum Schweiz – CFOs

CFO Forum Schweiz | CFOs

Das CFO Forum Schweiz, kurz CFOs, ist eine Vereinigung von Finanzchefs sowie von Personen, die mit dem Berufsstand des CFO eng verbunden sind. Das CFOs bietet eine breite, unabhängige und professionelle Plattform im Bereich der finanziellen Unternehmensführung und arbeitet aktiv an deren weiteren Professionalisierung mit.

Das CFO Forum Schweiz wurde im Jahre 2006 in Zug gegründet und zählt heute mehr als 400 Mitglieder.

info@cfos.ch / www.cfos.ch

swissVR

swissVR ist eine Vereinigung von Verwaltungsrätinnen und Verwaltungsräten. Die Vereinigung will ein breites Netzwerk für Mitglieder von Verwaltungsräten bilden, den Erfahrungsaustausch unter den Mitgliedern und mit Dritten fördern, Weiterbildungsmöglichkeiten für Verwaltungsräte anbieten, eine Informationsplattform zur Verfügung stellen sowie Forschungsaktivitäten in Zusammenarbeit mit Hochschulen initiieren und unterstützen.

swissVR bietet in Zusammenarbeit mit der Hochschule Luzern – Wirtschaft Weiterbildungen für Mitglieder von Verwaltungsräten an. Die Vereinigung wurde im Sommer 2011 in Zug gegründet und zählt bereits über 200 Mitglieder.

info@swissvr.ch / www.swissvr.ch

Zug Commodity Association

The Zug Commodity Association was founded in January 2012. The object of the Association is to represent and protect the interests and rights of the Zug (and its surrounding area) based community of companies active in the supply chain of commodities, including but not limited to exploration, production, processing, trading and marketing.

Zug Commodity Association (ZCA) members benefit from focused relationships with authorities and with other lobbying groups, and attain relevant information, education and research. Furthermore, ZCA will serve as a platform for social interaction.

info@zugcommodity.ch / www.zugcommodity.ch

Verein IFZ

Verein IFZ

Der Verein IFZ wurde im Herbst 1996 vom Kanton Zug und von der Zuger Wirtschaft gegründet mit dem Ziel, in Zug ein Fachhochschulinstitut aufzubauen, das im Finanzbereich Weiterbildung, Forschung und Beratung anbietet. Der Verein IFZ

- stärkt die Wettbewerbsfähigkeit der schweizerischen Finanzdienstleistungsbranche;
- trägt zur Versorgung des schweizerischen Arbeitsmarktes mit hochqualifizierten Finanzfachleuten und Führungskräften bei;
- unterstützt kleine und mittelgrosse Unternehmen in Fragen des Finanzmanagements und der Finanzdienstleistungen;
- fördert die Attraktivität des regionalen Wirtschaftsstandortes;
- trägt zur positiven Ausstrahlung des Handels- und Finanzplatzes Zug bei.

Zu diesem Zweck fördert und unterstützt der Verein das von ihm initiierte Institut für Finanzdienstleistungen Zug IFZ der Hochschule Luzern – Wirtschaft.

ifz@hslu.ch / www.verein-ifz.ch

Alumni IFZ

Alumni IFZ

Die Alumni IFZ ist eine in den Verein IFZ integrierte Vereinigung von ehemaligen Studierenden der Master of Advanced Studies MAS des Instituts für Finanzdienstleistungen Zug IFZ der Hochschule Luzern – Wirtschaft.

Die Ziele der Alumni IFZ sind:

- Aktive Förderung der Beziehungen zwischen den Ehemaligen der Masterlehrgänge des IFZ;
- Aufbau und Pflege eines Netzwerkes von 'Financial Professionals';
- Erhalt und Stärkung des guten Images der Masterlehrgänge des IFZ.

Die Alumni IFZ wurde im Jahre 2001 gegründet und zählt rund 400 Mitglieder.

alumni-ifz@hslu.ch / www.alumni-ifz.ch

IFZ – People als Erfolgsfaktoren

Ein Fachhochschulinstitut lebt von den Mitarbeitenden, welche in Lehre, Forschung und Dienstleistungen tätig sind. Beim IFZ sind dies die fest angestellten Dozierenden sowie die wissenschaftlichen und administrativen Mitarbeitenden. Wichtig sind aber auch die rund 300-400 Lehrbeauftragten aus Wissenschaft und Praxis, welche in der Weiterbildung unterrichten.

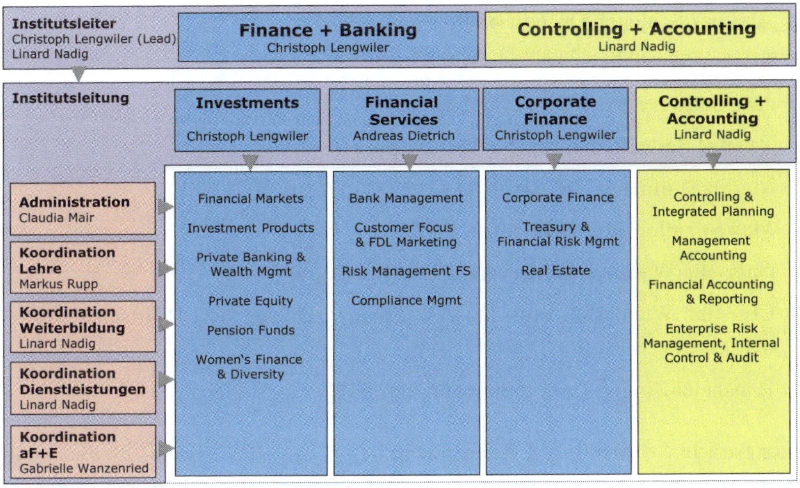

Dozierende Finance & Banking

- John Davidson, Prof. Dr. oec. publ.
- Andreas Dietrich, Prof. Dr. oec. HSG
- Karsten Döhnert, Prof. Dr. rer. pol., CIIA/AZEK
- Dominik C. Erny, Prof. Dr. oec. publ.
- Nils Hafner, Prof. Dr. rer. pol.
- Rudolf Huber, Dr. oec. publ.
- Georg Kasal, dipl. math. ETH
- Stefan Kull, Dr. oec. HSG

- Christoph Lengwiler, Prof. Dr. oec. publ., Institutsleiter F&B
- Philipp Lütolf, Prof. Dr. rer. pol.
- Sita Mazumder, Prof. Dr. oec. publ.
- Maurice Pedergnana, Prof. Dr. oec. HSG
- Roger Rissi, Dr. rer. pol., FRM
- Werner Rosenberger, Dr. oec. publ.
- Monika Roth, Prof. Dr. iur., Rechtsanwältin
- Markus Rupp, Prof., mag. oec. HSG
- Andreas Schlegel, Dr. oec. publ.
- Markus Schmidiger, Dr. oec. HSG
- Jürg Schwarz, Prof. Dr. sc. techn.
- Yvonne Seiler Zimmermann, Dr. rer. pol.
- Martin Spillmann, Dr. oec. publ.
- Max Spindler, Prof. dipl. math. ETH
- Gabrielle Wanzenried Mowers, Prof. Dr. rer. pol.
- Christian Wunderlin, Prof. Dr. BA (Finanz), Dr. rer. oec. (Wirtschaftsinformatik)
- Hanspeter Zingre, Prof. dipl. math. ing. ETH

Dozierende Controlling & Accounting

- Christian Bitterli, lic. rer. pol.
- Michael Blankenagel, Prof. Dr. oec. HSG
- Robert Bornhauser, Prof. Dr. oec. HSG
- Marino Bundi, Betriebsökonom HWV
- Ulrich Egle, Prof. Dr. rer. oec.
- Marco Fontana, lic. oec. HSG, dipl. Wirtschaftsprüfer
- Thomas Gysler, Prof. Dr. oec. publ.
- Stefan Hunziker, MScBA
- Imke Keimer, Dr. rer. oec.
- Linard Nadig, Prof. Dr. oec. publ., dipl. Handelslehrer, Institutsleiter C&A
- Stefan Renggli, lic. rer. pol.

- Viviane Trachsel, Prof., lic. oec. publ., dipl. Handelslehrerin
- Werner A. Wangler, Prof. Dr. oec. HSG
- Rosmarie Waldburger, Prof. lic. oec. HSG
- Peter H. Wullschleger, lic. oec. publ.

Wissenschaftliche Mitarbeitende

- Matthias Daniel Aepli, M.A. HSG in Banking and Finance
- Simon Amrein, MSc Banking & Finance
- Thomas Birrer, MSc Banking & Finance
- Nicolas Bürkler, dipl. masch. Ing. ETH
- Michael Otte, MSc Banking & Finance
- Daniel Piazza, M.A. HSG in Banking and Finance

Assistierende im Masterprogramm

- Stephan Blattmann, BSc BA Finance & Banking
- Marcel Fallegger, BSc BA Controlling & Accounting
- Thomas Fischer, BSc BA Controlling & Accounting
- Rahel Marthy, BSc BA Controlling & Accounting
- Marcel Masshardt, BSc BA Finance & Banking
- Jakob Schnyder, BSc BA Finance & Banking
- Helene Wudy, BSc Economics and Business Administration

Administrative Mitarbeitende

- Evelyne Gander, Sekretariat
- Daniela Ineichen, Sekretariat
- Claudia Kälin, stv. Sekretariatsleiterin
- Claudia Mair, Leiterin Administration
- Brigitta Ordelman, Marketing
- Brigitte Räber, Sekretariat
- Andrea Villiger, Sekretariatsleiterin
- Antonia Villiger, Sekretariat
- Leila Zimmermann, Sekretariat

Vorstand Verein IFZ / Beirat Hochschule Luzern – Wirtschaft

- Dr. Markus Granziol, London (Präsident)
- Philipp Hallauer, Quality & Risk Management Partner, KPMG Schweiz
- Dr. Guido Jud, Leiter Steuerverwaltung, Kanton Zug
- Roland Karesch, ELRO Werke AG, Bremgarten
- Robert Lüthi, Finance Director (CFO), Abott AG, Baar
- Dr. Bernhard Neidhart, Leiter Amt für Wirtschaft und Arbeit, Kanton Zug
- Pascal Niquille, Präsident der Geschäftsleitung, Zuger Kantonalbank, Zug
- Rolf Renz, Executive VP & CFO South West Europe, Siemens Schweiz AG, Zürich
- Dr. Renate Schwob, stv. CEO, Schweizerische Bankiervereinigung, Basel
- Doris Russi Schurter, Rechtsanwältin, Luzern
- Rudolf Stäger, Stameg Beratungs GmbH, Meggen
- Konrad Graber, Ständerat, Kriens (Beirat)
- Dr. Franz Marty, Goldau (Beirat)
- Bruno Kaech, Verwaltungsratsdelegierter Gewerbetreuhand Luzern (Beirat)

Ehrenmitglieder Verein IFZ

- Robert Bisig (Präsident Verein IFZ 1996 - 2000, Vorstand 1996 - 2002)
- Axel Plambeck (Präsident Verein IFZ 2000 - 2007, Vorstand 1996 - 2008)
- Max Galliker (Vorstand / Vizepräsident Verein IFZ 1996 - 2012)

Schriften aus dem Institut für Finanzdienstleistungen Zug IFZ

Band 1
Christoph Lengwiler/Simon Affentranger
Zinsmanagement für Gemeinden
ISBN 3-9521190-6-7

Band 2
Ermanno Zukar
Cost-Effective Shipping Documents
ISBN 3-906488-00-4

Band 3
Stefan Bingisser/Peter Huber
Finanzierung von Rollmaterial
ISBN 3-906488-02-0

Band 4
Beat M. Barthold/Oliver Müller/
Maurice Pedergnana (Hrsg.)
Mezzanine Finance
ISBN 3-906488-01-2

Band 5
Maurice Pedergnana/
Christoph Schacht (Hrsg.)
Kreditmarkt Schweiz
ISBN 3-906488-03-9

Band 6
Maurice Pedergnana/Christoph Schacht/
Christoph Sax
Kreditbeziehungen zwischen Banken und KMU
ISBN 3-906488-04-7

Band 7
Philipp Lütolf/Andreas Neumann
Going Private vs. Staying Public
ISBN 3-906488-05-5

Band 8
Urs Walder/Dominik Erny
Islamic Funds
ISBN 3-906488-10-1

Band 9
Maurice Pedergnana/Daniel Piazza
Kantonalbanken im Vergleich 2004
ISBN 3-906488-07-1

Band 10
Philipp Lütolf
Aktienrückkäufe in der Schweiz
ISBN 3-906488-09-8

Band 11
Luka A. Zupan
Unternehmerkapital bei Jungunternehmen in Theorie und Praxis
ISBN 3-906488-12-8

Band 12
Karsten Döhnert
Bestimmungsfaktoren der Kapitalstruktur
ISBN 3-906488-13-6

Band 13
Christoph Sax
The Swiss Stock Market and the Business Cycle: A Generalized Dynamic Factor Model Approach
ISBN 3-906488-14-4

Band 14
Philipp Lütolf
Ausserbörsliche Aktien als Kapitalanlage
ISBN 3-906488-15-2

Band 15
Sita Mazumder/Gabrielle Wanzenried
Unbeirrt weiblich und erfolgreich, Bd. 2
ISBN 3-906488-16-0

Band 16
Sita Mazumder/Gabrielle Wanzenried/
Nicole Burri
Diversity Management
ISBN 3-906488-17-9

Band 17
Philipp Lütolf
Publikumsgesellschaften auf dem OTC Markt
ISBN 3-906488-19-5

Band 18
Christoph Hug
Veränderungen und deren Begründungen in der Unternehmenskommunikation
ISBN 978-3-906488-24-0

Band 19
Pierre-André Wirth/Dominik Erny
Der Fondsplatz Liechtenstein im internationalen Vergleich mit der Schweiz und Luxemburg
ISBN 3-906488-21-7

Band 20
Christian Wunderlin
Systembasierte Ratings und Overrides
ISBN 978-3-906488-22-6

Band 21
Sita Mazumder/Gabrielle Wanzenried
Unbeirrt weiblich und erfolgreich, Bd. 3
ISBN 978-3-906488-23-3

Band 22
Christoph Lengwiler/Linard Nadig/
Maurice Pedergnana (Hrsg.)
Management in der Finanzbranche – Finanzmanagement im Unternehmen
ISBN 978-3-906488-25-7